열대의 서구, 朝鮮의 열대

근대 학문과 예술은 어떻게 열대를 은폐했는가

The Tropics in the Making of Western Identity And Locating Korea in Tropical Studies

How was the Tropics Hidden in the Humanities, Arts and Social Sciences?

이종찬

하버드대학 과학사학과에서 방문학자로 있던 동안(2003-2004), 醫學史사료실과 지리학정보센터의 문헌들을 접하면서 본격적으로 열대에 관심을 갖게 되었다. 이후 열대학연구소(Institute for Tropical Studies)를 아주대학교에 설립하면서(2009), 《열대와 서구: 에덴에서 제국으로》의 출간을 통해 열대학의 정립에 관한 꿈을 가졌다.

열대 연구를 위해 '아프리카 중의 아프리카'인 콩고 강, 인류의 발상지로 알려진 빅토리아 호수, 17세기 이래로 열대와 서구의 갈등이 가장 거셌던 바타비아(현재 – 자카르타), 18세기 아메리카의 최대 무역항 아바나, 열대 우림의 아마존, 열대 풍토의 상징적 기호를 보여주는 키토, 해양 실크로드의 중심 믈라카, 19세기 초 서구 정체성을 위협했던 콜레라의 창발 공간인 벵골 등 열대성(Tropicality)의 핵심적 장소들을 탐방했다.

아울러, 존스홉킨스대학의 박사과정을 통해 미국 수도 워싱턴의 스미소니언 박물관에서 시작된 서구에 대한 공부는 유럽의 역사적인 자연사박물관과 식물원들에 대한 탐방 조사로 이어졌다. 이러한 학문 경로에서 《파리식물원에서 데지마박물관까지》(문화관광부 우수교양도서 선정)가 탄생했는데, 열대가 서구 정체성의 형식과 내용을 형성해왔음에 대해 착안했다.

동아시아에서 오직 朝鮮만이 열대와의 문화융합이 없었던 이유가 궁금했다. 그래서 하버드-옌칭연구소(2004)에서 《동아시아 의학의 전통과 근대》의 출간을 통해 18세기 일본에 대해 관심을 갖게 되었고, 《난학의 세계사》(문화관광부 우수학술도서 선정)는 그렇게 독자들에게 다가갔다. 결국 《열대의 서구, 朝鮮의 열대》는 서구–열대–朝鮮 사이의 관계를 탐구하기 위해 쓴 것이다.

앞으로 융합적 열대학의 지평에서 지구의 '가뭄–화산–빈곤–지진–질병–태풍'의 상관성을 탐구할 계획이다. 현재 아주대학교 의과대학과 열대학연구소에 재직하고 있다.

서강학술총서
091

열대의 서구, 朝鮮의 열대

근대 학문과 예술은 어떻게 열대를 은폐했는가

이종찬 지음

서강대학교출판부

서강학술총서 091

열대의 서구, 朝鮮의 열대

근대 학문과 예술은 어떻게 열대를 은폐했는가

초판 1쇄 발행 | 2016년 11월 22일
2쇄 발행 | 2016년 12월 15일

지 은 이 | 이종찬
발 행 인 | 유기풍
편 집 인 | 우찬제
발 행 처 | 서강대학교출판부
등록 번호 | 1978년 9월 28일 제313-2002-170호

주 소 | 서울특별시 마포구 백범로 35번지
전 화 | (02) 705-8212
팩 스 | (02) 705-8612

ISBN 978-89-7273-321-8 94900
ISBN 978-89-7273-139-9(세트)

값 37,000원

* '서강학술총서'는 SK SUPEX 기금의 후원으로 제작됩니다.

가뭄 화산 빈곤 지진 질병 태풍과 함께 살아오신
열대의 할머니와 할아버지들께 이 책을 바칩니다.

일러두기

1. 인명과 지명은 원칙적으로 국립국어원의 한글 맞춤법을 기준으로 했지만, 이미 널리 알려진 경우는 기존의 표기를 따랐다. 지명의 경우 가능한 한 현지의 발음 방식을 차용했지만, '스페인'과 같이 관행적으로 사용하는 경우는 바꾸지 않았다.
2. 외국인 인명의 경우, 처음 표기될 때는 성(性)만을 한국어로 적고 괄호 안에 전체 이름을 포함했다. 같은 이름이 다시 나타나는 경우에는 원칙적으로는 성과 이름을 모두 한국어로 표기하되, 문맥에 따라 성 또는 이름만 표시한 경우도 있다. 동아시아의 인물인 경우에는 대체로 성과 이름을 같이 적었다.
3. 각종 문헌, 미술 작품, 지도의 경우에 본문에는 한국어로만 표기했고, 원어와 발간연도는 색인에 별도로 표기했다.
4. 참고문헌은 각 장(章)이 독립성을 갖는다. 같은 참고문헌이 두 번 이상 포함될 경우에는 처음 나타난 장을 표시하면서 간략하게 줄였다.
5. 찾아보기에서 주제어의 용례 구분을 위해 각 주제어의 1단 하위주제어는 '▶'를, 2단 하위제어는 '•'를, 3단 하위주제어는 '–'를 넣어 구분했다.

목 차

2부 욕망의 발명

책머리에

왜 熱帶學 공부인가

I.

서구적 근대가 만들어놓은 동양 대 서양의 이분법 틀에
갇혀 있으면,

어떻게

열대의 대지를 만질 수가
열대의 질감을 맛볼 수가
열대의 소리를 들을 수가
열대의 빛과 색을 볼 수가
열대의 냄새를 맡을 수가 있을까?

'나는 생각한다. 그러므로 존재한다.'에서 출발하여 합리성의 정점에 도달한 이성 중심의 서구 세계관은 열대의 생물지리적 탐험을 통한 시각적 공간화, 공간적 시각화와 맞물려
근대적 욕망을 발명했다.

향료, 설탕, 커피, 차, 담배 등을 더 많이 차지하기 위한
욕망과 충족의 대위법은
열대의 무역과 통상, 식민화, 그리스도교화, 문명화, 청결화의
다섯 층위를 통해 서구적 근대의 매트릭스에 내장되었다.

고대 그리스-로마로부터 젖줄을 이어받으면서
인류 문명의 이름으로 발달시켜갔던
근대 학문과 예술은 열대를 은폐시키면서
서구적 근대의 형식과 내용을 더욱 정교한 방식으로 정당화했다.

과학혁명, 산업혁명, 프랑스혁명, 미국혁명.
서구 인류사 중심의 혁명 이야기는 목청껏 노래를 부르면서도
아이티혁명은 기껏해야 바람처럼 스쳐지나 갈 뿐이다.

더욱 근본적으로 '자연사혁명'은 서구 히스토리오그라피에서
찾아볼 수 없다. 열대 자연사가 은폐되었기 때문이다.

서구 인류사의 혁명적 전환기에서
뷔퐁, 칸트, 헤르더, 뱅크스, 괴테, 알렉산더 훔볼트는
자연사와 인류사가 분리되어갔던 시기에
낭만주의와 어우러진 역사지질학적 상상력을 통하여
양자를 소통시키려고 절치부심했지만
열대 자연사의 본질을 꿰뚫을 수 없었다.

1808년 성탄절을 앞두고 두 교향곡이 한 장소에서 초연되었다.

6번 : 5번 = 자연사 : 인류사

베토벤은 서구의 사상가들과 역사지질학의 문제의식을 공유했기에

〖전원교향곡〗을 먼저 연주했으며

베를린 필의 지휘자 푸르트뱅글러도 베토벤을 좇아

전원을 먼저 연주하면서 불멸의 음반을 남겼다.

제국주의가 절정으로 치닫고 있던 시기에

오감의 열대성을 문학과 미술로 형상화했던

조셉 콘라드, 폴 고갱, '세관원' 루소의 작업은

서구 정체성의 경계를 넘어서기 위한 몸부림이었다.

인문학, 사회과학, 자연과학은 서구적 근대의 지적 소산이다.

태생적으로 서구적 근대는 열대 자연사를 통해 형성되었지만

근대 학문과 예술은 열대를 은폐시켰다.

그 이유와 과정을 탐구하게 되면,

인류세에 관한 문제의식을 풀어갈 수 있는

해법이 열대 자연사에 있음을 인식하게 될 것이다.

II.

'조선의 태양은 중국에서 떠서 중국으로 진다.'

중화(中華)와 소중화의 그물에 얽매여 있으면,

'문화융합'이
열대 아시아, 아프리카, 아메리카
인도양, 대서양, 태평양에서
어떻게 이루어지고 있는지를 알 턱이 없다.

광활한 바다를 열대 해양력의 힘으로 건너온
네덜란드동인도회사가 무역과 통상의 손길을 건넸을 때

'우리에게는 모든 것이 있으니 필요한 것은 하나도 없다.'
조선왕조는 그렇게 말했다.

'모든 길은 옌칭으로' 향했던 사회에서
유럽과 미국의 무역회사들이
광저우에서 무엇을 하고 있는지
강남갔던 제비가 어떻게 소식을 물어오겠는가!

조선통신사는 네덜란드가 나가사키에서
무역을 한다는 것에 대해 들어서 알고는 있었다.
그러나 조선왕조는 그것이 열대 해양무역 네트워크에서
빙산의 일각이라는 사실을 알지 못했다.

'황사영 백서'의 핵심은 천주교가 아니라 예수회이다.
전지구적으로 열대에서 '한 손에 성경,

다른 한 손에 무역' 행위를 했던
예수회의 본질을 간파하지 못했다.

'홍어장수' 문순득이 마닐라, 광저우, 마카오에서
스페인, 아메리카, 필리핀을 연결하는 갤리언 해양무역과
서구 — 동남아시아 — 중국 — 일본을 잇는 해양무역에 대해
정약전에게 말했지만 그는 기록으로 남기지 않았다.
소중화의 문화역사지리적 경계를 넘어서기가 두려웠고 어려웠다.

조선 실학의 담론이 문제가 아니다.
문제는 성리학 대 서학이 아니다.
문제를 자연사의 지평에서 문제화하기.
자연사 중심의 시각적 사유가
조선에서는 왜 억압이 되었는가.

열대 동남아시아 문화역사지리의 중심
아유타야왕조와 교역을 할 수 있던 힘이 있었기에
일본은 네덜란드를 통해 서구적 근대를 배워갈 수 있었다.

이순신의 해양군사력을 더 이상 발달시키지 못했던 한양은
소중화의 깃발을 높이 쳐들면서 바다 대신에 대륙으로 향했다.
서구와 열대 사이에 이루어졌던 식민적 문화융합에 대해
조선 권력이 무감했던 이유는 무엇일까.

'을사늑약' 이후 난생 처음으로 타보는 일본 기차에서
담배를 피우며 상념에 잠겼던 《일동기유》의 김기수 마음은
〔비 증기 속도〕를 그리면서 영국의 앞날을 고민했던
윌리엄 터너와 어떻게 달랐을까.

세계냉전체제에서 작동했던
분단의 검열 장치와 근대국가 건설은
서구적 근대를 강요했고 열대의 오감을 억압했다.

천경자는 과학적 학습이 아닌 예술가적 직관으로 이를 감지했다.
'아프리카 중에서 아프리카'인 콩고에서,
레비스트로스에게 열대 자연사의 상상력을 촉발시켰던
콘라드의 《암흑의 심장》과 동심원의 통찰력으로,
〔내 슬픈 전설의 49페이지〕를 그리면서
'아프리카를 보고 죽어라!'고 주문을 외웠다.

'동양화를 동양적인 것으로 합리화'하지 않으려는 그의 의식은,
조선에 가위눌린 국악을 넘어서기 위해
신라의 상상력을 통해 〔沈香舞〕를 작곡했던
황병기와 공명을 울린다.

자연사의 원리이니 기억하자.
개체발생은 계통발생을 반복한다.

보릿고개도 넘기 어려웠던 한국이 국제개발협력의 이름으로
열대의 가난한 나라를 원조할 수 있게 되었다.

지난 5백년간 서구와 열대의 식민적 문화융합 역사에 대해
깊이 성찰하지 않은 채로
민주화의 역사는 배제한 채로
산업화의 경험만으로 국제개발협력에 나선다면
열대에 대한 신식민주의와 다를 바가 없다.
마다가스카르의 한국 기업들이 보여준 플랜테이션 산업은
이를 여실히 증명하고도 남지 않는가.

III.

삼백년간 서구가 열대를 은폐하면서 만들어갔던 근대를
한국인은 삼십년간 압축 실행했다.
어느 시인의 말대로
"삼십년에 삼백년을 산 사람은 어떻게 자기 자신일 수 있을까."

역사적으로 중국과 일본에 이어 미국이 한국의 중심이 되었다.
다음은 중국으로의 회귀인가.
아프리카 대륙을 토목공사판으로 만들고
라틴아메리카를 식량농업을 위한 신제국주의적 플랜테이션으로 만들고
남태평양을 해양산업의 안보기지로 만들어가는
중국이 통일 한국의 새로운 모델이 결코 될 수 없다.

한국 대학의 수직적 분과 학문체제로는
서구적 근대를 추종하는 데도 숨이 찰 지경이다.
그런데도 지식권력은 기득권을 포기하지 않는다.
서구적 근대가 시작된 유럽은 융합으로 가는데
정작 이를 허겁지겁 수용한 한국은 분과 학문의 철옹성이다.

인류사 중심의 학문과 예술의 경계를 넘어
열대 자연사와의 융합을 통해 숙성된 열대학으로 나아가자.
자연사와 인류사의 관계를 혁명적으로 변화시켜야 한다.
열대학의 문화역사지리적 상상력으로
아프리카, 동남아시아, 남태평양, 라틴아메리카와 문화융합하자.

한국 사회 전체를 옥죄면서 다가오는 '인구절벽'은 절박하게 외친다.
열대와 전지구적으로 문화융합하라!

용인 신봉동에 수령 삼백년이 된 느티나무와 함께 하면서

저자 씀

독자들을 위한 책읽기 안내와 감사

전체 3부, 9장으로 구성된 이 책은 처음부터 읽지 않아도 됩니다. 목차를 훑어본 다음에 자신이 가장 흥미롭다고 생각하는 장부터 읽으면 됩니다. 예를 들어 문학에 관심이 있다면 5장을 먼저 열어도 됩니다. 아니면 조선 시대가 궁금한 독자는 7장부터 읽어도 무리가 없습니다. 그렇더라도 저자가 왜 이 책을 쓰게 되었는지를 안다면 책 읽기가 훨씬 편해집니다. 1장에 있는, 열대가 무슨 의미인지를 안다면 내용을 더욱 쉽게 이해할 수 있습니다.

독자에 따라 다소 다르겠지만, 대체로 2장이 3장보다도 책 페이지를 더 늦게 넘길지도 모릅니다. 보통은 책의 이론적 틀을 다루는 부분이 어려운데, 이 책은 그렇지 않을 수도 있습니다. 사회과학을 전공한 독자들은 8장을 먼저 읽고 3장으로 가도 됩니다. 생태환경과 열대의학에 관심이 있으면 6장을 먼저 읽기를 권합니다. 종횡무진 융합적 책읽기를 시도하면 의외의 감동이 다가옵니다.

이렇게 자신에게 편한 내용부터 읽고 난 다음에는, 모든 독서 행위가 그렇듯이, 책 전체를 유기적으로 파악하려는 마음이 요청됩니다. 한국 교육체제를 지배하는 지식권력이 워낙 인류사와 서구적 근대 중심으로 제도화되어 있습니다. 열대는 단순히 기후의 영역이 아닙니다. 또한 '박물학'(博物學)이라는 일본 번역어도 용어의 문제에만 그치지 않습니다. 한국이 모든 분야에서 서구적 규준을 따라 잡았다고 생각하겠지만, 열대 자연사의 관점에서 서구적 근대를 들여다보면 이야기가 대단히 복잡해집니다. 열대 자연사의 개념을 이해하는 데 정성을 들인 만큼이 책의 줄거리를 파악하기 쉽습니다. 결국 1부의 관점에서 2부와 3부를 씨줄과 날줄로 엮어내려는 의지가 있을 때, 다소 두터운 이 책의 줄거리를 대충이라도 잡아낼 수 있습니다.

색인은 글쓰기에서 대단히 중요한 위치를 차지한다는 것을 강조합니다. 본문의 글쓰기가 저자의 의식 세계라면, 색인은 무의식의 세계를 재현합니다. 본문의 글쓰기를 마치고 난 후에 색인의 '주제어'를 보면, 저자 자신도 소스라치게 놀라게 됩니다. 왜냐하면 저자가 의식적으로 강조하지 않았던 주제어들이 도처에 나타나 있기 때문입니다. 그렇기 때문에 의식의 세계인 본문의 글과 무의식의 세계인 색인을 유기적으로 연결하면서 읽어야 저자의 진정한 글쓰기 세계에 도달할 수 있습니다. 하지만, 거의 모든 출판사와 저자들은 이렇게 중요한 색인 작업을 상대편에게 미루는 것이 작금의 현실입니다. 나는 노벨경제학상 수상자의 한국 번역서에서 가장 중요한 핵심 개념들이 색인의 주제어에서 아예 빠져 있는 경우도 봤습니다. 게다가 '하위주제'(subindex)가 없는 책들이 부지기로 많습니다. 저자도 출판사도 이런 개념이 없기 때문입니다. 이러한 한국 출판문화를 조금이라도 극복하기 위해 색인 작업을 정성들여 했습니다. 그렇다고 솔직히 완성도는 높지 않습니다. 저자의 의욕이 있더라도 출판사의 의지가 뒷받침되지 않으면 힘듭니다. 색인은 크게 인명, 책명과 지도명 그리고 작품명, 마지막으로 주제명으로 분류했습니다. 하위주제를 더 많이 포함하지 않은 것에 대해 독자들의 너그러운 양해를 구합니다.

지도, 그림, 표들을 많이 포함했습니다. 물론 시각적으로 보게 되면 이해하기에 편하다는 것도 있지만, 더 중요한 것은 지도와 그림을 '해석'

하는 즐거움을 독자들과 공유하고 싶어서입니다. 이 책은 원래 전문적인 학자보다도 교양 독자의 눈높이에 맞추려고 했지만, 글쓰기의 소양과 방법이 부족하여 내용이 다소 어렵게 되었습니다. 흔히 학술 서적에 약방의 감초처럼 따라다니는 각주와 미주는 필요한 경우가 아니면 사용하지 않았습니다. 책의 말미에 참고문헌이 많은 것은 앞으로 열대학 공부에 관심이 있는 독자를 위한 배려라고 생각해주면 고맙겠습니다.

요즈음 공부하는 사람의 연구윤리가 날로 엄격해지고 있습니다. 분명히 말씀드립니다. 그동안 열대에 관해 썼던 학술 논문과 저서 중에서 필요한 부분을 인용하고 정리한 것을 포함했습니다. 이 경우에는 각주로 이를 밝혔습니다. 뿐만 아니라 평소에 '열대학 블로그'에 적어둔 글들, SNS를 통해 소통한 이메일이나 문자들도 수정하여 포함했습니다. 이 경우는 별도로 밝히지 않았습니다. 모든 책임은 저자의 몫입니다. 되돌아보면 글의 형식뿐만 아니라, 책의 내용도 수정 · 보완할 데가 숱하게 많습니다. 앞으로 독자들과 소통하고 더욱 공부하면서 개정판에서 더욱 나은 모습을 보이겠습니다.

어떤 공부도 그렇지만, 이 책과 같이 서구 – 열대 – 조선과 한국에 대한 공부는 홀로 행할 수 없습니다. 더더욱 십여 년에 걸쳐서 세계 많은 나라에서 모은 자료와 직접 몸으로 탐방하면서 수행했던 에스노그라피는 여기에 참여했던 모든 분들의 협력과 도움이 없었다면 불가능한 것입니다. 국내와 해외의 많은 학자들의 관대한 이해와 배려를 잊을 수가 없습니다. 지면의 제약으로 그 이름을 모두 적을 수가 없음에 널리 양해를 구합니다. 그동안 참여했던 국내 학회들을 순서 없이 언급하는 것으로 대신합니다. ('한국'은 생략하면서) 서양사학회, 사회사학회, 과학사학회, 문화역사지리학회, 아프리카학회, 동남아시아학회, 라틴아메리카학회, 자연사·미래환경학회, 인류학회, 국제개발협력학회, 사회학회, 18세기학회, 대한醫史학회, 생태문화연구회, 생태학회, 과학철학회, 괴테학회, 한일관계사학회, 역사학회, 국제보건의료학회 등 어려운 상황에서도 학문의 발전에 공헌하신 많은 선생님들께 깊이 감사드립니다. 아울러, 열대학연구소의 활동을 지원해주었던 아주대학교의 여러 교수님들께도 고마움을 전합니다.

저자의 글쓰기와 책을 출간하는 일은 다른 차원의 일입니다. 이 원고를 흔쾌히 맡아주신 서강대 출판부의 우찬제 교수님과 서강학술총서 위원회에 심심한 감사를 전합니다. 또한 출판 과정에서 저자의 뜻을 헤아리면서 많은 어려움을 해결해준 김영주 팀장에게 박수를 보냅니다. 그리고 열대학연구소의 이원재 연구원은 이 책이 출간되는 데 큰 힘이 되었습니다. 이 친구와 같은 한국의 미래 세대들에게 이 책이 도움이 되기를 간절히 기대합니다. 감사합니다.

그림 목록

지도 목록

표 목록

CONTENTS

The Tropics in the Making of Western Identity And Locating Korea in Tropical Studies

How was the Tropics Hidden in the Humanities,
Arts and Social Sciences?

(3) *Rouge Brésil* at the Intersection of Protestant Reformation and Discovery of the New World

(4) European Empires in Search for Nature's Economy in the South Pacific

(5) The Scramble for Africa and the Invention of the Congo

Chapter 5. The Tropics Hidden in Modern Literature and Arts

(1) *Robinson Crusoe* and *Vendredi* as Narratives of Western Identity

(2) Romanticism and the Historical-Geological Imagination of Tropical Natural History

(3) Joseph Conrad and Tropical Wilderness

(4) Paul Gauguin's Tahiti versus Le Douanier Rousseau's Jardin des Plantes

(5) War as a Source of the Western Self

Chapter 6. Historical-Geology of the West and the Identity of Medicine

(1) Historical Geology of Imperialism

(2) Imperial Governance of Tropical Diseases

(3) The Western Identity of Modern Medicine

Preface for Foreign Readers: Why 'Tropical Studies' Matters

INTRODUCTION

The main crux of my argument is that the Western humanities, arts and social sciences have hidden the fact that Western modernity was formed and established through its colonial transculturation with the tropics on a global scale. Representing much more than merely the geographical zone between the Tropic of Cancer and the Tropic of Capricorn, 'the tropics' in my thesis refers to the complex of cultural, historical and geographical space that has been constructed by the West since the encounter between the Old and New World. The tropics is an essential concept in recognizing how natural history has been oppressed by Anthropocentrism in historical studies.

While emphasizing that the world consists of the East and the West, mainstream Western-centric historiography has obscured the tropics as a crucial source of Western identity. The natural history of the tropics has been reduced to a history of Westerners through their natural resources exploitation for economic development in the tropics as well as in the West and the East. Even environmental history fails to fully illuminate the tropical basis of Western modernity. Therefore, from the integrative perspective of natural and human history, I ask foreign readers to re-think Western anthropocentric scholarship and arts in the context of Western colonial transculturation with the tropics.

It is no coincidence that a fully-fledged Western modernity and the Anthropocene began simultaneously in the second half of the eighteenth century. Western colonial transculturation with the tropics was entwined with anthropogenic forces on African slave labor, American plantations and Asian natural history products. I propose that future research on the tropics - what I term 'Tropical Studies' here - should no longer be reduced to isolated regional studies in Africa, Southeast Asia, Latin America and the South Pacific. 'Tropical Studies' is not merely the sum of regional studies of the tropics, but rather it is an integrative field inclusive of the humanities, the arts, the social sciences, the natural sciences and medicine. I hope that Tropical Studies will become tremendously significant in the epoch of the Anthropocene.

METHODOLOGY

My research on the tropics was highly piqued by reading the works of the following thinkers and scholars: Alexander von Humboldt, for an integrative perspective on human and natural history through biogeographical exploration; Sidney Mintz, for a historical anthropology of sugar plantations in the Caribbean islands; Philip Curtin, for a history of European encounter with Africa; Claude Lévi-Strauss, for a natural history of the tropics; Fernando Ortiz, for a historical sociology of transculturation in colonial Cuba; Leonard Blussé, for the encounter between Europe and tropical Asia; Bernard Smith, for a European vision of the tropics; Martin J. S. Rudwick, for a historical geology of the Earth; Steven Jay Gould, for an evolutionary biology of the species; Clarence J. Glacken, for a historical geography of nature; Gilberto Freyre, for 'tropicology' in Brazil; William J. T. Mitchell, for an iconology of landscape painting; Paul J. Crutzen, for the Anthropocene, and Lawrence Joseph Henderson for the unification of natural and social sciences.

In addition, I conducted a number of ethnographic interviews with many elderly persons in a variety of places in the tropics such as the Democratic Republic of Congo, Kenya, Uganda, India, Borneo, Indonesia, Cambodia, Cuba, Peru, Mexico, the Amazon, and Brazil. Having actively participated in numerous academic conferences held in Europe and the U.S., I have taken an advantage of conference-free time to visit many European botanical gardens, zoos, and natural history museums for the fieldwork. Alternating visits to the tropics with stays in the West enabled me to recognize the pivotal role of the tropics in the making of Western modernity. Furthermore, a variety of tables, maps and illustrations are included in the book not only to help readers understand my arguments but also to encourage them to interpret these visual images. Visual thinking is pivotal to understanding the tropics in the making of Western identity.

STRUCTURE

In Part I, I contend that Western identity is based on five building blocks: commerce and trade, Christianization, colonization, civilization, and cleanliness. These blocks have been historically inseparable from the tropics. In addition, the driving forces of Western modernity consist of three components: tropical sea power and military forces, biogeographical exploration of the tropical natural history, and maritime trade with the tropics. Nevertheless, Western modernity has focused on Western-centric human history revolutions such as the Scientific Revolution, the Industrial Revolution, the French Revolution, and the American Revolution. Even the Haitian Revolution is absent from the natural history of the tropics.

In an era of revolutionary changes in Western history, 'great' thinkers such as Georges Buffon, Immanuel Kant, Johann Gottfried Herder, Georg Wilhelm Friedrich Hegel, Joseph Banks, Johann Wolfgang von Goethe, and Alexander von Humboldt relied upon the historical-geological imagination to illuminate the relationship between natural and human history. However, nobody conceptualized the 'Natural History Revolution,' because they never considered the Haitian Revolution in relation to a natural history of the tropics. I investigate the Haitian Revolution in terms of the natural history revolution that originated from complex interactions between African slaves, American plantations, and European colonization of the tropics.

As the West invented its modern desire for spices, sugar, coffee, tea, and tobacco through trade with the tropics, it also began to demand the scientific disciplines and practical methods necessary to civilize, Christianize, cleanse, and colonize the tropics. It was through colonial transculturation between the West and the tropics that a variety of concepts, theories, and methods were formulated in the modern social sciences. I explore how such concepts that have underlain sociology, economics, anthropology, psychology, and demography derived from Western colonial transculturation with the tropics.

In Part II, contrary to existing views of Western modernity, I argue that European explorations of the tropics triggered literary and visual representations of the tropics. Such representations were transformed into the invention of modern desire for tropical products. To satisfy these desires, the five aforementioned building blocks were institutionalized through Western colonial transculturation with the tropics. I emphasize that this institutionalization was set up through reciprocal interactions between the tropics and the West, rather than being established initially in the West and only subsequently in the tropics. The colonial production of tropical space is deeply intermingled with the satisfaction of modern desire. Several pioneers are investigated in relation to tropical natural history exploration: Christopher Columbus; Ferdinando Magellan; Jean de Léry; Carl Linnaeus and his 'disciples'; Joseph Banks; Alexander von Humboldt; Alfred Wallace, and Charles Darwin.

Exploring Romanticism from the perspective of a natural history of the tropics leads us to reject common misconceptions of it as a solely Western artistic, literary, musical, and intellectual movement. Romanticism is not an exclusively Western legacy but rather an intellectual product of colonial transculturation between the West and the tropics. Existing literary and artistic critiques that seek to understand Romantic novels and arts have masked tropical natural history. A tropics-oriented reading of Western humanities and arts from the late 1700s through the early 1800s reasoned me to contend that Romanticism resulted from European colonial transculturation with tropical natural history.

I focus on several specific works of European novelists and artists to analyze how the tropics shaped both the form and contents of Western identity: Bernardin de Saint-Pierre; Robert Thornton; Joseph Conrad; Paul Gauguin; Le Douanier Rousseau; Michel Tournier; Jean-Christopher Rufin, and the two Nobel laureates, Jean-Marie Gustave Le Clézio and John Maxwell Coetzee. Based on these analyses, my thesis is that, so long as Western literature and arts continue to obscure the natural history of the tropics, we cannot recognize the true meaning of Western identity and modernity.

Many Korean readers may wonder why and how Tropical Studies matters in Korea, which does not belong to the tropics. I therefore discuss the case of Korea in **Part III**, which also provides foreign scholars of Korean Studies with an alternative perspective to enhance their scholarships. It examines the Kingdom of Joseon (朝鮮, 1392-1910) in the context of global maritime trade with the tropics and analyzes contemporary Korean transculturation with the tropics. Several kingdoms before the Joseon dynasty had long maintained maritime trade relationships with tropical Southeast Asia, mostly through Chinese trade cities.

However, this tradition was abruptly abolished after the Ming Dynasty (1368-1644) diplomat and explorer Zhenge He conducted seven maritime voyages to the Indian Ocean (1405-1433). Since the Qing dynasty's (1644-1912) domination of China, the ruling class of the Kingdom of Joseon saw itself as the center of the world and dismissed the Qing as 'barbarians'. Although the Dutch East India Company seriously tried to trade with the Joseon dynasty, the so-called 'Sojunghwa' (小中華) - an ideological Confucian variant of Sino-centrism (中華) - led the dynasty to have no interest in cultural and trade relationship with the Netherlands. The Kingdom was isolated by itself from surrounding countries. Even some reform-minded 'Silhak' (實學) scholars, who tried to accept 'Seohak'(西學, literally meaning 'Western learning'), did not explore how the Joseon dynasty could be incorporated into the global maritime trade network with the tropics.

Over the last seventy years, Korean society has trodden the development paths set out by Western modernity. Indeed, Korean humanities, arts and social sciences are so much based on the U.S. model that Korean intellectuals do not try to recognize that the tropics has been hidden in Western scholarship. However, a few Korean thinkers did try to recognize the significance of the tropics in an era of globalization; I analyze their works and efforts in the context of Korean transculturation with the topics.

Korea had been a recipient of Official Development Assistance (ODA) since the Korean War (1950-1953). However, in 2010, Korea surprisingly became the 24th member of the Development Assistance Committee, the international donors' club. This turning point in the history of Korea's international development raised a very important question: what kind of ODA programs should Korea provide for the tropics? Readers will remember that Sub-Saharan Africa still suffers from severe poverty and many tropical diseases despite being a long-term recipient of ODA from the West. Thus, Korean people should critically evaluate the Western model of modernization from the perspective of Tropical Studies. To go beyond 'Korean Orientalism' on the tropics,

Korean intellectuals must find out how the humanities, arts, and social sciences have hidden the tropics in the making of Western identity.

1부

뫼비우스의 층위

1장
열대학의 융합적 지평

과거의 시간과 현재의 시간은 모두 미래의 시간에 존재한다.

– 아마르티아 센(Amartya Sen)

위대한 문명은 열대에서 시작되었으며, 인류의 문명은 종국적으로 열대로 되돌아갈 것이다.

– 호세 바스콘셀로스(José Vasconcelos)

1장

열대학의 융합적 지평

1. 왜 열대인가?

1) 열대와 조선 성리학

조선은 왜 '모든 길은 옌칭으로'라고 믿었는가

어느 나라이건 자신이 살고 있는 시대의 주류 패러다임에 대해 대안을 모색하고 추구하려는 사람이 있게 마련이다. '북학파'라고 알려진 18세기 조선의 실학자들이 그랬다. 홍대용, 박지원, 박제가 등은 청나라의 문물을 배워야 한다고 과감하게 주장했다. 천주당을 방문하여 예수회를 통한 서구 문물을 수용했건 아니건 간에, 청의 수도 옌칭(燕京)은 새로운 세계에 대한 북학파의 역사지리적 상상력을 불러 일으켰던 공간이었다. 하지만 북학파에게도 조선의 해는 옌칭에서 떠서 옌칭으로 졌다.

18세기 일본은 어떠했는가? 중화적 '사물의 질서' – 푸코(Michel Foucault)의 용어를 차용한다면 – 와는 다른 대안적인 세계를 추구하려는 흐름이 있었다. 《난학의 세계사》에서 말했듯이, 난학자(蘭學者)라고 불리웠던 이들은 네덜란드를 통해 서구의 문물을 적극적으로 수용했다. 그들에게 중국 문물은 반드시 수용해야 할 대상이 아니었다. 네덜란드가 일본과의 무역을 위해 설치한 상관(商館)이 있는 나가사키의 데지마(出島)는 난학자들이 반드시 한번은 방문하는 공간이었다(이종찬, 2014a). '모든 길은 옌칭으로'라고 믿었던 조선과 그렇지 않았던 일본의 18세기는 이렇게 갈렸다.

그렇다면 일본 난학자는 왜 멀고 먼 나라인 네덜란드를 통해 유럽 문물을 수용했을까? 결론부터 말하면, 네덜란드가 열대의 자연사(自然史)에서 국가의 부(富)를 창출하는 힘을 갖고 있었기 때문이다. 17세기 황금 시대를 구가했던 네덜란드는 18세기가 되면서 영국과 프랑스에 밀리게 되었지만, 여전히 열대 동남아시아의 해상을 지배하고 있었다. 데지마에서의 무역을 예의 주시했던 난학자들은 열대 자연사가 부의 증진을 위해 매우 중요하다는 것을 인식했다. 이런 과정을 통하여 난학자들은 중화적 사물의 질서와 결별했다.

열대 자연사에 깊은 관심을 갖고 있던 인물이 18세기 스웨덴에도 있었다. 러시아와의 전쟁(1700-1709)에서 스웨덴이 패배하자, 린네(Carl Linnaeus)는 조국의 미래를 위한 새로운 패러다임을 찾아 나섰다. 웁살라대학에서 자연사와 의학을 공부했던 그는 암스테르담으로 유학을 떠났다. 이유는 분명했다. '자연의 경제'야말로 중상주의(mercantilism)가 발달하기 위한 최적의 조건이라고 판단했기 때문이다. 린네는 중상주의의 지평에서 자연을 경제에 적용할 줄 알고, 동시에 경제를 자연에 적용할 줄 아는 새로운 지식을 갈구했다(Koerner, 2009).

대안적 패러다임을 추구했다는 점에서 린네나 북학파나 난학자나 별로 차이가 없다. 하지만 다음 지도를 보면 독자들은 소위 린네 학파가 실학자와도 난학자와도 본질적으로 다르다는 것을 알 수 있다.

〘지도 1-1. 린네 사도들의 열대 자연사 탐험〙(Broberg, 2006: 38)은 린네의 17명 '사도들'(Apostles) – 32명 학생 중에서 자연사 탐험에 참여했던 학생을 이렇게 불렀다 – 이 식물, 동물, 광물을 수집하고 조사하기 위하여 열대를 전지구적으로 탐험했음을 보여준다. 린네의 첫 번째 사도가 1746년에 중국의 광저우(廣州)까지 온 이후, 사도들의 자연사 탐험은 아프리카의 기니, 시에라 레온, 남아프리카, 스리랑카와 인도, 베트남, 인도네시아와 파푸아 뉴기니, 오세아니아, 남태평양의 피지, 통가, 바누아투, 라틴아메리카의 베네수엘라, 수리남, 브라질, 아르헨티나 등에서 이루어졌다. 결국 이 지도는 린네 학파가 조선 북학파와 어떻게 근본적으로 다른 지를 확실하게 보여준다. 전자가 자신의 이론을 전지구적으로 실천했던 데 반해, 후자는 그렇지 않았다.

그렇다면, 북학파는 왜 대안적 패러다임을 옌칭에서만 찾으려고 했을까? 왜 옌칭 이외의 다른 역사지리적 공간을 생각하지 않았을까? 왜 오로지 북쪽이었는가? 북학파는 왜 자신의 담론을 사회적 실천으로 전환시키지 못했을까? 한국사의 제도권 학술지 《한국실학연구》로 상징되는, 실학에 관한 수많은 한국사 연구는 왜 담론에만 주로 관심을 갖는가? 꼬리에 꼬리를 물고 질문들이 이어진다.

열대 자연사에 대한 생물지리적 탐험! 북쪽만을 쳐다보았던 조선

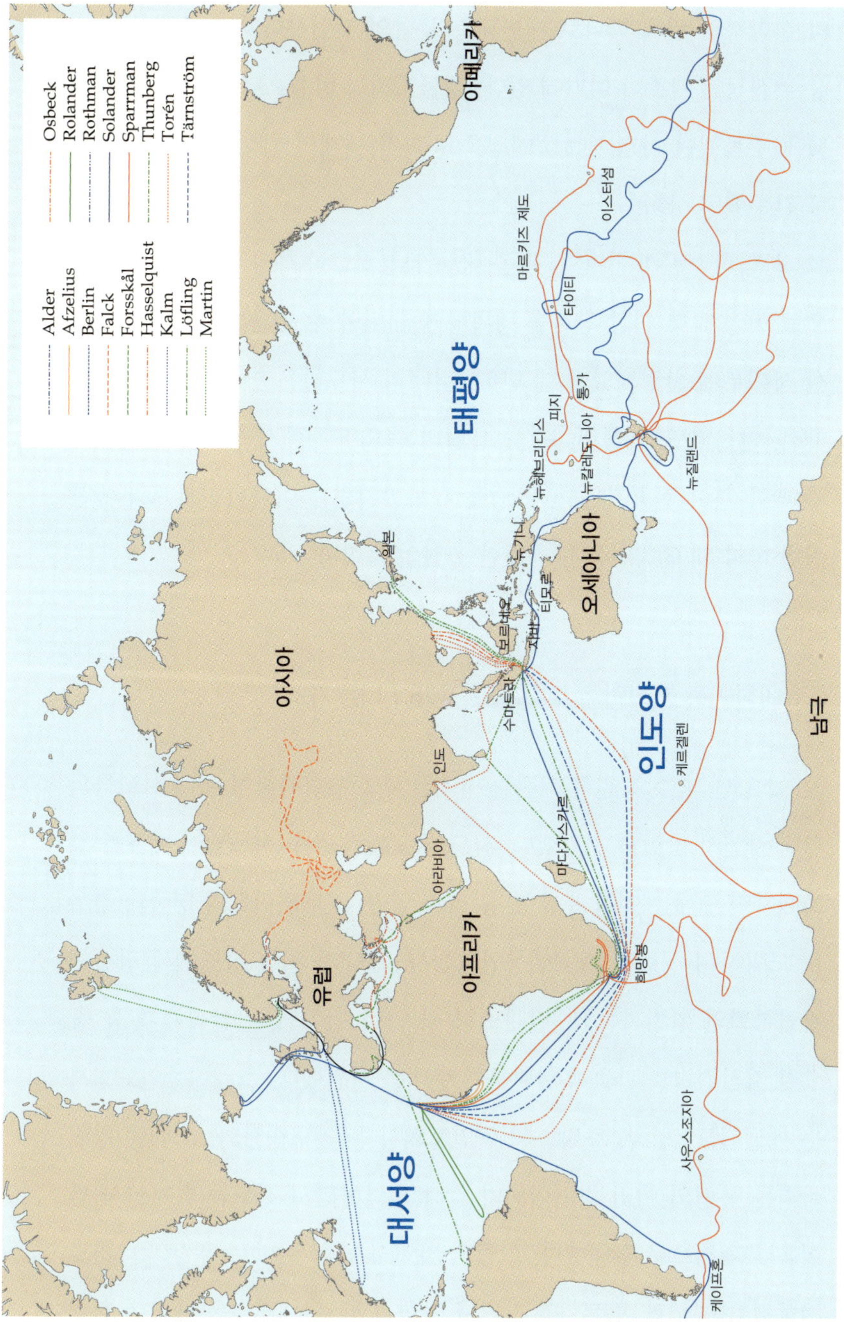

지도 1-1. 린네 사도들의 열대 자연사 탐험

의 실학자와 린네 학파로 대변되는 유럽의 자연사학자를 구분짓는 가장 본질적인 기준이 여기에 있다. 생물지리적 탐험으로 열대 자연의 경제에 주목했던 사회 대(對) 옌칭을 중화적 세계의 거대한 지식 저장소로 간주했던 사회.

북학파 : 린네 학파 = 북쪽 대륙 옌칭 : 남쪽 해양 열대. 이것 이상으로 어떻게 더 이상 양자를 명확하게 대비할 수 있을까? 연행사는 조선 사대부에 한정되었던 데 반해, 린네의 사도들은 암스테르담, 런던, 파리, 마드리드, 베를린, 빈 등 유럽의 주요 도시에서 공부했던 자연사와 의학 분야 전공자였다. 유럽을 유목민처럼 돌아다니면서 공부했던 린네 학파 대 옌칭만을 다녀왔던 조선의 북학파.

대한민국 지식인은 북학파와 얼마나 다른가

스웨덴의 주요 권력 기관들이 적극적으로 협력하여 린네 사도들의 열대 자연사 탐험을 지원했다. 사도들은 한결같이 "하느님이 세계를 창조했다면 린네는 이를 분류했다."라고 믿었다. 네덜란드와 영국의 경우를 모방하여 설립된 스웨덴동인도회사, 린네가 직접 창립에 앞장섰던 왕립학회와 왕립과학회, 린네도 속해 있던 귀족원, 웁살라대학 등 중요한 지식권력 기관들이 협력하여 린네를 지원했다. 스웨덴동인도회사는 네덜란드, 영국, 프랑스의 동인도회사·서인도회사와, 스웨덴 왕립학회는 유럽의 여러 왕립학회와 각각 협력하면서 사도들의 자연사 탐험을 효과적으로 후원했다. 그들의 자연사 탐험은 바로 유럽의 나라로 전해졌고 영국과 프랑스의 자연사 탐험과 때로는 경쟁을 때로는 협력을 했다. 바야흐로 18세기 '자연사혁명'(natural history revolution)이 시작된 것이다. 2장에서 상세히 논의하겠지만, 자연사혁명이 17세기의 '과학혁명'과 구별되는 점은 전자가 생물지리적 탐험을 통해 이루어졌던 데 비해, 후자는 유럽의 몇몇 대학을 중심으로 발생했다는 점이다.

생물지리적 탐험에서 강조해야 할 점은 열대의 식물, 동물, 광물이 서구 사회가 근대로 나아가는 데 중요한 무역 상품이 되었다는 것이다. 유럽 각국의 동인도회사와 서인도회사는 열대의 자연사를 발견하고 이를 무역 상품으로 만드는 데 혈안이 되었다. 열대 자연의 경제는 이렇게 작동했다. 연행사나 조선통신사에서는 중국이나 일본과 직접적으로 상품 교역을 하지는 않았다. 탐험과 무역이 결합되어 새로운 지식을 생산하는 사회 대 그렇지 않은 사회.

생물지리적 탐험의 결과가 과정보다 더 중요했다. 열대 자연사에 관한 모든 지식을 경쟁적으로 공유하면서, 유럽은 자신의 정체성에 관한 새로운 전환점을 맞았다. 자연사 탐험과 상품 교역이 서로 결합되면서 유럽인들은 열대를 식민화하려는 제국적 욕망을 갖게 된 것이다.* 이것이 바로 18세기 자연사혁명의 핵심이다. 서구의 열대에 대한 타자화가 시작되었다. 이에 반해 연행길은 교역과 분리된 채로 이루어졌기에 옌칭은 연행사 자신의 내면 세계에 더욱 더 깊이 파고들었으며 연행사는 중화적 사물의 질서에 더욱 더 집착하게 되었다. 조선통신사도 마찬가지였다.

그렇다면 현재 세계 곳곳으로 여행을 떠나는 한국 지식인은 연행사

* Miller & Reill, 1986; Drayton, 2000; Brockway, 2002; Schiebinger, 2004; Driver & Martins, 2005; Schiebinger & Swan 2005; Tobin, 2005; Cañizares-Esguerra, 2006.

나 조선통신사의 사대부들과 얼마나 다를까? 그들은 런던자연사박물관에서 자신들이 감상하는 소장품이 열대 자연사에서 갖고 왔음을 어느 정도로 깊이 알고 있을까? 《파리식물원에서 데지마박물관까지》에서 이야기했듯이, 린네 학파가 한평생 공들여 작업했던 자연사 탐험과 연구 결과가 큐식물원 원장과 영국 왕립학회장을 맡았던 뱅크스(Joseph Banks)에 의해 영국의 손으로 넘어왔다(이종찬, 2009b). 뱅크스의 소장품은 런던자연사박물관의 '주춧돌'이 되었다. 열대의 식민주의자들이 '제국의 영광'을 드러내기 위해 다양한 식물, 동물, 광물들을 수집하면서 소장 목록을 체계화하려는 의식이 고양되었고, 자연사박물관은 '문명의 표식'(標識)이 되었다(Fortey, 2009: 67-71). 매년 수백만 명 이상이 다녀가는 런던자연사박물관은 이렇게 만들어졌다. 유럽의 주요 도시에 있는 자연사박물관들도 예외가 아니다.

한국 지식 사회의 문화적 헤게모니를 갖고 있는 문과형 지식인들에게 자연사박물관은 관심의 우선순위에서 뒤로 처져 있다. 한국인들이 가장 좋아하는 도시 중의 하나인 파리에서 루브르박물관은 가더라도 파리자연사박물관은 거의 가지 않는다. 문과형 지식인이 아닌 수학자가 어떻게 해서 파리 최초의 시장이 되었는지에 대해 관심을 둔다면, 에펠탑을 비롯하여 파리의 공간이 달리 보일 것이다. 자연사박물관을 탐방하면서 열대 자연사가 서구적 근대를 만들어갔다는 기호를 읽어내기가 쉽지 않다. 수학, 천문학, 물리학, 화학 등으로 분화되어 버린 자연과학자의 눈에 자연사박물관은 생물학 중에서도 특정 분야 전공자나 해야 할 학문 영역으로 간주된다. 한국 지식인에게 자연사박물관은 눈요깃거리 이상의 의미로 다가오지 않는다. 그렇다면, 열대의 존재조차도 몰랐던 북학파나 현재의 한국 지식인이나 어떻게 다를까? 만일 이 책에서 논의하는 대로 열대 자연사가 서구적 근대의 핵심적 층위로 작용했다면, 한국 지식인은 북학파와 얼마나 다르다고 말할 수 있을까? 열대가 무엇인지부터 알아보기로 한다.

열대의 자연지리

어릴 때부터 세계지도를 숱하게 보아왔겠지만, 독자들은 〖지도 1-2. 풍토 및 기후에 따른 세계지도〗와 같이 풍토와 기후에 의해 분류된 세계지도는 드물게 봤을 것이다. 통상적으로 북회귀선과 남회귀선 내의 지역이 열대라고 알려져 있지만, 이 지도에 의하면 아열대를 포함한 열대(V)는 녹색으로 표시되어 있는 지역으로 세계적으로 광범위하게 분포하고 있음을 알 수 있다. 이 지도에서 유럽과 미국의 동북부는 황색으로 표시된 온대성 풍토(Ⅲ)에 속한다. 지중해를 둘러싼 이베리아 반도, 이탈리아 남부, 그리스, 아프리카 북부 일부는 지중해성 풍토(IV)에 해당한다.

독자들의 이해를 위하여 다른 지도를 한 장 더 보기로 한다. 〖지도 1-3. 생물군계에 따른 세계지도〗(Olson et al., 2001)는 '생물군계'(biome) – 지리적으로 비슷한 기후에 있는 식물과 동물의 군집과 토양 유기체를 의미한다 – 의 관점에서 본 세계지도이다. 인류사의 관점에서 세계지도를 보는 데 익숙해 있는 독자들은 처음에는 다소 어색할지 모르겠지만, 이 책을 끝까지 읽게 되면 이물감이 사라질 것이다. 〖지도 1-3〗은 생물지리학(biogeography) – 생물의 분포를 지리학의 관점에서 연구하

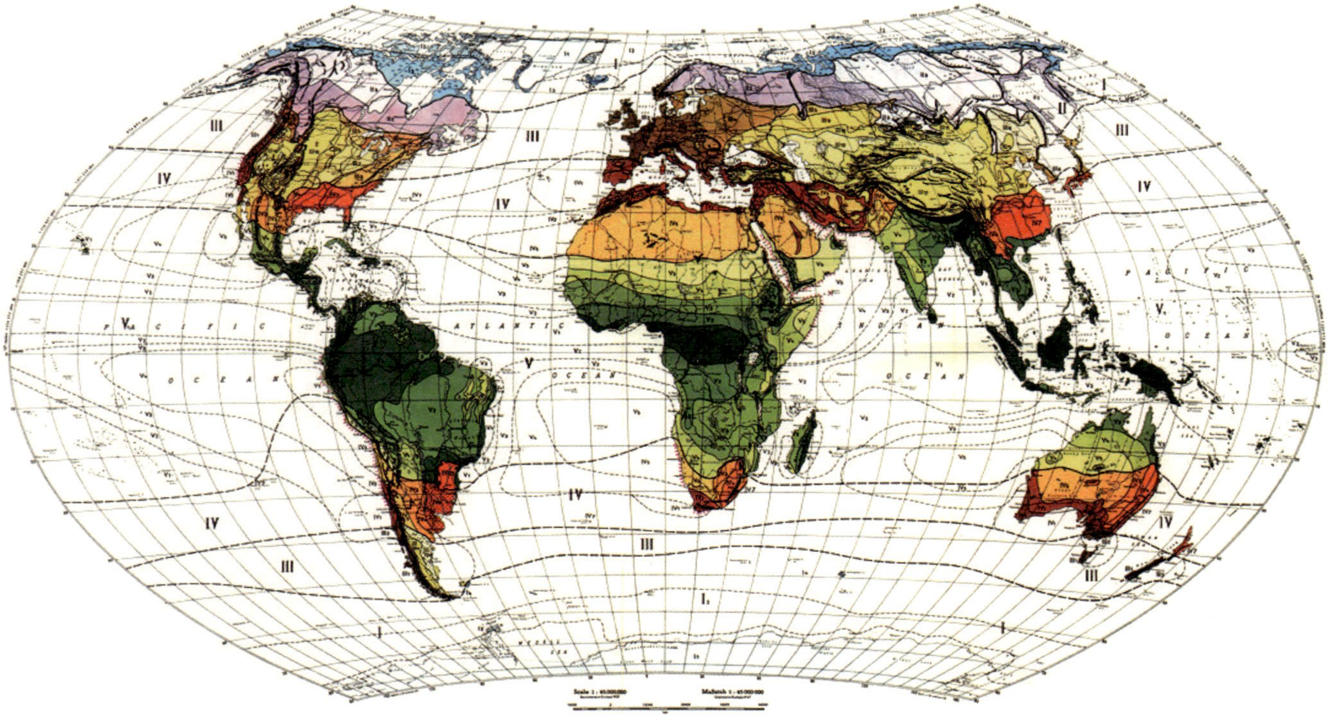

지도 1-2. 풍토 및 기후에 따른 세계지도 (하버드대학 지리공간도서관)

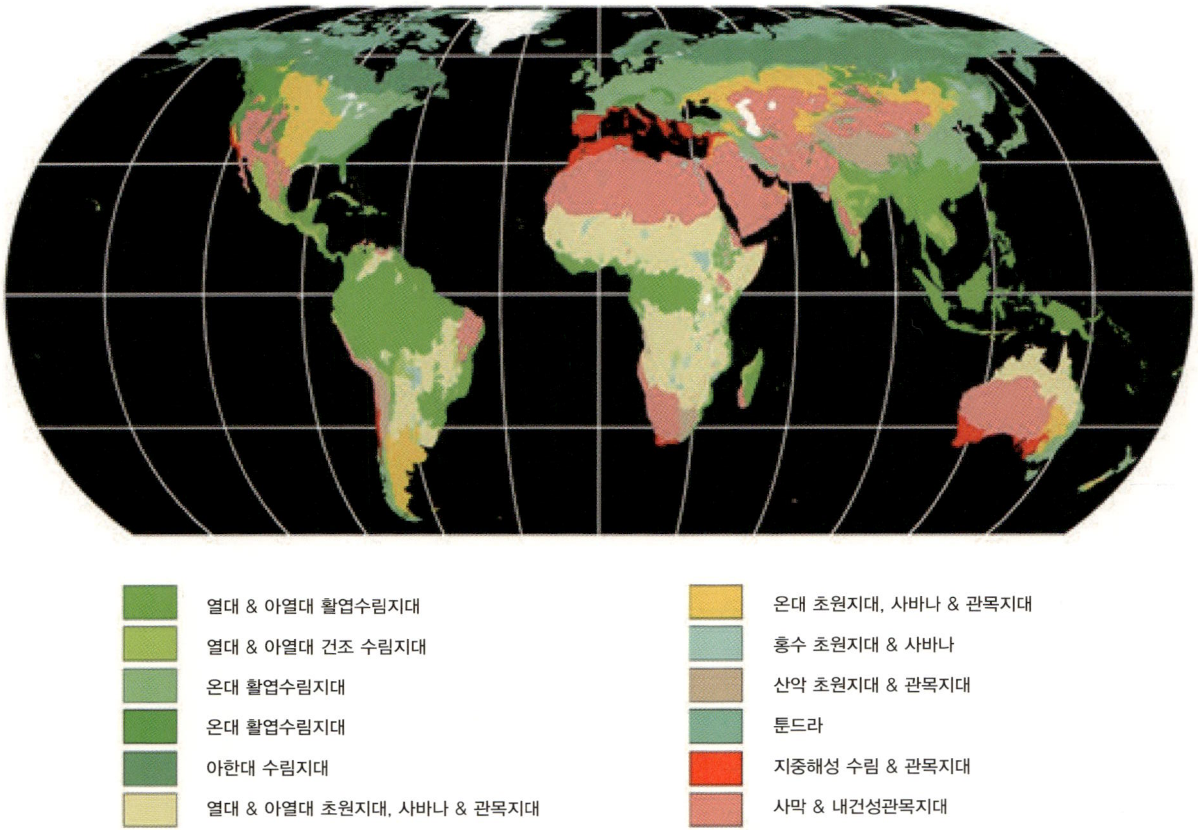

지도 1-3. 생물군계에 따른 세계지도

는 학문 – 의 관점에서 〔지도 1–2〕를 해독한 것임을 알 수 있다.

열대라고 하면 바로 아프리카를 먼저 떠올리는 독자를 위해 〔표 1–1. 열대 우림의 전지구적 분포〕(Kricher, 2011: 37)를 제시한다. 이 표는 열대 우림(tropical rain forest) – 적도 근처에 나타나는 상록활엽수 위주의 밀림 – 의 전지구적 분포를 보여준다. 열대 우림에 초점을 맞추면, 라틴아메리카가 동남아시아나 아프리카와는 비교가 되지 않을 정도로 열대적 특성이 가장 강하다. 또한 이 표는 동남아시아의 열대 우림이 가장 빠른 속도로 파괴되고 있음을 보여준다.

표 1–1. 열대 우림의 전지구적 분포, 1990–1997

단위: 백만 헥타르

	라틴아메리카	아프리카	동남아시아	전체
전체 연구 면적	1155	337	446	1938
열대 우림 (1990)	669 ± 57	198 ± 13	283 ± 31	1150 ± 54
열대 우림 (1997)	653 ± 56	193 ± 13	270 ± 30	116 ± 53
연간 벌채 (deforested) 면적	2.5 ± 1.4	0.85 ± 0.30	2.5 ± 0.8	5.8 ± 1.4
비율 (%)	0.38	0.43	0.91	0.52

열대와 풍토: 헤르더의 역사철학

'열대'(tropics)는 풍토적 개념이다. 독일 역사철학자 헤르더(Johann Gottfried Herder, 1744-1803)의 영향을 받았던, 일본 지리철학자 와쓰지 데쓰로(和辻哲郎)는 《풍토와 인간》(1935)에서 '풍토'(Klima)의 개념을 더욱 명료하게 정의했다. "풍토는 인간과 자연의 존재에 영향을 미치는 기후, 기상, 지질, 토질, 지형, 경관, 세균 등을 포괄하는 개념이다."(和辻哲郎, 1993: 13)

헤르더는 《인류의 역사철학에 관한 이념》(1784-1791)에서 풍토의 역사철학적 중요성에 대해 탐구했다. 《비코와 헤르더》(Vico and Herder)를 썼던 베를린(Isaiah Berlin)을 포함하여 국내외의 헤르더 연구자들은 풍토 이론이 그의 역사철학에서 갖는 위상에 대해 좁게 해석해왔다(최성환, 1999; 김기봉, 2004; 박용희, 2006; 김완균, 2013; Berlin, 1976; Larson, 1994). 이렇게 된 이유는 헤르더의 풍토 이론을 인류사의 관점에서만 바라보았기 때문이다. 사실 《인류의 역사철학에 관한 이념》을 자연사에 관한 기초 지식을 갖지 않은 채 인류사의 역사 지식으로만 읽기란 쉽지 않다. 국내외 헤르더 연구자들이 와쓰지 데쓰로의 《풍토와 인간》을 함께 읽는다면 헤르더의 풍토 개념을 인류사의 관점에서만 해석하지 않을 것이다.

헤르더에 의하면, 풍토는 자연사와 인류사를 연결하는 핵심적인 개념이다(Herder, 1800 : I : 172-177). 그의 이런 생각은 20대 중반에 프랑스의 바다로 여행하면서 쓴 《1769년 여행 일지》(1769)에서 태동했다. 헤르더는 '실과(實科)학교'(Realschule)의 교육 체계를 자연, 역사, 추상(抽象)의 세 과정으로 나눈 다음에, 자연 과정에서는 자연사를 비롯하여 수학과 물리학을, 역사 과정에서는 역사와 지리학을, 추상 과정에서는 철학, 종교학, 문학을 포함시켰다(Herder, 2009: 80). 자연사와 인류사의 '상관적 사유'가 이때부터 헤르더의 중심적인 역사철학으로 자리를 잡게 된 것이다.

지구의 기울기가 풍토의 차이를 만들었다고 생각한 헤르더에 의하면, "풍토의 차이는 인간 정신이 혁명적으로 전개되는 데 상당히 영향을 미쳐왔다."(Herder, 1800: I: 12) '자연의 학생'이면서 '철학자의 스승'인 자연사학자와 의사들은 히포크라테스의 저서인 《물, 공기, 토양》(Hippocrates, 1923)의 방법을 좇아서 풍토적으로 특정 지역을 탐구해야 한다(Herder, 1800: I: 174). 또한 헤르더는 사람의 감각, 상상력, 생활방식, 감정, 행복은 풍토적이라고 주장했다(Herder, 1800: I: 169 & 174-177). 그래서 유럽 사람이 누리는 행복의 관점에서 다른 풍토에 사는 사람들의 행복을 판단해서는 안된다. 헤르더의 입장에 서게 되면, 서구 문명이 가져다주는 행복을 일반화하여 열대 풍토의 사람들에게 일방적으로 강요할 수 없다. 헤르더의 이런 역사철학적 입장을 취하는 와쓰지 데쓰로는 모든 "역사는 풍토적·역사이며 풍토는 역사적 풍토"라고 주장했다(和辻哲郎, 1993: 23).

린네를 비롯하여 당대 자연사의 연구 성과를 수용했던 헤르더는 《인류의 역사철학에 관한 이념》의 5권을 시작하면서 "광물에서 결정체로, 결정체에서 금속으로, 금속에서 식물로, 식물에서 동물로, 동물에서 인간으로 자연의 모든 조직체가 상승한다."고 말했다(Herder, 1800: I: 174). 이것 이상으로 자연사에 대한 그의 입장을 확실하게 보여주는 것은 없다. 저서의 전반부에서 그는 지구의 운동, 식물과 동물의 '왕국'이 인간의 유기적 존재에 미치는 영향에 대해 상세히 논의했다. 후반부에서 헤르더는 고대 그리스와 로마부터 18세기 유럽에 이르기까지의 인류사에 대해서 서술했다. 더 나아가 그의 역사철학적 논의는 아시아와 아프리카까지 포함했다. 이와 같이, 헤르더는 자연사와 인류사의 유기적 상관성에 대해 주목하면서, 풍토가 양자를 연결하는 개념이라고 밝혔다.

헤르더는 풍토의 관점에서 열대 지역에 대해 논의했는데, 그 내용은 쿡(James Cook) 함장의 2차 세계 일주(1772-1775)에 참여했던 자연사학자인 포르스터(Georg Forster)가 쓴 《세계 일주 여행 관찰기》(1777)에 대체로 근거한 것이다(Forster, 1996. 5장 참고). 결국 헤르더는 풍토 이론의 완성을 맺지 못했고 와쓰지 데쓰로에 이르러서야 완결되었다.

헤르더와 와쓰지 데쓰로의 논점을 비판적으로 수용하면서 열대를 풍토적 관점에서 보면, 열대는 지리적 공간인 동시에 개념적 공간임을 알 수 있다(Arnold, 1996: 141-168). 여기서 개념적 공간이라고 함은 역사적으로 열대는 서구와의 상관성 속에서 또한 서구도 열대와의 상관성 속에서 각각 개념이 정립되어 왔음을 의미한다. 열대와 서구는 어느 한 쪽이 존재하지 않으면 존재할 수 없는 상관적 공간이다(이종찬, 2009a).

풍토적 육체성과 '외쿠메네'*

와쓰지 데쓰로는 헤르더의 논점을 더욱 확대해 풍토적 '육체성'(corporeality)이라는 개념을 창안했다. 이를 이해하기 위해 먼저

* 이 절은 〈'녹색성장'의 장소성에 대한 地理哲學적 사유〉(이종찬, 2011)에서 해당 부분을 대체로 인용했다.

18세기 사대부 이중환(李重煥)의 《택리지》(1751)를 보자. 이 텍스트는 '지리적 유토피아'를 찾아 나섰던 조선 사대부의 장소성에 대한 철학적 입장을 보여준다. 「복거총론卜居總論」편은 지리철학적 세계관이 분명하게 드러나 있다.

> 무릇 살 터를 잡는 데는 첫째, 지리가 좋아야 하고, 다음 생리(生理)가 좋아야 하며, 다음으로 인심(人心)이 좋아야 하고, 또 다음은 산수(山水)가 좋아야 한다. 이 네 가지에서 하나라도 모자라면 살기 좋은 땅이 아니다(이중환, 2002: 135).

여기서 이중환은 지리와 산수를 굳이 나누고 있는데, 전자는 풍수지리학적 자연을 의미하며, 후자는 현대의 자연지리를 가리킨다고 볼 수 있다. 18세기 조선에서 복거는 지리적 유토피아의 메타포이다. 조선 팔도를 찾아다니면서 이를 발견하려고 했던 이중환은 "아아, 사대부가 때를 만나지 못하면 갈 곳은 산림뿐이다."라고 자탄했다. 여기서 강조해야 할 점은 이중환이 철저히 사대부의 관점에서 장소성에 대한 지리철학적 논지를 전개했다는 것이다. 그는 「총론」을 마무리하면서, 이 책이 "사대부가 살 만한 곳을 기록"한 글이라고 말했다. 사대부로서의 그의 장소성에 대한 입장이 한문을 몰랐던 조선 인민의 지리적 유토피아에도 적합했을까?

이중환은 삶의 장소성을 구성하는 세 가지 축으로 지리, 생리, 인심을 설정했다. 이러한 세 가지 축은 지리학자 렐프(Edward Relph)가 《장소와 장소상실》에서 논의했던 '장소의 정체성'을 구성하는 세 가지 요인인 물리적 환경, 인간 활동, 의미에 각각 조응된다. 뿐만 아니라 이

중환의 세 축은 마르크스주의자 르페브르(Henri Lefèvre)가 《공간의 생산》에서 언급했던 물리적 공간, 사회적 공간, 정신적 공간에도 각각 대응되는 개념이다.

여기서 인간의 지리적 존재성이 다시 한번 부각된다. 지리학자 베르크(Augustin Berque)가 쓴 《외쿠메네》에 의하면, "존재론에는 지리학이 결여되어 있고, 지리학에는 존재론이 결여되어 있다."(Berque, 2007: 11) '나는 누구인가?'라는 존재론적 질문은 '나는 어디에 있는가?'라는 지리적 질문과 불가분의 관계가 있는 것이다. '세계-내-존재'에 대한 탐구는 '장소-내-존재'에 대한 것이 된다. 하이데거(Martin Heidegger)가 제기했던 현상학적 질문은 심상(心象)지리적 물음이 된다. 철학과 지리학 사이에 벌어져 있는 방대한 빈 공간을 예리하게 들여다보았던 들뢰즈(Gilles Deleuze)와 가타리(Felix Guattari)의 언어로 표현하면, 인간의 "사유는 영토와 대지의 관계 속에서 이루어진다."(Deleuze & Guattari, 1991: 125)

이중환, 렐프, 르페브르가 논의했던 장소성의 세 가지 차원은 와쓰지 데쓰로의 용어를 빌리면 풍토적 육체성으로 개념화할 수 있다. 와쓰지에게 "풍토성의 문제는 육체성의 문제와 분리될 수 없다."(Berque, 2001: 110) 왜냐하면 인간은 물론이거니와 특정한 식물, 동물, 또는 광물이 자신의 몸을 풍토에 동일시하는 과정, 즉 육체성은 일차적으로 '외쿠메네'라는 특정한 개체가 거주하고 있는 장소에서 이루어지고 있기 때문이다. 중요한 점은 외쿠메네이다. 외쿠메네는 특정한 개체가 사는 '집'과 주위의 환경만 의미하지 않는다. 바슐라르(Gaston Bachelard)가 집을 "정녕 하나의 우주"라고 말했을 때(Bachelard, 2003: 77), 그것은 외쿠메네의 우주적 존재성과 장소성을 동시에 의미한다. 특정한 개체의 몸은 외쿠메네를 육체성으로 나타내는 동시에 그것을 우주화한다.

이런 관점을 견지하게 되면, 온대에 살고 있는 서구인과 한국인이 열대 자연사와 원주민의 풍토적 육체성을 인식하는 것이 결코 녹록하지 않음을 뼈저리게 실감하게 된다. 예를 들어, 아프리카의 원주민에게 열대는, 그들이 자신들의 우주적 존재성과 장소성을 일상적으로 실현하는 외쿠메네이다. 수백만 년 온대의 외쿠메네에 의해 조건지워진 풍토적 육체성을 갖고 살아온 서구인과 한국인이 열대의 토착 언어, 토착 신앙, 토착 생태환경, 토착 미생물에 의해 형성되어 온 아프리카의 풍토적 육체성을 이해하는 것이 결코 간단하지 않다. 서구적 기준과 한국적 규범으로 열대 사람들의 행복을 판단해서는 안되는 본질적 이유가 여기에 있다.

그러면 외쿠메네의 본질은 무엇일까? 한국 독자에게도 널리 알려져 있는《침묵의 봄》을 쓴 카슨(Rachel Carson)과 함께 생태학 분야의 중요한 저자인 레오폴드(Aldo Leopold)는 이에 대한 실마리를 던져준다. 그는《모래 군의 열두 달》에서 "미국 북부 삼림지대의 가을 풍경 = 땅 + 붉은 단풍 + 목도리뇌조"(ruffed grouse)라는 등식을 소개했다(Leopold, 2006: 175). 목도리뇌조는 분류학적으로 동물 계 — 척삭동물 문 — 조류 강 — 닭 목 — 꿩 과에 속하는 텃새로 애팔래치아 산맥을 따라 분포한다. 풍경은 자연사와 인간의 마음과의 생태환경적 소통을 통해 나타나는 심상지리적 상태이다. 그는 이 방정식에서 "1 에이커가 지닌 질량 혹은 에너지의 백만분의 일을 차지할 뿐"인 목도리뇌조를 삭제해버린다면 미국 북부 삼림지대를 묘사하는 풍경의 방정식 전체가 의미를 상실해버리는, 목도리뇌조의 생태적 힘을 강조했다. 이 방정식에서 북부 삼림지대의 생태환경적 핵심은 칸트(Immanuel Kant, 1724-1804) 철학에서 사물의 본체를 의미하는 '누머난'(noumenon)으로 현상과 대치되는 개념이다. 모든 사물은 측정가능한 현상과 측정 불가능한 사물의 본체로 구성되는데, 누머난은 사물의 본체를 의미한다. 목도리뇌조는 이 삼림지대의 가을 풍경에서 누머난이다(Leopold, 2006: 176). 다시 말해서 목도리뇌조는 애팔래치아 산맥의 자연사에서 핵심적인 위상을 차지하는 것이다.

그렇다면 누머난은 풍토적 육체성과 어떤 관계일까? 애팔래치아 산맥은 목도리뇌조라는 특정 개체를 통해 자신의 풍토적 육체성을 가장 적나라하게 보여준다. 다시 말해서 목도리뇌조는 애팔래치아 산맥의 풍토적 육체성이 가장 극명하게 드러나는 특정 개체이다.

이런 인식은 열대를 탐구하는 데 중요한 준거점으로 작용한다. 열대 자연사에서 가장 핵심적인 위상을 갖는 누머난이 무엇인지를 규명하는 문제야말로 열대학 연구에서 선결 과제임에 틀림없다.

자연사는 자연사박물관에만 살아 있는가

파리에서 루브르미술관이 아닌 파리자연사박물관과 파리식물원을, 런던에서 영국박물관이 아닌 자연사박물관과 큐식물원을, 빈에서 오페라극장과 미술관이 아닌 자연사박물관에서, 뉴욕에서 메트로폴리탄미술관이 아닌 자연사박물관에 흠뻑 빠져보는 체험을 해보자. 다음과 같은 물음이 자연스럽게 떠오를 것이다. 왜 한국에서는 이런 규모의 자연사박물관이 없을까?

인구 5천만 명의 대한민국에서 국립 자연사박물관이 없다는 것은 이 땅의 삶이 비극적일 뿐만 아니라 지성적으로도 파국적인 상황에 처해 있음을 말해준다. 이 책 전체를 읽고 난 후에 이 구절로 다시 되돌아온다면, 독자들은 결코 과장이 아님을 알 것이다. 전국 곳곳에 자연사박물관의 이름을 내건 곳은 있지만 이런 정도의 소프트웨어로는 빌 게이츠나 스티븐 스필버그와 같이 창조적이고도 상상력이 풍부한 인물을 키워낼 수 없다. 두 사람은 어릴 때 부모와 함께 손잡고 다닌 자연사박물관에서 자신들의 상상력을 마음껏 키워갔다고 말했다. 한국의 청소년들은 한국의 재벌들이 장악하고 있는 복합영화관이나 대형 쇼핑몰에서 '상품을 소비하는 인간'(homo consumus)으로 양산되고 있다.

'natural history'는 한국어로 적확한 번역어가 정착되어 있지 않다. 제도권 학계에 속해 있는 인문사회과학 분야 전공자는 '박물학'(博物學)을 사용하고 있는 데 반해, 자연과학 분야 전공자는 자연사라는 용어를 선호한다. 사태가 이렇게 된 것은 이 개념이 일본을 통해서 수용되었기 때문이다. 근세 일본의 난학자들은 natural history를 박물학으로 번역하면서 이 용어가 정착되었다. 역사적으로 일본에서는 개체로써의 '물'(物)을 중시했기 때문에 식물, 동물, 광물의 개체에 초점을 맞추었다. 그래서 자연사보다는 박물학이라는 번역어를 선택했다(이종찬, 2014a: 201-242). 문제는 일본에서 박물학이라고 번역하면서, 이 개념의 역사적 성격이 사상(捨象)되었다는 데 있다. 한국에서 박물학이라는 용어를 아직도 사용하고 있는 것은, 일제 강점기에 '나비 박사' 석주명(石宙明)이 참여했던 '조선박물학회'가 창립되면서 박물학으로 용어가 통일

되었기 때문이다. 이런 역사적 상황은 결코 간단한 문제가 아니다. 박물학의 경우에서도 보듯이, 한국의 지식인들은 서양 언어로 텍스트를 읽으면서도 일본 학자들이 한문으로 번역한 용어를 한국어로 차용함으로써, 일본의 역사문화에 녹아 있는 의미를 그대로 사용해 왔다. 박물학을 계속 사용하게 되면, 뒤에서 자세히 보겠지만, 인류사와 대척 관계에 놓여 있는 자연사의 역사철학적인 의미를 놓치고 만다.

미셸 푸코는 《말과 사물》에서 'histoire naturelle'가 근대적 에피스테메의 중요한 한 축이라고 규정했다. histoire naturelle이 1987년도 한국어 번역판에서는 박물학으로 번역되었다가 2012년도 번역판에서는 자연사로 번역되었지만(Foucault, 1987 & 2012), 한국의 지식 사회에서 자연사는 그 개념이 정립되지 못한 채로 박물학과 혼용된 채로 사용되고 있다. 그래서 독자들이 자연사의 개념 때문에 혼란스러워하는 것은 당연할지도 모른다.

자연사는 다양한 의미를 갖고 있다.* 자연사의 사전적인 정의는 식물, 동물, 광물을 포함한 모든 유기체에 관한 연구를 말한다. 하지만, 이런 정의로는 자연사의 다양하고도 중층적인 의미를 파악할 수 없다. 자연사는 '종교의 자연사'와 같이 연구의 한 주제 또는 분야를 지칭하면서도, 특정한 유기체에 관한 지식을 의미하기도 하며, 그 지식을 생산하기 위한 과정 또는 작업을 뜻한다. 생물지리적 탐험은 자연사에 관

* Toulmin & Goodfield, 1977[1965]; Foucault, 1966; Albury & Oldroyd, 1977; Rossi, 1979; Oldroyd, 1979a & 1979b; Lyon & Sloan, 1981; Gould, 1987; Roger, 1989; Atran, 1990; Fortey, 1994; French, 1994; Larson, 1994; Nicholas Jardine, James A. Secord and Emma C. Spary, 1996; Koerner, 1999; Spary, 2001; O'Brien, 2002; Bewell, 2004; Rudwick, 2005, 2008 & 2014. Cooper, 2007; Bridson, 2008[1994]; Anderson, 2013.

한 지식을 생산하기 위한 과정이라고 볼 수 있다는 점에서 자연사의 핵심적인 방법이다.

현대인들이 자연사를 이해하기가 어려운 이유는 그것이 식물학, 동물학, 광물학, 지질학, 선사학, 민속학, 고고인류학, 고생물학의 융합적 학문체계로 이루어져 있기 때문이다. 여기서 자연사가 19세기부터 자연과학으로 분화, 발달해 간 것으로 알고 있는 독자들은 다소 혼란스러울 것이다. 어떻게 자연사가 현대 과학에 속하는 식물학이나 동물학 등의 여덟 분야 개별 과학의 융합적 학문이 될 수 있을까? 전근대 : 근대 = 자연사 : 과학이라는 등식에 익숙해져 있다면 이런 의문을 가질 수 있다. 하지만, 이 등식은 기본적으로 틀렸다. 이 등식은 과학혁명에 기반하고 있는 서구중심주의적 과학사가 만들어낸 잘못된 역사 인식의 결과다. 자연사는 과학과 불가분의 관계를 가지면서도 서로 다른 역사적 발달 과정을 보여왔다. 이러한 역사적 사실을 직시하면서, 융합적 학문체계로서의 자연사에 더욱 천착해 보자.

더 나아가서, 이 책에서 중요한 의미를 갖는 '역사화된'(historiographical) 또는 '역사적'(historical) 자연사로서, 이 개념은 인류사와 대칭적인 관계에 놓여 있는 역사로서의 의미를 갖는다. 자연사의 내포와 외연이 다양하다는 것은 학문으로서의 자연사 발달에 장점이 되기도 하지만 단점이 되기도 한다. 1936년에 창립된 영국의 자연사학회 이름이 'The Society for the History of Natural History'인 것을 봐도 자연사의 의미를 규정하는 것이 간단하지 않음을 잘 알 수 있다. 자연사는 융합적 학문이므로 자연사의 개념을 폭넓게 생각하면서 이 책을 읽을 때 그 의미를 이해할 수 있다. 독자들은 자연사가 박물학보다도 더 적합한 번역어라는 데 동의할 것이다. 같은 이유로 과학의 역사를 과학사라고 부를 수 있지만, 자연의 역사는 자연사라고 부를 수 없다.

장소가 중요하다

임마누엘 칸트의 삶과 관련하여 곡해되고 있는 점이 그가 고향 쾨니히스베르크(Königsberg)를 한 번도 떠나지 않고 한평생 살았다는 것이다. 물론 사실이다. 문제는 쾨니히스베르크라는 장소이다. 〖지도 1-4. 발트해의 쾨니히스베르크(칼리닌그라드)〗를 보자. 칸트의 고향은 현재 독일이 아니라 러시아의 영토에 속해 있는 칼리닌그라드(Калининград, Kaliningrad) 주(州)의 주도(州都)이다. 지도를 보면 알 수

지도 1-4. 발트해의 쾨니히스베르크 (칼리닌그라드)

있듯이, 러시아 본토에서 떨어져 있으며 폴란드와 리투아니아 사이에 위치하고 있다. 여기서 쾨니히스베르크를 해양사(海洋史)의 지평에서 바라보자. 당시 프로이센 왕국(Königreich Preußen, 1701-1918)에 속해 있던 칸트의 고향은 발트해의 중심적인 해양무역 도시였다. 2장에서 논의하겠지만, 18세기 북유럽, 동유럽, 러시아 사이에 이루어졌던 해양무역 도시로서의 쾨니히스베르크에 주목하지 않는다면 칸트 철학의 '장소성'을 이해할 수 없다. 칸트의 3대 비판철학 – 《순수이성비판》, 《실천이성비판》, 《판단력비판》 – 에 의해 상대적으로 그 의미가 가려져 왔던 《일반 자연사와 천체 이론》(1755)은 쾨니히스베르크의 해양적 장소성이라는 맥락에서 해독될 때 참된 의미를 파악할 수 있다.

장소가 중요하다! 사계절이 뚜렷한 한국에서 같은 한국인끼리만 보아왔던 사람이 미국의 어디에서 공부를 했는지에 따라 미국을 바라보는 시선은 다를 수밖에 없다. 풍토가 오감에 미치는 영향에 예민했던 사람은 더 그렇다. 부르디외(Pierre Bourdieu)가 쓴 《실천 이성》(1994)보다 《실천 감성》(1980)이 자신에게 더 의미있게 다가오는 사람이라면 더욱 그렇다. 조선 성리학을 이성이 아닌 감성의 관점에서 사유해왔던 사람에게는 더더욱 그렇다. 만일에 서울과 비슷한 온대 풍토의 볼티모어가 아니라 열대의 플로리다에서 몇 년간 공부를 했다면 '열대학'(Tropical Studies)을 더 빨리 시작했을지도 모른다.

다시 장소가 중요하다! 미국에서는 결코 경험할 수 없는 역사적 풍경을 감상하기 위해 유럽에 가더라도 어떤 장소를 중심으로 보느냐에 따라 유럽의 정체성을 이해하는 방식이 달라진다. 오랜 기간 식물원과 자연사박물관을 중심으로 유럽의 곳곳을 찾아다닌 사람은 미술관이나 역사박물관 중심으로 봤던 사람보다도 더 예리하게 열대 풍토가 유럽의 문화역사지리에 깊이 스며있음을 체감할 수 있다.

재차 강조하건대, 장소가 중요하다! 한국을 떠나 재충전의 시간을 어디에서 갖느냐에 따라 삶의 방식이 달라진다. 지리학과는 없었지만 동서고금의 수많은 지도들을 볼 수 있는 지리학도서관, 열대의학(tropical medicine)에 대한 사료가 정리도 안 된 채로 수북이 쌓여 있는 의학도서관 내의 은폐된 사료실, 베트남을 포함하여 동아시아에 관해 이런저런 공부를 할 수 있는 옌칭도서관, 한국의 대학에서는 상상할 수도 없었던 자연사박물관과 미술전문도서관, 그리고 흑백영화를 밤마다 볼 수 있는 필름아카이브 등 … 이렇게 하루하루를 보내다 보니 언제부터인지도 모르게 내가 살았던 한국을 낯설게 볼 수 있게 되었고 학문과 예술에 대한 융합적 사유가 시작되었다.

열대에서 태어나고 자라면서 많이 배운 사람들조차도 자신의 지역에 대해 서구인이 쓴 작품이 널리 알려져 있다는 사실을 모를 경우, 이를 어떻게 이해할까? 콘라드(Joseph Conrad)의 《암흑의 심장》(1899)이 대표적이다. 콩고를 수년간 연구하면서, 국립킨샤사대학의 영문학을 전공하는 교수조차도 이 작품을 읽어보기는커녕 들어본 적도 없다는 것을 확인한 적이 있다. 19세기에 서구가 자신의 제국적 욕망을 충족시키기 위해 거대한 아프리카 영토를 분할하고 식민통치를 했다는 것을 왜 모르겠는가? 하지만 그는 콘라드의 이 작품이, 작가의 뜻과 무관하게, 콩고에 대한 서구인의 인식에 지대한 영향을 미쳐왔다는 사실을 몰랐다.

머나먼 아프리카를 굳이 들먹일 필요가 없다. 조선으로 돌아가보

자. 《하멜 표류기》가 유럽에 알려지고 난 후에 유럽인들이 조선에 대한 이미지를 한창 만들고 있었던 17세기 후반 이래로 조선의 어느 누구도 《하멜 표류기》를 들어본 적도 읽어본 적도 없었다(7장). 약 2백 년 이상 자신의 사회가 유럽에 의해 부정적으로 타자화되고 있음에도 불구하고, 조선의 권력 계층은 무감했다. 콩고의 지식인과 뭐가 다른가?

한국의 지식인 사회는 세계가 동양과 서양으로 나뉘어져 있다는 것에 너무나도 익숙하다. 그렇다면 아프리카 콩고민주공화국에 살고 있는 '나'는 동양과 서양 중에서 어디에 속할까? 다윈(Charles Robert Darwin)이 생물지리적 탐험을 했던 갈라파고스(Galapagos) 섬에 살고 있는 '나'는 어떤가? '내'가 일상적으로 살고 있는 지역이 동양과 서양의 어디에 속하지도 않는다는 것을 알았을 때 어떤 생각을 하게 될까?

'나'는 누구인가, 조선 성리학의 생활문법

'李宗燦' – 언어인류학적 관점에서 '이종찬'이 결코 아니다! – 의 이름을 얻고 태어난 나는 조선 성리학의 생활문법과 규범이 여전히 강력하게 작동하고 있는 대한민국의 영토에서 현재 살고 있다. 생명체의 가장 본능적인 감정 표현 양식조차도 조선 성리학의 생활문법에 의해 검증되고 있는 현실이다. 교육의 사회화 과정에서 '왼손'을 마음대로 사용할 수 없었다. '단군' 이래로 '반만년' 이상의 역사를 갖고 있다고 하지만, 내 몸, 정확하게는 풍토적 육체성은 대륙적 풍토의 고구려와 발해나 해양적 풍토의 백제, 신라, 고려와는 철저하게 단절된, 조선 성리학의 생활문법에 의해 구속되어 있다.

내가 주로 만나는 사람들은 대체로 학자인데, 정도의 차이가 있을 수 있겠지만 그들 또한 조선 성리학에 구속되어 있기는 마찬가지다. 열대 아프리카, 동남아시아, 남태평양, 라틴아메리카를 오랫동안 공부해 온 학자들도 마찬가지다. 거의 대부분은 조선 성리학의 틀 안에서 열대의 각 지역들을 분석하고 있다. 조선시대를 공부하는 학자가 조선 성리학의 생활문법에 사로잡혀 조선 시대를 공부하는 것도 이해하기가 쉽지 않은데, 열대의 풍토적 육체성을 조선 성리학의 생활문법으로 재단한다면 비극일까 아니면 희극일까?

지금 중요한 문제를 제기하고 있다. 조선 성리학의 생활문법에 구속되어 있는 '나'는 성리학적 중화주의가 가장 크게 영향력을 끼쳤던 명대 중국을 어떻게 이해할 수 있을까? 혹은 '나'는 열대를, 서구를 어떻게 이해할 수 있을까? 조선 성리학의 생활문법에 철저히 길들여져 온 '나'의 오감으로 아프리카 콩고에 살고 있는 '피그미' 부족을 이해하는 것이 어떻게 가능하겠는가? "그렇다면 조선 성리학의 생활문법으로부터 자유로워진 후에 열대이건 동양이건 서양을 공부하라는 것인가?"라고 즉자적인 반응을 나타내는 독자는 없다고 믿는다.

또 하나의 중요한 문제를 독자와 함께 생각하고 싶다. 이왕 한국의 현실이 그렇다면 '나'의 자아가 조선 성리학의 생활문법에 어느 정도 강제되고 있음을 솔직히 인정하고 여기서부터 공부를 출발하자는 것이다. 만일 이를 의식적으로 인정하지 않거나 무의식의 세계로 밀어버릴 경우, 조선 후기의 '소중화'(小中華)에서 드러났듯이, 어떤 형태이건 간에 '중심주의'로 치달을 위험이 매우 크다. '소중화'는 중심주의를 태생적으로 내장하고 있다. 서구 – 주로 미국 – 로 유학을 갔다 와서 한국에서 공부하는 많은 학자들이 서구중심주의로부터 벗어나지 못하는 이유가 여기에 있다. 이는 수사적인 표현이 아니다. 한국의 어느 미국학 전공자가 "나는 백인 여성과 섹스를 하는 꿈을 자주 꾼다."라고 말하거나 어느 영국사 전공자가 "나는 스스로 영국인이라고 생각한다."라고 고백한 적이 있다. 중심주의는 이념에만 그치는 것이 아니다. 무의식까지도 깊이 지배하고 있다.

2) 동양과 서양의 이분법: 열대의 은폐

에드워드 사이드 비판

사이드(Edward Said)의 《오리엔탈리즘》과 라투르(Bruno Latour)의 《서구는 결코 근대적이었던 적이 없다》는 조선 성리학의 생활문법에 구속되어 있으면서도 이를 의식하지 못하는 '나'에게 성찰의 텍스트가 될 수 있다.

두 텍스트의 한국어 번역은 가장 중요한 개념에서 결정적으로 오류를 범했다. 《오리엔탈리즘》의 경우에, 사이드가 말한 '오리엔트'는 '동양'이 아니다. "아랍과 이슬람이 거의 일천 년간 오리엔트를 대변해 왔다."라고 생각했던 사이드는 "오리엔트의 광범위한 지역을 차지하는 인도, 일본, 중국, 그리고 극동의 다른 지역들"을 제외했는데, 그 이유는 "이 지역들이 중요하지 않아서가 아니라, 유럽의 근동 또는 이슬람에 대한 경험을 동쪽의 오리엔트로부터 훨씬 더욱 분리시켜서 논의할 수 있다."라고 생각했기 때문이다(Said, 1978: 17). 한국도 오리엔트에 포함되지 않는다. 그가 지칭했던 오리엔트는 동양과 등가물이 아니다.

브뤼노 라투르의 텍스트도 마찬가지이다. 이 텍스트의 원저는 《Nous n'avons jamais été modernes》인데, 여기서 'Nous'를 문자 그대로 '우리'라고 간주하여 현재 출간된 한국어 번역서는 《우리는 결코 근대인이었던 적이 없다》라고 되어 있다(Latour, 2009). 학문적 경력을 보면 알 수 있듯이, 나는 번역이 학문적으로 매우 중요하다는 것을 강조해왔다(이종찬, 2012c & 2014a). 예를 들어 조셉 콘라드의 소설 《Heart of Darkness》의 제목을 한국어로 어떻게 번역하면 될 것인지를 모색하기 위해 이 소설이 프랑스, 독일, 일본, 중국어로 각각 어떻게 번역되어 있는지를 살펴보았다. 기존의 한국어 번역서가 《암흑의 핵심》과 《어둠의 심연》으로 각각 출간되어 있지만, 콩고강을 직접 탐사하고 온 체험에 비추어 볼 때 《암흑의 심장》이 타당하다고 생각한다. 라투르의 텍스트도 마찬가지이다. 라투르 스스로 '우리 서구인'이라고 책에서 명백히 밝히고 있듯이, 라투르가 말하는 Nous는 그가 속해 있는 서구인이지, 한국인이 결코 아니다. 이 텍스트의 일본어 번역서는 《虛構の近代》(허구의 근대)로 되어 있는데, 번역자가 고심 끝에 제목을 정했을 것이다. 현명한 독자들은 조선 성리학의 생활문법이 만들어 갔던 중심주의적 경향성이 이 두 텍스트의 번역에 어떻게 작동하고 있는지를 이미 알아차렸을지도 모른다.

사이드의 《오리엔탈리즘》과 라투르의 《서구는 결코 근대적이었던 적이 없다》가 열대와 서구의 상관적 관계를 논의하는 데 있어서 성찰적 텍스트가 되는 이유는 무엇일까? 두 사람 모두 자신의 정체성 형성에서 핵심적 층위를 차지하고 있는 지점에서 출발하여 각각 오리엔탈리즘과 서구적 근대에 관한 거대 담론을 전개하기 때문이다(3장). 미국에서 문학비평가로 활동했던 사이드는 자신이 태어난 팔레스타인이라는 장소에서 오리엔탈리즘을 탐구했으며, 프랑스의 과학인류학자 라투르는 자신이 한평생 호흡하면서 살고 있는 파리라는 지점에서 서구적 근대를 조망하고 있다. 장소가 중요하다!

조선 성리학의 생활문법은 한국인의 정체성 형성에서 핵심적 층위를 차지하고 있는 지점이다. 서구를 열대적 지평에서 사유하려는 문제의식의 출발 지점이 조선 성리학일 수밖에 없는 이유가 여기에 있다.

열대학은 에드워드 사이드의 오리엔탈리즘을 넘어선다. 물론 사이드의 오리엔탈리즘은 오리엔트에 대한 서구의 근대적 포섭 장치를 규명했다는 점에서 중대한 의미를 갖는다. 열대 인도 연구의 석학인 아놀드(David Arnold)는 '열대성'(Tropicality)은 사이드의 오리엔탈리즘과 비슷한 문화적, 정치적 담론이라고 말했다(Arnold, 2000). 그러나 나는 그렇지 않다고 생각한다. 그 이유는 다음과 같다.

첫째, 사이드에게 오리엔트는 역사문화적 개념이지 과학적 개념은 아니다. '오리엔탈 의학'이나 '오리엔탈 식물학'과 같은 개념은 오리엔탈리즘에서 성립되지 않는다. 이에 반해, 열대는 역사문화적 개념인 동시에 과학적 개념이다. '열대의학'이나 '열대식물학'과 같은 개념이 도출되기 때문이다(2장 & 6장). 둘째, 사이드의 오리엔탈리즘은 서구적 근대에 초점을 맞추고 있지만, 열대학은 서구적 근대에 의해 은폐된 열대성에 초점을 맞춘다. 셋째, 오리엔탈리즘은 시간적으로 과거 3백년 정도의 시기를 포괄하지만 열대학은 콜럼버스(Christopher Columbus) 이후 5백년의 시간을 다룬다. 넷째, 공간적으로 오리엔탈리즘은 서구와 오리엔트만을 포함하는 데 반해, 열대학은 전지구적인 열대와 서구, 그리고 동양을 포괄한다. 특히 열대학은 육지 못지않게 인도양, 태평양, 대서양의 해양에도 천착하지만 오리엔탈리즘은 이러한 지리적 인식론에 대체로 무관심하다. 마지막으로, 양자 사이의 가장 큰 차이점은 오리엔탈리즘은 주로 인류사에 대한 담론인 반면에 열대학은 자연사와 인류사를 융합하는 이론적 작업인 동시에 실천적 학문인 것이다. 이런 이유로, '이즘'(ism)을 접미사로 하는 '트로피칼리즘'(tropicalism)을 사용하지 않는다. '이즘'을 사용하게 되면 이념적 의미만이 부각되어 열대학 원래의 의미가 퇴색하게 마련이다.

열대가 빠져버린, 동양 대 서양의 이분법

텍스트가 무엇을 말하고 있는지보다도, 무엇을 말하고 있지 않는가에 더 집중하여 다시 읽어보자. 열대학의 정립에 뜻을 두면서 기존에 읽었던 텍스트를 이런 관점에서 다시 해석해보았다. 왜 텍스트는 열대를 말하지 않는가, 더 나아가 열대를 은폐시키는가에 초점을 맞추어 브로델(Fernand Braudel)의 《물질문명과 자본주의》, 홉스봄(Eric Hobsbawm)의 4부작 《혁명 · 자본 · 제국 · 극단의 시대》, 월러스틴(Immanuel Wallerstein)의 《근대세계체제》를 비롯하여 기존의 역사 텍스트를 다시 읽었다. 텍스트의 문화적 권위를 존중하면서도 여기에 얽매이지 않고 열대학의 관점에서 텍스트를 읽기. 서구 정체성의 형성기와 대략 일치하는 시기를 다루고 있는 이 텍스트들이 열대를 어떻게 은폐시켰는지를 알고 싶었다.

홉스봄의 《혁명의 시대, 1789-1848》는 전형적으로 20세기 역사 글쓰기이다. 자신의 주요한 논점은 책의 전반부에 배치하고, 후반부는 종교, 이념, 예술, 과학 등을 주제별로 배치했다(Hobsbawm, 1962). 이런 배치에서는 그리스도교 - 낭만주의 - 열대 자연사의 융합적 연결고리를 볼 수 없다. 홉스봄은 지질학과 생물학의 역사는 이야기하면서도 '역사지질학'(historical geology)이라는 용어를 끝내 사용하지 않는다. 그는 지질학과 생물학을 개별 자연과학으로 다룰 뿐이다(Hobsbawm, 1998: 524). 자연사의 역사적 맥락은 빠져 있다.

브로델의 《물질문명과 자본주의 Ⅲ - 세계의 시간》은 그의 역사관을 특징짓는 용어인 '콩종튀르'(conjoncture)가 열대 자연사를 탐구하는데 그렇게 위력을 발휘하지 않음을 보여준다. 그는 '블랙 아프리카'와 같은 열대에 관심을 갖지만, 동남아시아에 대한 그의 분석이 보여주듯이 산업혁명의 장기적인 변화를 통하여 열대 자연사가 각각의 국면에서 어떤 위상을 갖는지를 설명하지 않는다(Braudel, 1997, Ⅲ-2: 727-739). 레비스트로스(Claude Lévi-Strauss)와 함께 상파울로대학의 설립에 공헌했던 브로델은 브라질에 3년간 체류하면서 《필리페 2세 시대의 지중해와 지중해 세계》의 기본 생각들을 착안했다. 여기서 그는 20세기 초 브라질을 중세 지중해의 근대적 반영으로 파악했다(Skidmore, 2003). 레비스트로스와 같은 브라질을 체험했지만, 브로델은 브라질을 열대의 관점에서 인식하지 않았다.

월러스틴의 《근대세계체제 Ⅲ》(1730-1840)는 '역사지리학'과 '역사인류학'에 주의를 기울이지 않고 '역사사회학'적인 분석에만 매몰될 경우에 열대가 어떻게 은폐될 수 있는지를 보여주는 글쓰기의 전형적인 사례에 해당한다. 이 시기에 세계경제가 '통합'되어 간 과정에 치중하다보니, 그는 통합을 추동하게 했던 열대 자연사의 자본주의적 상품화 과정을 분석하는 것을 놓쳤다(Wallerstein, 1974, Ⅲ: 197-287).

요컨대 이 텍스트들은 한결같이 열대의 자연사를 주요한 문제로 간주하지 않는다. 그들은 열대의 인류사만 이야기할 뿐, 열대의 자연사를 서구의 열대 식민화라는 맥락에서 논의하지 않는다. 열대는 지역적 공간으로 환원되어 서구가 자본주의적 근대 세계를 만들어가는 데 있어서 하나의 변수로만 처리될 뿐이다.

이런 논의들과 연관되면서도, 18세기 이후 서양이 동양보다도 앞서게 된 역사적 이유와 과정을 탐구하는 연구들을 살펴보자. 국제적으로도 널리 알려져 여전히 영향력을 미치고 있을 뿐만 아니라 한국의 인문사회과학자들은 물론이거니와 교양 독자들도 알고 있는 몇몇 중요한 저작들을 중심으로 이 문제를 짚어본다.

1954년부터 집필을 시작하여 1963년에 출간된 맥닐(William H. McNeill)의 《서구의 발흥》은 서양이 동양보다도 어떻게 앞서게 되었는지를 문명사의 관점에서 처음으로 탐구한 저작이다. 1918년에 처음 출간된 슈펭글러(Oswald Spengler)의 《서구의 몰락》을 분명히 의식하면서, 시카고대학의 맥닐은 2차 세계대전 이후 "미국 내에 일어났던 제국적 정서"(McNeill, 1991: xv)를 보여주고 싶었던 것이다. 1991년에 다시 출간된 《서구의 발흥》에서 맥닐은 지난 25년 사이에 자신의 저서가 큰 성공을 거두어 8백여 쪽의 두꺼운 책이 무려 7만 5천 권이나 판매되었음에 자랑스러워했다. 그러면서도 중국의 역사에 대한 무지로 인해 자신의 저작이 유럽중심주의적 관점을 취할 수밖에 없었던 것에 대해 학자로서의 유감을 표명했다(McNeill, 1991: xix). 맥닐은 서구의 발흥과 유럽의 열대 식민화 사이의 관계에 대해 주목했다. 그는 자메이카 태생의 역사학자 윌리엄스(Eric Williams)의 《자본주의와 노예제도》에 근거하여, 아메리카의 '플랜테이션'(plantation) 산업과 유럽의 식민화, 노예무역의 상관성을 설명하면서 서구가 열대 경제를 활용으로써 발전했음을 간략하게 논의했다(McNeill, 1991: 659-661). 내용 여부를 떠나서, 맥닐의 저서는 이후 서구 학자들이 동양에 대한 서양의 우위를 역사적인 지평에서 탐구하는 데 준거점이 된 동시에 촉매제가 되어 왔다.*

이 주제를 기술사와 과학사의 관점으로 확대한 역사학자는 스스로도 유럽중심주의적 역사학자라고 당당하게 말하는 랜디스(David S. Landes)이다. 그는 《국가의 부와 빈곤》과 《서구의 기술 변화와 경제 발전》을 통하여, 산업혁명은 대서양 체제가 없었어도 일어날 수 있었다고 과감히 주장하면서, 다만 속도의 문제는 있다고 말했다(Landes, 2009: 204-205). 또한 "지리적으로 축복을 받은" 중국에서 과학혁명과 산업혁명이 일어나지 못했던 이유는 중국이 자신만의 세계에 갇혀 있었기 때문이라고 말했다(Landes, 2009: 523). 랜디스는 유럽과 중국을 비교했던 역사학자들 중에서 열대의 역사적 상황에 대해 가장 깊은 관심을 표명했다. 그럼에도, 모든 서구중심주의 역사학자와 마찬가지로 그는 산업혁명이 서구가 중국과 인도보다도 앞설 수 있었던 가장 중요한 힘이라고 파악하면서, 열대와 산업혁명의 연결 고리에 대해서는 어떤 논의도

* 이 주제에 관심이 많은 독자들에게 역사학자 달리(Jonathan W. Daly)가 쓴 《역사학자, 서구의 부흥을 토론하다》(2014)를 권한다.

하지 않았다.

경제사학자들이 이 주제에 손을 놓고 있을 리가 없다. 1993년에 노벨상을 수상한 경제사학자 노스(Douglas C. North)는 《서구의 발흥》(1973)에서 산업혁명은 서구 경제 성장의 원천이 아니라, 신기술을 개발하여 생산 과정에 투입함으로써 발생되는 사적 수익률이 증가했기 때문에 이루어졌다고 주장했다(North & Thomas, 2009: 157). 노스에 따르면, 과학혁명과 결합된 지식의 총량, 인구의 변화, 기독교에 기반한 제도의 발전 – 이 세 가지 층위가 서구의 발흥을 추동시켰다(North, 2007: 149). 이 세 층위 중에서 인구에 초점을 맞춘 경제사학자 클라크(Gregory Clark)는 《맬서스, 산업혁명 그리고 신세계》에서 서구가 동양보다 앞서게 된 이유와 과정을 맬서스의 인구론적 관점에서 논의했다. 중국, 인도, 일본이 아닌 영국에서 "세계사적으로 가장 독특한 사건인"(Clark, 2007: 342) 산업혁명이 일어나게 된 가장 중요한 원인으로, 클라크는 1750년대부터 영국 인구가 급속하게 팽창하면서 생산성도 급증했기 때문이라고 말했다(Clark, 2007: 342).

이러한 서구중심주의적 역사 해석에 강력하게 문제제기를 한, 경제사학자이며 역사사회학자인 프랑크(Andre Gunder Frank)는 《리오리엔트》에서 서양의 발흥이 이루어졌던 18세기 이전의 동양이 세계사에서 갖는 역사적 위상을 논의했다. 하지만 프랑크도 열대가 동양과 서양 사이의 "횡적 통합과 종적 분할"(Frank, 1998: 344-346)에서 어떤 의미를 갖는지는 논의하지 않았다. 세계사에서 아랍의 역사와 유럽사 사이의 균형감을 주장했던 호지슨(Marshall Hodgson)도 마찬가지이다. 《세계사를 다시 생각하다》에서 그는 세계사에서 열대를 어떻게 위상지울 것인지

어떤 언급도 하지 않았다(Hodgson, 1993). 서구중심주의 역사에 비판적인 역사학자들 중에서 블라우트(James M. Blaut)는 열대의 풍토에 관심을 가졌던 극히 소수의 역사학자이다. 하지만 그도 《식민주의자의 세계 모델》에서 열대와 유럽의 풍토를 비교하는 정도에서 논의를 했을 뿐 더는 관심을 보이지 않았다(Blaut, 1993).

《왜 서양이 지배하는가》의 저자인 모리스(Ian Morris)는 두 가지 점에서 서양의 동양에 대한 우위를 논의하는 역사학자, 경제사학자, 과학사학자와 구별된다. 하나는 그는 생물학, 사회학, 지리학, 고고학의 학제간 접근법을 취한다는 점에서 기존의 역사학자와 구별된다. 다른 하나는, 서양이 세계를 지배하게 된 역사적 과정을 18세기 이후의 2백년에만 초점을 맞추지 않고 지난 1만 5천년에 걸쳐서 분석한다는 점이다. 모리스는 "에너지 획득, 조직화/도시화, 전쟁 수행 능력, 정보기술"의 네 가지 특징을 종합하여 그만의 독특한 '사회발전지수'를 개발하여 동양과 서양을 비교한다(Morris, 2010: 216-219). 이런 점에서 그는 기존의 완고한 서구중심주의적 역사학자보다는 유연한 입장을 취한다. 550년부터 1775년까지 동양은 서양보다 더 높은 사회발전지수를 기록했으며(Morris, 2010: 46), 아담 스미스가 《국부론》을 탈고하고 에드워드 기번(Edward Gibbon)의 《로마제국 쇠망사》가 런던 서점가에서 돌풍을 일으켰던 1776년부터 서양이 앞서갔다는 것이다(Morris, 2010: 679). 최초의 산업혁명은 서유럽에서 시작될 수밖에 없었으며 동양에서는 불가능했다고 말하면서(Morris, 2010: 694), 모리스는 열대가 서양의 동양 지배에서 어떤 위상을 차지했는지에 대해선 침묵한다.

중국이 세계적으로 엄청난 영향력을 미치고 있는 현재의 상황을 목도하고 있는 역사학자와 사회과학자들은 세계사에서 중국의 위상을 새롭게 파악한다. 포머란츠(Kenneth Pomerantz)는 《대분기: 중국, 유럽, 근대 세계 경제의 형성》에서 중국이 세계 경제의 근대적 형성에 끼친 공헌을 적극적으로 평가했다(Pomerantz, 2009). 그를 포함하여 중국의 부흥에 주목하는 역사학자들은 산업혁명이 본격적으로 전개되었던 19세기 전반기 이전만 하더라도 중국이 유럽보다 경제적으로 더 잘 살았다는 데 관심을 가진다. 하지만 서구중심주의 역사가와 마찬가지로 그들 또한 열대 — 서구 — 중국과 인도를 연결하는 횡적 통합은 그냥 넘겨버린다. 포머란츠를 비롯한 소위 '캘리포니아 학파'의 역사학자들은 산업혁명(3장)을 우연적인 사건으로 치부했는데, 당시 열대 동인도제도, 서인도제도, 산업혁명 사이의 역동적인 상관성을 고려한다면 이는 결코 우연적인 사건이 아니었다. 중국의 부흥에 관심을 갖는 역사학자들은 열대가 중국과 유럽의 횡적 통합에서 어떤 역할을 했는지 별로 주목을 하지 않는다.

이렇게 볼 때, 동양과 서양의 이분법적 구도에서 바라보는 역사의식의 무대에서는, 그 역사학자가 진보이건 보수이건 간에 열대에 관한 인식은커녕 문제제기조차 하지 못하고 있다. 열대는 서구중심주의와 중화주의 역사학, 그리고 민족주의 한국사에서 '은폐'되어 왔다. 역사학에서 열대와 서구의 대위법은 동양과 서양의 이분법에 의해 대체되어 왔다. 열대와 동양의 대위법도 마찬가지다.

이와 관련하여 '아프리카 역사'를 연구하는 학문 공동체가 한국 역사학에서 존재하지 않는다는 점이다. 아프리카 역사는 단순히 특정 열대 지역에 대한 역사를 의미하지 않는다. 서구중심주의 역사를 극복하려면 아프리카에 대한 역사 인식은 선택이 아니라 필수다. 이런 점에서 커틴(Philip D. Curtin)*, 데이빗슨(Basil Davidson), 반시나(Jan Vansina)와 같이 한평생 아프리카 역사에 전념했던 역사학자들이 페르낭 브로델이나 에릭 홉스봄에 의해 가리워져 있는 한국 역사학의 현실을 직시하자. 이런 현실은 아프리카 역사에만 해당하지 않는다. 라틴아메리카와 동남아시아, 남태평양, 인도양, 대서양 역사도 마찬가지다. 라틴아메리카의 경우에는 중심주의를 넘어서려는 작업들이 한국에서 나타나고 있어 고무적이기는 하지만, 유럽사와 미국사를 모두 아우르는 세계사적 전망에는 이르지 못하고 있다. 동남아시아도 아프리카만큼 심각하다. 인도사, 중국사, 유럽사의 전체적인 맥락 속에서 동남아시아 역사를 파악하려는 문제의식은 아직 가시화되지 않고 있다. 따라서, 열대 남태평양을 비롯하여 인도양과 대서양(김명섭, 2001) 등 해양 중심의 역사에 대한 결과를 기대하기란 한국에서 당분간 쉽지 않다.

---

* 필립 커틴(1922-2009)은 미국에서 아프리카 역사 연구를 제도화하는 데 선구적인 역할을 했다. 하버드대학에서 자메이카에 대한 연구로 박사학위를 받은 후에 그는 위스콘신대학에 '비교열대역사'(Comparative Tropical History) 과정을 개설했는데, 나중에 '비교세계사' 과정으로 바뀌었다. 《아프리카의 이미지》(1964)는 역사학자로서의 그의 위상을 확고히 하는 데 중요한 저작으로 간주된다. 이 저서에서 커틴은, 영국의 아프리카에 대한 관념과 일반적 이해는 영국이 아프리카를 식민화했던 1780년대에서 1850년 사이에 형성되었음을 설득력이 있게 규명했다. 1975년에 존스홉킨스대학으로 옮긴 그는 한국어로도 번역된 《세계 무역의 역사》(1984)에서 무역이 아프리카, 아시아, 아메리카 사이의 연결망을 어떻게 만들어 갔는지를 보여주었다. 또한 커틴은 《플랜테이션 산업의 발흥과 몰락》(1990)에서 플랜테이션이 대서양의 역사에서 차지하는 위상을 분석했다. 뿐만 아니라, 그는 《아프리카인의 이동에 의한 죽음: 19세기 유럽과 열대의 대면》(1989)와 《질병과 제국》(1998)를 집필하여 열대질병이 서구와 아프리카의 상관적 역사를 인식하는 데 대단히 중요하다는 점을 부각시켰다.

3) 열대 자연사, '인류세'의 시대를 열다

서구중심주의에서 열대 자연사로

서구중심주의 역사를 극복하려는 국내외 역사학자들의 부단한 노력에도 불구하고 지성적 영향력을 보여주는 대안이 마땅히 도출되지 않는 것은 무엇일까? 그 이유는 자연사가 배제된, 오로지 인류사 중심의 역사학이기 때문이다. 역사학자 차크라바르티(Dipesh Chakrabarty)의 《유럽을 변방화하기》(2000)를 비롯하여, 서구중심주의 극복을 위한 이런 저런 노력들이 여전히 문제의 본질을 꿰뚫지 못하는 이유는 그것이 인류사의 경계 안에서 맴돌고 있기 때문이다. 열대에 속하는 지역을 연구하는 학문 분야인 동남아시아학, 아프리카학, 라틴아메리카학과 같은 여러 종류의 지역학들도 인류사의 경계 안에 머물러 있기는 매 마찬가지이다. 상황은 풀려가고 있다기보다도 점점 꼬여만 가고 있다.

서구중심주의이건 중화주의이건 한국 민족주의이건 간에, 중심주의 세계관이 갖는 문제는 두 가지이다. 하나는 열대가 중심주의 세계관에서 주변화된 존재로 취급받아왔다는 점이며, 다른 하나는 자연사가 인류사 중심의 인문학, 사회과학, 예술 분야에서는 물론이거니와 심지어는 자연과학, 기술공학, 보건의료학 분야에서도 마찬가지로 주변부로 인식되고 있다는 점이다. 이렇게 주변화된 열대 자연사를 어떻게 역사 인식의 중심부로 전환시킬 수 있을 것인가?

인류세, 인류사와 자연사의 융합 지점

열대에 대한 화두를 던진다는 것은 기존의 세계관 인식에 근본적으로 문제를 제기하는 것임에 틀림없다. 역사학에 한정한다면, 열대는 한국사, 동양사, 서양사 세 분야의 역사적 지평 중에서 어떤 분야와 연관이 있을까? 이런 물음 자체가 매우 '나쁜', 다시 말해서 부당한 질문이라고 생각한다. 대신에 "한국을 열대의 관점에서, 동양을 열대의 지평에서, 서양을 열대의 차원에서, 더 나아가 세계를 열대의 맥락에서 '역사적으로' 사유하는 것은 어떻게 가능한가?"라는 질문이 타당한 물음이다. 이 문장에서 '역사적으로'를 '문학적으로'나 '철학적으로' 또는 '예술적으로' 또는 '사회과학적으로'라고 치환하더라도 똑같은 물음이 성립한다. 하지만, 기존의 제도권 지식권력은 이러한 물음을 제기하는 것을 허용하지 않는다.

문제는 이런 물음이 단지 타당한 물음에만 그치지 않고 매우 절박하다는 데 있다. 그 이유는 인류가 '역사지질학적 행위자'로 등장하여 자연사의 방향과 속도에 중대한 영향을 미치고 있기 때문이다.

노벨상 수상자 파울 크뤼천(Paul Crutzen)은 "인류는 산업혁명 이래로 '인류세'(Anthropocene)라는 새로운 지질학적 시대에 접어들었다."라고 주장했다(Crutzen & Stoermer, 2000; Crutzen, 2002). 인류세가 시작되었다고 믿는 대부분의 학자들이 크뤼천의 입장을 지지하는 반면에, 지질학자 러디만(William Ruddiman)은 인류가 농업을 시작했던 기원전 약 6천 년 전부터 인류세가 시작되었다고 주장했다(Ruddiman, 2005). 또한 영국 레스터(Lester)대학의 잘라시에비치(Jan Zalasiewicz) 등 26명의 지질학자들은 2015년 1월 12일에 '맨해튼 프로젝트'의 이름으로 뉴멕시코 북부 사막에서 핵실험이 진행된 1945년 7월 16일을 기점으로 인류세가 시작되었다고 말했다(Zalasiewicz et al., 2015). 인류세 시대의 인간은 더 이상 '생각하는 사람'을 뜻하는 '호모 사피엔스'(homo sapiens)가 아니라, 지질학적 행위자인 '호모 지올로지쿠스'(homo geologicus)이다. 인류가 역사지질학적 힘으로 작용하면서 지구의 기후변화와 생태환경의 파괴가 대규모로 일어나고 있다. 그 중에서도 미국 메릴랜드대학의 엘리스(Erle C. Ellis)가 중심이 되어 진행하고 있는 대규모 프로젝트인 '1700년부터 2000년에 걸쳐 인류가 지구의 생물군계에 미친 영향'에 주목해 보자. 이 연구팀은 '생태계 과정'(ecosystem processes)은 "인구 밀도, 토지 사용, 생물상(biota), 기후, 지형(terrain), 지질의 함수"라는 기본 가설에 근거하여 인류가 생물군계에 미친 영향이 1700년, 1800년, 1900년, 2000년에 어떤 결과로 나타났는지를 분석했다(Ellis et al., 2010).

사하라사막 이남 아프리카의 경우, 1700년에는 열대 우림의 야생 지대와 삼림 지대가 혼재하고 있었는데, 3백년에 걸쳐서 콩고민주공화국을 제외하고는 광범위하게 벌채가 진행되어 방목지(rangeland)로 변해 버렸다. 현재는 콩고조차도 인구의 증가로 삼림의 벌채가 진행되고 있다. 열대 중남미의 경우에도 마찬가지인데, 도시화 과정이 이를 더욱 가속화시켜왔다. 아마존의 경우 열대 우림 기후에 의한 야생 지대가 현저하게 사라졌음을 알 수 있다. 열대 동남아시아의 경우, 자바 지역과 필리핀에서는 농업 및 각종 경작지의 발달로 삼림 지대가 거의 사라졌다.

문제는 중국과 인도이다. 인도와 함께 중국에 살고 있는 사람들의 지질학적 행위는 생물군계에 가장 심각하게 영향을 미치고 있다. 현재 중국은 열대 아프리카에 자국의 대규모 노동자들까지 동원하여 자원 개발에 투자하고 있으며, 라틴아메리카의 광활한 토양을 자국의 식량 개발기지로 만들어가고 있으며, 남태평양에서는 해양자원을 개발하기 위해 일본과 치열하게 경쟁을 벌이고 있다. 이처럼 중국인은 세계 어느 나라보다도 지질학적 인간, 호모 지올로지쿠스로서의 역사지질학적 행위를 가장 심각한 방향으로 보여주고 있다.

다시 엘리스의 연구로 돌아가자. 이 연구팀이 보여주는 몇 가지 오류에도 불구하고, 이 연구를 통해 추정할 수 있는 것은 서구의 열대 식민화 과정과 열대 생물군계의 변화 사이에 역사적 인과성이 있다는 점이다. 다시 말해서 서구의 식민화에 의해 급격한 변화를 겪게 된 열대 자연사는 새로운 역사지질학적 시대, 즉 인류세로의 전환에서 핵심적인 위상을 차지한다. 이렇게 볼 때, 인류세는 산업혁명에서 시작된 것이 아니라, 서구의 열대 식민화가 본격적으로 전개된 노예무역, 플랜테이션, 매뉴팩처 제품 사이의 삼각무역을 통해 시작되었다. 역사지리학의 지평에서 인류세는 유럽에서 시작된 것이 아니라 아프리카—아메리카—아시아—유럽을 연결하는 전지구적 열대 해양무역 네트워크를 통해 본격화된 것이다.

생물다양성의 층서학

인류세가 언제부터 시작했는가에 대한 논쟁은 차치하고라도 18세기 후반부터 인류가 역사지질학적 행위자로서 자연사에 작용하고 있는 것이 사실이라면, 그 힘이 가장 강력하게 영향을 미치고 있는 곳은 열대이다. 왜냐하면 열대에서 기후변화가 가장 두드러지며 생태환경이 심하게 파괴되면서 생물다양성(biodiversity)이 대규모로 파괴되고 있기 때문이다.

층서학(stratigraphy) – 지질학의 한 분야로 암석이 생성된 순서와 지층의 특성을 연구하는 학문 – 은 이런 문제를 해명하는 데 중요한 학문이다. 인류세를 주창하는 지구과학자들은 층서학의 관점에서 생물다양성과 관련된 문제들을 설득력있게 제기해왔다(Zalasiewicz et al., 2011a; 2011b; 2015).

첫째, 암석층서학적 변화로, 이는 인간에 의한 해안 간척사업, 하천유역 개발사업, 광물개발 등에 의해 유발되어 왔다. 역사적으로는 미국에 의한 열대 파나마운하 사업, 영국의 인도 식민지에 대한 대삼각측량사업(Great Trigonometic Survey, 4장), 벨기에 식민 정부에 의해 시작되어 백여 년간에 걸쳐 아직도 이루어지고 있는 콩고 유역의 광물 개발사업 등이 여기에 해당한다. 이런 대규모 사업은 퇴적물에 급격하게 영향을 미쳐서 암석의 성분을 빠른 시간에 변화시킬 수 있다.

둘째, 화학층서학적 변화로, 이는 주로 산업화와 전쟁으로 인해 생기는 반응성 질소, 이탄화탄소, 그리고 다양한 유형의 화합물에 의해 발생하고 있다. 서구에서 열대 후진국으로의 환경오염 산업시설의 대규모 이전, 서구가 주도해서 만든 '기후변화에 관한 정부간 협의체'(Intergovernmental Panel on Climate Change) 규정을 준수하기 위한 인도네시아의 야자유 개발사업, 수단의 다르푸르(Darfur) 지역에서의 '기후전쟁'(Welzer, 2008) 등이 이런 변화를 야기하여 왔다.

셋째, 생물층서학적 변화인데, 단일 경작을 위해 자연의 식생

(vegetation)과 토양을 축소시키거나 저인망 수산업을 통해 해양의 생물다양성에 영향을 미치며, 생태계의 교란을 야기시키는 수많은 인간 활동 등이 이런 변화를 초래하여 왔다. 스페인의 열대 아메리카 식민화 과정에서 보여준 농업 경작지 개발, 서구는 물론이거니와 중국과 일본에 의한 열대 남태평양에서의 수산업 활동, 서구의 아프리카 식민화 과정에서 나타난 생태계의 무자비한 파괴는 이런 변화의 대표적인 사례로 손꼽힌다.

이와 같은 차원에서 볼 때, 인류사 중심의, 그것도 서구중심주의 역사는 지구와 인류의 과거, 현재, 미래를 인식하고 전망하는 데 일정 한계를 보여줄 수밖에 없다. 바로 이러한 이유 때문에 "열대 자연사의 지평에서 세계를 어떻게 사유할 것인가?"라는 물음은 절박한 것이다.

기후변화, 인류사와 자연사의 경계

기후변화는 인류세가 어떻게 전지구적으로 작동하고 있는지를 보여주는 확실한 기호다. 기후에 관한 근대적 정의를 정립한 사람은 훔볼트(Alexander von Humboldt)이다. 뒤에서 훔볼트에 대한 자세한 논의를 하기 전에, 어느 기후학자가 '풍토'에 대한 훔볼트의 개념에 근거하여 기후를 다음과 같이 정의했다.

> 기후는 일반적인 의미로 인간의 신체 기관에 현저하게 영향을 주는 대기권에서의 모든 변화를 의미한다. 즉 기온 · 습도 · 기압의 변화, 고요한 공기 상태 또는 서로 다른 이름을 가진 바람의 작용, 전하(電荷)의 크기, 대기의 순도 또는 순수한 공기가

> 다소 유해한 기체의 분출과 혼합되는 것, 끝으로 하늘의 상습적인 투과도와 맑음 등을 말한다. 이것은 지면 열복사의 증가, 식물 기관의 발달과 과실의 숙성에 중요할 뿐만 아니라 인간의 감수성과 모든 정신적 정서에도 중요하다(Schönwiese, 2007: 69).

기후변화에 대한 문제의식을 지녔던 프랑스 역사학자 라뒤르(Emmanuel Le Roy Ladurie)는 기후의 역사를 역사 자체(history proper)와 구분하여 '지리적 · 지질적 역사'로 부르면서, 그것의 목적은 "기후변화가 인간의 거주, 생산, 경제, 전염병과 질병, 인구에 어떻게 작용하는지"를 탐구하는 데 있다고 주장했다(Le Roy Ladurie, 1971: 20).

서구 사회가 기후변화를 근대성과 관련하여 논의하기 시작한 것은 1980년대부터다. 많은 서구 미디어가 지구온난화를 발설하면서, 독일의 사회학자 벡(Urlich Beck)과 기든스(Anthony Giddens) 등 서구의 지성은 기후변화를 근대성의 관점에서 해독했다. 벡은 "과학이 실패했기 때문이 아니라 성공했기 때문에 왕좌를 내놓게 되었다."라고 선언하면서, 이렇게 된 이유를 벡은 "자연과 사회의 대립이 끝났기" 때문이라고 말했다. "근대화 서사는 '자연적' 힘과 '사회적' 힘 사이의 분리를 가정했다."(Beck, 2013: 47) 하지만, "자연은 더 이상 사회의 외부로, 또는 사회가 자연의 외부로 이해될 수 없다." 18세기 말부터 자연과 사회를 이분화하기 시작했던 서구는 2백 년이 지난 "20세기 말에 자연은 사회이고 사회는 또한 자연"이 되어 버렸다. 기후변화로 인해 거의 2세기에 걸쳐서 의심 없이 지속되어왔던, 자연과 사회의 대립이라는 근대성의 토대 자체가 무너져 버렸다. 마침내, 백남준 국제예술상을 수상하기도 했던 브뤼노 라투르는 "서구는 결코 근대적인 적이 없었다."라는 성찰적 고백을 하기에 이르렀다.

사회과학자의 기후변화에 대한 이런 논의를 역사적 관점에서 해석한 차크라바르티는 기후변화에 대해 네 가지 명제를 제시했는데, 이 중에서 두 명제가 자연사와 관련된다.

하나. 인류가 기후변화의 원인이라는 설명은 자연사와 인류사 사이의 오래된 인문주의적 구분을 무너뜨린다.

둘. 인류가 지질학적 힘으로 존재한다는,인류세의 개념은 근대성/지구화에 대한 인문주의적 역사에 심각한 도전을 의미한다(Chakrabarty, 2009).

차크라바르티의 논점은 분명하다. 자연사와 인류사의 경계를 허물어뜨려야 한다. 19세기 이래로 역사학의 경계 바깥으로 밀려났던 자연사가 기후변화의 의제를 통하여 역사학의 영역 안으로 확실하게 들어와야 한다.

2. 열대 연구 방법

1) 융합, 사유와 실천 전략

문과형 지식권력, 융합의 걸림돌

고등학교 1학년 때 문과와 이과 중에서 어느 쪽이 더 적성이 맞는지를 알아보는 검사 결과가 문과 51 대 이과 49로 나왔을 때, 담임선생님께서 더 난감해 했던 표정이 아직도 기억에 생생하다. 이 사건은 이후 의식적으로나 무의식적으로나 내 삶의 원형을 이루어왔다. 10대 후반에 인생의 향방이 결정되는 한국의 '입시문법'은 사회정의에도 어긋날 뿐만 아니라, 자연사의 원리에도 배치된다. 한국 사회에서 문과형 삶과 이과형 삶으로 확연히 갈라지는 이런 선택만큼이나 '위험사회'의 한국적 성격을 보여주는 것이 또 있을까? 울리히 벡이라고 할지라도 이런 위험사회는 상상조차 하지 못했을 것이다.

한국에서 융합적 사유가 한 개인의 의식에서 작동하려면 무엇보다도 문과형 지식체계 대 이과형 지식체계의 이분법적 장벽을 극복해야 한다. 하지만 한국에서 이는 결코 단순하지도 않을 뿐만 아니라 치르야 할 사회적 대가와 경제적 비용이 상상을 초월하기 때문이다. 게다가 이 장벽을 극복하기 이전에 넘어야 할 장애물들이 곳곳에 있어서 이 장애물을 넘어가기도 쉽지 않다. 예를 들어, 과학사와 의학사는 1990년대가 되면서 서구 역사학의 제도권 학계에 본격적으로 진입했던 분야다. 한국에서는 사정이 달랐다. 한국사, 동양사, 서양사로 나뉜 한국 역사학계의 문은 철옹성과도 같았다. 의학사 전공자는 어디를 가나 항상 '변방'이다. 바로 이 점이 내가 융합의 길로 나아갈 수 있는 추동력이 되었다. 한국에서 제왕적 권력은 청와대나 재벌에만 있는 것이 아니다. 학계도 마찬가지다. 지식권력을 갖게 되면 굳이 융합을 갈구해야 할 절박함이 없다.

이러한 한국의 지형도에서는 문학과 물리학을 융합하여 과학철학의 새로운 세계를 보여준 바슐라르(Gaston Bachelard)에서 시작하여,

생명과학을 주제로 역사학과 과학철학을 융합했던 캉길렘(Georges Canguilhem)을 거쳐, 이런저런 개별 학문을 씨줄과 날줄로 전방위적으로 융합했던 미셸 푸코로 이어지는 프랑스적 사유의 흐름이 한국에서는 물 흐르듯 자연스럽게 이루어지기가 어렵다. 이런 사유는 윌슨(Edward Wilson)의 《통섭》이 출간되기 훨씬 이전에 유럽에서 이미 시작되었다. "유럽이 시작하면, 미국은 이를 발전시킨다."는 속담 아닌 속담은 여기서도 해당된다. 유럽보다는 미국의 지식문화에 압도적으로 경도되어 있는 한국의 지식문화에서 융합적 사유로의 문턱이 힘든 까닭이 여기에 있다.

한국의 지식 공간, 융합적 사유와 실천에 적합한가

최근 몇 년간 학문의 융합이 회자되고 있지만, 여전히 한국 사회의 담론 구조는 문과형 지식체계가 이과형을 압도적으로 지배하고 있는 형국이다. 정약용과 셰익스피어(William Shakespeare)를 모르면 교양인이 될 수 없고, 스기타 겐파쿠(杉田玄白)와 찰스 다윈은 몰라도 교양인이 될 수 있을까?

융합적 사유가 절박하게 요청되는 것은 서구적 근대의 형성과 정립 과정에서 지식체계가 과도하게 세분화되어 가는 상황과 밀접하게 연관되어 있다. 역사적으로 볼 때, 융합은 사실 새로운 것이 아니다. 19세기 초까지만 하더라도 유럽에서는 융합적 사유가 오히려 대세였다. 역사지질학은 18세기 말부터 19세기 초까지 살았던 유럽의 모든 학자 – 성직자를 포함하여 – 와 예술가들에게 '교양필수'였다(2장). 하지만 19세기 후반부터 자연사와 자연철학이 개별 과학으로 본격적으로 세분화되면서 융합적 사유보다는 과학적 분석이 더욱 중요하게 되었다.

명치(明治) 시기에 서구의 근대적 대학 체제를 받아들인 일본은 조선에 이를 이식시켰다. 한국은 해방 이후 압축적 성장 과정을 거치면서 미국식 대학 체제를 수입하여 발달시켜 왔다. 이로 인한 폐해는 심각하다. 원래 어떤 제도이건 그 제도가 처음에 시작된 사회보다도 이를 수용한 사회에서 그 폐해는 더 크게 나타나게 마련이다. 북미권에서 20년 이상 연구를 하고 있는 어느 한국인 교수는 한국 대학의 이런 현실을 날카롭게 지적했다.

> 교수채용에 있어 전공점수라는 것이 있다는 얘기를 듣고 아직도 세월이 멈춰있나 하고 생각했다. 이야기인즉 교수를 채용하는 데 있어 학부부터 박사과정까지 동일한 학과출신의 응모자를 우대한다는 것이었다. 예컨대 한국사 교수직에 응모하려면 학부에서부터 일관되게 한국사를 전공한 사람이 유리하다는 것이다. 여기에는 많은 한국인이 공유하는 '한국인의 상식'이 작동하고 있다. 그러나 어떠한 곳의 상식이라는 것도 국경을 넘고 다른 문화권에 가면 맥을 추지 못한다. 북미의 인문학에서는 묘하게도 역으로 생각하는 것이 상식이다 … 학부에서부터 동일 전공을 변함없이 해 온 사람은 교수채용에 있어 많은 경우 불리하게 작용한다. 여기에는 그렇게 좁게 살아와 복잡한 인간사를 어떻게 이해할 수 있겠느냐 하는 전제가 깔려 있다(허남린, 2014).

독자들이 마주하고 있는 이 책을 읽기 이전에 목차를 자세히 훑어봤다면 한국의 어느 학과에서 열대학을 공부할 수 있는지 고개를 갸웃거릴 것이다. "전공이 무엇인지요? 이런 질문은 20세기의 질문이다."

하지만 한국의 대학이 처한 현실은 생태학자 알도 레오폴드가 《모래군의 열두 달》에서 말한 것과 별로 다르지 않다.

> 대학 교수들은 큰 오케스트라의 구성 악기를 하나씩 선택하여 분해하면서 이를 기술하는 데 평생을 바친다. 그 해체 과정을 탐구라고 하며, 탐구의 장소를 대학이라고 한다. 대학 교수는 자신의 악기는 연주해도 되지만, 다른 교수의 악기를 연주해서는 안된다. 아울러 자신이 연주에 귀를 기울이더라도 동료 교수나 학생들에게 이를 고백해서는 결코 안된다. 왜냐하면 악기의 구조는 과학의 영역이지만, 화음을 찾아내는 일은 예술의 영역이라고 규정하는 엄격한 금기에 모두 가위눌려 있기 때문이다 (Leopold, 2006: 192).

융합은 인문학적 상상력 — 예술적 창조성 — 과학적 독창성 — 합리적 실용성, 이 네 차원 사이의 '인드라넷'(Indra's Net)에 의해 일어난다. 고대 인도의 베다(Veda)교에 근거하고 있는 인드라넷은 우주의 삼라만상은 모두 연결되어 있다는 것을 의미한다. 세상에 관련되어 있지 않은 것은 아무 것도 없다. 문제는 융합이 추상적 공간이 아니라 매우 구체적인 장소에서 발생한다는 점이다.

융합의 인드라넷과 장소성*

이런 융합은 한 도시에서 어떻게 일어날 수 있을까? 17세기 네덜란드의 델프트(Delft)라는 한 도시는 이런 융합이 어떻게 일어났는지를 생

* 이 절은 《난학의 세계사》에서 해당 부분을 인용했다(이종찬, 2014a: 218-220).

생하게 보여준다.

1600년대 들어 델프트는 피렌체를 밀어내고 유럽 최고 수준의 과학용 유리를 생산하는 도시로 발전해 나갔다. 델프트의 현미경 제작자이자 자연사학자인 레벤후크(Anton van Leeuwenhoek)는 유리 렌즈를 중심으로 집결된 직물 산업과 현미경 기술, 자연사 사이의 시너지를 만들어내었다. 그는 자신이 발견한 내용을 기록하기 위하여 화가들을 고용하여 삽화를 그리도록 했다.

〔진주 귀고리를 한 소녀〕로 널리 알려진 베르메르(Jan Vermeer)는 레벤후크의 집에서 길모퉁이만 돌아가면 나올 정도로 인근에 살았다. 베르메르는 일종의 원시적 사진기에 해당하는 '카메라 옵스큐라'(camera obscura)를 활용하여 그림을 그렸는데, 레벤후크의 부탁을 받아 작업에 몰두했다. 베르메르는 죽기 이전에 레벤후크를 자신의 유언 집행자로 지명했다고 하니, 두 사람의 관계가 얼마나 가까웠는지를 알 수 있다. 델프트 최고의 자연사학자인 레벤후크와 최고의 예술가인 베르메르의 이런 신뢰는 자연사와 회화가 상호간에 밀접한 관계였음을 반증한다. 또한, 베르메르는〔지리학〕과〔천문학〕이란 작품을 남길 정도로, 베르메르의 지도에 대한 깊은 관심은 네덜란드의 동인도제도로의 무역 항로 개척에 깊이 맞닿아 있었다. "베르메르의 시대는 군대가 시민사회로, 군주제가 공화제로, 가톨릭이 칼뱅주의로, 상점이 회사로, 제국이 국가로, 전쟁이 교역으로 변해갔다."(Brook, 2008: 57-58).

17세기 네덜란드는 영국이 부러워할 정도로 '네덜란드동인도회사'(Vereenigde Oost-Indische Compagnie, 이하 VOC로 약칭)를 통하여 식민지 개척에 나섰다. 〔지도 1-5. 네덜란드동인도회사의 열대 해양무역

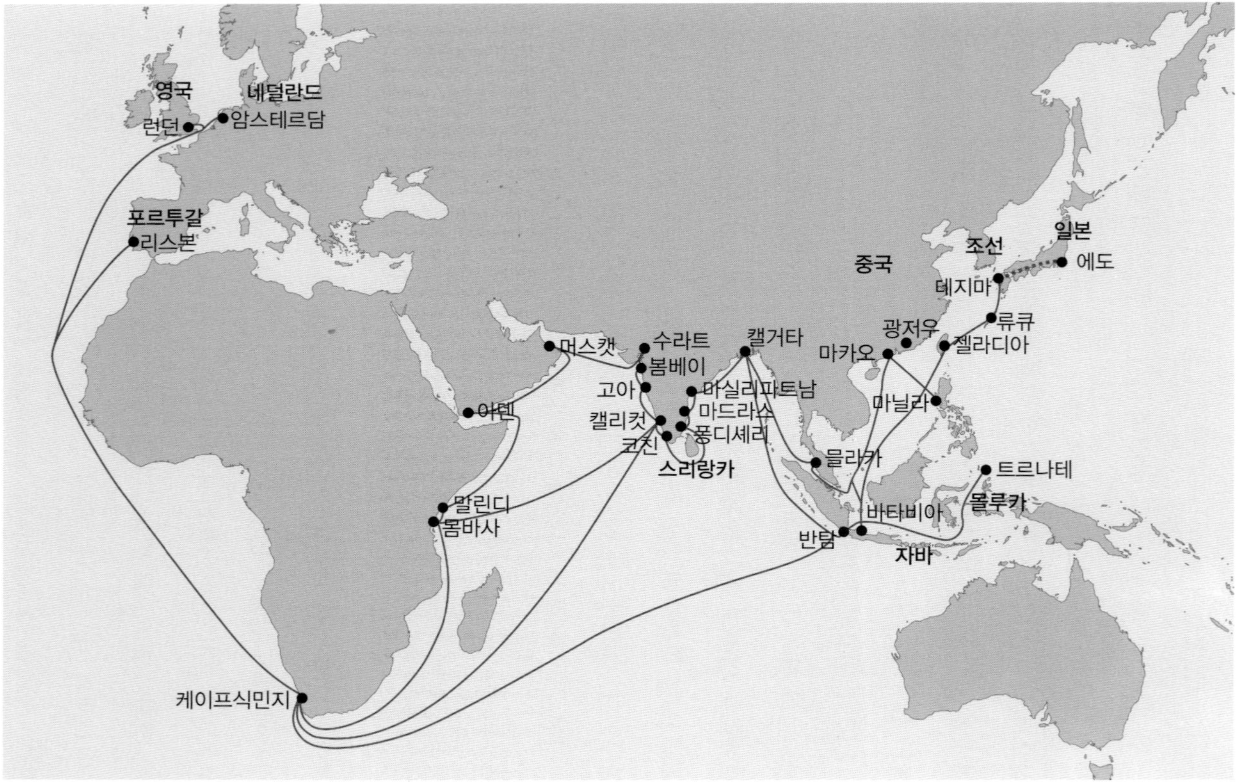

지도 1–5. 네덜란드동인도회사의 열대 해양무역 항로와 해항도시

항로와 해항도시〗(Jackson & Jaffer, 2004: vii 참고)가 보여주듯이, VOC는 인도양과 동남아시아의 주요 해양무역 도시에 상관들을 설치했으며 현재의 타이완인 젤라디아와 오키나와인 류큐(琉球)를 거쳐서 데지마에 이르기까지 광범위한 해양무역 네트워크를 만들어갔다. VOC는 단순히 무역회사가 아니었다. VOC는 무역회사인 동시에 군사기구였으며 네덜란드가 열대 아시아의 '해양 주권'을 장악하는 데 없어서는 안 될 외교기관이기도 했다. 네덜란드와의 무역을 위해 나가사키에 만들었던 인공 섬인 데지마(出島)의 상관 의사 캠페르(Engelbert Kaempfer)가 "VOC 총독과 네덜란드 통치자 중에서 누가 더 권력이 강한가?"라고 자문(自問)했을 정도로(Kaempfer, 1906: Ⅲ: 85-94), VOC는 정부에 버금가는 강력한 권력 체제를 갖춘 '국가 속의 국가'로 군림했다. 〖그림 1-1. 벵골의 네덜란드동인도회사〗는 이런 상황을 그대로 보여준다. 작품의 왼편에 네덜란드 국기를, 오른 편에는 VOC를 새겨 넣어 그 절충점을 찾으려는 화가의 고민이 드러나 있다.

악랄하기로 유명했던 VOC 총독 쿤(Jan Pieterszoon Coen)이 건설했던 새로운 식민 도시 바타비아(Batavia)는 동남아시아 무역의 중심지로 급격하게 부상했다. 1733년에 생태적인 문제로 인해 말라리아가 크게 창궐하여 수많은 인명이 죽기 전까지만 해도 바타비아는 '오리엔트의 여왕'으로 불리면서 국제적인 무역 항구로서의 위세를 떨쳤다(Blussé, 2008: 37). "아프리카를 제외하고 전 세계의 나라들이 바타비아에서 무역을 했다."(Lach and Van Kley, 1993: Ⅲ: 3, 1317) 〖그림 1-2. 바타비아의 경관〗이 보여주듯이, 중국인들을 비롯하여 인도양에 있는 많은 무역 상인들이 바타비아에 와서 거주했다. 아프리카만 빠진 것이 아니다. 조선

그림 1-1. 벵골의 네덜란드동인도회사 (Hendrik van Schuylenburgh, 1665)

그림 1-2. 바타비아의 경관 (Andries Beeckman, 1661)

도 바타비아의 전지구적 무역으로부터 빠졌음을 기억하자. 모든 나라의 언어들을 바타비아에서 들을 수 있었다. 아울러, 회교, 힌두교, 불교, 도교 등의 아시아 종교는 물론이거니와 이슬람, 유럽의 기독교와 가톨릭 등 다양한 종교들도 접할 수 있었다(Taylor, 2009). 네덜란드의 계몽사상은 바타비아의 이런 다양한 외래문화들과 융합하면서 형성되었다(Israel, 2011: 535-557).

17-18세기 2백 년간 약 1백만 명의 네덜란드 사람들이 배를 타고 아시아로 향했다(Brook, 2008: 40). 17세기 유럽은 중국에 가면 부자가 될 수 있다는 환상에 사로 잡혔다. VOC의 발전은 네덜란드의 해군과 상선에 의해 뒷받침 되었는데, 항해에서 반드시 필요한 쌍안경도 델프트의 유리 렌즈 산업에 의해 가능했다.

바로 이 유리 렌즈 제작을 생업으로 삼은 네덜란드인이 바로 철학자 스피노자(Baruch Spinoza)였다. 스피노자야말로 델프트에 인문학적 상상력을 한껏 불어넣은 인물이다. 〖그림 1-3. 델프트의 문화융합〗이 보여주듯이, 결국 레벤후크의 과학적 독창성 - 베르메르의 예술적 창조성 - 스피노자의 인문학적 상상력 - VOC의 합리적 실용성 사이의 융합적 힘을 바탕으로 발달했던, 델프트는 아시아에 대한 네덜란드의 문화역사지리적 상상력의 중요한 장소가 되었다.

현단계 한국의 지식 공간은 델프트는 물론이거니와 한 세기 전의 오스트리아와 헝가리보다 융합을 하기에 더 좋은 조건을 갖추고 있는지 자문해본다. 한국의 교양 독자들도 이미 익숙하게 알고 있는 비트겐슈타인(Ludwig Josef Johann Wittgenstein), 루카치(Georg Lukács), 프로이트(Sigmund Freud), 슘페터(Joseph Alois Schumpeter), 마흐(Ernst Mach),

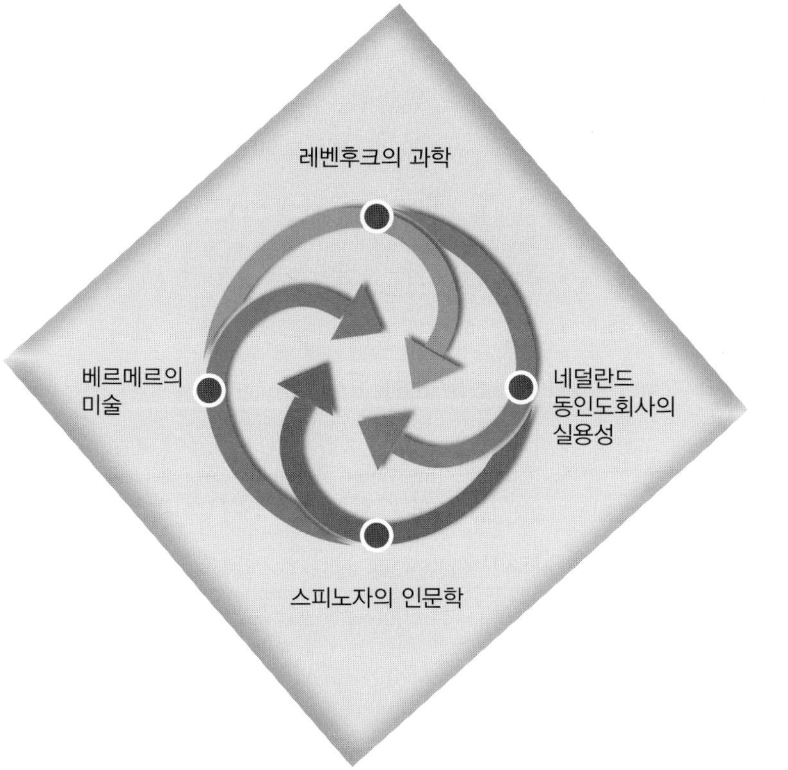

그림 1-3. 델프트의 문화융합

부버(Martin Buber), 후설(Edmund Husserl), 클림트(Gustav Klimt), 쇤베르크(Arnold Schoenberg), 프로이트, 볼츠만(Ludwig Eduard Boltzmann), 바그너(Wilhelm Richard Wagner) 등 예술과 인문학, 사회과학, 자연과학과 의학의 융합적 사유와 실천을 공유했던 사상가들과 예술가들이 살았던 장소를 생각하면서(Johnston, 2000; Janik & Toulmin 1996; Schorske, 2006), 한국의 지식 공간은 어느 정도로 융합을 이론화하고 실천하기에 적합한 장소인지 생각해본다.

《역사와 계급의식》(1923)에서 루카치가 역사학, 사회학, 철학을 서로 연결시키려는 문제의식을 보여줄 수 있었던 지적인 역량도 그가 부다페스트에서 대학을 졸업한 이후 독일로 건너가 짐멜(Georg Simmel), 베버(Max Weber), 블로흐(Ernst Bloch) 등 학자들과 광범위하게 교류를 했기 때문에 가능했다. 빈에서 태어났던 비트겐슈타인의 경우에는 유목적 삶과 융합 사이의 연관성이 더욱 분명하게 드러난다. 베를린에서 기계공학을 공부한 그는 박사학위를 받기 위해 맨체스터로 왔다. 그는 화이트헤드(Alfred North Whitehead)와 러셀(Bertrand Russell)을 공부하면서 수학에 흥미를 느끼게 되었고 독일 수학자겸 철학자인 프레게(Friedrich Ludwig Gottlob Frege)의 권유로 케임브리지대학으로 가서 러셀의 지도를 받으면서 철학자로의 길을 걷게 되었다. 이외에도 앞에서 열거했던 인물들은 다양한 사유체계와 접속함으로써 기존의 학문 그리고 예술과는 다른 융합적 체계를 만들어갈 수 있었다. 여기서 주목해야 할 점은 이들은 유럽에서의 유목적 삶을 통해 빈에서 서로 영향을 주고받았다는 점이다. 이 점이 21세기 초 한국과 20세기 초 오스트리아의 결정적인 차이이다.

한국의 지식인들이 융합을 하려고 하는 순간 당장에 걸림돌로 작용하는 것은 지리적으로 가까운 나라인 중국과 일본으로의 유목적 삶이 어렵다는 것이다. 언어 장벽이다. 중국과 일본은 거의 대부분의 지식인에게 여행지로 끝나고 만다. 그렇다 보니, 중국에 대한 한국 지식인의 문화역사지리적 인식은 조선 사대부들의 그것에 비해서도 뒤떨어져 있으며, 일본에 대한 인식은 조선 실학자들과 거의 엇비슷하다고 인정할 수밖에 없다. 특히, 서구에서 유학을 한 지식인의 경우는 더욱 그렇다. 그렇다고 해서 동아시아에서 유학을 했거나 한국에서만 공부한 지식인이라고 면제부가 주어지는 것은 아니다. 그들 또한 서구의 언어 장벽 앞에서 무기력하기는 마찬가지다. 예를 들어 프랑스에서 10년 가까이 유학을 했으면서도 이웃나라 독일의 생활회화를 할 줄 모른다. 독일 유학생의 경우도 마찬가지이다. 그들이 한국 지식인의 내면세계를 지배하는 미국문화와 유럽의 그것을 분별하기란 쉽지 않다. 중국과 프랑스 사이의 문화적 거리는 미국과 프랑스 사이의 문화적 거리보다 더 가깝다고 한다면 언뜻 동의할 수 없을 것이다. 서구에서 공부한 지식인들은 대체로 중국에 대해 진지하게 사유를 한 적이 없기 때문이다. 일반적으로 한국 지식인에게 공통으로 나타나는 의식의 세계는 '변방의 중심'이라고 할 수 있다. 그들은 자신이 동양과 서양의 중심이 아닌 변방에 산다는 것을 익히 알고 있다. 그러면서도 그들은 자신이 한국의 중심이라고 생각한다. 기묘한 역설이다. 그렇다면 한국 지식인들이 동양과 서양의 이분법을 넘어 전지구적 열대와의 융합적 세계를 만들어가려면 어떤 경험과 실천적 전략이 요청될까?

융합을 위한 경험과 실천적 전략

'철의 장막'만큼이나 견고한 문과형 대 이과형 지식체계의 경계를 넘어서기 위해 나는 두 가지 서로 다른 전략을 선택했다.

첫 번째 전략은 출판사 경영이었다. 독자들은 황당할지도 모르겠지만 사실이다. 2000년을 전후하여 의료는 사회의 첨예한 이슈로 부각되었다. 소위 '의료대란'을 전후하여 《한국에서 醫를 論한다》와 《의사대란 이후 무엇을 할 것인가》를 출간했다(이종찬, 2000 & 2001). 이 과정에서

의료야말로 융합적 사유가 아니면 그 본질을 꿰뚫어 볼 수 없는 주제임을 깨닫게 되었다. 기존에 공부해 왔던 의학사, 의철학, 의료사회학, 의료인류학만으로는 역부족이었다. 그래서 동료 의료인들의 지원을 받아 출판사를 열었다. 소위 '수업료'를 지불했다. 책을 출판하기 위해 다양한 학문 분야의 책들을 접했다. 발간된 책들을 살펴보면 알 수 있다. 세계 최고의 도서전으로 손꼽는 프랑크푸르트 국제도서전에 출판사의 책들을 출품할 정도로 국제화를 위해서도 노력을 경주했다.* '책 디자인'을 위해 미술의 기본 개념부터 공부했다. 이 과정에서 괴테의 《색채론》을 만났다. 한국 남성들이 가장 둔감한 '색깔'에 대한 공부는 훗날 열대 자연사의 미학을 이해하는 데 도움이 되었다. 지금은 경영을 하지 않지만, 약 9년간의 경험은 한국에서 융합적 사유를 실천하는 것의 고통과 즐거움을 체득한 소중한 자산이 되었다.

두 번째 전략은 '노마드'(nomad)가 되어 열대 자연사를 탐방 조사한 것이다. 〔표 2-1. 근대 자연사의 선구자와 생물지리적 탐험 지역〕에 있는 근대 자연사의 선구자들이 탐험했던 지역이 준거점이 되었다. 조셉 콘라드가 쓴 《암흑의 심장》의 무대가 된 콩고강, 인류 탄생의 공간이라고 알려진 우간다의 빅토리아 호수, 동부 아프리카의 케냐 나이로비, 찰스 다윈보다 먼저 진화론을 창안했던 월리스(Alfred Wallace)의

* 굳이 옥스퍼드나 케임브리지대학 출판부를 언급할 필요도 없다. 한국의 대학들은 자체 출판조직 – '출판부' – 이 아예 없거나 유명무실하게 운영하면서도 세계 명문 대학 서열에 들어가려고 하는 '심뽀'를 갖고 있다. 그렇지 않아도 대학에 할 일이 많은데 교육의 대학 평가항목에 없는 출판부를 구태여 설립해야 할 필요도 없고 제대로 운영해야 할 이유도 없다. 고급 카페와 첨단 화장실을 대학에 만들면서도 출판부는 필수가 아니라 선택이다. 당시 일본의 지방 소재 대학출판부들이 연합하여 프랑크푸르트 국제도서전에 출품한 것에 충격을 받았던 기억이 다시 떠오른다.

《말레이 군도》의 무대였던 보르네오의 쿠칭(Cuching)과 코타 키나발루, 해상 실크로드의 중심지 믈라카(Melaka, Malacca), 싱가포르, 17세기 네덜란드동인도회사의 중심지였던 바타비아, 보고르(Bogor) 식물원, 화산 폭발로 오랫동안 감춰져 있었던 보로부두르(Borobudur)와 팔렘방(Palembang) 사원, 시암(Siam, 1351-1767)의 수도 아유타야(Ayutthaya)와 방콕, 크메르 제국의 수도였던 앙코르 와트, 쿠바의 역사인류학자 오르티스(Fernanodo Ortiz)가 문화융합의 개념을 창안했던 아바나, 알렉산더 훔볼트(Alexander von Humboldt, 1769-1859)가 탐사했던 에콰도르의 침보라소(Chimborazo)와 코토팍시(Cotopaxi), 멕시코시티, 페루의 리마와 마추픽추, 그리고 브라질 상파울루와 리우, 마지막으로 아마존강이 그동안 조사했던 지역이다.

동시에 나는 유럽과 미국의 식물원과 자연사박물관 탐방을 통한 연구도 같이 진행했다. 괴테가 《이탈리아 여행》(1816-1817)에서 자신의 원형식물 개념을 창안했다고 말했던 파도바와 볼로냐, 피렌체, 밀라노, 베네치아에서 시작된 유럽 자연사 탐구는 18세기 유럽 학술문화의 중심지 레이든, 암스테르담, 헤이그, 런던, 에든버러, 옥스퍼드와 케임브리지, 파리와 몽펠리에, 프랑크푸르트, 베를린, 뮌헨, 빈, 바르셀로나와 마드리드, 안트베르펜, 뉴욕과 시카고, 로스앤젤레스, 보스턴, 볼티모어, 그리고 수도 워싱턴 등에 소재한 식물원과 자연사박물관을 중심으로 조사했다. 여기서 강조해야 할 점은 시간적으로 '번갈아 가면서' 열대와 서구의 자연사를 조사했다는 점이다. 이런 교차 조사 방법은 열대와 서구의 자연사를 비교했다는 것만으로 끝나지 않는다. 이런 조사를 하면서, 인류사 중심의 근대 학문과 예술이 열대를 은폐, 침묵, 배제했다는 인식에 도달하게 되었다(이종찬, 2016a).

두 문화는 아직도 진행형이다

스노우(Charles Percy Snow)가 '두 문화' – 정확하게는 '두 문화와 과학혁명'이다 – 에 대해 문제를 제기했던 1959년의 한국 지식 사회는 어떠했을까? 시인 고은은 《1950년대》(1973)에서 당시 한국에 대해 '꿀꿀이죽'을 먹던 '바라크' 사회라고 불렀다. 그에 따라면, 바라크 사회란 "자아의식, 역사의식, 실존, 한계상황" 등의 용어가 "절망, 불안, 암흑, 절규 따위와 함께 1950년대 후반기를 휩쓸었던" 시대적 상황을 의미했다(고은, 2005: 245). 서구의 문물을 스펀지처럼 빨아들이기에 허겁지겁했던 한국에서 두 문화라는 용어는 낯설기만 했다.

한국의 대학들에서 '문리과대학'이 인문대학, 사회과학대학, 자연과학대학으로 본격적으로 분화되었던 1980년대가 한국에서도 두 문화가 뿌리를 내렸던 시기라고 생각한다. 문과형 지식과 이과형 지식의 장벽은 말할 것도 없거니와 인문학과 사회과학 사이에도 학문적 단절이 이루어지기 시작했다. 정치외교학, 경제학, 사회학을 사회과학으로 분류하는 것은 수긍이 가지만, 심리학, 지리학, 인류학을 사회과학대학에 제도화하는 것은 '자명'하지 않다. 임상심리학, 자연지리학, 체질인류학을 사회과학으로 범주화하는 것이 어떻게 가능한가. 역사학도 마찬가지다. 역사학을 인문학으로 설정할 경우에, 경제사와 역사사회학은 그렇다고 하더라도, 역사지리학과 역사인류학은 어떻게 할 것인가. 더 나아가서 과학사와 의학사는 어떻게 제도화할 것인가. 한국의 대학 사회가 서구적 지식 구조에 의해 제도화되면서 한국의 지식 사회도 두 문화가 빠른 속도로 뿌리를 내렸다.

이매뉴얼 월러스틴이 《지식의 불확실성》과 《두 문화를 극복하기》에서 과학과 인문학의 융합과 지식 구조의 전환을 제기한 것은 시의적절했다. 사회과학 지식의 확실성에 대해 비판하면서, 월러스틴은 '역사적 사회과학'의 전망을 보여주었다(Wallerstein, 2007: 186-203). 하지만, 그는 역사지리학에 대해서는 어떤 언급도 하지 않았다. 진보적인 서구 학자조차도 열대를 세계의 중심으로 생각하지 않는다. 월러스틴은 역사인류학자 민츠(Sidney W. Mintz)를 '페르낭 브로델 센터'(Fernand Braudel Center for the Study of Economies, Historical Systems, and Civilizations)로 초빙하여 "플랜테이션 노예는 프롤레타리아였는가?"(Mintz, 1978)라는 다소 의미심장한 강좌를 열었지만, 열대를 주제로 한 역사적 사회과학이 서구의 지식 구조를 어떻게 변혁시킬 수 있을 것인가에 대해서는 문제를 제기하지 않았다.

노벨화학상 수상자 프리고진(Ilya Prigogine), 사회사학자 코카(Jürgen Kocka), 과학사학자 르쿠르(Dominique Lecourt), 과학철학자 켈러(Evelyn Fox Keller), 인류학자 트루요(Michel-Rolph Trouillot)의 저작은 모두 한국어로 번역되어(Lecourt, 1973; Kocka, 1975 & 1999; Prigogine, 1993; Keller, 2000; Trouillot, 2011) 있지만, 분과 학문의 장벽에 가로막힌 한국사회에서 이들의 저작들을 융합적으로 사유하기란 쉽지 않다. 이들과 함께 월러스틴 등이 참여하여 '굴벤키안위원회'(Gulbenkian Commission)를 구성하여 토론한 작업이 《사회과학의 개방》으로 발간되었다. 다양한 분야의 석학들이 모여서 "분명한 점은 자연과학, 사회과학, 인문학이라는 삼분법이 한 때 그랬던 것처럼 더 이상 그렇게 자명하지 않다."(Gulbenkian Commission, 1996: 93)고 주장한 것은 당연한 귀결이다. 그러나 아프리카 학자도 참여했던 이 위원회는 서구 사회과학의 재구조화를 위해 토론했지만, 열대는 그들의 관심을 비켜갔다. 그들의 사유는 여전히 서구중심주의의 틀 안에서 맴돌았기 때문이다.

열대의 지평에서 역사학과 사회과학을 융합하기

역사사회학, 역사지리학, 역사인류학의 순서대로, 역사적 사회과학에 관한 나의 학문적 체험을 말해 보겠다. 미국에서 퓰리처상을 받은 스타(Paul Starr)의 《미국의료의 사회사》를 전면개정 번역하면서 역사사회학의 중요성을 다시 깨닫게 되었다(Starr, 2012). 이는 한국에서 사회사 전공자와 교류를 하는 데 단초가 되었다. 사회학의 역사적 계보를 공부하는 과정에서 근대 사회학이 열대와 깊은 연관성을 갖고 있음을 찾아내었다. 그 과정을 말해본다.

벨기에 통계학자이며 사회학자였던 케틀레(Lambert Adolphe Jacques Quetelet)는 유럽이 열대 식민지에서 수행했던 인구조사에 관해 폭넓은 지식과 경험을 갖고 있었다. 1830년대 유럽을 휩쓸고 갔던 콜레라와 '1848년 혁명'으로 불확실한 사회질서를 체험하면서, 케틀레는 천문학자 라플라스(Pierre-Simon Laplace)의 확률론을 불안정한 사회질서에 적용했다. 라플라스에 의하면, "인구야말로 어떤 제국이 번영하는지를 판단하는 데 가장 확실한 수단이다."(Hald, 1998: 283) 물리적 법칙과 사회적 법칙 사이의 유비 관계에 주목했던 케틀레는 한 사회에서의

'평균적 인간'(l'homme moyen)이라는 개념을 만들어내었다. 이 개념은 케틀레가 정립했던 '사회물리학'(physique sociale)에서 설정한 표준적 인간으로, 신장이나 체중과 같은 신체적 특징들은 물론이거니와 도덕적 규범까지도 포함했다. 그는 개인적인 특징들을 최대한 사상(捨象)시키고 사회의 규범을 유지하기 위해 심리적인 복합체에 해당하는 평균적 인간을 제창한 것이다(Stigler, 2005: 352-355). 평균적 인간은 유럽 사회에서 '근대적 인간'의 형상을 구체적으로 제시했다는 점에서 중요한 의미를 갖는다.

케틀레와 유사한 고민을 갖고 있던 콩트(August Comte)는 자신이 만든 용어인 '사회물리학'(physique sociale)을 케틀레가 《인간과 재능 발달에 대한 연구, 또는 사회물리학》(1835)에 제목으로 도용했음에 심히 당황하고 격노했다. 하지만 이 사건은 콩트가 '사회학'(sociologie)이라는 새로운 개념을 창안하는 데 결정적으로 중요한 심리적 요인이 되었다.

그런데 콩트가 구상했던 사회학은 융합적 사유의 결과였다. 먼저 콩트 자신의 말을 들어보자.

> 사회과학의 법칙들도 모든 선행 순서의 실증과학적 법칙들에 종속되면서 각각 자기의 영향을 발휘한다. 특별히 화학과 관련하여 말하면, 인간의 사회적 조건 가운데 인간과 외부 환경(milieu extérieur) 사이에 몇 가지 화학적 조화가 존재한다. 예컨대 기상환경, 수자원, 토양자원의 외부 환경과 인간 사이의 화학적 조화가 그것이다. 이 화학적 조화가 붕괴되거나 교란되면 개인은 살아남은 경우가 있을지도 모른다고 가정할지라도 사회적으로는 지속하지 못할 것이다(신용하 번역, 2012: 70-71).*

* 사회학자 신용하(愼鏞廈)는 콩트의 《실증철학 강의》의 영역본을 번역했다. 신용하에 의

〔그림 1-4. 실증과학의 위계〕가 보여주듯이(신용하, 2012: 133), 콩트가 《실증철학 강의》(1830-1842)에서 설계했던 실증과학의 위계는 수학, 천문학, 물리학, 화학, 생물학, 사회학의 순으로 되어 있다. 모두 6권으로 된 《실증철학강의》 중에서 1권은 수학, 2권은 천문학과 물리학, 3권은 화학과 생물학을 각각 다루었을 정도로 콩트는 당대의 과학적 발전뿐만 아니라 서구과학사에 대해 꿰뚫고 있었다. 그의 사회학은 이런 토대 위에 서 있는 것이다. 특히 콩트가 제시했던 '외부 환경'은 근대 생리학의 이론을 정립했던 베르나르(Claude Bernard)의 '내부 환경'(milieu intérieur)에 대비되는 개념이다. 즉, 생리학 : 사회학 = 내부 환경 : 외부 환경 = 베르나르 : 콩트.

하지만 콩트의 이런 융합적 사유는 한국의 역사사회학 분야에서 종적을 감춰버렸다. 역사사회학 전공자들은 대부분 일본 강점기를 전후한 시기를 연구하고 있어서 콩트의 융합적 사유를 기대하기는 어렵다. 역사의 다양한 층위와 결을 이야기하고 있지만, 최종 승리자는 결국 '민족주의'로 귀착되고 만다. 그렇다보니 전지구적인 맥락에서 역사사회학을 연구할 수 있는 학문 공간은 한국에서 축소되고 있다.

다음으로 지리학은 학문의 특성상 열대의 문화경관과 역사지리를 탐구하는 데 필수적이다. 열대학 연구에서 지리학이 중요한 이유는 지리학의 융합적 성격 때문이다. 알렉산더 훔볼트의 영향을 받은 미국 지리학자 하트숀(Richard Hartshorne)은 지리학의 융합적 성격을 정확하게 표현했다. 〔그림 1-5. 지리학과 계통과학〕이 보여주듯이, 하트숀은 지리

하면 이 내용은 영어 번역자인 마르티노(Harriet Martineau)가 프랑스 원서에는 없는 내용을 독자를 위해 추가로 삽입한 것이다.

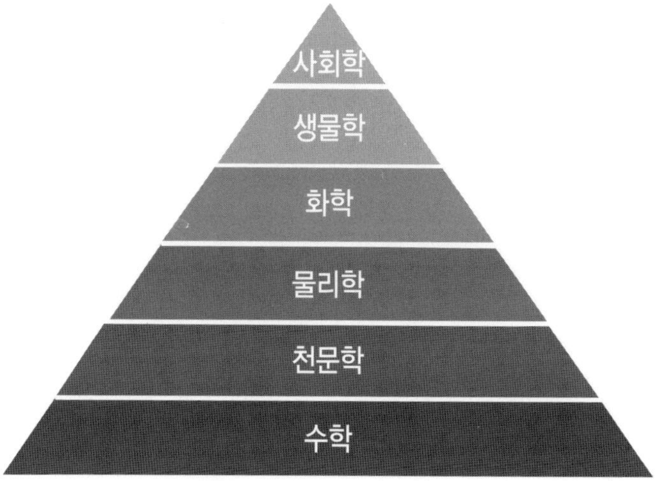

그림 1-4. 실증과학의 위계

학이 자연과학 — 생물학 — 사회과학의 융합적 학문임을 주장했다.

폴란드 태생의 영국 소설가인 조셉 콘라드의 작품들을 열대성의 관점에서 탐구하면서 '생물지리학'과 '문화역사지리학'의 중요성을 뼈저리게 느끼던 중이었다. 그의 동남아시아 소설 《로드 짐》(1900)과 《암흑의 심장》은 역사학 — 지리학 — 사회학 — 열대의학의 융합적 지평에서 사유할 수 있는 적절한 텍스트로 다가왔다(이종찬, 2012a & 2012b). 하지만 한국의 지리학계에서 열대에 대한 역사지리학과 생물지리학 전공자를 찾기는 매우 어려웠다. '규모의 경제'가 문제이다. 한국 사회학에 비해 규모가 현저히 작은데다가 '민족주의 지리학'이 강세인 상황에서 전지구적인 차원의 열대에 관한 역사지리학을 논의할 수 있는 자리가 여의치 않다.

인문사회과학 분야 중에서 인류학이야말로 열대를 탐구할 수 있는

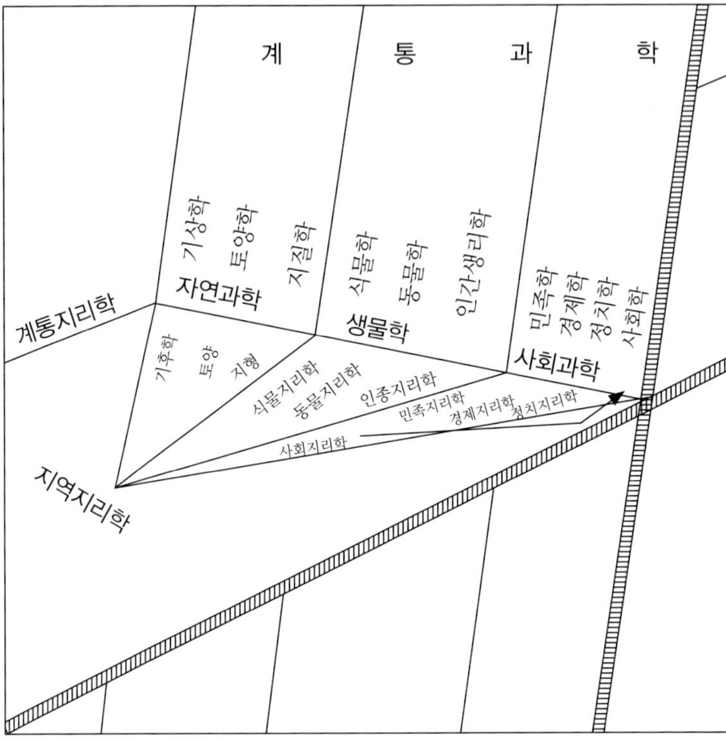

그림 1-5. 지리학과 계통과학 (Hartshorne, 1998: I: 245)

가장 최적의 학문 공간임에 틀림없다. 클로드 레비스트로스의 《슬픈 열대》(1955) 이상으로 이를 더 증명할 게 있는가(2장). 자메이카, 아이티, 푸에르토리코의 세 지역을 중심으로 열대 카리브 지역에서 오랜 기간에 걸쳐 현지 조사를 하면서 연구했던 경험에 근거하여(Mintz, 2010), 시드니 민츠*는 《설탕과 권력》(1985)에서 매우 주목할 만한 발언을 했다.

* 시드니 민츠(1922-2015)의 연구가 갖는 가장 중요한 의미는 현지 조사에 충실하면서도 열대 카리브를 세계사적 지평에서 인식하려고 했다는 점이다. 그는 인류학과 역사학의 학문적 경계를 자유롭게 넘나들면서, 서구중심주의 학문 체계를 극복하려고 했다는 점에서 대단히 중요한 공헌을 했다. 민츠는 컬럼비아대학에서 《문화의 패턴》과 《국화와 칼》의 저자인 베네딕트(Ruth Benedict)의 학문적 영

> … 우리는 완전히 새로운 경제 제도를 만드는 데 있어 단 몇 세기 전만 하더라도 유럽의 귀족조차 몰랐던 해외의 요사스런 사치품이 어떻게 빠른 시간에 영국의 일상생활에서 중요한 사회적 구성 요인을 차지했으며 세계사에서 가장 폭넓은 영향력을 갖는 제국에서 보편적인 물질이 되었는지를 반드시 이해해야 한다(Mintz 1985: 7).

여기서 '완전히 새로운 경제 제도'란 자본주의를 말한다. 민츠는 열대 자연사의 한 산물로서의 설탕이 영국인의 자본주의적 정체성 형성에서 얼마나 중요한 물질인지를 강조하면서 역사인류학이야말로 이런 문제를 탐구하는 데 적격이라고 주장했다(3장). 민츠의 작업은 근대 역사학으로는 정체성 연구를 하기에는 한계가 있음을 명확히 보여준다. 클로드 레비스트로스가 말했듯이, "역사학은 인류학과 상호보완적인 관계에 있다. 한쪽은 다양한 인간사회를 시간 속에서 전개하며, 다른 쪽은 공간에서 전개한다(Lévi-Strauss, 2007: 366).

한국의 인류학자들이 열대 자연사에 별로 관심이 없다는 것은 기이한 일이다. 한국 지리학보다도 더 작은 규모는 그렇다고 하더라도, 설상가상으로 한국 인류학의 학문적 성격이 문제다. 인류학자 전경수는

향을 받았다. 박사과정을 함께 공부했던 울프(Eric R. Wolf) - 《유럽과 역사없는 사람들》(1982) - 와 함께 쓴 논문 〈중미와 안틸레스 지역의 아시엔다와 플랜테이션〉(Haciendas and Plantations in Middle America and the Antilles, 1957)은 아직까지도 이 분야에서 가장 널리 인용되고 있다. 《설탕과 권력》은 민츠의 학문적 성취를 대중들에게도 널리 알리는 계기가 되었다. 예일대학에서 20년 이상 재직했던 민츠는 1974년에 존스홉킨스에 인류학과를 설립했다. 자신이 젊은 시절부터 현지 조사를 시작했던 자메이카, 아이티, 푸에르토리코가 50년간 변화해 온 과정을 쓴 책, 《오래된 세 식민지》(2010)에는 원로 학자의 학문적 세계가 오롯이 담겨 있다.

《한국인류학 백년》에서, 한국 사회학의 경우에는 이상백(李相佰)이 '총대를 메는 사람'이었던 데 비해 인류학의 경우에는 송석하(宋錫夏)였는데, 그의 요절로 한국 인류학이 '절맥(絶脈)과 부진'의 길을 걷게 되었다고 말했다(전경수, 1999: 168). 이런 변명에 동의하건 아니건 간에, 역사사회학이나 역사지리학과 비교할 때 한국 역사인류학은 학문적 정체성을 확립하는 데 시행착오의 시간이 더 요청된다. 열대 자연사에 관한 레비스트로스의 인식이 그대로 드러나는《야생의 사고》(1962)를 탐독하게 되면, 인류학은 태생적으로 열대 자연사와의 젖줄을 떼려야 뗄 수 없는 관계임을 알 수 있다(5장). 그렇지만 한국 인류학에서 열대 자연사에 관한 인식의 궤적을 찾기가 어렵다. "인류학자 한 사람 한 사람이 동시에 식물학자, 동물학자, 지질학자, 혹은 기상학자"까지도 될 수 있어야 "신화나 의례에 등장하는 동물, 식물, 광물, 천체 현상을 정확하게 알아낼 수 있다(Lévi-Strauss, 2007: 116 & 122). 그렇기에 인류학자는 열대 자연사에 대해 천착해야한다. 이런 맥락에서 레비스트로스는《구조인류학》(1958)에서 인류학을 학문적으로나 제도적으로 사회과학 안에 어떻게 배치시킬 것인가에 대한 대안을 제시하면서, 인류학이 사회과학의 '천문학자'로서의 사명을 맡아야 한다고 주장하면서도(Lévi-Strauss, 1963: 378), 자연사 그리고 자연과학과 어떻게 유기적으로 결합되어야 하는지에 대해서는 여운을 남겨두었다(Lévi-Strauss, 1963: 346-381).

프레이리의 열대학, 부르디외의 객관주의와 주관주의

'프레이리'? 어떤 독자들은 대번에 브라질의 교육자 파울로 프레이리(Paulo Freire)의 《페다고지》(1968)를 떠올릴 것이다. 그 프레이리가 아닌 질베르토 프레이리(Gilberto Freyre)에 대해 말하고 있다. 한국의 지식 사회는 하버마스(Jürgen Habermas), 기어츠(Clifford Geertz), 하비(David Harvey), 피에르 부르디외, 앤서니 기든스에 대해서는 익히 알고 있다. 하지만 질베르토와 페르난도 오르티스에 대해서는 적극적으로 알려고 들지 않는다. 이 두 인물은 라틴아메리카를 전공하는 학자들 사이에서 알려져 있을 정도이다(최금좌, 1999a & 1999b; 김영철, 2008; 임두빈, 2011).

브라질의 사회학자이면서도 인류학자인 질베르토는 서구적인 삶의 방식보다는 열대적인 것이 다문화와 다인종 시대에 더 적합하다고 생각했다(Burke & Pallares-Burke, 2008: 191). 이런 점에서, 그는 포르투갈과 같이 열대 풍토에 더 가까운 나라가 영국, 프랑스, 네덜란드보다도 상대적으로 더 브라질 문화와의 소통이 가능하다고 보았다. '루조 트로피칼리즘'(Luso-Tropicalism)이라고 불리우는 이 개념의 원형은 질베르토의 대표적 저작 《주인과 노예》에 소개되었다(Freyre, 1956). 이 개념에 기초하여 그는 생태학, 인류학, 사회학, 역사학, 의학, 건축학 등의 다양한 학문 분야를 '트로피콜러지'(tropicology)의 이름으로 융합하려고 시도했다. 미국 컬럼비아대학에서 인류학자 보아스(Franz Boas)와 사회학자 기딩스(Franklin Giddings)의 이론에 심취하면서도, 그는 서구중심주의 사회과학을 넘어서려는 부단한 노력을 경주했으며 트로피콜러지를 통해 대안을 찾으려고 했다. 물론 질베르토의 트로피콜러지는 브라질에만 국한되었으며 아프리카, 동남아시아, 남태평양, 인도양과 같은 열대 지역과 해양을 포함하지 않았다. 그는 브라질이 언젠가 '열대의 중국'(tropical China)이 되어 세계를 이끄는 국가가 될 것이라는 브라질 중심의 세계를 제시했다는 점에서(Freyre, 1980), 내가 제시하는 열대학 논의와는 본질적으로 성격이 다르다.

피에르 부르디외는 질베르토 프레이리의 대척점에 서 있다. 부르디외의 학문 세계에서 가장 중심적인 개념인 아비투스(habitus), 장(場), 문화 재생산, 상징 폭력 등은 프랑스가 아닌 알제리에서 태동되었다(Bourdieu, 2004; Wacquant, 2004). 부르디외는 알제리가 프랑스로부터 독립하기 위해 일으켰던 전쟁(1954-1962)에 군인의 신분으로 참전했다. 원래 미셸 푸코의 박사학위 스승이었던 조르주 캉길렘 밑에서 과학사와 과학철학으로 공부할 계획이었던 그의 학문 계획은 알제리의 카빌리(Kabyle) 지역에서 에스노그라피(ethnography) 조사를 하면서 송두리째 바뀌었다. 부르디외는 이 지역의 '의례, 관습, 가치, 규범' – 그는 이를 '독사'(doxa)라고 불렀다 – 이 자신이 태어나서 자랐던 프랑스 남서부의 작은 마을 베아른(Béarn)과 공통점이 있다는 점에 주목했다. 그의 책들과 논문들을 보면 카빌리와 베아른을 항상 대비시키고 있음을 알 수 있다. 실천 이성, 실천 감각, 예술, 미디어, 교육 등 어떤 주제도 예외가 없다. 이 점이 중요하다.

부르디외는 고향 베아른과 마그레브(Magrev)의 카빌리를 계속 교차시키면서 자신의 학문적 개념들을 만들어갔다. 레비스트로스를 포함한 프랑스의 주류 사회과학과는 다른 길을 걸었다. 부르디외가 프랑스 사회과학의 중심에 설 수 있었던 지성적 힘은, 베아른에 유혹될 수 있는 '주관주의적 직관론'과 카빌리에 매료될 수 있는 '객관주의적인 실증론'으로부터 거리를 둘 수 있었기 때문이다(Bourdieu, 2000: 9; Yacine,

2004: 194). 다시 말해서, 부르디외는 베아른과 카빌리의 서로 다른 역사적 공간을 유기적으로 연결함으로써 자신의 학문적 보편성을 담보하려고 했던 것이다. 이렇게 볼 때, 부르디외 학문이 열대학의 방향에 대해 던지는 메시지는 매우 명확하다. 서구중심주의 지식체계로부터 객관적 거리를 유지하면서도 '과거의 한국' – 조선 – 을 낯설게 바라봐야 한다는 것이다.

열대학의 개요

열대학은 두 축으로 구성된다. 하나는 인류사의 축이며, 다른 하나는 자연사의 축이다. 이 축을 유기적이고도 총체적으로 연결하는 것은 사유하는 주체의 몫이다. 독자들은 〖그림 1-6. 열대학의 인류사〗를 구상하게 된 마음의 경로를 알게 된다면 이해의 폭을 넓힐 수 있을 것이다. 한편으로 역사학과 사회과학을 융합하여 역사인류학, 역사지리학, 역사사회학을, 다른 한편으로 열대의 생물학적, 생태학적 차원을 개별 사회과학과 융합하여 생태인류학, 생물지리학, 열대의학을 설정했으며 이를 유기적인 연결고리로 설계했다. 〖그림 1-7. 열대학의 자연사〗가 보여주듯이, 자연사는 동물학, 광물학, 지질학, 선사학(先史學), 민속학, 고생물학, 고고인류학의 융합적 학문이다.

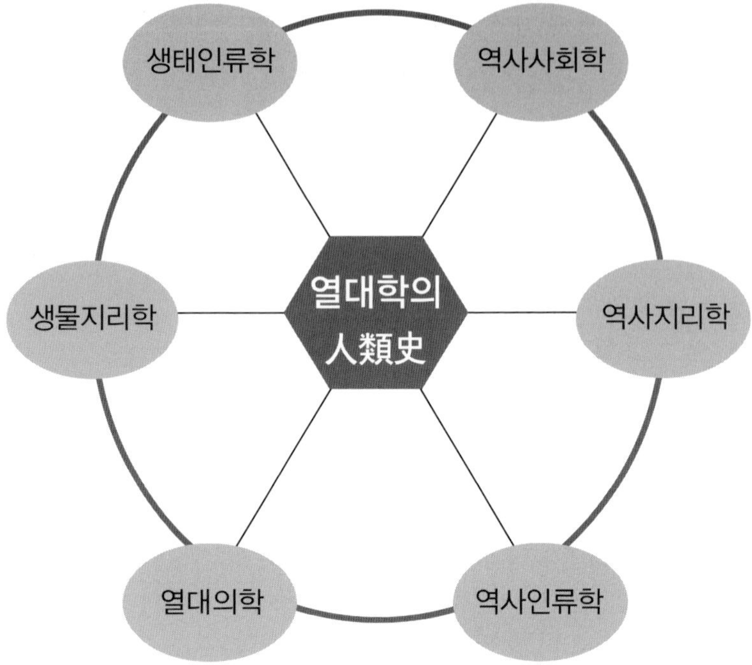

그림 1-6. 열대학의 인류사

융합적 열대학, 고슴도치인가 여우인가

그리스의 시인 아르킬로코스(Archilochus)에 의하면, "여우는 많은 것을 알고 있는 데 반해, 고슴도치는 하나의 큰 것을 알고 있다." 비코(Giovan Battista 또는 Giambattista Vico), 요한 고트프리트 헤르더, 카를 마르크스(Karl Heinrich Marx)에 천착해왔던 이사야 베를린은 《고슴도치와 여우》에서 톨스토이(Lev Nikolayevich Tolstoy)가 고슴도치와 여우 중에서 어느 쪽인지 설명했다. 그는 인간을 크게 두 부류로 나

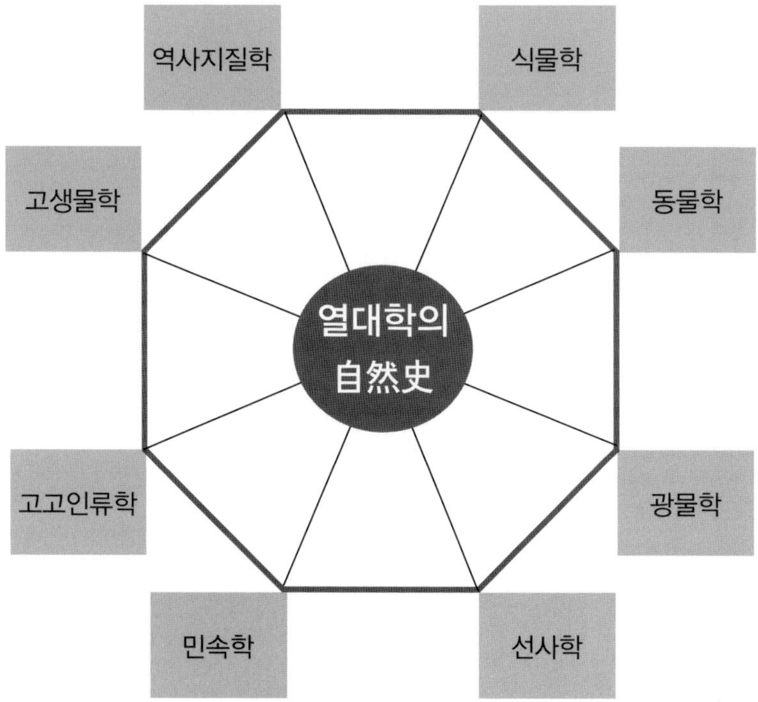

그림 1-7. 열대학의 자연사

누어 단테(Dante), 플라톤, 파스칼(Blaise Pascal), 헤겔(Georg Wilhelm Friedrich Hegel), 도스토옙스키(Fyodor Dostoyevsky), 니체(Friedrich Wilhelm Nietzsche), 프루스트(Marcel Proust)를 고슴도치형으로, 헤로도토스(Hērodotos), 아리스토텔레스, 에라스무스(Desiderius Erasmus), 괴테(Johann Wolfgang von Goethe), 조이스(William Joyce)를 여우형으로 분류했다(Berlin, 2007).

어느 쪽이건 간에, 베를린은 인류사에 대해 이야기하고 있다. "인류사, 이것만큼 가슴 설레는 낱말이 달리 있을까. 헤겔, 마르크스, 루카치, 도스토옙스키를 미치고 환장케 한 그 낱말!"(김윤식, 2005: 31) 문학평론가 김윤식(金允植)의 말대로, 인류사는 서구적 근대의 산물이다.

그런데, 서구적 근대를 넘어서려는 열대학은 인류사와 자연사의 융합적 지평을 추구한다. 문제는 열대학이 한국은 물론이거니와 세계 어디에서도 대학의 공식적 학문 조직에 분류되어 있지 않다는 데 있다. 그렇다면 어떻게 공부할 것인가? 처음에는 여우형 인간처럼 세분화된 개별 학문들을 많이 알아야 한다. 문학, 역사, 철학의 인문학, 인류학, 지리학, 사회학의 사회과학, 생물학, 생태학, 역사지질학, 그리고 보건의료학 등을 공부해야 한다. 다음에 공부를 진행하면서 어떤 단계에서는 큰 것을 찾아야 하는 고슴도치형 인간이 되어야 한다. 한편으로는 역사인류학—생태인류학—역사지리학—생물지리학—열대의학—역사사회학을, 다른 한편으로는 식물학—동물학—광물학—역사지질학—고생물학—고고인류학—민속학—선사학을 융합할 수 있는 능력을 함양해야 한다. 하지만 이는 한 인간의 힘으로는 불가능하며, 지성적 연대와 협동을 통해 그것도 오랜 시간에 걸쳐서 가능한 일이다. 그런 과정에서 고슴도치형 인간이 있다면, 그는 여우형 인간과의 소통을 통하여 융합적 열대학에서 큰 깨달음을 얻게 될 것이다.

2) 자연사와 문화융합

M. C. 에셔(Escher)와 역사인류학적 사유

십여 년 전에 '면역학적 자기'(immune self)라는 문제로 씨름하고 있을 때였다. 당시 하버드대학에서 연구년을 보내고 있던 터라, 서구 학계에서 활발하게 논의되고 있던 '정체성'(identity)의 개념을 면역학의 관점에서 풀어보려고 노력했다. 자기와 비(非)자기의 상보적인 관계를 파악하려는 과정에서 단번에 마음을 사로잡은 작품이 있었다. 네덜란드의 판화가 에셔(Maurits Cornelis Escher)의 〔소용돌이〕는 자기가 비자기로, 비자기가 자기로 전환되는 과정을 절묘하게 형상화한 작품이다. 때마침 《동아시아 의학의 전통과 근대》(이종찬, 2004)의 원고를 집필하면서 한의학에서의 음과 양의 관계에 대해서도 골머리를 앓고 있던 터에, 마우리츠 코르넬리스 에셔의 이 작품 하나로 두 마리 토끼를 모두 잡으려고 했던 기억이 있다.

에셔의 작품들은 그 후로도 공간적 사유를 실험하는 데 기본 텍스트가 되었다. 열대와 서구 사이의 '문화융합'(transculturation)에 대해 천착하는 과정에서도 에셔의 작품은 예외가 아니었다. 그의 작품 〔그림 1-8. 조우〕(遭遇)를 함께 감상해 보자. 에셔의 작품들이 거의 그렇듯이, 이 작품도 두 사람이 조우하는 공간을 고도로 추상화시켜서 보여준다. 문화융합과 관련하여 이 작품을 해석할 수 있는 까닭도 여기에 있다. 작품 속의 두 사람을 열대 아프리카의 흑인과 서구의 백인이라고 해도 무방하다. 작품의 정중앙을 보면 흑인과 백인이 조우를 하는 장면이 있다. 조우 이후의 두 사람은 각각 조우 이전과는 다른 모습으로 걸어 나오고 있다. 두 사람은 다른 시간과 공간에서 또 다른 사람과 조우한다. 여기서 흑인과 백인을 각각 열대와 서구로 치환한다면, 양자 간의 조우는 열대와 서구 사이의 문화융합을 의미한다고 볼 수 있다.

쿠바와 미국이 수교하기 전에 아바나의 '오르티스연구소'를 방문하

그림 1-8. 조우 (M. C. Escher, 1944)

고 난 후에 확인한 내용이다. 콜럼버스, 알렉산더 훔볼트, 페르난도 오르티스는 현재의 쿠바를 '발견'하는 데 있어서 가장 중요한 세 인물이다. 인류학자 말리노프스키(Bronislaw Malinowski)의 영향을 받았던 오르티스는 《쿠바의 대위법: 담배와 설탕》(1940)에서 '문화변용'(acculturation)보다는 문화융합이 서로 다른 문화들 사이의 역동적인 관계를 설명하는 데 더 적합한 개념이라고 말했다.

오르티스가 문화융합이라는 개념을 창안했던 맥락은 다음과 같다. 그가 보기에, 토착 원주민들이 살고 있었던 신세계 쿠바에 구세계의 스페인이 들어온 이후로 세네갈, 기니, 콩고, 앙골라, 모잠비크 등에서 아프리카 흑인들이 노예 신분으로 쿠바로 건너와 현재의 쿠바 문화를 만들어왔다. 또한 이후로도 유대인, 포르투갈, 앵글로-색슨, 프랑스, 북아메리카 등 서양의 이런저런 사람들이 쿠바로 이주해 왔으며, 심지어는 중국인들도 건너와서 현재의 쿠바 문화를 구성하고 있다는 것이다(Ortiz, 1995). 그러나, 서로 다른 문화가 조우한다고 해서 문화융합이 수평적인 관계로 이루어지는 것은 아니다. 열대와 서구 사이의 문화융합은 식민주의적 권력 장치에 의해 작동되어 왔다. 오르티스가 논의했던 쿠바에서의 문화융합도 식민적 권력 공간에서 이루어졌다. 이런 점에서 '식민적 문화융합'이 열대와 서구 사이의 문화역사지리적 조우 관계를 더욱 적절하게 개념화한다고 볼 수 있다.

역사인류학자들은 열대와 서구 사이의 식민적 문화융합에 관해 설득력이 있는 논의를 보여주었다. 그들은 식민 본국과 식민지 사이의 관계에 주목하면서 전자가 후자에게 일방적으로 영향을 미치지 않았다고 본다. 즉, 양자는 서로 간에 영향을 주고받는 쌍방향 관계라는 것이다. 덕스(Nicholas B. Dirks)의 《식민주의와 문화》, 맥그레인(Bernard McGrane)의 《인류학을 넘어: 사회와 타자》, 파그덴(Anthony Pagden)의 《유럽과 신세계의 만남》, 토마스(Nicolas Thomas)의 《식민주의 문화: 인류학, 여행, 정부》, 쿠퍼(Frederick Cooper)와 스톨러(Ann Laura Stoler)의 《제국의 긴장》 등의 역사인류학 연구에 의하면, 식민지와 식민 본국은 서로 '공명'(resonance) 관계에 있으며, 상호 포섭과 배제의 방식으로 서로 간에 영향을 미쳐왔다(Dirks, 1992; McGrane, 1989; Pagden, 1994; Thomas, 1994; Cooper and Stoler, 1997).

서구가 열대를 식민지로 삼아 통치를 했던 것은 분명한 역사적 사실이다. 그리고 서구가 열대의 식물, 동물, 광물뿐만 아니라, 열대의 토착 원주민에게 영향을 미친 것도 역사적 사실이다. 하지만 문제는 열대가 서구에 영향을 미치면서 열대와 서구 사이에 식민적 문화융합이 지속되어왔다는 점도 엄연한 역사적 사실이라는 점이다. 그럼에도 불구하고, 서구중심주의적 가치체계를 추구하는 인문학자와 사회과학자 – 서구이건 한국이건 간에 – 는 서구가 열대에 미친 영향만을 강조한다. 그 반대의 영향, 즉 열대가 서구 정체성을 어떻게 만들어갔는지에 대해선 대체로 관심이 없다. 문화융합의 개념이 요청되는 지점이 바로 여기다. 열대가 서구 정체성을 어떻게 만들어왔는지를 탐구하려는 이 책의 문제의식이 여기에 있다. 열대의 자연사와 인류사를 융합하는 것은 이런 문제의식을 해명하기 위한 길로 이끈다.

흑인 노예의 자연사 지식과 문화융합*

〔그림 1–9. 축복받은 그라만 콰시〕부터 살펴보자. 이 판화는 영국의 시인이자 화가인 블레이크(William Blake)가 그렸다. 그림 속 주인공은 콰시무캄바(Kwasimukamba) – 영국 이름으로는 그라만 콰시(Graman Quacy 또는 Quassi, Quasi라고도 쓴다) – 라는 흑인 노예이다. 블레이크는 왜 오른쪽 귀가 잘려나간 이 노예를 그렸을까? 흥미로운 이야기가 펼쳐진다.

1690년에 아프리카 기니(Guinea)에서 태어난 콰시는 1700년경에 네덜란드 식민지인 수리남(Suriname)에 노예로 끌려왔다. 그는 1730년에 진통을 완화시키고 소화를 촉진시키는 어떤 약초를 발견했다. 이런

* 이 절은 〈근대 서양사는 열대를 어떻게 은폐시켰는가〉(이종찬, 2016a)에서 해당 부분을 대체로 인용한다.

그림 1-9. 축복받은 그라만 콰시 (William Blake, 1796)

노력을 인정받은 콰시는 1744년에 식민 총독 마우리시우스(Johan Jacob Mauricius)의 노예가 되었다. 이 지역의 사탕수수 '플랜테이션'(plantation complex) 소유주였던 스웨덴 이민자 달베르히(Carel Gustaf Dahlbergh)가 이 약초의 뛰어난 약리적 효과를 알아 차렸다. 그는 웁살라의 칼 린네에게 이 사실을 편지로 알렸다. 린네는 노예의 이름을 따서 이 약초의 학명을 '콰시 아마라'(Quassi amara)라고 붙여 주었다. 이런 사실이 유럽의 아메리카 식민주의자들 사이에 널리 퍼지면서 콰시 약초는 수리남의 최대 무역 상품으로 부각되었으며, 유럽은 앞을 다투어 이 약초를 수입했다.

이에 따라 콰시무캄바의 인기도 올라갔다. 노예 신분으로부터 자유롭게 된 그는 수리남에서 산출되는 여러 약초들을 분류하고 약리적 작용을 검증하는 전문가가 되었다. 식민통치자와 플랜테이션 소유주들은 각종 약초들에 대한 그의 자연사 지식에 의존하지 않을 수 없었다.

콰시무캄바는 린네로 상징되는 유럽의 자연사 지식을 아메리카에 단순히 전파시킨 배달꾼이 아니었다. 그는 식민통치자와 플랜테이션 소유주들이 아메리카의 식물, 동물, 광물을 세계의 많은 무역 시장에서 거래를 하면서 엄청난 자본을 획득하고 있음을 익히 알았다. 이런 맥락에서 콰시무캄바는 자신이 그들을 위해 무엇을 해야 하는지를 충분히 인지했다. 예를 들어 그는 1755년에 수리남 강을 따라 3개월에 걸쳐서 탐험하여 자신의 신분을 감추고는 '사라마카'(Saramaka)라는 '마룬'(maroon)의 한 마을을 방문했다.

마룬이 무엇인지 살펴보고 다음으로 넘어가자. 아프리카에서 유럽 상인들에 의해 강제로 아메리카로 끌려온 흑인 노예들은 노예제도에 무조건 순응하지 않았다. 이들 중 일부는 백인들에게 저항했으며 노예제의 힘이 미치지 않은 지역으로 탈주해 독립된 거주 공간을 만들었다. 아메리카에서 노예제에 저항하여 독립된 지역에서 살았던 아프리카인들을 마룬 – 스페인어로는 시마론(cimarrón) – 이라고 부른다. 스페인이 아메리카를 식민화하기 시작했던 16세기 초부터 마룬은 존재했다. 네덜란드, 프랑스, 영국 등이 식민화했던 아메리카의 전 지역에서 마룬은 다양한 방식으로 자신들의 독립된 사회를 만들어갔다. 놀라운 사실은 마룬이 지금도 존재하고 있다는 것이다. 사라마카 – 수리남의 여섯 마룬 집단 중의 하나다 – 는 1980년대에 정부군과 격렬한 전쟁을 벌였을 정도로 강력한 조직을 갖추었다.

콰시무캄바는 사탕수수가 대규모로 자라고 있는 위치를 알아내어 백인 통치자에게 알렸고 수백 명의 네덜란드 군인들이 와서 이 지역을 강탈했다(Parrish, 2006). 당시 네덜란드를 통치했던 윌리엄 5세(William V, Prince of Orange)는 그를 치하하기 위해 헤이그로 불러서 판화 속의 옷과 장식품을 하사했다. 수리남에서 군인으로 활동했던 스테드만(John Gabriel Stedman)은 《수리남에서 봉기했던 흑인들을 진압하기 위해 보낸 5년간의 이야기》(1796)에서 86세의 콰시무캄바를 수채화로 그려냈고, 스테드만의 친구로 상업 미술에 관심이 많았던(Vaughan, 2003[1978]: 20) 윌리엄 블레이크는 판화 작품으로 만들었다. 콰시무캄바와 콰시 약초에 관한 이런 이야기는 스테드만의 책을 통해서 알려졌을 뿐만 아니라, 수리남에 아직도 존재하고 있는 사라마카에 구전으로 전해져왔다(Price, 2002).

식민적 문화융합과 관련하여 이 이야기가 갖는 의미는 매우 중요하다. 아프리카에서 건너온 흑인 노예가 약리적으로 효능이 있는 약초를 최초로 발견했다. 콰시무캄바는 기니에서 어릴 때부터 배웠던 약초에 대한 지식을 잊지 않았다. 이런 사정은 다른 노예들도 마찬가지였다. 그들은 아프리카에서 자라면서 알고 있었던 식물, 동물, 광물에 대한 지식을 아메리카에서도 일상적으로 활용했다. 물론 콰시무캄바의 약초에 대한 지식과 재능이 예외적으로 매우 뛰어났겠지만, 이 이야기는 서부 아프리카 자연사 지식을 가진 흑인 노예가 린네의 식물분류에 의해 정당성을 부여받으면서, 아메리카의 자연사에 구체적으로 개입하고 실천을 했음을 명확히 보여준다.

전지구적인 관점에서 봤을 때, 아프리카 — 유럽 — 아메리카의 자연사에 관한 지식 사이의 식민적 문화융합을 통하여 콰시 약초는 '발견'되고 '발명'된 것이다. 약초의 자연사 지식은 구세계와 신세계 사이의 식민적 문화융합을 통해 만들어졌다. 콰시의 자연사에 관한 이런 역사 인식은 서구 : 열대 = 근대 : 전근대라는 기존의 근대성 등식이 일방적으로 성립되지 않음을 명확하게 말해준다. 자연사는 서구중심주의 인류사에 의한 왜곡된 역사 인식을 바로잡는 데 중요한 역할을 할 수 있다. 이런 논의에 근거하여, 다음 장은 자연사와 인류사의 융합적 역사 인식을 구체적으로 설명하려고 한다.

2장
자연사와 인류사의 융합

백인은 사회과학에 의존했으며, 열대 원주민은 자연과학을 믿었다.

– 클로드 레비스트로스(Claude Lévi-Strauss)

알렉산더 훔볼트의 《코스모스》는 어떤 특정 학문의 범주에 가두어 놓을 수 없는 위대한 업적이다.

– 에릭 홉스봄(Eric Hobsbawm)

2장

자연사와 인류사의 융합

1. 열대학, 자연사와 인류사의 경계와 융합

1) 생물지리적 탐험, 열대 공간의 생산과 시각화

서구에 의한 열대 공간의 생산

자연사를 공부하면서 풀리지 않았던 문제는 "아리스토텔레스, 플리니우스(Plinius), 디오스코리데스(Dioscorides)와 같은 '고전적' 자연사가 '근대' 자연사와 본질적으로 어떻게 다른가?"였다. 미셸 푸코가 《말과 사물》에서 '에피스테메'(épistème) – 특정한 시대를 지배하는 사물의 질서 – 를 사용하여 그 다른 점을 구별하려고 했지만, 그의 논의에 동의할 수 없었다. 왜냐하면 푸코는 근대 자연사의 에피스테메 성립 과정에서 서구가 열대를 어떻게 식민화했는지를 전혀 언급하지 않았기 때문이다. 열대와 식민화라는 두 개념은 그의 논의에서 완전히 빠져 있다. 이는 푸코에게만 해당하는 것이 아니다. 푸코를 비판하는 앙리 르페브르와 같은 마르크스주의자들도 마찬가지다.

'공간'에 대해 본격적으로 관심을 갖기 시작한 것은 하버드대학에 있을 때 한국에서 온 몇몇 학자들과 르페브르의 《공간의 생산》(1974)을 함께 토론하면서였다. 그 후로 투안(Yi-Fu Tuan), 데이비드 하비, 스타인(Howard F. Stein), 소자(Edward Soja) 등의 지리학자들을 비롯하여, 서구 사상가들의 공간에 대한 논의들을 탐독했다.* 하지만, 한국에도 널리 알려져 있는 이들의 공간이론으로는 서구가 열대를 어떻게 공간적으로 생산했는지를 파악하는 데 미흡하다고 생각했다.

호랑이를 잡으려면 호랑이 굴로 들어가야 한다. 서구 지리학에 대한 심오한 통찰력이 요청되었다. 독특한 경력을 가진 지리학자 글래컨(Clarence Glacken)**의 《로도스 섬 해변의 흔적》(1967)은 고대부터 18세기까지 인간, 생태환경, 지구의 세 차원의 유기적 연관성을 탐구했다는 점에서 지리학의 고전으로 평가받는다. 히포크라테스를 생태

* 국토연구원, 2001 & 2005; 최병두, 2002; Lefebvre, 1974; Tuan, 1977 & 2013; Said, 1978; Sack, 1980; Stein, 1987; Harvey, 1989 & 2000; Soja, 1989; Casey, 1998; Crang & Thrift, 2000; Short, 2004; Schroer, 2005.

** 클래런스 글라켄(1909-1989)은 미군정 시기에 군인의 신분으로 남한에 와서 보건후생국에 근무했다. 일본어에 능통했던 그는 뒤늦은 나이인 41세에 존스홉킨스대학에서 박사학위를 받았다. 오키나와에서 지리인류학 연구를 수행하면서 글라켄은 '자연과 문화'의 상관성에 주목했다. 미국 지리학계에서 중요한 위상을 차지했으며 한국 지리학자들에게도 큰 영향력을 미친 사우어(Carl Sauer)가 그를 버클리대학으로 불렀다. 현재의 한국 대학교수 평가 시스템이라면, 글라켄은 대학교수가 될 수도 없었을 것이며 설령 되었다고 하더라도 계량적 평가에 의해 중도 탈락하고 말았을 것이다. 《로도스 섬 해변의 흔적》의 후속편이 캘리포니아대학 출판부에 의해 거부당하자, 글라켄은 원고를 거의 없애버렸다. 하지만, 그의 후학들이 남은 원고를 겨우 찾아내어 출간을 준비하고 있다. 그의 삶을 보면, "꽃은 경계에서 핀다."는 것을 새삼 절감하게 된다.

환경 지리학의 출발점으로 간주하는 그는 중세 최고의 자연사학자인 마그누스(Albertus Magnus)와 경험주의(Empiricism)의 문을 열었던 베이컨(Francis Bacon)을 거쳐 18세기 자연사학자인 린네, 뷔퐁(Georges Buffon), 훔볼트 등에 이르기까지 서구 지리 사상의 계보학을 탐구했다(Glacken, 1967).

글래컨이 사상사적인 차원을 보여준다면, 독일 지리학자 헤트너(Alfred Hettner)의 《지리학》(1927)과 미국 지리학자 리처드 하트숀의 《지리학의 본질》(1939)은 지리학의 역사, 개념과 본질, 이론과 방법을 체계적으로 논의했다. 이 세 권의 책을 나침반으로 삼아, 근대 지리 사상을 경험주의의 관점에서 해석한 보웬(Margarita Bowen)의 《경험주의와 지리 사상》, '상상의 지구'를 다양한 지도학적 이미지로 분석한 코스그로브(Denis Cosgrove)의 《아폴로의 눈》, 2천 년간 서구 사회에서 발생해왔던 질병을 지리학의 시선으로 탐구한 바레트(Frank A. Barrett)의 《질병과 지리학》, 제국주의와 식민주의를 지리학의 관점에서 조망한 부트린(Robin A. Butlin)의 《제국의 지리학》 등 서구 지리학 서적들을 지속적으로 읽어 왔다. 인류학과 마찬가지로 지리학을 모르고는 열대의 정수를 파헤칠 수 없다. 그러나, 이러한 서구 지리학 텍스트에서 열대의 문화역사지리에 대한 심도있는 논의를 찾을 수 없었다. 열대 자연사와 인류사가 서구중심주의 역사학에 의해 은폐되었듯이, 열대 공간도 서구중심주의 지리학과 사상가들에 의해 배제되어 왔다.

서구 지리학자들과 다른 방식으로 접근했다. 열대 공간을 인식하려면 무엇보다도 열대 지역을 여행하면서 열대의 오감을 몸으로 느껴야 한다. 〔표 2-1. 근대 자연사의 선구자와 생물지리적 탐험 지역》에 나와 있는 탐험가들과 같은 체험은 할 수 없더라도, 열대 오감을 몸으로 느끼지 않고 열대 공간을 인식할 수 없다. 아프리카, 라틴아메리카, 동남아시아에서 이런 체험을 지속적으로 하면서, 리빙스턴(David N. Livingstone), 드라이버(Felix Driver), 밀러(David Miller), 데텔바흐(Michael Dettelbach), 데니스 코스그로브 등의 열대에 관한 공간적 논의를 공부했다.* 특히 리빙스턴은 열대를 '도덕적 공간'으로 파악했는데, 이를 이어받은 밀러는 열대에 대한 서구의 제국적 탐험을 서구적 공간의 확대라고 간주했다. 또한 1980년에 창간된 《싱가포르 열대지리

표 2-1. 근대 자연사의 선구자와 생물지리적 탐험 지역

근대 자연사의 선구자	생물지리적 탐험 지역
칼 린네와 '사도들'	아프리카, 아시아, 아메리카, 남태평양
호세 무티스와 알레산드로 말라스피나	아메리카, 누에바그라나다, 오스트레일리아, 필리핀
조르주 뷔퐁과 파리식물원, 파리자연사박물관과 자연사학자들	아프리카, 아메리카, 동남아시아
조셉 뱅크스(제임스 쿡)	남태평양, 아프리카, 아시아
알렉산더 훔볼트	아메리카(카리브 지역과 중남미)
알프레드 월리스	말레이 군도와 아마존
찰스 다윈	갈라파고스와 남태평양

* Miller & Reill, 1986; Livingstone, 1991, 1999, 2002 & 2003; Driver, 1992, 2001 & 2004; Dettelbach, 1999 & 2001; Livingstone & Withers, 2005 & 2011; Cosgrove, 2005; Driver & Martins, 2005.

학 저널》을 주기적으로 읽는 것도 빼놓을 수 없었다.

열대 여행과 비판적 책읽기를 통해 생물지리적 탐험이야말로 서구가 열대를 어떻게 공간적으로 생산했는지를 이해하는 데 핵심적인 방법임을 알게 되었다. 현대인 – 한국인도 당연히 포함된다 – 들이 알고 있는 열대는 자연지리적 공간이 아니라, 생물지리적 탐험을 통하여 생산된 공간이다. 생물지리적 탐험은 신세계의 지리적 발견과는 차원이 완전히 다르다. 종의 분포를 지질학적 시간과 지리적 공간의 함수관계로 해석하려는 학문인 생물지리학은 열대에 대한 서구의 구체적인 자연사 탐험에 근거한다(Browne, 1983; Camerini, 1994; Crisci, Liliana and Posadas, 2003; Lomolino, Sax and Brown, 2004). 콩고를 사례로 들어, 벨기에의 국왕 레오폴(Leopold) 2세가 탐험가 스탠리(Henry Morton Stanley)의 생물지리적 탐험에 근거하여 콩고를 어떻게 열대 공간으로 생산했는지를 역사지리학, 생태인류학, 열대의학의 융합적 관점에서 상세히 규명한 적이 있다(이종찬, 2014b, 4장). 핵심은 이렇다. 서구가 생물지리적 탐험을 하기 이전의 열대는 이후의 열대와 전혀 다른 공간이다. 생물지리적 탐험이 열대 공간의 기초적 생산 방법이라면, 자연사는 그 방법의 중심적 개념과 이론이다.

〔표 2-1〕이 보여주듯이, 근대 자연사의 정립에 기여한 대표적인 선구자들과 생물지리적 탐험 지역을 살펴보자. 생물지리적 탐험의 역사를 주제로 책을 쓴다면 수백 권으로도 부족할 만큼 18세기 말에서 19세기 중반에 이르기까지 영국, 프랑스, 독일의 대표적인 자연사학자들이 열대 자연사를 얼마나 광범위하게 탐험했는지를 알 수 있다. 열대 자연사에 대한 서구의 생물지리적 탐험은 《열대와 서구: 에덴에서 제국으

로》와 《파리식물원에서 데지마박물관까지》에서 린네, 뷔퐁, 뱅크스, 알렉산더 훔볼트, 월리스 등의 생물지리적 탐험을 살펴본 적이 있기에 재론을 하지 않는다(이종찬, 2009a & 2009b). 여기서는 이와 차별되는 점만 부각시키기로 한다.

생물지리적 탐험이 중요한 까닭은 그것이 서구가 열대를 공간적으로 '전유'하는 데 기초가 되었을 뿐만 아니라, 이런 탐험에 근거한 자연사가 열대 공간을 '시각화'하는 데 핵심적인 방법이 되었기 때문이다. 린네는 '시각적 인식론'이 열대 자연사를 묘사하는 데 매우 중요하다고 생각했다. 그는 〈자연사학자들이 알아야 할 탐험 설명서〉에서 자신의 사도들에게 "모든 자연사학자는 식물을 시각적으로 묘사할 수 있는 기술을 터득해야 한다."고 강조했다(Linnaeus, 2010-2012: I: 204). 린네는 식물화가였던 에르트(George Dionysius Ehret)를 채용하여 수술의 수와 위치에 따라 분류했던 24강(classes)을 그림으로 묘사했다(Bleichmar, 2012: 49-52). 그는 자연사를 인식하는 데 그림이 설명보다 더 정확하다고 주장했다. 린네는 전지구적 열대에 대한 생물지리적 탐험에서 자연사의 시각화를 가장 핵심적인 방법이라고 설정했다.

탐험의 지도

17세기 중엽만 해도 유럽의 변방에 불과했던 섬나라가 18세기 후반이 되면서 열대 탐험과 식민화를 주도했다. 무슨 일이 영국에서 일어났는가? 서구 사회에서 널리 알려진 역사학자 퍼거슨(Niall Campbell Ferguson)은 《제국》(2002)을 시작하면서 명쾌하게 대답했다. 제국으로서의 영국은 '해상 폭력과 해적질'에서부터 시작되었다(Ferguson, 2002: 1). 잉글랜드가 아닌 스코틀랜드에서 태어나기는 했어도, 그는 영국의 근대적 시작을 이렇게 규정했다. 한국에서 영국사 교육을 이렇게 하는지 여부는 일단 옆으로 밀어두자. 영국의 본격적인 해적질은 카리브해에서 시작되었으며, 제국으로의 도약도 카리브해의 설탕 플랜테이션을 통하여 이루어졌다. 열대가 영국 근대성을 촉발시켰던 해적질과 해상 폭력이 이루어진 공간이다.

엘리자베스 1세의 명령을 충실히 수행했던 해군 함장 드레이크(Francis Drake, 1540-1596)는 영국의 해적질과 해상 폭력을 앞장서서 보여주었다. 여왕은 그의 해적질이 영국의 이익과 부합하는 경우에는 눈감아 주었다. 프란시스 드레이크는 금과 은이 많이 산출되는 카리브해의 몇몇 섬들을 습격하여 스페인의 함대들을 물리쳤다. 〘지도 2-1. 드레이크의 열대 해양무역 경로, 1577-1580〙가 보여주듯이, 그는 열대 아프리카, 아메리카, 동남아시아에서 무역과 해적 활동을 벌였던 최초의 영국인이다. 그렇다면, 드레이크에게는 어떤 지도가 있었기에 이런 활동이 가능했을까?

크리스토퍼 콜럼버스의 '신세계 발견' 이후로 16세기에는 이베리아 국가들을 중심으로 많은 탐험 지도들이 만들어졌다. 16세기 전반기에는 다음 두 지도가 널리 알려졌다. 현전하는 가장 오래된 포르투갈 지도인 〘지도 2-2. 칸티노의 평면 구형도〙(Planisfério de Cantino, 1502)는 칸티노(Alberto Cantino)가 리스본에서 훔쳐서 이탈리아로 빼돌린 것이다. 포르투갈이 열대 탐험을 제일 먼저 시작했기에 탐험 지도에는 포르투갈 탐험가, 통치자, 지도제작자의 욕망이 담겨 있다. 또한 '아메리카'를 최초로 지도에 표기했다고 알려져 있는 〘지도 2-3. 발트제뮐러 우주

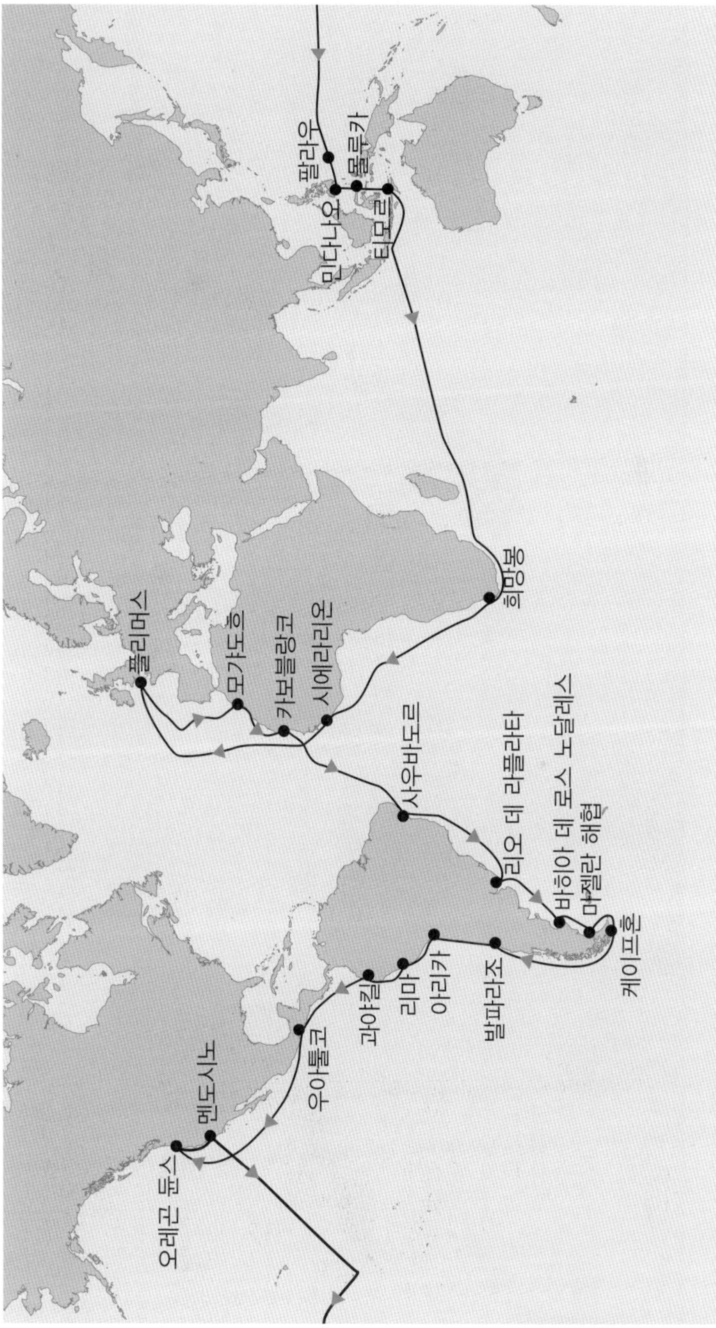

지도 2-1. 드레이크의 열대 해양무역 경로, 1577–1580

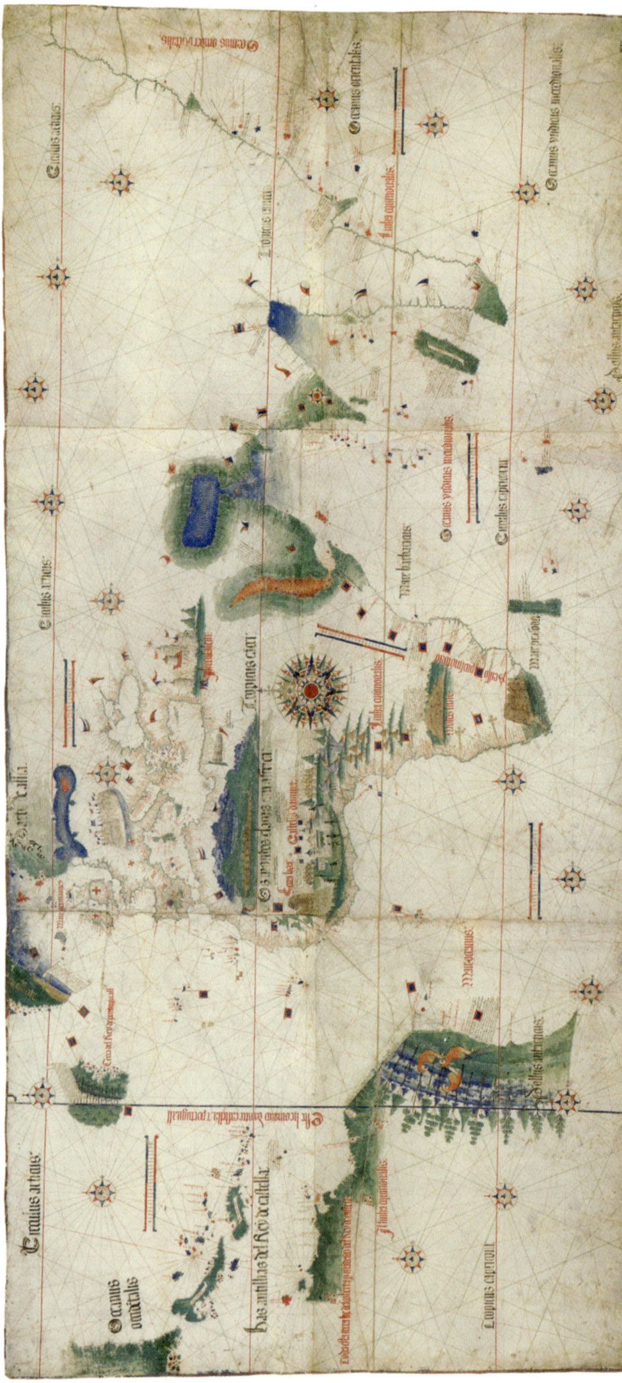

지도 2-2. 칸티노의 평면구형도

지도 2-3. 발트제뮐러 우주형상도

형상도〛(Waldseemüller's Universalis Cosmographia, 1507)는 이 지도를 가문 대대로 350년간 소장했던 독일인의 손을 떠나 우여곡절 끝에 미국 의회도서관에 소장되기에 이르렀다(Brotton, 2012: 146-150). 프라이부르크(Freiburg)에서 공부했던 선교사이며 지도학자인 발트제뮐러(Martin Waldseemüller)가 만들었던 이 지도에서 가장 흥미로운 점은, 당시 유럽에서 어느 누구도 탐험하지 않았던 안데스 산맥을 비롯하여 라틴아메리카의 주요 하천들의 흐름에 대한 지리적 지식을 담고 있다는 점이다. 미국 의회도서관의 역사지도학자인 헤슬러(John Hessler)는 고급 수학방정식을 활용하여 발트제뮐러의 지도가 대체로 정확했음을 밝혀내었다(劉鋼, 2010: 66).

16세기 후반 유럽에서 가장 영향력이 있었던 두 명의 지도 제작자는 오르텔리우스(Abraham Ortelius)와 메르카토르(Gerardus Mercator)이다(Short, 2004: 72). 시기적으로 보면 프란시스 드레이크는 두 사람 중에서 오르텔리우스의 지도를 사용했다. 당대 유럽 출판문화의 중심지 안트베르펜에서 활동했던 오르텔리우스가 만들었던 〚지도 2-4. 오르텔리우스 세계의 무대〛(Theatrum Orbis Terrarum, 1570)는 열대 해양무역을 통하여 중상주의적 이익을 챙기려고 했던 유럽 사회에 선풍적인 인기를 끌었다. 라틴어 'Orbis Terrarum'을 번역하면 '세계'가 되는데, 이는 고대 로마인들이 자신을 중심으로 한 지중해 연안의 사람들이 살았던 지역을 의미했다. 〚지도 2-4〛는 태생적으로 유럽중심주의적이었다. 오르텔리우스는 '세계풍경화'에 해당하는 《바벨탑》으로 유명한 브뤼겔(Pieter Bruegel)과 교류하면서 지도를 시각적으로 표현했다(Cosgrove, 2001: 102-138). 라틴어로 처음 발행되었던 이 지도책은 곧 네덜란드(1571), 독

지도 2-4. 오르텔리우스 세계의 무대 (Theatrum Orbis Terrarum)

일(1572), 프랑스(1572), 스페인(1588), 영국(1606), 이탈리아(1608)의 언어로 각각 발간되었다(Koeman et al., 2007: 1320-1321).

역사지도학과 지도의 의미

영국의 세계적 석학 고(故) 포터(Roy Porter)는 1980년에, 식민주의를 연구하는 역사학자들이 정치사와 경제사를 중심으로 연구하면서 탐험의 '과학적 차원'에 대해서는 눈을 감아버린다고 개탄한 적이 있다(Porter, 1980: 294). 이후 30년 이상이 지났다. 역사지도학, 역사지리학, 과학사 분야의 학자들은 로이 포터가 말했던 공백을 메워 갔다. 가장 주목을 요하는 저작은, 지리학자이면서 지도학자인 할리(John Brian Harley)와 우드워드(David Woodward)가 야심차게 추진했으며 수많은 역사지리학자와 지도학자들이 참여했던 《지도학의 역사》이다(Harley & Woodward, 1987; 1992; 1994; Woodward & Lewis, 1998; Woodward, 2007; Monmonier, 2015). 두 사람이 세상을 떠난 후로도 시리즈의 완간을 위해 진행 중인데, 열대의 식민적 탐험에 관한 연구가 언제 출간될 지는 미정이다. 이외에도 유럽의 열대 탐험에 관한 이런저런 역사지도학적 연구들이 이루어져왔지만(Fernández-Armesto, 2006; Short, 2004 & 2009), 영국박물관의 지도학 연구자 스켈턴(Raleigh Ashlin Skelton)의 《탐험 지도의 역사》(1970[1958])를 넘어섰다고 볼 수 없다. 비록 열대라는 개념을 사용하지는 않았지만, 15세기부터 19세기 전반까지 서구의 열대 탐험 지도를 거의 모두 포함하면서 역사적 논의를 했다는 점에서 의미가 있다(Skelton, 1970).

서구 정체성의 역사적 형성 과정에서, 열대에 대한 서구의 생물지리적 탐험이 그렇게 중요하다면, 그리고 탐험의 과학적 의미가 해명되어야 한다면, 지도가 출발점이다. 프랑스의 사상가 보드리야르(Jean Baudrillard)는 아르헨티나의 소설가 보르헤스(Jorge Luis Borges)의 소설집 《불한당들의 세계사》에 실려 있는, 지도와 영토의 관계에 대한 우화에 근거하여 다음과 같이 말했다.

> 영토는 더 이상 지도에 선행하거나 지도가 소멸된 이후까지 존속하지도 않는다. 이제는 지도가 영토에 선행한다. 시뮬라크르의 자전(自轉). 지도는 심지어 영토를 만들어낸다(Baudrillard, 2001: 12-13).

장 보드리야르에 의하면, "지도가 세계를 모사하는 게 아니라, 세계가 그 자체 위에 지도를 겹쳐 놓음으로써 하나의 영토, 하나의 제국을 만들어내는 '원형'과 같은 것으로서 기능한다."(若林幹夫, 2006: 18)

지리학자 우드(Denis Wood)는 《지도의 힘》(1992)에서 지도가 갖는 의미를 논의했다(Wood, 1992). 서구의 열대 탐험과 식민화의 관점에서 우드의 논의를 읽어보자. "지도는 이해관계에 복무함으로써 기능"하며, "지도에는 이해관계가 감추어져 있다." 그렇다. 포르투갈과 스페인은 경쟁적으로 열대 탐험에 나섰기에 자신의 이해관계를 충족시킬 수 있는 지도를 필요로 했다. "지도는 지도가 구축한 역사에 깊이 투영되어 있다." 〔지도 2-3〕에는 아메리카 탐험의 역사가 확실히 반영되어 있다. 데니스 우드가 강조하는 것은 모든 지도는 권력의 재현일 뿐만 아니라, 권력을 재생산하는 지식이라는 점이다. 우드는 존 브리언 할리의 지도학 이론과 사상에서 출발하고 있는데, 할리는 지도를 지식의 한 형태일 뿐만 아니라 권력의 한 형태로 파악하면서 자신의 지도학이 기호학, 도상해석학, 지식사회학에 근거하고 있다고 말했다(Harley, 2001: 53-54).

지도의 의미를 이렇게 이해한다면, 유럽 나라들이 만들어갔던 수많은 열대 탐험 지도가 서구의 정체성을 역사적으로 형성하는 데 중요한 역할을 했음을 명백하게 인식하게 된다. 〔표 2-1〕에 포함되는 자연사학자들의 열대 탐험은 기본적으로 서구의 제국적 욕망을 담보할 수 있는 지도 만들기로 이어졌다. 지도와 역사지도학에 관한 앞의 이론적 논의들을 종합해보면, 이런 지도 만들기는 새로운 지리학 지식의 발달과 맞물려 이루어지면서, 열대 식민화를 통한 제국의 성립으로 연결되었다. 앞으로 알렉산더 훔볼트(2장), 알프레드 월리스(2장), 조셉 뱅크스와 제임스 쿡(4장), 헨리 모턴 스탠리(4장), 조셉 콘라드(5장)에 대한 논의를 통해, 열대 탐험, 지리학과 지도, 서구 정체성이 어떻게 상호 관련성을 갖는지를 보여줄 것이다.

스페인의 생물지리적 탐험과 열대 공간의 시각적 인식

18세기 말부터 유럽 나라들은 경제적 부와 군사적 '해양력'(3장)을 결합하여 생물지리적 탐험에 경쟁적으로 나섰다. 열대의 식물, 동물, 광물은 유럽 경제의 중요한 자원으로 '무한한' 상품 가치를 제공했기 때문이다. 일찍이 아메리카를 식민화했던 스페인이 이런 기회를 놓칠 리가 없었다. 영국, 프랑스, 네덜란드에게 열대의 영토들을 내주기 시작했지만, 스페인의 부르봉(Bourbon)왕조는 자연사의 중요성을 잘 알았다. 마드리드식물원을 설립했던 오르테가(Casimiro Gómez Ortega)가 서인도제도의 식민총독으로 있던 갈베스(José de Gálvez)에게 보낸 다음의 편지는 이런 사정을 잘 보여준다.

> 우리들이 지배하고 있는 지역에 12명의 식물학자들이 오게 되면, 10만 명의 군인이 스페인 제국의 땅들을 위해 싸우는 것과는 비교가 안 될 정도로 큰 결과를 갖다 줄 것입니다(Cañizares-Esguerra, 2005: 159).

카를로스 3세와 4세가 통치했던 1759년부터 1808년 사이에, 스페인은 거의 60차례에 걸쳐 아메리카와 태평양을 중심으로 탐험대를 파견했다(Lafuente & Valverde, 2005). 이 중에서 주목을 끄는 것은 무티스(José Celestino Mutis)가 주도하여 누에바그라나다(Nueva Granada) – 콜롬비아, 베네수엘라, 에콰도르, 페루, 파나마 – 를 탐험(1783-1808 & 1808-1816)한 것과 말라스피나(Alessandro Malaspina)가 이끌고 대서양과 태평양을 횡단하면서 아메리카, 오스트레일리아, 필리핀을 탐험(1789-1794)한 것이다(Engstrand, 1981). 이 두 탐험대가 관심을 끄는 이유는 스페인의 많은 화가들이 참여하여 자연사를 그림으로 표현했기 때문이다. 무티스의 왕립탐험대에는 무려 60명의 화가들이 참여하여 누에바그라나다의 식물, 동물, 광물을 회화적 양식으로 표현했다(Bleichmar, 2012: 29).

무티스가 콜롬비아에 왔을 때, 그는 칼다스(Francisco José de Caldas)와 같은 '크리오요'(스페인어는 Criollo, 프랑스어는 Créole, 영어는 Creole) 자연사학자들과 협력하지 않을 수 없었다. 왜냐하면, 스페인의 자연사 지식만으로는 콜롬비아의 풍토적 다양성에 의해 변화하는 식생을 이해할 수 없었기 때문이다. 안데스 산맥의 생물지리적 상황에 익숙했던 칼다스는 산맥의 높이에 따라 자연 환경이 서로 달라서 식물, 동물, 광물들의 지리적 분포가 다양할 뿐만 아니라 서로 다른 '종족'들이 여기에 적응하여 산다는 점을 인식했다. 그가 "아시아의 모든 향료, 유럽의 산업제품, 북구의 모피, 남태평양의 고래 등 지구상의 모든 것들을 누에바그라다나의 한 가운데에서 얻을 수 있다."(Cañizares-Esguerra, 2005: 161)라고 과감하게 주장할 수 있었던 것도 이러한 생물지리적 지식에 근거하는 것이다. 알렉산더 훔볼트와 같이 유럽에서 왔던 자연사학자들은 크리오요 자연사학자들의 지식 수준이 예상보다 훨씬 뛰어난 것에 대해 당혹스러워 하면서 그들과 협력했다. 이렇게 열대 자연사는 스페인과 크리오요 사이의 식민적 문화융합을 촉발시켰다.

말라스피나 탐험대도 수십 명의 화가들이 참여했다. 그들은 열대의 식물, 동물, 광물들을 세밀하게 묘사하여 화폭에 담았다. 하지만, 탐험기록들은 유실되고 말았다. 말라스피나가 부르봉왕조에 저항했기 때문이다(Lincoln, 1998: 73-80). 알렉산더 훔볼트는 안타까움을 토로했다. "말라스피나가 발견했던 사실보다도 그가 겪은 불운으로 이 탐험은 더욱 유명해졌다." 말라스피나 탐험의 중요성은 그의 탐험대가 당시로는 처음으로 괴혈병에 걸려 죽은 사람이 없었다는 점이다. 당시에 괴혈병은 항해를 하는 사람들에게는 피해갈 수 없는 질병이었다. 하지만 말라스피나 탐험대는 오렌지와 레몬이 이 질병을 예방하는 데 필수적이라는 점을 충분히 알고 있어서 이에 대비할 수 있었다. 특히 파나마 지역에 특별히 관심을 가졌던 말라스피나는 운하 건설이 가능하다고 주장하며 실제로 운하 건설 계획을 제안했다. 스페인이 그의 제안을 받아들여 실행했다면 역사는 어떻게 바뀌었을까?

열대 자연사 — 식민화 — 낭만주의

서구의 열대 공간 생산이 지속적으로 이루어지려면 두 가지 조건이 요청된다. 식민화 사업은 이런 생산의 하부 구조를 제공하며, 낭만주의는 상부 구조로 작용한다. 열대 공간의 관점에서 예술사학자 스미스(Bernard Smith)가 쓴 《유럽의 상상력과 남태평양》, 인류학적 촉각이 예리한 문학비평가 프래트(Mary Louise Pratt)의 《제국의 시선: 여행과 문화융합》, 낭만주의 문학비평가인 비웰(Alan Bewell)의 논문 〈낭만주의와 식민적 자연사〉(Romanticism and Colonial Natural History)를 다시 읽으면서 이런 생각을 하게 되었다(Smith, 1985; Pratt, 1992; Bewell, 2004). 특히, 버나드 스미스의 작업은 열대학의 관점에서 볼 때 자연사 — 낭만주의 — 식민화의 상관성을 착안하는 데 준거점이 되었다. 《유럽의 상상력과 남태평양》을 읽으면서 서구가 열대 공간을 어떻게 시각적으로 생산했는지에 대해 문제의식을 갖게 된 것이다. 에드워드 사이드의 《오리엔탈리즘》이 인류사의 관점에서 서구에 의한 오리엔트의 타자화에 주목했다면, 버나드 스미스는 자연사의 관점에서 서구에 의한 열대의 타자화에 초점을 맞추었다.

낭만주의가 "서구 세계의 삶과 사고를 근본적으로 바꾸어놓은 가장 광범위한 근대의 운동"(Berlin, 2005: 10)이라면, 독일에서 낭만주의가 시작했다고 이해하는 것(Beiser, 2003)은 낭만주의를 유럽의 역사적 맥락

속에만 가두어놓고 해석하는 셈이 된다. 이사야 베를린이 《낭만주의의 뿌리》에서 칸트와 함께 요한 고트프리트 헤르더를 "낭만주의의 진정한 아버지"라고 칭송했을 때, 베를린 마저도 헤르더를 독일 역사 안에서 이해했다. 이와는 달리 풍토(Klima)라는 독창적 개념을 창안한 헤르더에 주목해 보자. 헤르더는 네덜란드, 영국, 프랑스 소속의 동인도회사와 서인도회사를 통해 전세계 열대에서 생물지리적 탐험을 했던 독일 자연사학자들이 갖고 들어온 자연사 지식을 섭렵하면서 낭만주의적 감성을 갖게 되었다. 괴테가 이탈리아 여행 중에 헤르더와 서신을 교환하면서 자연사에 대해 이야기를 나눈 것도 헤르더의 이런 경험과 공유하고 싶었기 때문이다(5장). 열대 자연사를 몰랐다면, 헤르더는 낭만주의의 선구자가 될 수 없었을 것이다. 헤르더는 낭만주의를 열대 자연사의 관점에서 해석하려는 탐구 과정에서 중요한 출발점이 된다.

〔그림 2-1. 서구의 열대 공간 생산〕은 이제까지의 논의를 도식화한 것이다. 1장에서 설명했던 네덜란드에 의한 수리남의 식민화 – 린네의 콰시약초 명명 – 윌리엄 블레이크에 의한 판화 작업의 관계를 떠올린다면, 독자들은 이를 더 쉽게 이해할 수 있을 것이다. 근대 자연사 선구자들의 전지구적인 생물지리적 탐험은 서구의 열대 식민화를 가속화했을 뿐만 아니라 열대 자연사에 대한 서구의 낭만주의적 감각을 촉발시켰다. 이렇게 볼 때, 근대 자연사 = 열대 자연사 = 식민적 자연사라는 등식이 성립될 수 있다. 서구 사회는 자신의 역사를 이야기하면서 열대의 자연사와 인류사를 은폐해 왔다.

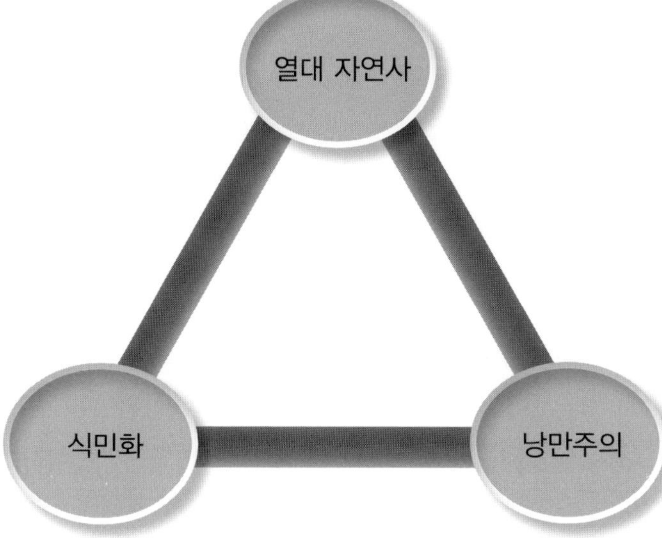

그림 2-1. 서구의 열대 공간 생산

열대 자연사와 오감의 위계질서*

인도의 고아(Goa)를 통치하기 위해 파견된 포르투갈의 오르타(Garcia de Orta 또는 Garica d'Orta, 1501-1568)는 이 지역의 약용 식물을 수집, 조사했다. 이 과정에서 그는 디오스코리데스가 쓴 《약물론》이 열대 식물을 설명하는 데 적합하지 않다고 생각했다. 유럽인들은 동인도제도와 서인도제도를 식민화하면서 열대 식물을 눈으로 직접 목격하면서 고대 그리스와 로마부터 믿어왔던 '진리'에 대해 회의를 하게 되었다.

* 이 절은 《난학의 세계사》(이종찬, 2014a: 205-207)에서 해당 부분을 대체로 인용했다.

종교학자 큉(Hans Küng)이 《그리스도교: 본질과 역사》에서 말했듯이, 유럽 그리스도교의 합리적이고 탈주술적인 생활양식은 베네딕트 수도회에서 시작하여 클뤼니(Cluny)파(派) 수도회, 시토파(Cistercians) 수도회를 거쳐서 예수회에서 가장 철저하게 이루어졌다(Küng, 2002). 예수회에서 교육을 받으면서 서구적 근대의 문을 열어젖혔던 데카르트(René Descartes)의 저 유명한 명제, "나는 생각한다, 그러므로 존재한다."(Cogito ergo sum)는 열대적 지평에서 볼 때 새로운 의미를 부여받는다. 데카르트는 열대로 직접 여행을 하지는 않았지만, 수많은 예수회 수도사들이 열대와의 접속에서 체험했던 이야기들을 직접 듣고 썼던 기록들을 읽으면서 중세 유럽의 인식론에 마침표를 찍었으며 서구적 근대의 전망을 제시할 수 있었다.

데카르트의 말대로, 암스테르담은 17세기 초 유럽에서 "사람들이 바라는 신기한 상품들을 모두 갖춘" 도시가 되었다. '상품'은 르네상스 유럽의 자생적인 발명품이 아니라, 유럽의 열대 '발견'과 탐험 과정에서 만들어진 것이다. 네덜란드가 동인도제도와 서인도제도의 열대 산물들을 전유하려는 욕망을 실현하려는 과정에서 이전에는 듣도 보도 못했던 새로운 상품이 생겨난 것이다. 열대와 상품 교역을 직접 할 수 있는 유럽의 해항 도시들에서 인구가 증가하면서 경제력도 커져갔다. 16세기 유럽의 중요한 도시였던 안트베르펜의 인구가 약 10만 명에서 5만 명으로 감소했다. 대신에 암스테르담은 17세기에 접어들어 네덜란드동인도회사와 네덜란드서인도회사의 무역 중심지로 발돋움하면서 인구가 약 10만 명으로 크게 증가했다.

암스테르담 시장에서 매일 쏟아져 나오는 상품들을 보면서, 데카르르트는 중세적 질서에 의해 구성된 '진리'에 의문을 갖게 되었다. 그는 시장에서 눈으로 직접 본 열대 산물과 진리라고 들었던 지식 사이의 괴리를 직면했다. 데카르트는 사물의 객관성에 대해 철두철미 회의를 하게 되었다. 열대 자연사의 산물들은 데카르트의 '방법'에서 지렛대로 작용했다. 이런 점에서 열대 공간은 근대 서양 철학에서 중차대한 의미와 위상을 갖는다. 데카르트가 "중세적 오감의 위계질서를 근대적인 그것으로 전화하는 데 결정적 역할을 했다."고 말했을 때, 암스테르담 시장에서 열대 자연사 산물과 일상적으로 만나면서 이러한 사유가 시작된 것이다. 이런 맥락에서 데카르트는 중세적 오감의 위계질서에 마침표를 찍었으며 시각적 근대에 대한 전망을 제시할 수 있었다.

현대인의 오감은 인류의 역사만큼이나 오랜 역사를 갖고 있지 않다. 포르투갈 지도학자 누네스(Pedro Nunes)가 말했듯이, 유럽인들은 열대의 "새로운 섬, 새로운 지역, 새로운 바다, 새로운 사람, 새로운 하늘과 별"을 보면서 열대 자연사가 촉발시켰던 근대적 오감에 눈을 뜨게 되었다. 오감은 역사적 산물이다. 근대적 오감은 서구의 열대와의 식민적 문화융합 과정에서 형성되었다. 열대 자연사에 의해 촉발된 새로운 오감은 중세 유럽에서의 '오감의 위계질서'를 바꿔놓았다. 중세 유럽에서는 청각과 촉각 다음으로 세 번째 서열을 차지했던 시각은 17세기와 18세기를 거치면서 첫 번째 서열을 차지했다. 오감의 위계질서가 청각에서 시각 중심으로 전환되기 시작한 것이다. 서구의 열대 식민화를 통한 자연사 산물의 상품화는 이런 전환을 더욱 가속화했다. 그 결과 서구적 시각은 "근대 투시 화법의 기하학적 원근법과 근대 물리학의 기계론적 자연관, 근대적 인쇄술"(中村雄二郎, 2003: 57-58) 등의 다양한 방식으로 나타나면서 근대적 오감을 만들어갔다.

2) '자연사혁명'과 인류사혁명의 융합

열대 탐험과 자연사혁명의 공간

모든 인류 문명은 처음부터 자연의 질서와 인간의 질서 사이의 조화와 통일성을 추구했다. 서구적 근대의 기원을 데카르트와 뉴턴(Isaac Newton)의 17세기가 아닌 몽테뉴(Michel Eyquem de Montaigne)와 셰익스피어의 16세기에서 찾는, 철학자 툴민(Stephen Toulmin)은 《코스모폴리스》에서 전자를 코스모스(cosmos)로, 후자를 폴리스(polis)라고 부르면서, 양자 사이의 조화로운 관계를 '코스모폴리스'로 파악했다(Toulmin, 1992). 인류사와 자연사의 관계도 마찬가지로 말할 수 있다. 생물학적 유기체로서의 인간을 인식하려는 선사 시대의 '역사가' – 그는 주술사였다 – 에게 자연사는 자연스럽고 당연한 일이었다. 고대 문명에서 천체의 운행을 관측하는 역할을 맡았던 주술사가 나라의 정사에 깊이 개입할 수 있었던 것도 이런 사정과 맞닿아 있다. 근대적 역사학이 등장하기 이전만 하더라도 적어도 서구 사회에서 인류사와 자연사는 서로 양립가능한 방식으로 존재해왔다.

유럽의 신세계 발견 이후 동인도제도와 서인도제도에 왔던 역사학자들은 자연사와 인류사를 개념적으로 구분하면서도 양자를 유기적인 관계로 파악했다. 이 중에서 세 명의 역사학자에 주목해보자. 동인도제도의 경우에 포르투갈의 오르타는 고아에서 《인도에서 수집한 약용 제재》(1563; 영어판, 1903)를 발간했다. 이 책은 단순히 약용에 관한 텍스트가 아니다. 오르타는 스페인의 대학을 졸업한 가상의 인물로 루아노(Ruano)를 설정하여 책의 내용을 전개했다.

> 루아노: 무슨 이유 때문에 당신이 최고 권위를 지닌 고대의 의사들을 불신하는지를 모르겠네요.
>
> 오르타: 디오스코리데스나 갈레노스(Aelius Galenus 또는 Claudius Galenus)를 들먹여서 겁주지 마세요. 왜냐하면 저는 오직 진실과 아는 사실만을 말할 뿐입니다. 고대의 두 대가들은 제가 직접 본 열대의 식물상(flora)에 대해 다루지 않았습니다 … 저는 눈으로 직접 본 사실이 모든 위대한 자연사가와 의학자들의 증언보다도 가치가 있다고 생각합니다(Lach, 1965: 193; Goodman & Russell, 1991: 125).

오르타의 책은 16세기 유럽 식물원 설립의 선구자였던 클루시우스(Carlous Clusius, 1526-1609)에 의해 1567년에 라틴어로 번역되었다. 클루시우스는 빈에 식물원(1573)을, 레이든에 식물원(1593)을 각각 설립했다. 어느 역사학자가 "르네상스 식물학의 헬레니즘 중심주의를 흔들어 놓았던 코페르니쿠스"(Drayton, 2000: 13)라고 불렀던 클루시우스는 열대 아시아로부터 튤립을 비롯한 많은 식물들을 유럽으로 소개하는 데 앞장섰다. 오르타가 열대에서 자연사를 탐구했다면, 클루시우스는 이런 지식을 유럽에 유통시키는 역할을 담당했다. 이후에 파리, 옥스퍼드, 에든버러 등 유럽의 곳곳에서 새로 만들어진 모든 식물원들이 레이든 식물원을 모델로 했다(이종찬, 2009: 51).

서인도제도의 경우에는, 스페인의 카리브 지역 식민화에 참여했던 오비에도(Gonzalo Fernández de Oviedo y Valdés)가 쓴 《서인도제도의 일반사와 자연사》(1535-1549)와 스페인 예수회 신부 아코스타(José de Acosta)가 쓴 《서인도제도의 자연사와 도덕사》(1590)가 있다. 두 역사학자가 16세기 유럽의 열대에 관한 역사 인식에서 가장 크게 기여한 점은, 아리스토텔레스, 플리니우스, 디오스코리데스 이래로 계승되어 왔던 유럽에서의 '非역사적인 자연사'가 이 두 인물에 의해 '역사적인 자연사'로 전환되었다는 데 있다. 그들은 유럽에서는 전혀 볼 수 없었던 새로운 사람과 새로운 식물, 동물, 광물을 보았다. 열대와 유럽의 이런 차이를 설명하기 위해 그들은 자연사를 역사화해야 했다. 왜냐하면 비역사적인 공간에서는 식물, 동물, 광물이 다를 수가 없기 때문이다. 자연사의 역사화야말로 유럽의 식물, 동물, 광물이 열대의 그것과 다르다는 것을 설명할 수 있는 가장 설득력이 있는 개념이었다. 자연사의 역사화는 인류사와의 관계 속에서 이루어졌다(이종찬, 2016a).

그러나 근대 국민국가의 형성과 정립 과정을 거치면서 유럽의 역사학자들은 자연사를 인류사와 양립할 수 없다고 간주하여 '역사문법'에서 배제시켜 버렸다. 18세기 말에서 19세기 초는 자연사와 인류사가 본격적으로 서로 분리되던 시기였다. 근대 역사학에서는 이 시기를 '혁명의 시대'로 파악하면서 아이티혁명, 프랑스혁명, 미국혁명, 라틴아메리카혁명과 같은 인류사적 사건에만 초점을 맞추어왔다. 시간적으로나 공간적으로나 자연사와 인류사는 서로 양립할 수 없다는 것이다.

그렇다면 이 시기 유럽에서 무슨 일이 있어났기에 이런 대비된 의식이 생겨나게 되었을까? 먼저 자연사와 인류사를 대비시켜 보자. 18

세기 후반 프랑스의 자연사 연구를 주도했던 파리자연사박물관의 조르주 뷔퐁만큼 자연사와 인류사를 명확하게 대비한 사람은 없었다.

> 사람들이 살아가고 있는 시대와 거의 붙어 있는 시간의 그림자에 의해 한 팔을 묶인 인류사는, 다른 한 팔을 뻗어봐야 그 전통을 존중하는 사람들이 계속 살아가는 지구의 작은 부분에 닿을 수 있을 뿐이다. 반면에 자연사는 지구의 모든 공간을 전부 포용하는 바, 자연사에는 우주라는 한계 외에는 다른 어떤 한계도 없다(Buffon, 2010[1780]: 16).

열대 자연사를 탐험했던 유럽인들은 온대 유럽의 자연사와는 본질적으로 다른 풍토를 접하면서 유럽 중심의 인류사와는 구분되는 열대의 자연사에 눈을 뜨게 되었다. 열대 자연사 탐험은 유럽의 열대 식민화 과정에서 나타났던 독특한 역사적 현상으로 정치적이고도 문화적인 의미를 갖는다.

열대 남태평양은 콜럼버스의 '신세계 발견'에 비견될 정도로 유럽의 두 번째 신세계 발견이었다. 뒤에서 설명하겠지만, 프랑스의 부겡빌(Louis-Antoine de Bougainville), 영국의 조셉 뱅크스와 제임스 쿡 함장 등의 자연사학자와 탐험가를 비롯하여 선교사, 상인, 여행가, 예술가, 군인, 외교관, 의사 등은 유럽에서는 한 번도 보지 못했던 식물, 동물, 광물을 남태평양의 섬에서 난생 처음으로 보면서, 타이티(Tahiti)를 비롯한 남태평양의 수많은 섬이야말로 자연사의 보고(寶庫)임을 절감했다. 자신들과는 피부색이 너무나도 다른 사람들이 있다는 사실과 관련하여, 열대 풍토 및 기후가 무슨 연관성이 있는지, 나아가서 사회의 진보와도 어떤 연관성이 있는지 생각하게 되었다. 서구 사회는 열대 탐험을 통하여 16세기 오비에도와 아코스타 등의 역사학자들이 쓴 저작들을 다시 읽으면서 인류사와의 관계 속에서 자연사에 새로운 의미를 부여하기 시작했다.

18세기 말부터 본격화된 서구의 열대 자연사 탐험은 '자연사혁명'의 창발로 이어졌다. 그동안 국내외 어느 역사학자와 과학사학자도 주목하지 않았던 자연사혁명의 전모를 살펴보자.

우선 시기적으로 자연사혁명은 린네의 전지구적 열대 탐험을 기점으로 시작되어 알렉산더 훔볼트의 아메리카 탐험을 거쳐서 찰스 다윈과 알프레드 윌리스에 의해 절정을 이루었다. 그렇다고 해서 자연사혁명이 서구 내에서만 이루어진 것은 아니다. 그것은 열대와 서구 사이의 식민적 문화융합을 통하여 창발했다. 서구의 열대 식민화가 자연사의 혁명적인 변화로 귀결되었다는 것은 인류사와 자연사는 필연적으로 상보적인 관계를 갖는다는 것을 의미한다.

자연사혁명에서 특히 강조할 것은 유럽인은 열대의 섬에 대한 생물지리적 탐험을 통하여 자연사를 완전히 새롭게 인식하게 되었다는 점이다. 대서양의 카나리아(Canary) 제도는 대서양과 남태평양으로의 항해에서, 모리셔스(Mauritius) 섬은 인도양 항해에서, 자바, 반다(Banda), 술라웨시(Sulawesi) 지역의 많고 많은 섬은 동남아시아 항해에서, 타이티를 비롯한 폴리네시아, 멜라네시아, 미크로네시아(Micronesia)의 수많은 섬은 남태평양 항해에서, 바하마 제도를 비롯한 카리브 해의 수많은 섬은 유럽의 아메리카 항해에서 중요한 생물지리적 공간으로 작용했다. 유럽인들은 열대의 섬을 탐험하고 식민화하는 과정에서 문화역사지리학적· 예술적 상상력을 펼쳐나갔고, 열대 자연사에 대한 제국적 욕망을 전지구적으로 실현해나갔다.

자연사혁명이 서구적 근대에 관한 역사 인식에서 그동안 주목받지 못했던 것은, 서구중심주의 인류사의 지평에서 열대 자연사를 바라보았기 때문이다. 열대 자연사의 지평에서 서구적 근대를 탐구하게 된다면, 역사 서술에서 주어와 목적어가 혁명적으로 바뀔 수밖에 없다.

열대 자연사와 인류사의 운명

근대 역사학에서 자연사가 떨어져 나가게 된 결과, 두 가지 중요한 문제가 발생했다(이종찬, 2016a).

하나는, 근대 역사학이 국민국가의 틀 안에서 작동하면서 열대 자연사는 물론이거니와 열대의 인류사조차도 서구 지식체계에서 철저하게 은폐되어왔다는 점이다. 역사적으로 볼 때 서구 국민국가와 자연사의 형성은 서로 불가분의 관계에 놓여 있었다(Dettelbach, 1996: LVIII). 서구의 열대 자연사 탐험은 자연의 경제를 '국부'(國富)의 개념으로 바꾸어 놓았으며 근대 국민국가는 이 전환 과정에서 형성되었다(Koerner, 1999; Drayton, 2000; Cooper, 2007). 더 나아가 서구는 열대를 식민화하는 과정에서 자연사에 근거하여 자신의 정체성을 만들어갔다. 그럼에도 불구하고, 열대 자연사가 근대 역사학에서 은폐되어 왔다는 것은 대단한 역설이다. 열대의 자연사는 대부분 은폐되거나 기껏해야 근대 국민국가의 영광을 드러내기 위한 에피소드 정도로 간주되었을 뿐이다.

18세기 서구에서 혁명적 사유는 정치경제의 영역에서만 일어난 것이 아니다. 자연사와 자연철학의 영역에서도 일어났다. 우주와 자연사에서 인간의 위상을 어떻게 설정할 것인지에 대한 혁명적 변화가 일어난 것이다. 인간과 식물, 동물, 광물의 관계에 대한 근본적인 성찰이 이루어졌다. 마침내 서구인의 정체성에 대한 혁명적 변화가 일어났고, 열대 자연사는 서구인의 오감에 새로운 의미를 부여했다. 그러나, 국민국가의 역사는 근대 역사학의 이름으로 열대 자연사를 배제했다. 설상가상으로 낭만주의 문학비평가들이 자연사를 자연과학의 영역으로 포섭함으로써 자연사의 역사적 의미를 왜곡시켰다. 게다가 자연사에서 분리되어 나온 인류학의 발달로 열대는 현장 조사를 위한 탐방 장소로 간주되었을 뿐이다.

다른 하나는, 근대 역사학이 일본을 통해 한국으로 '학문 전이'가 이루어지는 과정에서(이진일, 2013 & 2014), 한국의 역사학에서 열대와 자연사에 대한 개념이 증발해버렸다는 점이다. 서구 정체성의 준거틀로서의 열대 자연사에 대한 인식은 요원하기만 하다. 설상가상으로, 역사학이 한국사, 동양사, 서양사의 세 분야로 나뉘면서(김기봉, 2015), 열대에 관한 역사적 인식을 어느 분야에서 해야 할지 문제의식조차 갖지 못하고 있다. 피상적으로는 서양사에 포함될 것 같은데, 한국의 서양사는 대체로 영국사, 프랑스사, 독일사, 미국사 등 개별 국가 단위로 연구가 이루어지고 있어서 열대에 관한 역사 탐구가 쉽지 않다. 한국의 동양사도 사정은 마찬가지이다. 9장에서도 말하겠지만, 한국에서 열대는 아프리카학, 동남아시아학, 라틴아메리카학과 같은 '지역학' 연구의 영역이 될 것 같지만(8장), 여기에서도 열대 자연사에 대한 학문적 관심은 찾아볼 수 없다. 이런 상황에서 한국사를 포함한 한국학을 열대의 관점에서 사유한다는 것은 연목구어(緣木求魚)라고 해도 과언이 아니다.

이상의 문제의식에 근거하여, 서구의 지식체계에서 어떻게 열대의 자연사가 은폐, 침묵, 배제되어 왔으며 한국에서 열대와 자연사에 대한 개념이 왜 그리고 어떻게 증발하게 되었는지를 탐구하는 데 이 책의 목적이 있다.

18세기 유럽의 자연사 논쟁과 경로: 칸트 대 헤르더와 포르스터

어느 누구도 자연사혁명이라는 개념을 지금까지 사용하지 않았다. 자연사혁명은 내가 처음으로 창안한 개념이다. 국내외의 과학사학자나 환경사학자들은 거의 모두 '역사적 자연사'가 아닌 '자연의 역사'에 대한 연구를 해왔다. 예를 들어, 열대 신세계와 구세계 유럽 사이에 이루어졌던 식물, 동물, 미생물 등의 '교환'에 관해 선구적 탐구를 했던 알프레드 크로스비, 영국 지질학의 형성 과정을 다루었던 로이 포터, 찰스 다윈의 평전을 썼던 자네트 브라운, 서구의 열대 자연에 대한 제국주의적 개입에 관해 규명했던 리처드 그로브, 네덜란드와 인도네시아 사이의 식민적 문화융합에 관해 분석했던 해롤드 쿡 등은 자연의 역사에 대해 탐구해왔다(Crosby, 1972; Porter, 1977; Grove, 1995; Bowne, 1996 & 2003; Cook, 2007). 그렇다고 해서 그들이 역사적 자연사에 대해 관심을 갖지 않은 것은 아니다. 《자연사의 문화》의 발간에 참여했던 학자들은 자연사의 다양한 역사적, 문화적 층위에 주목했다(Jardine, Secord & Spary, 1996). 자네트 브라운과 해롤드 쿡을 비롯하여, 찰스 다윈의 진화를 빅토리아 시대 영국 문화의 맥락에서 규명한 《다윈의 플롯》을 쓴 비어(Gillian Beer, 2000), 근대 초기의 식물, 무역, 정치의 상관성을 분석한 《식민적 식물학》의 쉬빙거(Londa Schiebinger), 린네를 근대 민족국가의 관점에서 탐구한 《린네: 자연과 민족》의 쾨르너(Lisbet Koerner, 1999) 등 서구 최고의 학자들이 《자연사의 문화》에 참여했다. 그렇지만, 그들 중 어느 누구도 역사적 자연사와 자연의 역사를 구분하지 않았다. 그들은 자연사에서 자연과학으로의 '근대적' 전환을 당연하다고 간주했고, 이에 대해 어떤 문제제기도 하지 않았다. 아울러 열대 자연사는 그들의 문제의식에 포함되지 않았다. 이렇게 된 이유는 〔그림 2-1〕이 보여주듯이, 열대 자연사 — 식민화 — 낭만주의의 맥락에서 역사적 자연사를 바라보지 못했기 때문이다.

서구의 저명한 과학사학자들 – 사회과학의 역사를 연구하는 학자도 포함하여 – 이 대거 참여하여, 2003년부터 출간되어 2020년까지 출간될 예정인 총 8권 분량의 《케임브리지 과학사》는 자연사가 서구의 지식체계에서 어떤 위상을 차지하는지를 정확하게 보여준다. 자연사는 '전근대 과학'을 다루는 3권에서 다루어졌다(Findlen, 2006). 여기에서도 열대 자연사 – 식민화 – 낭만주의의 맥락은 찾을 수 없다. 이런 서구중심주의적 자연사에 대한 논의조차도 '18세기 과학'을 다루는 4권 – 로이 포터가 책임 편집을 맡았다 – 에서 홀연히 사라지고 근대 과학이 전면에 등장했다(Porter, 2003). 바로 이 점이 서구 지식체계에서의 자연사의 위상이다. 그러면, 자연사는 어디로 사라졌는가? 단적으로 말하면 박물관으로 포섭되어 '자연사박물관'이 되었다. 전지구적 열대 자연사가 서구의 도시들을 여행하면 볼 수 있는 자연사박물관으로 축소, 환원된 것이다.

그렇다면, 왜 서구의 과학사학자들은 '과학혁명'보다 더 근본적이고 본질적인 자연사혁명을 개념화하지 못했을까? 이 물음을 해명하기 위해, 뷔퐁, 린네, 칸트, 헤르더, 게오르그 포르스터로 이어지는, 1770년대부터 1790년대까지 자연사에 대한 논쟁을 살펴보기로 한다. 뷔퐁이 1749년부터 1804년까지 발행하기 시작한 《자연사》 – 뷔퐁 자신은 1789년까지만 집필했다. – 가 독일어, 영어, 스웨덴어, 러시아어를 포함하여 여러 유럽 언어로 번역되면서, 자연사는 유럽의 그리스도교와 지식 사회에서 여러 가지 형태로 논쟁을 불러 일으켰다. 그 중심에 칸트가 서 있다. 뷔퐁의 저작은 1750년에 제일 먼저 독일어로 번역되었다. 칸트는 단숨에 구해서 읽었다. 칸트는 자신의 최초 저작인 《생기력(生氣力)의 진정한 판단에 관한 사유》가 출간된 1749년부터 쾨니히스베르크대학 – 보통 알베르티나(Albertina)라고 불리워졌다 – 에서 교수로 임용된 1770년까지 화산, 자연지리, 지진과 같은 자연 현상에 깊은 관심을 갖고 연구를 수행했다(Kant, 2012).

칸트의 삶과 관련하여 곡해되고 있는 점이 그가 고향을 한 번도 떠나지 않고 한평생 살았다는 것이다. 물론 사실이다. 하지만, 이 점만을 강조하다보면 마치 칸트가 세계와 단절된 채로 오로지 학자로서 칩거 생활을 한 것처럼 왜곡된 이미지를 불러일으킨다. 두 가지 점에 주목해야 한다. 하나는 그가 살았던 도시는 결코 작은 마을이 아니었다(1장). 프로이센 공국(Herzogtum Preußen, 1525-1701)의 수도였던 쾨니히스베르크는 발트해 무역의 중심적인 도시였다. 18세기 발트해는 북유럽의 나라들과 러시아가 긴밀하게 무역을 해왔던 공간이다. 프로이센 공국은 발트해 무역을 통하여 발달했고 프로이센 왕국으로 확대되었다.

그러면서 베를린으로 수도가 바뀌었지만, 모든 왕들은 쾨니히스베르크에서 대관식을 할 정도로 역사문화지리적으로 프로이센의 중요한 도시였다. 1544년에 설립된 쾨니히스베르크대학은 중세의 대학들이 그렇듯이 신학, 의학, 철학 중심의 교육에서 시작했지만 자연 지식에 관한 교육을 일찍이 시작했다. 칸트는 이런 지적인 환경에서 자연사에 대해 탐구했으며, 헤르더가 이 대학에 와서 칸트의 강의를 듣게 된 것도 같은 맥락이다.

다른 하나는, 이 점이 더 중요한데, 칸트는 영국에서 쾨니히스베르크로 건너와 살았던 무역 상인들과 긴밀한 관계를 가졌다는 점이다. 그는 이들을 통하여 유럽은 물론이거니와 아시아, 아메리카, 아프리카에 대한 지리적 지식과 문물을 더욱 효과적으로 접할 수 있었다. 이들 중에서 스코틀랜드에서 온 상인 그린(Joseph Green)은 무역보다도 지식 탐구에 더 열정을 쏟았다. 그는 "상인이라기보다도 학자였다."(Kuehn, 2001: 154) 1766년부터 20년간, 데이비드 흄과 장 자크 루소를 포함하여 거의 모든 주제에 관해 칸트와 대화를 나누었다. 1781년에 출간된 《순수이성비판》에 대해서도 조언을 얻었다. 그린이 1786년에 세상을 뜨고 난 후로, 칸트는 인생의 후반기에는 그린의 젊은 동업자인 머더비(Robert Motherby)와 지속적으로 교류했다(Zammito, 2002: 103-104). 장소가 중요하다. 영국이 열대 해양무역을 중심으로 '대항해시대'(주경철, 2008)를 주도했던 18세기 후반에, 칸트가 고향에서 영국의 무역 상인들을 통해서 직접적으로나 간접적으로 얻은 세계에 대한 지식은 그의 학문 체계를 만들어가는 데 대단히 중요한 힘으로 작용했다.

칸트는 뉴턴의 고전물리학에 기초하여 서술한 《일반 자연사와 천체 이론》에서 "자연은 체계를 갖는다."라고 주장한 린네를 비판했던 뷔퐁의 입장을 지지했다(Kant, 1755). 더 나아가 뷔퐁은 《자연사》(9권, 1760)에서 아메리카의 동물은 유럽의 그것보다 "작고, 약하며, 겁이 많다."고 하면서 아메리카인들이 열등하다고 주장했다. 뷔퐁의 이 발언은 유럽과 아메리카에 일파만파로 퍼졌고, 유럽 사회에서는 '종'(species)과 '인종'의 개념과 의미를 둘러싸고 다양한 논쟁들이 치열하게 전개되었다(Gerbi, 1975).

칸트는 1775년에 《서로 다른 인종에 관하여》에서 인종에 대한 자신의 입장을 표명하면서, 선천적인, 즉 유전적, 힘에 의해 정해지는 피부 색깔이 인종을 판단하는 데 가장 중요하다고 말했다. 생물학적 결정론과 유사한 칸트의 이런 주장에 대해, 그의 제자인 헤르더는 피부 색깔은 선천적 요인이 '풍토'에 적응함으로써 결정된다는 입장을 밝혔다(Sloan, 2006). 칸트의 인종관에 대해 가장 공격적으로 비판한 인물은 게오르그 포르스터이다. 그는 아버지(Johann Reinhold Forster)와 함께 제임스 쿡의 2차 탐험을 다녀온 다음에 아버지보다 1년 먼저 여행기(Forster, 1777)를 출간했다. 이 여행기는 독일뿐만 아니라 당시 유럽의 여행 문학에 큰 영향력을 떨쳤다. 포르스터는 자신의 남태평양 여행 경험에 근거하여 인종은 피부 색깔뿐만 아니라, 관습과 언어 등을 아우르는 문화역사지리적 층위에 의해 결정된다고 주장했다(Sloan, 1979; Strack, 1996; Gray, 2012). 한 평생 자신의 고향을 한 발짝도 나서지 않고 살았던 칸트는 포르스터의 비판에 대해, '이성'이야말로 인종을 해명하는 데 가장 중요한 덕목이라고 대응했다(Sloan, 2006). 포르스터와의 논쟁이 진행되던 기간에, 칸트는 《순수이성비판》의 출간을 앞두고 있었던 것이다. 칸트는 인종을 자연사의 지평에서 바라봤던 뷔퐁과 헤르더의 입장과는 다르게 인류사의 관점으로 파악하려고 했다. 그렇다고 해서, 칸트가 인종에 대한 자연사적 입장을 완전히 포기한 것은 아니었다. 헤르더와 포르스터의 입장에 비해 상대적으로 그랬다는 것이다. 다만, 이성의 해명에 매달려 있었던 칸트로서는 자연사와 인류사의 융합적 지점에 있는 인종을 설명하기에는 현실적으로 쉽지 않았다.

헤르더와 포르스터와의 논쟁을 겪으면서, 자연사에 대한 칸트의 입장은 애매하게 변하고 말았다. 1770년대까지만 하더라도, 칸트는 단순히 자연 현상을 기술하는 '자연기술'(記述)[Naturbeschreibung]과 시간의 흐름과 장소의 이동에 따르는 자연의 역사적 변화를 탐구하는 '자연사'(Naturgeschichte)라는 두 가지 개념을 구분했다(Kant, 1775). 칸트에 의하면, 린네가 창안했던 '자연의 체계'는 비역사적 자연사를, 뷔퐁의 자연사는 역사적 자연사를 의미했다. 또한, 그는 전자보다는 후자를 더 선호했다. 하지만 1780년대 논쟁을 거치면서, 칸트는 양자 사이의 이런 관계를 더 이상 분명하게 주장하지 않았다. 그는 《순수이성비판》에서 자연사를 다음과 같이 범주화했다.

> 사람들은 순수한 흙, 순수한 물, 순수한 공기가 있다는 것이 어렵다고 인정한다. 그럼에도 불구하고 사람들은 이 자연 원인들이 각각 현상에서 차지하는 몫을 적절하게 규정하기 위해 이러한 개념들을 필요로 한다. (그러므로 이 개념들은 그 온전한 순수성에 관한 한 이성 안에서 오로지 그 근원을 갖는다.) … 사람들은 물질 상호 간의 화학 작용을 설명하기 위해, 모든 물질들을 흙, 소금, 연소물, 마침내는 … 물과 공기로 환원한다 … 자

연사학자들의 분류에 대한 이성의 이러한 영향은 매우 쉽게 찾아볼 수 있다(Kant, 2006[1781]: 813).

이와 같이, 칸트는 자연사조차도 이성을 통해서 존재 근거를 갖는다고 말했다. 자연사의 핵심적인 주제인 자연에 대한 목적론적 이해가 그의 비판철학에 의해 거부된 것이다. 《순수이성비판》을 쓰고 난 후 3년이 지나, 칸트는 〈세계시민적 관점에서 본 보편사의 이념〉을 발표했다. 헤르더의 《인류의 역사철학에 대한 이념》(1장)에 대응하기 위해 아홉 가지 명제로 구성된 이 글을 썼다. 칸트의 문제의식은 보편사의 지평에서 자연사가 아닌 자연을 어떻게 위치지울 것인가에 초점이 주어졌다(Kant, 2009). 그의 논점은 세 번째 명제에 예리하게 표현되어 있다.

> 자연이 의도하고 있는 것은, 인간은 그의 동물적 존재의 기계적인 명령을 넘어서는 모든 것을 전적으로 자기 자신으로부터 이끌어 내어야만 한다는 것이며, 또 인간 자신이 본능에 의존하지 않고 이성을 통해서 창조한 행복과 완전함 이외에는 관여하지 않아야 한다는 것이다(Kant, 2009[1784]: 27).

헤르더의 주장대로 세계의 전개 과정을 "어떤 식으로 진행되어야 한다는 이념에 따라 역사를 기록"하려고 한다면, 그는 '소설'을 써야 했다(Kant, 2009: 42). 칸트의 원대한 포부는 이성에 근거하여 "자연의 계획에 따른 보편적 세계사" – 아홉 번째 명제의 핵심이다 – 를 철학적으로 해명하는 데 있다. 하지만, 아홉 가지 명제 어디에서도 칸트는 자신이 1775년에 구분했던 자연기술과 자연사 중에서 후자를 왜 고려하지 않았는지에 대해 설명을 하지 않았다. 헤르더와 포르스터가 자신의 견해를 비판하는 것에 대해, 칸트는 보편적 세계사의 개념으로 응수하는 전략적 글쓰기를 시도했다. 마침내 칸트는 《판단력비판》(1790)에서 자연사와 자연기술에 대한 자신의 입장을 다음과 같이 밝혔다.

> 자연기술에 대해 일찍이 채택되었던 명칭인 자연사가 여전히 사용되어야 한다면, 사람들은 이 명칭이 문자적으로 알려주는 대로, 곧 지구의 이전의 옛날 상태 – 이에 대해 사람들은 비록 확실성을 기대해서는 안 된다고 해도 상당한 근거를 갖고 추측을 해볼 수 있다 – 의 표상을, 기예(技藝, Kunst)와 대비하여 자연의 고고학이라고 부를 수 있다. 조각된 돌 따위가 기예에 속하듯이, 고고학에는 화석들이 속할 것이다 … 이 명칭은 한낱 상상적인 자연탐구에 주어진 것이 아니라, 자연 자신이 우리에게 권유하고 촉구하는 그러한 자연탐구에 주어진 것이다(Kant, 2009[1790]: 500).

칸트는 자연사를 '자연의 고고학'이라고 규정했는데, 그가 말하는 '자연의 고고학'은 역사지질학을 의미했다. '지질학'이라는 용어가 아직 사용되지 않았기에, 칸트로서는 초기 입장에서 벗어나 자연의 고고학이라는 명칭을 사용했다. 그런데, 이 인용문은 《판단력비판》의 본문이 아닌, '각주'에 포함되어 있다. 다시 말해서, 그는 〈2편 목적론적 판단력 비판〉의 부록인 「목적론적 판단력의 방법론」 중에서 〈§82 유기적 존재자들의 외적인 관계들에서 목적론적 체계에 대하여〉를 논의하면서 이 인용문을 각주에 담았던 것이다. 마치, 1775년에 자연사와 자연기술을 《서로 다른 인종에 관하여》에서 구분했을 때도 각주에 포함했듯이, 15년이 지난 후에도 《판단력비판》의 각주에서 이 중요한 개념적 구분을 짧게 다루었다. 이처럼 칸트는 논쟁과 상관없이 자연사에 대해 독립된 글을 남기지 않았다. 이런 연유로 해서, 칸트의 자연사는 애매모호해지고 말았다.

이런 점에서 칸트의 《물리지리학》(1801)도 별로 다르지 않다. 비록 건강이 나빠져서 이 저작을 직접 쓰지는 않았지만, 1757년부터 약 50회 이상 강의를 위해 준비했던 강의록에 근거하여 제자들이 출간한 것이다. 이 저작에서 그는 시간의 흐름에 따른 자연의 역사적 변화보다도 공간에 의한 자연의 지리적 변화에 초점을 맞추어, 인종 간에 피부 색깔이 다른 점을 서술했다. 하지만, 여기에서도 그의 입장은 별로 다르지 않다(Kant, 2012[1788]: 573). 왜냐하면, 《물리지리학》에서 인종에 관한 서술 부분은 칸트가 이미 1775년에 발표했던 《서로 다른 인종에 관하여》를 거의 그대로 포함했기 때문이다.

결국 문제의 핵심은, 인종에 관한 논쟁을 거치면서,* 이 시기 독일의 자연사학자와 사상가들은 자연사와 인류사의 관계를 어떻게 설정할 것인지에 대해 논쟁을 하기보다는, 자연사, 자연기술, 자연철학, 응용수학을 '자연과학'(Naturwissenshaft)의 이름으로 포섭하면서(Phillips, 2012), 서구적 근대를 만들어가는 데 절치부심했다는 데 있다.

헤르더도 이런 역사적 과정으로부터 자유롭지 못하다. 1장에서 논의했듯이, 그는 《인류의 역사철학에 관한 이념》에서 풍토적 관점에서 근거하여 자연사와 인류사를 유기적으로 연결하여 사고했다.

* 칸트의 인종관이 결과적으로 19세기 인종주의 이론가인 고비노(Joseph Arthur de Gobineau)의 《인종 불평등론》(1853-1855)에 어떤 영향을 미쳤는지를 규명하는 것은 여전히 문제로 남는다.

> 바다, 산, 강들은 많은 민족, 풍습, 언어, 왕국들과 대지에서 가장 자연적인 경계를 이룬다. 인류사에서 가장 위대한 혁명들에서 조차도, 이 자연 경계는 세계사의 전개 방향과 범위가 되어 왔다. 수많은 산, 강, 해안들이 지금과 다른 방식으로 형성되었다면, 대자연에서 인류는 매우 다른 모습으로 살아왔을 것이다 (Herder, 1800: I: 19).

하지만 인류사의 혁명과 자연사 사이의 상관성에 대한 헤르더의 이런 역사철학적 인식은 신학자로서의 또 다른 정체성에 의해 희석되어 갔다. 그는 인간은 신의 기획에 의해 창조된 피조물이라는 기본적 입장을 일관되게 유지했다. 헤르더의 자연사는 본질적으로 '창조론'에 근거하고 있다. 헤르더에게 풍토 개념은 자연사와 인류사의 핵심적인 연결고리였는데, 《인류의 역사철학에 관한 이념》의 후반부에서 유럽 이외의 다른 문명을 탐구하는 데 설득력이 있는 설명을 보여주지 못했다. 왜냐하면 헤르더의 역사철학은 자연사는 물론이거니와 인류사에 대해서도 신의 계획과 섭리에 의한 실현 과정으로 간주했기 때문이다. 총론과 각론은 엇박자가 된 것이다. 이렇게 자연사와 인류사에 대한 기본 입장이 흔들리면서, 헤르더의 《인류의 역사철학에 관한 이념》은, 흔히 '독일 역사주의'의 근본 토대를 제공했다고 평가되는(Beiser, 2011: 132), 자신의 첫 번째 저술인 《인류의 교육을 위한 또 하나의 역사철학》(2011[1774])에서 보여준 역사철학적 입장을 크게 벗어나지 못했다.

헤르더가 자연사와 인류사의 상관적 사유라는 틀은 만들었지만 구체적으로 이를 전개하지 못한 가장 근본적 이유는, 열대 자연사의 지평에서 이를 바라보지 못했기 때문이다. 칸트보다도 헤르더는 주위에 열대를 다녀온 사람들 – 포르스터 부자도 여기에 해당한다 – 이 더 많았다. 하지만 그가 볼 때 열대의 토착 원주민을 포함하여 식물, 동물, 광물은 신의 창조물이었다. 열대 자연사가 빠져버린 온대 유럽만의 자연사에 대한 지식체계로는 인류사의 혁명에 대해서는 말할 수 있어도 자연사혁명까지는 도달할 수 없었다.

괴테의 이탈리아 자연사 여행: 원형식물의 역사지질학

괴테는 뷔퐁의 《자연사》 1권이 출간된 1749년에 태어나 찰스 라이엘의 《지질학 원론》이 모습을 드러낸 1832년까지 살았다. 괴테의 생몰년도를 이렇게 설명하는 까닭은, 괴테의 문학과 예술 세계에만 익숙해져 있는 독자들에게 자연사의 관점에서 주목해주기를 요청하고 싶어서이다. 알렉산더 훔볼트가 광물학을 배웠던 베르너(Abraham Gottlob Werner)가 존경을 표시했을 정도로 한평생 5만 종에 이르는 광물 표본을 수집했던(Watson, 2015: 317), 괴테는 칸트와 헤르더를 둘러싼 논쟁에 대해 어떻게 생각했을까? 그는 이 논쟁에 직접 뛰어들지는 않았다. 그렇지만, 괴테는 자신만의 방식을 통하여 자연사에 대한 입장을 표명했기에 이를 규명해보기로 한다.

《자서전: 시와 진실》에서 말했듯이, 괴테는 어릴 적부터 한평생 자연 지식에 대해 깊은 관심을 갖고 살았다(Goethe, 2006: 229). 일찍이 해부학에도 관심이 컸던 괴테는 1784년에 인간의 신체는 원래 간악골(間顎骨)이 있었다는 것을 발견했다. 간악골의 발견은 괴테가 생명체의 '원형'에 깊은 관심이 있었다는 것을 보여준다. 더 나아가서 뉴턴의 광학

이론에 대해 맞서서 1791년부터 색채 문제의 연구를 시작했던 괴테는 《색채론》(1810)을 출간했다. 인간의 감각과 대상을 분리해서 생각했던 뉴턴과 달리, 괴테는 "양자 사이의 분리를 결합시키고 결합된 것을 분리시키는 것이 자연의 생명"(Goethe, 2003[1810]: 240)이라고 말했다.

《이탈리아 여행》은 괴테에게 있어서 자연 지식과 예술 세계가 서로 떼려야 뗄 수 없는 관계임을 확실히 보여준다. 〔지도 2-5. 괴테의 이탈리아 여행 경로〕가 보여주듯이, 괴테는 일찍이 다양한 열대 식물들을 재배하고 있는 파도바식물원(Orto Botanico di Padova), 동양과 서양의 해양무역을 주도했던 도시국가 베네치아, 르네상스의 발상지 피렌체, 로마 제국의 중심지 로마, 스페인 부르봉왕조의 통치를 받으면서 급속하게 발달했던 나폴리, 그리고 지중해를 통해 아프리카 문명에 열려 있던 시칠리아 등을 여행했다. 연대기 순으로 여행지를 재배열하면, 괴테는 로마 — 시칠리아 — 피렌체 — 베네치아 — 파도바 — 나폴리가 된다. 1786년부터 약 2년간 그는 유럽 문명사를 공간적으로 체험한 것이다. 괴테의 원형 개념을 차용한다면, 그는 여행을 통해 서구 정체성의 역사적 원형 공간을 찾으려고 했던 것이다.

1786년 9월 3일 새벽에 '몰래 빠져나와서' 이탈리아로 여행을 떠났던 이유와 관련하여 여러 설명이 있다. 1776년에 바이마르 공국의 나이 어린 통치자 아우구스트(Carl August)의 요청에 의해 이주한 이후로, 괴테는 10년간 이 공국의 정치적, 행정적, 재정적 개혁에 관여해왔다. 몸과 마음이 지친 괴테가 '일상과 정치로부터 도피'하기 위해 이탈리아로 여행을 떠났다는 것이 그동안 흔히 언급되고 있는 이유이다.

"새벽 3시에 칼스바트를 몰래 도망쳐나왔다."(1962[1816-1817]: 23)로

지도 2-5. 괴테의 이탈리아 여행 경로

시작되는 《이탈리아 여행》의 첫 문장 때문에 이런 이유는 그럴듯하게 들린다. 이런 이유를 더 근사하게 포장하기 위해 당시 유럽 귀족들에게 유행이 되었던 '그랜드 투어'(Grand Tour)의 일환으로 이탈리아를 갔다는 것이다. 하지만, 그랜드 투어(설혜심, 2013; Black, 2003)만으로는 괴테가 왜 하필이면 이 시기에 꼭 이탈리아로 가야했는지를 설명하는 데 설득력이 떨어진다.

그렇다면, 무슨 이유 때문일까? 단적으로 말하면, 칸트, 헤르더, 포르스터 사이에 전개되었던 논쟁을 지켜보면서, 괴테는 자신의 방법으로 자연사를 연구해야 한다는 절박감에 사로잡혔다. 그러지 않고서는 칸트와 헤르더의 논쟁에서 어느 쪽을 지지해야 할지를 판단할 수 없었기 때문이다. 자연사의 관점에서 《이탈리아 여행》을 세밀히 탐독해본다면, 전체 일기의 분량 면이나 괴테가 심혈을 기울인 정도에서 보더라도 자연사에 대한 괴테의 묘사가 얼마나 중요한 위상을 차지하는지를 알 수 있다.

구체적으로 살펴보자. 1786년 9월 8일, 브레너 파스(Brenner Pass)에서의 일기는 괴테의 자연사에 대한 인식이 오롯이 표출되어 있다. 《이탈리아 여행》의 하루 일기 중에 분량이 많은 편이다. 그는 약 20년 후 알렉산더 훔볼트가 《식물지리학》(1805)에서 말하려고 했던 것의 핵심적인 내용을 일기에서 적어놓았다. 괴테는 위도, 기후, 기상, 습도, 산의 고도를 아우르는 풍토적 개념을 익히 알고 있었다. 헤르더와 달리 광물학과 지질학에 대해서 해박한 지식을 갖고 있었던, 괴테는 "산의 고도가 식물의 분포에 영향을 미친다."(Goethe, 1962: 33)는 훔볼트의 식물지리학적 개념을 이미 꿰뚫고 있었다. 또한, 1787년 5월 28일 나폴리에서 헤르더에게 보낸 편지에서, 괴테는 자신이 살았던 유럽 북부와 이탈리아와 같은 유럽 남부의 노동, 산업, 직업, 일상생활과 언어, 용모, 의복, 행동 등을 풍토적 관점에서 비교했다(Goethe, 1962: 317-322). 편지의 말미에, 괴테는 플리니우스가 《자연사》에서 나폴리의 캄파니아(Campania) 지역의 풍토와 문화를 연관지어 서술한 대목을 인용함으로써(Goethe, 1962: 322; Pliny, 1952: III: 40-42), 자신의 논의에 대한 정당성을 부여하려고 했다.

1786년 9월 26일. 이 날에 대해 쓴 일기(Goethe, 2006[1816-1817]: 89-90)보다도, 《자연과학 원론, 형태학 특론》(1817)에 포함된 짧은 글 〈나의 식물학 연구의 역사〉(Goethe, 1989[1817]: 161)에 이 날의 역사적 의미를 더 명쾌하게 밝혔다. 베네치아 공화국의 상원이 계획하여 1545년에 설립한 파도바식물원에서 괴테는 그동안 전혀 볼 수 없었던 열대 식물들이 펼쳐 보이는 장관을 보며 감탄을 하지 않을 수 없었다. 온대 유럽과 열대 지역의 식물들을 바로 눈앞에서 비교하면서, 자연사의 의미를 더욱 깊이 새겼다. 하지만, 괴테는 여행기를 포함하여 식물에 관한 자신의 글 어디에서도 '열대 식물'이라는 표현을 사용하지 않았다.

1787년 4월 17일. 이탈리아 여행에서 가장 중요한 장소이다. 지중해 시칠리아(Sicilia) 섬의 팔레르모(Palermo). 아주 강력한 전자기력과도 같은 두 가지 힘이 그를 여기로 오게 했다. 이탈리아로 오기 전부터 헤르더의 권유로 빙켈만(Johann Joachim Winckelmann)이 쓴 《고대 미술사》를 읽은 바에 의하면, 빙켈만은 고대 그리스 건축의 '근원'을 찾기 위해 시칠리아로 왔다. 괴테도 고대 미술의 근원과 식물의 원형을 찾고 싶었다. 또한 괴테는 파도바보다도 고대부터 아프리카와의 문화융합이 있어왔던 이 섬에서 더욱 열대 풍토에 적합한 식물들을 관찰할 수 있었다. 마침내 괴테는 '원형식물'(Urpflanze)의 개념을 창안하게 되었다(Goethe, 1962: 258-259). 앞에서도 말했듯이, 섬은 생물지리적 상상력을 촉발시킨다. 그렇지만 파도바에서와 마찬가지로 여기에서도 괴테는 열대 식물이라는 명칭을 사용하지 않았다. 원형식물의 개념을 창안하게 된 '직관적 통찰력'은 열대 식물에 대한 관찰에 근거했지만, 열대는 은폐되었다.

여기서 흥미로운 점은 "대자연도 질투와 시기를 할 정도로 이 세상에서 가장 경이로운"(Goethe, 1962: 310) 원형식물의 개념에 대한 직관적 통찰을 보여준 이 날에 대해, 괴테는《이탈리아 여행》에서 절묘하게 배치를 했다는 것이다. 날짜의 흐름에 따라 일기를 적어갔던 괴테는 원래대로라면 팔레르모 여행을 적어놓은 2부에 포함해야 하는데, 2부를 출간하고 기다렸다가 3부에 적어 놓았다. "내게 그토록 중요한 문제인 그것들을 – [원형식물을 포함하여 자연사에 대한 것을 의미한다] – '자연과학'(Naturwissenschaft)에 관여하고 있는 사람들에게 다시 소개할 필요"(Goethe, 2006[1816-1817]: 410)가 있었다는 것이다. 하지만, 이미 2부로 출간된 여행기를 보면, 나폴리에서 헤르더에게 원형식물에 대한 내용을 편지로 보내지 않았던가. 1787년 5월 17일자 일기를 보자.

> 원형식물의 개념을 모델로 삼고 이 열쇠를 갖고 있다면, 식물을 지속적으로 발명하고 식물의 존재가 논리적이라는 것을 알 수 있습니다. 다시 말해서, 비록 식물들이 현재 실제로 존재하지 않더라도, 예전에 존재했을 수도 있습니다 … 모든 식물은 내면적으로 진리와 필연성이 존재합니다. 같은 법칙이 모든 살

아있는 유기체에 적용될 것입니다(1962: 310-311).

자연사에 대한 괴테의 핵심적인 생각이 가장 명확하게 드러나는 부분이다. 괴테가 여행을 마치고 돌아가서 약 2년 후에 《식물의 변태》(1790)를 발간한 것을 봐도, 그가 얼마나 원형식물에 대해 집착을 했는지를 알 수 있다. 여기서 주목할 것은 괴테가 원형식물을 통해서 칸트, 헤르더, 포르스터를 둘러싸고 전개되었던 일련의 논쟁에 대해 자신의 입장을 간접적으로 표명하고 있다는 점이다. 쟁점이 되었던 인종과 관련하여, 괴테는 피부 색깔이 다른 이유도 원형식물의 관점에서 생각했다. 이탈리아 여행 중에 색채에도 깊은 관심을 두었던 괴테가 볼 때, 모든 사람은 원래 같은 피부 색깔이었는데 풍토적 차이로 인해 달라진 것이다.

그렇다면, 괴테에게 헤르더는 어떤 존재였는지가 궁금하다. 1770년에 스트라스부르크(Strassburg)에서 처음 만난 후로 괴테는 헤르더의 자연사 지식은 물론이거니와 문학적 세계에 큰 감동을 받아왔다. 자신보다 다섯 살 연상인 헤르더의 박학다식한 학문 세계에 깊은 인상을 받았던 괴테는 1776년에 헤르더가 바이마르 공국의 교구 감독이 되도록 영향력을 발휘했다(Richards, 2002: 340-342). 헤르더는 제임스 쿡의 2차 탐험에 참여하고 돌아왔던 게오르그 포르스터를 통해 열대 자연사에 대한 정보와 지식을 얻었다. 뿐만 아니라, 헤르더는 유럽 여러 나라들이 앞을 다투어 설립했던 동인도회사와 서인도회사에 소속되어 열대 곳곳에서 자연사 조사와 연구를 했던 독일의 자연사학자들과 폭넓게 교류를 하고 있었다. 이처럼 헤르더는 괴테가 열대 자연사에 대한 세계를 이해하는 데 소중한 인물이었다. 여행 중에 헤르더가 보내온 《인류의 역사철학에 대한 이념》을 약 3주간에 걸쳐서 읽고 난 후, 괴테는 엄청난 희열감을 느꼈다고 하면서 감사의 편지를 보냈다(Goethe, 1962: 400-405). 헤겔 연구에 관한 한 최고의 철학자로 평가받는 테일러(Charles Taylor)가 《헤겔》(Hegel)에서 "헤르더는 '질풍노도'의 주요 이론가인 동시에 비평가로 괴테에게 결정적인 영향을 미쳤다."(Taylor, 1975: 13)라고 말한 것은 자연사에서 그대로 들어맞는다. 이때까지만 해도 괴테는 자연사에 대한 헤르더의 입장을 수용했다.

괴테의 열대 은폐: 칸트도 헤르더도 아닌 제3의 길

바이마르 공국으로 돌아온 괴테는 칸트와 헤르더 중에서 선불리 어느 한 쪽의 입장을 지지할 수 없었다. 괴테의 짧은 글 〈새로운 철학의 영향〉에는 이런 고민이 고스란히 표출되었다. "불행하게도 헤르더는 칸트의 학생이면서도 칸트에 대해 반대했다. 나 자신은 더욱 난처하기만 하다. 왜냐하면 나는 헤르더나 칸트 어느 쪽에 대해서도 동의할 수 없기 때문이다."(Goethe, 1989[1817]: 230) 우선, 헤르더와의 관계에 변화가 생겼다. 헤르더가 《인류의 역사철학에 대한 이념》을 쓰고 난 후로 괴테의 삶과 의식에 사사건건 개입하면서 두 사람 사이에 갈등이 커져갔다. "한편으로는 그에 대한 커다란 애착과 존경이, 다른 한편으로는 그가 내 마음 속에 일으키는 불만이 끊임없이 뒤얽혀 갈등이 일어나면서 내 삶에서 느껴보지 못한 최초의 특이한 불화가 발생했다."(Goethe, 2006[1811-1833]: 598-599) 개인적인 갈등 못지않게 중요한 점은, 자연사에 대한 헤르더의 원래 입장이 흔들리면서 괴테가 이에 대해 동의를 할 수 없었다는 것이다. 그렇지 않아도 헤르더가 "광물학이나 지질학에 대해서는 항상 대수롭지 않다는 태도를 보였기 때문에"(1962: 35), 괴테는 자연사에 대한 그의 입장이 확고하지 않다는 것을 익히 알고 있었다. 자연사보다는 인류사로 방향을 선회하는 헤르더의 역사철학이 식물에 대한 자신의 형태학적 입장과 양립할 수 없었다. 왜냐하면, 괴테에게 원형식물은 암석, 화산, 지진과 같은 지질학적 자연이 구체화된 것이며(Fink, 1991: 28), 식물의 변태는 자연사에서의 시간적 흐름을 보여주기 때문이다(Goethe, 1989[1817]: 88). 또한 괴테는 칸트에 대해서도 다른 생각을 했다. 칸트가 자연사와 자연기술에 대해 본문도 아닌 각주 형식을 빌려 간략하게 적은 점도 이해하기 어려웠을 뿐만 아니라, 《순수이성비판》과 《판단력비판》에서 칸트가 자연사의 의미를 축소시킨 것도 동의하지 못했다. 이렇게 그는 헤르더도 아니고 칸트도 아닌 제3의 길을 모색했다.

《이탈리아 여행》에서 괴테가 1787년 1월 28일에 쓴 일기는 제3의 길이 무엇인지를 정확하게 보여준다. 미술사학사에서 "미술사 운동의 정점에 서 있는 인물"로 평가받는(Kultermann, 2001[1966]: 173), 괴테는 로마에서 미술 작품을 관찰하는 두 가지 방법을 제시하면서 이렇게 말했다.

> 첫째 … 빙켈만은 우리에게 말하기를 작품의 시대를 구분하면서 특정 미술 양식이 점차 발달하거나 쇠퇴하게 되는 역사를 탐구하라고 강조했다 … 그렇다면 우리는 어떻게 이런 직관적 통찰력을 갖게 되는가? … 미술 양식의 역사적 발전에 대한 지식

> 이 없다면 이런 판단은 불가능하다. 둘째, 그리스 예술에만 한정한다면 탁월한 예술가들은 … 대자연과 같은 법칙을 추구했다 … 나도 그들처럼 이렇게 한다고 믿는다(Goethe, 1962: 167-168).

괴테에게 예술의 역사는 자연의 법칙과 상동관계를 이룬다. 고대 로마 미술사를 연구했던 오스트리아 미술사학자인 비크호프(Franz Wickhoff)에 의하면, 빙켈만은 "미술이 유기체적 생명을 가지며 식물처럼 싹이 텄다가 꽃을 피우고 죽는다고 … 간파했던 최초의 위대한 미술사학자였다."(Kultermann, 2001[1966]: 128) 예술과 자연의 상관성을 강조했던 빙켈만의 예술 세계는 괴테로 이어졌다. 이렇게 괴테는 예술의 역사와 자연사 사이의 상관적 사유에 주목했다. 자신보다도 스무 살이나 어린 알렉산더 훔볼트의 자연사 연구에 대해 지속적으로 관심을 가지면서 교류를 했던 까닭도 헤르더와 칸트가 아닌 제3의 길을 찾으려고 절치부심했기 때문이다. 하지만, 결국 괴테도 자연사와 인류사의 상관적 관계를 궁극적으로 해명하는 데까지 나아가지 못했다. 열대를 은폐시키는 한, 그것은 근본적으로 불가능하다는 점을 칸트와 헤르더의 경우에서도 보지 않았던가.

이탈리아 여행을 다녀온 후 30년이 지난 후에야 여행기가 출간되었다. 마치 찰스 다윈과 클로드 레비스트로스가 '비글호 항해'(1831-1836)와 브라질을 각각 다녀온 후 거의 20년이 지나서 《종의 기원》과 《슬픈 열대》를 발간했듯이, 괴테는 30년이 되어서야 발간했다. 왜 그랬을까? 더구나 앞의 두 사람과 달리, 괴테의 경우에는 여행 당시에 일기를 썼기에 이를 정리해서 발간하면 되는데, 무슨 연유로 30년이 지나서야 세상에 내보였을까? 이 이유에 대해 괴테 자신이 입장을 밝힌 적은 없지만, 니체가 '현존하는 독일 최고의 양서'라고 평했던 《괴테와의 대화》(1836-1848)에서 이를 추정할 수 있는 단서를 찾을 수 있다.

> 광물학은 두 가지 점에서 흥미를 이끌었다. 하나는 광물학은 이익을 실제로 가져다주기 때문이며, 다음으로는 태고 세계의 형성에 관한 증거를 찾아낼 수 있기 때문이다. 후자와 관련하여 아브라함 베르너의 학설이 희망을 안겨주었다. 하지만 이 뛰어난 인물이 세상을 떠난 후에 이 학설은 뒤죽박죽이 되었기 때문에, 나는 공적으로는 이 분야에 더 이상 관여하지 않고 있으며 마음속으로만 남몰래 내 스스로의 확신을 고수할 뿐이다(Goethe, 2008[1836]: 336-337).

괴테는 18세기 후반 지구 암석의 생성 원인을 둘러싸고 두 가지 이론이 크게 대립하고 있음을 익히 알았다. 베르너가 주장했던 '수성론'(Neputism)은 암석이 해양에 녹아 있던 물질의 침전에 의해 형성되었다고 보았다. 이에 대해 허턴(James Hutton)이 제기했던 '화성론'(Plutonism)에서는 암석이 지구 내부에 용융 상태로 있던 물질이 지각을 뚫고 올라오거나 지표로 흘러나와 냉각되었다는 것이다. 수성론과 화성론 사이의 대립에 대해서도 괴테는 관여하지 않고 속으로만 입장을 정리했다. 그런 그가 칸트, 헤르더, 포르스터의 논쟁이 한창 전개되었던 1780년대 중반 이후로 자연사에 대한 자신의 입장이 명확하게 담겨 있는 《이탈리아 여행》을 섣불리 출간할 이유가 없었다. 때를 기다렸다. 알렉산더 훔볼트가 아메리카 탐험을 마치고 돌아와서 파리에서 처음으로 출간했던 《식물지리학》(1805)과 이어서 나온 《자연의 관점》(1806)을 읽었다. 그리고 훔볼트의 이 두 저작이 유럽의 자연사학자들 사이에서 어떻게 수용되는지를 면밀히 지켜보았다. 너무나도 신중했다. 다시 십 년이 지난 후에야 《이탈리아 여행》을 출간했다. 수성론과 화성론 사이의 논쟁을 포함하여 괴테가 자연사에 대한 논쟁으로부터 일정한 거리를 두었다는 사실은, 자연사 연구가 '뒤죽박죽' 상태로 진행된 것에 대해 그 자신도 책임이 있음을 말해준다.

이처럼 칸트, 헤르더, 괴테 등 당대 유럽의 지식 사회에 큰 영향력을 미쳤던 사상가들이 인류사와의 관계 속에서 자연사의 역사적 의미를 더 이상 추구하지 못하게 되면서, 자연사 연구는 방향을 잃어 버렸다. 역사지질학과 역사주의가 18세기 말 독일에서 서로 동심원적 관계를 이루면서 형성되었지만(Oldroyd, 1979a & 1979b), 19세기 중엽부터 근대적 지식체계로 분화되면서 다른 지향점을 갖게 된 것은 비극적이다. 그 결과, 헤르더에서 랑케(Leopold von Ranke)에 이르기까지의 독일 역사주의가 보여주듯이(Beiser, 2011), 오로지 인류사 중심의 근대 역사학이 우뚝 서게 된 것이다.

근대 역사학과 과학혁명: 해명하지 못하는 이유

뉴턴으로 상징되는 과학혁명 시대의 어느 '과학자'도 자신이 과학혁명을 수행하고 있다고 생각하지 않았다. 18세기 계몽사상가와 낭만주의자들도 17세기 '과학'에 대해 익히 알고는 있었지만, 과학혁명으로 인식하지 않았다. 괴테는 아예 뉴턴의 광학 이론에 대해 반대까지 하지 않았던가. 19세기 유럽 과학자들도 과학혁명을 역사적 개념으로 인지하지 못했다. 과학혁명이라는 용어는 프랑스 과학철학자 코아레(Alexander Koyré)가 처음 창안하고 역사학자 버터필드(Herbert Butterfield, 1949)가 《근대과학의 기원》(1300-1800)에서 본격적으로 개념화하면서 널리 사용되었다(3장). 이후 과학혁명에 대한 연구들이 서구사회뿐만 아니라 인도와 동아시아를 포함하여 세계적으로 봇물처럼 쏟아져 나왔다.

네덜란드 과학사학자 코헨(H. Floris Cohen)은 《과학혁명에 관한 히스토리오그래피》(1994)에서 버터필드 이후 45년간 과학혁명에 관해 출간된 거의 모든 연구들을 정리했다. 가장 주목할 만한 부분은 버터필드가 《근대과학의 기원》의 10장 〈서구 문명사에서 과학혁명의 위상〉에서 제기한 문제가 여전히 해명되지 않고 있다는 것이다(Cohen, 1994: 5 & 223-229). 그 이유에 대해 로이 포터와 테이치(Mikuláš Teich)는 과학혁명의 연구자들이 이를 지리학적, 지정학적 관점에서 사유하지 않았기 때문이라고 말했다(Porter & Teich, 1992: 2-3). 이와 관련하여 포터는 1980년에 '18세기 과학'의 히스토리오그라피(historiography)에 관한 글에서, 식민주의를 연구하는 근대 역사학자들이 서구와 '이상한 문화들' 사이의 접촉에 대해 관심을 가지면서도 정작 '탐험과 발견'의 의미는 공백으로 남겨두었다고 비판한 적이 있다(Porter, 1980: 294-295).

포터와 코헨이 제기했던 문제들은 현재에도 여전히 연구의 공백 상태로 남아 있다. '생물지리적 탐험'과 '열대 자연사'에 주목하지 않기 때문이다. 그러므로, 서구중심주의 근대 역사학자들과 과학혁명의 인식론적 틀에 갇혀 있는 과학사학자들은 생물지리적 탐험과 열대 자연사에 의해 촉발된 자연사혁명에 대해서 문제제기조차 하지 못하는 것이다. 이런 상황에서 데이비드 리빙스턴을 비롯하여 몇몇 지리학자들은 유럽 중심주의적인 과학혁명을 비판하면서 과학 지식이 지리적 장소에 따라 서로 다른 문화적 의미를 갖는 것을 강조했다(Livingstone, 2003; Livingstone & Withers, 2005). 하지만 이들은 이 문제를 지리학의 범주 안에서만 파악했다는 점에서 한계를 갖는다. 어느 사회를 막론하고 지식인이 자신이 살고 있는 사회의 역사적 층위와 전통을 비판하면서 새로운 세계에 대한 역사적 전망을 제시하는 것은 그렇게 녹록하지 않다.

국내외를 막론하고 인류의 역사에서 혁명은 역사학자는 물론이거니와 일반인들의 높은 관심과 주목을 받아왔다. 이 책이 집중적으로 관심을 갖는 시대의 경우만 보더라도, 3장에서 자세히 다루게 될 '아이티혁명'과 프랑스혁명에 대해 역사학자들은 인류사의 지평에서 이야기를 해왔다. 하지만, 근대 역사학자들은 1755년 발생한 리스본 지진부터 1797년의 열대 키토(Quito), 쿠마나(Cumana), 페루 지진과 1812년의 카라카스(Caracas) 지진을 거쳐, 1822년 터키 지진에 이르기까지(Buffon, 1831: I: 102-104), 그리고 1815년에 열대 인도네시아 숨바와(Sumbawa) 섬에 위치한 탐보라(Tambora) 화산 폭발과 같이 전지구적으로 발생했던 지진과 화산 폭발이 이 시기 인류사혁명과 어떤 상관성을 갖는지에 대해서 충분히 해명하지 못하고 있다.

자연사혁명과 과학혁명의 비교

서구중심주의 역사학은 과학혁명에 대한 역사 인식에도 그대로 나타난다. 자연사혁명과 과학혁명을 비교해보면 이를 이해할 수 있다. 첫째, 서구에서 자연사혁명의 선구자들은 린네와 그의 사도들, 제임스 쿡 함장의 세 차례 탐험을 기획하고 1차 탐험(1776-1779)에 직접 참여했던 조셉 뱅크스, 아메리카 탐험을 통하여 융합적 자연사를 확립했던 알렉산더 훔볼트, 지질학을 지구사(geohistory)의 관점에서 해석했던 조르주 퀴비에, 맬서스(Thomas Malthus)의 인구학적 이론을 받아들여 종의 진화를 규명했던 찰스 다윈과 알프레드 월리스 등을 열거할 수 있다. 이들은 갈릴레이(Galileo Galilei), 베이컨, 뉴턴, 하비(William Harvey) 등과 같은 '17세기 과학혁명'(김영식, 2001; Shapin, 1996)의 선구자들보다도 '지구의 운명'에 훨씬 더 광범위하게 영향을 미쳤다.

둘째, 열대에 대한 생물지리적 탐험은 자연사혁명을 추동시킨 가장 핵심적인 동력으로 작용했다. 자연사혁명의 선구자들은 열대 아메리카, 동남아시아, 아프리카 등의 대륙과 인도양, 남태평양, 대서양에 위치하고 있는 수많은 열대의 섬들을 탐험했다. 이러한 열대 자연사 탐험은 열대에 대한 식민통치의 권력 장치와 맞물려 이루어졌다. 포르투갈, 스페인, 네덜란드와 같이 16세기와 17세기에 아시아와 아메리카로의 해외 항로를 개척하면서 열대 자연사에 대한 새로운 지식을 획득한 경우도 있지만, 이 시기는 자연사혁명의 전단계에 해당한다고 볼 수 있다. 과학혁명의 경우, 서구의 열대에 대한 식민통치와 직접적으로 상관이 없었다.

셋째, 자연사혁명에서 주목해야 할 점은 이 혁명이 열대와 서구의 식민적 문화융합을 통해서 이루어졌다는 것이다. 다시 말해서 서구 자연사학자들의 일방적인 탐구가 아니라 열대의 토착 자연사학자, 노예와 토착 원주민과의 협력을 통해 자연사혁명이 이루어졌다. 후자의 집단은 자연사에 대한 '토착 지식'을 갖추고 있었기에 서구의 자연사학자들은 이들과 협력하면서 지원을 받을 수 있었다. 앞에서 언급했던 자연사혁명의 선구자들 중에서 어느 누구도 예외가 없었다. 이에 비해 과학혁명은 주로 유럽 내에서 전문적 지식을 갖춘 학자들을 중심으로 이루어졌다. 물론 유럽의 열대 식민화 사업과 과학혁명이 전혀 무관하지는 않았지만, 과학혁명은 극히 일부의 '과학자' 중심으로 전개되었다.

넷째, 자연사혁명은 유럽은 물론이거니와 열대 아메리카, 대서양, 아프리카, 인도양, 동남아시아, 남태평양 등에서 광범위하게 일어났다는 점이다. 이는 결코 수사적이거나 과장된 표현이 아니다. 열대에 살고 있던 토착 원주민들은 자신들의 정체성을 형성해왔던 식물, 동물, 광물이 유럽의 식민화 사업에 의해 어떻게 황폐화되는지를 뼈저리게 체험했다(3장). 식민화 사업은 열대 원주민들의 자연사에 대한 의식과 물질적 조건에 혁명적 변화를 초래했던 것이다. 아프리카에서 아메리카로 끌려왔던 흑인 노예들도 마찬가지였다. 아프리카의 토착적 자연사로부터 느닷없이 거세당했던 그들은 설탕, 담배, 은, 차 등의 생산 과정을 통하여 아메리카 자연사의 새로운 세계로 빨려들어갔다. 자연사혁명은 전지구적 차원의 열대에서 서로 교차하면서 광범위하게 진행되었다.

다섯째, 자연사혁명은 낭만주의의 형성과 발달에 동력이 되었다. 5장에서 논의하겠지만, 낭만주의는 유럽에서 시작한 것이 아니라 서구의 열대에 대한 식민적 문화융합을 통하여 형성되었다. 자연사혁명은 계몽사상에서 낭만주의로의 전환을 추동시킨 근본적 힘으로 작용했다. 낭만주의가 서구적 근대의 형성과 정립에서 차지하는 문명사적 위상을 고려한다면, 과학혁명보다 자연사혁명이 서구적 근대의 본질을 인식하는 데 훨씬 더 중요하다고 깨닫게 될 것이다.

마지막으로, 자연사혁명이 조선에 미친 영향은 과학혁명의 그것과 비교조차 되지 않는다. 과학혁명과 자연사혁명은 예수회 신부들의 번역 작업을 통해 중국의 지식 사회에 영향을 미쳤다. 8장에서 논의하겠지만, 조선 사회는 중국으로 전해져 온 서구의 문물에 관한 지식을 사회화하지 못했다. 이에 비해 중화적 사물의 질서와의 결별을 지향했던 일본은 18세기에 네덜란드를 통하여 열대 자연사에 눈을 떴고 이후 서구 과학혁명과 자연사혁명의 결과물들을 사회화해나갔다.

인내심을 갖고 이 책을 끝까지 읽는 독자라면 열대 자연사가 서구적 근대와 정체성을 형성, 정립하는 데 핵심적인 축이었을 뿐만 아니라 조선 시대 인민들의 삶과도 직접 연관되어 있다는 사실을 인식할 것이다.

3) 역사지질학, 자연사의 시간

시간의 화살인가 시간의 순환인가*

17세기 말부터 19세기 중엽까지 '시간의 화살'과 '시간의 순환'에 관한 논쟁이 일군의 자연사학자 또는 역사지질학자들 사이에서 전개되었다. 시간의 화살은 역사에서 비가역적인 사건을 명료하게 이해하는 데 도움이 되며, 시간의 순환은 우주와 자연의 무한한 질서와 규칙적인 구조에 대한 이해를 돕는다. 다시 말해서 전자는 인류사에, 후자는 자연사

* 이 절은 굴드(Steven Jay Gould)가 쓴 《시간의 화살, 시간의 순환》(Gould, 1987)을 중심으로 논의했다.

에 각각 대비된다. 양자는 생명체의 들숨과 날숨처럼 떼려야 뗄 수 없는 관계를 이룬다. 종교학자 엘리아데(Mircea Eliade)는《영원회귀의 신화》에서 시간의 화살이라는 관념에만 집착하게 되면, "시간은 끊임없이 우주의 상태를 악화시키고 은연중에 인간의 상태 또한 악화시킨다."라고 주장했다(Eliade, 1954). '인류세'는 시간의 화살에만 집착해왔던 서구적 근대가 빚어낸 비극적 상황이다. 시간의 화살과 시간의 순환 사이의 융합적 사유를 복원시켜야 할 절박한 이유가 여기에 있다.

네덜란드의 레이든 의학교에서 혈액 순환을 탐구했던 영국의 역사지질학자 제임스 허턴은《지구의 이론》(1795)에서, 신체의 혈액 순환과 대륙을 침식시키는 물의 순환 사이의 유사 관계를 통하여 시간의 순환을 설명했다. 그는 지층을 직접 관찰하여 순환성을 발견한 것이 아니라, 아리스토텔레스가 말했던 사물의 형성 운동을 추동시키는 '목적인'(目的因)의 인과 작용에 대한 선험적인 해결 방식으로 자신의 이론을 제시했다. 허턴은 자신의 이론을 정립하기 위하여 '세계 기계'(world machine)를 창안했다. 그는 지구를 명확한 목적에 적합하도록 특별하게 만들어진 기계라고 생각했다. 세계 기계는 시간을 관통하여 반복되는 뉴턴식 질서를 대변했다(Gould, 2012: 107-110). 뉴턴의 공간물리학에 경도되었던 허턴은 뉴턴의 모델을 시간에 적용했던 것이다.

하지만 시간의 순환에 대한 허턴의 추상적이고 비역사적인 사유는 처음에는 에든버러의 지식 사회에 쉽게 수용되지 않았다. 이 시기에 허턴은 에든버러에서 아담 스미스, 흄(David Hume), 와트(James Watt) 등과 같이 오이스터 클럽(Oyster Club)이라는 지적인 사교 모임에서 다양한 학술 주제를 놓고 열띤 토론을 벌였는데, 이들조차도 허턴의 역사지질학을 쉽게 이해하지 못했다. 그래서 그의 친구이자 당대의 명문장가인 플레이페어(John Playfair)는 허턴의 언어를 좀 더 역사적인 언어로 바꾸어 《허턴의 지구 이론 해설》(1802)을 썼다. 사람들은 플레이페어의 책을 통해 허턴의 역사지질학을 더 쉽게 이해했다.

시간의 순환에 관한 허턴의 뉴턴적 역사지질학은 라이엘(Charles Lyell)을 비롯한 후세 역사지질학자들로 하여금 그를 역사지질학의 영웅으로 만드는 데 큰 영향을 미쳤다. 찰스 라이엘은 자신의 역사지질학적 입장을 정당화하기 위해 허턴을 경험주의적 방법에 근거한 역사지질학의 영웅으로 만들 필요가 있었다. 라이엘이 처음부터 찰스 다윈의 진화론을 수용한 것은 아니다. 원래 그는 어류에서 파충류와 포유류를 거쳐 인류에 이르기까지의 '진보'(progress)를 입증하는 자료들을 부인하면서 시간의 순환을 옹호했다. 물론 라이엘은 어류에서 고래까지에 이르는 진보를 인정하지만 그는 이것이 시간의 화살이 아니라, 시간의 순환에서 극히 일부를 차지하는 호(弧, arc)와 같은 진보에 해당할 뿐이라고 생각했다. 하지만 1830년에 《지질학 원론》(1830-1833) – 1872년까지 11번이나 개정했다 – 을 출간하고 1851년에 영국지질학회 회장으로 균일론(uniformitarianism)을 주장할 때까지 시간의 순환에 대한 신념을 굽힌 적이 한 번도 없었다. 하지만 이후에 어떤 고생대 포유동물도 찾아내지 못하면서 라이엘은 흔들리기 시작했고, 결국 조르주 퀴비에와 같이 격변론(catastrophism)을 주장하는 학자들에게 항복하고 말았다. 바로 이 지점에서 라이엘은 찰스 다윈의 진화론을 받아들이지 않을 수 없었던 것이다.

여기서 중요한 점은, 라이엘이 진화론을 수용한 이유는 진화론이 옳아서 수용했다기보다도, 자신의 격변론을 구성하는 4가지 균일성 중에서 생명의 진화에 연관된 '상태의 균일성' – "변화는 장중하고도 균등하게 공간과 시간에 걸쳐 진행한다." – 을 제외한 3가지 균일성이라도 끝까지 옹호하고 싶었기 때문이다(Gould, 1987: 187-189). 나머지 세 가지 균일성이란 자연의 법칙은 공간과 시간에 따라 일정하다는 '법칙의 균일성', 과거의 현상이 현재 작용하는 과정의 결과로 나타날 수 있다면 다른 원인을 끌어 들이지 말아야 한다는 '과정의 균일성', 지구의 변화 속도는 일반적으로 느리고 일정하며 점진적이라는 '속도의 균일성'을 의미한다. 이렇게 라이엘은 자신의 균일론을 방어할 수 있는 버팀목으로 진화론을 삼음으로써 균일성 가운데 오직 하나 – 상태의 균일성 – 만이라도 포기할 수 있었다. "자연에는 비약이 없다." 라고 굳게 믿었던 다윈의 투철한 신념 때문에 라이엘은 속도의 균일성을 굳게 간직할 수 있었다.

조셉 콘라드의 널리 알려진 소설 《암흑의 심장》에는 쥐라기 시대의 이크티오사우루스(Ichthyosaurus)라는 물속에 살았던 공룡이 등장한다(Conrad, 2007: 36). 이크티오사우루스는 특정한 시공간에 살았던 파충류인 동시에 어류였다. 진화생물학의 관점에서 보면, 스티븐 제이 굴드가 논의했듯이, 이 생명체는 시간의 화살 개념으로 설명할 수 있는 상동 관계(homology)와 시간의 순환 개념으로 설명할 수 있는 상사 관계(analogy)가 한 유기체 내에서 함께 존재한다는 것을 보여준다(Gould, 2012: 281). 등지느러미와 꼬리지느러미가 서로 닮았으면서도 육상 파충류의 후손에게서 독립적으로 진화했다는 것은 상동 관계를 보여주며, 파충류와 다른 계열에서 진화한 지느러미 속의 손가락뼈는 상사

관계를 보여준다. 이 사례는 시간의 화살과 시간의 순환 사이의 상관적 사유가 중요하다는 것을 웅변해준다. 다시 말해서, 이 사례는 자연사와 인류사 사이의 융합적 사유가 역사 인식에서 절박하다는 것을 보여준다.

역사지질학, 자연사의 시간

지금까지 현대 자연과학에서 누구나 지질학이라고 알고 있는 용어 대신에 역사지질학이라는 용어를 사용해왔다. 그 이유와 관련하여 역사지질학사의 석학인 러드위크(Martin J. S. Rudwick)의 주목할 만한 논의를 인용한다.

> 인류사의 과정에서, 지질학은 자연에 대한 새로운 감각을 자체의 내적인 역사로 발달시켰던 최초의 과학이다. 물론 그렇다고 해서 지질학이 이런 성격의 유일한 학문이거나 최후의 과학도 아니다. 알프스 산맥의 현재 형태가 장시간에 걸친 복합적인 역사라는 점을 해명하지 않고서 이해되지 않는다는 사실을 지질학자들은 익히 인식하고 있다. 마찬가지로, 지질학자로서 자신의 학문적 경력을 시작했던 다윈과 같은 생물학자들도 식물과 동물의 현재 형태와 습성이 진화론적 역사에 근거하고 있고 이 역사를 설명하지 않고서는 이해하지 못한다는 점을 나중에 보여주었다(Rudwick, 2014: 6).

러드위크에 따르면, 본질적으로 역사를 내장하고 있다는 점에서 역사지질학이라는 명칭이 지질학보다 더욱 적합하다. 그는 지질학자들이 역사지질학의 이런 역사적 성격을 무시하며 대중 미디어와 일반 과학 서적들도 이런 점을 소홀하게 다룬다고 비판했다.

이런 사정은 한국에서도 마찬가지다. 그동안 한국에서 지질학은 자연과학 중에서도 일반 대중과 소통하기에는 매우 어려운 학문으로 간주되어 왔다. 또한 한국의 과학사학계에서도 지질학에 대한 역사적 연구는 주변부로 밀려나 있다. 이런 상황에서 역사지질학에 대한 인문학적 문제의식은 치열할 수 없었으며 교양 독자들이 역사지질학을 이해할 수 있는 통로는 거의 마련되지 않고 있다.

하지만 인류세의 화두는 역사지질학에 대한 절박한 논의를 요청한다. 이런 점에서, 러드윅크의 작업은 페르낭 브로델, 에릭 홉스봄, 이매뉴얼 월러스틴 등 인류사에서 탁월한 업적을 산출했던 역사학자들의 그것만큼이나 깊은 천착을 필요로 한다.

러드위크가 쓴 《시간의 한계를 무너뜨리기》와 《아담 이전의 세계》는 인류사와 자연사의 융합적 맥락에서 인류세의 문제를 고민하는 독자들에게 필독서이다(Rudwick, 2005 & 2008). 러드위크의 기본 관점은 지구에 대한 과학적 탐구는 인류사의 개념, 관념, 방법을 차용함으로써 역사지질학으로 발달해갔다는 것이다. 그는 18세기 말 지식체계에서 자신의 논점을 출발한다. 프랑스 백과전서파인 디드로는 《백과전서》 1권의 권두 에세이에서 인류의 지식체계를 크게 '역사', '철학' 그리고 '시학'으로 분류했다. 역사를 다시 신의 역사, 교회의 역사, 시민의 역사, 자연사로 나뉘었다. 지질학은 철학의 하위 분야인 자연철학의 한 분야로 분류했는데, 이런 지질학은 미셸 푸코가 《말과 사물》에서 제시했던 '고전주의 에피스테메'에 속해 있었음을 의미한다.

러드위크의 중심적인 문제의식은 18세기 말 프랑스에서 자연철학에 속해 있던 지질학이 어떻게 자연사와 자연철학의 경계를 허물고 역사지질학으로 발달해갔는지에 초점을 맞추고 있다. 파리자연사박물관의 조르주 퀴비에가 그 중심 인물이다. 당시 파리는 유럽 과학의 중심지였고, 파리 과학계의 중심추는 파리자연사박물관을 향했다. 프랑스 혁명을 전후한 대혼란에 아랑곳없이 퀴비에는 짧은 시간에 백작을 거쳐 귀족 신분으로의 급격한 신분 상승을 만끽했다.

'시간의 한계를 무너뜨리기'는 퀴비에의 역사지질학을 이해하는 데 가장 핵심적인 주제다. 한편으로 그는 17세기부터 18세기까지 유럽 사회에 통용되었던, 어셔(James Usher)의 지구에 대한 시간관을 비판했다. 아일랜드의 대주교 어셔는 당시의 학술 언어인 라틴어로 쓴 《구약성서 연대기》(1650-1654)에서 지구의 기원과 관련하여 기원전 4004년에 천지 창조가 있었다고 말했다. 여기서 중요한 점은 어셔가 신앙적 통찰력이 아닌 당대의 문자 기록에 근거하여 이를 계산했다는 점이다. 아울러, 아직 근대적인 역사학이 정립되기 이전인 17세기에 어셔의 이런 시간관은 바로 '세계사'의 시간관을 의미하기도 했다. 하지만 퀴비에는 어셔의 연대기적 시간관이 자신이 화석 척추를 통해 밝혀낸 다양한 증거와 일치하지 않는다고 보았다. 그는 화석 척추에 대한 비교해부학적 연구 결과가 문자 기록보다 더 타당하다고 생각했다.

다른 한편으로, 퀴비에는 역사적 기록에 근거한 인류사와 선사 시대의 '지구사'를 구분했다. 자신을 지구에 대한 역사가라고 인식했던 퀴비에는 시간의 영원성이라는 생각에 동의하지 않았다. 인류사가 언제 시작되었는가에 관심이 많았던 그는 '노아의 방주'와 같은 역사적 사건이 지구사의 어떤 시기에서 발생했다고 주장했다. 이와 같이, 퀴비에는 자연철학에 머물러 있던 지질학을 역사적으로 해석함으로써 역사지질학의 정립에 기초를 세웠던 것이다.

린네의 식물분류학에 반대를 했던 뷔퐁은 퀴비에와는 다른 방식, 즉 뉴턴 물리학과 역사지질학적 지식을 결합하여 지구의 나이를 수학적으로 계산했다. 여러 번의 시행착오와 수정을 거쳐서 지구가 18세기 말의 온도에 도달하는 데 '74,832년'이 걸린다고 발표했다(Roger, 1997: 410). 자연사의 새로운 지식에 기초한 이런 주장은 당시에 일반적으로 받아들여지고 있던 통념을 완전히 벗어난 것이다. 뷔퐁을 비롯하여 《부겡빌 여행기 보유》(1773)을 쓴 디드로(Denis Diderot, 2003), 《인간 기계》(1748)의 저자 라 메트리(Julien Offray de La Mettrie), 데이비드 흄, 칸트 등의 사상가들은 지구의 역사가 제임스 어셔가 주장했던 약 4천년보다 더 훨씬 오래되었음을 알게 되었다. 자연사에 대한 역사지질학적 지식이 그들보다 앞선 시대의 신학적 역사관과 우주관으로부터 벗어나게 하는 데 주요한 지침이 된 것이다.

자연사박물관, 문명의 표식

18세기 말에 자연사와 인류사가 분리되어 후자에 의한 전자의 전유가 이루어지면서, 19세기 중엽부터 전자와 후자의 관계가 새로운 지평에 의해 설정되기 시작했다. 미셸 푸코는 《말과 사물》에서 이런 상황을 정확하게 지적했다.

> (이 시기의) 유럽 문명은 생물의 기본적인 공간화를 철저하게 뒤바꿔 놓았다 … 역사성이 자연 – 아니 오히려 생물의 영역 – 안으로 도입되었다 … 생물에 대한 역사성의 성립은 유럽 사고에 지대한 영향을 미쳤다(Foucault, 1994: 274).

찰스 라이엘의 《지질학 원론》, 찰스 다윈의 《종의 기원》(1859), 인류학자 타일러(Edward Burnett Tylor)의 《원시 문화》(1871)는 역사지질학, 진화론, 인류학 사이의 상관적 사유를 파악하는 데 중요한 고전이다. 역사지질학적 시간은 생물학적 진화의 길을 열어 놓았고, 진화론은 종의 생물지리학, 다시 말해서 종의 장소성에 대한 사유를 가능하게 했다. 즉, 역사지질학적 시간은 종의 공간화로 이어진 것이다. 또한 역사지질학은 인류학의 가장 중심적인 토대에 놓여 있는 원리를 확립했다. 역사지질학은 근대 인류학의 정립에 절대적으로 필수적이었던 '선사(先史) 시대'의 개념을 가능하게 했다. 타일러와 같은 19세기 유럽 인류학자들은 유럽 사회와 열대 지역의 다양한 유형의 '차이'를 역사적인 시간의 관점에서 설명했다. 다시 말해서 공간적인 차이는 역사적인 진화의 시간화로 환원되었다. 이와 같이 진화론과 인류학은 역사지질학적 상상력에 힘입어 시간의 공간화와 공간의 시간화를 가속화시켰다.

열대 자연사에 대한 의미를 부여하면 할수록, 유럽은 인류사와 자연사의 영역을 더욱 분리시켜 놓았다. 19세기 후반 이후 서구의 지식 체계에서 자연사는 '고생물학, 역사지질학, 광물학, 선사학, 민속학, 식물학, 동물학, 인류학'으로 분화되어 갔고, 자연사박물관을 통해 자신의 공간을 차지했다. 역사는 인류사와 동일시되었으며 자연사는 역사에서 배제되었다.

자연사박물관은 19세기 말부터 서구 사회에서 빠른 속도로 증가했다. 다윈이 비글(Beagle)호를 타고 돌아오면서 "영국의 깃발을 올리는 것은 부와 번영과 문명을 이끌어내는 것"이라고 말했을 때, 자연사박물관은 문명의 깃발과도 같은 의미를 지녔다. 1910년대가 되면서, 영국, 프랑스, 독일의 경우에 각각 1천여 개의 자연사박물관이 설립되었다. 이렇게 자연사박물관이 짧은 시간에 급격히 증가한 이유는 서구의 열대에 대한 전지구적 식민화 과정과 깊이 맞물려 있기 때문이다. 열대가 서구 제국의 영토로 포섭되면서 제국의 영광과 열대 자연사의 다양성을 박물관의 "목록으로 작성할 의무가 분명히 있다는 자각"(Fortey, 2009: 67)이 서구 사회에서 확산되었다(1장).

서구는 열대를 탐험하면서 자연사박물관의 전시 목록에 포함될 수 있는 열대의 다양한 자연사 소장품을 갖고 들어와서 분류, 조사, 연구하는 것이 제국의 의무라고 생각했다. 현재 세계 최고의 규모를 자랑하는 런던자연사박물관은 조셉 뱅크스와 찰스 다윈으로 상징되는 영국의 전지구적인 열대 해양무역과 식민화 사업이 없었다면 탄생할 수 없었다. 열대 자연사가 보여주는 생명의 다양성은 자연사박물관을 통해 서구 정체성의 형식과 내용에 맞도록 재현되었다. 이 점이 중요하다. 서구인은 물론이거니와 서구의 자연사박물관을 방문하는 한국과 중국의 관광객은 서구적 근대와 정체성에 의해 재현된 자연사박물관을 통해 열대의 자연사를 인식하는 것이다.

2. 열대, 서구 자연사의 공간

1) 알렉산더 훔볼트, 유럽을 넘어 융합의 세계로*

프로이센 광산업과 포르스터의 열대 탐험

베를린의 훔볼트대학 정문은 아주 독특한 모습을 보여준다. 두 동상이 정문의 왼쪽과 오른쪽에 서 있다. 형인 빌헬름 폰 훔볼트(Wilhelm von Humboldt)는 정문의 왼쪽에 있으며 동생인 알렉산더 훔볼트는 오른쪽에 서 있다. 한국에서 훔볼트라는 이름을 아는 독자들은 십중팔구 형 빌헬름을 먼저 알았을 것이다. 아니, 지금도 대부분은 문과형 학자인 빌헬름만을 알고 있을 것이다. 한국인들에게 갈릴레이, 코페르니쿠스, 뉴턴, 다윈, 아인슈타인, 호킹 등은 매우 익숙한 과학자다. 하지만 알렉산더 훔볼트라고 하면 갸우뚱거린다. 괴테와 칸트가 독일을 대표하는 문과형 사상가라면, 괴테와 비슷한 시기를 살았던 알렉산더는 융합형 사상가다. 괴테와 오랫동안 사상적 교류를 지속했던 훔볼트는 다윈에게 말로 형언할 수 없을 정도로 영향을 미쳤다. 다윈은 1832년에 열대 브라질로의 항해 중에 친구에게 편지로 고백했다. "전에는 훔볼트를 존경하기만 했는데, 이제는 거의 숭배할 지경이 되었다."

알렉산더가 유럽의 지리적 경계를 넘어 아메리카로의 자연사 탐험을 마치고 돌아온 후에 파리에서 융합적 글쓰기를 하게 된 데는 두 가지 힘이 서로 상승적으로 작용했다.

---

* 이 절은 부분적으로 〈알렉산더 훔볼트, 유럽을 넘어 융합의 세계로〉(이종찬, 2016b)에서 해당되는 내용을 인용했다.

첫째, 18세기 후반 프로이센에서 광산업은 떠오르는 산업이었으며, 광산업에 기초한 중앙집권적인 관료체제제인 관방주의(cameralism)에서 관료가 되는 것은 성공한 인물로 여겨졌다. 이런 시대적 흐름을 타고 훔볼트는 유럽 최초의 광업 교육기관인 프라이베르크 광업아카데미에서 공부를 시작했다. 여기서 그는 당대 유럽 최고의 광물학자인 아브라함 베르너에게 배웠으며, 유럽 곳곳에서 왔던 같은 또래 청년들을 만났고 평생 학문적인 교류를 했다. 유럽 각 나라들은 이 기관을 모델로 삼아 광업학교들을 설립했고 스페인 부르봉왕조도 은광으로 유명했던 페루의 포토시(Potosi)에 관련 기관을 개설했다. 뿐만 아니라, 초기 낭만주의 시인 노발리스(Novalis)는 여기에서 광부 생활을 하면서 공부를 했다. 나중에 셸링(Friedrich Wilhelm Joseph Schelling)과 결혼했던 카롤리네 슐레겔(Caroline Schlegel)에게 보낸 편지에서, 노발리스는 "나의 인생은 기술입니다."(Klein, 2011)라고 말했을 정도로 광산업과 광물학은 독일 낭만주의의 상상력을 촉발시켰다.

둘째, 알렉산더는 1789년에 빌헬름이 공부하고 있던 괴팅겐대학에서 물리학과 화학을 중심으로 공부를 했는데, 이때 그는 게오르그 포르스터를 만나게 되었다. 이미 열대 탐험을 마치고 돌아온 포르스터와 함께 프랑스와 영국을 다녀왔다. 포르스터의 소개로 말로만 듣던 자연사 분야에 관한 한 영국 최고의 권력자 조셉 뱅크스도 만났다. 제임스 쿡의 1차 탐험에 이미 다녀왔던 뱅크스가 열대 식물들과 자연사 관련 도서관을 보여주자 훔볼트의 마음은 이미 아메리카로 떠나버렸다.

비록 동인도제도나 서인도제도의 식민지와 아무런 직접 연관성이 없는 나라에서 교육을 받았지만, … 나는 해양을 통해 먼 지역으로 여행을 하고 싶은 열정이 몸 안에서 점점 강렬해지고 있음을 느꼈다(Löwenberg, Avé-Lallemant & Dove, 2012[1873]: I: 27).

스페인의 식민화 사업, 훔볼트의 아메리카 탐험

훔볼트는 아메리카 탐험을 준비하고 계획하면서 유럽 각 나라들이 대서양, 아프리카, 인도양, 동남아시아, 태평양, 아메리카, 오세아니아 등 열대 신세계를 경쟁적으로 탐험하고 있다는 사실에 주목했다. 이런 상황에서 어느 나라의 지원을 받아야 하는지를 두고 고민했다. 향후 평생 동반자가 된 봉플랑(Aimé Bonpland)과 상의한 끝에 스페인을 선택했다. 스페인의 입장에서 그 이유를 살펴보자.

영국과의 7년전쟁에서 패배한 스페인의 부르봉왕조는 제국의 모든 면을 개혁해야 할 필요성에 직면했다. 열대 아메리카의 식물, 동물, 광물에 대한 체계적인 조사가 당장에 필요하다고 판단했다. 우선 해외 식민지들을 좀 더 중앙집중식으로 통치하기 위해 여러 개혁 정책을 펼쳤다. 흔히 '부르봉 개혁'이라고 불리는 이 정책은 프랑스 부르봉왕조의 행정 제도를 부분적으로 수용했다. 그래서 그동안 여러 명으로 구성된 '식민지평의회'(Consejo de Indias)가 식민지를 관장했던 것을 중단하고, 힘이 있는 단 한 명의 장관이 직접 식민지를 책임지도록 했다. 이런 정책을 가장 강력하게 실행했던 인물이 카를로스 3세(재임 기간: 1759-1788) 시대의 식민 장관인 호세 데 갈베스(재임 기간 1776-1787)이다. 그는 식물, 동물, 광물이 구체적으로 어떻게 생겼는지를 모르고서는 식민지의 경제적 자원을 효과적으로 통치할 수 없다고 생각했다. 카를로스 3세는 14회에 걸쳐서 식민지의 식물, 동물, 광물 표본을 수집하라고 명령했는데, 그 중에서 10번은 갈베스가 주도했던 것이다.

이런 상황에서 스페인은 프랑스, 영국, 네덜란드와의 열대 식민지 쟁탈전에서 더 이상 밀리는 것을 원하지 않았기에, 자연사 지식과 기술을 겸비하고 있는 두 사람이 먼저 찾아와서 아메리카 자연사 탐험을 하겠다는 제안을 마다할 까닭이 없었다. 카를로스 4세(재위 기간: 1788-1808)는 훔볼트와 봉플랑에게 각각 두 개의 여권을 내주었다. "하나는 왕의 최고 비서관으로서의 여권이었고, 다른 하나는 식민지 관청의 공식 명칭이었던 '식민지평의회'가 발급한 여권이었다."(Kulke, 2014: 57) 특히 두 번째 여권은 스페인 국민이 아닌 사람 중에는 아무도 받은 적이 없을 정도로, 두 사람은 스페인 식민지 아메리카의 어느 지역을 마음대로 탐사하면서 자연사를 조사할 수 있는 특권을 갖게 된 것이다.

5년간에 걸쳐 이루어진 자연사 탐험 경로는 〖지도 2-6. 훔볼트와 봉플랑의 아메리카 탐험 경로〗가 보여주듯이, 대략 다음과 같다. 훔볼트와 봉플랑은 1799년에 에스파냐를 출발하여 대서양 연안의 카나리아(Canary) 군도 중에서 가장 큰 섬인 테네리페(Tenerife) 섬에 도착했다. 여기서 그들은 쿠마나(Cumaná)로 향했고 다음 해에는 카라카스(Caracas)에 체류하면서 자연사 조사 연구를 수행한 다음에 오리노코(Orinoco) 강으로 떠났다. 다시 쿠마나로 돌아온 그들은 쿠바 아바나로 향했다. 그리고 보고타(Bogota)에 와서 호세 무티스를 만났다. 1802년에는 두 사람의 아메리카 자연사 탐험에서 가장 널리 회자되고 있는 침보라소를 등정하여 조사를 했다. 1803년에 멕시코에서 다양한 조사를

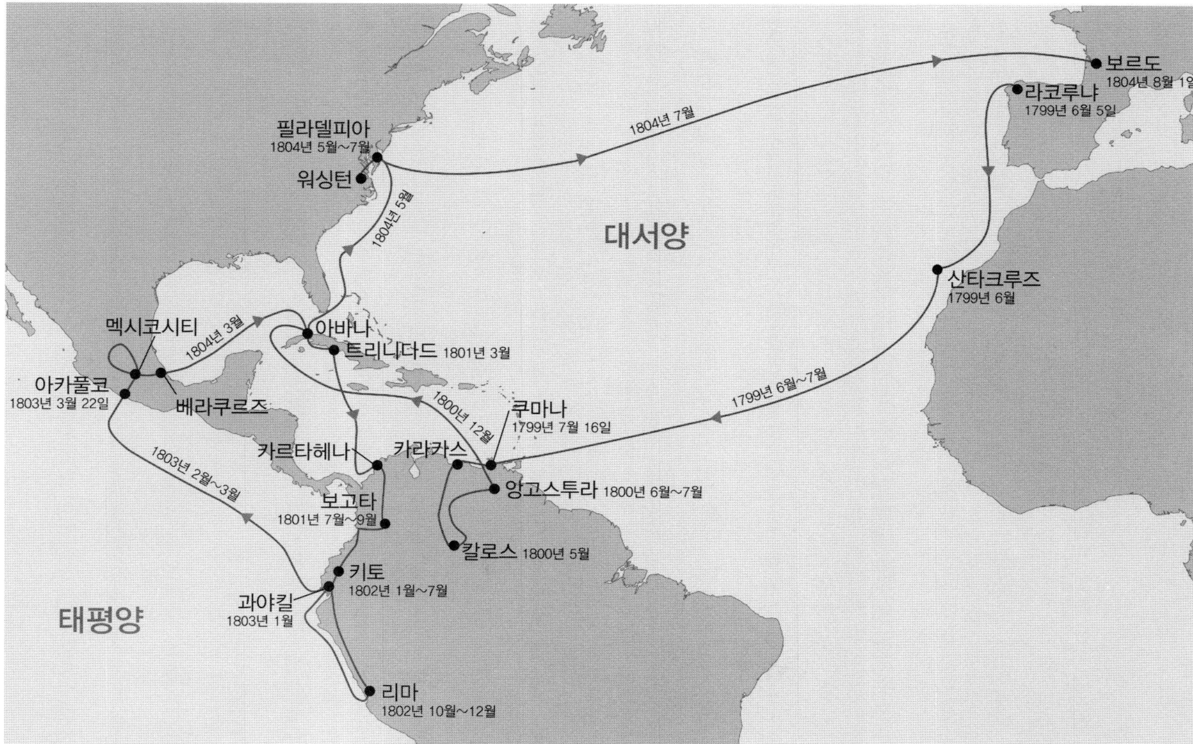

지도 2-6. 훔볼트와 봉플랑의 아메리카 탐험 경로

한 후에, 다시 쿠바로 돌아온 다음에 미국 수도 워싱턴으로 건너가서 토머스 제퍼슨 대통령을 만난 다음에 파리로 귀환했다.

알렉산더 훔볼트의 융합과 식물지리학

훔볼트와 봉플랑의 생물지리적 탐험에서 백미는 그들이 침보라소와 코토팍시를 중심으로 "태평양 해면에서부터 안데스 산맥의 정점에 이르기까지의 자연현상의 총체를 한 장의 지도에 요약"한 데 있다. 〖지도 2-7. 훔볼트와 봉플랑의 자연도〗(Humboldt & Bonpland, 2009: 145)는 그들의 아메리카 탐험이 무엇을 의미하는지를 상징적으로 보여준다. 이 지도는 "식생, 동물, 지질, 농경, 기온, 만년설의 한계선, 대기의 화학조성, 전하(電荷)의 상황, 기압, 중력의 감소, 하늘의 청도, 대기를 통과하는 데 따른 광선 강도의 감소, 수평굴절률, 물의 비등온도"를 모두 담고 있다. 그들은 식물학, 광물학, 동물학, 역사지질학, 기후학과 기상학, 지구과학, 화학, 지형학, 측정학 등의 지식을 융합했다. 여기서 강조해야 할 점은 두 사람이 호세 무티스와 같이 스페인에서 건너온 자연사학자는 물론이거니와 호세 데 칼다스와 같이 아메리카에서 태어난 크리오요 자연사학자들과도 협력했다는 것이다. 훔볼트와 봉플랑이 유럽에서 알았던 지식과 아메리카의 토착 자연사 지식 사이의 문화융합이 있었기에 〖지도 2-7〗이 만들어질 수 있었다.

침보라소와 코토팍시는 훔볼트와 봉플랑에게 자연사 탐구의 근대적 실험실이었다. 그는 열대의 식생이야말로 기후의 자연사를 온전히 보여준다고 생각했다. 시간적으로 식물지리학을 통하여 지구의 초기 단계에서의 자연을 어느 정도 확실하게 추측할 수 있다(Humboldt & Bonpland,

지도 2–7. 훔볼트와 봉플랑의 자연도

2009). 공간적인 관점에서, 식물지리학은 유럽, 아메리카, 아시아, 아프리카에서 공통으로 볼 수 있는 식물을 기후대나 고도대별로 나타내준다. 이렇게 그의 기후에 대한 관점은 시간적으로나 공간적으로나 전지구적이다.

훔볼트 자연사의 융합적 장소성

안데스산맥이 있는 콜롬비아는 부르봉왕조의 최대 관심 지역이었다. 콜롬비아는 계피, 정향, 차, 후추 등 최대의 무역 상품을 만들어낼 수 있는 자연사의 낙원이었다. 이런 흐름을 타고 호세 무티스와 같은 스페인의 자연사학자들이 누에바그라나다와 같이 무역의 중심 도시로 건너왔으며, 훔볼트도 부르봉왕조의 지원을 받으며 여기에 온 것이다. 훔볼트가 도착했을 때, 콜롬비아의 크리오요 자연사학자인 호세 데 칼다스가 이 지역에 온 무티스와 함께 자연사 연구를 이미 수행하고 있었다. 그래서 훔볼트는 칼다스와 무티스의 자연사 지식을 마음껏 활용할 수 있었다. 이 점이 중요하다. 훔볼트 자연사는 아메리카 지역의 크리오요 자연사학자와의 식민적 문화융합을 통하여 태동되었으면서도 그것이 프랑스 파리를 중심으로 형성되었다는 데 주목할 필요가 있다. 국립자연사박물관에는 역사지질학자 조르주 퀴비에, 진화론자 라마르크(Jean Baptise Lamarck), 식물학자인 쥐시외(Antoine Laurent de Jussieu)와 동물학자인 엔티엔느 생틸레르(Etienne Geoffroy Saint Hilaire) 등 당대 유럽의 자연사 연구를 주름잡았던 인물들이 모여 있었다. 훔볼트는 이들과 교류하면서 19세기 초 혁명적으로 변해갔던 자연사 연구를 주도할 수 있었다.

훔볼트 자연사의 발생 공간으로서의 열대 아메리카와 형성 공간으로서의 파리라는 지리적 장소성의 두 차원을 구분해 인식하는 것은, 아메리카의 열대 자연사가 훔볼트를 통하여 유럽 낭만주의에 어떻게 녹아 스며들었는지를 인식하는 데 매우 중요하다. 뿐만 아니라, 훔볼트 자연사의 자연지리적 발생 공간으로서의 침보라소, 오리노코 강과 역사지리적 공간으로서의 쿠바와 멕시코라는 서로 다른 지리적 장소성 또한 훔볼트 자연사의 융합적 특징을 이해하는 데 중요하다. 〔표 2-2. 훔볼트 자연사의 장소성 1〕과 〔표 2-3. 훔볼트 자연사의 장소성 2〕는 이런 두 가지 서로 다르면서도 상관성을 갖는 매트릭스를 집약하여 보여주는데, 이러한 점은 훔볼트 자연사의 융합적 성격이 얼마나 중층적인지를 여실히 말해준다.

표 2-2. 훔볼트 자연사의 장소성 1

	지리적 장소
훔볼트 자연사의 발생	열대 아메리카
훔볼트 자연사의 형성	파리

표 2-3. 훔볼트 자연사의 장소성 2

	지리적 장소
자연지리적 성격	침보라소와 오리노코
역사지리적 성격	쿠바와 멕시코

〔그림 2-2. 훔볼트 자연사의 융합적 장소성〕이 보여주듯이, 아메리카에 대한 자연사 탐구는 크게 세 가지 맥락에서 작동했다고 볼 수 있다. 첫째, 훔볼트는 프로이센 자연사학자들과의 교류를 통해 아메리카의 열대 자연을 바라보았으며, 둘째, 열대에 대한 제국적 욕망을 실현하려

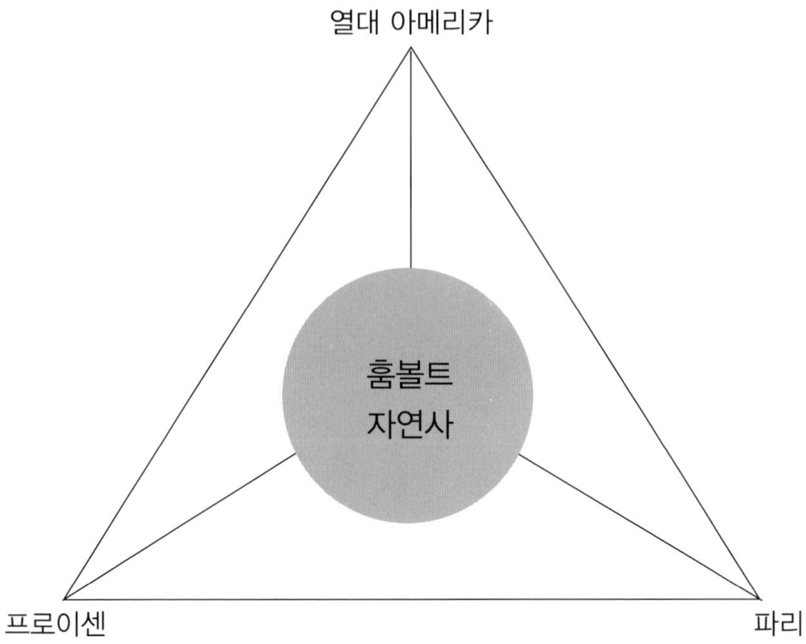

그림 2-2. 훔볼트 자연사의 융합적 장소성

는 스페인의 지원을 받은 훔볼트는 아메리카의 크리오요 자연사학자와의 협력을 통하여 열대 아메리카의 자연사를 만들어 갔으며, 셋째, 19세기 초 파리의 자연사학자와 독일 낭만주의자들과의 교류를 통하여 열대 자연사를 인식했다.

2) 진화론, 열대의 자연사

동남아시아의 자연사, 월리스의 생물지리학

알프레드 월리스는 싱가포르에서 출발하여 믈라카를 거쳐서 보르네오, 자바, 수마트라, 발리, 롬복, 티모르, 술라웨시, 몰루카, 파푸아 뉴기니 등 동남아시아에 대한 광범위한 생물지리학적 탐험과 조사를 수행했다. 영국동인도회사(English East India Company)를 통한 무역, 식민화 사업, 자연사는 서로 밀접히 연관되면서 발달했다. 당시 왕립지리학회장이었던 머치슨(Roderick Murchison)은 월리스의 자연사 탐험을 전적으로 지원했다. 찰스 다윈이 《자서전》(1887)에서 말한 대로, 머치슨은 매우 친절하여 누구든지 마음을 다해 도와주었다(Darwin, 1993: 103). 빅토리아 시대에 자연사가 영국의 제국화 과정에서 핵심적인 역할을 할 수 있다고 내다보았던 머치슨은 특히 역사지질학과 지리학이 제국주의의 기초가 되어야 한다고 주장했다. 머치슨의 이런 생각은 틀린 말이 아니었다. 찰스 다윈에 관한 최고의 전문가로 평가받는 재닛 브라운은 《찰스 다윈 평전》에서, 자연사가 학문의 보편적인 발전에 기여했다는 것은 결국 "국가의 영토적 확장을 눈가림하기" 위한 술책에 불과하다고 말했다(Browne, 1995: 232).

월리스가 보르네오 섬의 사라왁(Sarawak)을 찾아왔을 때, 이 지역을 통치했던 브룩(James Brooke, 통치기간은 1841-1868)은 월리스를 흔쾌히 도와주었다. 평소 자연사에 깊은 관심을 가졌던 브룩은 싱가포르의 통치자였던 래플즈(Thomas Stamford Raffles)가 쓴 《자바의 역사》(1817)와 이 책의 모델이 되었던 마르스덴(William Marsden)의 《수마트라의 역사》(1783)를 읽고 난 후에, 식민통치에서 자연사 지식이 얼마나 중요한지를 알게 되었다. 그렇기에, 브룩은 월리스가 자신에게 찾아와서 보르네오 섬의 자연사를 조사하겠다고 말했을 때 과감히 지원했다. 이처럼 머치슨과 브룩의 적극적인 지원, 다시 말해서 영국의 제국적 힘에 의해 월리스의 생물지리학이 가능하게 된 것이다.

왕립지리학회에 큰 영향력을 끼쳤던 윈저 얼(George Windsor Earl)은 1832년부터 1834년까지 싱가포르, 자바, 방콕, 보르네오 등을 여행하고 돌아왔다. 그는 수마트라, 자바, 보르네오는 역사지질학적으로 아시아 대륙과 연결되어 있으며 뉴기니는 오스트레일리아와 연결되어 있다고 주장했다. 윈저 얼의 논의에 근거하여 월리스는 수마트라, 자바, 보르네오 지역과 뉴기니 지역의 식물상과 동물상이 서로 다르다는 것을 알았다. 〖지도 2-8. 월리스 선〗(速水格, 2005: 30)이 보여주듯이, 그는 1859년에 전자를 인도-말레이(Indo-Malay), 후자를 오스트로-말레이(Austro-Malay) 지역으로 각각 나누었다. 월리스는 이런 경계선이 발리와 롬복 섬 사이의 해협을 지나가며 술라웨시는 전자에 속한다고 말했다. 이렇게 그어진 선이 소위 '월리스 선'(Wallace Line, 1863)이다. 월리스에게 지도란 말레이 군도에서의 곤충, 조류, 포유류 등이 각각 보여주는 서로 다른 생물지리적 정보들을 하나의 통합된 틀로 담기 위한 도구였다.

발리와 롬복 섬 사이의 바다는 폭은 넓지 않지만 수심은 매우 깊다. 한 때 대륙과 육지로 연결되었기에 발리는 자바, 수마트라, 보르네오, 말레이 반도와 유사한 식물상과 동물상을 많이 공유하고 있다. 하지만 롬복과 그 동쪽에 위치한 나머지 섬들은 깊은 바다로 인해 대륙과 분리되어 발리와는 다른 식물상과 동물상을 갖고 있는 것이다.

섬은 제한된 공간과 근본적인 격리라는 두 가지 특성이 서로 결합되어 있어서 진화의 양상을 매우 뚜렷하게 보여준다(MacArthur & Wilson, 2001[1967]). 다시 말해서 섬은 종의 진화에 관한 본성을 파악할 수 있는

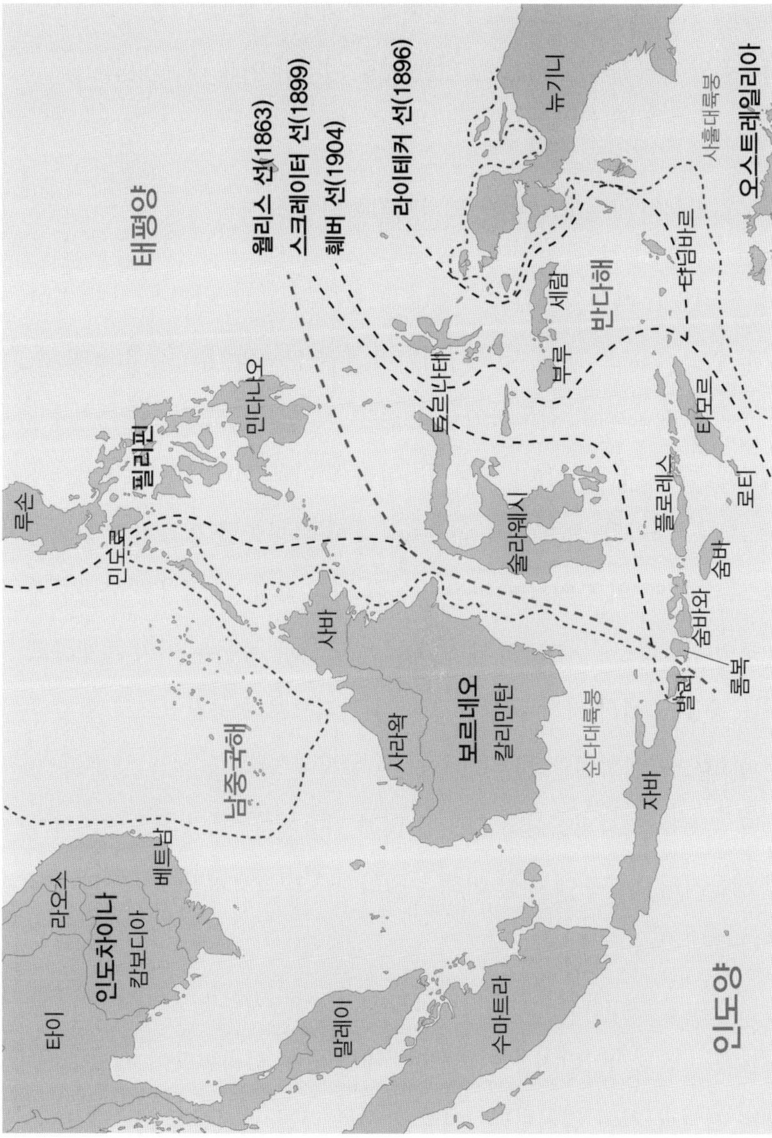
태평양
월리스 선(1863)
스크레이터 선(1899)
웨버 선(1904)
라이데커 선(1896)
뉴기니
사훌대륙붕
오스트레일리아
타닌바르
반다해
세람
부루
민다나오
필리핀
루손
민도로
술라웨시
플로레스
티모르
로티
숨바
숨바와
롬복
발리
자바
순다대륙붕
보르네오
칼리만탄
사라왁
사바
남중국해
인도차이나
캄보디아
라오스
베트남
타이
말레이
수마트라
인도양

지도 2-8. 월리스 선

가장 적합한 장소이다. 월리스가 트르나테(Ternate)* 섬에서 진화에 관해 창조적인 생각을 펼쳤고, 다윈이 갈라파고스 섬에서 《종의 기원》의 기본적인 개념을 착안하게 된 것은 바로 이러한 이유 때문이다.

'월리시아'(Wallacea), 역사지질학적 상상력

필리핀의 생물학자인 디커슨(R. E. Dickerson)은 월리스 선과 라이데커 선(Lydekker's Line) 사이의 지역이 동물 분포의 '점이지대'(漸移地帶, Transition Zone)라고 간주하여 1928년에 '월리시아'(Wallacea)라고 처음으로 불렀다. 월리시아의 생물지리학적 의미를 이해하려면 월리스가 제안했던 '사라왁 법칙'(Sarawak Law, 1855)을 파악할 필요가 있다. 월리스는 사라왁의 자연사에 관한 탐사를 마친 후에 이 법칙을 학술지에 발표했다(Wallace, 1855). 이 법칙의 핵심은, 모든 종들은 이미 존재하고 있는 종들 중에서 가장 유사한 종과 시간적으로나 공간적으로 일치하는 방향으로 진화해왔다는 것이다. 이 법칙에 의하면, 모든 생물의 지리적 분포는 역사지질학적 구조에 의해 좌우된다. 그렇다면 월리시아의 생물지리적 분포에 대한 이해는 월리시아의 역사지질학적 구조에서부터 출발하게 된다.

〔지도 2-9. 월리시아의 판구조〕(速水格, 2005: 43)가 보여주듯이, 월리시아는 유라시아판(板), 인도양판, 태평양판, 필리핀판이 서로 접속하는 지역과 거의 일치한다. 이렇게 서로 다른 판지질(板地質)이 서로

---

* 트르나테 섬은 밀턴(John Milton)이 《실낙원》에서, 그리고 소로우(Henry David Thoreau)가 《월든》에서 언급했을 정도로, 서구문학사에서 상상력을 촉발시켜 왔다.

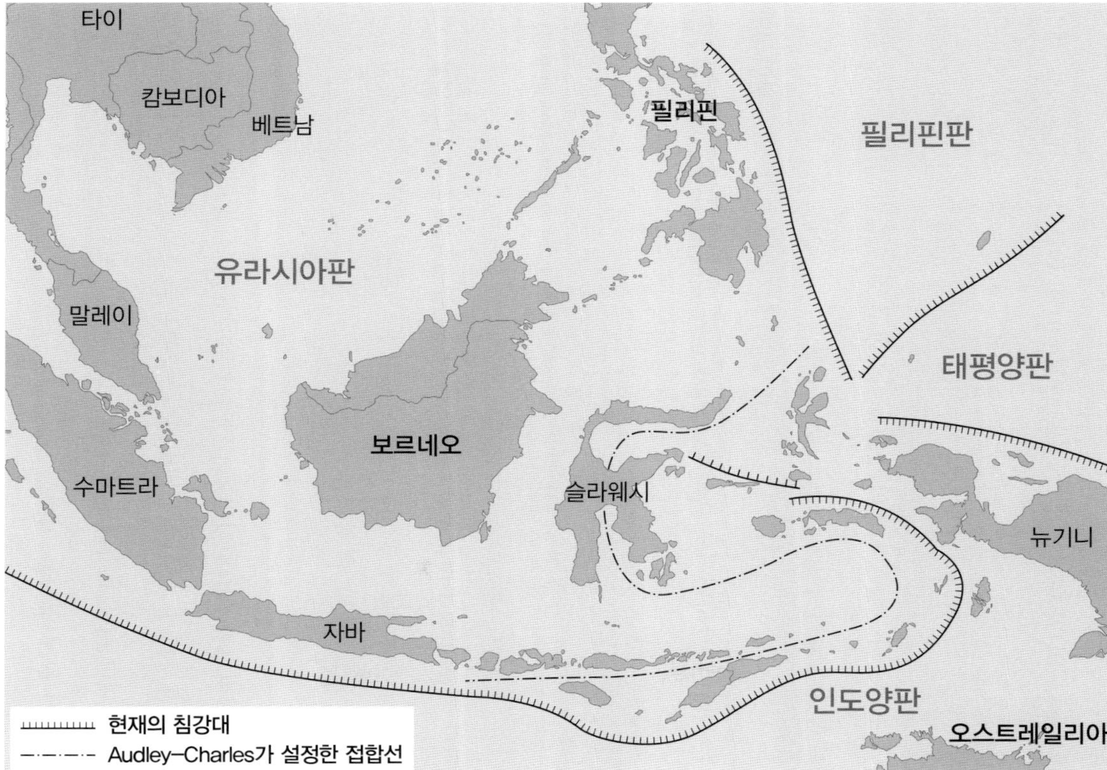

지도 2-9. 월리시아의 판구조

접속하고 있다는 것은 이질적인 해양 동물이 오랜 시간동안 공존해 왔음을 의미한다. 독일의 기상학자이며 지구물리학자였던 베게너(Alfred Wegener)의 '대륙이동설'(Continental Drift)이 1915년에 처음으로 제기되었음을 고려할 때(Wegener, 2010[1915]), 사라왁 법칙은 종의 지리학적 분포와 역사지질학적 구조 사이의 관계에 대한 월리스의 선견지명을 보여준다. 서로 다른 판지질이 접속하고 있는 월리시아에서는, 어떤 특정한 생물지리학적 특징이 현저히 지배적인 양상으로 나타나기 보다는 서로 다양한 특징들이 혼재하고 있다. 역사지질학적으로, 월리시아는 매우 복잡하면서도 다양한 생명체들에 의해 형성되어 온 생물지리적 공간이다.

> 같은 지역에서 다양한 종들 사이의 생존을 위해 끊임없이 일어나고 있는 생존은 유기적 힘 사이의 절묘한 균형으로 귀결되어 … **이런 균형은 어느 특정 식생이 다른 식생들을 모두 배제하면서 토양을 모두 독점할 수 없게 방지하는 역할을 한다**(Wallace 2004[1876]: 66. 굵은 글씨는 필자의 강조).

월리스가 《열대 자연》(1878)에서 언급했던 '식생'이란 개념은 알렉산더 훔볼트가 고안했던 개념이다. 훔볼트는 《코스모스》에서 열대 자연에 대한 유기체적 관점을 제시했다. 그의 이러한 논점은 빅토리아 문화에 깊게 영향을 미쳐서 월리스와 다윈을 비롯한 많은 자연사학자들은 물론이거니와 문학가들도 훔볼트의 여러 책을 즐겨 읽었다(Beer, 2008). 훔볼트 자연사로부터 영향을 받고 아마존으로 떠났던 월리스는 동남아시아의 자연사를 조사할 때도 훔볼트의 식물지리학을 한시라도 잊어본 적이 없었으며, 다윈도 비글호 항해 내내 훔볼트의 책을 손에서 놓지 않았다. 훔볼트 자연사는 월리스와 다윈의 진화론에 사상적 토양을 제공한 것이다.

월리스의 트르나테, 자연사와 인류사의 융합 공간

월리스는 술라웨시의 작은 섬 트르나테에서 열병으로 매우 고통스러워 하며 매일 매일 찬 물에 몇 시간씩 몸을 담그곤 했다. 이런 고통스러운 순간에도 그는 종이 왜 그리고 어떻게 변화하는지 고민했다. 월리스는 제임스 브룩과 나눈 대화, 즉 다약(Dyak)족의 낮은 출생률과 아루(Aru)족의 불안정한 식량 공급에 관한 내용들을 떠올렸다. 트르나테 섬을 통치했던 두이벤보덴(Duivenboden)의 서재도 이용했다. 부모가 네덜란드인이었던 그는 이 섬에서 태어나 영국에서 교육을 받았고 빅토리아 시대의 문학과 자연사에 소양을 갖추었다. 두이벤보덴은 많은 재산과 노예를 거느리면서 트르나테를 통치했기에, 월리스가 이 지역에서 조사를 하는 동안 집을 제공하는 등 편의를 봐주었다. 월리스 자연사는 제국의 이런 열대 식민화를 통해 가능했다.

그러던 어느 날, 월리스는 12년 전에 읽었던, 맬서스의 《인구론》 중에서 한 대목을 떠올렸다. "맬서스는 질병, 사고, 전쟁 그리고 기근과 같이 '적극적인 인구 증가 억제 수단'을 말하면서 이런 억제 수단이 문명화된 사람들의 평균 인구 수보다도 미개인들의 인구를 낮출 수 있다고 이 책에서 명쾌하게 논의했다." 월리스는 맬서스의 다음 구절이 자신이 그토록 고민해왔던 종의 문제에 적용될 수 있다고 생각했다.

> 어떻게 어떤 종들은 죽고 어떤 종들은 살아남는가. 그 대답은, 전체적으로 볼 때 가장 적합한 종만이 살아남는다. 질병이 발생하면 가장 건강한 종만이 살아남는다. 적이 침입하면 가장 강하고 재빠르고 가장 지혜로운 종만이 살아남는다. 기근이 발생하면 가장 먹을 것을 잘 찾는 종만이 살아남는다(Wallace, 1905: I: 362).

어떤 생각이 섬광과도 같이 월리스의 머리를 스치고 지나갔다.

> 이렇게 자기조절적인 과정이 필연적으로 '인종'을 증가시킬 것이며, 열등한 개체는 불가피하게 사라지게 되고 우수한 개체만이 남을 것이다. 다시 말해서 가장 적합한 종만이 생존한다(Wallace, 1905: I: 362).

월리스의 진화론은 좁게는 생물지리학과 사회과학의 융합적 사유, 넓게는 자연사와 인류사의 융합적 사유를 통하여 탄생했다. 그는 열대 질병으로 인한 고통 속에서도 다윈보다 먼저 진화론을 창안했다.

두 가지 점을 강조한다. 하나는 월리스가 《인구론》을 떠올리면서 종의 진화에 대한 이론을 창안했던 공간이 열대 트르나테라는 점이다. 자연사혁명에서 핵심적인 종의 기원에 관한 이론이 영국의 런던이 아닌 열대 공간에서 탄생했다는 것은 매우 중요하다. 다른 하나는 제국주의가 자연사에 내장되었다는 점이다. 생물지리적 탐험이 학문의 보편적인 진보에 기여했다고 아무리 정직하게 주장하더라도, 이런 주장은 서구가 생물학적 탐험을 통해 열대를 식민화했다는 역사적 사실을 은폐시킬 뿐이다(Browne, 2002: 432).

월리스가 다윈에게 진화론에 대한 자신의 생각을 편지로 담아 발송한 장소도 바로 이 트르나테 섬이다. 다윈이 네덜란드동인도회사의 이름으로 발송된 편지 봉투를 열어보고 런던의 자연사학계에 알려지지 않은 무명의 월리스가 자신보다 먼저 진화론을 세상에 발표할까봐 전전긍긍한 것은 이미 잘 알려져 있다.

다윈 진화론, 열대 자연사와 서구 사회과학의 융합

찰스 다윈의 탄생 2백주년과 《종의 기원》 출간 150주년을 기념하는 다양한 행사들이 2009년에 영국은 물론이거니와 세계 곳곳에서 열렸다. 이런 흐름을 타고 국내에도 여러 종류의 다윈 평전과 진화론에 관한 번역 서적들이 쏟아져 나왔다(Desmond & Moore, 2009; Browne, 2010a & 2010b; Ruse, 2010). 영국인들의 입장에서는 영국을 대표하는 가장 위대한 과학자 중의 한 명이기에 그렇다고 하더라도, 한국의 학자들까지 나서서 그들과 유사한 방식으로 다윈을 인식하려는 노력을 어떻게 이해할 수 있을까? 열대 자연사와 서구 사회과학 사이의 관계가 여전히 은폐된 것이다. 이를 해명하지 않는 한, 다윈 진화론의 판도라 상자는 열리지 않을 것이다.

무엇보다도 월리스와 다윈을 비교할 때, 다윈의 특성이 더욱 두드러진다. 두 사람이 진화의 개념을 창안했던 장소와 관련하여, '월리스 : 다윈 = 트르나테 : 갈라파고스'라고 말할 수 없다. 장소가 중요한 이유는 그것이 진화를 창안하게 된 방법의 문제와 연관되어 있기 때문이다. 두 사람이 비슷한 시기에 종의 진화와 관련하여 유사한 생각을 했지만,

그 방법은 완전히 대조적이다. 앞에서 설명했듯이 월리스가 진화의 개념을 창안한 공간은 열대의 섬이지만, 다윈의 경우에는 갈라파고스가 아니다. 이를 명확하게 이해하려면, 다윈에게 비글호 항해와 《종의 기원》의 관계를 검토해야 한다.

다윈은, 영국이 전지구적 열대를 식민화하는 과정에서, 기후학에 대한 전문 지식을 갖춘 해군 함장 피츠로이(Robert FitzRoy)가 지휘했던 비글호에 비공식적인 자연사학자로 승선했다(Darwin, 2004[1839]. 약 5년간 다윈은 영국의 식민지 수용소가 있던 갈라파고스를 비롯하여 열대 남태평양, 아메리카, 인도양, 아프리카의 섬들에서 자연사에 관한 생생한 '자료'들을, 그가 《자서전》에서 언급한 대로, 프란시스 베이컨이 제시했던 귀납의 방법에 따라 수집했다(Darwin, 1993[1888]: 119). 하지만, 월리스가 보르네오 지역에서 수집한 자료들을 귀납적인 방법에 근거하여 진화의 개념을 창안했던 것과 달리, 다윈은 그렇지 않았다. 항해를 마치고 돌아온 다윈이 진화의 전체적인 개념을 확실히 했던 시기는 1838년이다.

1838년 8월에 다윈은 스코틀랜드의 과학자이며 과학사학자였던 브루스터(David Brewster)가 오귀스트 콩트의 《실증철학 강의》에 대해 비평한 글을 읽었으며, 10월에는 《인구론》을 탐독했다. 물리학자이면서 과학사학자인 슈베버(Silvan S. Schweber)는 1838년에 이루어졌던 다윈의 사유 과정을 아주 구체적으로 밝혀냈다(Schweber, 1977). 영국과학한림원(British Association for the Advancement of Science, 1831)을 창립하는 데 중요한 역할을 맡았던 브루스터는 《에든버러 평론》(7월호)에서 콩트의 실증철학을 명료하게 설명했다. 〔그림 1-4. 실증과학의 위계〕에서 설명한 대로, 콩트는 실증과학이 수학, 천문학, 물리학, 화학, 생물학의 층위를 거쳐서 사회학으로 발전했다고 말했다. 브루스터는 이런 위계 구조를 전복적으로 생각하여, 사회학은 생물학으로 환원되며, 생물학은 화학으로, 마지막에는 천문학은 수학으로 환원된다고 설명했다(Schweber, 1977: 246). 브루스터의 비평에 담겨 있는 콩트의 실증과학을 읽으면서, 다윈은 가설과 예측이 비글호 항해를 통해 수집해온 자료들을 이론화하는 데 매우 중요하다는 점을 깨달았다. 물리적 법칙과 사회적 법칙 사이에 유비적 관계를 정립했던 콩트의 입장을 적용함으로써, 다윈은 자연사의 법칙을 정립할 수 있었다.

콩트에 이어서 다윈은 스코틀랜드의 철학자 스튜어트(Douglad Stewart)가 쓴 《아담 스미스의 전기》를 탐독하면서, 스미스가 쓴 《국부론》과 《도덕감정론》(1759)의 주요한 내용을 기록했다. 스튜어트가 《국부론》을 요약한 내용에 따르면, "각 '개인'은 자신의 방법대로 '이해관계'를 추구하면서 다른 개인과 자유롭게 '경쟁'하도록 허용되어 있다."(Schweber, 1977: 280) 다윈은 스미스의 이런 논점을 적용하여 같은 종 내에서 개체 간의 경쟁을 통해 이루어지는 다양한 변이를 설명할 수 있었다. 18세기 말 유럽 각국 사이에 전지구적 열대를 식민화하려는 경쟁적 관계를 규명했던, 스미스의 논점은 다윈을 통해서 자연사에서 개체 간의 경쟁을 설명하는 데 적용되었다.

다음으로 다윈은 당시 이론의 가설과 예측에 관해 심도있는 연구를 수행하고 있던 아돌프 케틀레의 《인간과 재능 발달에 대한 연구, 또는 사회물리학》(1장)을 탐독했다. 1827년에 런던을 방문한 적이 있던 케틀레는 1837년에 재차 방문하여 영국과학한림원의 통계학 분과를 결성하는 데 영향력을 발휘했다. 다윈은 런던통계학회의 몇몇 학자들을 통하여 케틀레의 이 저작이 통계학적으로 매우 중요한 의미를 담고 있음을 알았다. 그래서, 그는 평균적 인간의 개념을 정립했던 케틀레가 보여준 통계적 방법을 적용하여 비글호의 자료들을 해석했다.

바로 이 점에서 다윈은 예전에 한번 읽었던 맬서스의 《인구론》을 다시 떠올렸다. 다윈이 볼 때, 케틀레의 논점도 결국은 맬서스가 제기했던, "식량으로 산술급수적으로 늘고, 인구는 기하급수적으로 증가한다."는 명제와 깊이 연관되어 있기 때문이다. 다만 인구에 대한 케틀레의 입장이 '시간'으로부터 독립적이었다면, 다윈은 시간 변수에 종속적인 진화의 개념을 생각했다. 비록 다윈이 《자서전》에서 맬서스의 《인구론》를 '우연히' 읽었다고 말했지만, 이는 사실과 다르다. 다윈은 결코 우연히 읽은 것이 아니다. 그럼에도 그가 '우연히'라고 표현한 까닭은, 다시 《인구론》을 읽었던 1838년 10월 이전 2개월간 콩트, 아담 스미스, 케틀레를 읽으면서 진화의 개념을 거의 정립하는 단계에 이르렀다고 생각했기 때문이다.

《자서전》에서 말한 대로, 다윈은 이제 '자연선택'(natural selection)에 관한 '이론'을 갖게 되었다(Darwin, 1993[1888]: 120). 그는 비글호 항해의 자료가 자신이 세운 이론적 가설에 적합한지 여부를 검증하면서, 진화에 관한 이론적 체계를 본격적으로 정립했다. 이런 측면에서 비글호 항해가 《종의 기원》의 원인적 사건이라고 보는 것은 역사를 단선적으로 생각하는 것이다. 다윈은 과학철학에서 의미하는 귀납적 방법에만 의존하지 않았다. 비글호 항해에서 수집한 자료와 《종의 기원》은 관계가 없거나 심지어는 서로 모순적인 경우도 있었다(Himmelfarb, 1959: 52). 사회의 진보와 질서, 평균적 인간, 개인 사이의 경쟁, 그리고 인구에 관한 콩트, 케틀레, 맬서스의 이론을 자연사에 관한 자료에 적용하는 데 문제가 발생할 수밖에 없다는 것은 충분히 예견되었다.

물론 다윈이 사회과학 이론에만 집착한 것은 아니다. 《종의 기원》을 세밀히 읽어보면, 그는 지질학자 찰스 라이엘과 식물학자 오귀스탱 캉돌(Augustin Pyramus De Candolle)로부터 '생존경쟁'의 개념을 수용했다. 하지만 이 경우에도 다윈은 맬서스 이론의 틀을 벗어나지 않았다. "자연에서 우리는 맬서스의 이론을 모든 동물과 식물[의 생존경쟁]에 대해 훨씬 강력하게 적용할 수 있다."(Darwin, 2014[1859]: 99) 돌다리도 두드리고 건너야 했다. 1838년 말에 다윈은 케임브리지대학 광물학 교수인 휴얼(William Whewell) 목사가 쓴 《귀납과학의 역사》(1837)를 다시 읽었다. 《종의 기원》의 인쇄를 한 달 앞두고 다윈이 알프레드 월리스에게 보낸 편지를 보면, 그가 귀납과 연역적 방법을 '종합'하면서 양자의 균형 관계를 유지하기 위해 마지막까지 얼마나 절치부심했는지를 알 수 있다.

> 당신이 맞았어요. '선택'(Selection)은 오랫동안 길들여진 생물들을 연구함으로써 알게 된 변화의 원칙이라고 결론에 도달했습니다. 그리고 난 후 맬서스를 읽으면서 나는 이 원칙을 어떻게 적용해야 하는지를 단번에 알았습니다. 남아메리카의 최근 살아 있는 종과 절멸된 종 사이의 지리적 분포와 지질학적 관계에 주목하다 보니 이 주제를 알게 되었습니다. 특히 갈라파고스에서 그랬습니다(Darwin, 1859년 4월 6일 편지).

이처럼 다윈은 맬서스 이론과 갈라파고스 자료 사이에서 절묘한 균형을 유지하고 있다. 스티븐 제이 굴드도 《판다의 엄지》(1992)에서 다윈은 연역과 귀납적 방법을 적절하게 활용하여 '중간 지대'에서 그 균형점을 찾았다고 말했다(Gould, 1998: 68-80). 결국 다윈의 진화론은 콩트—아담 스미스—케틀레—맬서스로 이어지는 서구 사회과학과 갈라파고스로 상징되는 열대 자연사 사이의 융합을 통하여 정립된 것이다.

3) 《슬픈 열대》, 자연사에서 인간의 위치

구조주의 인류학의 태생 공간

학자가 1백 번째 생일을 맞이하는 것은 어떤 의미를 가질까? 하버드대학에서 연구년을 보내고 있을 때, 《이것이 생물학이다》의 저자 마이어(Ernst Walter Mayr, 1904-2005) 교수가 1백 번째 생일을 맞았다. 이 소식을 현장에서 알게 되었을 때의 감동을 아직도 잊을 수 없다.

몇 년 후 인류학자 클로드 레비스트로스(1908-2009)가 1백 번째 생일을 맞았을 때, 프랑스 사회는 한 마음으로 축하를 해주었다. 프랑스 사회의 축복! 노벨상 수상을 거부한 사르트르(Jean-Paul Sartre)의 명성과 영향력이 퇴조하면서 레비스트로스가 빈자리를 채웠다. 역사학과 철학 사이의 학제간 지평을 열어가는 사상가 도스(François Dosse)는 《구조주의 역사》(1998)에서 새로운 '영웅의 탄생'이라고 말했다. 문학비평가 손택(Susan Sontag)도 《해석에 반대한다》에 포함된 글 〈영웅으로서의 인류학자〉에서, 1960년대 이래로 레비스트로스만큼 탁월한 연구업적, 엄청난 연구비, 강력한 대중적 영향력을 동시에 갖고 있었던 지성은 프랑스에서 찾아보기 힘들다고 말했다(Sontag, 2002: 112). 문학잡지 《리르》가 1981년도에 실시했던 여론 조사에 의하면, 레비스트로스는 프랑스에서 가장 큰 영향력을 발휘하는 지성임을 보여주었다(Dosse, 1998: 12). 레비스트로스를 지지하건 반대하건 간에 한 달도 거르지 않고 관련 모임이 열렸다. 열대 아프리카, 라틴아메리카, 동남아시아 지역의 인류학과 민속학적 소장품을 전시하고 있는 파리의 케브랑리(Quai Branly) 박물관에는 그를 기념하여 '레비스트로스 극장'이 생겨났다.

레비스트로스는 한국의 교양독자들에게도 친숙한 알튀세르(Louis Althusser), 바르트(Roland Bartes), 미셸 푸코, 라캉(Jacques Lacan) 등과 함께 구조주의의 사유체계를 만들어갔다(김형효, 2008). 앵글로색슨주의가 표방하는 경험주의를 비판하면서도, 그는 어느 누구보다도 "에밀 뒤르켐(Émile Durkheim)의 전통에 충실"(174)* 하다는 점을 강조했는데 여기에는 그럴만한 이유가 있었다. 1935년에 브라질로 떠날 때만 해도 그는 뒤르켐에 대해 공개적으로 비판한 적이 있었지만, 상파울로대학에서 뒤르켐 사회학을 강의한 후에 1939년에 귀국할 때는 뒤르켐에 대한 입장이 긍정적으로 바뀌었다. 또한 레비스트로스는 독일 역사주의 계열의 미국 인류학자 보아스(Frantz Boas), 로위(Robert Lowie), 크뢰버(Alfred Kroeber)의 문화상대주의에 경도되었다.

2차 세계대전이 시작되면서 그는 뉴욕의 진보적 학문기관(New School for Social Research)에서 강의를 했고 여기서 구조인류학의 창안

---

* 거의 모든 독자들이 《슬픈 열대》를 한국어로 읽는 사정을 고려하여, 이하 괄호 속의 숫자는 한국어 번역서(Lévi-Strauss, 2005)의 페이지를 나타낸다. 다만 오역인 경우는 프랑스어 원본(Lévi-Strauss, 1955)의 페이지를 나타내며, 이 경우에는 'F'라고 병기했다.

에 결정적으로 중요한 언어학자를 만났다. 러시아에서 태어나 열두 살에 말라르메를 읽었던 언어학자 야콥슨(Roman Osipovich Jakobson)은 러시아는 물론이거니와 당대 북유럽과 동구 유럽의 언어학적 성과를 섭취한 후에 미국으로 망명했다. 로만 야콥슨은 《음운론의 원리》(1939) — 소쉬르(Ferdinand de Saussure)의 《일반언어학 강의》(1916), 블룸필드(Leonard Bloomfield)의 《언어》(1933)와 함께 언어학사에서 3대 고전으로 간주된다 — 를 쓴 트루베츠코이(Nikolai Sergeyevich Trubetzkoy)와 함께 스스로 구조주의라고 불렀던 프라하언어학회를 창립했다. 야콥슨은 구조주의 언어학에 대해 어떤 것이 자신의 생각이고 어떤 것이 트루베츠코이 것인지를 구별할 없을 정도로 서로가 서로를 필요로 했고 협력했다고 말했다(Dosse, 1998: 99).

레비스트로스는 야콥슨을 통하여 구조주의 언어학에 대해 심취하게 되었고, 야콥슨은 레비스트로스를 통해 인류학을 더 깊이 이해했다. 또한 뉴욕 공항에 내리자마자 바로 프란츠 보아스를 만나러갔으며 그의 임종을 지켜보았을 정도로 그의 인류학적 방법론을 수용했던, 레비스트로스는 보아스가 강조했던, 문화적 현상의 무의식적 구조를 풀기 위하여 언어의 법칙에 천착했다(Dosse, 1998: 42). 이렇게 볼 때, 레비스트로스의 인류학은 철저하게 구조주의 언어학에 기초하고 있음을 알 수 있다. 또한 레비스트로스는 파리가 아닌 뉴욕에서 구조주의 인류학의 기본 개념을 창안했는데, 그것은 러시아, 북유럽, 동구 유럽의 구조주의 언어학을 체계화했던 야콥슨과의 공동 연구가 있었기에 가능했다. 구조주의 역사에 대해 썼던 프랑소와 도스도 말했듯이, 구조주의는 이후로 다양한 방식으로 변화되었다. 시간이 지나면서 구조주의가 점점

'훼손'되고 '남용'되는 상황을 지켜보면서, 레비스트로스는 1980년대가 되면서 구조주의의 용어를 사용하는 것을 다소 꺼려했다. 1981년에 한국을 방문했을 때, 레비스트로스는 구조주의를 더 이상 대문자 'S'로 시작하는 고유 명칭으로 부르지 말고 일반적 의미를 의미하는 것으로 이야기하자고 말했다(강신표, 1983: 143).*

《슬픈 열대》의 독해: 복합적 층위

찰스 다윈이 비글호 항해를 마치고 20년이 지나서 《종의 기원》을 출간한 것과 같이 비교할 수는 없지만, 레비스트로스는 브라질을 다녀온 후 16년이 지나서 《슬픈 열대》를 세상에 내보였다. 원래 극작가가 되기를 원했던 그는 조셉 콘라드와 같은 소설을 쓰고 싶어서 서른 페이지 정도를 쓰다가 포기해버렸다. 원래 여기에 '슬픈 열대'라고 제목을

* 레비스트로스는 1981년 10월 '한국정신문화연구원'(현 한국학중앙연구원)의 초청으로 3주간 한국에 머물면서 60여 명의 국내외 저명한 학자들 – 참가자 명단에는 《슬픈 열대》의 번역자 이름이 없다 – 과 '친족과 사회조직, 신화학과 집합표상, 한국학과 동서양 비교연구'의 세 주제로 학술간담회를 가졌다. 또한 경주, 양동, 안동 하회마을, 해인사 통도사에서 현지 조사를 하면서 한국의 '전통 문화'에도 깊은 관심을 표명했다. 특히 그는 통도사 주지와 선문답을 주고받았다. 《슬픈 열대》에서 불교와 마르크시즘은 서로 같은 지향점을 갖는다고 말했던 레비스트로스는 한국에 와서도 이 점을 확인해주었다. 인류학자이면서도 사회학자인 강신표는 한국에서 그가 발표한 내용, 학자들과의 토론, 언론과의 면담 등을 모두 담아 《레비스트로스의 人類學과 韓國學》(1983)으로 출간했다(강신표, 1983). 한국에서 구조주의에 관한 가장 심도 있는 연구는 김형효의 《구조주의 사유체계와 사상》(1989; 2008)이라고 생각한다. 여전히 논쟁중인 그의 친족 이론은 조선 사회를 이해하는 데 중요한 이론적 근거가 될 수 있다. 인류학에 관한 많은 책들이 그렇듯이, 레비스트로스의 책들도 인류학자가 아닌 전문번역가나 다른 전공자들이 번역하여, 《가까이 그리고 멀리서》, 《보다 듣다 읽다》, 《우리는 모두 식인종이다》, 《레비스트로스의 말》 등이 나와 있다.

붙일 생각이었기에 이를 그대로 책의 제목으로 차용했다(Lévi-Strauss, 2003[1988]: 146).

여러 비평가들이 언급하듯이, 《슬픈 열대》는 여러 유형의 내용들이 중첩되어 있다. 《문화의 해석》(1973)으로 한국 독자들에게도 낯익은 클리퍼드 기어츠는 《슬픈 열대》가 "동시에 발생해서 서로 경쟁하고, 때로는 같은 층위에 존재하면서도 상호 간섭하는 텍스트이다."라고 말했다(Geertz, 2014: 48). 여행기, 민족지, 철학, 개혁주의, 상징주의 문학의 다섯 가지 층위가 동시에 존재한다는 것이다. 레비스트로스의 말대로, '도케트 옴니아'(Docet Omnia) – 모든 것을 가르친다 – 를 모토로 삼는 콜레주 드 프랑스(Collège de France)의 교수 시험에 두 번이나 실패했던 그가 대학에 자리를 얻기 위해 출간하려고 했다면 이렇게 복합적인 층위로 이루어진 책을 쓸 엄두를 내지 못했을 것이다. 그는 자신의 과거와 단절해버리고 개인의 삶을 새롭게 만들어가기 위해 단지 4개월 만에 《슬픈 열대》를 집필했다(Lévi-Strauss, 2003: 85).

여하튼 나는 기어츠가 언급한 다섯 층위에 동의하면서도, 그가 가장 핵심적인 층위인 열대를 빠트렸다고 생각한다. 레비스트로스는 열대에서만 독특하게 느낄 수 있는 감성의 층위에 대해 적었다. 열대 공간이 어떻게 다양한 층위를 통해 생산되는가에 초점을 맞추고 《슬픈 열대》를 읽는다면 독서의 즐거움이 배가될 것이다.

《슬픈 열대》는 무엇보다도 열대 여행기다. 인류학자들은 레비스트로스가 '어떻게 '민족학자'(ethnographe)가 되었는가' – 책의 전체 분량에서 5퍼센트 정도에 불과하다 – 에 관심이 더 많겠지만, 기본적으로 이 고전은 열대에 관한 그의 인식론을 담고 있는 여행기다.

콜럼버스 이래로 서구인들은 열대를 돌아다니면서 수많은 여행기를 남겼다. 여행기로만 따지자면 레비스트로스의 텍스트보다도 훨씬 더 감동적인 작품들을 찾을 수 있다. 그렇지만, 《슬픈 열대》는 프랑스의 개신교 성직자 드 레리(Jean de Léry)가 쓴 《브라질 여행기》(1578)의 계보를 잇고 있다는 점에서, 서구인들의 열대 여행기에서 중요한 위상을 차지한다. 《브라질 여행기》는 초등학생도 알고 있을 정도로 브라질에서는 필독서이다. 이 여행기는 레비스트로스에게 지대한 영향을 미쳤다. 그는 이 여행기가 인류학 분야 최고의 걸작이라고 극찬을 했다. 이 저작이 민족학자에게는 그리스도교 신자의 '성무일과서'(聖務日課書)와도 같다고 하면서 이 책을 항상 주머니에 넣고 다녔다(204; 89F). 4장에서 자세히 논의하겠지만, 《브라질 여행기》는 유럽의 종교개혁과 구세계의 신세계 '발견'이라는 두 가지 큰 역사적 사건이 서로 접속하는 지점에 위치하고 있다는 점에서(Léry, 1990: xvi) 역사인류학적으로 매우 탁월한 저작이라고 평가할 수 있다.

레비스트로스는 《슬픈 열대》가 '콜럼버스 여행기'의 지적인 계보를 계승한다는 뜻을 분명히 밝혔다. 그러면서도 그는 자신의 여행기가 갖는 독특함을 인류학적 방법론에서 찾았다.

> 태생적으로 유럽인이며 유럽에서 교육을 받았거나 유럽인 교수에 의해 학문적 훈련을 받았던 학자들은 매우 다른 것을 보여준다. 그것은 지식의 층위에서 보면 하나의 융합으로, 콜럼버스가 4세기 전에 객관적으로 가능하게 했던 융합을 반영한다. 또한 이는 엄밀한 과학적 방법과 신세계가 제공하는 독특한 실험 장소의 융합을 의미한다. 이런 융합은, 이 학자들이

> 최고의 장서를 갖춘 도서관을 이용하면서 자신의 대학을 떠나 우리들이 바스크(Basque)나 리베리아(Riveria)를 쉽게 갈 수 있는 것처럼 원주민 마을을 편하게 방문할 수 있을 때, 이루어진다(174).

하지만, 《슬픈 열대》를 세밀하게 읽은 영국의 저명한 인류학자 리치(Edmund Leach)는 레비스트로스가 브라질의 원주민 사회를 여행하는 내내 한 장소에서 기껏해야 몇 주밖에 체류하지 않았기에 원주민들의 언어로 대화를 나눌 수 없었다고 비판했다(Leach, 1998: 39). 리치는 인류학자들이 일반적으로 현지 조사에서 6개월만 체류하더라도 겪는 좌절과 어려움에 대해 레비스트로스는 직면해본 적이 없음을 예리하게 지적한 것이다.

현지 조사 방법론에 이어 레비스트로스의 역사관을 살펴보자. 레비스트로스는 브라질의 광활한 대지가 유럽인들의 탐욕스런 커피 경작에 의해 약탈당하고 파괴되었음을 익히 알았다(223). "금을 게걸스럽게 먹어 치운 다음에, 세계는 설탕에 굶주렸다. 하지만 노예가 있어야 설탕을 얻을 수 있었다."(219) 역사학과 인류학이 상호보완 관계에 있다고 말하면서도, 그는 "인류학자들이 역사를 존중하지만 특권적 가치를 부여하지는 않는다"고 말했다(Lévi-Strauss, 2007[1962]: 366). 왜냐하면, "역사적 인식에 특권적 위치를 부여하다 보면 우리는 사실(史實)이라는 관념에 이중의 이율배반이 숨어 있음을 강조할 수밖에 없다. 역사적 인식이 특권적 대우를 받지 않는다면 이런 권리를 주장할 생각이 없다 … "(Lévi-Strauss, 2007: 367). 레비스트로스가 보기에, 근대사와 현대사에서 매우 중요한 역사적 사건이라고 하더라도 선사학(先史學)의 관점에서 볼 때는 그렇지 않을 수 있다는 것이다. 10만년 단위로 '부호화'되는 선사시대의 사건과, 1세기 또는 십년 단위로 부호화되는 근대사에서 '진보'의 특권적 위치를 갖는 역사적 사건 – 그는 프랑스혁명을 예로 들었다 – 은 양립될 수 없다(Lévi-Strauss, 2007: 371). 이런 맥락에서 그는 프랑스 사상가 에리봉(Didier Eribon)과 대담했던 회고록의 제목을 《가까이 그리고 멀리서》(1998)라고 정하면서, 사물의 본성을 가까이에서만 살피지 말고 멀리서도 바라볼 것을 강조했다. 이와 관련하여 레비스트로스에게 인류사의 시간 단위와 다른 역사지질학이 왜 중요한지도 알 수 있다.

열대 풍경의 이중적 관점: 니콜라스 푸생 대 앙리 루소

서인도제도를 지나면서 레비스트로스는 "열대의 향기와 생명의 신선함은 이상한 악취의 발산으로 부패해가고, 그 부패는 우리 [서구인]의 욕구를 괴롭히며, 이미 반쯤은 썩어버린 추억들을 불러일으킨다."는 것을 깨달았다. 자신의 열대 여행이 슬프다고 직감적으로 느꼈다.

> 폴리네시아 섬들은 항공모함으로 모습을 바꾸고 아시아 전체가 병든 지대의 모습을 띠게 되며 아프리카는 판자촌 동네로 넘쳐나고 있다. 아메리카와 멜라네시아의 숲들이 아직 망가지기도 전에, 하늘은 상업용 · 군사용 비행기로 인해 오염이 되고 있다. 열대로 여행을 해봤자 결국 역사상 가장 불행한 모습을 대면하는 것밖에 더 되겠는가?(139-140)

열대 브라질에서 서구 문명의 타락한 몰골과 대면했던 그가 보기에 열대로의 여행은 기껏해야 서구가 인류의 면전에 내던져 버린 오물을 확인하는 절차에 불과했다.

레비스트로스가 열대 풍경을 바라보는 관점은 한편으로는 자신이 어릴 적부터 익숙하게 봤던 17세기 프랑스 풍경화가 푸생(Nicolas Poussin)의 방식이며, 다른 한편으로는 루소(Henri Rousseau, 또는 Le Douanier Rousseau)의 그것이다. 《보다 듣다 읽다》(1993)에서 푸생의 가장 대중적인 작품 〖아르카디아의 목자들〗(1637-1638)에 대해 논했듯이(Lévi-Strauss, 1994: 5-44), 레비스트로스는 푸생이 중요하게 생각했던 자연의 질서와 조화에 근거하여 열대의 풍경을 보려고 했다(224). 유럽에서 풍경이란 유럽인의 욕망과 필요에 의해 변화되어 왔지만, 브라질에서는 유럽의 식민화사업에 의해 야생의 풍경이 사라졌음을 목격했다. 또한 그는 브라질 여행을 함께 했던 초현실주의자 브르통(André Breton)도 감탄해 마지않았던 앙리 루소의 열대 자연사에 대한 관점에 근거하여 열대 풍경을 바라보았다(221). 루소의 이국적인 열대 풍경화는 열대에 대한 그의 상상력에 근거한다(5장). 고갱(Paul Gauguin)과 달리, 루소는 열대를 한 번도 가본적이 없었다. 열대를 다녀온 여행가들에게 이야기를 듣고 파리식물원과 자연사박물관을 찾아다니면서 열대에서 온 식물과 동물을 보고 상상력에 의해 형상화했다. 앙리 루소의 관점에서 볼 때 열대 풍경은 유럽과는 확연하게 대비되는 위엄을 보여주었다(221). 이와 같이, 레비스트로스에게 열대 자연사는 바로크적인 예술철학자 푸생과 이국적인 상상력의 루소라는 이중의 잣대로 다가왔던 것이다.

계몽사상의 계승, 상징주의의 지향

레비스트로스는 열대의 현장에서 과학적 방법을 적용할 수 있는 인류학에 매료되었다. 미국에서는 별로 알려지지 않은 《슬픈 열대》가 프랑스 독자들에게 크게 인기를 끌었던 이유 중에는 자신이 어떻게 인류학자 – 그의 표현을 빌면 '에스노그라피(ethnographie)' 전문가 – 가 되었는지를 상당히 흥미롭게 기술했던 내용과도 연관되어 있다. 그는 사회과학인 '마르크스주의'와 '심리분석'(psychoanalysis) – '정신'은 분석의 대상이 아니어서 정신분석학 대신에 일본에서도 사용되는 심리분석을 사용한다 – 그리고 물리과학이면서도 학문 방법과 지향점에서 역사학의 젖줄이 되어왔던 '지질학' 사이에서 인류학의 독자적인 세계를 구축했다고 말했다(172). 레비스트로스는 마르크스주의가 지질학이나 심리분석학과 같은 방식으로 작동한다고 생각했다. 그는 마르크스의 《루이 보나파르트의 브뤼메르 18일》(1852)과 《정치경제학 비판 요강》(1857-1858)을 몇 페이지라도 읽고 난 후에라야 사회학이나 인류학의 문제를 다루기 시작했다(171). 16세에 벨기에의 청년 사회주의자 반테르(Arthur Wanters)를 만나 칸트와 헤겔에서 마르크스에 이르기까지 유럽 사회주의의 흐름을 접했던 레비스트로스에게 마르크스주의는 인류학적 상상력의 샘물과 같았다. 아울러, 레비스트로스는 프로이트 이론을 처음 접했을 때 마치 지질학의 기본적 패턴을 개인에게 적용하는 것이라고 생각했다. 역사학자가 생각하는 역사와 달리, 지질학자는 물리적 우주를 시간 속에, 심리분석가는 정신적 우주를 시간 속에 각각 투사시킨다는 점에서 유사한 역사적 상동성을 갖는다(171). 자연 : 사회 : 개인 = 지질

학 : 마르크스시즘 : 심리분석. 이러한 세 층위가 레비스트로스의 구조주의 인류학을 이해하는 데 초석이다.

그렇다면, 레비스트로스는 인류학을 통하여 무엇을 하고 싶었을까? 그는 몽테뉴, 루소, 디드로, 볼테르와 같은 18세기 프랑스 계몽사상가들이 신세계에 대해 사색한 것을 읽으면서 인류학적 사유에 매력을 느꼈다(198). 레비스트로스는 인류학이 "18세기 계몽사상가들이 제시했던 명제들을 얼마나 강력하게 지지하는지를 보여주고" 싶었다(573). 예를 들어, 그는 브라질에서 지적인 탐험을 했던 원주민인 남비콰라족(Nambikuára)의 사회적 행위를 장 자크 루소의 사회계약론의 관점에서 파악했다. 이런 점에서 레비스트로스의 인류학은 기본적으로 18세기 계몽사상의 계보를 잇는다고 말할 수 있다.

레비스트로스는 앙드레 브르통과 함께 대서양을 건너면서 예술에 대한 많은 이야기를 나누었으며(119), 이후로도 브르통과 서신 교환을 오랜 기간에 걸쳐 지속했다(Lévi-Strauss, 1994: 158-159). 그는 "보들레르(Charles Baudelaire), 말라르메, 랭보, 특히 프루스트가 만든 문학적 전통 속에서" 스스로를 자리매김 하려고 했기에(Geertz, 2014: 58), 프랑스 상징주의를 이해하고 《슬픈 열대》를 읽게 되면 레비스트로스의 글쓰기 전략을 이해할 수 있다. 클리퍼드 기어츠는 레비스트로스의 브라질 여행에 대해 '라틴 아메리카로 간 말라르메'라고 비유를 했다(Geertz, 2014: 57). 결국 레비스트로스는 《슬픈 열대》를 통해 18세기 프랑스 계몽사상의 관점에서 민족학을 정립했고, 이런 입장에서 열대 원주민을 바라보았으며, 프랑스 상징주의 문학에 근거하여 글쓰기를 했음을 보여주었다. 18세기 계몽사상, 민족학, 상징주의 문학은 열대에 대한 레비스트로스의 인식론적 세계를 이해할 수 있는 세 가지 중심축이 되었다. 이렇게 그의 열대 인식은 서구적 근대의 틀 내에서 작동했던 것이다.

열대의 감성

아버지가 화가여서 어릴 때부터 예술적 환경과 친숙하면서 성장했던 레비스트로스의 예술적 식견은 전문가 수준에 필적했다. 《보다 듣다 읽다》에서 그는 푸생을 비롯하여 바로크 시대 화성학의 기초를 정립한 것으로 평가되는 라모(Jean Philippe Rameau), 18세기 계몽사상의 드니 디드로를 중심으로 언어, 소리, 색깔에 대해 깊이 분석을 했다(Lévi-Strauss, 1993). 예술 작품을 "더 잘 보고, 더 잘 듣고, 더 잘 느끼는 법"(Sontag, 2002: 34)에 대해 레비스트로스는 탁월한 재능을 갖고 있었다. 이런 점에서 그가 《슬픈 열대》에서 열대의 오감을 매우 인상적으로 묘사하는 것은 놀랄 일이 못된다.

빛과 색에 대한 레비스트로스의 묘사는 '일몰'을 표현할 때 가장 감동적이다. 그는 해가 떨어지는 모습을 두 단계로 명확하게 나누는데, 첫 단계는 건축가로서의 태양의 역할과 다음 단계는 화가로 변하는 모습이다. 건축가에서 화가로 변화해가는 과정을 저자는 다음과 같이 말한다.

> 차츰차츰 저녁의 심오한 건축물이 분해되어 갔다. 온종일 서쪽 하늘을 차지하고 있던 그 덩어리는 얄따란 금속판처럼 납작해진 것 같았고, 불길이 뒤쪽에서 처음에는 황금빛, 다음에는 주홍빛, 그리고 연분홍빛으로 비추어졌다. 이미 그 불은 점차로 사라져가는 비틀어진 구름들을 작은 입자들의 회오리 속에서

녹게 하고 해체하며, 휘몰아 치워버리고 있었다(183).

태양의 직사광선이 완전히 사라져버렸는데도, "천공(天空)의 풍경이 하양, 파랑, 그리고 초록의 색계(色界) 속에서 다시 살아나고 있다. 게다가 수평선의 몇몇 귀퉁이 아직도 순간적이나마 여전히 자신의 색을 내뿜고 있다. 처음에는 초록색인 것처럼 보이다가 이내 붉게 변해 강렬한 빨강, 다음에는 어두운 빨강, 곧 보랏빛 빨강, 마침내 석탄 빛으로 바뀌었다."(185) 그럼에도 이 뒤로는 황록색 빛이 여전히 살아서 밤의 세계로 흡수되기를 거부하며 꿈틀거리고 있었다. 이렇게 낮의 풍경은 음화(陰畵) 필름으로 바뀌어갔다. 어릴 때부터 미술 작품들을 가까이서 보면서 자란 레비스트로스의 색에 묘사를 읽노라면 마치 내가 거기에 가 있다는 느낌이 든다. 열대 여행을 가고 싶은 독자가 있다면 레비스트로스의 이 묘사 장면을 손에 쥐고 가서 체험을 해보기를 권한다. 어느 화가가 더 이상 감동적으로 묘사할 수 있을까!

후각. 레비스트로스는 열대의 냄새는 식물계의 제5원소(물, 불, 흙, 공기의 4원소 이외의 것으로 삼라만상의 실체를 이루는 것)가 숲에서 불어나오는 바람과 어우러져서 생긴다고 말했다. 열대의 후추와 발효된 담뱃잎으로 만든 담배 냄새의 결합 속에서 "수천 년간 비밀을 간직해왔던 아메리카를 재발견할 수 있다."(200) 나는 여기서 그의 내면에서 우러나오는 소리를 들었다. 그는 열대야말로 근대적 오감의 역사인류학적인 공간이라고 고백한 것이다. 그 고백은 더 많은 후추를 얻기 위해 치뤄야 했던 향료전쟁과 더 많은 노예들을 혹사하면서 운영했던 담배 플랜테이션에 대한 진지한 성찰에 근거했을 것이다. 서구 사회에서 향료와 담배는 오감의 근대적 전환을 위해 필수불가결한 물질로 작용했다.

풍경은 관찰자의 심상지리에 의해 만들어진 구성물이다(5장). 레비스트로스가 바라본 열대 풍경은 계몽주의, 민족학, 상징주의의 층위가 서로 어우러져서 해석된 자연이다.

> 사람들은 인간의 손이 가해지지 않은 야생 그대로의 자연은 아무것도 아는 것이 없다. 왜냐하면 인간이 알고 있는 풍경이란 인간의 욕구와 필요에 전적으로 복종되어 있기 때문이다. … 사람들은 이 풍경을 진실로 야생적으로 생각하기가 쉬운데, 사실은 사람들이 제각기 제 마음대로 질문하고 제 마음대로 대답을 주고 하는 연쇄행동을 무의식적으로 되풀이해온 결과에 불과하다(224).

서구인이 해석한 열대의 풍경이라고 말할 때, '인간의 욕구와 필요'는 한 개인으로서의 서구인의 그것만을 의미하지 않는다. 그 개인은 자신이 살았던 시대와 사회의 욕망에 의해 규정되는 것이다. 그 욕망의 본질은 바로 제국적이며, 식민화는 그 욕망을 달성하기 위한 방법이었다. 열대를 탐험하고 여행했던 서구인의 열대에 대한 풍경의 형식과 내용은 당대 서구의 제국적 욕망에 의해 규정된 것이다. 레비스트로스도 예외가 아니다.

자연사에서 인간의 위치

레비스트로스는 자연과 인간의 관계를 정확하게 표명했다. 그는 자연계의 질서가 인간 사회의 질서를 생성하며, 후자는 전자를 반영할 뿐이라고 주장하면서 인류학자 터너(George Turner)가 쓴 《사모아》(1884)의 구절을 인용했다.

> 불과 물은 인연을 맺었고 이 결합에서 땅, 바위, 나무 등 만물이 태어났다. 오징어가 불과 싸워서 졌다. 불은 바위와 싸웠으나 바위가 이겼다. 큰 돌은 작은 돌과 싸웠으나 작은 돌이 승리했다. 작은 돌은 풀과 싸웠고 그 결과 풀이 이겼다. 풀은 나무와 싸웠으나 풀이 지고 나무가 승리했다. 나무는 칡넝쿨과 싸워서 졌으며 칡넝쿨은 썩고 거기에 구더기가 번식했다. 그 구더기가 변해서 사람이 되었다(Turner, 1884: 6-7; Lévi-Strauss, 2007: 334-335).

조지 터너가 사모아 연구를 하던 시절에 서구는 아직 '박테리아' 개념이 없었기에 구더기라고 말했을 것이다. 자연사의 관점에서 볼 때, 박테리아가 변해서 인간이 된다. 주목해야 할 점은 터너의 이런 인류학적 사유가 열대 사모아에서 형성되었다는 것이다. 열대는 서구 근대 학문의 실험실이 되었다.

《초현실주의 선언》(1924)에서 앙드레 브르통은 다음과 같이 말했다.

> 인간은 필경 우주의 중심이 아니며, 조준점이 아니다. 동물의 등급에서 인간보다 상위의 생물이 존재하며 인간의 행위가 하루살이나 고래에게 낯설어 보이듯이, 상위 생물들의 행위가 인간에게 낯설어 보일 것이다(Breton, 2012: 226-7).

브르통의 이런 인식은 서구의 여러 사상가들과 공명한다. 독일의 낭만주의 작가 노발리스 말대로, "인간은 실제로 한 동물 속에서 기생동물이 되어 살고 있다. 이 동물의 신체 조직이 인간의 신체 조직을 결정하며 그 역도 성립한다." 미국의 심리학자인 제임스(William James)도 맞장구를 친다. "마치 인간 옆에서 살고 있는 개와 고양이처럼, 인간도 자연 속에서 인간이 생각조차 못하는 어떤 존재 옆에 작은 자리를 차지하면서 살고 있는지 누가 알겠는가." 파스퇴르연구소장을 지낸 뒤클로(Émile Duclaux)도 화답을 한다, "인간의 주위에는 필경 인간과 동일한 설계로 만들어졌지만 다른 생물들, 예를 들어 단백질이 우회전하는 또 '다른 인간'들이 움직이고 있다."(Breton, 2012: 227) 인간과 자연의 관계에 대한 이런 인식은 자연사에 철저히 기초해 있을 때 가능한 법이다. 레비스트로스도 같은 동심원을 보여준다. "수백만 년의 세월 동안 복잡하고 꼬불꼬불한 길을 통하여 곤충을 유혹해하면서 꽃가루로 인도했던 … . 이름도 없는 바람, 그 바람과 같은 본성이 인간의 영원한 고향인 자연이다."(김형효, 2008: 273; Lévi-Strauss, 1971: 616)

레비스트로스와 함께 브라질로 여행을 같이 갔던 앙드레 브르통. 〖그림 2-3. 앙드레 브르통의 서재〗가 보여주듯이, 그는 왜 자신의 화실을 열대 파푸아 뉴기니의 민속공예품으로 온통 가득 채웠을까? 그는 열대 자연사로부터 받은 어떤 영감을 받았기에 초현실주의(Surréalisme)에 이를 녹여내었을까? 이 공예품들은 단순히 그의 호사가적 취미에서 비롯된 것이 아니다. 이 서재가 브르통의 초현실주의가 탄생한 공간일진대, 이 공예품들은 호사가적 취미를 넘어 그의 사상에서 샘물과도 같은 역할을 했음에 틀림없다.

브르통에게 열대 공예품의 의미는 마치 피카소가 아프리카에서 프

그림 2-3. 앙드레 브르통의 서재 (Gracq, 2003)

랑스로 건너왔던 바구니, 돗자리, 도기, 목각 등과 같은 공예품에서 미학적 영감을 떠올렸던 것에 견줄 수 있다. 피카소는 죽을 때까지 자신의 화실에 아프리카 공예품들을 소장하면서 이 소장품들과 대화를 나누었다. 특히 콩고의 주요 부족인, 카사인 강 유역의 송계(Songye) 족은 피카소와 같은 입체파 화가들에게 예술적 영감을 불러 일으켰다.

앙드레 브르통 : 피카소 = 파푸아 뉴기니 : 콩고

열대학에서 자연사와 인류사의 융합이 갖는 중요성을 이해하게 된 독자들은 이 책의 핵심적인 주제인 열대와 서구 정체성의 상관 관계를 궁금해 할 것이다.

3장
열대와 서구 정체성

유럽의 식민지가 없는 곳이 어디에 있으며, 유럽의 식민지가 되지 않을 곳이 어디에 있는가?

– 요한 고트프리트 헤르더(Johann Gottfried Herder)

백인이 아프리카에 왔을 때 그들은 성경을 가지고 있었고 우리는 땅을 갖고 있었다. 지금은 어떤가? 우리가 성경을, 그들은 땅을 갖고 있다.

– 조모 케냐타(Jomo Kenyatta)

3장
열대와 서구 정체성

1. 서구 정체성과 열대의 타자화

1) 열대 해양력, 서구적 근대의 동력

막스 베버의 탈주술화

탈주술화는 서구 정체성을 인식하는 데 핵심적인 개념이다. 막스 베버의 이야기를 들어본다.

> 세계의 탈주술화 과정은 단순히 종교사적 과정에만 국한되는 것이 아니라 과학과 기술, 정치, 예술 등 모든 문화사적 과정과 문화적 삶의 영역을 포괄하면서 진행된 보편사적 과정이다. 그것은 서구 문화에서 수 천 년에 걸쳐 지속적으로 증가한 지성사와 합리화의 과정이다(김덕영, 2010: 545; Weber, 1922: 594).

유럽의 탈주술화 과정은 16세기와 17세기에 본격화되었다. 왜 하필이면 이 시기였을까? 이 물음에 대한 해명은 서구중심주의적 지식 체계의 본질을 이해할 수 있다는 점에서 지극히 중요하다. 베버가 《프로테스탄트 윤리와 자본주의 정신》(1904-1905)에서 탈주술화에 관해 말한 것을 들어보자.

> 고대 유대교의 예언과 더불어 시작되고 헬레니즘의 과학적 사고와 결합되어 모든 주술적 구원 추구 수단을 미신과 독신이라고 비난했던 저 위대한 종교사적 과정, 즉 세계의 탈주술화 과정이 [종교개혁]에서 완결되었다(Weber, 2010[1904-1905]: 183).

베버의 이런 논점을 더욱 발전시켜, 영국의 과학사상가 머턴(Robert Merton)은 과학사회학의 고전이 된 《17세기 영국의 과학, 기술, 사회》(1970)에서, 기독교 윤리와 가치가 서구의 과학 그리고 기술의 발달과 연관성을 가져왔다는 소위 '머턴 가설'(Merton Thesis)을 제시했다. 기독교 윤리가 17세기 과학혁명을 촉발시키면서 서로 간에 깊은 영향을 미쳤다는 것이다(Merton, 1970). 조지프 슘페터가 《자본주의, 사회주의, 민주주의》(1942)에서 탈주술화 과정을 설명하면서 서구의 수학적 경험과학이 16세기와 17세기에 자본주의 과정과 함께 발달해갔다고 말한 것도 이런 맥락에서였다(Schumpeter, 1942). 이렇게 볼 때, 탈주술화에서 서구적 근대로의 이행을 추동시켰던 세 가지 축은 기독교, 기술과 과학, 자본주의이며, 이 셋은 서로 맞물리면서 서구적 근대의 형식과 내용을 만들어갔다.

앞의 물음은 탈주술화에서 서구적 근대로의 이행이 서구의 열대에 대한 지리적 발견 그리고 탐험과 연관되어 어떻게 이루어졌는지를 이해하는 데 중요하다. 이베리아 반도의 나라들이 주도해갔던 천문학, 수학, 지리학 및 지도학(Cartography)은 상호간에 깊은 연관성을 가지면서 16세기 유럽 사회의 탈주술화 과정을 만들어갔는데, 유럽의 열대로의 지리적 발견과 탐험, 더 나아가서 17세기 이후 대항해시대는 이런 지식 활동에 근거하여 전개되었다.

여기서 초점은 탈주술화 과정이 유럽의 열대 공간과의 접속 과정에서 이루어졌다는 데 있다. 로욜라(Ignacio de Loyola)가 설립했던 예수회(1534)는 서양과 동양의 문명적 교류에 기여했다고 알려져 왔지만, 열대가 예수회의 이런 교류에서 중심적인 공간이었다는 역사적 사실은 간과해 왔다. 예수회는 유럽의 수도회들 중에서도 동아시아를 포함해 전지구적으로 가장 광범위한 선교 활동을 했다. 당시로는 '미지의 세계'(Terra Incongnita)로 남아 있던 열대 탐험과 선교를 통하여 예수회는 천문학, 수학, 지리학의 지식 체계를 발달시켜 나갔다. 그렇기에 기술과 과학 중심의 지식 교육은 예수회의 중요한 선교 방식이 되었다. 더 나아가서 예수회는 기존의 유럽적 풍토 및 기후에 근거한 사회질서와는 완연히 다른 열대와 접속하면서 탈주술화에서 서구적 근대로의 이행을 주도하게 된 것이다.

그렇다면 열대는 서구적 근대를 어떻게 바라보았을까? 막스 베버와 동시대를 살았던 인류학자 레비-브륄(Lucien Lévy-Bruhl)은 《원시인의 정신세계》(1925)에서 이 물음을 어떻게 생각했는지 알아보자. 그는 서구적 근대의 탈주술화 과정이 열대 지역에서는 전혀 다른 방식으로 전개되고 있음에 주목했다. 영국 군대가 아프리카의 어느 마을에서 이 지역의 원주민들과의 전쟁에서 이겼을 때, 이 마을의 추장은 영국 군대가 승리한 이유를 어떻게 이해했을까? "전쟁은 주술사 대 주술사의 싸움이며, 마술 대 마술의 싸움이다."(Lévy-Bruhl, 2011: 450) 추장이 볼 때, 영국 군대가 용감해서도 아니요, 무기가 뛰어나서도 아니며, 군사적 경험이 우월해서도 아니었다. 아프리카의 마술이 영국 군대의 마술에 패배한 것이다. 하지만 아프리카 추장의 관점이 아닌 서구의 관점에서 볼 때, 이 전쟁은 탈주술화된 서구적 근대와 주술적 틀에 갇혀 있던 열대 사이의 싸움이었다. 즉, 열대의 서구와의 전쟁은, 유일신을 믿는 그리스도교 그리고 기술과 과학에 의해 탈주술화된 사회와 그렇지 않은 사회 사이의 싸움인 것이다. 이와 같이 열대는 서구를 주술적인 지평에서, 서구는 열대를 탈주술적인 관점에서 바라보았다.

'유럽연합'과 정체성

아프리카 역사학자 프레데릭 쿠퍼가 말했듯이, 1990년대 후반부터 인문사회과학 분야에서 '정체성'(identity)에 대한 학술적 논문들은 급격히 늘어나서 근대성, 근대화, 도시화, 산업화 등에 관한 것들은 물론이거니와 지구화에 대한 논문들보다 월등히 증가했다(Cooper, 2005: 7-8). 페르낭 브로델, 헤겔 철학의 권위자 테일러(Charles Taylor, 1989), 해석학적 현상학자 리쾨르(Paul Ricoeur, 1965), 문학비평가 토도로프(Tzvetan Todorov, 2008), 문화사학자 슈말레(Wolfgang Schmale, 2001) 등의 인문학자 못지않게, 레비스트로스, 피에르 부르디외, 위르겐 하버마스, 앤서니 기든스(Giddens, 1991), 아마르티아 센(Sen, 2006) 등 서구의 수많은 사회과학자 치고 정체성에 대해 언급하지 않은 학자가 없었다.

유럽 정체성에 관한 논의가 1990년대 중반을 기점으로 봇물처럼 터져 나온 시대적 상황을 이해하는 것이 중요하다. 유럽연합의 정신적 토대를 제공했다고 알려진, 1973년 코펜하겐에서 열린 유럽 9개국 외상들의 '유럽 정체성에 관한 선언'은 향후 결성될 유럽연합의 지향점을 분명하게 보여주었다. 유럽 9개국은 아프리카, 아시아, 라틴아메리카를 지칭하면서 무역과 개발을 확대할 것이라고 주장했다(Copenhagen European Summit, 1973). 뿐만 아니라, 미국은 물론이거니와 중국, 일본 등을 포함한 세계 모든 나라들과도 경제적 결속을 다져갈 것이라고 선언했다. 이 선언은 세계를 유럽의 경제 공간으로 포섭하겠다는 신제국주의적 욕망을 적나라하게 보여주는 것이다.

이런 욕망을 실현하기 위해 1992년에 '유럽연합에 관한 조약'—일명 마스트리히트 조약(Maastricht Treaty)—이 체결되고 유럽연합(European Union)이 효력을 발휘했다. 유럽연합과 유로(Euro) 화폐의 등장은 유럽의 정체성을 강화하는 데 제도적, 물질적 힘으로 작용하고 있다. 이렇게 볼 때 유럽의 정체성을 다시 탐구하려는 학자들의 의도는 명백하다. 한국의 서양사 전공자들에게도 탐독되는 《유럽의 재발견: 신화와 정체성으로 보는 유럽의 역사》에서 볼프강 슈말레는 유럽 정체성의 궁극적 지향점을 책의 가장 마지막 문단에서 다음과 같이 분명히 밝혔다.

> '유럽적 경제 공간'이란 개념에 속하는 요소는 경제적 자유이다. 그리고 그런 경제적 자유는 근대 초기, 19세기, 유럽 경제 공동체 내지 유럽 자유무역연합, 끝으로 새로 참여하는 중부 유럽 국가들을 포함한 유럽연합에서 각각 상이한 방식으로 실현된

다(Schmale, 2006: 316).

이런 결론은 표현만 다를 뿐 거의 모든 서구 학자들과도 대동소이하다. 결론적으로 유럽 정체성이란 유럽연합이라는 새로운 정치경제적 결사체를 발달시키기 위한 이념적 구성물인 셈이다. 서구 역사학계는 이렇게 유럽 정체성을 유럽연합의 지평에서 재해석하고 재정립했으며, 그 결과물들은 다양한 방식으로 아시아, 아프리카, 라틴아메리카에 살고 있는 사람들의 역사 인식에 영향을 미쳐왔다. 유럽연합이라는 '목적 가치'를 깊이 고려하지 않은 채, 서구 인문사회과학자의 논의를 해석하려고 한다면 서구중심주의적 사고체계에 매몰되고 말 것이다. 이러한 이유로 서구 정체성의 뿌리를 근본적으로 파헤쳐 보려는 문제의식은 절박하게 다가온다. 그것은 인문사회과학 중심의 인류사적 지평에서 벗어나 자연사의 지평과의 균형 관계 속에서 탐구하는 것을 의미한다.

서구 정체성의 형성

중세에는 '유럽'이라는 용어가 거의 사용되지 않았으며, 대신에 '그리스도교 세계'라는 용어를 주로 사용했다. 이후 유럽인들은 아프리카를 거쳐 인도양으로 항해하면서 열대 아시아의 존재를 알게 되었고 대서양 항해에서 열대 아메리카를 '발견'하면서, 자신들이 사는 세계와 그리스도교 세계는 반드시 일치하지 않는 사실을 알게 되었다. 종교개혁을 겪으면서 그리스도교를 믿는 세계는 더 이상 단일하지도 않을 뿐만 아니라, 그리스도교와는 완연하게 다른 종교의 세계가 존재한다는 것을 알게 된 것이다.

여기에는 예수회의 역할이 크게 작용했다.

종교개혁으로 인한 그리스도교 세계의 분열과 혼란을 수습하기 위해 소집된 트리엔트 공의회(Council of Trient, 1545-1563) 이후, 가톨릭은 유럽의 지리적 경계를 넘어 다른 세계로의 전교에 적극적인 관심을 가졌다. 일찍이 해외 식민지를 개척했던 포르투갈과 스페인의 지원을 받아 예수회가 열대로의 해외 전교에 가장 적극적으로 나섰다. 처음부터 예수회의 목적은 뚜렷했다. 가톨릭의 전지구적인 확장과 영토의 정복이었다. 《회화와 건축의 원근법》과 같은 미술 이론서를 집필하는 등 유럽 미술사에서 원근법을 발달시키는 데 중요한 역할을 했던 17세기 예수회 포초(Andrea Pozzo) 신부의 작품, 〔그림 3-1. 성 이냐시오 데 로욜라 성당의 중앙 홀 천장화〕는 예수회의 이런 목적을 명확하게 보여준다. 포초 자신의 말을 들어본다.

> 예수는 한 줄기 빛으로 이냐시오의 가슴에 계시를 알리고, 그의 가슴에서 분출된 빛은 세계의 네 부분에서 가장 멀리 떨어진 지역까지 전해진다. 나는 세계의 네 부분을 각각 상징적인 문장(紋章)으로 천장의 네 부분에 표시했다(Grataloup, 2010: 120 & 123).

여기서 네 지역은 유럽, 아시아, 아프리카, 아메리카이다. 작품에서 보듯이, 머리에 왕관을 쓴 유럽이 머리에 두건을 쓴 아시아, 흑인 여자인 아프리카, 옷을 가장 덜 입은 아메리카를 지배하고 있는 것이다. 17세기 유럽은 자신이 다른 세계보다 우위에 있다는 유럽중심주의적 세계관을 만들어가기 시작했다. 유럽의 열대 인도양 식민지 개척과 아메리카의 정복은 17세기가 되면서 그리스도교를 신봉하는 유럽 사람들의

그림 3-1. 성 이냐시오 데 로욜라 성당의 중앙 홀 천장화 (Andrea Pozzo, 1685)

의식과 내면세계에 영향을 미쳤다.

베스트팔렌조약(웨스트팔리아 조약, Treaty of Westphalia, 1648)은 근대적 의미에서 국가 주권의 개념을 정립하는 출발점이 되었다. 이 조약은 신성로마제국의 '30년전쟁'(1618-1648)과 스페인과 네덜란드 사이의 '80년전쟁'(1568-1648)의 결과물이다. 이 조약으로 유럽에서 루이 14세(Louis XIV)의 프랑스가 가장 강력한 힘을 갖게 되었고, 외교관들의 의사 소통 수단으로 프랑스어가 라틴어를 대신했다. 또한 영국이 유럽 국가 중에서 프랑스 다음으로 두 번째 지위를 차지했다. 네덜란드는 두 차례의 해전(1652-1654, 1664-1657)에서 영국에 패배했지만, 그래도 해군력에 의해 동인도제도와 서인도제도에서 식민지를 점점 확장했다.

베스트팔렌조약은 서유럽의 정체성을 형성하는 데 제도적 기초가 되었다. 그리스도교보다도 유럽이 이 지역의 사람들에게 정체성을 불어넣는 준거 틀로 자리를 잡는 데 중요한 전환점이 되었다. 17세기 후반부터 유럽이라는 용어를 사용하는 신문이나 잡지 등 연속간행물들이 급격하게 증가했다.

유럽 정체성에 관한 거의 모든 역사적 논의는 이렇게 15세기부터 17세기에 걸쳐서 이루어지다가 20세기로 건너뛴다. 바로 이것이 문제다. 서구중심주의 역사는 유럽이 18세기부터 두 세기에 걸쳐서 열대 아프리카, 아시아, 라틴아메리카에 대한 영토 정복과 식민 지배를 통하여 자신의 정체성을 어떻게 만들어갔는지에 대해 본격적으로 다루지 않고 거의 모두 우회한다. 서구중심주의 역사에서는 열대가 서구 정체성을 어떻게 만들어갔는지에 대해서는 침묵하는 동시에 은폐, 배제시켜 왔다. 이런 서구의 지성적 풍토에서 오리엔트를 타자화함으로써 서구의 정체성이 형성되었다고 설파했던 에드워드 사이드의 선구적 노력은 높이 평가되어야 한다. 1장에서 이미 말했듯이 이 책은 사이드의 문제의식을 넘어선다. 왜냐하면, 오리엔트도 부분적으로는 서구 정체성의 형성에 맞물려 있지만, 열대가 본질적으로 서구 정체성의 형식과 내용을 역사적으로 만들어왔기 때문이다. 3장은 이 문제를 탐구한다.

서구 정체성의 층위

서구의 생물지리적 탐험과 식민화가 만들어갔던 열대 자연사는 서구 정체성을 확립하는 데 기본적인 축으로 작용했다. 카를 야스퍼스가 《역사의 기원과 목표》(1949)에서 논의했던 '차축(車軸)시대'(Jaspers, 1986)에 빗대어 말한다면, 열대의 자연사는 서구가 자신의 정체성을 확립하는 데 차축이 된 것이다. 서구가 열대 자연사의 산물, 즉 식물, 동물, 광물을 교역의 상품으로 만든 것은 이런 준거 틀의 물질적 토대로 작용했다. 스코틀랜드 계몽사상의 선구자로 평가받는 역사학자 로버트슨(William Robertson)이 《카를 5세 통치의 역사》(1782)에서 말했던 것을 요한 고트프리트 헤르더는 다음과 같이 해석했다. "교역 체제는 유럽이 만든 가장 정교한 제도이다. 이런 교역을 통해 유럽은 '은과 보석과 향료와 설탕'을 갖게 되었으며 열대의 '질병'에도 걸리게 된 것이다(Herder, 2011[1774]: 127).

서구 정체성은 콜럼버스의 신세계 발견 이래로 유럽이 열대를 타자화함으로써 형성되었는데, 타자화는 통상과 무역, 그리스도교화, 식민화, 문명화, 청결화라는 매우 복합적이고도 중층적인 전략에 근거하여 이루어졌다. 〔그림 3-2. 서구의 열대 타자화 체제〕를 대략적으로 설명하면 다음과 같다. 16세기 유럽이 열대와의 대면 과정에서 제일 먼저 관심을 가졌던 것은 유럽에서는 볼 수 없었던 열대 생산품과 자원으로 무역은 이를 획득할 수 있는 중요한 방식이었다. 교역은 유럽과 열대의 관계를 규정하는 일차적인 절차이었을 뿐만 아니라 물질적인 토대가 되었다. 이런 과정에서는 유럽은 '시민적인 중심'(civil center)이 되며 열대는 '야만적인 변방'(savage periphery)으로 간주되어 버린다(Pagden, 1993: 149). 하지만, 헤르더(1장)가 말했듯이, 아메리카, 아프리카, 인도가 유럽에 의해 황폐화되고 예속되었다고 해서 유럽이 잃어버린 것이 없는 것이 아니다. 유럽은 "국민을 잃고, 성적인 능력을 상실해버렸으며, 사치와 학대와 죽음의 늪으로 빠져들었다"(Herder, 2011: 128).

유럽의 관점에서 볼 때, 열대 원주민 사회는 통상과 무역을 지속하기에 적합하지 않다. 그렇기에 그리스도교는 무역 행위에 깊이 개입할 수밖에 없다. 열대 원주민들로 하여금 토착 종교를 포기하고 그리스도교를 믿게 하는 것은 종교적으로나 교역을 위해서나 반드시 필요했다. 바로 이 점이 예수회가 한 손에는 성경을 들고, 다른 한 손으로 무역을 하게 된 역사적 맥락이다.

〔그림 3-2〕에서 강조하고 싶은 것은 식민화는 무역, 그리스도교화, 문명화, 청결화의 결과물이 아니라는 점이다. 대신에 식민화는 앞의 4가지 층위와 같은 층위에서 작동한다. 식민화, 교역, 그리스도교의 연관성에 대해 헤르더가 말했던 것 이상으로 더 확실하게 말할 수 있을까?

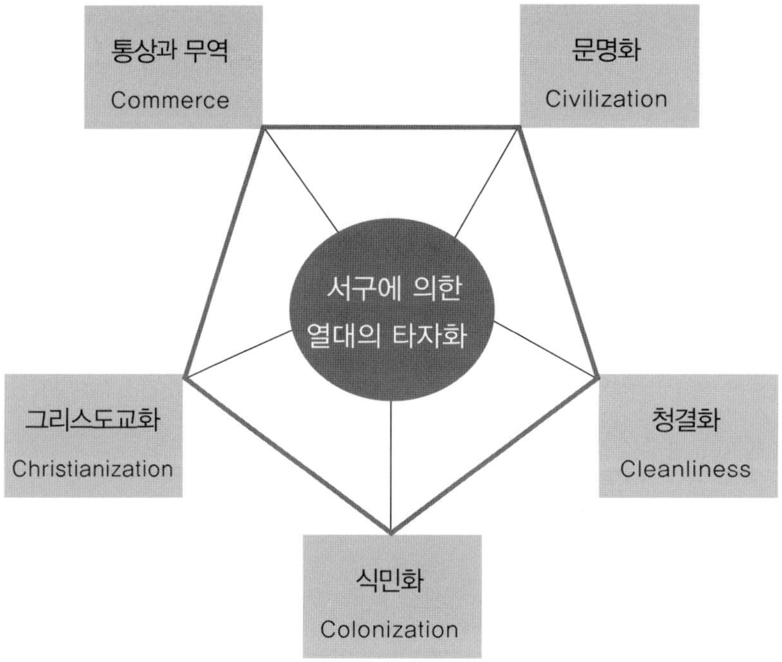

그림 3-2. 서구의 열대 타자화 체제

> 유럽의 식민지가 없는 곳이 어디에 있으며, 유럽의 식민지가 되지 않을 곳이 어디에 있는가? 세계의 모든 곳에서 야만적 원주민이 우리의 위스키와 사치에 길들여질 때마다 그만큼 더 많은 야만인들이 우리의 종교로 개종하고 있다! … 오, 하나님 맙소사! 교역과 교황제도는 이 거대한 식민화 사업에 얼마나 크게 기여했던가!(Herder, 2011: 121-122).

'유럽 : 열대 = 문명 : 야만'의 이분법적 도식은 유럽의 열대 타자화를 이해하는 데 준거 틀이 된다. 프랑스가 창안했던 '문명화 사명'(mission civilatrice)이든 영국이 표방했던 '기독교화, 문명화, 그리고 무역 · 통상'이든 간에, 그것은 열대를 타자화하기 위한 중요한 전략으로 작용했다. 서구는 "열대는 결코 서구처럼 문명화될 수 없는 풍토이다."라는 '문명의 풍토적 가설'을 정당화했다(Huntington, 1971: 387-411). 하지만 서구도 처음에는 열대질병 앞에서 속수무책이었다. 서구인들은 문명화된 자신들이 야만적인 열대 원주민들보다도 열대질병으로 더 많이 죽어나가는 원인을 설명할 수 없었다. 청결을 신성함 다음으로 간주했던 서구는 열대질병을 위생적 통치의 관점에서 접근했다. 서구는 열대 "질병을 신체가 불결하고 도덕이 부패했으며 문명이 결핍된 신호"라고 파악하면서(Hardt & Negri, 2000: 135), 식민주의를 '과학적 세균학'의 이름으로 정당화했다. 서구의 열대에 대한 타자화 전략은 열대의학에 의해 구체화되었다(6장).

열대의 식민화를 위한 해양의 지배

열대의 식민화에서 해양을 전지구적으로 지배할 수 있는 '해양력'(sea power)은 대단히 중요한 의미를 지닌다. 세계지도를 펼쳐 보자. 서구가 경쟁적으로 아프리카, 동남아시아, 아메리카를 식민지로 만들기 위해서는 인도양, 대서양, 태평양과 같은 넓디넓은 해양과 작은 바다에서의 전쟁은 불가피했다. 더욱 거대하고 빨리 달릴 수 있는 배에 화력이 더 세고 많은 수의 대포를 적재한 나라가 열대 식민지로 나아갈 수 있는 해양을 지배했다(Cipolla, 2010). 지중해의 문화역사지리적 세계에만 머물렀던 유럽이 열대로의 전지구적 탐험을 할 수 있었던 힘은 16세기 이후 급격히 성장해갔던 해양력에서 비롯되었다. 유럽에서 이베리아 반도의 나라가 먼저 열대로 진출했고, 다음에 네덜란드가, 그리고 프랑스와 영국이 앞을 다투어 열대를 식민화했다.

미국 해군 장성 출신의 '역사학자' 머핸(Alfred Thayer Mahan)은 《해양력이 역사에 미치는 영향, 1660-1773》(1890)에서 해양력의 개념을 제시하면서, 군사적인 성격의 해군력과 해양무역과 해운 기술의 성격을 갖는 해운력으로 이루어진다고 말했다. 이 저작은 현재까지도 해양력, 해양사, 해군사 분야의 고전으로 널리 읽혀지고 있다. 머핸은 1885년에 페루의 열대 리마(Lima)에서 독일 역사학자 몸젠(Theodore Mommsen)의 《로마사》(1854-1856)를 읽었다. 알프레드 머핸의 서문을 읽어보면 그가 얼마나 충격을 받았는지를 알 수 있다. 역사학자로서는 아주 예외적으로 노벨문학상을 수상(1902)했던 테오도르 몸젠의 다소 과장된 표현이기는 하지만, 로마인은 "나폴레옹도 풀지 못했던, 대륙세력을 해양세력으로 전환시키는 사명을 1년 만에 해결"했다(Mommsen, 2015: 3: 52). 해양사, 해군사, 해군전략의 지평에서 《로마사》를 읽었던 머핸은 로마가 바다를 지배하고 있었기 때문에 카르타고(Carthage)의 명장 한니발(Hannibal Barca)은 육로를 통하여 행군을 하는 바람에 군사력을 대부분 상실했다고 보았다(Mahan, 1999: 1: 6-7). 《로마사》는 머핸이 해양력을 개념화하는 데 토대가 되는 텍스트가 되었다.

머핸이 제시한 해양력의 여섯 가지 요소는 해양과 관련된 지리적 위치, 해양자원과 풍토를 포함한 물리적 환경, 바다에 면한 영토의 크기, 해양 분야에 종사하는 인구의 규모, 해양에 대한 국민의 의식, 해양에 관한 국가 제도를 포함한 정부의 성격으로 이루어진다. 그는 특히 무역, 해운업, 식민지가 해양력의 세 가지 변수라고 강조했다(Mahan, 1999: 1: 75). 이후로 수산력이나 해양개발력을 해양력에 추가되는 등 해양력의 개념을 더욱 정교화하려고 노력했다.

나중에 미국 26대 대통령이 되는 루스벨트(Theodore Roosevelt, 재임기간, 1901-1909)는 머핸의 저작을 바로 읽고 유명한 대중 잡지 《아틀란틱》(1890)에 호의적인 내용의 글을 실었으며, 해군성 차관을 지내고 대통령이 된 이후로도 머핸과 서신을 교환하면서 의견을 나누었다. 《한국전쟁의 기원》(1981)으로 논쟁을 불러 일으켰던 커밍스(Bruce Cummings)는 《미국 패권의 역사: 바다에서 바다로》(2009)에서 시어도어 루스벨트가 미국 역사에서 차지하는 위상을 압축적으로 표현했다.

> 그는 미국의 힘이 대서양과 태평양에 모두 미치는 것으로 명확하게 인식한 최초의 대통령이었고, 더 나아가 미국이 거대 세력

으로 부상할 곳이 바로 태평양이라고 인식하여 거대 규모의 해군을 세우려고 한 최초의 대통령이었다(Cummings, 2011: 252).

해양력이 역사에 미치는 영향을 정확하게 인식했던 루스벨트는 파나마운하의 건설이야말로 미국이 대서양과 태평양을 모두 지배하는 데 결정적인 공간이라고 직감했다. 영국, 프랑스, 스페인이 서로 이 지역을 차지하기 위해 각축전을 벌였다(이종찬, 2009: 315-318). 파나마운하를 장악하게 되면 유럽 — 태평양 — 아시아를 연결하는 열대 해양무역을 지배할 수 있기 때문이다. 문제는 유럽인들에게 지긋지긋한 열대질병, 황열이었다. 머핸이 제시했던 해양력의 세 가지 변수 중에서 무역과 식민지가 본질적으로 열대 해양무역과 열대의 식민화라면, 파나마운하의 건설은 '열대 해양력'을 어떻게 강화할 것인가에 달려 있었다. 6장에서 상세히 논의하겠지만, 루스벨트는 열대의학 분야의 군사 보건의료 인력을 파견했으며 직접 기공식에 참석했을 정도로 파나마운하의 건설에 대한 집념을 국내는 물론이거니와 유럽의 해양세력에도 표명했다. 〔그림 3-3. 루스벨트의 카리브해〕가 보여주듯이, 그는 열대 해양력을 효과적으로 활용하여 쿠바를 포함한 카리브해 지역에 대한 미국의 해상 지배권을 확고히 다져나갔다.

알프레드 머핸은 전혀 언급하지 않았지만, 그보다도 2백여 년 전에 해양력의 중요성을 인식했던 정치경제학자가 있었다. 흔히 영국 고전학파의 선구자로 알려진 페티(William Petty)는 《정치산술》(1690)에서 유럽이 앞을 다투어 설립했던 '인도회사'(India Company) – 동인도회사와 서인도회사를 말한다 – 에 소속된 선박을 나라별로 계산한 다음에

그림 3-3. 루스벨트의 카리브해 (William A. Rogers, 1904)

이를 각 나라의 무역 규모와 비교했다. 17세기 후반 유럽의 전체 선박 200만 톤 가운데 네덜란드가 90만 톤, 잉글랜드가 50만 톤, 프랑스가 10만 톤에 불과했으며, 수출 규모는 네덜란드가 프랑스보다도 4배 이상이 많았으며, 잉글랜드보다는 약 1.7배 많았다(Petty, 2005: 163). 옥스퍼드대학의 해부학 교수였던 윌리엄 페티는 네덜란드의 열대 해양무역을 제한하는 '항해조례'(Navigation Act, 1651)와 해군의 군사력 증강을 위해 '군율'(Articles of War, 1652) – 나중에 '해군규율법'(Naval Discipline Act, 1661)으로 개편되었다 – 을 제정했던, 크롬웰(Oliver Cromwell)의 아일랜드 정복전쟁에 군의관으로 참전했다. 전쟁 후에 토지와 인구 조사에 기초하여 '정치산술'의 이론적 기초를 정립했던 페티는 선원 1명이 농부 3명의 노동가치에 맞먹는다고 당시로는 대담한 주장을 했다(Petty, 2005: 172). 또한 프랑스 해군력과 해운업을 상세하게 분석한 다음에, 동인도와 서인도와의 무역에 관한 한, 프랑스 인구가 영국보다 많지만 1인당 해양무역 거래량은 영국인이 3배나 더 많다고 지적했다(Petty, 2005: 216-217). 사실 머핸은 《해양력이 역사에 미치는 영향, 1660-1773》에서, 16세기까지만 하더라도 유럽의 변방에 불과했던 영국이 해양 제국을 어떻게 건설해갔는지를 가장 공들여 분석했다. 그는 영국의 해양력이 "통상과 군함, [전지구적인 열대에] 퍼져 있던 상업 기지, 식민지, 그리고 해군 기지에 의존"(Mahan, 1999, 2: 822-823)했기 때문에 해양 제국이 가능했다고 말했다. 해양력은 영국을 풍요롭게 만들었고 영국에 막대한 부를 안겨다준 무역을 보호했다(Mahan, 1999, 2: 545).

윌리엄 페티, 알프레드 머핸, 시어도어 루스벨트는 해양력이 서구의 열대 식민화에서 핵심적인 위상을 차지해왔음을 보여주는 몇몇 사례에 불과하다. 윌리엄 맥닐은, 비록 열대와 해양력이라는 용어를 사용하지는 않았지만, 《전쟁의 세계사》(1982)에서 이를 더욱 정확하게 규명했다. 18세기 유럽은 해군력에 근거한 월등한 군사력과 무역을 결합하여 해외 식민 사업을 개척해 나갔다. 이것이 "낳은 정말로 중요한 결과는 수십만, 그리고 세기말에는 수백만 명의 아시아인, 아프리카인, 아메리카인의 일상생활이 유럽의 식민지 사업가들의 경제 활동에 의해 변화되었다는 점이다."(McNeill, 2005: 206) 하지만 맥닐은 정반대로 열대에서의 일상생활의 변화로 인하여 유럽의 일상생활도 크게 변화되었음에 대해서는 지적하지 않았다.

18세기 해양 선원들의 세계에 주목했던 역사학자 레디커(Marcus Rediker)는 이런 문제점을 인식하면서, 18세기 런던은 영국 해양력의 발달과 비례하면서 커나갔다고 말했다. 18세기 초 런던 인구의 4분의 1은 영국과 열대 사이의 해상 교역과 관련되었다. 《로빈슨 크루소》의 작가 디포(Daniel Defoe)가 '세계적인 상인'(universal merchants)이라고 불렀던, 최고 수준의 국제적인 감각을 갖춘 유럽 곳곳의 무역 상인들이 런던으로 몰려들었다(Rediker, 2001: 29). 그들의 국제적인 감각은 유럽 내에서 만들어진 것이 아니다. 오히려 그것은 열대 아시아, 아프리카, 아메리카의 일상생활과의 부단한 접촉을 통해 만들어졌음에 주목하자. 그렇기에 '18세기 유럽 무역의 심장부'라고 부를 수 있는 런던의 정체성은, 찰스 테일러의 용어를 빌린다면, '사회적 상상'(social imaginaries) [Taylor, 2004]은 영국 해양력에 의한 무역 사업과 열대 자원의 식민화를 통해 형성되었던 것이다.

지금까지 논의했던 열대 해양력을 서구의 열대에 대한 생물지리적 탐험, 해양 군사력에 의한 식민화 사업, 열대 해양무역과 결합시켜보면, 서구적 근대를 만들어갔던 기본 동력은 〔그림 3-4. 서구적 근대의 동력〕이 된다는 것을 알 수 있다. 독자들이 이 그림과 〔그림 3-2〕를 함께 본다면, 전자는 서구 정체성의 상부구조를, 후자는 그것의 하부구조를 도식화한 것임을 알 수 있을 것이다.

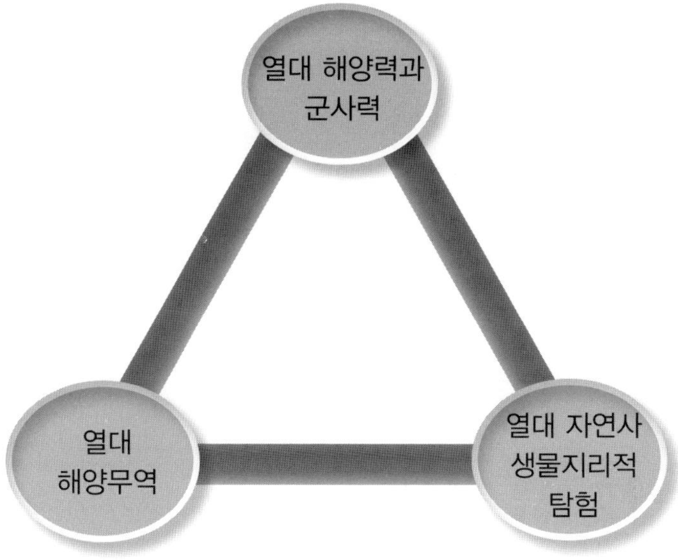

그림 3-4. 서구적 근대의 동력

2) 아이티혁명, 플랜테이션의 자연사혁명

서구, 열대를 은폐시켜왔다

아담 스미스가 쓴 《국부론》(1776)의 7장은 식민지를 다룬다. 7장의 요체는, 유럽은 열대를 식민지로 삼아 중상주의에 기초한 제국을 만들어갔다는 것이다. 서구중심주의 역사가 아닌 열대의 관점에서 다시 읽어보면, 유럽은 이 시기에 열대 식민지를 통해 자신의 정체성을 만들었음을 알 수 있다. 《국부론》을 비롯하여 서구적 근대와 관련된 이 시기 서구의 텍스트들을 '전복적'으로 읽어 보면, 서구 정체성이 열대에 의해 어떻게 형성되었는지를 파악할 수 있다.

18세기는 서구 정체성이 본격적으로 정립된 시기이다. 서구 지식 사회에서, 미셸 푸코의 《말과 사물》, 피터 게이(Peter Gay)의 《계몽사상》, 러브조이(Arthur Lovejoy)의 《존재의 대연쇄》는 18세기를 이해하기 위해 필수적으로 읽어야 할 저작으로 간주되어 왔다. 그런데 이 저작들을 서구중심주의가 아닌 열대의 관점에서 읽어야 할 이유가 있다. 왜냐하면 이 저작들은 서구가 자신의 정체성을 만들어가는 데 있어서 열대를 어떻게 은폐해왔는지를 반증하기 때문이다.

첫째, 미셸 푸코는 《말과 사물》에서 18세기 자연사가 근대적 서구를 만들어간 중요한 역사적 힘으로 파악했다(Foucault, 1994: 125-165). 하지만 열대 자연사는 언급하지 않았다. 그는 조르주 뷔퐁과 아당송(Michel Adanson) 등 프랑스의 자연사학자들이 펼쳐 나갔던 18세기 자연사를 논의하면서도, 열대 자연사가 근대적 에피스테메를 만들어 갔음을 인식하지 못했다. 특히 푸코는 18세기 말과 19세기 초 유럽에서 "생물의 역사성의 성립은 유럽의 사고에 지대한 영향을 미쳤다(Foucault, 1994: 276)."라고 힘주어 말하면서도, 정작 뷔퐁이나 퀴비에와 같은 프랑스의 자연사 전문가들이 열대 자연사를 탐구하며 생물의 역사성을 진지하게 고민했다는 점은 지나쳐 버렸다.

둘째, 피터 게이는 아담 스미스와 《로마제국 쇠망사》를 쓴 기번이 헌터(William Hunter)의 해부학 강좌에 참여했으며 보어하브(Herman Boerhaave)가 유럽 의학을 이끌어나갔음을 예로 들면서 18세기 유럽에서 의학이 계몽사상의 핵심임을 보여주었다(Gay, 1977: II: 12-23). 하지만 당시 네덜란드와 영국의 의학이 각각 자국의 동인도회사를 통하여 수용된 열대 인도네시아와 인도의 자연사 지식에 근거하고 있음을 생각한다면, 게이가 18세기 유럽 의술과 열대 식물의 치유 효과 사이의 연관성에 관해 어떤 언급도 하지 않은 것은 그가 계몽사상을 서구중심주의적으로 해석하고 있음을 반증한다. 뿐만 아니라, 게이는 이베리아 반도의 국가들이 열대 아메리카에서 크리오요 자연사학자들과의 문화융합을 통하여 만들어갔던 계몽사상도 일절 언급을 하지 않았다.

셋째, 러브조이(Arthur Lovejoy)는 18세기 생물학 – 그는 자연사라는 용어를 사용하지 않았다 – 에 근거하고 있는 '존재의 대연쇄'가 다윈의 진화론에 대한 선구적 관념이라고 주장하면서, 이 관념이 유럽에서 낭만주의를 어떻게 촉발시켰는지 논의했다. 그렇지만, 그는 18세기 생물학이 본질적으로 열대 자연사의 지식체계라는 점을 결코 주목하지 않았다. 러브조이는 자연사학자 트랑블레(Abraham Trembley)의 '히드라'(hydra) 발견을 '18세기의 위대한 과학사'로 간주하면서 이 생명체가 식물계와 동물계를 연결하고 있음을 강조했다(Lovejoy, 2009: 231-2). 하지만 트랑블레의 활동 공간이 열대 자연사에 대한 지식을 열렬히 받아들였던 레이든과 암스테르담이었음은 관심을 전혀 두지 않았다.

서구 정체성을 논의하는 데 열대를 은폐시킨 것은 비단 이 세 사상가에게만 해당하지 않는다. 서구의 모든 텍스트에서 예외없이 나타나는 문제이다. 에둘러 말하지 않겠다. 서구는 열대를 항상 은폐, 침묵, 배제시켜왔다. 아이티혁명은 이를 웅변한다.

아이티혁명의 아프리카적 기원

약 2백여 년 전 조선왕조와 사대부 권력이 열대와 서구의 관계가 어떻게 돌아가는지 모르고 있었을 때, 아이티의 노예 50여만 명 – 그들은 조선의 '노비'들보다도 더욱 풍요롭게 살았다 – 이 분기탱천 일어나 노예제를 뒤엎었다. 세계 최초의 노예혁명이다. 하지만 서구중심주의 역사에서 프랑스혁명은 그렇게 목청껏 노래를 부르면서도, 아이티혁명(1791-1804)은 침묵, 아니 아예 망각 또는 은폐를 해왔다.

"나는 모든 흑인들의 주인인 콩고 왕, 아버지를 대변하는 프랑스 왕, 어머니를 대변하는 스페인 왕의 신민(臣民)이다."(Thornton, 1993) 콩고에서 노예로 끌려왔던 아이티혁명의 지도자 마카야(Macaya)가 한 말이다. 콩고! 아이티혁명의 원천을 프랑스혁명에서만 찾는 것은 서구중심주의적 역사관의 소산이다. 콩고가 아이티혁명의 원천이다(Dubois, 2014: 175). 실제로 콩고에서 끌려온 노예들은 생도맹그의 북부와 서부 지방의 커피 플랜테이션의 거의 절반을 차지했다.

조셉 콘라드의 《암흑의 심장》에 묘사된 콩고만을 아는 독자들은 콩고가 예전부터 매우 가난한 나라라고 생각하기 쉽다. 하지만 17세기 조선에 소개된 《직방외기》(1623) – 7장에서 논의한다 – 에 의하면, 콩고 사람들은 가톨릭을 믿었으며 포르투갈에 유학을 갔던 풍요로운 나라였다. 17세기와 18세기 콩고에 관한 역사학자와 인류학자들의 글을 읽어 보면(Balandier, 1968; Broadhead, 1979; Thornton, 1983; Vansina, 1990), 콩고는 같은 시기 조선보다 못사는 나라가 아니었다. 포르투갈에 의해 전파된 가톨릭의 이념은 콩고의 정치경제적 이념이 형성되는 데 깊은 영향을 미쳤다. 왕의 절대 권력은 신민의 대표들과 나누어야 한다는 공화주의적 사상이 17세기 콩고에서 무르익어갔다. 17세기 후반 콩고의 가톨릭 선지자였던 킴파 비타(Dona Beatriz Kimpa Vita)는 예수가 콩고에서 태어났다고 주장하면서 당시 콩고의 내전을 종식시키는 데 앞장섰다. 콩고의 가톨릭은 성직자와 평신도 사이의 관계가 수평적이어서 이런 가톨릭 문화가 정치경제적 이념에 스며들었다.

마카야를 비롯하여 콩고에서 건너온 흑인 노예들의 정치적 신념은 가톨릭과 결합된 콩고의 이런 풍토에서 사회화되었다. 아이티혁명에 적극적으로 참여했던 그들의 신념은 미국혁명, 프랑스혁명, 라틴아메리카혁명을 이끌었던 지도자들의 그것과 별로 다르지 않았다. 아이티혁명에 참여했던 흑인 노예들 중에서 3분의 2는 아프리카에서 태어나서 자랐다. 즉, 그들은 아프리카의 정치경제적 이념과 사회문화적 신념에 의해 사회화되고 나서 아이티에 노예로 온 것이다. 그들 중에는 아프리카에서 전쟁을 해본 경험이 있는 전사(戰士)들이 많았다. 아이티혁명의 과정에서 군사 전략을 수립하고 실행하는 데 아프리카에서의 전투 경험은 다양한 방식으로 도움이 되었다. 아이티혁명을 심층적으로 이해하면 할수록 아프리카에서 사회화된 흑인 노예들이 아메리카의 플랜테이션 체제에서의 삶을 통해 만들어갔던 식민적 문화융합에 더욱 초점을 맞추지 않을 수 없다.

플랜테이션과 보두교, 식민적 문화융합의 공간

1601년에 서인도제도의 작은 섬 바베이도스(Barbados)에서 사탕수수가 재배되기 시작했다. 〖그림 3-5. 카리브해의 사탕수수 나무〗가 보여주듯이, 사탕수수 나무는 열대 식물에 대한 유럽인들의 감성을 자극했다. 1620년대와 1660년대 사이에 네덜란드, 영국, 프랑스는 서인도

그림 3-5. 카리브해의 사탕수수 나무

제도의 여러 섬들에서 사탕수수 사업에 본격적으로 뛰어들었다(Davies, 1975: 14).

유럽의 식민통치자들은 더 많은 사탕수수를 생산하기 위해 1680년대에 플랜테이션이라는 새로운 유형의 생산체제를 만들었다. 그리고 이런 생산체제를 운영하기 위해 아프리카에서 더 많은 노예들을 강압적으로 데리고 왔다. 플랜테이션 체제는 유럽인들이 적응하기에 매우 힘든 열대 풍토에 아프리카 흑인들의 노동 생산력을 효과적으로 착취하기 위해 개발했던 생산체제이다. 플랜테이션 체제는 단순히 농업적 생산방식이 아니다. 산업혁명에 대한 논의에서 다시 말하겠지만, 이 체제는 산업혁명의 초기 공장 체제와 유사하다(Mintz, 1985: 51-52). 그럴 수밖에 없는 이유 중의 하나는 사탕수수를 정제하여 설탕으로 가공하는 작업은 서인도제도가 아니라 유럽에서 이루어졌기 때문이다.

백인들은 사탕수수를 더 많이 얻기 위해 흑인 노예를 더욱 많이 필요로 했다. 18세기를 거치면서 아프리카에서 열대 생도맹그로 끌려 온 노예는 50만 명을 넘어섰고 사탕수수 공장이 793개나 되었다. 백인은 불과 4만 명이 못되었다. 1789년에 생도맹그는 프랑스의 해외 무역에서 3분의 1을 차지했다(Hurbon, 1997: 41). 그야말로 생도맹그는 아메리카 최고의 거대 시장으로 부상했다. 아이티혁명의 전모를 밝히는 책을 써서 서구중심주의 역사에 거대한 일격을 가했던, 트리니다드 태생의 마르크스주의자인 C.L.R. 제임스(James)는 《블랙 자코뱅》(1938)에서 다음과 같이 말했다.

> 1789년 생도맹그는 신세계의 거대 시장을 형성하고 있었다. 생도맹그는 여러 항구들을 통해 1,587척의 배들을 받아들였는데, 그 수는 마르세이유보다 훨씬 더 많았다. 프랑스는 생도맹그와의 무역에만 750척의 대형 선박과 2만 4천 명의 선원들을 투입했다. 1789년에 영국의 수출 무역은 2,700만 파운드, 프랑스는 1,700만 파운드였는데 이 가운데 생도맹그의 무역이 차지하는 비중은 거의 1,100만 파운드에 달했다. 이에 비하면 그 해 영국 식민지 무역의 전체 규모는 500만 파운드에 불과했다 (James, 2007: 83-84).

서인도제도의 플랜테이션 체제가 프랑스의 해외 무역에서 중심적 위상을 차지하면서, 프랑스 사회의 경제적 발달을 촉진시켰다. 프랑스 노예무역의 중심지였던 르아브르(LeHavre)와 낭트, 설탕 정제소들이 있던 마르세이유와 보르도 등의 해항 도시들을 중심으로 부가 축적되면서 '해상 부르주아 계급'이 형성되었다. 그들이 프랑스혁명의 정신인 자유, 평등, 우애를 부르짖었다는 사실에 주목하자. 이렇게 볼 때, 열대 생도맹그의 플랜테이션 체제는 프랑스혁명의 정체성과 깊이 맞물려 작동했음을 알 수 있다.

플랜테이션 체제가 아이티혁명의 물질적 토대로 작용했다면, 보두(Vodou) 신앙은 혁명의 정신적, 영성적 지주가 되었다. 혁명 초기인 1791년에 처형된 어느 흑인 노예의 한쪽 주머니에 보두교 부적이, 다른 한쪽 주머니에는 프랑스혁명의 유인물이 들어 있었다는 것(Fick, 1990: 111)은 보두교가 흑인 노예들에게 얼마나 굳건한 신념이었으며, 아이티혁명과 프랑스혁명이 동심원적 공감대를 이루었음을 확실히 보여준다. 원래 보두는 아프리카의 가나, 나이지리아, 토고를 아우르는 지역에 살고 있었던 요루바(Yoruba) 종족을 중심으로 발달되어 왔던 토착 종교 의식에 기원을 두고 있다. 노예무역에 의해 아메리카로 건너왔던 아프리카 흑인 노예들은 인류사와 자연사를 모두 관장하는 정령인 '로아'(Loa)가 아메리카에도 존재한다고 믿었다(서성철, 2013). 흑인 노예들이 아프리카에서 아메리카로 갖고 들어왔던 신앙과 종교 의식은 지역에 따라 다르게 표현되었는데, 대체로 브라질의 경우에는 칸돔블레(Candomblé), 쿠바에서는 산테리아(Santería), 자메이카에서는 오베아(Obeah) 등이 그것이다(Hurbon, 2011). 흑인 노예들은 이런 신앙을 통하여 자신들의 종족성 정체성을 유지해갔다.

하지만 루이 14세가 제정했던 '흑인법전'(Code Noir, 1685)에 따라, 프랑스의 모든 식민지에서 보두 신앙을 포함한 토착 종교는 엄격히 금해졌고 오로지 가톨릭교만 인정되었다. 원래 재상 콜베르(Jean-Baptiste Colbert)가 입안했던 흑인법전은 노예무역을 철저하게 관철하고 플랜테이션 체제를 효과적으로 작동시키는 데 목적이 있었다. 60개 조항에 이르는 흑인법전의 내용을 살펴보면, 유럽의 아메리카에 대한 식민체제는 결국 흑인 노예에 대한 인종적 지배체제가 본질임을 확연하게 알 수 있다. 서구는 흑인 노예에 대한 통치를 통해 백인으로서의 인종적 정체성을 정립했던 것이다.

흑인법전이 강력하게 작동하면서, 아이티의 노예들은 한편으로는 보두 신앙을 가톨릭의 의식으로 위장하는 방식으로, 다른 한편으로는 보두 신앙과 가톨릭의 혼합 종교 형태로 자신들의 종족적 정체성을 지켜나갔다. 아이티혁명은 플랜테이션 체제에 의해 삶의 토대가 송두리 채로 거세당했던 노예들이 보두 신앙에 근거하여 일으켰던 항쟁이라는 점에 초점을 맞추자. 보두 신앙의 제사장인 부크망(Dutty Boukman)은 1791년 8월 14일에 부와카이망(Bois Caïman)에서 보두 신앙 의식을 치루면서 혁명의 출정식을 가졌다(Hurbon, 1997: 43). 아이티의 유명한 화가 노르밀(André Normil)은 〖그림 3-6. 부와카이망에서의 보두교 출정식〗에서 이 날의 출정식을 생동감있게 묘사했다. 하지만 프랑스 통치자들은 보두 신앙을 사탄의 종교로 몰아붙이면서 그리스도교를 강요했다. 흑인 노예들에게 보두 신앙을 믿지 말라고 억압하는 것은 그들의 존재 자체를 부정하는 것이다. 이렇게 볼 때, 마르티니크(Martinique)에서 태어난, 네그리튀드(Négritude)의 선구자 세제르(Aimé Césaire)가 말한 대로, "아이티혁명을 연구하는 것이야말로 현대 서구 문명의 기원과 원천을 연구하는 것"이다(Césaire, 1981: 23). 아이티혁명은 서구 정체성

그림 3-6. 부와카이망에서의 보두교 출정식 (André Normil, 1990)

과 동전의 양면 관계를 이룬다.

당시 유럽에서 식민화사업에 뛰어들었던 사람이라면 한 번은 계몽사상가 레날(Guillaume Thomas Raynal)이 쓴 《동인도제도와 서인도제도의 역사》(1770)를 읽었다. 드니 디드로가 서명을 했던 이 텍스트는 비록 노예제를 비판했지만, 식민화사업이 유럽의 운명을 좌우하는 데 매우 중요하다는 점을 역설했다. 혁명의 선구자인 루베르튀르(Toussaint Louverture)도 레날의 책을 통하여 계몽사상을 알게 되었다. 중요한 점은, 투생이 레날의 책을 읽었다는 것이 아니라 동인도제도와 서인도제도의 식민화사업은 당대 유럽에서 가장 핵심적인 국가 프로젝트였다는 데 있다. 유럽은 식민화사업이 자신의 정체성을 만들어가는 데 있어서 아주 중요한 위상을 차지하고 있음을 명확하게 알고 있었다. 레날의 책은 서구가 열대 식민지를 통해 자신의 정체성을 만들어갔음을 반증하는 텍스트이다.

서구 중심의 인류사혁명에서 열대 중심의 자연사혁명으로

'미국 역사학계를 대표'한다고 알려져 있으며 대서양 역사 연구를 이끌고 있는 베일린(Bernard Bailyn)은 《대서양의 역사: 개념과 범주》에서 "대서양 역사의 기원"을 이렇게 요약했다(Bailyn 2010: 80).

> 기존의 두 곳[아프리카와 유럽] 모두를 변화시키고 하나의 신세계[아메리카]로 통합시킨 구세계 간의 갑작스럽고 거친 만남(Meinig 1986: I: 65).

베일린의 이런 입장은 역사지리학자 메이닝(Donald W. Meinig)의 4부작 《아메리카의 형성: 500년 역사에 관한 지리학적 지평》(2005)의 한 구절에 근거한 것이다. 하지만 열대학의 입장에서 보면, 아메리카는 신세계가 아니다. 유럽의 입장에서는 신세계일지 모르겠지만, 아메리카에는 이미 오랫동안 사람들이 살았으며 자연사도 마찬가지다. 오히려 열대의 두 세계와 하나의 온대 세계 사이의 식민적 문화융합이 대서양 역사의 핵심이라고 볼 수 있다.

아프리카 노예가 "대서양 체제의 중심이며 대서양 경제 전체의 근본"이라는 인류사적 역사 인식은, '대서양혁명'(Atlantic Revolution)이라는 개념에 동의하건 아니건 간에, 그동안 아프리카와 아메리카 자연사에 대한 유럽의 역사 인식과, 아프리카와 아메리카의 유럽 자연사에 대한 역사 인식을 모두 침묵, 배제, 은폐시켜 왔다. 플랜테이션 체제는 이런 역사적 상황을 명백하게 보여준다. 인류사의 관점에서 보면, 유럽이 설탕과 담배를 더 많이 생산하기 위해 개발했던 플랜테이션 체제는 아프리카에서 끌려온 흑인 노예의 노동력에 기반하여 열대 아메리카의 토지에 맞도록 자본주의적 생산 방식을 극대화시킨 것이다(Curtin, 1990). 자연사의 맥락에서 보면, 그것은 유럽이 아프리카, 아메리카, 유럽의 자연사를 식민적인 방식으로 문화융합시킨 것이다. 즉 아프리카 — 유럽 — 아메리카 자연사의 식민적 문화융합이다. 서로 다른 세계 사이의 식민적 문화융합은, 그것이 자연사이건 인류사이건 간에, 그것의 높이, 넓이, 깊이가 거대한 규모로 이루어질수록 필연적으로 혁명적 전환을 촉발시킨다.

> 프랑스인을 비롯해 스페인, 잉글랜드, 네덜란드, 포르투갈 사람들이 모두 쇠, 독, 화염에 희생되었다. 아메리카 대지는 오랫동안 기다려왔던 피를 들이켰고, 비겁한 사람들에게 살해된 조상들의 유골이 기뻐서 벌떡 일어나 춤을 추었다(Dubois, 2014: 99; Mercier, 1771: 127).

극작가 메르시에(Louis-Sébastien Mercier)는 1771년에 출간 이후 25판까지 인쇄될 정도로 프랑스에서 인기가 많았던 《2440년의 미래를 꿈꾸며》에서 아메리카의 노예들이 언젠가는 피의 혁명을 일으킬 것이라고 예측했다. 이 작품을 쓰기 전에 그는 카리브해의 여러 섬에서 노예제에 항거하다가 죽어갔던 흑인 노예들에 대한 이야기를 익히 알고 있었다.

마캉달(François Mackandal, 또는 Macandal, Makandal)은 이런 흑인 노예들 중에서 전설적인 인물로 알려져 있다. 그는 아랍어를 읽고 쓸 줄 알았기에 당시 이슬람 종교가 발달했던 아프리카 서부의 기니나 세네갈에서 끌려왔다고 추정된다(Diouf, 1998). 대서양 노예무역이 가장 절정기에 있었던 1750년대에 그는 생도맹그의 플랜테이션에서 사탕수수 작업을 하다가 한 손을 절단 당했다. 이에 분노한 마캉달은 탈주하여 마룬(1장)이 되었으며, 노예제에 항거하다가 처형당했다.

콰시무캄바가 살았던 수리남에서처럼(1장), 백인 통치자들은 식민 통치의 효율성을 위해, 흑인 노예들은 생존을 위해 여러 유형의 열대질병들을 치료할 수 있는 방법들을 필요로 했다. 생도맹그의 경우에 당시 프랑스에서 발달했던 보건의료 제도를 수용했지만, 이는 치사율이 매우 높은 열대질병을 감당하기에 적합하지 않았다. 계몽사상에 근거하고 있기는 했지만, 프랑스의 보건의료는 영국에 비해 뒤떨어져 있었다(Cuningham & French, 1990). 더구나 파리의 보건의료 수준이 지중해 연안의 몽펠리에의 그것보다도 낫다고 말할 수도 없었다(Ramsey, 1988). 플랜테이션 체제의 지배자들은 프랑스의 진료소와 약제실 등을 모델로 삼아 운영했지만 열대 풍토 특유의 질병들을 치료하기에는 역부족이었다. 이런 상황에서 그들은 노예들이 아프리카에서부터 알고 있던 약초와 치료에 대한 다양한 지식에 의존하는 수밖에 없었다. 상대적으로 이런 지식을 더 많이 알고 있던 노예들은 카리브해의 약초를 활용하여 열대질병을 치료하면서 백인과 노예들의 사망율과 이환율이 감소했다. 그래서 노예 신분의 치료 인력 – '오스피탈리에르'(hospitalière)라고 불렀다 – 들이 '플랜테이션 병원'에 더욱 많이 고용되었다(Weaver, 2006: 2 & 127).

문제는 여기서부터 시작했다. 이런 기술과 능력을 가진 노예들이 질병 치료를 담당했을 뿐만 아니라, 노예제에 저항하기 위한 조직을 만들어가는 역할까지 맡은 것이다. 또한 이들은 상대적으로 다른 노예들보다도 백인들의 신임을 받고 있어서 경제적인 여건이 나았기에 보두교를 물질적으로 지원할 수 있었다. 플랜테이션 체제의 운영자들은 오스피탈리에르를 중심으로 한 노예들이 만들어갔던 이런 광범위한 문화적 연결망에 대해 깊이 생각하지 못했다. 게다가 플랜테이션 체제를 유지하고 발달시키는 데 있어서 동물의 질병 관리도 매우 중요했는데, 이를 관리하는 노예 인력까지 포함한다면 이 연결망이 닿지 않는 곳이 없었다. 이처럼 생도맹그의 식물과 동물의 치료에 연관된 노예들이 만들어갔던, 조직적 힘과 종교적 열정은 아이티혁명의 근본적 토대로 작용했다.

아이티혁명의 전설적 인물 마캉달은 이러한 역사적 맥락에 깊이 맞닿아 있다. 그는 콰시무캄바와 마찬가지로 아프리카에서 각종 약초와 가축동물의 자연사를 익히 알고 있었다. 뿐만 아니라 그는 아랍의 자연사 지식도 활용할 줄 알았다. 마캉달은 가축과 사람에게 치명적인 독약 제조법을 알고 있었기 때문에 백인들은 그가 자신들에게 위해를 가할까봐 두려워했다. 게다가 그는 흑인 노예들이 아프리카에서부터 지켜왔던 보두교의 제사장이어서 플랜테이션의 흑인들에게 상당한 정신적, 영성적 영향력을 미쳤다. 그에게 약초는 식물적 우주의 재현이었으며,

그들의 치유력은 식물적 우주에 대한 종교적 믿음에 근거했다. 노예제는 보두교와 상극이었다. 마캉달은 노예제에 기반한 플랜테이션이 생도맹그의 식물, 동물, 광물을 황폐화시켜가는 상황을 그냥 두고 볼 수 없었다. 아프리카의 자연사와 플랜테이션은 양립할 수 없었다. 마침내 마캉달은 플랜테이션 체제에 반기를 들었고 탈주 노예, 즉 마룬이 되어 백인들의 통제 영역에서 벗어날 수 있는 바호루코(Bahoruco) 산맥 – 현재 도미니카 공화국의 남서쪽에 위치 – 으로 들어갔다. 이 점이 마캉달과 콰시무캄바가 결정적으로 다른 점이다.

마르티니크에서 태어난 크리오요 법률가이면서 작가인 모로(Médéric Louis Élie Moreau de Saint-Méry)가 보두교에 대한 이야기를 처음으로 기록으로 남겼다. 이전의 프랑스 선교사들이나 관리들은 보두교를 지칭하지 않고 단순한 '마법'으로 간주했다(Hurbon, 1997: 132). 1771년부터 파리 의회의 법률가로 활동하다가 1776년에 생도맹그의 카프프랑세(Cap-Français) – 현재 아이티공화국의 북쪽에 있는 카프아이시엥(Cap-Haïtien) – 로 갔다. 시 의회에서 노예의 법률문제를 다루면서 루이 에밀 모로 드 생메리는 생도맹그의 식민 정책을 깊이 관찰한 것을 토대로 《프랑스령 생도맹그 섬에 대한 지형학적, 물리적, 시민적, 정치적, 역사적인 기술》(1797)을 집필했다. 모로에 의하면, 쿨뢰브르(Couleuvre) 뱀은 "과거에 관한 지식, 현재에 대한 통찰, 미래에 대한 예지"를 갖고 있으며, 아프리카에서 끌려온 생도맹그의 노예들은 이 뱀을 숭배하기 위해 보두교 의식에 따라 춤을 추었다(DuBois, 2014: 80; Moreau, 1: 64-68). 그리스도교를 믿는 서구인들이 볼 때, 주술적 힘을 숭배하는 보두교 의식보다 생도맹그의 식민통치에 더 위험한 것은 없었다. 아프리카 종교학자 음비티(John Samuel Mbiti)가 말했듯이, 아프리카에서 주술의 힘은 자연과 인간을 유기적인 관계 속에서 지배하는 우주로부터 분출된다(Mbiti, 1969). 서구의 식민통치자들이 신봉하는 근대적 그리스도교와 아프리카의 이런 주술적 신앙이 양립할 수 없었다.

1757년에 마캉달은 플랜테이션 체제를 전복시키려는 계획에 돌입했다. 그래서 그는 당시 생도맹그의 수도였던 카프프랑세의 상수도에 독극물을 주입하여 식민통치자와 백인들을 몰살하려고 했다. 마캉달은 독약뿐만 아니라 부적을 만들어 나누어 주었는데, 노예들은 마캉달이 만들어준 부적을 갖게 되면 어떤 싸움에서도 해를 입지 않을 것이라고 믿었다. 이후 '마캉달'이라는 용어는 독약이나 부적을 지칭하는 대명사가 되었으며, 식민통치자와 플랜테이션 소유주들은 이로 인해 공포감에 떨어야 했다(Weaver, 2006: 91-94). 하지만 마캉달은 뜻을 이루지 못했다. 그는 어느 배반자의 밀고로 붙잡혀 1758년에 캅 – 프랑소와 광장에서 화형에 처해 세상을 떠났다.

1757년에 마캉달은 플랜테이션 체제를 전복시키려는 계획에 돌입했다. 그래서 그는 당시 생도맹그의 수도였던 카프프랑세의 상수도에 독극물을 주입하여 식민통치자와 백인들을 몰살하려고 했다. 마캉달은 독약뿐만 아니라 부적을 만들어 나누어 주었는데, 노예들은 마캉달이 만들어준 부적을 갖게 되면 어떤 싸움에서도 해를 입지 않을 것이라고 믿었다. 이후 '마캉달'이라는 용어는 독약이나 부적을 지칭하는 대명사가 되었으며, 식민통치자와 플랜테이션 소유주들은 이로 인해 공포감에 떨어야 했다(Weaver, 2006: 91-94). 하지만 마캉달은 뜻을 이루지 못했다. 그는 어느 배반자의 밀고로 붙잡혀 1758년에 캅–프랑소와 광장에서 화형에 처해 세상을 떠났다.

생도맹그의 백인 통치자들은 물론이거니와 프랑스의 지배 권력도 마캉달의 항쟁에 대해 충격을 받았다. 무엇보다도, 프랑스는 영국보다 우월하다고 자부했던 '열대 식물원 네트워크'(tropical botanical network, 4장)가 제대로 작동되지 않고 있다는 사실을 도저히 받아들일 수 없었다. 파리식물원(1635)을 중심으로 카리브해의 과들루프(Guadeloupe), 마르티니크, 카옌(Cayenne)−세 지역 모두 현재 프랑스의 영토이다 − 그리고 인도양에 위치한 모리셔스(Mauritius)와 레위니옹(La Réunion)을 비롯하여 몇몇 섬에도 식물원을 만들었다(Schiebinger, 2004). 프랑스의 통치자들은 열대의 식민화를 위해 식물원이 중요하다고 생각했기 때문이다.

하지만, 마캉달의 항거를 겪은 다음에, 베르사이유의 통치자들은 생도맹그의 관리들에게 식물원을 더 이상 맡길 수 없었다. 루이 16세(재위 기간: 1774-1792)는 1770년에 수도를 포르토프랭스(Port-au-Prince) − 현재 아이티공화국의 수도이다−으로 옮긴 다음에 여기에 왕립식물원을 설립(1777)하여 직접 관리했다. 생도맹그의 플랜테이션 체제를 운영했던 백인들도 열대질병에 관한 체계적인 관리를 오스피탈리에르를 비롯한 흑인 노예들에게 맡겨 두지 않았다. 그들은 루이 에밀 모로 드 생메리처럼 자발적으로 참여한 전문가들과 함께 '필라델피아 서클'(Cercle des Philadelphes, 1784)이라는 단체를 결성하여 열대의 풍토와 질병에 대한 의학적, 과학적 연구를 하기 시작했다. 이 단체는 1786년에 플랜테이션 체제를 중심으로 노예제, 농공업, 동물, 식물 등 여러 유형의 사회경제적 조사를 수행하는(McClellan, 1992: 237-240) 등 식민화 사업에 대한 연구를 시도했다. 하지만, 프랑스혁명이 발생하면서 동력을 상실했고 아이티혁명으로 결국 문을 닫고 말았다.

그러는 사이에 마캉달의 삶과 죽음에 대한 이야기가 흑인 노예들의 입을 통해 점점 퍼져갔고, 노예들에게 전설적인 영웅이 되었다. 아이티혁명을 선두에서 이끌었던 투생 루베르튀르는 16세가 되던 해에 마캉달이 불길 속에서 고통스럽게 죽어가는 광경을 직접 목격하면서 흑인 노예의 해방을 위해 헌신할 것을 다짐했다. 생도맹그의 노예들은 해방을 위한 항쟁에 돌입했다. 1791년에 혁명이 일어나자마 9월 한 달 사이에 2백 개 플랜테이션이 화염에 휩싸였다(Galeano, 1999: 143). 마캉달의 삶과 죽음은 아이티혁명의 기폭제가 되었다. 마캉달은 투생 루베르튀르를 통하여 아이티혁명으로 부활했다. 아이티혁명은 아프리카 — 유럽 — 아메리카의 자연사와 인류사의 식민적 문화융합이 어떻게 혁명적으로 전환되었는지를 극명하게 보여준다. 마캉달의 삶과 죽음은 18세기 유럽의 계몽사상조차도 지지했던 플랜테이션 체제가 식물적 우주 중심의 자연사와 결코 양립될 수 없다는 것을 실천적으로 웅변했다.

헤겔의 자연철학과 역사 인식

어릴 때부터 서구적 근대에 의해 '훈육'된 한국인들은 서구인의 몸과 마음을 얼마나 깊이 이해할까? 서구적 자아의 양파 껍질을 계속 벗겨내면 무엇을 만질 수 있을까? 찰스 테일러의 《자아의 원천》(1989)은 이런 물음에 대해 철학적으로 논의한 탁월한 역작이다. 무엇보다도 그는 서구적 자아가 역사적으로 어떻게 형성되었는지를 설득력있게 짚어낸다. 《자아의 원천》을 읽고 난 후, 헤겔이 쓴 《자연철학》(1817)을 되새김질 하고, 다시 테일러가 쓴 《헤겔》(1975)을 탐독하면서, 헤겔은 서구적 자아의 근대적 형성을 이해하는 데 출발 지점이라는 것을 깨닫게 되었다. 찰스 테일러가 볼 때, 현대 서구인과 동시대 사람인 빅토리아(Victoria) 시대의 앵글로색슨계 유럽인들의 세계관은 '급진적 계몽사상'(Israel, 2002)과 낭만주의(Berlin, 1999)가 교차하면서 만들어갔던 역사문화적 매트릭스에 놓여 있다. 헤겔은 이러한 매트릭스의 형식과 내용을 탐구하면서 서구적 자아의 '원천으로서의 자연'의 철학적 의미를 규명했다(Taylor, 1989: 355-367). 자연사에 대한 헤겔의 철학적 입장을 살펴보자.

헤겔은 생명을 '지질학적 유기체, 동물 유기체, 식물 유기체'로 파악한다. 그는 《자연철학》에서 자연을 '지질학적 자연, 식물적 자연, 동물적 자연'으로 나누어 설명하면서, "지질학적 자연은 생명의 근거이고 기반일 뿐이며" 참된 주체성이 아니라고 말한다. 헤겔은 식물의 경우에도 "잎, 뿌리, 줄기도 역시 개체일 뿐"이며 "물의 영역"이라고 주장한다. 헤겔에게 참된 생명성이 현존하는 것은 동물적 자연으로서 "불의 영역"인 동물을 통하여 생명은 비로소 주체, 영혼, 에테르적인 것이 된다고 논의했다(Hegel, 2008: II: 15-25). 광범위하게 말해서, 알렉산더 훔볼트와 괴테의 낭만주의 자연관으로부터 영향을 받았으면서도 이를 비판했던 헤겔은 자연을 "정신에게 낯선" 타자로 규정했다. 헤겔이 18세기 유럽의 '식물적 문명'(Dumas, 2004: 171)을 알았으면서도 동물에게서 생명의 주체성을 찾아낸 것은 이런 점에서 결코 놀랄만한 일이 못된다. 그가 볼 때, "식물은 타자와 관계하면서 자신을 유지하지 못하기 때문에 식물에게 그것 이외의 자연은 아직 외적 자연으로 현존하지 않"지만, "독자적으로 자연의 중심이 되는 … 동물적 생명은 … 자기 목적으로서 목적임과 동시에 수단이다." 바로 이런 이유로 "하위의 유기체인 식물은 동물 유기체라는 더 높은 개념에 도달"하는 것이다(Hegel, 2008: II: 204-5).

헤겔의 자연사에 대한 프랑스 사상가들의 비판을 간단하게 살펴본다. 앙드레 브르통의 표현을 빌리면, "동물계, 식물계, 광물계로 세계를 구분할 수 있다는 생각은 절대 오산이다." 브르통과 함께 초현실주의의 중심에 서서 활동했던 동화작가인 페레(Benjamin Péret)도 이러한 구분을 반대하면서 세계를 구성하는 4원소들의 자유로운 변신을 묘사했다. "세계는 물, 대지, 공기, 불로 되어 있는데 대지는 둥글지 않으며 그릇의 형태로 되어 있다. 그것은 하늘의 젖가슴이다."(조윤경, 2008: 387). 브르통이나 페레와 같은 시대를 살았던 바슐라르(Gaston Bachelard)도 4원소에 관해 주목할 만한 연구를 남겼다. 바슐라르는 《공기와 꿈》(1943)에서 "대지의 환희를 풍요와 중량이라 말한다면 물의 환희는 부드러움과 휴식이며, 불의 환희는 사랑과 욕망이며, 공기의 환희는 자유이다."라고 말했다(Bachelard, 1993: 246). 바슐라르는 특히 니체의 영향을 받아 '식물적 우주'(Bachelard, 2000: 396)에 주목했다. 식물적 우주는 생명의 원초적 이미지이다. 식물적 공간에서 인간과 자연은 합일을 이룬다. 이렇게 그들은 동물 유기체 중심의 자연철학을 부정했다.

자연사에 대한 헤겔의 철학적 입장은 그의 역사 인식과 맞물려 있다. 헤겔은 당시 유럽 지식 사회의 잡지인 《미네르바》나 다른 미디어 매체를 통해 아이티혁명 소식을 들었을 때 어떤 반응을 보였을까? 아이티혁명에 대한 헤겔의 인식을 선구적으로 연구했던 역사학자 벅모스(Susan Buck-Morss)는 이런 물음을 제기했다(Buck-Morss, 2009). 프랑스의 식민지 중에서 가장 부유했던 식민지에서 노예혁명이 성공했다는 소식을 들었을 때, 헤겔은 왜 아리스토텔레스의 수렁에서 빠져나오지 못하고 여전히 헤매고 있었을까? '헤겔과 아이티'를 연결해서 헤겔을 읽지 않으면 이 질문에 대답을 할 수 없다. 헤겔은 당대 유럽의 부르주아 계급의 물질적 토대가 노예무역이라는 점을 인정하지 않았다. 헤겔이 아이티혁명을 은폐시키려고 했던 이유가 여기에 있다.

헤겔의 지중해 인식은 그가 아이티혁명을 어떻게 이해했는지를 보여주는 리트머스 시험지와도 같다. "지중해는 … 세계사의 중심점이다. (중략) 지중해 없이는 세계사를 생각할 수가 없기 때문에 지중해 없는 세계사는 마치 시민 전체가 모일 광장이 없는 고대 로마나 고대 아테네와 다를 바 없다."(Hegel, 2008: 94). 이런 역사철학적 입장을 견지하는 헤겔에게 아프리카에서 끌려왔던 흑인 노예가 일으켰던 아이티혁명은 세계사적 사건이 될 수 없었다. 헤겔은 아프리카를 '어린이들의 땅' 또는 '야만과 야생의 땅'이라고 하면서 아프리카는 어떤 세계사적 의미도 지니지 못한다고 폄하했다.

> 아프리카는 세계사에 속하는 지역이 아니며, 어떤 움직임도 발전도 보이지 않기 때문이다 … . 본래의 의미로서의 아프리카는 역사가 없는 폐쇄적인 사회이고, 지금껏 완전히 자연 그대로의 정신에 사로잡혀서 세계사의 문턱에 놓을 수밖에 없는 지역이

다. 아프리카를 역사의 바깥으로 밀어낸 뒤에야 비로소 세계사의 현실 무대가 보이기 시작한다(Hegel, 2008: 105).

헤겔이 콰시무캄바와 마캉달의 이야기를 알았다고 하더라도 사태는 별로 달라지지 않았을 것이다. 아프리카와 아메리카 자연사의 식민적 문화융합을 통하여 놀라운 치유력과 사회적 힘을 추동시켰던 노예들이 혁명을 일으킨다는 것은 헤겔에게 역사 바깥의 일이었다.

그렇다면 마르크스주의자들은 헤겔과 얼마나 달랐을까? 수잔 벅-모스는 마르크스주의자들조차도 헤겔과 아이티혁명을 연결하지 못했다고 비판한다. 백인 마르크스주의자들은 노예제를 전근대적인 제도로 간주하여 서사에 포함시키지 않고 과거에서 추방시켜 버렸다. 그들은 헤겔의 비평가들 중에서 노예제를 가장 덜 중요시하는 집단에 해당했다. 백인 마르크스주의자들에게는 분명히 인종차별적인 점이 있다. 마르크스주의자들도 아이티혁명을 은폐, 침묵시켰다. 그들은 자메이카 태생의 윌리엄스가 《자본주의와 노예제도》(1944)에서 제시한 명제를 거부했다. 그 명제는 플랜테이션 체제에 의한 "노예제가 자본주의적 착취에서 매우 본질적인 근대적 제도"라는 것이다. C.L.R. 제임스는 이 명제를 지지했다.

워즈워스의 아이티혁명

격정의 20대를 보냈던 워즈워스(William Wordsworth)도 같은 나이의 헤겔과 마찬가지로 아이티혁명을 예의주시했다. 1791년에 파리를 방문했던 윌리엄 워즈워스는 프랑스혁명과 아이티혁명으로 인해 거의 광란에 휩싸인 현장에서 전율감에 휩싸였다. 워즈워스는 대번에 프랑스혁명의 경제적 토대가 노예무역과 노예제도임을 알아차렸다. 콜리지(Samuel Taylor Coleridge)와의 만남이 워즈워스의 문학적 세계에 중요한 의미로 다가왔다면, 《정치적 정의》(1793)를 썼던 고드윈(William Godwin)과의 만남은 워즈워스의 정치적 의식에 깊은 흔적을 남겼다.

다음 해에 영국으로 돌아온 워즈워스는 노예제 폐지를 위한 서명 운동이 일어나는 상황을 목격했다. 이에 자극을 받은 워즈워스는 〈투생 루베르튀르에게〉라는 제목의 '소네트'(Sonnet) – 영국에서 발달된 정형시의 일종이다 – 를 써서 1803년 2월에 《모닝포스트》라는 잡지에 게재했다.

> 투생, 세상에서 가장 불쌍한 이여!
> 시골의 젖짜는 처녀가 소 곁에서
> 그대가 듣는 가운데 노래를 하고 있어도, 그대가 지금
> 홀로 아무 것도 들리지 않는 깊은 감옥의 굴 안에 누워있어도,
> 비참한 지도자여! 어디서 언제
> 그대는 이를 이겨낼 힘을 얻겠는가? 하지만 죽어서는 안되네
> 족쇄를 찼더라도 좋은 기분을 가지시오
> 그대는 다시 일어나지 못하도록 무너졌지만
> 살아서 편한 마음을 가지시오. 그대는 인민을 위해
> 움직이는 힘을 남기었소. 그 힘이란 대기이며, 대지이고, 하늘이라오.
> 세계 곳곳에 혁명의 바람이 불 때마다
> 그대를 기억할 것이오. 그대에게는 위대한 동지들이 있소.

그대의 아군은 환희와 고통,
사랑, 그리고 인간의 굴복하지 않는 마음이라오
(한서린 번역, 2012).

이 소네트는 워즈워스가 '대기, 대지, 하늘, 바람'과 같은 낭만주의적 언어로 아이티혁명을 어떻게 은폐시키는지를 보여준다. 노예무역으로 인한 플랜테이션 체제에 저항하려는 흑인 노예들의 집단적 저항이나 아프리카에 기원을 둔 보두 신앙에 의한 그들의 종족적 정체성은, 프랑스의 식민화사업에 '순응'했던 투생이라는 인물에 의해 치환되었다. 이런 문학적 치환을 통하여 서구는 아이티혁명을 은폐시킨 것이다. 피에르 부르디외가 《실천 감성》에서 말했던 논의, "어떤 사물을 생각할 수 없는 까닭은 이를 개념화하는 데 적합한 도구가 없기 때문이다."를 여기에 적용한다면, 헤겔과 워즈워스는 아이티혁명의 열대적 토대와 식민적 문화융합을 인식하기에 적합한 개념과 방법의 언어를 갖고 있지 못했던 것이다.

3) 열대 연구를 위한 서구 사회과학의 계보학

서구 정체성의 형성 = 서구에 의한 열대의 '발명' = 서구 인간과학의 태동과 정립은 어떻게 서로 동일한 역사적 궤적을 만들어 갔을까? 이 물음에 대답하려면, 무엇보다도 먼저 미셸 푸코가 《말과 사물》의 후반부에서 말했던 개념인 '인간과학'이 18세기에 만들어지게 된 과정을 살펴보는 것이 중요하다. 종으로서의 인간인 호모 사피엔스는 칼 린네와 그의 사도들의 열대 자연사 탐험과 연구에 의해 처음으로 식물과 동물의 분류체계로 포함되었다.

유럽의 열대에 대한 생물지리적 탐험으로 얻게 된 인류학적, 식물학적, 동물학적 지식은 인간을 유럽인(europaeus albus), 아시아인(asiaticus fuscus), 아프리카인(africanus niger), 아메리카인(americanus rubescens)의 네 부류로 분류할 수 있는 근거를 마련해 주었다(3장). 열대 자연사는 인간에 대한 학문, 즉 인간과학의 생성을 추동시켰다.

인류학, 열대 종교의 문화체계

인간과학은 근대적 의미에서의 사회과학을 처음부터 내장하고 있었다. 그 중에서도 한국의 학문 체계에서 사회과학으로 분류되어 있는 인류학은 역사적으로 유럽의 열대 자연사에 대한 탐구 과정에서 형성되었다는 점에서 사회과학 분야에서 독특한 위상을 갖는다. 태생적으로 인류학은 서구 열대 자연사에 대한 인식 방법에 관한 학문이다. 이런 점에서, 레비스트로스가 말했듯이, 인류학은 자연과학과도 인문학과도 분리될 수 없다(Lévi-Strauss, 1963: 360).

유럽은 아메리카를 처음 발견했을 때부터 이 지역의 원주민들은 종교가 없다고 단언했다. 브라질과 서인도를 처음으로 발견했다고 알려진 베스푸치(Amerigo Vespucci)는 《신세계》(1504-1505)에서 "원주민들에게 교회도 없고 종교도 없다고 해서 그들이 우상 숭배자들이 아니라고 하는 점을 제외한다면 내가 설명할 게 더 이상 무엇이 있겠는가?"라고 물었다.

소위 '바야돌리드' 논쟁을 거치면서(4장), 열대에 종교가 존재하지 않는다고 판단한 유럽인들은 열대 원주민이 소유했던 대지를 어떻게 완전히 정복할 것이며, 노동력을 어떻게 마음대로 활용할 것이며, 정치적 독립성을 무력화시킬 것인지에 대해 결정을 내렸다. 예를 들면, 영국의 주교 앤드루스(Lancelot Andrewes, 1555-1626)에 의하면, 열대 원주민을 '야만인'이라고 규정하면서, 그들이 지구상의 대부분 토지를 부당하게 점거했으므로 그리스도교의 이름으로 그들의 토지를 강탈할 수 있다고 정당화했다. 야만인들은 신을 섬기지도 않고 우상을 숭배하기 때문에 야수들보다도 못하다는 것이다. 열대 원주민을 동물과 같은 위상으로 파악했던 유럽 사회가 열대 원주민들의 토지에 대한 권리를 인정할 리가 만무했다. 열대에 대한 모든 영토권은 열대 원주민이 아닌 유럽 사회에 귀속되어야 했다. 그로티우스(Hugo Grotius)는 해양에 대한 네덜란드의 식민적 욕망을 국제법을 통해 정당성을 부여했으며, 로크(John Locke)는 대지에 대한 영국의 욕망을 자연법에 의해 정당화했다(허재훈, 2014; Arneil, 1996: 135-136).

지리적 존재로서의 인간이 자신이 살아갈 가장 기본적인 땅 조차도 타인에게 빼앗긴 상황에서 타인과의 물품 거래, 즉 무역은 무엇을 의미했을까? 서아프리카에서 처음으로 무역을 시작했던 포르투갈 상인들을 비롯해 열대의 원주민들과 무역을 하고자 했던 유럽 상인들이 볼 때, 열대 원주민들은 물품의 가치를 평가할 생각이 전혀 없었다. 원주민들은 자신의 '의식'(儀式)에 사용되는 동물들의 뼈, 깃털, 조약돌 등을 '주물'(呪物)이라고 하여 높게 평가하면서도 정작 유럽인들에게 필요한 교역 물품에 대해선 그 진가를 판단할 줄 몰랐다는 것이다. 유럽 나라들 중에서도 포르투갈이 처음으로 서아프리카에서 무역을 시작했기에, 주물을 뜻하는 포르투갈어인 'feitiço' 또는 크리오요 방식으로 표기된 'fetisso'라는 용어가 사용되었다. 종교를 갖지 않는 원주민의 주물에 대한 이러한 의식(意識)은 유럽의 관점에서 볼 때 두 가지를 의미했다. 하나는 열대의 원주민은 사회질서와 조직을 전혀 갖추지 못했다는 것이며, 다른 하나는 유럽이 열대 자원을 획득하는 데 방해가 되는 원주민을 그리스도교로 개종시키는 것은 신의 뜻임을 의미했다.

영국의 런던선교회(London Missionary Society, 1795)의 초기 역사는 선교사들과 열대 원주민 사이의 식민적 문화융합을 이해하는 데 중요한 의미를 갖는다. 선교회가 설립되자마자 하위즈(Thomas Haweis)는 기독교 선교가 전지구적으로 뿌리를 내릴 수 있기 위해 선교회가 세계 어느 지역에 제일 먼저 진출해야 하는지에 대한 몇 가지 지침을 제공했다(Chidester, 2008: 46-47). 그는 풍토가 선교에 바람직하지 못한 영향을 미칠 수 있다고 생각하여 매우 추운 지역이나 매우 더운 지역을 배제시켰다. 다음으로 하위즈는 중국과 같이 전제군주제가 발달한 곳도 선교에 적합하지 않다고 생각해 선교 장소로 고려하지 않았다. 아울러 그는 힌두교와 불교가 발달했던 인도나 이슬람 지역과 같이 거짓 종교의 만성적 편견들로 가득 찬 지역들도 기독교 선교를 실행하기에 적합하지 않다고 판단했다. 비록 하위즈는 아메리카를 선교 지역으로 간주하지는 않았지만, 아프리카, 중국, 일본, 인도, 아랍을 이런저런 이유로 배제했다. 결국 하위즈가 선교 지역의 조건으로 타당하고 생각했던 모든 조건들을 충족시켜 주는 지역으로 남태평양의 타이티가 1795년에 선정되었다(Lovett, 1899). 이런 선정은, 프랑스의 부겐빌, 영국의 제임스 쿡과 조셉 뱅크스 등이 이미 타이티를 발견하고 탐험하고 돌아온 후에 타이티가 18세기 유럽의 신세계로 부상하면서 유럽인들에게 큰 관심을 불러일으켰던 시대적 맥락과 맞닿아 있다.

런던선교회의 선교사들은 1797년에 타이티에서 선교 활동을 시작하며 토착 문화를 면밀하게 관찰하고 기술과 기록을 해 나가면서 '문화체계'라고 하는 일종의 '에스노그라피' 개념을 만들어내기에 이르렀다. 이런 상황은 열대 타이티와 서구의 식민적 문화융합을 인식하는 데 대단히 중요한 의미를 갖는다. 왜냐하면 종교학자 허버트(Christopher Herbert)가 《문화와 아노미》에서 명쾌하게 설명했듯이, 유럽 사회가 문화에 대한 개념을 구축하기 오래전에 기독교 선교사들은 열대 남태평양의 문화체계들을 이미 표상하고 있었기 때문이다(Herbert, 1991). 일반적으로 널리 알려져 있는 통념은 유럽이 먼저 자신의 문화체계를 개발해내고 난 후에 그것을 열대에 적용했다는 것인데, 런던선교회가 타이티에서 선교 활동을 하면서 에스노그라피의 문화체계를 정립했다는 것은 기존의 통념이 설득력이 없음을 분명하게 보여주었다. 이처럼 타이티와 잉글랜드 사이의 식민적 문화융합을 통해서 런던선교회는 문화체계를 만들어냈으며 서구 인류학의 열대 종교에 대한 인식은 이런 열대학적 계보에 맞닿아 있는 것이다.

사회학과 심리학 - 문명화과정

문명 또는 문명화는 원래 18세기 말 프랑스에서 창안된 개념인데, 크게 보면 이는 두 가지 과정을 통하여 이루어진 것이다. 프랑스 계몽사상가들과 중농주의자들이 열대 지역의 미개하고 야만적인 노예들과 프랑스 사회를 구별하기 위한 용어를 찾는 과정에서 문명이라는 단수적 개념이 등장했다. 프랑스만이 문명을 갖고 있었기에 복수로 사용될 수 없었다. 중농주의자인 튀르고(Anne-Robert-Jacques Turgo)가 프랑스에서 처음으로 문명이라는 용어를 사용했는지에 대해 논쟁이 있어 왔다. 그는 당시 프랑스에서 널리 읽혀졌던 소설《페루 여인의 편지》(1752[1747])의 저자 그라피니(Françoise de Graffigny)에게 보내는 서문에서 "페루 여인은 야만인과 문명인(homme policé) 사이의 호혜적 이익을 고려해야만 한다."라고 말했다(Graffigny, 2009). 여기서 주목을 요하는 점은 튀르고가 프랑스에서 최초로 문명이라는 용어를 사용했는지의 여부가 아니라, 프랑스와 페루 사이의 통상과 무역 과정에서 이 용어가 등장했다는 것이다.

이런 관점에서 문명화와 관련한 중요한 저작으로 평가받는 엘리아스(Norbert Elias)의《문명화 과정》(1939)을 열대학의 관점에서 읽어본다. 그는 "문명 개념은 서구의 자아의식을 표현한다."라고 처음부터 서구중심적 정체성의 관점에서 문명을 정의했다. 그래서 엘리아스는 "문명 개념은 식민지 국가들이 지속적으로 팽창하려는 경향을 표현하기 위한 기능을 한다."는 것을 익히 알고 있었다. 그에 따르면, 중농주의자인 미라보(Victor de Riquetti, Marquis de Mirabeau)는 '문명화하다'(civiliser)라는 동사로부터 문명이라는 명사를 처음으로 사용한 인물이다. 엘리아스는 문명의 개념은 케네(François Quesney)가 사상적 토대를 마련했던 중농주의적 이념을 가장 확실하게 반영한다고 말했다. 중농주의적 이념은 18세기 중반 이후 프랑스 사회의 해외 식민지와의 급증하는 통상과 무역에 기초했다(Higgs, 1994; Vardi, 2012).

프랑스의 자본과 인구가 증가하면서 외국과의 교역 네트워크는 더욱 확대되었으며 산업과 경제는 더욱 활발해졌고 교통과 통신은 더욱 확충되었다. 그 결과 프랑스와 열대 식민지 사이의 사회경제적 통합이 더욱 확대되고 강화되었다. 이런 상황에서 중농주의자들은 열대 식민지와의 통상과 무역의 과잉 발달로 야기되는 프랑스 사람들의 도덕적 폐해를 통제하기 위해 문명의 개념을 창안해냈던 것이다.

엘리아스의 《문명화 과정》을 좀 더 깊이 들여다보면, 프랑스와 열대 식민지의 관계 속에서 문명 개념이 발생했다는 것을 확실하게 알 수 있다. 문명에 대한 엘리아스의 사회적 발생론은 아프리카 가나(Ghana)에서의 사회학자로서의 체험에 그대로 투영되어 있다. 아프리카 예술을 '르네상스' 시기의 예술과 비교하면서 그는 르네상스 시기에는 문명화가 엄청나게 이루어졌다고 말했다(Elias, 1994[1990]). 문명에 대한 엘리아스의 이런 서구중심주의적 견해는 프로이트의 문명론에 근거하고 있다. 프로이트에 의하면 "문명의 본질은, 개인적으로는 만족을 얻을 수 있는 가능성을 전혀 제한하지 않았던 사람들이 공동체 구성원으로서는 그 가능성을 스스로 제한한다는 사실에 있다." 다시 말해서 문명화 과정이라고 함은 사회적 통제가 '자기 통제'로 나아감을 의미했다. 엘리아스는 프로이트의 이런 문명론에 근거하여, "문명은 '이성적인 것'이 아니다. 그것은 '합리적인 것'도 아니며, 그렇다고 '비합리적인 것'도 아니다."(Elias, 1994: 95)라고 말했다. 프로이트의 문명론을 가나 사회에 적용했던 엘리아스에 의하면, 원시 사회에서의 자아와 초자아의 사회심리적 형성은 유럽 사회의 그것과 다르기 때문에, 문명화된 유럽인들과 달리 가나 사회에서의 원주민들은 스스로 자기 통제를 할 수 없다는 것이다. 엘리아스가 볼 때, 프로이트가 자아와 초자아로 개념화했던 인간의 특성은 인간의 본성이 아니라 장기적인 문명화 과정의 결과였다. 그래서 엘리아스는 문명화 과정을 이해하려면 인간의 본성과 전체 사회구조의 관계를 연구해야 한다고 주장했다.

앞에서 논의했듯이, 18세기 프랑스는 생도맹그에 플랜테이션을 운영하면서 수많은 노예들을 지배했는데, 프랑스 정부에서 파견되었던 관료들은 프랑스가 이 노예들을 문명화시켜야 식민지를 제대로 통치할 수 있다고 주장했다. 아메리카의 식민 관료들과 서신 교환을 하면서 식민지의 상황을 예의주시하고 있었던 레날, 볼테르, 뷔퐁 등의 계몽사상가들은 노예들에 대한 문명화 사업을 추진해야 한다고 주장했다. 이렇게 볼 때, 문명화는 프랑스가 열대를 식민화하는 과정에서 성립된 개념임을 알 수 있다.

아이티혁명으로 노예들이 해방되자, 프랑스 관료들은 노예들을 폭력적으로 통치하기보다도 문명화가 식민 지배를 위한 효과적인 방안이 될 수 있다고 간주했다. 당시 신세계의 최대 무역 시장인 생도맹그에서 일어났던 아이티혁명은 프랑스의 계몽주의 사상가들의 입장에서는 도저히 상상할 수조차 없었다. 왜냐하면 그들이 볼 때 유럽이나 미국에서의 노예들은 자신의 운명을 스스로 결정할 수 있는 권리를 가질 수 없었기 때문이다. 문명화된 프랑스 사회만이 이를 결정할 수 있다고 생각했는데, 아프리카에서 건너왔던 생도맹그의 흑인 노예들은 프랑스 통치자들로부터 문명화 '훈육'을 받지 않고도 스스로 노예제의 굴레를 벗어던졌던 것이다. 프랑스 사회의 경제적 토대였던 노예무역과 노예제도는 파국적 위기에 직면했을 뿐만 아니라 식민제도의 개혁도 절박하게 요청되었는데, 이런 상황은 문명화라는 개념이 프랑스에서 형성되는 중요한 역사적인 맥락이 되었다. 이와 같이 문명화 개념의 성립 과정은 프랑스의 열대 식민지에 대한 지배와 불가분의 관계에 있는 것이다.

지리학, 열대질병의 환경위생적 통치

영국동인도회사 소속 의사였던 린드(James Lind)가 1768년에 쓴 《열대의 유럽인들에게 발생하는 질병》은 향후 유럽 사회의 열대질병에 대한 지리적 인식의 준거점이 되어 왔다. 그는 유럽, 아프리카, 서인도제도, 동인도제도의 풍토를 서로 비교하여 유럽인들이 열대에서 겪게 되는 질병들을 의료지형학적 관점에서 관찰했다. 그는 열대질병이 발생하는 지리적 위치와 장소에 따라 유럽인들에게 질병의 소견이 다르게 나타난다는 사실에 주목했다(이종찬, 2009a: 144). 이 책은 1811년까지 6판을 거듭할 정도로 유럽 사회에 널리 읽혔다.

이런 흐름 속에서 '열대질병'(tropical diseases)이라는 용어는 영어권에서 모즐리(Benjamin Moseley)가 쓴 《열대질병, 군사 작전, 그리고 서인도제도의 풍토》(1804)에서 처음으로 사용되었다. 이 책의 제목은 유럽이 서인도제도에서 군사 작전을 전개하는 과정에서 열대질병이 창안되었음을 강력하게 시사한다. 다시 말해서 열대질병에 대한 유럽의 지리적인 인식은 서인도제도라는 열대 공간과 밀접히 관련되어 있을 뿐만 아니라, 유럽의 식민지 개척을 위한 군사 작전은 이런 연관성을 현실화시켰다는 것이다. 또한 자메이카에 체류했던 영국의 의사 잭슨(Robert Jackson)은 히포크라테스 저작들을 읽은 후에 자신이 열대 자메이카에서 관찰한 각종 열대질병들을 이해하게 되었다고 말했다. 이는 풍토와 기후에 대한 지리학적 이해가 열대질병의 특성을 파악하는 데 필요조건이었음을 의미했다.

18세기 말 프랑스 의사들은 질병에 대한 각종 통계 자료들에 바탕을 둔 통계학적 지식과 지리학을 결합하여 열대에 대한 풍토적 지식들을 체계화하기 시작했다. 프랑스의 위생 분야 전문가인 알레(Jean Noël Hallé, 1754-1822)가 1787년에 '의료지리학'(géographie médicale)이라는 용어를 처음으로 사용한 것도 열대 아프리카를 이해하기 위해서였다. 여기서 중요한 것은, 알레가 계몽사상가들이 대거 참여했던《백과사전》 중에서도 의학을 다룬 별도의 책에서 '위생'(hygiène)을 아프리카에 대한 의료지리학적 관점에서 이해했다는 점이다. 즉, 프랑스에서 위생의 개념은 열대 아프리카에 대한 의료지리학적 인식 과정에서 생성된 것이다(이종찬, 2013). 18세기 말에 지리학은 유럽이 열대 풍토의 아시아, 아프리카, 아메리카의 질병을 이해하는 데 필요한 학문으로 부각되었고, 의료지리학은 이런 맥락에서 생겨났다.

서구는 19세기를 거치면서 열대질병을 통제하지 않으면 서구 문명을 계속 유지하고 확대해갈 수 없다는 '믿음'을 갖게 되었다. 열대질병은 서구의 존립 자체를 위협하는 위험 요인으로 부각된 것이다. 그래서 이에 대한 통제는 환경위생과 보건의료의 영역에 국한된 문제가 아니라, 서구 문명의 사활이 걸린 문제라는 인식이 서구 사회에 뿌리를 내렸고 확산되었다(6장). 열대 식민지를 효과적으로 통치하는 데 군사의학이 발달하게 된 것도 이와 관련된다. 프랑스에서 의료지리학이 군대에서 발달하게 된 것은 1830년대에 프랑스가 알제리를 포함하여 아프리카에 본격적으로 진출하면서부터였다(Osborne 1992). 뿐만 아니라, 프랑스 정부는 자국의 식민 경제에서 매우 중요한 위상을 차지했던 서인도제도나 인도차이나와 같은 지역을 통치하고, 이 지역의 자국민들을 보호하기 위하여 열대질병을 위생적으로 통제할 필요가 있었다. 19세기 프랑스에서의 의료지리학의 형성은 열대에 대한 식민주의적 통치 과정에서 이루어진 것이다.

프랑스의 제3공화국(1870-1904)은 열대 식민지 사회에 대한 문명화 사업을 제국주의의 기치로 내걸었다. 제3공화국은 1870년부터 아프리카와 인도차이나 지역의 토착 원주민들을 문명화해야 한다는 사명감을 갖게 되면서, '문명화 사명'(mission civilisatrice)은 제3공화국의 식민 정책을 위한 캐치프레이즈가 되었다(Conklin, 1997: 11).

그런데 제3공화국에서 문명화 사명을 추동했던 초기의 세력은 정부 관료들이 아니라 파리지리학회(Paris Société de Géographie)였다. 지리학자들은 문명화야말로 "국가의 번영을 위한 필수적인 조건"이라고 강조하면서, "페네키아, 그리스, 로마, 이슬람, 베네치아, 제노바, 포르투갈, 스페인, 네덜란드는 해외 사업이 실패했던 시기에 쇠퇴했다."라고 말했다. 그래서 프랑스의 해외 식민지 개척을 위해 "지리학 운동에 참여하는 것은 모든 프랑스 사람들의 애국적인 의무"라고 주장했다. 지리학은 프랑스가 새로운 식민지를 개척하는 데 중심적인 과학으로 부상되었다. 1870년대에 프랑스는 유럽의 어느 국가보다도 지리학회의 숫자와 학회 회원들이 압도적으로 많았다. 독일이 5,300명, 영국이 3,371명이었던 데 비해, 프랑스는 9,500명이나 되었다(McKay, 1943: 231). 지리학은 "확실히 모든 제국의 과학들 중에서 여왕"이 되었다. 제국주의와 지리학은 떼려야 뗄 수 없는 관계가 된 것이다(Hudson, 1972). 지리학자들에 의하면, 프랑스가 아프리카나 인도차이나와의 통상과 무역을 증진시켜야 식민지를 획득할 수 있기 때문에, 이를 위해서는 식민지 사회의 토착 원주민들이 문명화되어야 한다는 논리를 펼쳤다. 제3공화국 초기에 지리학자들의 이런 주장을 식민 정책으로 실행하는 데 가장 앞장섰던 쥘 페리(Jules Ferry)는 "뛰어난 인종은 열등 인종을 문명화시킬 의무가 있다."라고 과감히 말하면서 오직 프랑스만이 문명화 사명을 갖는다고 주장했다(Mckay, 1943).

인구학, 유럽의 열대 '인종'과의 대면

서구적 근대의 관점에서 인구 조사는 유럽 본국보다도 페루(1548), 북아메리카의 스페인 식민지(1576), 버지니아(1642), 캐나다 지역(1660) 등의 정복 지역에서 먼저 이루어졌다(Stigler, 2005: 343). 이는 무엇을 의미하는가? 유럽의 열대와의 무역 확대는 유럽인들이 인구의 의미와 국가적 중요성을 인식하는 데 촉매 역할을 했다. 프랑크(Johann Peter Frank, 1745-1821)는 당시 합스부르크 제국의 보건의료 분야 관리들의 필독서였던 《의사경찰(醫事警察) 체계》(1779-1817)에서 '의사경찰'의 개념을 제안하면서, 유럽이 열대를 효과적으로 지배하려면 무엇보다도 인구 관리가 중요하다고 강조했다(Frank, 1976). 그는 의사경찰의 중요한 과제를 세 가지로 나누었다. 첫째, 인구를 증가시키며, 둘째, 보건위생의 증진을 위해 필요한 법률적 제도를 확립하고, 셋째, 의사 및 보건의료 인력을 확보하는 것이다(이종찬, 2009c: 244). 그는 유럽과 열대 사이의 교역이 국가 통치에서의 인구 관리에 어떤 의미를 갖는지를 어느 누구 보다도 예리하게 파악했다. 요한 피터 프랑크는 네덜란드동인도회사가 동남아시아 무역의 중심지였던 바타비아를 식민 지배하고, 스페인이 페루와 멕시코의 광산을 관리하며, 유럽인들이 아메리카에서 설탕, 차, 커피를 재배하기 위해 플랜테이션을 경영하면서 아프리카에서 건너온 노예들과 대면하는 과정을 예의주시했다. 중상주의 시대에 국가의 안전과 국민의 복지를 증진시키기 위하여 인구 정책이 가장 중요하다고 강조한 것이다.

유럽의 열대와의 교역과 인구의 연관성에 대한 프랑크의 생각은 루소(Jean Jacques Rousseau, 1712-1778)의《인간 불평등 기원론》(1755)으로부터 영향을 받았다. 루소에 의하면, 몽테스키외를 비롯하여 뷔퐁과 디드로 등의 프랑스 백과전서파들은 아프리카, 인도, 동남아시아, 아메리카 등의 열대 지역을 직접 다녀온 사람들의 여행기를 읽으면서 열대의 인구가 많다는 사실에 놀라워했으며, 이를 프랑스의 인구 문제와 연관지어 고민했다.

> 국가는 한편으로는 부유하게 되면서도 다른 한편으로는 약해지고 인구가 감소한다. 만일 가난한 국민들이 치명적인 유혹에 이끌려 부유한 국가를 침략하게 되면, 가장 강력한 군주 국가들도 마침내 가난한 국민들의 먹이가 되고 만다(Rousseau, 2010: 152).

루소는 유럽과 마찬가지로 아시아와 아프리카에도 수많은 미개인들이 많은 이유를 알고 싶었을 뿐만 아니라, 지구상에는 유럽인들이 아직 모르는 '인종'들이 언젠가 유럽인들을 침략할지도 모른다고 두려워했다. 이런 두려움은 프랑크를 비롯하여 당대의 많은 유럽인들 사이에서 퍼져 나갔다. 이런 맥락에서 프랑크는 인구 관리 중심의 의사경찰 제도를 제창했던 것이다. 여기서 중요한 점은 루소와 프랑크 모두 열대와의 연관성 속에서 유럽이 해결해야 할 인구 문제를 짚어내려고 했다는 점이다. 루소는 토마스 맬서스의 《인구론》에 크게 영향을 미쳤다. 맬서스의 책은 출간되자마자 크게 주목을 받았다. 결국 유럽은 열대의 생물지리적 탐험과 식민적 문화융합의 과정을 거치면서, 자신의 인구 문제를 해결하지 않으면 존립 자체가 불가능하다는 것을 심각하게 인식했으며 이를 해결하려고 했다.

이상과 같이, 문화, 문명화, 위생, 인종은 서구가 열대를 식민화하는 과정에서 창안된 개념들이다. 서구의 열대 해양무역은 근대 사회과학의 출발점이다. 서구와 열대의 교역이 활발해지면서, 서구는 열대에 대한 제국적 욕망을 식민화 사업을 통해 실현시켜 나갔으며 열대의 식민통치를 위한 학문적 개념과 이론이 절박하게 요청되었다. 이런 과정에서 인류학, 사회학과 심리학, 지리학, 인구학과 같은 근대 사회과학의 개념, 방법, 이론들이 형성되었다. 하지만, 더욱 세분화되고 있는 현대 사회과학의 한 꼭지에만 매달리고 있는 연구자들은 자신의 열대적 계보를 망각해버렸다. 물론 그들은 오귀스트 콩트, 장 자크 루소, 토마스 맬서스, 노르베르트 엘리아스를 공부한다. 하지만 현대의 사회과학자는 이 사상가들이 당대에 열대를 인식하는 과정에서 사회학, 인류학, 인구학, 심리학의 기본 개념들을 어떻게 창안했는지에 대해 대체로 문제의식이 없다. 서구 사회과학자들은 의식적이든 무의식적이든 간에 사회과학적 개념의 열대적 장소성을 은폐시켜 왔다. 그렇다고 하더라도 한국의 사회과학자들까지 서구중심적인 사회과학을 답습하면서 열대를 은폐시키고 있는 것은 심각한 문제임에 틀림없다.

2. 서구 정체성의 물질적 토대와 이념적 정당성

1) 산업혁명, 서구적 근대의 역사지질학적 힘

산업혁명, 서구의 열대 식민화

산업혁명은 서구 정체성의 물질적 토대를 구축하는 데 중요한 동력이 되었다. "근대 역사학자들이 자본주의의 '기원'과 뿌리를 찾으려고 끊임없이 탐색하는 것은 연금술사가 금속을 금으로 바꿀 수 있는 현자의 돌을 찾아내려는 것보다 더 나을 게 없다."(Chauduri, 1990: 84)라고 말했던 역사학자 차우두리(K. N. Chauduri)의 입장은 산업혁명의 기원에 대한 탐색에도 그대로 해당한다. 산업혁명이 영국에서 면방적과 증기기관에 관련된 기술을 중심으로 맨체스터의 공장들에서 시작되었다는 기존의 인식에 비판적인 견해들은 산업혁명을 전지구적인 맥락에서 파악하고 있다.

첫 번째 입장은 아프리카와 유럽의 무역 교류가 시작되면서 근대적 공장이 시작되었다고 바라본다. 흔히 공장에 해당하는 영어 'factory'는 맨체스터가 산업도시로 도약하기 수세기 이전에 포르투갈이 아프리카에 진출하기 위해 이 지역에 설치한 'feitoria'(무역 상관)에 기원을 두고 있다. 이 시설은 포르투갈이 자국에 설치했던 제조 시설인 'fabricação'

과는 완전히 다른 것이다. 포르투갈이 무역 상관을 처음으로 설립했던 서아프리카에서 무역대표자를 의미하는 'factor'로부터 'factory'라는 개념이 등장했다(Linebaugh & Rediker, 2000: 240). 공장은 외국이나 식민지에 설치된 무역 상관으로 칙허장(royal charter)에 의해 독점권을 허가받았으며, 칙허장에 따라 무역대표자들이 식민지의 산업기지로 파견되었다. 영국이 만든 '공장'은 인도를 비롯하여 세계 곳곳에 설치되었다. 이렇게 볼 때, 식민지의 산업기지들이 영국으로 수렴되면서 맨체스터의 공장들이 만들어진 것이다. 맨체스터가 방적도시라는 이름을 얻게 된 까닭은, 이 도시에서 방적을 해서가 아니라, 이 도시가 식민지의 면화 농장과 실의 재수출을 위한 방적을 연결하는 중간 기착지가 되었기 때문이다.

첫 번째 입장보다도 훨씬 설득력이 있는 두 번째 입장은 라틴아메리카의 카리브해에 있는 소위 '설탕 섬'에서 시작된 '설탕 플랜테이션'이 최초의 근대적 공장이라는 것이다(Mintz, 1985: 19-73). 산업혁명은 공장이 아닌 '농공업'(agro-industry)에서 시작했다. 시드니 민츠에 의하면(1장), 농공업이란 "인간의 노동을 기계로 대체하고, 대규모 소유 농지에서 대량 생산을 하며, 과학적인 방법과 생산물(비료, 제초제, 각종 가축의 양육, 관개시설 등)을 집중적으로 사용하는 것을 통상적으로 의미한다."(Mintz, 1985: 51) 〔그림 3-7. 트리니나드 남부의 설탕 플랜테이션〕은 농공업의 이런 성격을 명확하게 보여준다. 이런 농공업에서 제일 중요한 특징은 '규율'이었다. 왜냐하면 어느 누구도 규율을 제대로 지키지 못하면 생산력을 발휘할 수 없었기 때문이다. 다음으로 생산 목표를 달성하기 위해 노동력을 전문가와 비전문가로 나누어 조직화했다는 점이다. 또 다른 특징은 시간의 효율적 관리를 실천했다는 점이다. 사탕수

그림 3-7. 트리니나드 남부의 설탕 플랜테이션 (C. Bauer, 1850년경)

수를 재배하여 설탕을 정제하기까지 철저한 시간 관리가 산업의 성패를 좌우했다. 이 세 가지 특징만으로도 사탕수수 농장이 아닌 사탕수수 공장으로 불러도 무방할 것이다. 이에 더하여, 민츠는《설탕과 권력》에서 두 가지 특징을 더 추가하고 있다. 하나는 설탕의 생산과 소비가 분리되었다는 점이다. 즉, 사탕수수 공장의 노동자들은 설탕을 소비할 수 없었다는 것이다. 다른 하나는 노동자와 노동 수단이 철저히 분리되었다는 점이다. 이런 입장에서 볼 때, 자본주의의 총아로 간주되었던 설탕 플랜테이션은 잘 훈련된 대규모 노동력, 노동 분업과 통합이 적절히 이루어진 작업 과정, 정교한 정제 기술, 값비싼 시설과 장비로 구성되었다(Mintz, 1985: 52). 산업혁명은 유럽이 아닌 열대 카리브해의 사탕수수 플랜테이션에서 시작된 것이다.

세 번째 입장은 산업혁명을 유럽과 열대 사이의 전지구적인 무역 교류의 맥락에서 인식해야 한다는 것이다. 노예, 설탕, 매뉴팩처 제품으로 이루어진 대서양 삼각무역에 의해 축적된 자본이 인도산 면화 시장에서 공급되고 있는 면공업과 결합하여 산업혁명을 추동시켰다. 아시아 최초의 기계화된 면직 공장인 뭄바이(봄베이)는 영국 산업혁명의 젖줄이 되었다. 트리니다드토바고의 수상을 지낸 역사학자 에릭 윌리엄스의《자본주의와 노예제》에 의하면, 글래스고의 은행들 중에서 제일 먼저 설립된 '조선(漕船)은행'의 대주주들은 노예, 설탕, 담배 무역으로 부자가 된 사람들이다. 노예무역에서 축적된 이윤이 유럽 산업혁명의 재원이 되었다(Williams, 1994[1944]: 101-102). 다시 말해서 노예제에 근거하고 있는 사탕수수 플랜테이션과 근대적 산업자본주의가 결합하여 산업혁명이 일어난 것이다.《자본주의와 노예제》를 시드니 민츠의 《설탕과 권력》과 함께 탐독한다면, 이런 결합 과정을 확실히 인식할 수 있다.

이런 시각에서 볼 때, 열대의 플랜테이션과 서구의 산업자본 축적은 서로 맞물려 전개되었음을 알 수 있다. 뿐만 아니라, 미국의 브라운대학 설립자인 브라운(Brown)가의 네 형제(Nicholas, Joseph, John, Moses)는 노예무역과 플랜테이션으로 축적한 자본으로 미국 독립전쟁에서 사용된 대포를 만드는 데 필요한 용광로를 워싱턴(George Washington) 장군에게 제공했다. 형제 사이에 노예제에 대한 입장이 서로 달랐다. 존은 노예무역을 지지했고, 모스는 노예제 반대 운동에 앞장섰다. 존 브라운이 앞장서서 노예무역을 통하여 미국 매사추세츠로 당밀(糖蜜)을 운송하여 럼주를 생산했다. 이 노예무역으로 자본을 축적했던 브라운가는 워싱턴과 프랭클린(Benjamin Franklin) 등 미국 독립의 지도자들에게 용광로를 제공했던 것이다. 만일 워싱턴과 프랭클린이 노예무역에 의한 플랜테이션 자본의 지원을 받지 않았더라면 1774년에 독립을 쟁취할 수 없었을 것이며 아마 더 늦어졌을지도 모른다.

결국 서구적 근대의 물질적 토대인 산업혁명은, 유럽이 자신의 독자적인 경제력과 사회조직으로 이루어낸 것이 아니라, 노예제에 의한 열대 노동력의 착취와 설탕, 면, 커피, 담배를 중심으로 한 식민화 사업이 이루어지면서, 추동되었다. 아프리카 흑인 노예에 대한 노동력 착취, 아메리카의 '수탈된 대지'(Galeano, 1971), 서구의 시장이 서로 결합되면서(Burbank & Cooper, 2010: 157) 산업혁명이 발달되어 갔다는 세계사적 인식은, 서구중심주의 역사를 극복하기 위한 필수조건이다.

2) 과학혁명, 서구적 근대의 이념

과학혁명, 열대 자연사의 은폐

산업혁명이 서구 정체성의 물질적 토대를 제공했다면, 과학혁명은 서구 정체성의 이념적 정당성을 제공해왔다. 17세기 과학혁명에 대한 '전통적' 관점이든 '새로운' 관점이든지 간에 이런 입장을 취하는 거의 모든 연구들은 갈릴레이와 케플러(Johannes Kepler)가 천문학에서, 베이컨이 실험 방법에서, 하비가 생리학에서, 데카르트와 라이프니츠(Gottfried Wilhelm Leibniz)가 기하학과 수학에서, 보일(Robert Boyle)이 화학에서, 뉴턴이 고전 역학 등에서 새로운 패러다임을 정립한 것으로 이해하고 있다(김영식, 2001; Shapin, 1996). 비록 과학혁명이라는 용어는 사용하지 않았지만, 화이트헤드(Alfred N. Whitehead)도 《과학과 근대세계》에서 12명의 천재들이 살았던 17세기를 '천재의 세기'라고 불렀다(Whitehead, 1967[1926]). 베이컨, 하비, 케플러, 갈릴레이, 데카르트, 파스칼, 호이겐스(Christiaan Huygens), 보일, 뉴턴, 로크, 스피노자, 라이프니츠가 포함되었다.

그런데 17세기 사람들은 과연 과학혁명이 일어나고 있었다는 사실을 당시에 알고 있었을까? 과학사학자인 샤핀(Steven Shapin)은 "과학혁명과 같은 그런 것은 없었다."라고 기존의 통념을 뒤엎는 주장을 했다. "17세기에는 압도적으로 많은 사람들이 유럽에 살지 않았고, 그들은 자신들이 17세기에 살고 있다는 것도 몰랐고, 과학혁명이 일어나고 있음을 깨닫지도 못했다."(Shapin, 1996) 마치 조선 후기의 인민들이 지식의 사회화가 단절되고 모든 소통 수단이 꽉 막혀 있었던 시대적 상황에서 '실학자'들이 존재했다는 것을 모르고 있었듯이, 17세기 유럽인들도 자신의 시대에 과학혁명이 일어나고 있었다는 사실을 알 턱이 없었다.

그러나 과학혁명이 실제로 있었다고 믿거나 그런 것은 없었다고 믿거나 간에, 몇 가지 복합적인 이유 때문에 양쪽 모두 과학사에 대한 기존의 역사 인식을 보여준다는 점에서 크게 다를 것이 없다. 우선, 양쪽은 과학혁명 또는 과학적 근대가 시간적으로 주로 17세기에 이루어졌다는 것을 전제로 하고 있다. 특히 과학혁명이 실제로 존재했음을 믿는 과학사와 과학철학의 주류 학자들은 17세기를 서구 문명이 크게 진보한 시기로 파악하면서 유럽의 '신화'로 만들었다. 자연사를 철학적으로 사유했던 스티븐 툴민은 《코스모폴리스》에서 "이런 신화화가 역사를 얼마나 망쳐버렸는가에 관해 뼛속 깊이 반성해야 마땅하다."라고 주장했다(Toulmin, 1997: 276). 16세기 몽테뉴, 셰익스피어, 라블레(François Rabelais)가 보여주었던 인문주의를 밀쳐내고 17세기 데카르트와 뉴턴의 이성주의에 근거한 과학혁명에 과도하게 집착하게 된 까닭은, 툴민에 의하면, 역사학자들이 합의하고 있는 '17세기의 총체적 위기'(Parker & Smith, 1997)를 서구중심주의 과학사와 과학철학들이 무시하고 외면했기 때문이다.

서구중심주의 과학사학자들이, 16세기 유럽에 '과학'이 분명히 존재했음에도 불구하고 이를 무시하고 17세기 과학혁명만을 내세우는 이유는 무엇일까? 대답은 의외로 단순하다. 16세기 유럽에서 발달했던 지리학, 지도학, 자연사 및 약초생물학, 탐험과 항해학, 부기(簿記) 등과 같은 지식체계는 과학이라고 간주하기를 꺼려하기 때문이다. 그들은 수학, 물리학 및 역학, 생리학, 화학을 과학의 본령이라고 한다(山本義隆, 2010). 16세기 유럽의 이러한 지식체계가 서구의 열대 공간과의 접속 과정에서 형성되었음을 인식한다면, 열대 공간은 서구적 근대의 형식과 내용을 만들어가는 데 중심적인 공간이었음을 다시 한 번 확인하는 셈이다. 뿐만 아니라, 서구중심주의 과학사가 열대를 어떻게 은폐시켰는지도 명백히 알 수 있다.

17세기 과학혁명에 대한 과학사학자들의 과도한 쏠림은 16–18세기 자연사에 대한 무관심으로 이어졌다. 16세기 자연사학자인 페르난데즈 오베이도와 호세 아코스타가 아메리카에서 만들어갔던 열대 자연사는 과학혁명의 초기 단계라고 볼 수 있다(Barrera-Osorio, 2006). 이들의 영향을 받은 17세의 자연사학자 레이(John Ray)와 윌러비(Francis Willughby)는 유럽 전역을 다니면서 열대 지역에서 갖고 들어온 식물과 동물에 대한 광범위한 자료를 수집하면서 이를 분류함으로써 18세기 칼 린네의 분류학에 영향을 주었다(Roos, 2012).

18세기는 서구와 열대가 본격적으로 대면했던 시기로서 과학적 지식체계로서의 자연사와 지리학이 앞 세기에 비해 훨씬 중요한 역할을 했다. 하지만 서구중심주의적 과학사에 편향되어 과학혁명을 과도하게 주장하는 과학사학자들은 자연사와 지리학을 과학적 지식으로 간주하지 않기에 3백 년에 걸친 열대 자연사의 형성과 발달에 무관심할 수밖에 없다.

자연사에 대한 이런 편향된 인식은 스티븐 샤핀과 같이 과학혁명의 존재를 부인하는 과학사학자들도 마찬가지다. 이들도 또한 영국, 네덜란드, 프랑스, 독일을 중심으로 한 – 물론 이탈리아도 겨우 포함되기는 했지만 – 서부 유럽의 국가들이 과학적 지식체계 또는 과학혁명을 만들어가는 데 중심적인 역할을 했다는 것을 암묵적으로 지지한다. 포르투갈과 스페인이 유럽 과학의 선구자였음을 인정하는 것을 극히 꺼려한다. 앞으로 논의하겠지만, 크리스토퍼 콜럼버스의 신세계 발견을 필두로 하여 이베리아 반도의 국가들이 보여주었던 지식 활동이 서구의 과학적 근대에 미친 영향은 독자들이 생각하는 것 이상으로 전지구적으로 이루어졌다. 17세기 과학혁명에 대한 서구중심주의적 역사 인식은 18세기 자연사혁명이 발생했다는 문제의식을 무디게 만들었다.

과학사에서 과학혁명이 진화론과 함께 가장 집중적인 관심을 받아온 두 주제 중의 하나였다는 사실만으로도 과학혁명에 대한 히스토리오그라피가 서구의 과학적 근대를 어떻게 확산시키고 정당화해왔는지를 알 수 있다. 그 결과 과학혁명을 핵심으로 하는 서구중심주의 과학사 교육과 연구에서 열대 자연사는 은폐되었던 것이다.

서구적 근대, 기술과 무역의 장소적 상관성

철학자 하이데거(Martin Heiddeger)는 《기술에 대한 물음》(1954)에서, 역사학자 페르낭 브로델을 비롯하여 수많은 과학사학자들과 역사학자들이 기술의 중요성을 포착하지 못하는 상황을 예리하게 분석했다(Heidegger, 2000). 브로델이 《물질문명과 자본주의》에서 "모든 것은 기술"이며 "기술이 역사에 의해서 설명되고 또 기술이 역사를 설명하면서도 둘 사이의 상관관계가 완전히 만족스러운 것은 못된다."(Braudel, 1995: I-2: 473)라고 애매모호하게 설명했던 것과 달리, 하이데거는 확실한 입장을 보여주었다. 하이데거에 의하면, 17세기에 과학혁명이, 18세기 말에 산업혁명이 시작되었다는 연대기적 순서 때문에, 서구의 교양인들은 물론이거니와 이 분야의 전문가들조차도 마치 기술이 과학의 응용과도 같다는 기만적인 허상에 빠져들었다는 것이다(Heidegger, 2008: 31-32). 하이데거는 기술은 과학을 응용해서 발명된 것이 아니라 과학과는 본질적으로 구분되는 독립변수라고 주장했다. 그가 의도했건 아니건 간에, 하이데거의 기술에 대한 성찰은 기술과 과학의 관계를 근본적으로 정립하는 데 준거점을 제공한다.

서구적 근대와 관련하여 과학혁명이 산업혁명을 촉발시킨 원인이라는, 약방의 감초처럼 따라다니는 신화는 18세기와 19세기는 물론이거니와, "연구와 개발이 실제로 밀접하게 이루어지는 오늘날에서 조차도 부분적으로만 옳다." 《과학혁명의 구조》를 통해 패러다임이라는 개념을 크게 회자시켰던 쿤(Thomas Kuhn)조차도 "인류사에서 가장 최근의 시기를 제외하고는 지성적 발전 – [과학] – 과 기술의 발전 사이에는 거의 연관이 없었다."라고 주장했다. 다시 말해서 "과학혁명의 '고급이론'은 17세기나 18세기에 경제적으로 유용한 기술에 실질적으로 직접 영향을 미치지 않았다."

이러한 문제제기는 유럽의 열대 탐험과 지리적 '발견' 과정에서 무역이 기술과 어떤 관계를 가졌는지를 이해하는 데 도움이 된다. 아담 스미스가 《국부론》의 「4편 정치경제학의 학설체계, 7장 식민지」에서 "아메리카의 발견과 희망봉을 경유하는 동인도 항로의 발견은 인류 역사에 기록된 두 가지 가장 위대하고 가장 중요한 사건이다."(Smith, 2007: 하: 770)라고 말했을 때, 그는 무역과 기술의 상관적 장소성을 예리하게 간파했다. 그것은 유럽 — 아프리카 — 아메리카 사이의 노예무역에 의

한 자본 축적이 유럽의 산업적 근대를 가속화했던 면방적 기계나 증기기관과 같은 기술을 개발하는 데 밑거름이 되었음을 의미한다. 다시 말해서 유럽의 삼각무역은 산업적 근대를 위한 기술을 요청했고 그 기술은 삼각무역을 더욱 용이하게 만들었다. 유럽의 상업도시들은 열대 아시아—아프리카—아메리카의 거의 모든 나라들과의 삼각무역을 위한 중개업자나 제조업자가 되었을 뿐만 아니라, 열대를 전지구적으로 지배하기 위한 근대적 기술을 만들어갔다.

여기서 강조해야 할 점은, 유럽의 열대 식민화는 역사적으로 이런 기술적 장치의 발명에 내장되어 왔다는 점이다. 마르쿠제(Herbert Marcuse)가 말했듯이, 자연과 인간을 지배하기 위한 "특정한 목적과 관심이 사후에 기술의 외부에서 주어지는 것이 아니라 기술적 장치의 구성 자체 안에 이미 들어가 있다."(Habermas, 1993: 58) 이런 이유로 기술은 인간의 목적을 위한 수단에만 머물지 않는다. 콜럼버스 이래로 열대 자연사에 개입해왔던 유럽의 근대적 '기술의 장소성'은 바로 여기에 있다. 기술의 장소성이란, 서구 사회가 어떤 목적과 의도를 갖고 열대 사람들과 자연사를 지배할 경우에 열대 지역에서 사용했던 특정 기술의 장치 안에 그 목적과 의도가 투사되어 있음을 의미한다. 플랜테이션 체제가 대표적인 사례에 해당한다. 이런 관점에서 볼 때, 열대와의 무역을 통한 식민화 사업은 서구가 지속적으로 만들었던 근대적 기술에 내장되었던 것이다.

기술과 무역의 이러한 장소적 상관성은 서구적 근대의 태동으로 이어졌다. 서구적 근대의 지향점은 자신의 공간적 정체성을 만들고 확장시켜 나가기 위해 열대를 식민지화하는 데 있었다. 서구가 열대의 무한

한 자원을 개발하는 것이 자신들의 운명이요 의무라는 관념이 서구적 근대의 정신으로 자리를 잡게 되었다. 무한한 공간이 서구적 근대의 근저에 있는 사물의 이미지가 된 것이다. 이런 무한 공간의 이미지는 뉴턴 역학의 기계적 자연관에 근거하고 있다. 뉴턴 역학은 자연을 모성(母性)의 공간으로 간주하기보다는 무한히 활용할 수 있는 자원으로 간주했다(中村修, 2000). 근대 경제학은 자연의 무한함을 전제로 출발했다. 서구적 근대의 세계관은 바로 이러한 기계적, 역학적 자연관을 의미한다.

뉴턴은 서구적 근대의 핵심을 이해하는 데 중심적 인물임에 틀림없다. 왜냐하면 그의 물리학은 과학혁명과 산업혁명의 본질적 관계를 파악하는 데 결정적이지는 않더라도 매우 중요한 연결고리로 작용하기 때문이다. 뉴턴이 과학혁명의 결정판으로 간주되는 《프린키피아》를 1687년에 썼고 제임스 와트와 아크라이트(Richard Arkwright)가 1769년에 근대적 기술의 효시라고 간주되는 증기기관과 수력방적기를 각각 발명했다는 연대기적 사실에 근거하게 되면, 근대 과학은 17세기에 시작되었고 근대 기술은 18세기에 시작되었다고 판단할지도 모른다.

하이데거는 이런 판단에 대한 철학적인 질문을 제기한다. "기술 자체는 기술의 본질과 같지 않다 … 기술의 본질은 기술적인 어떤 것도 아니다."라고 간주하는 하이데거의 관점에서 볼 때, 근대적 기술이 오히려 근대 과학에 역사적으로 앞선다는 것이다(Heidegger, 2008). 실제로도 열역학(thermodynamics)의 창시자라고 알려진, 프랑스의 물리학자인 카르노(Sadi Carnot)는 증기기관이 이미 성공적으로 등장한 이후인 1824년이 되어서야 《불의 동력에 관한 고찰》에서 최초로 증기기관의 '과학적' 이론을 정립했다.

사턴(George Sarton)과 함께 미국과학사학회를 창립했던, 하버드대학의 '융합학자' 핸더슨(Lawrence Joseph Henderson)*은 사디 카르노의 증기기관을 연구하고 난 후에 유명한 말을 남겼다. "증기기관이 과학에 진 빚보다도 과학이 증기기관에 진 빚이 더 크다."(Hendeson, 1917)

과학혁명이 산업혁명에 연대기적으로 앞섰다는 사실은 기술과 과학의 인과적 관계를 인식하는 데 장애가 되었다. 기술에 대한 하이데거의 입장을 취하면, 증기기관은 어디까지나 18세기 열대에 대한 유럽의 경제적 이해관계를 달성하기 위한 수단에 불과할 뿐 산업혁명의 목적 자체는 아니다. 기술의 장소성이라는 맥락에서 볼 때, 18세기 후반에 등장했던 근대적 기술은 16세기부터 시작된 유럽의 열대와의 무역이라는 경제제도 속에 내장되어 있었다. 17세기 근대 과학은 이전 세기부터 유럽 사회에서 축적되어 왔던 기존의 기술 문화가 있었기에 태동될 수 있었던 것이다. 따라서 과학혁명과 산업혁명의 관계에 대한 기존의 역사적 인과성은 설득력을 잃고 만다. 즉, 근대 기술이 근대 과학에 의해

* 로렌스 조셉 헨더슨(1878-1942)은 현대적 의미에서 융합학자라고 볼 수 있다. 하버드 의과대학을 졸업하고 생리학, 생물화학, 화학 분야 교수가 된 그는 하버드경영대학원과 의과대학의 지원을 받아 '피로실험실'(Fatigue Laboratory)이라는 독특한 형태의 융합적 실험실을 설립했다. 헨더슨은 완충용액의 산도(酸度)를 측정하는 '헨더슨-하셀바흐 방정식'(Henderson-Hasselbalch Equation)을 비롯하여 분석화학 분야에서 큰 공헌을 했다. 1924년에 미국과학사학회장을 맡았던 그는 같은 대학에 재직했던, 흔히 구조기능주의 사회학자로 알려진 파슨스(Talcott Parsons), '창조적 파괴'라는 개념을 회자시켰던 경제학자 조지프 슘페터, 프랑스혁명의 이론을 정립했던 역사학자 브린턴(Crane Brinton) 등과 함께, 이탈리아 경제학자 파레토(Vilfredo Pareto)가 정립했던 소위 '파레토 최적'(optimum)을 연구하기 위해 '하버드 파레토 서클'(Harvard Pareto Circle, 1932-1942)을 만들었다. 《자연의 질서》(1917)와 《파레토의 일반사회학》(1935) 등을 집필했던 헨더슨은 십년에 걸친 이 모임을 통해 '사회체계'를 사회학뿐만 아니라 모든 학문에 적용할 수 있다고 주장했다.

초래된 것이라는 기존의 역사 인식은 설 자리가 없다.

기술과 과학에 대한 하이데거의 이런 관점은 러시아의 마르크스주의 과학사학자인 헤센(Boris Hessen)의 논문 〈뉴턴 프린키피아의 사회적·경제적 토대〉(1931)와 그로스만(Henryk Grossmann)의 논문 〈기계론적 철학과 제조업〉(1935)에서 제시되었던 '헤센-그로스만 명제'와도 정확하게 일치한다(Grossmann, 2009). 이 명제는 하이데거보다도 먼저 정립되었음에도 불구하고 서구중심주의 과학사학자들은 이를 의도적으로 회피해왔다. 뉴턴 역학을 마르크스주의적 과학사의 관점에서 분석한 이 명제의 핵심은 한마디로 과학은 기술적 과제를 연구함으로써 발달했다는 것이다(Hessen, 2009; Grossmann, 2009, Freudenthal & McLaughlin, 2009). 뉴턴을 비롯한 17세기 과학자들은 기술이 발달하지 않았던 분야에서는 이에 상응하는 과학을 발전시키지 못했다. 여기서 과학자에 해당하는 영어 단어인 'scientist'는 휴얼(William Whewell)이 1834년에 처음으로 사용했음을 기억하자(Ross, 1962: 71). 《프린키피아》를 집필했던 17세기 후반에는 열역학과 에너지 보존에 관한 사회경제적, 기술적 수요가 없었기 때문에, 뉴턴은 열역학 제1법칙인 에너지보존의 법칙에 관심을 갖지 않았던 것이다.

17세기 유럽 사회에서는 열대와의 무역을 포함하여 광업을 중심으로 한 산업적인 과제, 열대로의 항해를 비롯한 해양운송 및 교통을 위한 천체역학적인 지식, 30년전쟁과 같은 수많은 전쟁에 이기기 위한 탄도학 중심의 군사적 지식 등 다양한 유형의 사회경제적, 산업적 수요가 쏟아져 나왔다. 하지만 에너지보존의 법칙은 뉴턴의 시대가 요청했던 문제가 아니었다. 뉴턴은 자신의 시대가 풀어가려고 했던 산업적, 기술적 문제를 해결하는 데 모든 노력을 경주했다. 뉴턴이 '연금술'(alchemy)에 집착한 것도 당시의 과학적 지식으로는 경제적, 산업적 과제들을 풀어갈 수 없었기 때문이다(Dobbs, 1983). 그래서 그는 천체운동을 추상적인 언어로 표현할 수밖에 없었다. 따라서 그동안 서구 정체성에서 당연히 핵심적 위상을 차지해왔던 과학혁명과 산업혁명 사이의 역사적 인과성은 타당성을 상실할 수밖에 없다.

3. 인류의 자연사와 인종주의

1) 인종, 노예무역과 자본

칼 린네와 몽테스키외

칼 린네는 처음으로 인간을 동물과 같은 '체계'로 분류했다는 점에서 근대적인 의미에서 '인류의 자연사'를 개척했다고 볼 수 있다. 그는 18세기 유럽 계몽주의가 가장 근본적으로 제기했던 문제, 즉 "타자를 어떻게 분류할 것인가"(Israel, 2006: 640)를 자연사의 관점에서 대답했다. 이런 관점에서 그는 인류를 아메리카인, 유럽인, 아시아인, 아프리카인으로 구분하면서 각각의 특징을 명확하게 밝혔다.

> 아메리카인은 붉은 피부를 갖고 있으며 화를 잘 내거나 성급한 기질, 곧은 체격을 갖추고 있다. 머리카락은 검고, 직모이며, 두껍다. 콧구멍은 넓고, 주근깨 가득한 얼굴과 거의 평평한 턱을 갖고 있다. 그들은 고집세고, 활달하며, 자유를 사랑한다. 거의 벌거벗고 다니며 붉은 선을 칠하고 다니기를 좋아한다. 그리고

> 그들은 오래된 관습에 지배되는 경향이 있다.
> 유럽인은 흰 피부를 갖고 있으며, 다혈질이고 살찐 신체를 갖추고 있다. 머리카락은 노랗고, 곱슬머리이며, 눈은 푸르고, 성정은 변화가 심하며, *이성적이고, 발견에 능하다*. 그들은 몸에 달라붙는 옷을 입고, *법에 의해 통치되는 경향*이 있다.
> 아시아인은 갈색 피부를 하고 있으며, 우울하거나 침울한 기질로 강인한 체형을 갖추고 있다. 머리카락은 검고, 눈은 잿빛이며, 성정은 엄하다. 그들은 화려하고 허영으로 가득차 있으며 돈을 좋아하고, 옷은 몸에 길게 걸쳐 입고, 신념에 따라 지배되는 경향이 있다.
> 끝으로 아프리카인은 검은 피부를 갖고 있으며 활기가 없으며 침울한 기질의 소유자이다. 머리는 솜털같고, 검으며, 구불구불하다. 피부는 우단처럼 부드럽고, 코는 납작하며, 입술은 두툼하고 튀어나와 있다. 여인들은 길게 처진 가슴을 가진다. 성정은 음흉하고, 게으르며, 경솔하다. 유지(油脂)를 바르고 권력자의 전횡에 내둘린다(Schmale, 2006: 212-213. 이탤릭체는 필자의 강조).

이 인용문의 핵심은 아메리카인은 관습에 의해, 아시아인은 신념에 의해, 아프리카인은 권력자에 의해 각각 지배되는 데 반해, 오로지 유럽인만이 '이성'을 갖고 있기에 유럽만이 법률적 체계를 발달시킬 수 있다는 것이다. 이런 근거로 유럽은 나머지 세 지역을 지배할 수 있음을 도덕적으로 정당화했다. 이렇게 볼 때, 막스 베버의 서구 합리주의는 이성을 유럽인의 전유물이라고 파악했던 린네의 자연사에 기초하고 있는 것이다.

앞에서 논의했듯이, 18세기 유럽인에게 열대는 두 번째 신세계로 다가왔는데, 그것은 열대 자연사가 가져다주는 경제적 부에 대한 전망과 미지의 세계에 대한 공포를 모두 의미했다. 한편으로 유럽은 노예무역을 발달시켜 나감으로써 열대의 자원을 더 많이 가지려고 했으며, 다른 한편으로 노예무역 과정에서 아프리카 흑인들과 아메리카 원주민들이 유럽의 존재를 위협할 수도 있다는 두려움을 갖게 되었다. 유럽 사회는 노예무역을 계속 유지하기 위해서 아프리카 노예들에 대한 자신의 권리를 주장해야 했고, 피부색에서 이런 권리의 근거를 찾아내었다. "노예제는 18세기 권력관계의 모든 악한 것을 함축하는, 서구 정치철학의 근본적인 은유가 되었다 … 18세기 중반에 노예제는 서구의 경제체제 전체를 떠맡게" 되었다.

몽테스키외(Montesquieu, 1689-1755)는 《법의 정신》(1748)에서 이런 입장을 명료하게 전개했는데, 그는 아프리카 흑인에 대한 노예제를 다음과 같이 정당화했다.

> 인간성의 본질을 구성하는 것이 피부색이라고 생각하는 것은 지극히 자연스럽다. … 흑인에게 상식이 없다는 증거는 그들이 경찰이 있는 국가들이 귀중하게 여기는 금목걸이보다도 유리 목걸이를 소중하게 여긴다는 데 있다. 흑인들을 인간이라고 상상하는 것은 불가능하다. 왜냐하면 만약 우리가 그들을 인간이라고 생각한다면 우리들은 그리스도교인이 아니라고 의심하게 될 것이기 때문이다(Montesquieu, 2007: 268).

몽테스키외는 프랑스가 아이티를 비롯하여 프랑스령 서인도제도 또는 안틸레스(Antilles) 제도에서 개척했던 플랜테이션을 익히 알고 있었기에, "흑인 노예들이 여기에서 일하지 않는다면 많은 비용이 들 것이다."라고 걱정했던 것이다.

흑인에 대한 몽테스키외의 이런 입장은 풍토에 대한 그의 독특한 견해에 근거하고 있다. 그는 인간이 어떤 풍토에 거주하고 있는가에 따라 인간의 감정, 종교, 습성, 생활양식, 법률 등이 달라질 수밖에 없다고 생각했다. 몽테스키외가 볼 때 열대의 사람들은 "호기심도, 고귀한 행동도, 관대한 감정도 없다. 정신의 흐름은 완전히 수동적이어서 게으름이 행복을 의미"했다. 그는 프랑스의 사탕수수 무역과 통상을 증대시키기 위해 흑인 노예의 필요성을 역설했으며, 흑인들이 프랑스와 같은 문명국가의 사람들과는 다른 방식으로 행동하기 때문에 그리스도교인이 될 수 없다고 단정했다. 《법의 정신》은 유럽의 열대 식민화에 대한 정당성을 부여하는 데 중요한 역할을 한 것이다. 이런 맥락에서 아프리카 흑인에 대한 유럽 사회의 인종관은 어떻게 "인종이 역사의 본질이요 종착점"이 되었는지를 논의하는 데 준거점이 된다.

노예무역과 인종주의

네덜란드는 노역무역을 본격적으로 제도화했던 나라이다. 물론 포르투갈의 리스본에서 노예시장 – '임진동아시아전쟁' 때 끌려온 조선인 노예들도 있었다(7장) – 이 일찍이 발달했다. 하지만 네덜란드동인도회사는 1621년에 포르투갈이 아프리카 서해안에서 만들어갔던 노예시장을 함락했고, 네덜란드서인도회사는 노예무역을 통하여 브라질과 서인도제도에 수많은 아프리카 노예들을 데리고 갔다.

영국이 네덜란드의 독주를 그냥 두고 볼 리가 없었다. 올리버 크롬웰이 주도했던 항해조례가 통과되고 난 후에, 영국은 네덜란드와 노예무역 시장을 놓고 전쟁까지 불사하며 현재의 뉴욕을 포함하는 '뉴네덜란드'를 차지했다. 연달아 크롬웰은 서인도의 자메이카를 정복(1655)했으며, 마침내 영국은 세계에서 가장 큰 영향력을 가진 노예무역회사인 왕립아프리카회사(Royal African Company, 1672)를 설립했다. 경제사, 역사학, 인류학을 융합적으로 사유했던 폴라니(Karl Polanyi)는 노예무역에 대해 "중세 유럽의 인구를 격감시켰던 흑사병(Black Death)에 더욱 가까웠다."라고 말했다(Polanyi, 2015: 63). 영국에서 모든 노예무역의 길은 '리버풀'로 통했다. 맨체스터는 리버풀이 노예무역으로 축적한 자본을 대거 유입하여 산업혁명의 물적 자원으로 활용했다.

얼마나 많은 아프리카인들이 노예무역으로 고향을 떠났을까? 그들은 '노예선'에 승선하여 광활한 대서양의 이름도 모를 곳에서 열대질병과 영양실조로 죽어갔기에, 아메리카에 도착했던 숫자는 상대적으로 적을 수밖에 없다. 그 자신이 흑인으로서 한평생 아프리카 연구에 일생을 바쳤던 듀보이스(William Edward Burghardt DuBois)는 1억 명의 영혼이 노예무역으로 아프리카에서 희생되었다고 말했다(DuBois: 2013: 156). 여기에 더하여 아랍의 무역 상인들이 아프리카 사람들을 6천만 명 이상 강제로 노예무역에 동원했음을 인지한다면, 프란츠 파농의 언어를 빌려, '대지의 저주받은 자들'은 누구인가?

이 시기의 유럽 예술가들은 노예무역의 잔인한 광경을 앞다투어 표현했는데, 가장 대표적인 주제가 노예선에 관한 것이었다. 영국의 낭만주의 화가 터너(William Turner)는 〖그림 3-8. 노예선〗에서 노예들이 열대질병과 기타 사고로 죽거나 더 이상 살 가능성이 없다고 대서양 한가운데에서 흔적도 없이 사라지는 장면을 그림을 통해 보여주었다. 독일의 시인 하이네(Heinrich Heine)도 아프리카 노예들이 아메리카로 팔려가는 참혹한 장면을 〈노예선〉(Das Sklavenschiff, 1854-1855)이라는 시를 통해 문학적으로 형상화했다.

> 세네갈 유역에서 나는 아주 저렴한 가격으로
> 깜둥이 육백 명을 사들였는데
> 딴딴한 근육과 건장한 다리가
> 꼭 질 좋은 주물로 만든 쇳덩이 같거든
>
> 그 놈들을 손에 넣느라 내가 지불한 것은
> 화주와 유리구슬과 철구였으니까
> 반수만 놈들이 살아 남는다 해도
> 순이익이 팔백 퍼센트는 될 거야
>
> 우리가 리우데자네이로에 도착해서
> 3백 명의 깜둥이만 살아준다면
> 곤잘레스 페이로 상사는
> 두당 일백 두카트(Ducat)는 주겠지.
>
> 중략
>
> 우리 모든 인간을 위해 십자가를 짊어진 그리스도여!
> 저 3백개의 상품이 살아남지 않으면

그림 3-8. 노예선 (William Turner, 1839) Photograph © [Nov. 22, 2016] Museum of Fine Arts, Boston

> 내 장사는 망쳐버리고 맙니다(Heine, 1991: 164, 165 & 171).

아프리카 — 아메리카 — 유럽을 연결하는 노예무역은, 에릭 윌리엄스도 《자본주의와 노예제도》에서 말했듯이, 인종주의의 결과가 아니라, 반대로 인종주의가 노예무역의 결과로 나타났다(Williams, 1994: 7). 이는 인종 논리가 아닌 자본 논리가 노예제를 추동했음을 시사해준다. 이와 관련하여 노동 분업의 개념이 등장했다. 17세기 후반의 영국 정치가 클리포드(Thomas Clifford)는 서인도제도에서 백설탕을 제조하게 되면 노예선 5척 중에서 2척은 노예를 수송할 수 없게 되어 해운업이 망하게 된다고 주장하면서 식민지에서의 제당업을 허가하지 않았다. 그래서 영국은 제당용 흑설탕을 더 필요로 했고 이에 따라 석탄과 식량도 더 많이 소비되었다.

노예무역이 절정에 도달했던 18세기 후반이 되면서, 노예무역은 인종주의가 자본주의에서 중요한 위상을 갖는 데 결정적인 역할을 했다. 열한 살이 되던 1745년에 아프리카를 떠나 영국 해군 장교의 노예가 되었다가 상인의 노예로 팔려 1766년에 자유인이 되었던, 에퀴아노(Olaudah Equiano)의 《흥미로운 이야기》(1789)는 18세기 후반의 노예무역 상황을 여실히 보여준다.

> 어떤 니그로 또는 다른 노예가 도망을 쳤거나 주인을 행한 범죄나 경미한 범죄를 저질렀다는 이유로 주인의 명령에 의해 처벌을 받다가 불행히도 목숨이나 사지를 잃었을 경우, 그 어떤 사람도 벌금을 부담해야 할 법적이 책임이 없다. 하지만 어떤 사람이 이유 없이 또는 잔혹한 동기나 악의적인 의도로 니그로나

다른 노예를 직접 죽였다면 그 사람은 15파운드를 납부해야 한다(Equiano, 2013: 173-174).

이 인용문은 영국이 지배했던 서인도제도의 바베이도스 의회가 제정한 법률이다. 노예의 몸값은 영국의 자본 축적을 위한 15파운드 화폐 가치에 불과했다. 그는 삼각무역의 항로를 여러 번 다니면서 백인들이 열 살도 안 되는 어린 흑인을 강간하는 행위와 같은 참혹한 상황을 목격했고 이를 낱낱이 고발했다. 에퀴아노의 책은 빠른 시간 내에 영국에서 널리 판매되었으며, 네덜란드를 포함하여 유럽의 여러 나라 언어로 번역되었다.

1780년대에서 1810년대에 노예제 폐지를 주장했던 쿠고아노(Ottobah Cugoano)와 최초로 영어 시집을 발간했던 휘틀리(Phillis Wheatley) 등의 여러 흑인 노예들이 자신의 인종적 정체성을 서구 사회에 알리기 시작했다. 그들의 이런 노력이 서구의 노예제 폐지에 큰 영향을 미친 것은 결코 아니라 하더라도, 최초의 시도라는 점에서 의미를 가진다.

서구의 열대 자연사 탐험이 본격적으로 이루어졌던 19세기 전반기가 되면서 중요한 전환점이 일어났다. 자본주의가 인종주의를 정당화시키게 된 것이다. 인종과 계급은 불가분의 관계가 되었다. 이때부터 양자는 서구 정체성에서 불가분의 관계가 되었다. 이후 서구의 열대에 대한 전지구적인 지배는 자본주의와 인종주의를 서로 결합시켜가면서 확대되었다. 여기서 강조해야 할 점은, 앞에서 논의했던 서구 정체성의 물질적 토대로서의 산업혁명이 서인도제도에서 촉발되었듯이, 서구 정체성의 본질로서의 인종주의는 서구의 열대에 대한 자본주의적 지배 과정에서 형성되고 정립되었다는 것이다. 열대는 서구 인종주의와 자본주의가 서로 맞물리면서 태동하고 형성되었던 공간이다.

2) '호텐토트 비너스'와 국가 인종주의

국가 인종주의와 사르키 바트만

네덜란드, 프랑스, 영국, 스페인, 포르투갈 등 몇몇 유럽 나라들이 18세기에 전지구적 열대에 대한 식민적 지배를 확대하고 강화하는 과정에서 발달되었던, 인종주의는 19세기가 되면서 모든 서구 국가에서 동시에 나타났다. 소위 '국가 인종주의'가 탄생한 것이다. 카를 야스퍼스의 논문 지도를 받았던 아렌트(Hanna Arendt)에 의하면, "역사를 계급의 경제적 투쟁으로 해석하는 이데올로기와 역사를 인종의 자연적 싸움으로 해석한 이데올로기"는 서구 사회에서 국가의 공식적인 교의로 자리를 잡았다(Arendt, 1948). 인종주의는 서구 정체성의 핵심적 교리가 되었다.

카를 마르크스는 1864년에 런던에서 결성된 제1인터내셔널(International)에서 미국 링컨 대통령의 재선 당선을 축하하면서 편지를 보냈다. 이 편지는 국가 인종주의와 계급론이 서로 맞물려 작동할 경우 세계사에 얼마나 큰 영향을 미치는지를 명백하게 보여준다.

> 만일 노예제에 대한 저항이 귀하의 초선 당시의 선거 구호였다라고 한다면 재선의 승리 구호는 노예제의 종말입니다. 미국에

> 서 노예제의 철폐를 위한 거대한 투쟁이 시작되었을 때부터 유럽의 노동자들은 성조기에 자신들의 운명이 걸려 있음을 직감적으로 깨달았습니다(柳田謙十郎, 2003: 158).

영국은 미국 북부가 남부의 면화를 직접 싸게 구입하게 되면 영국을 앞지를 수도 있다는 것을 두려워하여 북부가 '남북전쟁'(1861-1865)에서 패배하기를 원했지만, 유럽에서 요원의 불길처럼 번져가고 있었던 노동자들의 연대와 대규모 투쟁 때문에 개입할 수 없었다. 이 전쟁은 서구 사회에서 국가가 계급론과 인종 사상의 형식과 내용에 깊이 개입한 세계사적 사건이었다.

한나 아렌트가 국가 인종주의를 제국주의 정책의 이데올로기로 파악하면서 이 개념이 계급사상보다도 더 유럽 국가들 사이의 관계에 짙은 그늘을 드리웠다고 생각한 데 비해, 미셸 푸코는 서구 사회가 생명정치를 국가 권력으로 포섭하면서 국가 인종주의가 형성되었다고 말한다. 푸코에 의하면, 유럽 사회가 18세기 말까지 '생명'의 존재를 인식하지 못했다는 것이다(Foucault, 1994). 자연사에 관한 한 푸코의 준거점이 된 인물인 조르주 퀴비에를 중심으로 살펴보자.

19세기 초 파리는 유럽 과학의 중심지였는데, 이 중에서도 파리식물원과 자연사박물관은 자연사에 관한 한 가장 선구적인 기관이었다. 이런 지적 공간에서 일하고 있었던 퀴비에가 아프리카에서 건너온 바트만(Saartjie Baartman)을 해부했던 사건(1816)은 살아있는 생명체를 자연사의 관점에서 분류하고 관찰했던 것으로부터 인체 해부를 통한 분석으로의 전환을 의미한다. 원래 영국인 의사 던롭(William Dunlop)에 의해 런던에 왔던 사르키 바트만은 유럽인의 성적 욕망과 이국적 눈요기 그리고 소위 '호텐토트(Hottentot) 비너스'에 대한 유럽인의 인종적 우월감을 충족시키는 전시물로 살다가 자살, 아니 국가 인종주의에 의해 생을 마감했다.

호텐토트의 등장은 인종주의에 대한 유럽인의 문학적, 예술적, 과학적 상상력을 촉발시켰다. 1814년에 바트만이 파리에 나타났을 때, 파리 시민들은 그를 바트만이 아니라 호텐토트 비너스로만 알고 있었다. 유럽인과는 다른 사르키 바트만의 거대한 소음순 – '앞치마 살'이라고 불렸다 – 과 불룩 튀어나온 둔부를 보면서 파리 시민들은 열광했다. 파리 과학계의 권력자 퀴비에가 그 열광의 중심에 섰다. 〘그림 3–9. 사르키 바트만〙이 보여주듯이, 퀴비에는 사르키 바트만이 "종으로서의 인간에서 마지막 인종인지, 아니면 흑인 인종인지, 그것도 아니면 오랑우탄 바로 위의 원숭이에 속하는지"를 알고 싶었다(Holmes, 2011: 233). 그는 바트만의 소음순을 해부하지 않고는 자신의 궁금증을 해결할 수 없다고 생각했다. 해부 결과, 퀴비에는 바트만이 호텐토트가 아니라 '부시우먼'(Bushwoman)이며 호텐토트는 인간이 아니라 원숭이에 속한다고 결론을 내렸다. 퀴비에는 종의 불변설을 믿었기 때문에, 바트만과 같은 종은 인간이 될 수 없었다. 사르키 바트만의 몸에 대한 퀴비에의 이런 해부학적 판단은 이후 유럽 인종과학의 중요한 방법론으로 작용했다. 퀴비에로 상징되는 백인 남성 중심의 과학과 의학 앞에서 바트만은 서구의 인종적 정체성을 확립하는 데 희생양이 되었다.

푸코가 《말과 사물》에서 논의한 것처럼, 퀴비에는 처음으로 서구 사회에서 역사성을 생물계로 처음 도입했다. 다시 말하면, 그동안 자연

그림 3-9. 사르키 바트만 (William Heath, 1810)

사의 관점에서 포착되어 왔던 생물적 존재는 인류사의 영역으로 포섭되어 생명이라는 개념으로 확립된 것이다. 다윈의 진화론에 비추어 볼 때 장 바티스트 라마르크의 변이설이 퀴비에의 불변설보다도 '과학적'으로 더 합당하다고 생각할 수 있지만, 라마르크는 자연사의 관점에서 생물적 존재를 바라보았던 데 반해, 퀴비에는 인류사의 관점에서 이를 바라보았던 것이다. 생물적 존재에 관한 역사성의 성립은 서구 사회에서 생명이라는 개념의 등장으로 이어졌다. 생명이 인류사의 영역으로 들어온 순간 그것은 서구의 국가 권력체계 안으로 포섭되었으며 '생명정치'(biopolitics)가 가능해진 것이다. 국가 인종주의는 이 지점에서 탄생했다. 푸코는 《성의 역사》에서 바로 이러한 서구의 국가 인종주의의 의미망을 포착했다(Foucault, 1990). 여기서 핵심어는 성이 아니라 인종이다. 푸코는 독자에게 텍스트를 전복적으로 읽으라고 요청한다. 이에 따라 《성의 역사》를 읽으면, 인종은 서구 정체성의 역사적 맥락인 제국주의적 질서를 조직화하는 데 기본 문법이 되어왔음을 알 수 있다.

한나 아렌트와 미셸 푸코가 만나는 지점에 발리바르(Etienne Balibar)가 서 있다. 그는 18세기와 19세기 서구에서 국민, 민족, 인종 개념은 서로 불가분의 관계라고 파악했다(Balibar, 1991). 서구의 근대 국민국가가 정체성을 확립해나간 과정은 열대의 원주민을 인종 개념으로 타자화한 과정과 동전의 양면관계를 이룬다. 결국 서구 정체성의 확립 과정은 열대 원주민의 타자화 과정인 것이다.

3) 사회적 다윈주의와 우생학

스펜서와 골턴

국가 인종주의가 19세기 서구에서 이와 같이 형성될 수 있었던 또 다른 역사적 이유는 사회적 다윈주의, 우생학과 밀접히 연관되어 있다. 모든 위대한 사상들이 그렇듯이, 그 사상을 적극적으로 옹호하고 확산시킨 인물들이 반드시 존재하는 법이다. '다윈의 불독'이라고 자처했던 헉슬리(Thomas Henry Huxley)가 '다윈주의'를 창안했고, 사회학을 생물학의 일부로 간주했던 스펜서(Herbert Spencer)는 다윈이 《종의 기원》을 발표하기 7년 전에 '적자생존'의 개념을 만들어 내었다. 맬서스의 인구론에 영향을 받았던 스펜서가 보기에, 부와 권력은 적자생존을 하는 데 가장 필수적인 두 가지 요인이었다. 스펜서의 사회적 다윈주의는 19세기 후반 미국 사회가 제국주의의 이념으로 무장을 하여 전지구적으로 팽창하는 데 중요한 사상적 토대를 제공했다. 미국에서 스펜서의 사상을 수용하는 데 가장 앞장섰던 섬너(William Graham Sumner)는 "자본주의는 자연스럽고도 자동적으로 선의로운 자유경쟁 체제이다."라고 주장했다. 가난한 사람은 생존에 적합하지 않기 때문에 정부가 도와주어서는 안 된다고 본 것이다. 피셔(Joseph Fisher)가 1877년에 사회적 다윈주의를 처음으로 사용했지만, 미국 역사학자인 호프스태터(Richard Hofstadter)가 이 용어를 널리 회자시켰다. 그는 《미국 사상에서의 사회적 다윈주의, 1860-1915》(1944)에서 미국의 인종주의자들이 다윈주의를 활용하여 흑인의 인종적 열등함을 정당화하는 것에 대해 비판했다.

프랑스에서는 고비노(Joseph Arthur de Gobineau)가 인종 사상의 귀족적 정체성을 보여주었다면, 골턴(Francis Galton)은 영국에서 우생학을 확립함으로써 인종 사상의 과학적 토대를 마련했다. 고비노는 페루와 브라질 등에서의 외교관으로 활동하면서 백인들이 세계 어느 인종보다도 우수하다는 인종주의적 입장을 《인종불평등론》(1853-1855)에서 확실하게 천명했다. 조셉 콘라드의 《암흑의 심장》에 나와 있는 "모든 야만인들을 절멸하라."라는 선언은 고비노에게서 이론적 정당성을 찾았다. 고비노의 인종주의가 라틴아메리카에서 여러 종족을 관찰하면서 성립되었다면, 골턴의 우생학은 아프리카 탐사에서 다양한 종족들을 조사하면서 태동했다. 예를 들어, 골턴은 오늘날의 나미비아(Namibia)를 탐방했던 1850년에 호텐토트 종족 중에서 눈에 확 들어왔던 한 미녀에게 호감을 품었다. 골턴의 시대에 런던, 파리, 케이프타운의 거리에는 여성들이 인위적으로 엉덩이를 크게 부풀린 의상을 입고 다니는 것이 유행이었다. 이런 사회적 흐름을 타고 골턴은 그녀를 사르키에 빗대면서 여성의 은밀한 부위와 엉덩이를 측정하려고 했다.

골턴은 빅토리아 시대가 추구했던 지향점을 가장 잘 보여주는 전형적으로 박학다식한 인물이었는데, 이러한 점은 그가 우생학을 정립하는 데 밑바탕이 되었다. 왜냐하면 우생학은 정치경제학, 사회학, 생물학, 통계학이라는 학문적 성격이 서로 다른 분야들이 어우러지면서 성립되었기 때문이다. 골턴은 리카도(David Ricardo), 토마스 맬서스, 제임스 밀 등 당대 영국의 최고 정치경제학자들이 자유무역의 원칙을 옹호하기 위해 설립했던 '런던정치경제학클럽'(Political Economy Club of London)의 취지에 동의하면서도, 정치경제학만으로는 자유무역의 문제를 해결할 수 없다고 생각했다. 인구의 질적 향상이야말로 자유무역을 발달시킬 수 있다고 생각했던 골턴은 생물학적 통계학의 방법론에 근거한 사회적 다윈주의야말로 그 해결책이라고 주장했다(Gillham, 2001). 골턴은 랑베르 케틀레에게서 학문적 출발점을 찾았는데, 그 이유는 케틀레가 유럽이 열대 식민지에서 수행했던 인구조사에 대한 폭넓은 지식과 경험을 갖고 있었기 때문이다(1장). 이미 아프리카에서의 조사 경험을 갖고 있었던 골턴은 영국의 자유 무역을 증진하기 위해서는 영국인과 식민지 인종 사이의 비교통계학적 연구가 중요하다고 생각했던 것이다.

골턴의 우생학은 케틀레의 평균적 인간 개념에서 출발했지만, 골턴은 상류 계층이나 프롤레타리아가 아닌 전문적인 중간 계층에 초점을 맞추어 이들의 후손을 어떻게 증가시킬 것인가에 우생학의 초점을 두었다. 그는 우생학의 개요를 설명한 《유전적 천재》(1869)에서 정치가, 과학자, 시인, 성직자 등의 저명한 사람들과 친척들을 대상으로 이루어진 통계적 자료들을 케틀레의 방법에 의거하여 분석했다. 골턴이 보기에는, 부유한 귀족의 자녀가 병약한데도 불구하고 부와 권력 덕택에 '자연선택'에서 생존하게 되면 인간이라는 종은 퇴화할 수밖에 없다. 그래서 그는 역선택으로 이런 퇴화를 방지하면서 유전적인 특질들을 개량할 수 있음을 통계적 방법으로 보여주었다. 이렇게 우생학은 과학의 이름으로 인종주의를 정당화하는 데 기여했다.

프랑스와 미국의 인종주의

프랑스 우생학의 경우에, 카렐(Alexis Carrel)은 노벨의학상 수상자라는 학문적 명예에 힘입어 대중들에게 큰 영향력을 끼쳤다. 카렐은 《인간, 그 미지의 존재》(1935)에서 우생학이야말로 문명화를 유지하기 위해 반드시 필요한 사회적 장치임을 역설했다. 우생학은 프랑스와 같은 문명화된 민족의 운명에 큰 영향을 미치기에 프랑스를 영속시키기 위해서는 우생학이 절대로 필요한 것이다. 그는 프롤레타리아 계급이 문명의 발전에 큰 해악이라고 파악했다.

> 프롤레타리아 계급을 확대하는 것은 산업 문명에서 영원히 지울 수 없는 치욕이다. 이것은 사회 단위로서의 가족을 소멸시키고 지성과 도덕의 저하를 초래한다. 그리고 그나마 남아 있는 문화까지도 파괴하고 있다(Carrel, 1998: 313).

카렐의 주장은 20세기 전반기 프랑스 정부가 이민자와 식민지 사람들을 배제하고 통제하기 위해 국가 정책을 수립했을 때 강력한 지지를 받았다. 특히 비시(Vichy) 정부(1940-1944)는 카렐의 우생학적 입장을 지원했는데, 카렐은 제3공화국의 슬로건인 '자유 · 평등 · 박애'를 비판하면서 대신에 '가족 · 노동 · 조국'을 내세웠다. 카렐의 이런 구호는 우생학이 국가 인종주의로 어떻게 활용될 수 있는지를 상징적으로 보여준다.

우생학은 사회적 다윈주의의 흐름을 타고 19세기 후반부터 20세기 초에 이르기까지 미국 사회에서 인종주의를 확산시키는 데 큰 영향을 미쳤다. 이 시기 태평양을 통해 아시아로 진출하려고 했던 미국은 파나마운하의 완성을 계기로 중남미 지역으로 제국주의적 확대를 추구했다. 이 과정에서 다양한 인종들을 대면하게 되었는데, 이에 따라 전례 없는 규모의 이민들을 받아들여야 했다. 이때 미국은 국가적 정체성에서 큰 전환점을 맞게 되었는데, 인종은 이런 정체성을 형성하는 데 가장 중요한 준거점으로 작용했다.

이 시기 미국 '사회복음운동'(Social Gospel movement)의 지도자였던 스트롱(Josiah Strong)의 《우리의 조국》(1885)은 미국의 복음주의 신학자 및 성직자들에게 '선교 인종주의'의 전범이 되었다. 이 시기에 미국의 해외 선교에 뜻을 품었던 신학자와 성직자들은 이 책을 읽지 않으면 안 되었다. 조시아 스트롱은 미국이 "세계에서 가장 위대한 자유, 가장 순수한 기독교, 그리고 세계 최고의 문명"을 대표한다고 주장하면서, 세계에서 가장 위대한 '선교적 인종'(missionary race)인 "앵글로-색슨 인종이야말로 멕시코와 중남미 아메리카, 해양의 모든 섬들 그리고 아프리카를 넘어 전 세계로 뻗어나갈 것"이라고 확신했다. 앵글로-색슨주의, 기독교적 정체성, 사회적 다윈주의를 결합시키면서, 미국의 복음주의 신학자와 성직자들은 미국이 전 세계를 곧 지배할 것이라고 단언했다. 〔지도 3-1. 조시아 스트롱의 세계 인식〕(Strong, 1963: 21)을 보면, 스트롱이 품었던 제국적 욕망의 지리적 상상력을 가늠할 수 있다. 이와 같이 미국의 제국주의를 관철하는 데 우생학은 인종주의적 근거로 기능했다. 결과적으로 골턴이 정립했던 우생학은 영국을 비롯하여 유럽과 미국 사회에서 '제국의 인간'(Man of Empire)을 훈육하려는, 국가 인종주의의 전략이 되어왔다고 볼 수 있다.

열대와 서구 정체성에 관한 이런 고찰이 서구의 생물지리적 탐험을 통해 열대 공간의 발명과 제국의 욕망으로 어떻게 이어졌는지를 살펴보기로 한다.

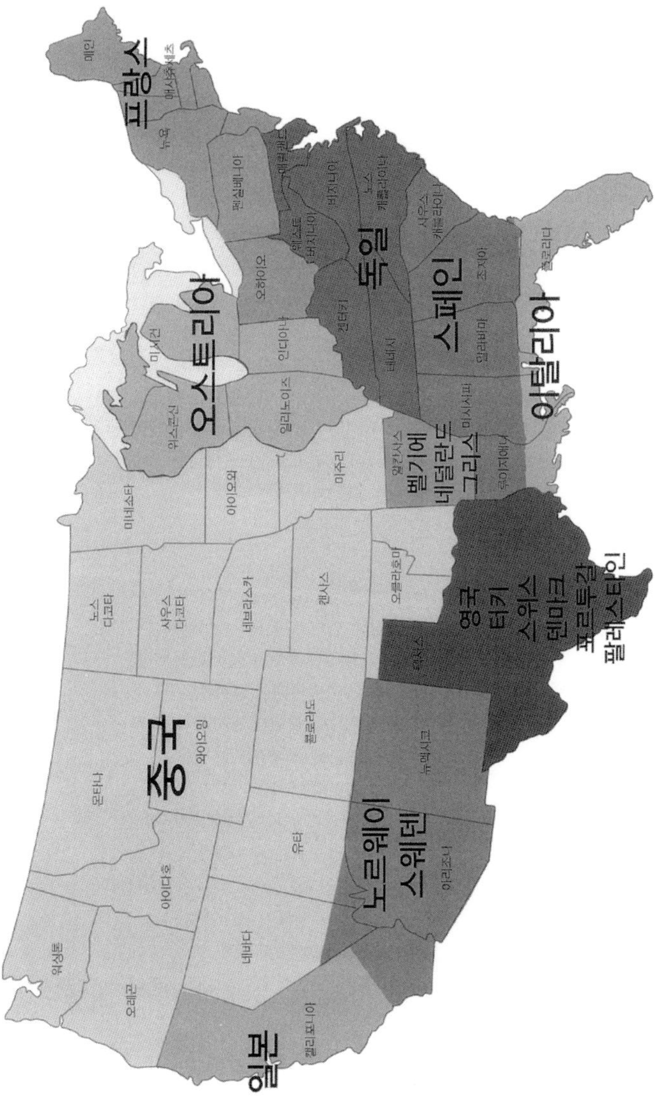

지도 3-1. 조시아 스트롱의 세계 인식

2부

욕망의 발명

4장
열대 공간의 발명과 제국의 욕망

18세기 말에 이르러 감성이라는 새로운 힘이 이성의 건축물을 쓰러뜨렸다.

– 옥타비오 파스(Octavio Paz)

커피, 설탕, 차가 없었더라면 서구가 과연 오늘날과 같이 될 수 있었겠는가?

– 아놀트 헤렌(Arnold Heeren)

4장
열대 공간의 발명과 제국의 욕망

1. 콜럼버스와 열대의 식민화

경도가 아닌 위도, 콜럼버스의 '치핑구' 찾기

콜럼버스의 신세계 발견에 관한 수많은 물음 중에서 열대학과 관련하여 가장 흥미로운 질문은 "콜럼버스는 왜 서쪽이 아닌 남쪽으로 항해했을까?"이다. 〔지도 4-1. 콜럼버스의 네 차례 항해〕(1492, 1493, 1498, 1502)에서 나타난 대로 항해 과정에서 그가 한시라도 잊지 않았던 대단히 중요한 원칙이 있었다. '경도'보다는 '위도'가 항해의 방향을 설정하는 데 있어서 가장 기본적인 지침이라는 것이다(Gómez, 2008). 콜럼버스의 지리적 세계에 큰 영향을 미쳤다고 알려져 있는, 프톨레마이오스(Klaudios Ptolemaios)의 《지리학》(150년경)을 비롯하여 고대 그리스 지리학자 에라스토테네스(Erastothenes)와 스트라보(Strabo)를 읽으면서, 콜럼버스는 장소가 유사하면 자연사도 유사하다는 생각을 갖게 되었다. 여기서 장소가 유

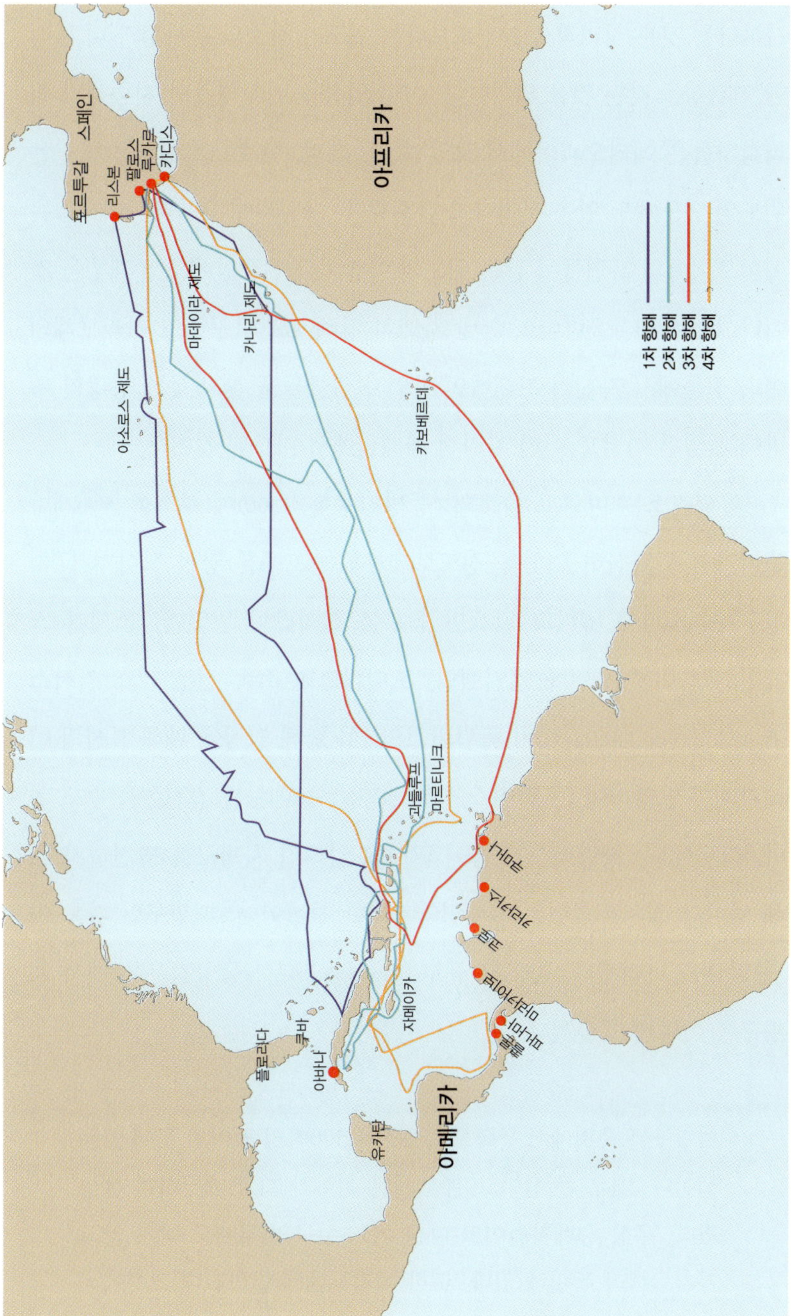

지도 4-1. 콜럼버스의 네 차례 항해

사하다는 것은 지리적으로 경도보다는 위도가 장소의 유사성과 더 밀접한 연관성을 갖는 것을 의미한다. 이런 입장을 견지해왔던 지중해의 지리학자들은 에티오피아에서 보았던 금, 계피, 향료, 코끼리 등이 같은 위도의 인도에도 있을 것이라고 간주했다. 그렇기에 프톨레마이오스는 에티오피아의 흑인들이 같은 위도의 아랍이나 인도양에도 존재했을 것이라고 믿었다. 콜럼버스가 네 차례의 항해에도 불구하고 카리브해의 여러 섬들에서 자신이 기대했던 자연사 산물들을 찾지 못해 당황할 수밖에 없었던 까닭도 이런 지리적 세계관에서 비롯된 것이다.

콜럼버스는 마르코 폴로의 《동방견문록》(1300)에 주석을 366개나 붙여가면서 열심히 읽었을 정도로(주경철, 2013: 132), 황금 노다지가 '치핑구'(Çipingu)에 있다고 말했던 폴로를 철석같이 믿었다. 16세기 스페인의 식민화 사업에 개입했던, 도미니크회 소속 신부 라스 카사스(Bartolomé de las Casas)가 콜럼버스의 1차 항해 일정에 관해 자신의 이해관계를 반영하여 《콜럼버스 항해 일지》(1530년대)를 집필했을 수도 있다. 그럼에도, 콜럼버스가 금이 많다고 알려진 치핑구를 발견하기 위해 얼마나 절치부심했는지는 명약관화한 사실이다. 치핑구란 다름 아닌 일본을 가리켰다. 마르코 폴로(Marco Polo)는 《동방견문록》에서 치핑구를 이렇게 기술했다.

> 치핑구는 육지에서 동쪽으로 해상 1,500마일 떨어진 곳에 있는 섬이다. 매우 큰 섬이고, 주민들은 피부가 희고 깨끗하며 잘생겼다. 우상 숭배자들이고 다른 어느 누구의 지배도 받지 않고 자기들끼리 독립해 있다. 또한 여러분에게 말하건대 그곳에서는 헤아릴 수도 없이 많은 금이 나기 때문에 금이 대단히 많다.

그러나 아무도 그 섬에서 금을 가지고 나오지 못하는데, 그것은 어떤 상인도 어떤 사람도 대륙에서 그곳으로 가지 않기 때문이다. 그래서 그들이 그렇게 많은 금을 갖고 있다고 내가 말한 것이다(Polo, 2000: 416).

콜럼버스가 1차 항해에서 카리브 해의 작은 섬 과나하니(Guanahani), 즉 그가 산살바도르(San Salvador)라고 불렀던 섬에 도착했을 때, 그토록 애타게 찾던 금이 없다는 사실에 크게 낙담했다. 문제는 여기부터다. 콜럼버스는 산살바도르에서 왜 서쪽을 향해 더 나아가지 않고 남서 방향으로 항로를 바꿨을까? 그가 신봉했던 지리학적 세계관, 즉 위도가 유사하면 자연사도 유사하다는 것을 생각하면 대답이 가능하다. 《동방견문록》에서 읽었던 치핑구와 '캐세이'(Cathay) – 중국 – 의 지리적 위치와 관련하여, 콜럼버스는 두 지역이 경도 상으로 차이가 나는 것이 아니라 위도 상으로 차이가 난다고 간주했다. 그는 중국보다도 무더운 인도에서 금이 산출될 것이라고 보았다. 《동방견문록》과 함께 콜럼버스가 주석을 달면서 열심히 읽었던 책이 플리니우스의 《자연사》이다. 토르데시아스조약(Treaty of Tordesialls, 1494)의 지리적 근거를 제시한 것으로 알려진 블라네스(Jaume Ferrer de Blanes)는 《자연사》의 영향을 받아 아주 무더운 지역에 금이 많이 날 것이라고 콜럼버스에게 편지를 썼다. 콜럼버스는 블라네스의 의견을 따랐다. 이렇게 콜럼버스는 마르코 폴로가 말했던 치핑구가 위도상 적도에 더 가까운 무더운 열대에 있다고 추정을 한 것이다.

콜럼버스의 이런 생각에 가장 큰 영향력을 미친 사람은 1차 항해에서 콜럼버스와는 다른 배인 핀타(Pinta) 호를 지휘했던 핀손(Alonzo

Pinzón)이다. 사실 항해 지식과 경험에 관한 한, 핀손이 콜럼버스보다 더 뛰어났다. 프랑스에서는 쿠쟁(Jean Cousin 또는 Jehan Cousin)이 콜럼버스보다도 4년 먼저 신대륙인 브라질을 발견했다는 신화가 전해져 내려오고 있다. 레비스트로스도 《슬픈 열대》에서 이 점을 말했다(Lévi-Strauss, 2007: 206). 쿠쟁의 브라질 탐험 일행에 핀손이 포함되어 있었는데, 핀손은 쿠쟁과 다툰 후에 떠나버렸다. 콜럼버스는 항로와 관련하여 자주 핀손과 상의를 하는 관계를 유지했다(Gómez, 2008: 402-403). 만약에 콜럼버스가 1년 뒤에 있었던 항해에서 원래 예정되었던 항로를 핀손의 의견을 따라 바꾸지만 않았더라도, 그는 멀리 상 아고스티노(São Agostino) 곶에 도착했을 것이며 브라질을 처음 발견했다는 영예도 탐험가 카브랄(Pedro Álvares Cabral)에게 돌아가지 않고 자신에게 돌아갔을 것이다.

핀손과 함께 콜럼버스의 항해에 적극적으로 참여하여 영향을 미친 인물은 코사(Juan de la Cosa)이다. 그는 콜럼버스와 함께 3번이나 – 처음 두 번이라고 주장하는 역사학자들도 있다 – 다녀왔다. 콜럼버스의 1차 항해에서 주력 선박인 산타마리아호의 선장이었으니 그의 위상을 짐작할 수 있다. 2차 항해에서 코사는 지도 제작자로 참여했다. 이런 경험이 있었기에, 〖지도 4–2. 코사의 아메리카 지도〗가 보여주듯이, 그는 아메리카에 관한 한 현존하는 가장 오래된 지도(1500)를 만들 수 있었다. 코사는 아메리고 베스푸치와 함께 트리니다드 섬의 파리아(Pariah) 만으로 항해할 정도로 이 지역에 대해 잘 알고 있었다. 그래서 코사는 쿠바 섬을 끝까지 인도의 일부라고 주장했던 콜럼버스의 견해를 따르지 않고 베스푸치의 주장을 받아들여 쿠바를 인도에 포함시키지 않고

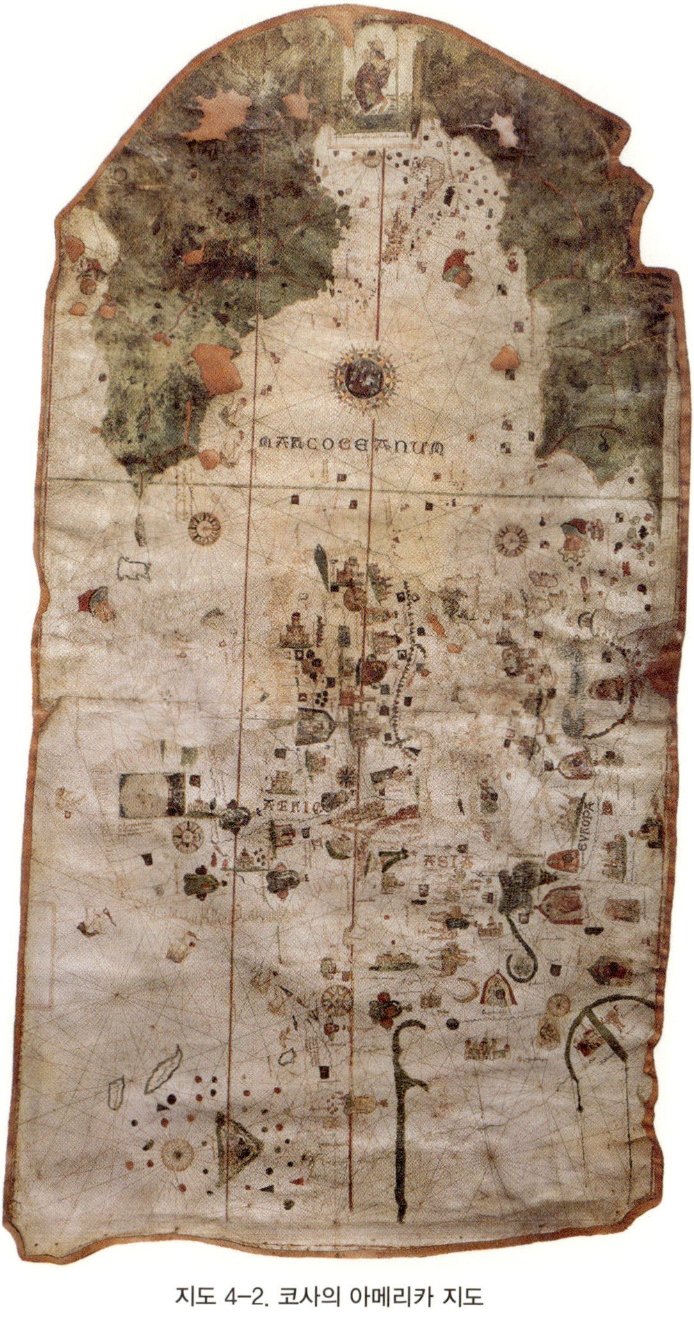

지도 4-2. 코사의 아메리카 지도

아메리카에 포함시켰던 것이다. 국왕이 콜럼버스에게 부여해준 권위를 고려했을 때, 코사가 이런 주장을 하기도 쉽지도 않았거니와 사람들이 코사의 지도에 의심을 가진 것은 당연했을지도 모른다. 하지만 19세기 초 이 지역을 다녀왔던 알렉산더 훔볼트는 코사의 이 지도야말로 아메리카를 정확하게 보여준다면서 높은 평가를 내렸다(Fernández-Armesto, 2007: 748-749).

1차와 2차 항해에서도 만족할 만한 금광을 찾지 못했던 콜럼버스는 '남쪽 항해'(rumbo austral)로 불렸던 3차 항해에서 위도를 더욱 낮추어 적도 쪽으로 내려갔다. 남쪽에는 생명이 살 수 없는 무더운 지역이 존재한다고 말했던 아리스토텔레스의 지침에 다소 어긋나는 항로를 선택했다. 여기서 콜럼버스는 이전의 항해와는 "다른 세계를 발견"했다. 콜럼버스가 남긴 기록들은 그가 남쪽으로 내려갈수록, 즉 열대성이 더욱 분명한 지대로 항해할수록 생물의 '다양성'에 더욱 '경이로움'을 나타내고 있음을 보여준다. 콜럼버스가 얼마나 남쪽 항해에 집착했는지는 사실 1차 항해부터 명백히 나타나 있다. "막대한 부와 보석과 향료가 있는 … 이 섬들은 남쪽으로 아주 멀리 뻗어져 있고, 또 한결같이 남쪽으로 흩어져 있다."(Las Casas, 1989: 62) 하지만 그는 치핑구를 끝내 찾지 못했다. 오히려 3차 항해에서 쇠사슬로 묶여져 돌아오는 비참한 사태를 겪었다.

콜럼버스는 네 차례에 걸친 항해의 목적이 금을 중심으로 한 '무역'과 원주민의 '그리스도교화'라는 점을 시종일관 분명하게 견지했다. 라스 카사스(Bartolomé de las Casas)의 《콜럼버스 항해 일지》를 비롯하여, 콜럼버스의 아들 페르디난드가 쓴 《콜럼버스 제독의 생애》, 콜럼버스가 스페인 국왕 페르디난드 2세와 이사벨라 1세에게 보낸 편지와 재정 담당 책임자였던 산탕헬(Luis de Santángel)과 산체스(Rafael Sánchez)에게 보낸 편지 등을 보면, 그는 1492년 10월 11일에 산살바도르 섬에 상륙한 순간부터 이 섬을 '점유'했음을 분명히 표명했다. 이미 '인디오'들이 살고 있는 땅을 점유한 것은 스페인의 이익을 위한 무역과 그리스도교화의 전제 조건에 불과했다. 콜럼버스는 이 목적을 달성하기 위해 '식민화' 정책을 수단으로 삼아야 한다고 주장했으며, 스페인의 페르디난드와 이사벨라 가톨릭 국왕에게 편지를 썼다.

> 스페인의 섬들과 관련하여 무엇보다도 먼저, 이 섬들을 보다 안전하게 하고 이웃의 섬들과 소통하고 교통하는 데 있어서 더 이익을 취하고 도우기 위하여 2천 명에 달하는 스페인 정착 주민들이 가야 합니다(Columbus, 1943a).

섬에 상륙해서 "짙푸른 나무들과 풍부한 물과 다양한 종류의 과일"을 보면서 열대의 자연사에 놀라워했던 콜럼버스는 식민화가 무역과 그리스도교화의 필수불가결한 정책이라고 생각했다. 그는 1498년 국왕에게 보낸 편지에서, 4천 명의 노예들을 팔 수만 있다면 그 가치는 2천만 그루의 목재와도 같다고 하면서 식민화에서 노예가 필수불가결하다고 역설했다. 실제로 20년 후인 1518년에 4천 명의 아프리카 노예가 식민지로 왔다.

독일 철학자 블로흐(Ernst Bloch)가 《희망의 원리》(1959)에서 말했듯이, 콜럼버스는 지상의 낙원인 에덴에서 엘도라도를, 즉 온몸에 사금을 칠한 사람을 찾으려 했고, 동시에 엘도라도에서 에덴을 찾으려고 했던 유일무이한 인물이었다(Bloch, 2004: III: 1597). 놀랍게도 콜럼버스가 실제로 어떻게 생겼는지에 대해 역사가들도 모른다. 80여 동상과 초상화가 있지만, 실제 그의 모습은 아니다(Taviani, 1991: 251). 25세가 되던 해에 원래 자신의 성이었던 '콜롬보'(Colombo)에서 '콜론'(Colón)으로 바꾸었다. 이는 '새롭게 식민지를 건설한다.'는 것을 의미했다. 스페인 이름에 해당하는 '크리스토발'(Cristóbal)은 '그리스도를 나르는 사람'을 의미하는 'Christum Ferens'에서 유래했는데, 그는 실제로도 이렇게 가끔 서명을 했다(若林幹夫: 2006: 180). 이처럼 그의 이름은 그리스도교의 중세적 세계와 식민지 건설이라는 근대적 세계를 동시에 표상했다. 비록 제노바(Genova) 공화국에서 중세적 세계관에 의해 사회화 과정을 겪었지만, 그는 네 차례 항해를 통해 자신이 근대적 세계관의 문을 열게 될 것이라고 꿈에도 생각하지 못했을 것이다.

콜럼버스의 항해가 갖는 역사적인 중요성은, 그리스도교화, 무역, 식민화 사이에 서로 떼려야 뗄 수 없는 관계가 형성되면서 서구의 열대에 대한 타자화가 시작되었다는 데 있다. 또한, 콜럼버스에만 초점을 맞출 경우에 간과하는 것이 있다. 네 차례 항해 자체가 스페인의 열대 해양력을 강화하는 데 크게 기여했다는 점이다. 알프레드 머핸의 해양력 개념을 떠올린다면(3장), 콜럼버스의 네 차례 항해를 거치면서 스페인의 해양지리학과 지도학 지식을 비롯하여 해운업과 해양무역이 크게 발달함에 따라, 해양에 대한 국민들의 인식, 국가 조직과 경제에서 해양의 위상 등이 변화해갔다.

스페인의 식민지 건설에 앞장섰던 코르테스(Hernán Cortés)의 아스테카 정복은 무역 – 그리스도교화 – 식민화에 의한 서구 정체성이 '전쟁'을 통해 본격적으로 형성되어 갔음을 말해준다. 여기서 전쟁은 실제적인 군사 전쟁뿐만 아니라, 소수의 스페인 정복자들이 유럽에서 갖고 들어왔던 '천연두'와 이에 전혀 면역이 되어 있지 않았던 아스테카의 수많은 인디오들과의 '자연사전쟁'을 포함했다. 즉 열대 아메리카의 자연사에 풍토적으로 적응해왔던 인디오들은 한 번도 경험하지 못했던 구세계의 세균 앞에서 속수무책으로 무너졌다. 1장에서 논의했듯이, 세균은 풍토를 구성하는 중요한 요인이다. 인디오와 코르테스 양쪽 모두 서구의 역사지질학과 열대 자연사 사이의 전쟁이 갖는 중차대한 의미를 몰랐다. 하지만 이 전쟁은 승패에 결정적으로 작용했다. 멕시코와 카리브해의 역사인구학에 정통한 역사학자 보라(Woodrow Borah)에 의하면, 1518년에 멕시코 영토 내의 토착 원주민은 2천 520만 명이었는데, 에르난 코르테스의 정복전쟁이 끝난 후인 1532년에는 1천 690만 명, 1548년에는 7백 40만 명, 1568년에는 2백 60만 명, 1608년에는 겨우 1백만 명 정도로 급격하게 감소했다(Borah, 1992[1976]). 서구의 역사지질학적 힘이 아스테카의 자연사에 대해 작용한 지 60년 만에 토착 인구의 5 퍼센트만이 겨우 살아남은 것이다. "구세계의 말, 나귀, 황소가 신세계에 들어옴으로써 신세계 사람들이 사용할 수 있는 동력에 미친 혁명적인 [자연사의] 변화는 제임스 와트의 증기기관이 18세기 말 유럽에 미친 변화와 유사했다."(Crosby, 2003: 109) 서구의 세균이 아메리카 인구의 90 퍼센트 이상을 쓸어버리는 데는 한 세기가 걸렸지만, 아메리카 인구가 정복 이전의 인구수로 다시 회복되는 데 4세기가 걸렸다(Miller, 2013: 146). 프랑스 아날 학파의 학자로 풍토의 역사에 천착했던 르 롸 라뒤리(Emmanuel Le Roy Ladurie)도 이를 '세균성 통합'이라고 부르면서, 스페인의 정복전쟁과 식민화 사업에 면죄부를 주자고 하는 것이 아니라 세균이 인구의 급격한 감소에 중심적인 힘으로 작용했다고 말했다(Le Roy Ladurie, 1981, 72-83). 훗날 이런 유형의 전쟁은 서구 정체성의 형성과 정립에서 '청결화'와 깊은 연관성을 갖게 되었다(6장).

스페인은 아스테카의 식민화 과정에서 '엔코미엔다'(encomienda)라고 불리는 독특한 식민제도를 만들어갔다. 아스테카의 식민지 정복자에게 일정한 인디오들을 배당하는, 일종의 노예제도인 엔코미엔다는 아스테카의 기본적 정치행정 조직이었던 알테페틀(Altepetl)에 기초했다(Simpson, 1982). 알테페틀에서는 틀라토아니(tlatoani)가 종교적 권위에 의지하여 일정한 주민과 영토를 다스렸다. 부르봉왕조와 정복자들은 스페인의 제도들을 아스테카 사회에 일방적으로 이식하지 않았다. 대신에 인디오 사회의 기존 정치 조직과 스페인의 통치 방식 사이의 식민적 문화융합에 근거했다. 엔코미엔다는 스페인의 이런 기준을 충족시켜 주었던 알테페틀을 토대로 하여 발달할 수 있었으며 식민지의 교회 조직도 이와 연관되어 만들어졌다.

코르테스의 아스테카 정복은 서구가 열대에 대한 제국의 욕망을 실현하겠다는 강력한 의지를 보여준다. 그는 《코르테스의 멕시코제국 정복기》(1519-1525)에서 이를 직설적으로 표명했다.

> 만일 폐하께서 그 발견과 관련하여 '정복협정'(Capitulación) 문서에서 말씀드렸던 저의 요청을 허락해주신다면, 그리고 만일 몰루카(Moluccas), 믈라카, 중국 사이에 어떤 항로가 있기만 한다면 저는 향료 제도와 그 밖에 여러 곳으로 가는 항로를 발견하기 위해 시작할 것입니다. 또한 상황을 잘 조정하여 현재 포르

투갈의 국왕이 하는 것처럼 교역을 통해서 향료를 얻는 대신에 그 곳을 폐하의 합법적인 재산으로 삼아서 이를 점유할 수 있도록 하겠습니다. 그래서 그 지역의 원주민들이 폐하를 합법적인 왕 또는 주군으로 인정하고 삼을 수 있도록 하겠습니다(Cortés, 2009: II: 278, 굵은 글씨는 필자의 강조).

몰루카, 믈라카, 중국을 식민지로 삼겠다는 에르난 코르테스의 제국적 욕망은, 마젤란(Ferdinand Magellan) 함대가 태평양 항로를 통해 필리핀을 '발견'하면서 더욱 구체화되었다. 그는 마젤란 함대가 1522년에 스페인으로 귀환한 것을 알았다. 그래서 대서양과 태평양을 연결할 수 있는 해협이 '누에바에스파냐'(Nueva España, 멕시코)에서 발견된다면, 아메리카에서 동남아시아의 향료 제도(諸島)로 진출할 수 있는 항로가 열릴 것이라고 국왕에게 보고했다(Cortés, 2009: II: 76). 코르테스의 예측대로 스페인의 열대 해양력은 태평양을 통해 필리핀까지 뻗어나갔다.

'바야돌리드' 논쟁, 문명화와 그리스도교화

스페인의 아메리카 식민화 사업은 일사천리로 진행되지 못했다. 부르봉왕조와 사회는 여전히 중세적 그리스도교가 지배하고 있어서 아메리카의 식민화에 대한 신학적 정당성을 제대로 확립하지 못했기 때문이다. 콜럼버스의 아메리카 항로 개척과 코르테스의 군사적 정복이 식민화의 초기 단계를 보여준 것은 확실하지만, 스페인 사회에서는 인디오의 식민화에 대한 그리스도교적 근거와 관련하여 뜨거운 논쟁들이 시작되었다.

소위 라스 카사스와 세풀베다(Juan Ginés de Sepúlveda) 사이에 있었던 '바야돌리드'(Valladolid) 논쟁(1550-1551)이 가장 전형적인 사례에 해당한다. 한 손에 에덴을 다른 한 손에 엘도라도를 가지려고 했던 콜럼버스는 이런 논쟁의 불씨를 안고 있었다. 그에게는 세풀베다와 라스 카사스의 두 페르소나(persona)가 함께 존재했다. 신학자 세풀베다의 말을 들어보자.

> 신대륙의 원주민들은 하느님께서 인정하신 피조물이 아니라는 것, 그들은 구원과 무관하다는 것, 바로 그런 뜻이 아니고 무엇이겠습니까? 스페인 사람 3백 명이 인구가 2천만 명이나 되는 강력한 제국을 정복했습니다. 그야말로 하느님의 손길이 느껴지는 위업이 아닙니까? … 심지어는 질병까지도 우리 편이었습니다. 천연두가 창궐한 것은 우리에게 길을 틔워 주기 위한 하느님의 역사(役事)였습니다 … 처음부터 원주민들이 스페인 사람들에게 그토록 쉽게 순종했던 이유를 어떻게 설명할 수 있겠습니까?(Carrière, 2005: 127-128)

아리스토텔레스와 아우구스티누스에 근거했던 세풀베다는 이 논쟁에서 당시 스페인 왕실의 역사가였던 곤살로 페르난데스 데 오비에도의 인디오에 대한 입장을 그대로 수용했다. 40세 때 콜럼버스를 만난 적이 있는 오비에도는 《서인도제도의 일반사와 자연사》에서 자연사의 관점에서 인디오들이 "더럽고 게으르며" 우상숭배를 하는 사람들로 그리스도교인 될 자격이 없다고 주장했다(1장). 오비에도의 입장을 지지했던 세풀베다는 인디오는 문자와 기록이 없으므로 '야만적인 존재'라고 말하면서 라스 카사스의 입장을 비판했다.

하지만 라스 카사스는 고대 로마의 사상가 키케로(Marcus Tullius Cicero)가 말했던 '모든 인간은 이성적인 존재'라는 점에 근거하여 "태어나면서부터 노예는 없다."라고 주장했다. 라스 카사스는 초기의 스페인 정복자들이 거주하고 있던 쿠바를 비롯한 몇 개의 섬들에는 인디오들이 거의 사라져 버렸으며 자연도 황폐화되었다라고 논박하면서, 기존의 엔코미엔다 정책을 폐기해야 한다고 공격했다. 《인디아스 파괴에 관한 간략한 보고서》(1542)에서 라스 카사스는 스페인 정복자들이 어느 인간도 겪어 보지 못했던 사악한 노역과 폭력적인 전쟁으로 인디오들을 지옥의 벼랑으로 내몰고 있다고 비판하면서 세풀베다를 몰아붙였다(Las Casas, 2007).

바야돌리드 논쟁은 승자도 패자도 없었다. 이 점이 대단히 중요하다. 왜냐하면 이후 스페인의 식민화는 인디오를 그리스도교로 개종하는 방식에서는 라스 카사스가, 인디오의 야만성은 세풀베다가 비교 우위에 있는 것으로 수용되는 방향으로 전개되었기 때문이다. 이 논쟁에서 세풀베다를 악으로만, 라스 카사스를 선으로만 바라보는 이분법적인 입장을 취할 수 없는 이유가 여기에 있다. 세풀베다와 라스 카사스는 같은 지점에서 서로를 비판하기보다도 서로 다른 지점에서 자신의 입장을 전개했다. 세풀베다는 문명화 논리에 의해 인디오들이 야만인이라고 주장한 것이며, 라스 카사스는 그리스도교 논리에 따라 인디오에 대한 개종 방식을 바꾸자고 말한 것이다. 결국, 세풀베다와 라스 카사스는 각각 서구 정체성의 서로 다른 층위를 강조한 셈이 된다.

2. 마젤란과 유럽의 열대 해양무역

'존재론적' 열대와 '인식론적' 열대

대부분의 한국 사람들은 언제부터 '태평양'을 처음으로 인지하게 되었을까? 유럽이 열대 남태평양을 앞다투어 탐험하고 있던 때, 프랑스의 라페루즈(Jean-François de Galaup La Pérouse) 함대는 1781년에 동해를 통과하고 난 후에 지도에 일본해로 표기하여 프랑스로 탐사 기록을 보냈다(7장). 자신의 영토가 국제적으로 어떻게 표기되는지에 대해서 무감했던 조선왕조가 태평양에 대해서는 어떤 지리적 상상력을 펼쳤을까? '대동아전쟁'으로 불렸던 '태평양전쟁'(1941-1945)이 발발하면서, 한국인들은 태평양의 존재를 희미하게나마 알게 되었을 것이다. 신미양요(辛未洋擾, 1871)를 통해 미국의 존재를 처음으로 인지했지만 그럼에도 태평양이 얼마나 광활한 해양인지는 생각조차 못했다. 일본이 하와이 진주만을 공격한 사건(1941)을 통하여 한국인은 태평양의 존재를 더욱 분명하게 알게 되었다.

70년이 흐른 지금 거의 모든 한국인에게 태평양은 하와이, 괌, 사이판이라는 관광지 이외에는 다른 의미로 다가오지 않는다. 모두 미국의 영토인 이 세 곳은 태평양에 대한 한국인의 문화역사지리적 인식의 성격을 잘 보여주는 상징적 장소다. 어느 역사민속학자는 한국인의 이런 인식이 18세기 조선 사대부와 실학자들의 동해 인식과 별로 다르지 않다고 말했다(주강현, 2015).

그렇다면 서구는 언제부터 태평양의 존재를 어떻게 알게 되었으며 왜 태평양으로 진출했을까? 우선, 태평양이라는 이름부터 살펴보자.

알렉산더 훔볼트는 《코스모스》에서, 마젤란의 필리핀과 몰루카 제도로의 탐험 과정을 상세히 기록했던 피가페타(Antonio Pigafetta)가 다음과 같이 말했다고 했다. "태평양(Oceano Pacifico)은 마젤란이 마르델수르(Mar del Sur, 발보아Balboa)에 처음으로 붙인 이름이다."(Humboldt, 2010[1848]: 2: 270) 하지만 이를 상세히 분석한 태평양 역사가에 의하면, 피가페타는 결코 이렇게 말한 적이 없다(Spate, 1977). 그럼에도 불구하고 훔볼트가 이렇게 말했다는 이유로 훔볼트 이후로 많은 사람들은 마젤란이 '남양'(South Sea)을 마치 '태평양'이라고 처음 명명한 것처럼 알고 있다.

이 이야기는 매우 의미심장한 메시지를 던져준다. 서구인들은 물론이거니와 한국인들조차도 서구가 열대에 관해 말하고 쓴 것을 의심 없이 받아들이면서 서구가 열대에 관해 말한 것을 그대로 믿는다. 서구가 열대를 어떻게 '발명'해왔는지에 대해 문제를 제기하지 않는다. 문화경관지리학자인 코스그로브(Denis Cosgrove)는 이런 문제를 날카롭게 지적했다. 그는 열대에 대한 객관적 지식과 특정한 시간과 장소에서 바라본 열대에 대한 주관적 지식의 차이에 주목하면서, 전자를 존재론적(ontological) 열대로, 후자를 인식론적(epistemological) 열대라고 구분했다(Cosgrove, 2005). 하지만, 현대인들이 열대를 여행하면서 이런 구분을 하기란 실제로 쉽지 않다. 왜냐하면 남양과 태평양의 경우가 보여주듯이, 지난 2백여 년간 서구는 열대를 자신의 관점에서 해석하고 의미 부여를 해왔으며 열대와 비서구는 서구의 이런 방식에 상당히 익숙해져왔기 때문이다.

유럽의 열대 향료전쟁

몰루카 제도는 열대 태평양과 유럽 사이의 식민적 문화융합이 처음으로 이루어진 공간이다. 결론부터 말하면, 향료가 이 문화융합을 추동시켰던 물질이었다. 모든 것이 향료때문이다. 그 과정을 살펴보자.

콜럼버스의 신세계 발견을 전후로 포르투갈과 스페인은 새로 발견한 지역을 먼저 차지하기 위해 경쟁을 벌였다. 〔지도 4-3. 토르데시아스와 사라고사 조약에 의한 세계의 분할〕이 보여주듯이, 교황 알렉산더 6세의 중재로 맺어진 토르데시아스조약과 사라고사(Zaragosa)조약(1529)은 포르투갈과 스페인이 열대 지역을 더 많이 차지하기 위해 얼마나 경쟁을 벌였는지를 이해하는 데 중요하다. 토르데시아스 조약의 핵심은, 대서양의 가운데 위치한 베르데(Verde) 제도 서쪽 끝의 곶에서 대서양 쪽으로 370리그(leagues) - 1리그는 보통 3마일 거리이다 - 떨어진 자오선을 따라 지구를 둘로 나누어 포르투갈은 동쪽의 섬들을, 스페인은 서쪽의 섬들을 지배한다는 것이다.

포르투갈 항해사인 마젤란(Ferdinand Magellan)이 향신료가 노다지로 산출되는 인도네시아의 몰루카 제도를 발견하면서 양국 간의 갈등이 다시 터졌다. 토르데시아스조약이 지도를 정확하게 반영하지 않았기 때문이다. 양국 사이에 사라고사조약이 다시 체결되었고, 포르투갈이 스페인에 무려 35만 두카트(ducats)를 지불하는 조건으로 스페인은 몰루카의 권한을 포르투갈에게 양도했다.

포르투갈의 바스쿠 다 가마가 아프리카 희망봉을 경유하는 인도항로를 개척한 이래로, 포르투갈은 인도의 고아(1510), 믈라카(1511)

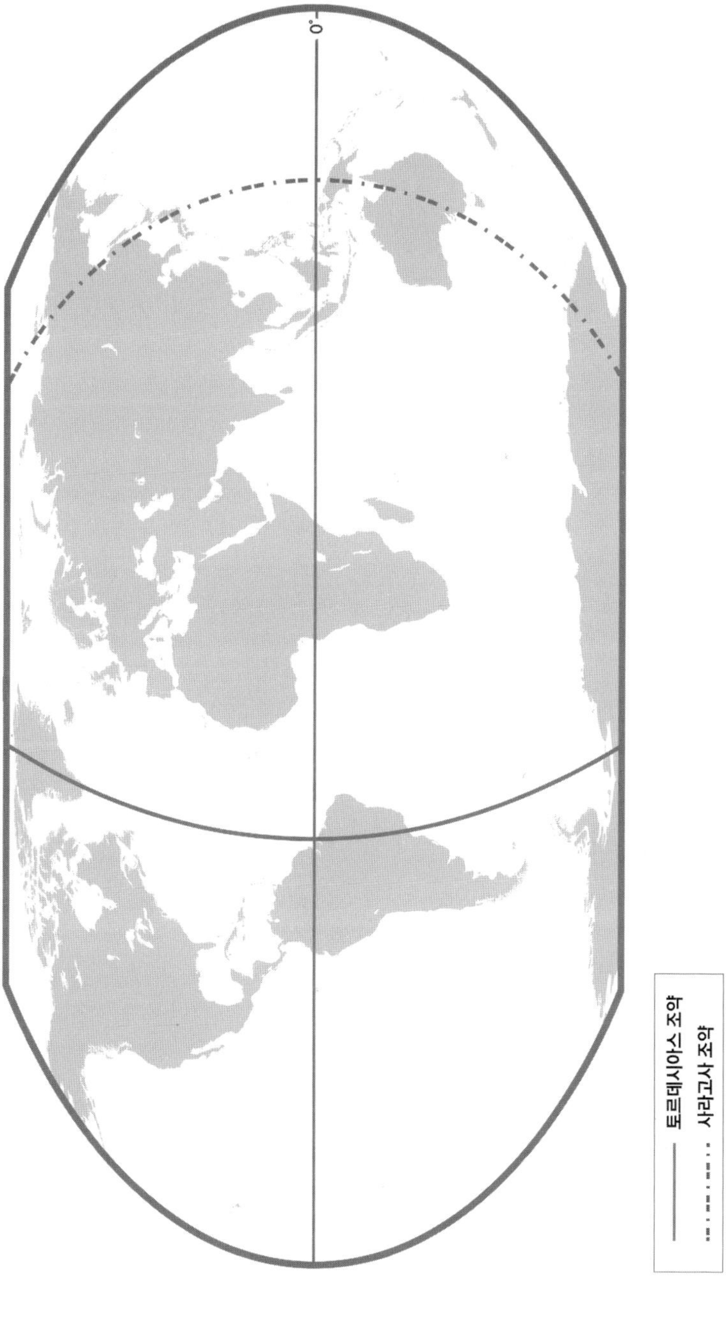

지도 4-3. 토르데시아스와 사라고사 조약에 의한 세계의 분할

등 이 지역 곳곳에 식민지들을 개척해나갔다. 알부케르크(Alffonso de Albuquerque)는 포르투갈의 이런 식민화를 주도했던 인물이다. 마젤란도 여기에 참여하여 고아와 믈라카에 7년간 체류하면서 포르투갈의 식민화 사업에 참여했다. 이후 스페인으로 돌아왔던 마젤란은 다시 아프리카로 파견되어 포르투갈의 아프리카 서해안 식민화를 개척하는 데 동참했다. 그는 여기서 전쟁으로 인해 심한 상처를 입어 한평생 한 쪽 다리가 불편한 채로 살아야 했다.

〔지도 4-4. 마젤란 항해 지도〕(Battista Agnese, 1544)에 나타난 대로 마젤란이 새로운 항로를 개척하는 데 도전하게 된 계기는 자신의 사촌이자 친구였던 세라노(Francisco Serrão)와의 오랜 교류에서 찾아볼 수 있다(Pigafetta, 2004: 215-216). 같은 포르투갈 사람이었던 두 사람은 인도와 믈라카에서 함께 체류하면서 매우 가까운 사이가 되었다. 세라노는 인도의 서부 해안에 왔는데, 당시 총독인 알부케르크의 명령을 받아 1512년에 동인도 항로를 개척하는 데 나서서 몰루카 제도로 건너왔다. 포르투갈은 더 많은 향료를 갖기 위해 아랍 상인들과 경쟁했다. 마젤란이 스페인으로 돌아가서 아프리카로 진출한 사이에, 세라노는 몰루카 제도에 계속 머물면서 마젤란과 편지를 교환했다. 세라노는 마젤란에게 이 섬들에 대한 다양한 정보를 제공했는데, 마젤란은 여기서 몰루카에 도달할 수 있는 새로운 항로를 개척할 수 있다는 확신을 갖게 되었다. 세라노는 마젤란에게 삶의 새로운 길을 알려준 것이다.

마젤란은 포르투갈 국왕 마누엘(Manuel) 1세에게 몰루카에 도달할 수 있는 새로운 항로를 제안했다. 하지만 국왕은 이를 차갑게 거절했다. 마누엘 국왕은 콜럼버스가 스페인 국왕의 지원으로 신세계 발견을

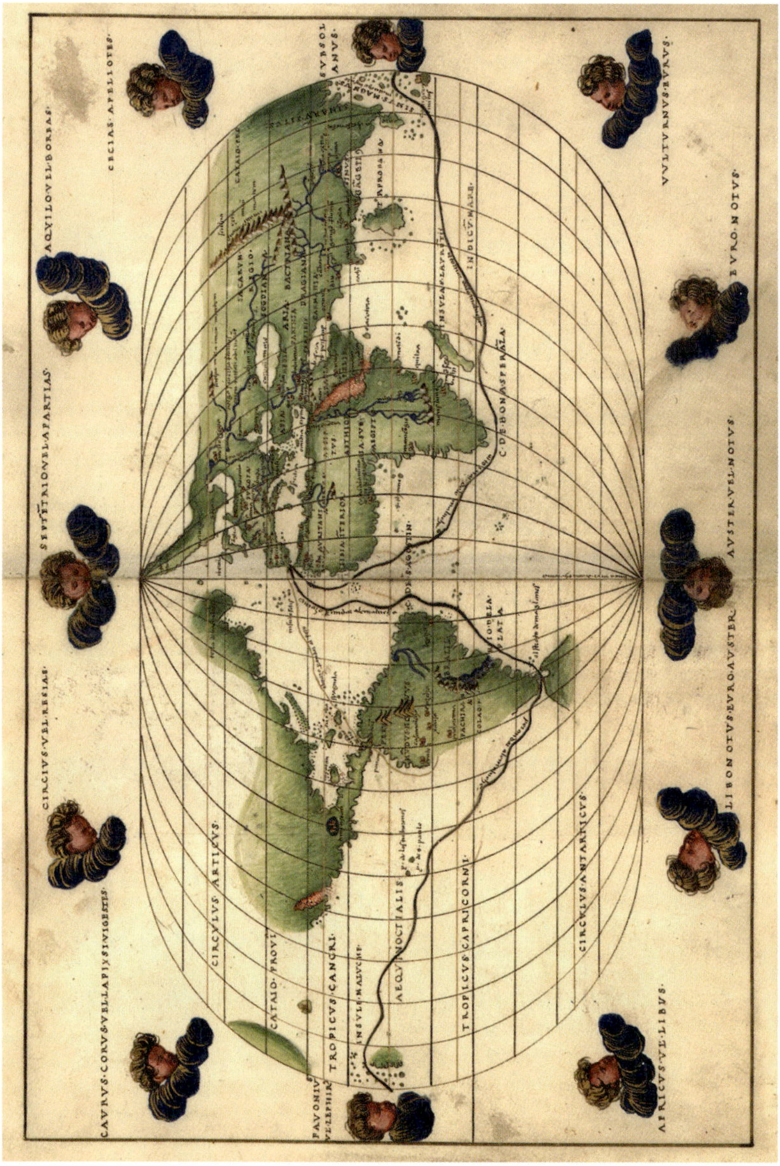

지도 4-4. 마젤란 항해 지도

했다는 사실을 알았음에도 불구하고, 그의 제안을 거절한 데는 나름대로의 이유가 있었다. 포르투갈의 동인도 식민지 개척자인 알부케르크는 마젤란이 자신에게 도전했다는 이유로 마젤란에 대한 부정적인 보고서를 국왕에게 제출했기 때문이다. 국왕은 마젤란의 제안보다도 알부케르크의 평가를 더 신임했다.

콜럼버스를 떠올리면서 마젤란은 스페인 국왕 카를로스 5세를 찾아갔고 야심찬 계획을 제안했다. 카를 5세는 적국인 포르투갈에서 건너온, 그것도 하급 관료에 불과한 마젤란의 제안을 놓고 각료들과 상의를 한 다음에 이를 수용하기로 결정했다.

세비아의 문서기록보관소 기록에 의하면, 모두 265명의 선원들이 항해에 참여했는데 이 중에서 의사가 달랑 1명인 것을 보면 아직 이 시기만 하더라도 항해에서 의료에 대한 인식이 얼마나 낮았는지를 알 수 있다. 이로 인해 마젤란 일행은 '잇몸병'이라는 새로운 질병 – 괴혈병이다 – 앞에서 속수무책으로 19명이나 죽어가면서도 어떤 치유책도 마련하지 못했다. 괴혈병 이외에도 여러 가지 열대질병으로 아프지 않은 선원이 극소수에 불과할 지경이 되었다(Pigafetta, 2004: 116).

아랍이 먼저 개척해 놓은 몰루카 향료 무역시장에 뛰어든 포르투갈의 뒤를 이어, 마젤란 일행을 앞세운 스페인이 이 시장에 개입했다. 포르투갈은 마젤란 일행이 향료 무역을 위해 몰루카로 떠났음을 알고 이런 저런 경로로 훼방하려고 했지만 뜻을 이루지 못했다. 또한 몰루카 제도의 원주민들도 포르투갈과 스페인이 향료전쟁을 벌이고 있음을 알고 있었다.

마젤란 항해에 같이 참여했던 피가페타는 마젤란 일행이 몰루카 제도에 도착하여 일어난 정황들을 자세하게 기록했다. 마젤란이 죽고 새로 운 함장이 된 델 카노(Juan Sebastian del Cano)가 이끄는 선단이 1521년 11월 6일에 몰루카 제도에 도착했다. 안토니오 피가페타는 26개월 만에 몰루카 제도의 티도레(Tidore) 섬을 '발견'한 기쁨에 흠뻑 취했다.

향료를 생산하는 섬들 중에서 트르나테 섬이 가장 중요했다. 피가페타는 향료 식물들 중에서 정향나무에 먼저 주목했다. 9월과 12월 말 크리스마스 무렵에 두 차례 수확하며, 무덥고 강수량이 적은 해에 수확이 더 잘되었다. 정향나무는 산간지방에서 잘 자라며 안개가 열매를 무르익게 했다. 몰루카 지역의 생태환경 조건이 정향나무에 매우 적합했다. 정향나무는 몰루카 제도의 섬들 중에서도 트르나테와 티도레 섬 등 5개 섬에서만 잘 자랐다. 피가페타는 이렇게 묘사했다.

> 원주민들은 정향나무나 그 밖의 주요 향신료 나무들을 경작하지 않는다. 땅을 갈아주거나 가지를 쳐주는 따위의 일을 하지 않는다. 나무들이 열매를 잘 맺도록 하기 위한 어떤 일도 하지 않는다. 그들은 다만 각자 소유한 나무들을 감시하고 열매를 수확하기만 할 뿐이다(Pigafetta, 2004: 229).

그렇다면 유럽에서 향료를 구하는 일은 왜 이렇게도 힘이 들었을까? 그것은 유럽인들에게 향료를 팔았던 아랍인들과 인도인들이 원산지가 어딘지는 입을 다물었기 때문이다. 아랍인과 인도인들은 무역을 할 때도 서로 만나지 않고 거래하는 소위 '침묵교역'의 형태를 유지했다. 이렇게 그들은 약 7-8백년간 육로를 통해 유럽인들에게 향료를 제공했기 때문에 유럽인들은 향료의 원산지를 찾는 데 혈안이 되어 있었다. 포르투갈, 스페인, 네덜란드, 영국, 프랑스 사이에 향료를 차지하려는 전쟁은 치열했고, 특히 네덜란드가 몰루카 제도를 지배하면서 영국과 치열한 전쟁을 벌였다(Milton, 1999).

마젤란과 열대 식물의 무역적 가치

베네치아 출신의 피가페타는 마젤란이 필리핀의 막탄(Mactan) 섬에서 최후를 맞는 정황을 상세히 설명했다. 그의 기록 이외에는 이를 설명하고 있는 문헌이 없다는 점에서 세밀한 검토를 필요로 한다.

마젤란 일행이 필리핀에서 제일 먼저 도착한 곳은 세부(Cebu) 섬이었다. 마젤란은 통역을 통해서 세부 섬의 왕에게 항해 목적이 새로운 항로를 통해 몰루카 제도로 가는 것이라고 말했다. 이에 세부 섬의 왕은 자신의 섬을 방문한 모든 배들은 일정한 세금을 내야 한다고 응수했다. 여기서 한 아랍 상인이 왕에게 마젤란 일행은 "캘리컷(Calicut) – 지금은 코지코드(Kozhikode)로 불린다 – 과 믈라카, 그리고 인도의 대부분을 차지한 나라에서 온 사람들"이니 조심해야 한다고 일렀다. 이 아랍 상인은 마젤란 일행이 스페인이 아닌 포르투갈에서 온 사람들로 착각했다. 마젤란의 노예인 앙리케(Henrique de Melaka)가 두 사람의 대화를 듣고 다음과 같이 말했다. "마젤란 함장이 섬기는 왕은 대양과 육지를 통틀어 가장 강력할 뿐만 아니라 시아모의 아랍 상인이 언급한 포르투갈의 국왕보다 훨씬 더 막강한 스페인 제국의 국왕이며, 모든 가톨릭 문명권의 국왕인데 만약 수부(Subu, 세부의 당시 이름) 왕이 형제국이 되기를 거부한다면 막강한 군대를 불러 이 섬을 초토화시킬 수밖에 없을 것이다."(Pigafetta, 2004: 147) 믈라카에서 태어났던 앙리케는 머리가 총명하여 마젤란이 통역을 맡겼을 정도로 신임을 받았다. 세부 왕은 자신의 신하들과 상의할 시간을 달라고 한 뒤에 그 다음 날에 마젤란 일행을 세금없이 받아들이겠다고 말했다.

마젤란은 세부 섬에 도착하자마자 왕에게 가톨릭 교리를 들려주고 세례를 받을 것을 강조했다. 그래서 광장 중앙에 십자가를 세웠고 세부 왕을 비롯하여 왕실에도 세례를 주었고 세례명을 지어 주었다. 또한 일주일 내내 원주민들에게도 세례를 주었다. 마젤란은 미사에도 매일 참석했다.

1521년 4월 7일에 세부 섬에 도착해 3주도 안 되는 짧은 기간에 세부 섬 전체가 스페인 국왕 – 그는 로마 교황직을 겸했다 – 의 '신민'이 되는 상황이 벌어졌다(Pigafetta, 2004: 150-152). 언뜻 보기에 모든 일이 하나님의 뜻대로 되는 것 같았다. 세부 섬에서 만족할 만한 성과를 이루었다고 생각했던 마젤란은 세부 섬에 바로 인접해 있으면서 세부 섬보다도 훨씬 작은 막탄 섬으로 옮겼다. 처음에는 막탄 섬도 세부 섬처럼 뜻대로 될 듯싶었다. 하지만 그렇지 않았다. 막탄 섬의 실라풀라푸 족장은 "마젤란 함장 앞에서 맹세한 바를 지키지도 않았을 뿐만 아니라 스페인 국왕에 대한 충성도 부정했다." 마젤란이 이런 이야기를 전해 듣고 이 족장을 공격하러 갔다. 공격을 하기 전에 마젤란은 먼저 "아랍 상인을 육지로 보내 그리스도교로 개종한 세부 왕을 인정하고 스페인 국왕에 복종하며 세금을 낸다면 친구가 되겠지만 그렇지 않다면 무쇠창의 금속 촉이 가져다 줄 상처의 고통을 겪게 될 것"이라고 경고했다.

하지만 막탄 섬의 왕은 마젤란의 이런 경고를 무시했다. 세부 섬의 왕이 세례를 받은 것과 달리, 막탄 섬의 족장은 이를 거부했다. 그럴 만 했다. 막탄 왕의 병사는 약 1천 5백 명이었지만, 마젤란의 병사들은 달랑 38명 내지 39명이었다. 이 전쟁으로 마젤란과 7명의 스페인 병사들이 목숨을 잃었다. 마젤란은 실라풀라푸 족장이 스페인 국왕에게 충성하지 않는다고 그를 공격하다가 최후를 맞은 것이다(Pigafetta, 2004: 171-174).

1521년 4월 27일에 일어난 이 전투는 사실 처음부터 마젤란의 패배가 예상되었다. 그럼에도 마젤란은 싸움을 강행했다. 자신의 종교적 신앙심과 국왕에 대한 충성심은 대단했을지도 모르지만, 그는 전략과 전술에서는 한없이 미련했다. 마젤란은 열대 원주민들이 그들 나름의 신앙심과 충성심이 있다는 것을 인정하지 않았다.

마젤란의 최후는 스페인의 입장에서는 안타까운 일이었겠지만, 필리핀 원주민의 입장에서는 자신들의 세계에 느닷없이 들어와 자신들이 오랫동안 믿어왔던 신앙을 무시하면서 생전 들어보지도 못한 스페인에 충성을 일방적으로 강요하는 마젤란을 거부하는 것은 당연했다.

그런데 마젤란의 항해 목적과 항해 경로를 서로 연결하여 생각할 때 다음과 같은 의문이 들지 않을 수 없다. 왜 마젤란은 태평양을 건너면서 몰루카 제도로 바로 가지 않고 필리핀, 그 중에서도 민다나오 섬보다 북부에 있는 세부 섬으로 갔느냐 하는 점이다. 그는 인도 고아와 믈라카까지 항해했을 정도로 몰루카 제도의 위치를 정확하게 알고 있었다. 항해의 가장 중요한 목적이 몰루카 제도의 향료 획득을 위한 새로운 항로의 개척이었다면, 왜 그는 몰루카보다 한참이나 북쪽에 있는 필리핀으로 굳이 항해를 해서 결국 자신의 생명까지 마감하게 되었을까?

이런 의문에 대해선 이런저런 논의가 있어 왔는데, 가장 개연성이 높은 설명은 다음과 같다. 프란시스코 세라노가 몰루카로 항해하던 중에 심한 태풍을 만나 어쩔 수 없이 세부 섬에 온 적이 있었다. 이때 세라노는 세부 섬의 열대 식물들이 무역적 가치가 있다고 생각했으며, 이러한 사실을 마젤란에게 말해주었다. 이 사실을 전해들은 마젤란은 믈라카에 근무할 당시에 식민 정부의 허락을 받지 않고 세부 섬에 몰래 다녀왔던 것이다(Parr, 1975: 328). 세라노의 정보가 마젤란의 마음을 움직였다. 마젤란은 세부 섬에서 자라고 있는 각종 열대 식물의 상품적 가치에 매혹되었다. 이와 같은 이유로 마젤란은 오늘날 괌이라고 불리는 '도둑의 섬'을 지나서 몰루카 제도로 바로 가지 않고 세부 섬으로 갔던 것이다. 여하튼 길고 긴 항해를 마치고 스페인으로 귀항했을 때는 18명만이 남게 되었다. 265명이 떠났는데, 10%의 생존자도 남지 않았다.

스페인의 열대 해양무역과 그리스도교화

1564년에 펠리페 2세의 명령으로 레가스피(Miguel López de Legazpi)가 스페인의 무역 도시 세비야를 출발했다. 그는 14세기부터 17세기까지 동인도제도의 식민화에 앞장섰던 '콩키스타도르'(Conquistador)였다. 1565년에 세부 섬에 도착한 레가스피는 주위의 섬들을 모두 장악했다. 당시 스페인 국왕 펠리페 2세의 이름을 따서

'필리핀'이라고 불렀으며, 마닐라를 건설했다.

레가스피는 선교사 우르다네타(Andrés de Urdanetata)를 에르난 코르테스가 1530년대 초에 건설했던 무역 항구도시 아카풀코(Acapulco)로 다시 보냈다. 우르다네타는 아우구스투스 수도회의 수도사였는데, 그의 항해에서 중요한 목적은 필리핀과 멕시코 사이의 태평양 항로를 개척하는 데 있었다.

〔지도 4-5. 마닐라-갈레온 무역 항로〕가 보여주듯이, 우르다네타가 새롭게 개척했던 항로는 '마닐라 갈레온 항로'(Manila Galleon Route)로 불려졌다. 우르다네타의 사례는 스페인이 한 손에는 성경, 다른 한 손에는 해양무역을 통해 열대를 어떻게 식민화해갔는지를 확실하게 보여준다. 마닐라 갈레온 또는 마닐라-아카풀코 갈레온은 7천 마일이나 떨어져 있는 필리핀과 멕시코 사이의 항로를 오가며 무역과 그리스도교 전파를 실행했다. 흔히 마닐라-아카풀코 갈레온이라고 하면 무역에만 초점을 맞추는데 이는 동전의 한 면만 보는 것이다. 그리스도교의 전파와 무역은 떼려야 뗄 수 없는 스페인 식민화 사업의 본질이었다. 이는 1565년부터 1815년까지 250년간 지속되었다. 갈레온 무역이 한창 번창했을 때는 5층 갑판으로 된 거대한 5척의 선박이 선단을 구성했다(Gipouloux, 2014: 185). 이처럼 스페인의 열대 해양력이 강화되면서, 필리핀 — 태평양 — 아메리카 — 대서양 — 스페인을 연결하는 새로운 해양무역 네트워크가 만들어졌다.

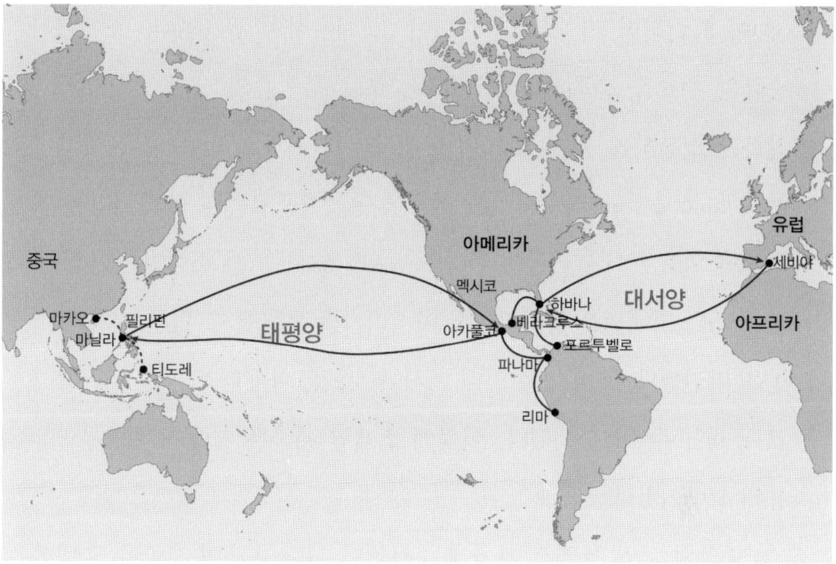

지도 4-5. 마닐라-갈레온 무역 항로

필리핀, 스페인과 중국의 열대 해양무역

스페인의 입장에서 볼 때, 마닐라 갈레온 항로는 중국과의 무역을 위해서 대단히 중요했다. 1570년에 스페인이 처음으로 마닐라에 발을 내디뎠을 때, 300여 명의 중국인들이 이곳에서 이미 비단, 철, 자기를 거래하고 있음을 알았다. 중국과 스페인은 처음에는 좋은 관계로 출발했으나 시간이 흐르면서 긴장 관계로 변해갔다. 당시 필리핀은 중국산 도자기와 비단, 인도와 페르시아 융단, 믈라카 향수, 자바 정향, 실론 계피, 인도 후추 등 중국과 동남아시아의 온갖 값나가는 물산들이 모여드는 상업의 중심지였다(Pomerantz & Topik, 2003: 315).

중국은 당시에 '화폐 개혁'을 하면서 세금의 안정적 확보를 위해 은

(銀)이 표준적인 지불 수단이 되어 그 사용량이 급증했다. 스페인이 중국의 수요를 충족시켰다. 페루의 포토시는 은의 생산으로 도시가 갑자기 성장하게 되어 1600년 무렵에는 인구가 16만 명이나 되었다(Pomerantz & Topik, 2003: 313). 페루에서 아카풀코를 통해 마닐라를 거쳐 중국으로 은이 흘러들어 갔다(Giraldez, 2015). 또한 스페인은 은의 공급에 대한 지배권을 장악하면서 아메리카를 통합할 수 있는 재정적 기반을 마련했다. 스페인은 열대 아시아, 유럽, 아메리카의 경제를 하나로 통제할 수 있게 되었다. 이렇게 스페인 제국은 열대의 해양무역을 통해 성립되었다.

중국의 이런 무역적 가치에 주목했던 어떤 스페인 사람은 80명을 이끌고 중국을 정복하러 가겠다고 스페인 펠리페 2세에게 탄원을 냈다. 80명? 펠리페 2세가 이를 받아들이지 않자, 다음 해에는 600명을 데리고 중국을 쳐들어가겠다는 탄원이 들어왔다. 도대체 당시 스페인은 중국을 어떻게 생각했기에 이런 가당치도 않은 탄원을 했을까? 3년이 지난 후에 스페인의 필리핀 총독 산데(Don Francisco de Sande)는 자신에게 5천 명의 군사를 주면 중국을 정복해버리겠다고 나섰다. 그는 국왕 펠리페 2세에게 보낸 편지에서 "중국인들이 겁이 많아서 아무도 말을 타지 않는다."라고 썼다(Cipolla, 2010: 170). 하지만, 펠리페 2세는 그에게 중국인들과 우호적인 관계를 유지하라고 대답했다. 이로부터 9년이 지난 후, 스페인 병사 1만–1만 2천 명, 필리핀 주민 5천–6천 명, 그리고 소집이 가능한 모든 일본인으로 구성된 부대로 중국을 공격하러 가겠다는 탄원이 들어왔다. 이 탄원에는 예수회 선교사를 미리 보내 정보를 수집하고 중국과의 무역 네트워크를 구축하자는 의견도 포함되어 있었다. 그러면서 중국이 이슬람의 손에 넘어갈지도 모른다고 은근히 협박까지 했다. 하지만 펠리페 2세는 이를 거절했고 총독에게 다시는 이런 따위의 탄원은 하지 말라고 엄중하게 경고했다(Brook, 2008: 238-239).

커피 무역과 근대적 욕망의 백과사전

네덜란드의 작가인 멀타툴리(Multatuli, Eduard Douwes Dekker의 필명)가 쓴, 네덜란드의 식민 정책을 비판한 소설 《막스 하뷜라르》(1860)는 출간되자마자 전 유럽에 널리 알려질 정도로 읽혀졌다. 이 작품은 네덜란드 식민통치자들을 비판했을 뿐만 아니라 식민주의 내부에 잠복된 가치와 제도도 함께 비판했다. 조셉 콘라드가 보르네오와 술라웨시를 무대로 삼은 소설 《로드 짐》은 멀타툴리의 영향을 받아서 쓴 것이다.

《막스 하뷜라르》는 유럽인들의 욕망의 서사를 읽을 수 있다(Multatuli, 1994: 52-60). 이 서사를 꼼꼼하게 살펴보면, 네덜란드가 인도네시아를 식민화하는 데 얼마나 절치부심의 노력을 했는지를 알게 된다. 이 서사를 이해하려면 역사적 맥락을 파악하는 것이 중요하다. 원래 네덜란드는 향료를 더 많이 차지하기 위해 자바, 술라웨시 섬, 몰루카 제도를 차지하는 데 엄청난 군사력을 투입했다. 하지만 네덜란드는 이 지역에서 향료보다는 커피 재배를 통해서 경제적 부를 확보했다.

1690년경에 아랍의 해안에 정박해 있던 네덜란드 선원들이 커피나무 몇 그루를 암스테르담으로 갖고 들어왔다. 이 지역의 식물학자들이 이를 유리로 만든 배양기에 심었더니 커피 열매를 맺었다. 그래서 그들은 유리 배양기와 유사한 열대 풍토에 이를 이식하기로 했다. 마침내 아랍의 커피나무가 바타비아로 넘어왔고 자바 섬에서 수많은 열매들이 엄청나게 빠른 속도로 산출되었다. 그동안 이탈리아와 프랑스는 아랍에서 수에즈를 거쳐서 들어오는 커피를 이용했는데, 1700년대가 되면서 네덜란드동인도회사가 바타비아에서 희망봉을 거쳐서 로테르담으로 갖고 들어오는 커피를 기다려야 했다. 뿐만 아니라, 프랑스가 지배하고 있던 생도맹그에서 세계 최초의 흑인혁명이 일어나면서, 혁명의 지도자 투생 루베르튀르의 만류에도 불구하고, 흑인 노예들은 자신들을 옭아매고 있었던 노예제의 상징인 커피 플랜테이션을 모두 불태웠다. 이로 인해 1791년 이후 프랑스는 더 이상 이 지역으로부터 커피를 공급받을 수 없었다. 자바 커피가 그 자리를 대신 차지했다. 네덜란드는 자바 커피에 대한 독점 무역으로 가히 천문학적인 부를 창출하게 된 것이다.

이러한 역사적 배경을 갖고 있는《막스 하벨라르》의 서사는 시간적으로 고대부터 19세기 중엽까지를, 공간적으로는 유럽 전역과 열대를 모두 아우르고 있다. 아울러 미셸 푸코의 용어를 빌리면, 열대 인도네시아에 대한 모든 '통치술'(art of governmentality)이 하나도 빠짐 없이 목록으로 제시되어 있다. 네덜란드가 근대 국민국가로 도약하기 위해서는 열대 인도네시아를 반드시 식민지로 삼아야 했기에 이런 모든 통치술을 작동시켜야 했다.

멀타툴리는 암본(Ambon)과 르박(Lebak)에서 식민 정부의 관료로 있으면서 식민 지배의 부작용을 실감했다. 그러던 중에 술라웨시 섬의 북부에 위치한 마나도(Manado)에서《커피 경작 보고서》를 우연히 발견했던 멀타툴리는 눈이 번쩍 뜨였다. 왜냐하면 자신도 20여 년간 인도네시아에서 근무하면서 모르고 있었던 식민 지배에 대한 모든 비밀이 이 보고서에 담겨 있었기 때문이다. 이 보고서는 식민통치를 위해 반드시 알아야 할 항목들을 매우 상세하게 열거하면서 조목조목 설명했다.

이 서사에 있는 항목들을 분류하면, 첫째, 유럽의 역사를 비롯하여 사회경제와 문화지리에 대한 것으로, "서양 문화의 외형적인 우월성, 로마 제국이 분열한 이유, 귀족의 기원, 페니키아인들의 식민제도와 아를르(Arles) 지역 여인들의 아름다움 사이의 상관성, 유럽이 포르투갈에 진 부채, 유럽 외부에서의 영국의 세력, 유럽인들이 유럽 외부에서 보여준 범행, 러시아의 치국 정책, 수에즈운하 공사, 유럽의 화폐 제도, 아메리카 대륙의 원주민, 유럽의 노예제도, 역사학자로서의 셰익스피어, 동인도제도에서 영국과 프랑스 사이의 힘의 역학 관계, 무역 중개업" 등을 식민통치자는 정확하게 파악해야 한다는 것이다. 항목을 하나하나 만으로도 제대로 파악하기가 결코 쉽지 않다. 열대를 식민화하려는 유럽의 제국적 욕망은 이런 항목들의 형식과 내용을 세밀히 갖추면서 실현되었던 것이다.

두 번째로 중요한 분류 항목은 "빛의 중력, 태양계의 운동, 확률, 물의 가연성, 전기, 공기에 떠돌아다니는 단백질, 감각 기관의 상호 연관성, 시와 수학의 연관성, 흰개미, 숲의 음향, 야자나무의 벌레, 세일론 계피의 화학적 구성 성분" 등 자연사에 관한 것으로, 유럽 사회는 자연사에 관한 지식은 식민통치와 불가분의 관계라는 것을 알았다. 유럽의 열대 식민화는 자연사에 대한 깊은 통찰력에 근거했음을 알 수 있다.

세 번째 분류 항목들은 표면적으로는 설명하기가 쉬울지도 모른다. "최초 점유자의 기득권, 자바 섬의 재배 계약 및 아편 소작 제도, 자바의 민중 문학, 자바의 커피 가격, 자바의 소금 독점권, 유럽 공직자와 자바 섬 식민 관료들 사이의 관계, 자바 원주민들의 말레이시아에 대한 적대 감정, 바타비아 및 수라바야(Surabaya) 항만 책임자, 해양에서의 측정, 상선에 근무하는 선원들의 규율, 쌀 재배와 연관된 수력학적 주제, 수류탄에 가해진 충격의 힘" 등 통치에 필요한 실용적 지식이다. 하지만 자세히 들여다보면 이마저도 간단한 문제가 아니다. 하나만 예를 들면, 자바의 커피 가격을 결정하는 문제는 동인도제도의 통치자들이 자율적으로 결정할 수 있는 문제가 아니었다. 브라질과 카리브해에서 산출되는 커피는 물론이거니와 전 세계의 커피 가격을 종합적으로 판단하는 네덜란드 본국과 협상해야만 자바의 커피 가격을 정할 수 있었기 때문이다. 이 항목들을 유심히 보면, 근대 학문과 예술이 모두 동원되어야 열대에 대한 제국적 욕망을 충족할 수 있다는 것을 알 수 있다.

이외에도 특정한 분류를 하기에 힘든 항목들이 무수히 많다. "그리스도교 창립 이래로 인류 문화의 퇴보 과정, 공자의 율법과 조로아스터(Zoroaster), 아시아의 관습, 신화와 종교의 혼동" 등의 종교에 관한 항목, "회교인의 건축 양식, 사상 표현으로서의 건축, 회화의 불모성, 작곡가들의 시상(詩想) 궁핍" 등 예술에 관한 항목, "시간과 영원의 개념적 차이, 감정 및 감수성, 행복을 요구할 인간의 권리" 등의 인간의 본성에 관한 항목, "인종의 혼혈이 관념에 미치는 영향, 전염병, 최고의 세금으로서의 상속세법, 형무소 감방 제도, 학교 교육" 등의 사회문화적인 항목 등 숱한 항목들이 서사에 포함되어 있다. 이렇게 볼 때, 《커피 경작 보고서》는 서구의 열대에 관한 근대적 욕망의 백과사전이다.

네덜란드가 인도네시아를 통치하기 위해 얼마나 광범위하고도 세밀하게 준비했는지를 은밀하게 기록한 《커피 경작 보고서》는 커피가 없는 근대 유럽의 정체성을 도저히 상상할 수 없다는 것을 웅변한다. 독일 역사학자 헤렌(Arnold Heeren)은 19세기 초에 이를 정확하게 지적했다.

> 18세기에 커피, 설탕, 차 등이 유럽에서 일상적으로 소비되면서 [열대] 식민지의 중요성이 더욱 커졌다 … 만일 이 생산품들이 없었더라면 서구가 과연 오늘날과 같이 될 수 있었겠는가?(Heeren, 1971[1809]: 172-173)

1장에서 시드니 민츠가 《설탕과 권력》에서 논의했던 것을 다시 떠올려 보자. 근대 자본주의의 역사인류학적 계보를 인식하는 데 빼놓을 수 없는 이 저서의 표지를 넘기면, 윌리엄 블레이크의 〖그림 4-1. 아프리카와 아메리카가 지탱해주는 유럽〗(Mintz, 1985)이 선명하게 나와 있다. 존 가브리엘 스테드만은 수리남 흑인 노예의 항쟁에 대해 쓴 《수리남에서 봉기했던 흑인들을 진압하기 위해 보낸 5년간의 이야기》에 이 그림을 포함했다. 이 그림을 설명하면서, 스테드만은 원래 아시아도 포함하고 싶었지만 수리남의 이야기와 직접적인 연관이 없어서 빠트렸다고 말했다(Stedman, 1972: 618-619). 아놀트 헤렌과 스테드만을 함께 생각해보면, 결국 열대 아프리카, 아메리카, 아시아가 말로 형언할 수 없는 고통과 희생을 감당하면서 서구적 근대의 형식과 내용을 만들어갔던 것이다.

그림 4-1. 아프리카와 아메리카가 지탱해주는 유럽 (Blake, 1796)

3. '붉은 브라질': 종교개혁과 아메리카 발견의 교차 지점

리우데자네이루, 빌게뇽과 제국의 꿈

1550년대 프랑스에서 위그노(Hugenot) – 프랑스의 개신교를 의미한다 – 신도들이 위협을 받게 되면서, 아메리카는 그들에게 새로운 꿈을 안겨다줄 수 있는 새로운 세계로 다가왔다. 고문과 살해의 위협을 피해 위그노들은 종교개혁가 칼뱅(Jean Calvin)이 사는 제네바로 모여들었고 대서양을 횡단할 결의를 다졌다.

빌게뇽(Nicolas Durand de Villegagnon) 제독이 위그노의 이런 계획을 실행할 책임을 맡았다. 이슬람 군대와의 전쟁에서 승리를 쟁취했던 빌게뇽은 펜과 칼을 겸비한 지식인이자 군인이었다. 그는 국왕 앙리(Henri) 2세(재위 기간: 1547-1559) 앞에서 포르투갈과 스페인이 영토를 나누어 가졌던 아메리카에 프랑스의 교두보를 확보해야 한다고 주장하면서도, 위그노들 앞에서는 아메리카에 제네바와 같은 프로테스탄트의 이상향 도시를 건설해야 한다고 설득했다. 정치적으로는 프랑스 왕실에 충성하고 종교적으로는 위그노들의 지원을 받아야 하는 빌게뇽은 양면 전략을 구사할 수밖에 없었다. 앙리 2세는 빌게뇽의 계획이 프랑스 영토를 확대시켜 줄 뿐만 아니라, 위그노들을 해외로 보내버릴 수 있다고 판단했다. 위그노들은 새로운 세계를 만들어갈 수 있는 희망에 부풀었다. 빌게뇽은 양쪽의 이해관계를 절묘하게 절충했다.

토르데시아스 조약에 의해 스페인과 포르투갈은 아메리카를 나누어 갖게 되었는데, 브라질에 새로운 프랑스를 건설하려는 빌게뇽은 이 조약을 무시했다. 그는 교황이 포르투갈의 영토로 인정해준 브라질에 새로운 제국을 건설하기 위해 세 척의 배에 600명을 태웠다. 여기에는 제빵업자, 농부, 모직물 기술자, 가구 제조공, 포도 농사꾼, 모자 제조공, 기와공 등이 포함되었다. 1555년에 그는 위그노를 이끌고 브라질 – 브라질은 '붉은 나무'라는 뜻이다 – 의 과나바라(리우데자네이루)에 왔다. 빌게뇽은 과나바라에 프랑스의 식민지를 만들기 위해 온 것이 아니라, 처음부터 새로운 나라를 세우기 위해 왔다. 이 점이 중요하다. 그는 새 나라의 이름을 '남국 프랑스'(France Antarctique)라고 붙였다. 빌게뇽은 프랑스와는 다른, 프로테스탄트와 가톨릭의 조화로운 공동체를 건설하려고 했다.

《붉은 브라질》, 문학과 역사의 경계를 넘어

프랑스의 공쿠르(Goncourt)상을 수상(2001)했기 때문만은 아니다. 뤼팽(Jean-Christophe Rufin)은 《붉은 브라질》에서 문학과 역사의 경계를 자유롭게 넘나들며 글을 쓴다. 물론 그는 게오르그 루카치가 《역사소설론》에서 논의했던 고전적 역사소설에 필연적으로 나타나는 '세계사적 개인'을 설정했다(Lukács, 1987: 304). 빌게뇽이 바로 그 인물이다. 뤼팽의 역사소설은 두 가지 이유 때문에 역사 자체보다 더 진지하다. "소설은 역사를 비판하면서 역사에서 쓸모 있는 부분을 빼내어 이용"하면서도, 그가 다루는 "역사는 … 소설의 통찰력과 기법을 채택"했기 때문이다(Lowenthal, 2006: 513).

뤼팽은 루카치에 머물지 않고 더 나아간다. 그는 16세기 프랑스와 브라질의 관계를 서구중심주의의 시선이 아닌 열대와 서구 사이의 식민적 문화융합의 관점에서 바라본다. 근대 역사학 중심의 텍스트만 다루었던 루카치의 역사소설론을 넘어설 수 있었던 힘은 뤼팽의 다양하고도 독특한 경력에서 비롯되었다. 그는 니카라과, 에티오피아, 캄보디아, 필리핀, 브라질 등에서 '국경없는 의사회'의 일원으로 활동했다. 뤼팽은 프랑스에서 배웠던 서구 의학이 열대의 토착 사회와 어떻게 식민적 문화융합을 할 수 있는지를 진지하게 고민하고 성찰할 수 있었다.

《붉은 브라질》은 기본적으로 역사인류학적 관점을 취한다. 뤼팽이 자신의 작품과 직접 관련이 있는 저술로 장 드 레리가 쓴 《브라질 여행기》와 테베(André de Thévet)의 《이상야릇한 남국의 프랑스, 일명 아메리카》(1577)를 언급한 것을 봐도 그렇다. 역사인류학적 글쓰기는 구세계 프랑스와 신세계 브라질의 식민적 문화융합을 문학적으로 묘사하는데 탄탄한 토대가 되었다. 프랑스의 문학비평가들이 《붉은 브라질》은 소설의 한계를 뛰어 넘었다고 극찬하면서 16세기 브라질의 에스노그라피에 가장 근접해 있다고 말한 것을 봐도, 그가 역사인류학적 상상력을 얼마나 중요시하는지 알 수 있다.

유럽의 종교개혁과 아메리카 발견의 교차점

장 드 레리의 《브라질 여행기》는 유럽의 두 가지 역사적 사건, 즉 종교개혁과 열대 식민화사업의 교차 지점에 놓여 있다. 이런 논의는 앙드레 테베의 저술에도 그대로 해당된다. 빌게뇽이라는 세계사적 개인은 종교개혁과 아메리카 발견이 교차하는 온갖 역사적 힘들의 한 가운데 서 있다.

브라질을 처음 발견했다고 알려져 있는 포르투갈인 카브랄 일행이 처음에 여기에 왔을 때, 그들은 과나바라 지역을 '1월의 강'을 의미하는 리우데자네이루라고 명명했다. 테베는 빌게뇽에게 과나바라의 지명을 알려주었다. 이 지명 자체가 구세계와 신세계의 식민적 문화융합적 산물인 동시에 제국적 욕망을 쟁취하기 위한 구세계 사이의 경쟁을 보여준다.

> 지명 하나가 포르투갈인들이 날자를 고려해서 지은 이름과 미개인들이 붙인 동물적인 이름을 동시에 갖고 있지요. 그리고 프랑스의 땅이 될 수밖에 없는 운명적인 두 가지 상황이 있는데, 하나는 이미 프랑스어를 사용하고 있다는 것이고, 다른 하나는 이제 곧 저 땅이 우리에게 항복하리라는 것 때문이지요(137).*

빌게뇽은 어떻게 해서든지 과나바라를 차지하려고 했다. 하지만 포르투갈이 그냥 손을 놓고 있을 리가 없었다. 뤼팽은 당시의 이런 상황을 다음과 같이 서술하고 있다.

> 포르투갈인들은 베네치아의 좋은 이웃이 아니었다. 인도로 가는 길을 열겠다는 터무니없는 열정 때문에 포르투갈은 베네치아가 그토록 오랜 세월 동양에서 유지해오고 있던 무역 독점권을 빼앗는 데 한몫하고 있었다. 그렇지만 베네치아의 앞날을 전망하면서 사건을 하나하나 되짚어볼 필요가 있었다.

* 이 절의 괄호 안의 숫자는 《붉은 브라질》의 해당 페이지 수를 가리킨다.

> 자국에 해로운 것이라고 해도 어쨌거나 포르투갈은 베네치아가 경계해야 하는 스페인, 다시 말해 신성로마제국의 황제로서 위세를 떨치고 있는 카를 5세의 스페인과 팽팽히 맞서고 있었다(148).

그래서 포르투갈은 빌게뇽의 이런 움직임을 당장에 저지하지 않는다면 브라질에서 자국의 이익을 지켜내지 못할 것이라고 판단했다.

빌게뇽과 인디오의 만남

메리 프래트가 《제국의 시선》에서 설득력 있게 말했듯이, 새로운 지역으로 여행을 하거나 탐험을 했을 때 최초의 도착 장면에 대한 묘사는 여행가의 기본적인 관점을 이해하는 데 대단히 중요하다. 빌게뇽이 과나바라에서 인디오를 처음으로 만났을 때의 장면도 마찬가지다.

> 빌게뇽은 왕처럼 근엄한 얼굴로 모래사장을 아주 뻣뻣하게 걸어갔다. 인디오들도 까닥도 않고 그가 가까이 오기를 기다리고 있었다. 언뜻 보기에 인디오들은 모두가 비슷비슷했다(인디오들도 프랑스인들이 비슷비슷하다고 생각했을 것이다.). 평균 키에 팔이며 다리며 머리가 하나 더 달린 것도 아닌 여느 인간들과 똑같았다. 오히려 실오라기 하나 걸치지 않은 그들의 알몸을 이쪽에서 거북하게 느끼고 있었다 … 인디오들이 두려워하거나 거북해하기는커녕 빌게뇽과 사내다운 담대함을 겨루면서 거만하고 의젓한 포즈를 취하고 있기 때문에 그만큼 더 비교가 되었다(159).

빌게뇽 일행의 인디오에 대한 시선과 그 반대 시선이 교차하고 있다. 빌게뇽은 앞으로 자신들이 인디오를 일방적으로 타자화할 수 없다는 사실을 알아차렸다.

이번에는 장 드 레리가 《브라질 여행기》에서 과나바라의 인디오를 어떻게 묘사하는지를 살펴보자. 레리는 '투피'(Toupi)족의 풍습을 관찰하기 위하여 숲속을 이리저리 돌아다니다가 테베 신부의 영향으로 개종을 했다고 스스로 주장하는 한 인디오(그의 이름은 핀다두수이다)를 만났다. 레리가 투피어를 웬만큼 배웠을 때 핀다두수가 성경의 의미도 제대로 모르면서 프로테스탄트 흉내를 내고 있음을 알았다. 더 나아가서, 레리는 핀다두수가 식인종이라는 사실도 알게 되었다.

> 인디오를 위협하는 것은 다른 종류의 위험이었다 … 숲에서 들려오는 이상한 신호며 수상쩍은 울음소리, 불길한 동물의 그림자는 바로 적의를 품은 정령들 짓이라는 것이다. 그러면 인디오들은 작은 움막에서 조가비가 가득 들어있는 호리병들을 꺼내왔는데 그들 중에서 '카리브'(Caraïbes), 즉 주술사가 호리병들을 흔들면서 마라카스(라틴아메리카에서 많이 사용되는 리듬악기) 악기 소리를 냈다. 이 호리병 악기들이 내는 신비한 방울소리와 리듬, 음향은 정령들이 원주민들을 필요로 한다는 것을 암시했다(205-206).

인디오들은 정령이 자신의 가족들을 모두 죽인다고 생각했다. 그들은 "만물이 죽고 다시 태어나는 숲, 죽은 순간과 태어나는 순간 사이에 그 에너지가 영속적으로 교환되는 숲에 살고" 있다고 생각했다. 그들이 식인종이 되어 적들을 잡아먹는 것은 자신들의 관습을 지키고 적들의 힘을 흡수하기 위해서였다.

과나바라에 체류했던 프로테스탄트들은 이 사건을 통해서 인디오들의 속죄가 불가능하다고 생각했다. 그들은 인디오를 인간으로 만들어 구원시키겠다는 기대를 더 이상 하지 않게 되었고, 식물이나 동물을 바라보듯 이 미개인들의 풍습을 관찰하는 것으로 그쳤다. 인디오는 더 이상 인류의 범주에 포함될 수 없었다. 레리와 같은 프로테스탄트 목사들의 이러한 체험은 《브라질 여행기》를 읽었던 유럽인들의 아메리카 인식에 큰 영향을 미쳤다.

칼뱅의 종교개혁, 프랑스의 브라질 통치

빌게뇽이 과나바라에 또 하나의 프랑스 제국을 세우겠다는 야망, "그것은 그가 미치광이거나 놀라운 초인이 아니고서는 불가능한 일이었다." 그는 "인간의 접근을 거부하는 원시적인 자연과 맞서고 있었다." 빌게뇽이 멀고 먼, 그것도 고대 그리스와 로마의 현자들 – 아리스토텔레스, 플리니우스, 스트라보 등 – 이 무더워서 인간이 살 수 없다고 규정했던 열대에 새로운 제국을 세우겠다고 했을 때 어떤 생각을 했을까? 그에 의하면, 새로운 제국은 "이탈리아와 예술, 깊이 뿌리내린 고딕 예술의 과오를 뒤집는 사고의 전환"을 지향해야 했다. 식인종들의 나라를 개화시키려면, 자신들이 데리고 왔던 겁쟁이나 구두쇠들, 전과자나 다름없는 노동자들은 말할 것도 없거니와 테베 신부와 같은 성직자에게도 이 위대한 계획을 맡겨둘 수 없었다. 테베는 앙리 2세가 집정했던 프랑스 궁정의 우주형상학자이며 프란체스코 수도회에 소속된 신부이기는 하지만, 빌가뇽이 보기에 외모는 형편없었다. "평균 키에도 못 미치는 작은 키에 흐리멍덩한 눈빛, 왜소한 체격, 게다가 줄곧 입을 멍하니 벌리고 있어야 하는 콧벽쟁이라서, 도무지 호감을 가질 수 없었다(117).

빌게뇽은 새로운 군인들과 이민자들을 더 필요로 했고 자금도 더 요청하기 위해 국왕에게 편지를 썼다. 이때 순간적으로 섬광과도 같은 생각이 그의 머리를 스치고 지나갔다. "칼뱅! 제네바의 종교개혁가 칼뱅, 종교개혁을 호소하는 기독교 사상가 칼뱅. 독일인들을 무정부주의와 방탕한 생활에 빠져들게 했던 루터, 다행히 10년 전에 사망한 그 무지막지한 루터와는 사뭇 다르게 명민한 정신의 칼뱅. 그의 친구 칼뱅!"(251). 두 사람은 오를레앙(Orléan)대학의 동창생이었다. 빌게뇽은 긴가민가하는 마음으로 제네바에 있는 칼뱅에게 프로테스탄트 목사들과 결혼 적령기의 처녀들을 보내달라고 요청하는 편지를 썼다. 칼뱅이라면 자신을 지원해줄 것이라고 기대했다.

칼뱅은 빌게뇽의 청원을 들어주었다. 왜? 여기에는 당시 유럽의 종교전쟁에 얽힌 복잡한 상황이 놓여 있었다. 당시 가톨릭이 주류를 이루고 있던 프랑스에는 위그노들이 제한된 범위에서지만 종교적 자유를 누리고 있었다. 위그노들은 프랑스 전체 인구의 10분의 1이 채 안 될 정도로 소수였지만, 상공업에 종사하는 시민계층이거나 부농이어서 상대적으로 영향력을 갖고 있었다. 칼뱅은 프랑스에서의 자신의 종교적 힘을 더욱 확장하기 위해 위그노를 지원했다. 이런 상황에서 빌게뇽의 청원은 시의적절하게 칼뱅의 이런 소망을 충족시킬 수 있었다. 그의 청원을 마다할 리 없었다.

빌게뇽으로부터 브라질의 상황을 알게 된 칼뱅은 장 드 레리를 포함하여 십여 명의 위그노 목사들과 젊은 여성들을 과나바라로 파견했다. 하지만 빌게뇽은 위그노 목사들이야말로 자신의 원대한 꿈을 오히려 날려버릴 것이라고 전혀 예상하지 못했다. 자신과 동문수학했던 장 드 레리마저 빌게뇽을 파국으로 몰 것이라고 생각조차 못했다. 레리는 빌게뇽의 기대와는 전혀 다르게 행동했기 때문이다.

> 그들은 유일하고 참된 신을 전혀 모른다. 더구나 많은 신들을 믿는 고대의 모든 이교도들의 관습과는 반대로 … 그들은 하늘에서 왔건 땅에서 왔건 간에 어떤 신에게도 고백을 하지 않으며 숭배도 하지 않는다. 어떤 의식(儀式)도 없을 뿐만 아니라 이를 치를 수 있는 어떤 정해진 장소도 없기에 그들은 공사막론하고 종교적 형식을 통해서 어떤 기도도 하지 않는다. 세상이 창조되었음을 모르고 있는 그들은 특별히 어떤 날을 기리지도 않는다. 다만 그들은 달의 운행에 의해 수와 시간을 알고 있을 뿐이다(Léry, 1990: 134).

이렇게 브라질 인디오들이 종교가 없는 야만인이라는 사실을 적나라하게 적어놓은 레리는 카리브라고 불리는 주술사들이 원주민들 사이에서 종교적인 의식을 거행하는 장면을 상세히 기록했다. 특히 레리는 유럽, 아시아, 아프리카는 신을 찬양하는 데 반해, 아메리카의 야만인들은 신의 존재를 믿지 않는다고 힘주어 말했다. 이와 같이 유럽의 선교사들은 열대를 처음 발견했을 때, 원주민들에게 종교가 있는지의 유무를 그리스도교의 관점에서 판단했다.

"성체 안에 그리스도가 계시는가 아닌가?"(339) 이 물음은 빌게뇽과 위그노 목사들을 결정적으로 갈라놓는 화두가 되었다. 만일에 아메리카 인디오들이 미개하고 야만적인 짐승이라면, 그들이 재배한 옥수수를 사용하여 그리스도 성찬식을 위한 빵을 만들어도 될 것인가를 두고 빌게뇽과 위그노 목사들 사이에 설전이 오갔다. 가톨릭과 프로테스탄트 사이의 전선이 형성되었고, 일촉즉발의 전쟁이 터질 것 같았다.

그런데 과나바라에서의 이런 상황은 유럽에서의 급변하는 상황에 의해 좌우될 운명에 놓이게 되었다. 1556년 프랑스 군인인 기즈(Francis, Duke of Guise) 공작이 교황 바울 4세를 지원하기 위해 13만 명의 군대를 이끌고 이탈리아로 갔다. 나폴리의 왕이 되고 싶어 했고 자신의 형이 성좌에 오르기를 원했던, 기즈 공작은 유럽의 휴전 조약을 위반했던 것이다. 곧 프랑스와 스페인 사이에 엄청난 전쟁이 터질 것이다.

포르투갈 쪽에서 듣게 된 또 하나의 다른 소식은 칼뱅파 목사들이 빌게뇽을 지원하기 위해 과나바라로 출발한다는 것이다. 포르투갈 입장에서는 그렇지 않아도 기다리던 절호의 찬스가 저절로 굴러온 것이다. 프랑스와 스페인 사이의 전쟁이 발발한다면, 포르투갈은 브라질을 '침입'한 빌게뇽 일행을 단번에 내쫓을 수 있다. 포르투갈은 빌게뇽이 그동안 공들여왔던 제국의 땅을 일순간에 점령했다. 빌게뇽의 꿈도 칼뱅파 목사들의 기도도 모두 수포로 돌아갔다.

16세기 프랑스 위그노들이 브라질에서 개척하려고 했던 새로운 사회의 미래는 유럽의 종교개혁과 열대 아메리카에서의 식민화 사업이 어떻게 교차하는지에 따라 결정되었다.

4. 남태평양, 자연사에서 제국의 경제를 찾다

유럽의 남태평양 탐험

18세기 후반 유럽 사회에서 항해와 탐험에 관심이 있었던 사람이라면 누구나, 1735년에 지구의 자오선을 측정하기 위해 부르봉왕조의 도움을 받아 에콰도르와 아마존을 탐험하고 10년 만에 돌아왔던, 라 콩다민(Charles Marie de La Condamine)의 여행기 《국왕의 명을 받들어 이루어진 적도 여행기》(1751)를 읽게 마련이었다. 라 콩다민은 아마존에서 새로운 사람, 새로운 식물, 새로운 동물을 만났다(La Condamine, 2011: 24). 그의 탐험을 통해 스페인, 프랑스, 영국, 네덜란드 등의 나라들은 열대 자연사의 중요성에 대해 알게 되었다. 당시 아메리카를 지배했던 스페인의 협조에 의해 이루어진 라 콩다민 탐험은 자연사 탐험이야말로 "유럽을 경쟁적인 다른 비유럽 국가보다 높은 단계로 올려놓는 힘"이라는 사실을 명백히 보여주었던 주목할 만한 사례이다(Pratt, 2008: 17). 앞에서 논의했듯이(2장), 생물지리적 탐험의 선구적 모델에 해당하는 그의 탐험은 유럽이 열대를 식민화하는 데 자연사가 중심적인 위상을 차지한다는 것을 여실히 보여준다.

당시의 탐험가와 항해가들에게 매력 있게 다가왔던 또 다른 책은, 나중에 프랑스과학원장이 되었던 드 브로스(Charles de Brosses)가 쓴 《오스트랄라시아에서의 항해 역사》(1756)였다. 왜냐하면 그는 이 책에서 '아시아의 남쪽'에 '오스트랄라시아'라는 대륙이 있을 것이라고 확신했기 때문이다. 이 지역을 탐험하지 않고도 이 지역이 존재한다고 주장할 수 있었던 것은 이른바 '상상의 지리' 때문에 가능했다. 여기서 중요한 것은 오스트랄라시아가 실제로 존재하는지의 여부가 아니라, 지리적 상상력을 통해서 새로운 지역이 존재한다고 주장했다는 점이다. 왕의 절대 권력에 반대했다고 해서 두 번이나 프랑스에서 추방당했던 드 브로스는 왕의 권위와 영광은 전쟁의 승리를 통해서가 아니라 항해와 발견을 통해서 드높여야 한다고 주장했다(이종찬, 2009a: 60).

유럽의 오스트레일리아 발견은 콜럼버스의 신세계 발견 이후 유럽에서는 최고의 역사적 사건으로 간주된다. 남태평양은 18세기 유럽의 신세계였다. 이른바 '미지의 남방 대륙'(Terra Australis Incognita)에 대한 이야기는 고대 그리스 시대부터 전해져 내려왔다. 15세기부터 유럽의 지도들에는 남반구에 존재할지도 모를 미지의 남방 대륙이 포함되기 시작했다. 뷔퐁은 《자연사》(1749)에서 남반구에 그동안 알려지지 않았던 육지가 존재한다고 지적했다. 또한 프랑스과학원장과 초대 베를린 과학아카데미 원장을 맡을 정도로 유럽 과학계에 영향력을 떨쳤던 모페르튀(Pierre-Louis Moreau de Maupertuis)도 유럽인들에게 맡겨진 가장 중요한 임무는 남태평양의 육지와 섬들을 발견하는 일이라고 천명했다(Marshall & Williams, 1982: 260). 스코틀랜드의 지리학자로서 영국동인도회사에 근무했던 달림플(Alexander Dalrymple)은, 스페인 항해사로 오스트랄리아와 뉴기니 섬을 가로지르는 해협을 최초로 통과했던 토레스(Luis Váez de Torres)가 필리핀에 남겼던 기록을 번역하는 과정에서, 북반구 대륙과 균형을 맞출 수 있는 대륙이 남쪽에 존재한다고 믿었다(Dalrymple, 1967[1770-1771]).

18세기 유럽이 반드시 해결해야 했던 과학적 난제 중의 하나는 금성이 태양면을 언제 어떻게 통과하는지를 정밀하게 관측하는 일이었다. 금성이 태양면을 언제 통과하는지를 알면 지구가 우주에서 공간적으로 어떤 위치에 놓여 있는지를 알 수 있었다. "런던왕립학회(Royal Society of London)의 요청을 받아 1768년 3월에 영국 정부는 금성이 태양면을 어떻게 통과하는지를 관찰하기 위해 가장 편리한 지역으로 배를 보내기로 결정했다."(Banks, 2000[1768]: 11) 이미 프랑스는 1761년에 르장틸(Guillaume Legentil)이 관찰을 위해 인도양으로 항해에 나섰던 터였다. 이를 위해 런던왕립학회는 항해에 경험이 많은 제임스 쿡 함장에게 항해를 의뢰했다.

영국의 근대사에서 가장 기억나는 인물을 꼽으라고 할 때, 조셉 뱅크스를 언급할 독자는 거의 없을 것이다. 제임스 쿡 함장에 대해선 한국의 어린이도 알지만, 쿡의 세계 일주를 기획했으며 1차 탐험에 참여했던 뱅크스에 대해서는 근대 역사학 전공자도 거의 들어본 적이 없을 것이다. 그는 누구인가? 한마디로 영국의 근대적 형성에서 그를 빼놓고 설명을 할 수 없다. 그는 영국이 세계적으로 자랑하는 가장 오래된 학회인 왕립학회(1662) – 물리학자 뉴턴이 12대 학회장이다 – 에서 가장 오랫동안 학회장(1778-1820)을 맡은 인물이며, 인도와 동남아시아에 대한 영국 제국주의의 물질적 토대가 되었던 동인도회사의 총재이기도 했고, 영국이 주도했던 열대 식물원 네트워크의 허브였던 큐식물원 원장을 죽을 때까지 맡았으며, 아프리카 식민화의 첨병 역할을 맡았던 아프리카협회(African Association, 1788)의 설립을 주도했다. 뱅크스의 이런 역사적 위상은 이 시기에 열대가 영국의 근대적 형성에 얼마나 중요했는지를 역설적으로 보여준다. 〔그림 4-2. 조셉 뱅크스〕는 그의 이런 위상을 흥미롭게 형상화했다. '남태평양의 큰 애벌레'인 뱅크스는 나비가 되어 하늘로 날아올라가고 있다. 뱅크스의 삶을 깊이 들여다보면, 근대 영국은 열대와의 식민적 문화융합을 하지 않았더라면 불가능했다는 것을 명백히 인식할 수 있다. 그럼에도 불구하고 현행 근대 역사학 교육과 연구에서 조셉 뱅크스에 대해 별로 주목하지 않는 것은 열대가 근대 서양사에서 얼마나 심각하게 은폐되고 배제되어 왔는지를 여실히 보여주는 생생한 증거이다.

뱅크스의 기획으로 세 차례나 이루어졌던 쿡 함장의 열대 탐험은 공식적으로는 이중의 사명을 띠고 있었다. 하나는 왕립학회를 대신해 금성의 태양면 통과 현상을 관측하는 것이었으며, 다른 하나는 해군본부(Admiralty)를 대신해 남태평양과 오스트랄라시아에 대한 영국의 영토권을 주장하는 일이었다. 전자가 양국 간의 과학적 우위를 둘러싸고 전개된 국가적 위신과 명예에 관한 문제라면, 후자는 7년전쟁 이후로도 지속된 정치군사적 문제와 관련된 사안이었다. 남태평양 탐험의 경쟁에서 이기기 위해 영국의 왕립학회와 해군본부는 제임스 쿡 함장의 탐험 일정을 세밀하게 계획을 세웠다. 영국은 자연사와 군사 전략이 어떻게 결합되어야 프랑스를 이길 수 있는지를 알고 있었다. 뱅크스는 이런 국가 정책의 중심에 있었다. 그는 자연사가 제국의 이익에 부합될 수 있도록 해군본부 이외에도 추밀원, 화폐위원회, 무역위원회를 주요한 국가 기관으로 간주했는데, 이 중에서도 무역위원회를 가장 중요하다고 생각했다. 뱅크스가 영국동인도회사의 총재를 맡으면서, 자연사 지식은 영국의 해외 무역 발달에 더욱 중요한 위상을 차지하게 되었다(Gascoigne, 1998:

그림 4-2. 조셉 뱅크스 (James Gillray, 1795)

123). 이와 같이 영국은 18세기가 되면서 한편으로는 프랑스의 자연사를 열심히 배워갔으며 다른 한편으로는 네덜란드의 열대 해양력을 모방하면서 양자의 결합을 통하여 제국의 지평을 열어갔다.

남태평양, 유럽의 열대 공간 발명

제임스 쿡의 1차 항해를 계획하고 항해에도 참여했던 조셉 뱅크스는, 7년전쟁에서 영국에 패배한 프랑스가 자존심을 회복하기 위해 탐험가 부겡빌과 자연사학자 코메르송(Philibert Commerçon)을 남태평양으로 파견(1766)했다는 소식에 크게 자극을 받았다. 영국과 프랑스는 정치경제적 문제뿐만 아니라 열대 자연사 탐험에 대해서도 치열하게 경쟁을 했다.

프랑스와 영국의 남태평양 탐험에서 강조해야 할 점은, 남태평양에 오랫동안 살아왔던 토착 원주민들의 지원과 협력이 없었다면 유럽인들의 탐험과 항해의 역사는 달라졌을 것이라는 점이다. 타이티의 원주민이었던 아우토루(Ahutoru)는 부겡빌과 함께 사모아에서 대산호보초(Great Barrier Reef)를 거쳐 네덜란드동인도회사의 거점지 바타비아와 인도양의 모리셔스까지 항해하면서 태평양과 인도양의 해양지리에 관해 많은 도움을 주었다(Salmond, 2009: 118). 부겡빌 일행은 영국 탐험가 월리스(Samuel Wallis)가 자신들보다 먼저 타이티를 발견(1767)했음에도 불구하고 이 사실을 모르고 있다가 아우토루를 만나고 난 후에야 월리스가 8개월 이전에 먼저 도착했음을 알게 되었다. 부겡빌은 일기에 다음과 같이 적었다.

> 여성들은 아름답다. 기후, 음식, 물이 좋아서 그런지 남녀는 물론이거니와 노인들조차도 세상에서 가장 보기에 좋은 치아를 갖고 있다 … 기후가 따뜻하며, 풍경이 아름답고, 강물과 폭포가 어느 곳이나 있어서 땅은 비옥하며, 공기는 청정하다

(Bougainville, 2002[1771]: 63).

이렇게 타이티 여인의 아름다움과 자연사의 풍요로움에 푹 빠졌던 부겡빌은 그리스 신화 속의 아프로디테가 태어났다고 알려진 키테라 섬의 이름을 따서 이 섬을 '새로운 키테라'(Nouvelle Cythère)라고 명명했다.

부겡빌이 아우토루와 같은 이 지역의 토착 자연사학자를 만나지 못했다면, 프랑스의 남태평양의 탐험은 지금과 다른 역사로 나타났을것이다. 아우토루 이외에도 투파이아(Tupaia)와 마이(Ma'I)를 포함하여 히티히티(Hitihiti), 푸오로(Puhoro) 등은 유럽의 남태평양 탐험을 적극적으로 도와주었던 '위대한 자연사학자'들이었다.

아우토루가 부겡빌에게 남태평양의 해양지리를 알려주는 데 결정적인 역할을 했다면, 제사장인 투파이아는 뱅크스와 쿡 일행이 1차 항해에서 인데버(Endeavour)호를 타고 타이티 섬이 속해 있는 소시에테 제도(Archipel de la Société)에 왔을 때 이 지역의 해양지리에 관한 지식을 상세하게 설명해 주었다. 지도는 장소 사이의 공간적 관계를 개념화하는 데 더할 나위 없이 확실한 증거이다. 동쪽의 마르케사스(Marquesas)에서부터 서쪽의 피지(Fiji)에 이르기까지의 해양 공간은 그 폭이 무려 대서양이나 미국 땅만큼이나 넓었는데, 투파이아는 그 해양지리를 꿰뚫고 있었다. 그는 쿡과 함께 인데버호를 타고 바타비아까지 다녀왔다. 쿡 함장의 2차 항해(1772-1775)에 참여했던 자연사학자 요한 라인홀드 포르스터는 투파이아가 "자신의 고향에서 2천 리그(league) 이상 떨어지고 배가 우회하고 있었음에도 불구하고 타이티에 다다를 때까지 전혀 당황하지 않았다(Tuan, 1977: 80).”라고 말하면서 남태평양에 대한 그의 공간적 감각에 대해 탄복해 마지않았다. 조셉 뱅크스는 타이티에서 3개월을 지내면서 투파이아와 가까워졌다. 둘은 상대편의 언어를 배웠다. 영국인들의 문화를 배우는 데 큰 관심을 보였던 투파이아를 보면서 뱅크스는 쿡에게 남태평양의 원주민들이 통역하는 데 매우 도움이 된다는 점을 강조했다.

1차 항해에서 오스트레일리아 북단의 케이프 요크(Cape York)를 돌고 난 후, 쿡은 일기에 다음과 같이 적었다.

> 남위 38도 이북의 동해안은 아직 어느 유럽인도 우리보다 먼저 오지 않았다. 아직 유럽인이 왔다간 흔적이 없다. **왕실의 이름으로 이 해안의 이곳저곳을 점유(possession)하면서 영국 깃발을 한 번 더 꽂아 국왕 조지(George) 3세의 이름으로 동해안의 모든 만(灣), 항구, 강, 섬을 차지하여 '뉴사우스웨일즈'(New South Wales)라는 이름을 붙였다.** 예포가 세 번 터졌고, 배에서 세 번의 만세로 환호했다(Cook, 1999: 170-171. 굵은 글씨는 필자의 강조).

쿡은 이 예식이 거행되었던 본토 앞의 작은 섬 이름을 '포제션'(Possession)이라고 붙였다. 이렇듯 유럽은 탐험을 통해 열대의 모든 장소를 점유하고 새로운 이름을 붙이면서, 제국의 공간을 '발명'해 갔다. 그 장소에 오랫동안 살아왔던 원주민들이 사용해온 지명은 거세당했다.

이렇게 볼 때 18세기 유럽의 열대 자연사 탐험은 두 가지 점에서 서구 정체성의 형성과 깊이 연관되어 있다(이종찬, 2011).

첫째, 18세기 유럽인들은 자연의 질서를 합리적으로 이해하려면 지리학 지식과 지도 만들기가 필수적임을 알게 되었다. 쿡과 부겡빌의 남태평양 항해부터 플린더스(Mattew Flinders)의 오스트레일리아 발견에 이르러 절정에 도달했던 대양(大洋)의 발견은 '대양적 지구'의 개념을 만들어내었다(Humboldt, 1997, II: 228-301; Cosgrove, 2001: 79-101 & 187-192). 유럽의 열대 지역과 해양에 대한 지배는 군사적, 외교적인 힘만으로 이루어지지 않았다. 영국의 '동양학자' 존스(William Jones)와 조셉 뱅크스가 각각 설립했던 벵골아시아학회(Asiatic Society of Bengal, 1784)와 아프리카협회에 참여했던 지리학자와 지도 제작자들은 인도와 아프리카의 지도를 정밀하게 제작했다. 예를 들어, 1760년대부터 벵골에 대한 지리 측정을 했던 르넬(James Renell)의 경험을 물려받은 람톤(William Lambton)은, 〖지도 4-6. 영국의 인도 대삼각측량사업〗이 보여주듯이, 1790년대부터 대삼각측량법이라는 새로운 지리측정 방식을 개발하여 인도의 자연지리를 정밀하게 조사, 측정했다(Edney, 1997). 제국 만들기를 위한 실용적 도구로서의 지리학과 지도학이 등장하게 된 것이다. 이런 과정을 거치면서 유럽이 세계의 중심이라는, 즉 유럽중심주의적 역사문화지리에 관한 의식이 서구 정체성을 만들어갔다.

둘째, 18세기 유럽은 열대 식물, 동물, 광물의 경제적 가치를 인식하면서 자연사의 상업적 중요성을 깨닫게 되었으며 인간에 대한 새로운 학문을 정립하기 시작했다. '자연의 경제'에 주목했던 린네의 식물분류학은 사도들을 통하여 열대 지역과 해양의 경제에 적용되면서 효용성이 더욱 입증되었다. 열대 자연사에 대한 역사지질학적, 식물학적, 동물학적, 인류학적 자료들이 유럽 사회에 점차적으로 축적되고 인간과 동물의 근본적 차이에 대한 호기심이 급속도로 커져감에 따라, 인간에

지도 4-6. 영국의 인도 대삼각측량사업

대한 새로운 지식을 탐구하는 학문이 등장한 것이다. 잠바티스타 비코는 《새로운 학문》(1725)에서 열대를 전혀 언급하지 않았지만(Vico, 1997), 그가 정립하려고 했던 새로운 학문은 열대 자연사에 대한 역사적 인식에 근거했다. 처음에는 자신의 고향 나폴리에서만 알려졌던 비코가 프랑스 계몽사상가들에게 주목을 받게 된 이유도 자연사에 대한 비코의 새로운 해석에 연유했다. 이사야 베를린도 《비코와 헤르더》에서 열대 자연사에 주목하지 않았지만(Berlin, 1997), 열대 자연사는 비코와 헤르더의 중요한 연결 고리로 작용했음에 틀림없다. 비코의 열대 은폐는 베를린에게 그대로 이어졌다.

남태평양 원주민의 유럽 발견

유럽의 탐험가, 상인, 선교사, 예술가만이 남태평양으로 온 것이 아니라, 남태평양의 '고상한 미개인'들도 유럽으로 여행을 떠났다. 부겡빌의 남태평양 탐험을 적극적으로 도와주었던 타이티의 아우토루는 1768년에 부겡빌의 귀환 때 함께 파리로 왔다. 아마존을 탐험하고 왔던 라 콩다민의 소개로 아우토루는 파리과학원장이었던 탐험가 드 브로스를 소개받았으며, 디드로 등의 계몽사상가들도 만났다. 《부겡빌 여행기 보완》을 썼던 디드로는 타이티의 자연법이 프랑스의 법체계와 문화융합을 할 수 있다고 생각했다(Diderot, 2003: 29-33). 뿐만 아니라, 디드로는 아우토루가 파리에서 보여준 언행들을 지켜보면서, 고상한 미개인이 프랑스인들보다 오히려 더 '계몽적'이고 '문명화'되어 있음에 적잖이 충격을 받았다. 아우토루는 파리의 유명한 오페라극장에서 많은 시간을 보냈는데, 여기서 공연된 '아리오이'(Arioi) 공연이 타이티의 전통 의례인 '헤이바(heiva)와 닮은 점이 많아서 아우토루의 마음을 사로잡았다(Salmond, 2009: 118-120). 아우토루가 볼 때 파리는 타이티와 문화적으로 양립가능한 공간이었다.

남태평양 탐험을 두고 프랑스와 치열한 경쟁을 벌였던 영국이 파리에서 일어나고 있는 이런 소식을 전해듣고 가만히 있을 리가 없었다. 제임스 쿡의 남태평양 항해 때 통역을 맡았던 라이아테아

(Ra'iatea) 섬 출신의 마이(Ma'i) – 영국에는 오마이(Omai)로 잘못 알려졌다 – 가 1774년에 런던에 도착했다. 쿡의 소개로 마이를 만났던 조셉 뱅크스는 그를 국왕 조지 3세와 왕비 샤롯트에게 소개했으며, 왕립학회를 비롯하여 런던의 주요 기관들을 함께 방문하기도 했다. 마이는 런던의 상류 사회에 곧바로 알려지게 되었다. 왕립예술원 초대 회장으로서 유럽 미술계에 큰 영향력을 끼쳤던 레이놀즈(Joshua Reynolds)는, 〖그림 4-3. 마이 초상화〗가 보여주듯이, 마이의 초상화를 그리면서 그를 고상한 미개인의 전형적인 인물로 묘사했다(이종찬, 2011).

상상의 여행기에나 등장했을 법한 타이티의 한 인물이 런던에 나타났을 때, 영국의 상류 사회는 이 인물을 통해 남태평양을 어떻게 재현할 것인지 깊은 관심을 표명했다. 연극작가인 오키페(John O'Keefe)는 판토마임을 선택했다. 〖오마이의 세계일주〗라는 제목으로 1785년 크리스마스 시즌에 런던 코벤트 가든(Covent Garden)의 왕립극장에서 공연된 판토마임은 무려 50회나 무대에 올려졌을 정도로 인기리에 공연되었다(Salmond, 2009: 402). 이 판토마임은 유럽에서의 사실주의 연극을 확립하는 데 크게 공헌한 것으로 평가되었다.

유럽 사회의 입장에서 볼 때, 파리와 런던에 등장한 아우토루와 마이는 확실히 충격으로 다가왔다. 유럽의 사상가들은 이런 조우를 통해서 서구 정체성의 형식과 내용을 어떻게 만들어갈 것인지를 진지하게 사색했다.

그림 4-3. 마이 초상화 (Reynolds, 1776)

5. 아프리카 분할과 '콩고'의 발명*

포르투갈의 콩고 발견

흔히 영국 탐험가 헨리 모턴 스탠리가 최초로 중앙아프리카를 횡단했다고 알려져 있지만, 사실은 아랍-포르투갈계 혼혈로 노예무역을 했던 상인 바티스타(Pedro Baptista)와 호세(Anastasio Jose)가 처음이다(2장). 그럼에도 스탠리를 비롯한 백인 탐험가들은 이 사실을 인정하지 않았다. 콩고가 유럽을 어떻게 처음으로 만났는지를 아프리카의 토착 언어로 이해해야 함에도 불구하고, 서구의 언어로 이 역사를 이해할 수밖에 없다. 고통스럽지만 현재로서는 불가항력이다. 어느 아프리카 정치인은 확실하게 말했다. "발견된 것은 아무것도 없었다. 우리는 항상 여기에 살아 왔다."

포르투갈은 15세기 말에 유럽 국가들 중에서 처음으로 아프리카 서해안으로의 항해를 주도했던 나라이다. 세 가지 서로 연관된 개연성이 있다. 먼저 황금, 향료, 보석이 여기에 많았다. 다음으로, 오랜 중세의 신화인 프레스터 존(Prester John, 사제 왕 요한)이 아프리카의 광활한 제국을 통치하고 있을 것이라는 생각. 그리고 유럽인들에게 오랫동안 알려져 왔던 나일강의 근원을 찾으려는 것. 포르투갈의 해군 함장 카웅(Diogo Cão)은 1482년에 콩고강 어귀에 석회석 기둥을 세웠다.

---

* 이 절은 대체로 〈레오폴 2세의 콩고 통치에 의한 열대 공간의 식민적 생산〉(이종찬, 2014b)를 인용하면서 정리했다.

> 세상이 창조된 지 6681년 만에, 그리고 예수 그리스도가 탄생한 지 1482년 만에, 가장 고귀하고 탁월하고 강력한 군주 포르투갈의 주앙 2세 국왕이 왕실의 기사 디오고 카웅에게 이 땅을 발견하고 이 돌기둥을 세우라고 명령했다(Forbath, 1977: 73).

카웅이 콩고강을 처음 발견했을 때, 알고 싶었던 것은 이 강의 이름이었을 것이다. 이 지역에 살고 있던 '바콩고'(Bakongo) 사람들은 그들의 언어인 '키콩고'(Kikongo)로 콩고강을 '니제르'(nzere) 또는 '나자디'(nzadi)로 불렀다. 그 뜻은 "모든 강을 삼키는 강"이었다. 하지만 카웅은 이 단어를 발음할 수 없어서 '자이르'(Zaire)라고 발음했고, 그 후 2백년간 이렇게 불렀다. 18세기가 되어서야 이 지역을 지배하고 있던 종족의 이름을 따서 '콩고'(Congo)라고 부르게 된 것이다. 콩고강 하구의 남쪽(현재의 콩고민주공화국)의 한 마을이 노예무역항이 되었는데, 1530년대에는 한 해에 5천 명 이상의 노예들이 대서양 건너 아메리카로 건너갔다.

아프리카 분할과 제국의 지리학

제국주의 절정기인 19세기 말, 유럽에서 작은 나라에 속했던 벨기에가 수십 배나 더 큰 땅덩어리였던 현재의 콩고민주공화국을 지배하는 데 눈독을 들였다. 그것도 국가가 아닌, 국왕인 레오폴(Leopold) 2세가 오로지 개인의 욕망을 충족시키기 위해 그렇게 했다.

레오폴 2세가 스페인 제국 시대의 중심지였던 세비아의 '서인도제도에 관한 문서보관소'에서 보낸 약 한 달은 향후 그의 콩고 식민통치에서 출발점이 되었다. 여기서 레오폴 2세는 《자바 또는 식민지를 어떻게 관리할 것인가》(1861)에 매료되어 세밀하게 읽어나갔다. 머니(James William B. Money)가 쓴 이 책은 네덜란드가 철도와 운하를 건설했으며 자바의 커피, 설탕, 인디고, 담배의 플랜테이션을 경영하면서 막대한 수입을 올리게 된 과정을 다루고 있는데, 레오폴 2세는 이 책을 통하여 식민지를 갖고 싶은 강렬한 욕망에 사로잡혔다. 처음에 필리핀에 흑심을 품었던 레오폴 2세는 스페인으로부터 사들이려고 시도했지만 뜻을 이루지 못했다. 프랑스가 인도차이나를, 네덜란드가 동인도제도를, 영국이 인도와 싱가포르를 식민화하는 상황을 익히 알고 있었던 레오폴 2세는 남은 땅은 아프리카밖에 없다고 생각했다. 그는 영국 왕립지리학회의 지원을 받은 카메론(Verney Lovett Cameron)이 탐험했던 광대한 콩고강 유역에 막상 영국이 별로 관심이 없다는 사실을 알아차렸다. 또한 카메론으로부터 이 지역이 "기후가 건강에 매우 유익하며 경관이 아름답고 석탄, 철, 금, 구리 등의 광물자원이 풍부하고 설탕, 곡식, 과일 등의 산물로 넘쳐나며 천연고무 자원이 매우 많다(Ascherson, 1999: 89)."라는 이야기를 듣고 콩고를 자신의 식민적 욕망을 충족시켜줄 영토로 결정했다.

첫 단계로 레오폴 2세는 1876년에 유럽의 유명한 탐험가와 지리학자 24명을 브뤼셀로 초청했다. 이들 중에는 영국왕립지리학회장, 베를린지리학회장, 파리지리학회장 등 유럽 지리학계에 영향력을 가진 인물들이 다수 포함되었다. 이 자리에서 영국왕립지리학회장인 헨리 로린손(Henry Rawlinson)은 레오폴 2세에게 아프리카 지도를 보여주었는데, 이 지도에는 아프리카의 내부가 거의 텅 빈 지역으로 나타나 있었다. 이 지도를 본 순간 레오폴 2세는 콩고를 지배해야겠다는 결심을 더욱 굳혔다. 그는 지리학을 식민지 개척을 위한 학문적 수단으로 삼았다. 지리학이 제국의 발전에 매우 중요하다는 것을 절감했다.

여기서 중요한 점은 제국주의가 가장 절정에 이르렀던 시기인 1870년대부터 1910년대까지 지리학의 근대적인 형식과 내용이 갖추어졌다는 점이다. "지리학을 도외시하고 제국을 건설하려는 시도는 마치 기후 및 풍토를 고려하지 않은 채로 집을 짓는 것과 같았다."(Hudson, 1972) 지리학은 제국주의의 성립을 위해 필수불가결한 지식인 동시에 실천적 도구였다(Bell, Butlin and Heffernan, 1995).

레오폴 2세의 원래 의도대로, 이 회의의 참석자들은 국제아프리카협회(Association Internationale Africane)를 설립하여 브뤼셀에 본부를 두기로 결의했고, 각본대로 레오폴 2세가 초대 회장으로 선출되었다. 이 협회의 목적은 "아프리카에서 알려지지 않은 지역들을 과학적으로 탐험하며, 문명이 아프리카 내륙에까지 소개될 수 있도록 도로를 건설하고, 흑인 노예무역을 근절하는 데" 있었다(Banning, 2011[1877]: 155). 이 협회의 참석자들은 "그리스도교, 과학, 그리고 무역이야말로 아프리카의 사회적 상황을 전반적으로 변화시킬 수 있다(Banning, 2011: 102)."라고 하면서 의견을 같이 했다. 이 협회는 중앙아프리카 지역의 곳곳에 무역 주재소를 설치하며, 지역의 풍토를 조사하고 식물, 동물, 광물을 연구할 수 있는 실험실, 탐험가들을 위한 물류 창고, 그리고 열대질병을 치료하기 위한 진료실 등을 설치하기로 합의했다. 표면적으로 이 협회의 목적은 노예무역을 규제하고 무역을 통한 아프리카의 문명화를 꾀하며 대륙을 체계적으로 탐험, 조사하는 데 있었지만, 실제로는 레오폴 2세를 위한 '트로이 목마'로 작용했다.

독일의 '철혈재상' 비스마르크(Otto Eduard Leopold von Bismarck)가 주최한 '베를린-서아프리카회의'(Berlin West Africa Conference, 1884-1885)는 유럽의 '아프리카 쟁탈과 분할'을 이해하는 데 세계사적으로 매우 의미가 있는 사건이다(Förster, Mommsen & Robinson, 1989; Pakenham, 1992; Harlow and Carter, 2003). 아프리카에서 오랫동안 살아왔던 사람들의 토착 언어와 토착 신앙이 근거하고 있는 풍토적 열대성을 전혀 고려하지 않은 채로 이루어졌던 제국주의적 분할은 현대 아프리카 사람들의 모든 삶을 규정하는 구조가 되어 왔으며, 현대 아프리카의 비극적 기원이 되고 있다. 〔지도 4-7. 아프리카의 종족별 분포〕에서 보듯이, 수천 개의 종족들이 오랜 시간에 걸쳐서 각자의 고유한 언어, 신앙, 예술과 지식을 발달시켜왔다. 하지만, 〔지도 4-8. 서구의 아프리카 분할〕이 보여주듯이, 서구는 이를 무시하고 자신의 제국주의적 욕망에 맞게 아프리카를 분할해버렸다. 몇몇 학자들도 지적하고 있듯이, 이 회의 자체가 아프리카를 분할한 것은 아니지만 이 회의가 기원인 것만은 분명하다. 《암흑의 심장》의 작가 조셉 콘라드는 서구 열강이 분할시킨 아프리카 지도를 보고 이렇게 말했다.

> 한 쪽 끝에는 무지개 색으로 표시된 커다란 지도가 한 장 번질거리며 놓여 있더군. 빨강색이 차지하는 면적은 아주 넓었는데, 그곳은 언제 보아도 우리를 흐뭇하게 하지. 거기서는 어떤 실질적 사업이 진행되고 있다는 것을 우리가 알고 있기 때문이야. 파란색 지역도 꽤 넓었고, 약간의 초록색 지역에다 오렌지색도 보이더군. 그리고 동해안의 자줏빛 지역은 명랑한 발전의 선구자들이 그 좋다는 독일산 맥주를 마시고 있는 곳을 가리키고 있었어. 그

지도 4-7. 아프리카의 종족별 분포

> 러나 나는 이런 색깔이 칠해져 있는 곳으로 가게 되어 있었던 게 아니었다네. 노란색 지역으로 들어가게 되어 있었다구. 그것은 바로 지도의 한복판에 있었어. 바로 거기에 그 강이 마치 뱀처럼 매혹적으로 무시무시하게 놓여 있었던 거야(Conrad, 1998: 22-23).

〔지도 4-8〕이 보여주듯이, 콘라드가 본 지도에서 빨강색은 영국의 식민 지배를 받고 있는 지역을, 파란색은 프랑스령을, 초록색은 이탈리아령을, 오렌지색은 포르투갈령을, 자줏빛은 독일령을, 그리고 노란색

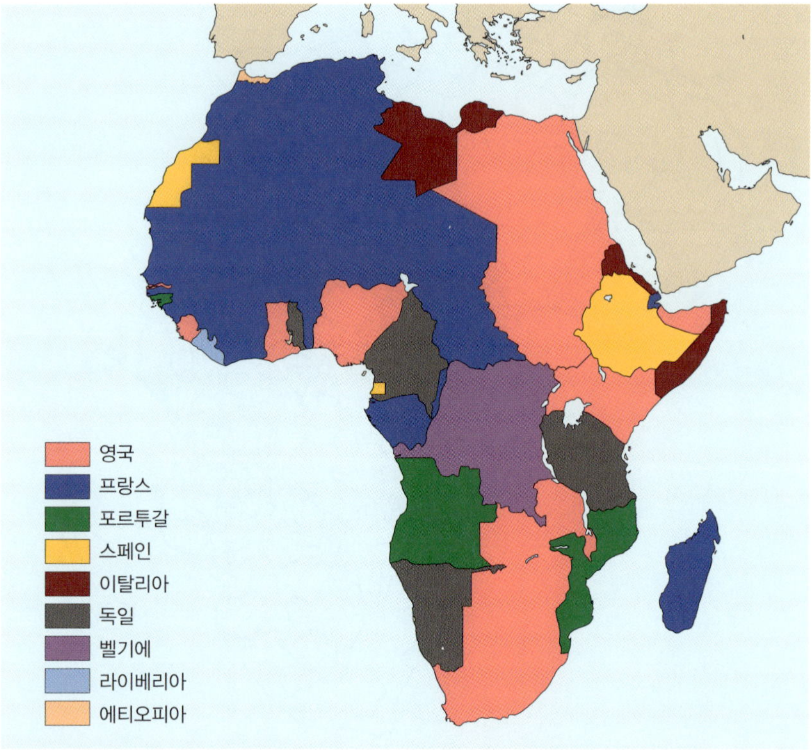

지도 4-8. 서구의 아프리카 분할

지역은 벨기에령을 각각 가리켰다.

아프리카에서 영국과 프랑스의 영향력이 점점 커져가는 것을 우려했던 비스마르크는 국제아프리카협회를 국가로 인정함으로써 두 경쟁 국가의 힘을 차단하려고 했다. 그는 "콩고에서 자유무역만 보장된다면 어떤 나라가 콩고에 대한 주권을 주장해도 상관하지 않는다(Förster, Mommsen, Robinson, 1989: 165)."라고 말하면서 콩고에서의 자유무역만을 원할 뿐이라고 주장했다. 포르투갈이 처음에는 반발했지만, 콩고에서의 자유무역을 전제로 레오폴 2세의 콩고 지배를 동의했다. 레오폴

2세가 콩고를 개인 식민지로 합법적으로 지배할 수 있었던 이유는 베를린-서아프리카회의에서 서구 열강들이 '베를린회의에 관한 일반 조항'(General Act of Berlin Conference)에 서명했기 때문이다(Hochschild, 1999). 베를린회의는 레오폴 2세에게 날개를 달아주었다. 이제 그가 해야 할 일은 "벨기에 식민지를 만드는 것이 아니라, 강력한 흑인 국가를 확립하는 것"이었다(Stanley, 2011a[1885]: I: 54). 레오폴 2세는 1885년에 국제콩고협회를 '콩고자유국'(État indépendant du Congo)이라는 국가 조직으로 바꾸어 거대한 콩고 지역을 통치하기 시작했다. 콘라드의 말대로 온 유럽이 합심하여 《암흑의 심장》의 주인공 커츠(Kurtz)를 만들었듯이(Conrad, 1998: 14), 제국주의의 절정기에 미국을 포함한 서구가 합심하여 레오폴 2세의 콩고 '발명'에 기여했다. 〔표 4-1. 콩고 지역의 면적과 인구〕(Stanley 1885b, 2011: II, 365)는 레오폴 2세가 얼마나 거대한 땅덩어리와 인구를 지배했는지를 잘 보여준다.

콩고를 자신의 개인 식민지로 삼은 레오폴 2세는 이 점을 매우 강조했다. "콩고는 *나의* 재산이다. 콩고의 사람들은 *나의* 노예이다. 콩고

표 4-1. 콩고 지역의 면적과 인구

콩고 지역을 지배한 국가	면적(평방 마일)	인구(명)
프 랑 스	62,400	2,121,000
포르투갈	30,700	276,300
미지배 영토	349,700	6,910,000
콩고자유국	1,065,200	42,608,000
총 계	1,508,000	51,886,000

에서 산출되는 모든 것들은 *내* 것이다. *내* 허락을 받지 않고 콩고의 영토에 들어오는 사람들은 *내가* 정한 법에 따라 다루어질 것이다."(Morel, 2010: 295. 이탤릭체는 필자의 강조). 레오폴 2세는 1893년에 자유무역 지대 중에서 가장 접근성이 좋은 지역 – 약 1백만 평방 마일에 해당한다 – 을 '왕관의 영역'(Domaine de la Curonne)으로 선언하여 완전히 자신의 개인 소유지로 설정했다.

헨리 스탠리의 탐험, 콩고의 자연사

레오폴 2세가 입헌군주제 나라에서 의회의 동의를 받지 않은 채 헨리 스탠리와 5년간 일 대 일 계약을 맺은 사건은 서구 제국주의의 역사에서 매우 독특한 사례로 손꼽힌다. 왜냐하면 통상적으로 정부가 탐험가를 고용하여 지원하거나 탐험 관련 민간 기관과 계약을 맺었음을 생각할 때, 개인 대 개인의 계약은 매우 이례적이었기 때문이다.

스탠리의 콩고 1차 탐험(1871-1872)은 영국의 선교사 및 탐험가인 리빙스턴(David Livingstone)을 찾아내는 것이 주요 목적이었다. 1871년 11월 10일에 리빙스턴을 현재의 탕가니카 호 가까운 우지지(Ujiji) 마을에서 찾아낸 사건으로 유럽 언론계에서 일약 유명해진 스탠리는 영국과 미국의 신문사로부터 재정적인 지원을 받아 콩고강을 상류부터 하류까지 탐험(2차 탐험, 1874-1877)하게 되었다. 스탠리의 명성을 익히 알고 있었던 레오폴 2세는 스탠리에게 접근하여 콩고의 경제적 가치를 함께 활용하자고 제안했다. 스탠리도 영국의 인구가 먹고 살려면 당시 영국의 영토만으로는 부족하다는 것을 절감하고 있었던 터라 레오폴 2

세의 제안을 받아들였다.

> 영국과 아일랜드 인구는 3천 5백만 명인데, 이 두 섬의 경제력으로는 이 중에서 6백만 명 인구만을 먹여 살릴 수 있다. 나머지 2천 9백만 명, 지금이면 3천만 명이나 되는 인구는 해외에서 수입된 것으로 먹여 살려야 한다(Stanley, 1885: 7).

스탠리는 2차 탐험에서 콩고 중부를 탐험하면서, '에덴'과도 같은 열대 자연의 아름다움이 가져다주는 색의 풍요로움에 매순간 감탄사를 날렸다. "아! 친구들이여, 이곳은 풍요로운 지역이야! 저기 코펄을 봐, 연보라색 물감이 아주 많아서 돈벌이하기에 제격이네. 세상에 이런 곳이 어디 있을까!"(Stanley, 2011a, II: 95) 스탠리는 콩고 사람들의 삶을 세밀히 관찰했다.

> 콩고는 인구가 과밀한 지역이다. 어떤 마을은 수 마일에 걸쳐 형성되어 있다. 집들은 기름야자 나무와 바나나 나무로 둘러싸여 있으며 가옥이 용도별로 잘 세분되어 있어서 깨끗하며 살기에도 편하다. 그리고 아프리카 사람들이 일상적으로 살아가는 방식과 아주 다르게, 여성은 가사에 종사하며 남성은 토지를 경작하며 살아간다(Stanley, 2011a, II: 351).

스탠리의 콩고 3차 탐험(1879-1884)은 레오폴 2세와의 계약에 의해 이루어졌다. 세 차례 걸쳐 이루어진 스탠리의 콩고 탐험은 강, 산, 호수, 식물, 동물, 광물 등의 자연지리에 대한 세밀한 조사는 물론이거니와, 콩고 분지에 살고 있는 수많은 종족들의 삶에 대한 인문지리적 조사를 포함했다. 중앙아프리카에서 노예무역과 상아 무역으로 아주 악명이 높았던 아랍계 무역상 티푸 티브(Tippu Tib)도 콩고 북동부를 탐험했던 독일 탐험가들도 이 지역의 자연이 보여주는 놀라운 아름다움에 격찬을 아끼지 않았다.

열대 콩고의 공간적 '발명'

스탠리의 조사에 기초하여, 레오폴 2세의 지시를 받은 영국의 퇴역 장성인 골드스미드(Frederick John Goldsmid)는 콩고의 약 320여 종족 추장들과 동맹 조약을 맺었다. 하지만, 레오폴 2세는 자신의 재정적인 지원을 받아 스탠리가 썼던 《콩고와 콩고자유국의 건설》(1885)에서 골드스미드의 이런 행위를 은폐시키고 대신에 스탠리가 마치 이런 계약을 직접 한 것처럼 보이도록 책을 출간했다(Jeal 2007: 286). 레오폴 2세는 스탠리를 앞세우면서 콩고 지배의 야욕을 교묘하게 위장했다. 이런 과정을 거쳐서 레오폴 2세는 벨기에보다 67배나 더 광활한 영토를 지배할 수 있었던 것이다. 양자 간에 맺은 조약은 다섯 가지 조항으로 되어 있다.

1. 조약을 맺는 종족은 국제아프리카협회가 문명과 무역을 위해 콩고 지역에 나라를 설립하는 것이 매우 바람직하다는 점을 인정한다. 그래서 해당 종족은 주권과 영토에 대한 통치 권력을 국제아프리카협회에 양도한다. 또한 협회가 콩고를 통치하고 문명화하는 데 아낌없이 지원한다.
2. 해당 종족은 항상 협회와 힘을 합쳐 외국의 침략에 함께 맞선다.
3. 해당 종족은 영토, 영토 내의 모든 인구, 모든 사회 시설들을 협

회가 관리하는 데 동의한다.

4. 협회는 해당 종족 대표, 즉 족장에게 매월 옷 한 벌, 서명 당시 갖고 있던 모든 옷가지를 준다.
5. 협회는 해당 종족의 발전을 위해 노력하며 외국의 침략으로부터 보호한다(Stanley, 2011a: 195-197).

이 다섯 가지 조항은 콩고의 종족적 정체성을 인식하는 데 매우 중요하다. 콩고 지역에 살고 있었던 종족들은 국제아프리카협회에 자신들의 주권을 양도함으로써 자신들의 고유한 종족적 정체성을 상실할 수밖에 없었으며 콩고자유국의 '국민'으로 편입되었다. 콩고자유국의 국민이 된다는 것은 유럽의 제국주의적 팽창의 기초가 되어왔던 베스트팔렌 조약(Peace of Westphalian 1648)의 기본 정신을 준수한다는 것을 의미했다(Dunn 2003, 39). 30년전쟁의 결과물로 체결되었던 이 조약은 "정치적 주권, 지리적 경계, 영토적 통합"의 개념에 기초하고 있는데, 이 개념들의 중심에는 주권적 권력이 구체적으로 구획된 영토를 지배하는 공간으로서의 '국가'라는 개념이 설정되어 있다. 그렇다면 콩고자유국에서는 더 이상 종족이 존재할 수 없다. 오직 국민만이 존재한다. 레오폴 2세가 할 일은 "근대적 사상을 국민 국가에 주입"(Stanley Vol. 1, 1885, 59-60)하는 것이다. 이렇게 콩고에 살고 있던 수많은 종족들은 콩고자유국의 국민으로 편입되었다.

영국의 사회사상가인 키드(Benjamin Kidd)는 《열대의 통제》(1898)에서 상호 모순적인 시대의 징후를 지적했다. "영국과 미국의 전체 무역 중에서 열대와의 무역이 큰 비중을 차지한다."는 사실을 알고 있음에도 불구하고, 대다수의 사람들은 "근대 세계의 복합적인 삶이 열대 지역의 산물에 의존하고 있다는 것을 거의 인식하지 못하고 있다."(Kidd, 1898: 17)는 것이다.

천연 고무야말로 벤저민 키드가 말했던 열대 산물에 딱 들어맞았다. 프랑스의 고무 생산 기술자인 미슐랭(Édouard Michelin)이 1891년에 공기타이어의 특허를 취득하고 자전거에 이를 활용했다. 아울러 자동차를 위한 타이어가 1895년에 개발되었고 각종 공업용으로 고무에 대한 수요가 폭발적으로 증가했다(Tully, 2011). 레오폴 2세는 시대의 이런 징후를 재빨리 포착했다. 그는 영국인 대령 존 노스(John Thomas North)와 함께 콩고자유국의 고무 수익을 극대화하기 위하여, '영국-벨기에 인디아 고무 및 탐험회사'(Anglo-Belgian India Rubber Company, 1892)를 설립했다. 이 회사는 나중에 콩고자유국의 무역 전체를 총괄하는 '벨기에 콩고회사'(Compagnie du Congo Belge)로 이름이 바뀌었는데, 1890년대에 이 회사의 주가 및 수익이 수십 배로 뛰어 올랐다.

세계사적으로도 유례를 찾아볼 수 없는 악랄한 행위가 동원되었다. 열대 풍토에서 대량으로 자라나는 천연 고무를 수확하는 데 자본 투자 및 비료는 전혀 필요가 없었고 오로지 노동력만 있으면 되었다. 식민통치자들은 '볼모 잡기'라는 독특한 방법으로 노동력을 극대화했다. 그들은 한 마을에서 여성을 볼모로 잡아놓고 그 마을에 책정된 야생 고무를 갖고 오지 않으면, 〔그림 4-4. 콩고 어린이의 잘린 손목〕이 보여주듯이, 가족이 보는 앞에서 남성의 손목을, 심지어는 어린이의 손목조차도 가차 없이 잘라버렸다. 이런 수법을 통해 식민통치자들은 천연고무

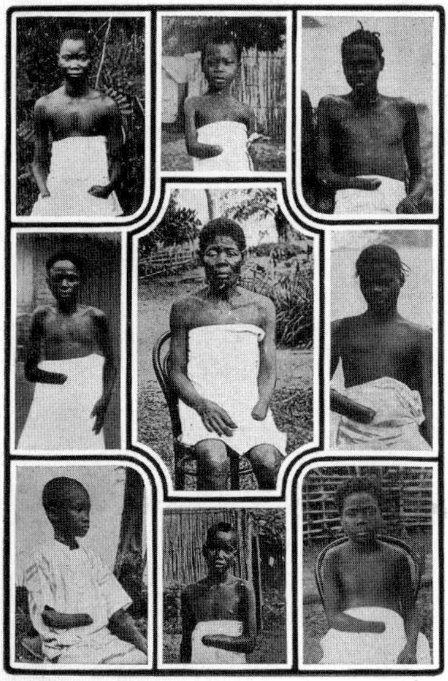

그림 4-4. 콩고 어린이의 잘린 손목

의 생산에 박차를 가했다. 〔표 4-2. 콩고의 무역 상품 내역과 화폐 총액〕(Encyclopaedia Britannica, 10th ed., 1902)이 보여주듯이, 1890년대에 천연고무는 상아를 제치고 콩고의 무역 상품에서 더욱 큰 비중을 차지했다. 상아와 고무 무역은 레오폴 2세에 의한 콩고의 공간적 발명에서 물질적 토대로 작용했다.

열대 자연사에 대한 서구의 이러한 생물지리적 탐험, 공간의 발견과 발명은 문학과 예술 작품을 통해서 서구 정체성의 형식과 내용을 정당화했다. 다음 장에서 근대 문학과 예술이 열대를 어떻게 은폐시키면서 서구 정체성을 만들어갔는지를 탐구하기로 한다.

표 4-2. 콩고의 무역 상품 내역과 화폐 총액 단위: 벨기에 프랑

무역 상품	1887년	1895년	1899년
천연고무	116,768	2,882,585	28,100,917
상아	795,700	5,844,640	5,834,620
야자나무 열매	590,781	1,242,898	1,293,413
야자유	462,609	935,658	734,511
목재	…	12,200	91,312
기타	14,583	25,038	13,186
총계	1,980,441	10,943,019	36,067,959

5장
근대 문학과 예술의 열대 은폐

회화의 진정한 혁명은 유럽이 아닌 열대에서 이루어질 것이다.

– 빈센트 반 고흐(Vincent van Gogh)

내 자신도 낯설다고 느끼는 것이 나를 나로 만든다.

– 폴 발레리(Paul Valéry)

5장

근대 문학과 예술의 열대 은폐

1. 로빈슨 크루소와 방드르디, 서구 정체성의 내러티브

서구 정체성의 문학적 양식

근대 소설의 시작이라고 일컬어지는 《로빈슨 크루소》(1719)는 서구 정체성이 처음부터 무역과 그리스도교를 중심으로 형성되었음을 확실히 보여주는 작품이다. 이 소설이 출간된 이후 2백 년 간 약 700편의 유사 작품들이 나왔다는 것은, 이 작품이 서구 정체성의 역사에서 매우 핵심적인 위상을 차지하고 있음을 반증한다. 다니엘 디포는 열대 자연사를 은폐시키면서 무역과 그리스도교를 중심으로 자신의 문학적 입장을 전개했다. 디포는 상업과 무역이 영국의 제국주의 발달에 핵심임을 강조하면서, 열대와의 무역을 진흥시키기 위해서는 열대 원주민의 그리스도교화가 필수적이라고 주장했다. 디포는 그리스도교의 관점에서 열대의 자연사와 인간을 바라보고 해석했다. 로빈슨의 유일한 관심은 "모든 것을 지배하는 절대적인 힘의 필요성과 은밀히 세상을 이끄는 섭리와 하나님의 공평하심과 공의이며 창조주에게 경의를 표"하는 것에 집중되어 있었다. 디포를 포함한 당대의 유럽인들에게 역사란 그리스도의 역사이면서도 동시에 보편적 역사였다. 그것은 또한 세계사임을 의미했다. 영국이 해외 교역으로 세계를 지배할 수 있다는 제국주의적 전망을 담은 《완벽한 영국 상인》(1725)과, "교역이 부의 토대이며 부는 권력의 기반"이라는 것을 주장했던 《영국 상업의 계획》(1729)은 디포의 문학적 세계관을 사회과학적으로 해석한 것이다.

디포는 모리셔스 섬에 2년간 혼자 살았던 프랑스인의 표류기를 담은 《만델슬로의 여행기》(1669)를 비롯하여 여러 유형의 여행기를 읽었다. 이런 독서를 통해 그는 '황금, 노예, 열대의 산물'이 영국의 자본주의 발달로 어떻게 연결되었는지를 주목했다(Watt, 2009: 99 & 129). 주인공 크루소는 디포의 이런 사유를 통해 탄생했다.

《로빈슨 크루소》는 영국보다도 프랑스에서 훨씬 더 많이 읽혀졌는데, 프랑스 작가 투르니에(Michel Tournier)는 이런 흐름을 타고 《로빈슨 크루소》를 '전복적'인 관점에서 구성하여 《방드르디, 태평양의 끝》을 썼다. 그는 미셸 푸코, 질 들뢰즈와 함께 소르본대학에서 공부하면서, 가스통 바슐라르와 클로드 레비스트로스의 지적인 세례를 받았다. 이 작품은 프랑스의 이런 문화적 상황을 반영한다.

투르니에는 디포의 《로빈슨 크루소》를 읽고 방드르디를 쓰게 된 두 가지 이유를 다음과 같이 말하고 있다. 첫째 이유는 "디포의 소설에는 방드르디가 있으나마나 한 존재로 취급되어, 빈 그릇에 불과하다는 것이다. 진리는 오로지 로빈슨의 입을 통해서만 나온다. 로빈슨은 백인이요 서양인이며 영국인이고 기독교인이기 때문"이다. 이에 반해 투르니에는 방드르디가 핵심적인 역할을 하는 소설을 쓰고 싶었다. 둘째 이유는 디포의 소설은 "모든 것이 회고적인 시각에서 처리되어 로빈슨이 생각하는 것은 오로지 한 가지인데, 그것은 과거의 영국을 섬에 재현하는 것"이다. 즉, 섬을 영국의 식민지로 건설하는 것. 이에 반해 투르니에는 방드르디를 통해서 새로운 예술, 새로운 유희, 새로운 에로티시즘을 만들어내고 싶었다. 질 들뢰즈는 〈미셸 투르니에와 타자가 없는 세계〉라는 글에서 이 소설의 주인공은 "로뱅송이나 방드르디와 마찬가지로 섬"이라고 말했다. 섬이 열대 자연사에서 가장 중심적인 공간임을 상기한다면(2장), 인간이 아닌 섬이 소설의 주인공이라는 들뢰즈의 인식은 별로 놀랄 만한 것이 못된다.

디포의 로빈슨 크루소가 승선했던 배가 대서양에서 난파당했던 1659년보다 정확히 1백년 뒤인 1759년에 미셸 투르니에의 '로뱅송' – 로빈슨의 프랑스어 발음 – 이 타고 가던 버지니아호는 태평양에서 난파된다. 프랑스의 탐험대가 타이티와 모리셔스 섬에 처음으로 도착한 것이 1768년임을 기억한다면, 투르니에가 1759년을 로뱅송이 난파당한 해로 설정한 것은 의도적임을 알 수 있다. 18세기 중반부터 노예제는 서구 경제의 기초가 되었고, 아이러니컬하게도, 이 노예제와는 모순적인 계몽사상이 서구적 근대성의 사상적 토대였음을 인식한다면, 투르니에가 1759년을 로뱅송의 배가 난파당했던 연도로 설정한 것은 매우 의미심장하다.

겨우 혼자 살아남은 로뱅송이 처음으로 한 일은 '섬의 지도'를 만들고 보완하여 완성한 것이다. 그는 난파당한 첫 날에는 이 곳을 '탄식의 섬'이라고 불렀다. 하지만 이내 신앙의 세 가지 미덕 중에서 '희망'을 따와서 '희망의 섬'을 의미하는 '스페란차'라고 바꿔 불렀다. 스페란차는 이탈리아에서 영국에 건너와 로뱅송과 같은 요크대학교에서 사귀었던 여성이다.

로뱅송은 섬을 측량하고 섬 전체의 평면을 축소한 지도를 만들고 이를 토지 대장에 기록했다. 섬을 수학적이고 합리적으로 측정하여 지도와 토지 대장을 만드는 작업은 영국의 식민 공간으로 만들기 위한 기초였다. 로뱅송은 당장에 도량형기 표준국의 기초를 닦기 시작했다. 먼저 그는 화강암 덩어리와 홍토로 된 이음돌 등 내화력이 강한 재료들을 사용하여 정자 모양의 뾰족한 집을 지었다. 여기에 그는 표준형 원기, 피트, 야드, 지척, 연, 파인트, 되, 부아소(곡물을 재는 단위로 약 13리터에 해당), 갤런, 그레인(0.053 그램), 드라크마(고대 그리스의 무게 단위로 약 3.24 그램), 온스, 파운드 등의 도량형 원기들을 진열했다. 유럽의 열대에 대한 식민화 사업은 영토에 대한 '측정'과 '측량'에서 시작되었다.

로뱅송은 자신의 달력에 따라 1천 일이 되는 날에 스페란차 섬의 헌장과 형법을 제정한다. 이 날부터 시행되는 스페란차 섬의 헌장 1조는 다음과 같다.

> 조지 2세 폐하의 신민인 존경하는 친우 폭스(George Fox) – 퀘이커 교도 창시자 – 에게서 받은 교육에 의거하여 인지하고 복종하게 된 성령의 가르침에 따라 1737년 12월 19일 요크 시에서 출생한 로뱅송 크루소는 후안페르난데스 제도와 칠레의 서해안 사이의 태평양 상에 위치한 스페란차 섬의 총독으로 임명

> 되다. 그 자격으로 그는 섬 전역과 그 영해 일원에 대해 내적인 빛이 지시하는 의미와 방향으로 법을 제정하고 시행하는 전권을 수임받는다(Tournier, 2003: 86-87).

1조는 로뱅송 자신이 통치자인 총독, 종교적 지도자인 목사(신부), 안보와 군사의 책임자인 장군의 세 가지 역할을 모두 수행할 것임을 천명하고 있다.

투르니에는 로뱅송이 열대 스페란차의 자연사를 영국의 식민 공간으로 만들기 위한 기초 작업을 마친 다음에 어떤 문명적 스트레스를 겪게 되는지를 다음과 같이 묘사했다.

> 하나의 객체가 낮아져서 주체로 변했다. 이 모든 기계 장치에는 어떤 의미가 있는 것이고 보면, 아마도 그렇게 될 만한 까닭이 있었던 모양이다. 모순의 매듭인 동시에 불일치의 중심인 객체는 섬의 몸뚱이로부터 제거되어 튕겨나가고 거부당한 것이다. 딸가닥하고 일어난 소리는 이 세계의 합리화 과정과 일치한다. 세계는 그것 자체의 합리성을 모색하고, 그렇게 함으로써 배설물인 주체를 밖으로 내보낸다(120).*

로뱅송은 "스페란차의 개체적 배설물"이 된 것이다. 스페란차는 더 이상 관리해야 할 영토가 아니라, 여성적인 성격을 지닌 것이 분명한 하나의 인격체로 로뱅송에게 다가오기 시작한다. 로뱅송이 스페란차에게서 여성성을 발견하는 순간, 섬의 모든 식물, 동물, 광물들도 그

---

* 이 절에서 인용문의 괄호 안 숫자는 《방드르디, 태평양의 끝》의 해당 페이지를 가리킨다.

에게 새롭게 보이기 시작한다. 그는 섬을 이리저리 돌아다니다가 킬레나무를 '발견'했다. 아니, 예전부터 로뱅송은 이 나무를 봤지만 새로운 의미로 다가온 것이다. 즉, 로뱅송은 스페란차의 열대 자연사를 새롭게 인식했다.

열대 자연사와 서구 인류사의 '성교'

여러 날을 망설인 끝에 로뱅송은 킬레나무의 두 가지가 서로 만나는 곳에 벌어진 작고 이끼 낀 구멍 속으로 자신의 성기를 삽입했다. "어떤 행복한 혼수 상태가 그의 전신을 굳어지게 했다." 로뱅송은 자신이 식물적 원천을 깨닫도록 부름을 받은 최후의 인간임을 자각하는 순간이었다. 이 점이 중요하다. 로뱅송으로 상징되는 서구는 킬레나무로 상징되는 열대의 자연사를 통해 자신의 정체성을 인식했던 것이다. 서구의 근대 문학이 은폐시켜왔던 자연사를 열대학의 지평에서 탐독하게 되면, 열대 자연사가 서구 정체성의 형성에서 내면화되어 있음을 인식할 수 있다.

영국의 식민 총독이 스페란차, 즉 열대 자연사와의 '성교'를 통해서 비인간적인 통치자에서 자연인으로 '변신'하게 된 것이다. 로뱅송의 내면에서 총독과는 전혀 관계가 없는 새로운 인간이 태어나고 있었다. 식민 공간으로서의 스페란차는 열대의 자연사로서 로뱅송에게 다가와 말을 걸었다. 섬의 육감적인 공기가 로뱅송의 마음을 흔들어놓았다. 섬의 대지가 벌거벗고 있었기에 로뱅송도 옷을 벗는다. 그는 있는 힘을 다해 거대한 대지를 껴안았다.

이렇게 로뱅송과 스페란차 사이의 성교가 이루어지고 거의 1년이 지나면서, 로뱅송은 섬의 골짜기에서 식물들의 변화가 일어나고 있음을 알게 되었다. 남녀 사이의 성교를 통해 새로운 생명이 잉태되듯이, 로뱅송은 한 번도 이 섬에서 보지도 못했던 새로운 식물 – '만드라고르' – 이 자라고 있음에 놀라워했다. "꽃잎의 끝이 뾰족한 아름다운 흰 꽃이 피어 강렬한 냄새가 났고 갈색의 살이 많은 열매가 달렸다."(168) 스페란차가 '아내'로서의 섬이 되어 로뱅송에게 다가오면서, 만드라고르라는 식물이 로뱅송의 '딸'로서 잉태되어 태어난 것이다. 이 식물은 인간의 성향과 식물의 성향을 동시에 지녔다. 만드라고르는 열대 자연사와 서구 인류사의 식민적 문화융합을 통해 태어난 것이다.

이즈음에 스페란차에 마찬가지로 표류되어 온 '방드르디' – 프랑스어로 금요일을 뜻한다 – 와 로뱅송은 조우를 했다. 구세계 유럽과 신세계 열대의 만남은 항상 첫 장면이 중요하다(2장). 투르니에는 두 사람의 첫 조우 장면을 이렇게 묘사했다.

> 총을 쳐들고, 염소 가죽을 걸친 채, 털모자를 덮어쓰고 3천 년 서구 문명으로 가득 들어찬 머리를 쳐들고 서 있는 백인의 발을 방드르디는 자기 목 위에 얹어놓으려고 더듬거리고 있었다 (Tournier, 2003: 176).

처음부터 방드르디는 로뱅송의 충직한 노예였다. 이 관계는 한동안 지속되다가 전환의 계기가 다가왔다. 방드르디는 로뱅송도 모르게 섬의 한 지역에 주기적으로 와서 머물면서 로뱅송에게는 신비롭게 보이는 어떤 놀이를 즐긴다. "나무로 만든 가면, 화살통, 라피아 야자수로 만든 인형이 잠들어 있는 칡덩굴, 해먹, 깃털머리 장식, 파충류 껍질, 죽은 새들의 말린 시체"(200-201) 등이 바로 그 증거였다. 그런데 이 정도는 약과였다. 어떤 개천가에 이르렀을 때, 작은 나무들이 모두 뿌리가 뽑혀 가지는 땅에 묻히고 뿌리는 하늘을 향한 채 거꾸로 다시 심어진 광경 앞에서 로뱅송은 경악을 금하지 못한다. 로뱅송이 온통 이 상황에 몰입할 수밖에 없는 이유는, 나무들이 이런 경도된 환경에 잘 적응하고 있었기 때문이다. 즉, 땅에 묻힌 가지들이 뿌리로 둔갑하여 수액이 거꾸로 순환하고 있었다.

사태는 분명해졌다. 방드르디는 그동안 로뱅송이 섬에 구축해놓은 식민 공간의 "질서, 경제, 계산, 조직 등의 개념에 완전히 저항"(203)했던 것이다. 방드르디의 저항은 구체적으로 드러났다. 로뱅송이 자리를 비우면 방드르디는 가끔 담배를 피우곤 했다. 담배는 권력을 상징한다. 흡연을 통해 방드르디는 로뱅송의 권력을 향유하고 싶은 욕망에 불타올랐다. 그러던 어느 날 방드르디는 로뱅송이 돌아온 것도 모르고 담배를 피우다 발각되는데, 로뱅송이 그렇게도 공들여 만들어 놓았던 화약고에 담뱃불을 던져 버렸다. 섬이라는 식민 공간에서 일어난 최대의 폭발 사건이다. 폭발은 기존의 질서에 대한 전복을 의미한다. 로뱅송은 자신이 만들어 놓은 질서를 갖춘 이 아름다운 섬에 방드르디가 촉발시킨 파괴의 규모며 잃어버린 수확, 식량의 낭비, 흩어진 가축, 더러운 동물, 부서지고 잃어버린 각종 도구 등을 '계산'했다. 로뱅송은 방드르디의 저항에 대한 자신의 신경질적 반응이 고귀한 문명의 보증인지 아니면 반대로 언젠가는 팽개쳐야 할 찌꺼기인지를 자문해본다. 로뱅송은 점점 화산이 되어갔던 것이다.

어느 날 방드르디가 스페란차의 땅과 '교미'하는 현장을 목격한 로뱅송은 "대지가 지배하는 시대가 가고 태양이 지배하는 시대"가 다가오고 있음을 직감적으로 깨닫는다. 로뱅송은 땅과 공기 사이에서 나비처럼 떨면서 바위에 달라붙어 어느 쪽을 믿을까 주저하면서 고통스럽게 몸부림친다.

방드르디는 끊임없이 로뱅송에게 '놀이'를 걸어온다. 주인과 노예의 관계에서는 상상조차 할 수 없는 '놀이'가 두 사람 사이에 시작되었다. 누가 형인지 누가 동생인지도 모르는 형제 사이의 놀이. 다음의 대화는 두 사람의 관계가 완전히 전복되고 있음을 생생하게 보여준다. 방드르디는 로뱅송에게 의젓하게 묻는다.

> 나는 영국의 요크 시에서 온 로뱅송이야. 야만인 방드르디의 주인이지.
> 그럼 나는 누군데? 어이가 없는 듯 로뱅송이 묻는다. 방드르디가 말한다.
> 알아맞혀 봐!(264)

로뱅송은 측량을 하고 집을 짓는 '호모 파베르'(Homo Faber)에서 방드르디와 재미있게 놀이를 하는 '호모 루덴스'(Homo Ludens)로 코페르니쿠스적 전환을 한다. 이 전환은 방드르디가 있었기에 가능했다. 뿐만 아니라, 스페란차 섬이라는 열대 자연사의 공간이 있었기에 가능했다. 로뱅송의 정체성은 이 공간과의 성교를 통하여 새로운 형식과 내용을 갖게 된 것이다.

호모 루덴스는 네덜란드의 사상가 하위징아(Johan Huizinga)가 창안한 개념이다. 《호모 루덴스》에서 그는 18세기 유럽에서는 놀이 문화가 발달했는데, 19세기로 가면서 놀이 문화가 억압되었음을 논의했다. 하위징아의 논점을 이 책의 전체적인 논지와 관련지어 말한다면, 18세기 말에서 19세기 초를 지나면서 서구의 놀이 문화가 점점 억압되어 갔다는 것은 서구가 자연사와 인류사를 분리시켜 갔던 역사적 과정과 궤도를 같이 한다는 것을 의미한다. 인간과 자연 사이의 유기체적 관계가 끊어지고 인간이 자연을 지배하면서 놀이 문화는 점점 위축되어 갔던 것이다.

방드르디는 로뱅송에게 보다 근본적인 개종을 요청했으며, 로뱅송은 화답했다. 로뱅송은 '항해 일지'에 다음과 같이 고백한다.

> 해야, 나를 방드르디와 닮게 해다오. 웃음으로 활짝 피고 송두리째 웃음을 위하여 빚어진 방드르디의 얼굴을 나에게 다오(271).

어느 날 '화이트버드'호가 스페란차 섬을 방문하게 되자, 로뱅송이 자신이 이 섬에 무려 28년이라는 긴 세월 동안 살고 있었음을 자각했다. 그럼에도 로뱅송은 이 섬을 떠나지 않았다. 대신에 방드르디는 로뱅송에게 일언방구도 하지 않고 배를 따라 떠나버렸다. 프랑스혁명이 일어나기 2년 전인 1787년이다. 대신에 화이트버드의 수부 소년이 이 섬에 남았다. 로뱅송은 이 소년의 이름을 목요일을 뜻하는 '쥐디'(Jeudi)라고 지어준다.

세계적으로 얼마나 많은 어린이들이 로빈슨 크루소에 관한 이야기를 읽고 그림을 보면서 즐거워하는가! 그들이 십대를 거쳐 성인이 되어도 디포의 원작 《로빈슨 크루소》부터 투르니에의 《방드르디, 태평양의 끝》에 이르기까지의 수많은 작품에서 열대 자연사가 정교하게 은폐되어 있음을 알지 못한다. 열대 자연사가 로빈슨 크루소로 상징되는 '서구적 자아의 원천'(Taylor, 1989)임을 깨닫지 못하는 것이다. 문학비평가들은 문학 교육과 연구에서 이런 은폐를 어떻게 극복할 것인지의 과제를 더 이상 피해갈 수 없다. 서구중심주의 근대 역사학과 마찬가지로 서구중심주의 문학적 세계관으로는 이 과제를 감당할 수 없다.

2. 낭만주의, 열대 자연사의 역사지질학적 상상력

열대 자연사, 낭만주의적 상상력의 공간

현재 한국에 살던 유럽에 살던 간에 서구적 근대의 세례를 받은 사람들은 낭만주의적 관념이 유럽에서, 그것도 독일에서 먼저 발생하여 유럽을 거쳐 전 세계로 전파되었다고 믿는다. 그렇다. 낭만주의는 서구적 근대의 교리가 되었다. 그렇다면, 낭만주의의 태동과 발전은 같은 시기, 즉 18세기 말에 이루어졌던 인류사와 자연사의 분리 과정과 어떤 연관성이 있을까? 베네수엘라의 상류 계층에서 태어나서 파리로 건너갔던 소설가 파라(Teresa de la Parra)가 《엄마 블랑카의 추억》(1929)에서 쓴 다음 구절은 이런 물음에 대해 중요한 시사점을 던져준다.

담배, 파인애플, 사탕과도 같이 낭만주의는 18세기 말까지는 식민적 나태함과 열대적 게으름 사이에서 자연스럽게 자라난 달콤한 과일이다. 이 시기에 나폴레옹의 첫째 부인 조제핀은 자신이 마치 이상적인 미생물이라도 된 것처럼, 낭만주의라는 세균을 우리 모두가 아는 예리한 방식으로 나폴레옹에게 전해주었고 제국의 군인들에게도 점진적으로 전해주었으며, 샤토브리앙(François-René de Chateaubriand)의 지원을 받아 프랑스의 전역에 낭만주의라는 전염병을 전파시켰다(Pratt, 2008: 135; Parra, 1982: 329).

3장에서 논의했듯이, 사탕수수에서 설탕을 만드는 노동 과정은 결코 달콤하지 않다. 뿐만 아니라 사탕수수를 재배했던 서인도제도의 흑인 노예들은 결코 게으르지도 않았다. 게을렀다면 생존을 할 수 없었다. 플랜테이션 산업과 노예무역의 최대 수혜국이었던 프랑스의 최고 권력자는 열대 자연사의 최종 산물만을 맛보았기에 달콤한 것이다. 나폴레옹과 함께 살았던 여인이 어떻게 열대 노예의 고통과 아픔을 이해할 수 있었겠는가. 게다가 샤토브리앙이 낭만주의를 전파하는 데 적극 나섰다. "사람을 게으르게 하는 섬나라"(Baudelaire, 2003: 76)로 묘사했던 보들레르, "열대풍의 권태"(Rilke, 2014: 114)라고 했던 릴케(Rainer Maria Rilke)를 비롯하여, 유럽의 근대 문학가들은 유럽 전역으로 낭만주의의 세균을 전파시키는데 앞장섰다.

그렇다면, 낭만주의라는 전염병은 어디에서 시작되었는가? 영국의 자연사학자인 손턴(Robert John Thornton, 1768-1837)의 작품 《식물의 신전》(1807)을 자세히 들여다보면, 낭만주의가 어떤 방식으로 태동되었는지를 알 수 있다.

《식물의 신전》이 나타나게 된 역사적 맥락을 먼저 살펴보자. 칼 린네의 분류법은 식물학의 좁은 범위에만 맴돌지 않고 식물에 대한 대중의 감각과 감수성을 자극하는 새로운 계기로 작용했다. '신은 자연을 창조했고, 린네는 이를 분류했다.' 손턴은 린네의 이런 식물분류학에 큰 자극을 받았다. 원래 케임브리지대학에서 신학을 공부했던 손턴은 린네를 공부하고 난 후부터 신학에서 '자연사와 의학'으로 진로를 바꾸었다. 고대 유럽부터 17세기와 18세기에 이르기까지, 자연사학자, 의사, 약제사들은 지금과 같이 직업적 전문화가 이루어져 있지 않아서 대체로 영역이 서로 중첩되어 있었기에 자연사와 의학을 함께 공부할 수 있었다. 마음을 결정한 후부터 손턴은 큐식물원을 드나들면서 기존의 유럽에서 볼 수 없었던 열대 식물의 자연사를 공부했다. 그는 큐식물원 원장 조셉 뱅크스가 제임스 쿡 함장의 항해에 직접 참여하여 남태평양을 다녀왔고 이때 열대 식물들을 큐식물원으로 갖고 들어온 것에 주목했다.

손턴의 모든 작품에는 산, 하늘, 구름, 나무, 강이 어김없이 등장하는데, 이는 당대 유럽 사회의 자연사에 대한 감수성과 감각을 반영한다. 케임브리지에서 손턴은 자연사 연구의 새로운 흐름을 감지했다. 프랭클린(Benjamin Franklin), 프리스틀리(Joseph Pristely), 라부아지에(Antoine Laurent de Lavoisier), 볼타(Alessandro Volta), 갈바니(Luigi Galvani) 등의 실험적 방법을 알게 되었다. 열대에서 유럽으로 전해졌던 식물, 동물, 광물은 이들의 실험 방법을 발달시키는 실험실의 자료로 활용되었다. 18세기 열대 자연사는 유럽 자연사학자들의 물리적, 화학적, 전기적, 생리적 이해를 크게 진작시켰다. 특히 손턴은 외교관인 동시에 화산 연구에도 식견을 갖고 있던 해밀턴(William Hamilton)의 화산 이론에 깊은 영향을 받았다(Kemp, 2010: 164).

이 시기 유럽의 문학예술가들은 역사지질학을 포함하여 자연사에 관한 분과 학문들의 발달을 지켜보면서 계몽사상과는 다른 방식으로 상상력을 펼쳐갔다. 그들은 열대에서 갖고 들여온 식물, 동물, 광물들을 보면서 이를 표현할 수 있는 새로운 문학예술적 양식을 모색하고 추구했다(Smith, 1985 & 1992). 터너(William Turner)와 함께 영국 낭만주의 풍경화를 주도했던 컨스터블(John Constable, 1776-1837)은 풍경화를 새로운 양식이라고 간주했다.

> 그림 그리기는 하나의 과학이며, 자연법칙에 대한 탐구 활동으로서 추구되어야 한다. 그렇다면 풍경화가 자연철학의 한 갈래로 간주되지 않을 이유가 어디 있겠는가. 회화는 자연철학에서 곧 실험이다(Kemp, 2010: 194).

마침내 열대 자연사를 소재로 한 '풍경화'가 등장하게 된 것이다. 이처럼 역사지질학을 비롯하여 자연사에 관한 분과 학문들이 발달하면서 유럽 예술가들의 감각과 감수성이 변해갔다(Mitchell, 1993; Klonk, 1996). 이런 맥락에서 볼 때 '근대적 프로메테우스'라는 부제가 붙은 셸리(Mary W. Shelley)의 《프랑켄슈타인》(1818)은 자연사의 낭만주의적 상상력을 보여주는 상징적 작품이라고 볼 수 있다.

칼 린네의 사도들이 전지구적 열대에서 보여준 생물지리적 탐험에 주목했던 손턴은 《성적(性的) 체계에 관한 칼 린네의 새로운 설명》(1797-1807; 이하 《칼 린네의 설명》)의 3부에 화첩의 형태로 《식물의 신전》을 포함했다(Thornton, 2008). 그의 저작과 작품은 디오스코리데스와 플리니우스 이후 유럽 자연사의 계보를 잇는다는 점에서 중요한 사료적 의미를 갖는다. 뿐만 아니라, 이 화첩 속의 작품들은 영국 문학예술가들의 자연사에 대한 감각과 감수성이 어떻게 표현되는지를 보여준다는 점에서 미술사적으로도 의미가 있다. 여기서 주목하고 싶은 점은 《칼 린네의 설명》이 찰스 다윈의 할아버지인 에라스무스 다윈(Erasmus Darwin)이 쓴 시집 《식물원》(1791)을 기본 텍스트로 삼고 있다는 것이다. 《칼 린네의 설명》은 자연사의 관점에서 문학과 미술의 경계를 해체시켰다는 점에서 독특하다. 에라스무스가 낭만주의 시인 윌리엄 워즈워스와 사무엘 콜리지에게 큰 영향을 미쳤던 자연사학자라는 점을 염두에 둔다면, 영국에서 낭만주의는 열대 자연사가 촉발시킨 문학예술적 상상력에 의한 표현 양식임을 알 수 있다.

〔그림 5-1. 린네와 플로라〕가 보여주듯이, 《식물의 신전》은 그리스 신화에 나오는 의학의 신 아스클레피우스, 농업의 여신 케레스(Ceres), 식물의 여신인 플로라가 린네를 찬양하는 모습을 보여주는 데서 출발한다. 그리스 신화와 그리스 역사는 《식물의 신전》의 기본 모티브이다. 손턴은 헤라클레스와 '성모백합'을, 크세노폰의 《아나바시스》와 로도덴드론(Rododendron)을, 오비디우스의 《변신이야기》와 카네이션, 히아신스를 각각 연결하고 있다. 그리스 신화와 역사에 대한 손턴의 이런 의식은 〔식물에게 사랑을 자극하는 큐피드〕로 이어진다. 사랑의 화살이 겨누고 있는 꽃은 '극락조화'(Strelitzia)이다. 〔그림 5-2. 극락조화〕가 보여주듯이, 극락조화는 제임스 쿡 함장의 2차 항해에 참여했던 자연사가인 프란시스 마손(Francis Masson)이 아프리카 남부에서 가지고 온 식물이다. 큐식물원 원장이었던 조셉 뱅크스가 이 식물

그림 5-1. 린네와 플로라 (Thornton, 1797-1807)

을 영국 국왕 조지 3세의 왕비인 샬럿(Sophia Charlotte)에게 바치기 위해 왕비의 출신 가문 이름(Mecklenburg-Strelitzia)을 인용하여 'Strelitzia reginae'으로 린네 학명을 붙였다(Kemp, 2010: 173). 여기서 주목할 점은 손턴은 그리스 신화의 관점에서 아프리카 자연사에 대한 영국의 제국적 욕망을 바라본다는 점이다. 아프리카의 열대 자연사는 손턴의 그리스 신화에 대한 해석을 통하여 서구중심주의 인류사로 포섭되었다.

그림 5-2. 극락조화 (Thornton, 1797–1807)

《식물의 신전》에는 극락조화와 같이 유럽의 열대 탐험을 통해 큐 식물원으로 들여 온 식물들이 대다수 포함되어 있다. 예를 들어, 〔그림 5-3. 베고니아〕가 보여주듯이, 서인도제도의 생도맹그를 통치했던 프랑스의 식민주의자 베공(Michel Bégon)이 자신의 이름을 붙였던 '베고니아'는 1773년에 자메이카에서 큐식물원으로 들어온 식물이다. 열대 자

그림 5-3. 베고니아 (Thornton, 1797–1807)

연사를 유럽의 인류사로 포섭하면서도 이를 은폐했던 과정은 열대에 대한 유럽의 제국적 욕망, 즉 식민화 사업을 통해 이루어졌다.

《식물의 신전》은 린네의 식물분류학이 열대 자연사에 대한 유럽의 제국적 욕망을 실현하는 데 과학적 정당성을 제공했음을 보여준다. 린네는 아리스토텔레스가 정한 '자연의 등급'에 기초하여, 식물의 '왕국'을 '부족과 국가'라는 사회적 질서로 범주화했다. 잔디는 "더 많은 부담을 지우고 밟아줄수록 증식하기" 때문에 '평민'이고 백합은 왕궁의 화려함을 연장시키는 '귀족'이며, 버섯은 방랑자'이다. 린네의 분류법에서 이끼류, 지의류, 조류, 버섯류는 이렇게 찬밥 신세를 면하지 못한다. 또한 개미는 '군주파'이고 황새는 '공화파'이다(Griffiths, 2011: 255-256). 린네는 유럽이 아닌 열대 지역의 식물 이름들 중에서 '미개한'(savage) 명칭들에 대해, 그리스어나 라틴어와 유사한 것들을 제외하고는 그리스어나 라틴어로 된 속명만 사용하는 것을 원칙으로 했다(Drouin, 2011: 137). 열대 자연사의 고유한 식물 이름들은 사라져 버렸다. 3장에서 논의했듯이, 린네가 인류를 아메리카인, 유럽인, 아시아인, 아프리카인으로 분류하면서 각 인종의 특징에 대해 설명했던 내용은 식물 분류에도 그대로 적용되었다. "뭔지 모르게 아프리카 식물은 거칠고 무뚝뚝하며 어둡고, 아시아 식물은 당당하고 도도하며, 아메리카 식물은 명랑하고 유연하며, 알프스 식물은 긴장되고 강인해 보인다."(Linnaeus, 2003: 145) 이처럼 열대 자연사는 '린네 명명법'을 통해 유럽 인류사의 질서와 체계 속으로 분류되었다.

손턴은 《식물의 신전》에서 린네의 이런 인식을 재현했다. 〔그림 5-4. 푸른 이집트 백합〕에서 손턴은 힌두교와 불교를 믿는 아시아인들의 영성적 상징으로 간주되어 온 연꽃을 묘사했다. 그가 작품의 제목에 '이집트'를 포함하고 피라미드와 나일강을 보여준 것은 당시 유럽의 예술가들이 상상적 지리를 통해 오리엔트의 자연사를 유럽적 관념으로 포섭하려고 했음을 잘 보여준다. 바로 이런 이유로 에드워드 사이드는 18세기에 오리엔탈리즘이 등장하게 된 네 가지 역사적 요인들 중에 하나로 린네 분류법을 포함했던 것이다(Said, 1994: 119).

그림 5-4. 푸른 이집트 백합 (Thornton, 1797–1807)

풍경화, 열대 자연사의 낭만주의적 표현 양식

1760년대에서 1830년대는 열대와 서구 정체성의 관계에서 가장 주목되는 시기이다. 이 시기를 인식하는 데 중요한 두 가지 역사적 사실이 있다. 하나는 이 시기에 서구가 열대를 식민화하면서 생물지리적 탐험을 통하여 전지구적 식물원 네트워크를 만들어갔다는 사실이며, 다른 하나는 이 시기에 형성된 낭만주의가 서구적 근대인의 삶과 사고에 대해 지대한 영향을 미쳤다는 점이다. 이 두 가지는 서로 떼려야 뗄 수 없는 관계이다.

낭만주의의 계보학을 심도있게 연구해온 이사야 베를린에 의하면, 18세기 계몽주의의 중요한 공리 중의 하나는 "인간은 어떻게 살아야 하며, 무엇이 되어야 하며, 무엇이 선하고 악하며, 무엇이 옳고 그르며, 무엇이 아름답고 추하며, 왜 어떤 행위가 다른 행위보다 바람직한가?"에 대한 명제를 입증하는 것이었다(Berlin, 2005: 41-45). 하지만 낭만주의자들은 이성을 최고의 지적 권위로 설정했던 계몽주의의 이런 물음 자체에 회의를 가졌다. 그러면서도 그들은 도덕철학에 근거한 이성을 배반하지도 않으면서 계몽주의가 남겨놓은 공백을 어떻게 메울 것인지를 두고 고민했다.

독일의 초기 낭만주의자들은 예술에서 답을 찾았다. 1798년 이전 까지만 해도 노발리스, 셸링, 실러(Friedrich Schiller), 슐라이어마허(Friedrich Schleiermacher), 슐레겔 형제(Karl & August Schlegel) 등의 초기 낭만주의자들은 프랑스혁명을 환영하면서, 예술을 사회정치적 개혁의 열쇠로 생각했다. 문화는 사회정치적 변화의 전제 조건인 동시에 공화정 체제의 유일한 토대라고 믿었던, 그들은 예술에 대한 미학적 교육이야말로 문화의 핵심이라고 주장했다(Beiser, 2011).

18세기 후반 유럽 나라들 사이에서 경쟁적으로 이루어졌던 남태평양 탐험은 열대 자연사에 대한 낭만주의적 상상력을 촉발시켰다. 제임스 쿡의 2차 탐험에 참가했던 호지스(William Hodges, 1744-1797)

는 이런 흐름을 주도했다. 그는 미술의 유기체적 생명을 강조했던 요한 요하킴 빙켈만, 미술과 문학의 경계에 대해 천착했던 레싱(Gotthold Ephraim Lessing), 자연사의 숭고함에 대한 미학적 개념을 정립했던 버크(Edmund Burke) 등 18세기 사상가들로부터 영향을 받았다(Kulterman, 2001: 128-154). 또한 탐험을 같이 했던 게오르그 포르스터로부터 헤르더의 풍토 개념에 대해 배웠던 호지스는 타이티의 자연사를 풍경화로 형상화했다(Smith, 1985: 86-87). 〔그림 5-5. 타이티 풍경〕이 보여주듯이, 호지스는 열대의 빛, 기후, 산, 식물, 강, 대지를 포함하여 타이티 원주민의 피부조차도 열대 타이티 특유의 색으로 묘사했다. 괴테의 《색채론》이 이 시기에 출간되었다면(2장), 호지스를 비롯한 열대 풍경화가들은 뉴턴의 광학 이론에 얽매이지 않고 열대 자연사의 색을 더 풍부하게 표현할 수 있었을 것이다. 그는 "풍경화를 미술의 중요한 장르로 주목한 최초의 미술가들" 중의 한 명이었다(Smith, 1985: 78-79).

서구에서 최고의 문예학술지 중의 하나로 평가받는 《비평 탐구》의 편집인 미첼(W. J. T. Mitchell)에 의하면, 풍경화는 17세기에 등장하여 19세기에 절정에 도달했으며 유럽 제국주의의 발달과 연관된 특정한 역사적인 양상을 보여준다. 풍경은 서구적 근대의 중요한 특징이다. 그것은 인간과 자연 사이의 관계, 그리고 자아와 타자 사이의 관계를 나타낸다(Mitchell, 1993: 5). 이렇게 볼 때, 유럽의 열대 자연사에 대한 풍경화는 자아 : 타자 = 서구 : 열대의 관계를 묘사한 것이다. 풍경은 이를 바라보는 관찰자의 의식 바깥에 실재하는 것이 아니라, 그의 의식에 의해 만들어진 역사지리적 문화이다. 관찰자의 심상지리가 바로 풍경이다(김우창, 2003; 李孝德, 1996; Arnold, 2006; Tuan, 2013). 호지스의 그림은 타

그림 5-5. 타이티 풍경 (Hodges, 1776)

이티를 타자화하는 그의 심상지리이며, 그 근저에는 빙켈만에서 헤르더에 이르기까지 열대 자연사에 관한 풍토적 세계관이 자리하고 있다.

호지스를 비롯하여 열대 탐험을 하고 돌아왔던 화가들의 풍경화를 보면서 유럽의 예술가들은 역사지질학, 식물학, 동물학, 천문학, 기상학 등을 아우르는 자연사 전반에 대해 공부할 필요성을 절감했다(Smith, 1985; Mitchell, 1993; Klonk, 1996). 왜냐하면 그들은 열대 자연사와 낭만주의적 상상력이 더욱 긴밀한 관계를 갖는다는 것을 알았기 때문이다. 코페르니쿠스와 베살리우스(Andreas Vesalius)가 1543년에 각각 대우주인 천체와 소우주인 몸에 대한 새로운 패러다임을 보여준 것이 우연의 일치가 아니었듯이, 18세기 말에서 19세기 초에 이르기까지 소위 '지질학의 황금시대'를 맞이했던 유럽에서 낭만주의가 형성되었다는 것은 우연의 일치가 결코 아니다.

또한 그들은 식물원들을 찾아 나서기 시작했다. 열대 탐험을 했던 자연사학자들이 아프리카, 아메리카, 동남아시아 등 수많은 원산지에서 열대 식물들을 갖고 들어왔기 때문이다. 유럽 사람들은 식물원에 새로 들어온 열대의 식물을 통하여 이전과는 다른 새로운 감각을 갖게 되었고 이를 시각적으로 표현하려고 했다. 열대 풍경에 대한 낭만주의적 상상력을 표현할 수 있는 예술적 양식이 요청되었다.

괴테를 포함하여 독일 낭만주의자들과 교류를 하면서 영향을 주고받았던 알렉산더 훔볼트는 열대 풍경화를 유럽의 문명사적 관점에서 파악했다(2장). 풍경을 포착하는 데 화가의 역할이 중요하다고 생각했던 훔볼트는 유럽의 문명에서 가장 가치가 있는 열매 중의 하나로 '자연의 상관'(像觀, physiognomy)을 손꼽았다. 그는 《코스모스》에서 이

것이 열대 식물의 재배, 열대 자연에 대한 풍경화, 열대가 촉발시키는 낭만주의적 언어의 힘에 의해 형성된다고 주장했다(Humboldt 1997, II: 105). 훔볼트에게 열대 자연사는 바로 자연의 상관을 의미했다. 훔볼트의 이런 인식은 열대 자연사가 서구 사회의 계몽주의로부터 낭만주의로의 전환뿐만 아니라 근대적 오감으로의 전환에서 중요한 위상과 역할을 차지했음을 명확하게 보여준다.

오스트리아 빈에서 프리드리히 슐레겔과 교류했던 미술가 코흐(Joseph Anton Koch)는 삶의 후반기에 낭만주의 풍경화를 주도하면서 작품 〘그림 5-6. 슈마드리바흐 폭포〙를 남겼다. 이 그림이 보여주듯이, 역사지질학에 상당히 흥미를 가졌던 코흐는 이 그림에서 산맥이야말로 모든 강들, 나아가서는 해양의 기원임을 분명히 보여주고자 했다. 산맥은 단순히 사람들이 바라보는 풍경 또는 경관으로만 존재하지 않는다는 것이다. 코흐는 지구가 인간, 식물, 동물을 위한 행복한 공간으로 변화되는 것은 바로 이 산맥 때문이라고 간주했다(Mitchell, 1993: 132-133). 예술사학자 미첼(Timothy F. Mitchell)에 의하면, 자연에 대한 코흐의 이런 미학적 인식은 요한 고트프리드 헤르더의 풍토 철학과 알렉산더 훔볼트의 식물지리학이 형성되었던 시대적 맥락과 깊이 결부되어 있다(Mitchell, 1993: 132-136).

훔볼트의 영향을 가장 크게 받은, 열대 풍경화에서 빼놓을 수 없는 인물이 있다. 19세기 미국 '허드슨강 학파'(Hudson River School)의 제2세대를 주도했던 처치(Frederick Edwin Church)는 훔볼트의 침보라소 탐험을 좇아서 에콰도르에 두 차례 체류했다. 이 학파는 독일 낭만주의에 적극적으로 참여했던 뒤셀도르프 풍경화가들의 영향을 받았는데,

그림 5-6. 슈마드리바흐 폭포 (Koch, 1823)

'야생'을 형상화하는 데 특히 관심을 가졌다. 〔그림 5-7. 안데스의 심장〕으로 처치는 미국 화단에서 일약 주목을 받는 화가로 부상했다. 이후 처치는 훔볼트가 시도했지만 정상에 오르지 못했던, 만년설의 코토팍시에 대한 아름다운 풍경화를 남겼다. 평론가들은 그가 19세기 미국의 열대에 대한 제국적 욕망을 풍경화로 담아내는 데 가장 앞장섰던 화가로 평가한다.

그림 5-7. 안데스의 심장 (Church, 1859)

이와 같이, 영국의 큐식물원이나 프랑스의 파리식물원을 중심으로 한 유럽과 열대 식민지를 연결하는 전지구적 식물원 네트워크의 형성, 유럽 화가들의 열대 자연사에 대한 예술적 형상화, 자연사학자들의 열대 탐험과 기록들이 서로 결합되면서 유럽 낭만주의가 태동했다.

'고상한 미개인'

18세기 유럽이 자신의 정체성을 본격적으로 형성할 수 있었던 가장 중요한 이유는 이 시기에 열대의 자연사와 인간에 관한 지식들이 유럽인들의 내면세계에 깊이 스며들기 시작했기 때문이다. 콜럼버스의 신세계 발견 이래로 18세기 초반까지만 하더라도 식민지 개척자들만이 열대에 대한 지식을 주로 갖고 있었다. "사람은 어떤 관념조차도 가질 수 없을 정도로 먼 미지의 사물에 대해 눈앞에 보이는 것을 기준으로 판단을 내린다."라고 말했던 잠바티스타 비코의 말을 여기에 적용한다면, 18세기 초만 하더라도 유럽인들은 고대 그리스 이래로 형성되어 왔던 아리스토텔레스적인 도덕철학과 자연학의 관점에서 열대를 인식했다.

그런데 열대에 관한 유럽의 이런 인식은 18세기 후반 제임스 쿡과 부겡빌로 대변되는 유럽인들이 남태평양, 아메리카, 인도 탐험과 여행을 본격화하면서 급격하게 바뀌게 되었다. 광물 — 식물 — 동물 — 인간 — 지구 — 우주를 연결하는 '존재의 대연쇄'가 마침내 풀리려는 순간이 점점 다가오고 있었다(Lovejoy, 1936). 18세기 후반이 되면서 도덕철학이 아니라 자연사가 열대를 인식하는 새로운 관점을 제공했다.

무려 1,500권의 여행기를 소장했던 것으로 알려진 요한 라인홀드 포르스터는 누구보다도 이런 문제에 깊은 관심을 가졌다. 《세계 일주 여행 관찰기》에서 그는 남태평양의 '인종'들이 매우 다양한 원인들을 "피부 색깔, 인체의 크기와 형태, 습관, 의식주, 문명화 수준, 사회의 조직 원리, 정부의 형태, 과학 및 예술, 종교" 등의 관점에서 상세히 분석했다. 특히 그는 열대 원주민의 피부 색깔이 유럽인과 다른 세 가지 원인으로 "공기에 대한 노출, 태양의 영향, 열대 풍토에 적합한 생활조건"을 지적했다(Forster, 1996: 175). 그들이 유럽인보다 미개한 까닭이 유럽인보다 시간적으로 늦게 지구상에 나타났기 때문이라는 것이다. 공간적으로 서로 다른 곳에 살고 있는 인종에 대한 인식은 시간적인 연대기의 선후 관계로 환원되었다. '문명화된 유럽인' 대 '고상한 미개인'(noble savage)이라는 이분법적 인식은 이런 과정을 통해 유럽 사회에 퍼져나갔다.

고상한 미개인과 관련하여, 루소는 《인간 불평등 기원론》(1755)에서 주목할 만한 발언을 했다. 그는 《인간 불평등 기원론》의 본문보다 주석에서 열대 원주민에 관한 자신의 인식을 분명하게 보여주었다.

> 그토록 오랫동안 유럽, 아시아, 아프리카에 무수히 많은 미개인들이 가득 채워진 이유는 무엇인지 누가 좀 설명할 수 있을까? 그토록 많은 인구는 뛰어난 기술과 지혜로운 법률과 훌륭한 통치 덕분인가? 학자들이 다음의 사실에 대한 이유를 설명해주기를 바란다. 즉, 왜 지식도 자제력도 부족하고 교육도 받지 못해 흉폭하고 난폭한 사람들이 어느 정도까지는 번식하지 못했지만 목초지나 사냥터를 차지하기 위해 줄곧 서로를 목졸라 죽이

> 지 않았는가? 어떻게 그 보잘 것 없는 사람들이 그토록 잘 훈련된 군대와 훌륭한 규범과 지혜로운 법률을 가진 능력있는 우리들의 조상에게 대담하게도 대항했는가?(Rousseau, 2010: 152)

루소가 누구인가? 칸트는 이웃 시민들이 시간을 맞출 정도로 매일 같은 시각에 산보를 했지만, 루소의 《에밀》(1762)을 읽었을 때만큼은 산책을 하지 않았다는 에피소드가 있다. 니체가 쇼펜하우어(Arthur Schopenhauer), 괴테와 함께 근대를 정립한 세 명의 인물 중 한 명으로 손꼽으면서도 이 두 사람보다도 루소가 더 막강한 대중적인 영향력을 가졌다고 말하지 않았던가. 이 인용문은 근대성에 대한 루소의 인식이 열대 미개인과 문명화된 프랑스인의 구분에 근거하고 있음을 보여준다. 열대 식민지로부터 들려오는 소식을 익히 알고 있었던 루소는 수많은 미개인들이 실제로 프랑스를 공격할 수도 있다고 두려워했다. "유럽인들은 삼사백년 전부터 세계의 곳곳으로 쏟아져 들어가 새로운 여행기와 보고서를 끊임없이 출판해왔지만, 그들은 오로지 유럽인 밖에 모른다."(Rousseau, 2010: 161).

그래서 루소는 몽테스키외, 뷔퐁, 디드로, 뒤클로(Charles Pinot Duclos), 달랑베르(Jean-Baptiste Le Rond d'Alembert), 콩디야크(Etienne Bonnot de Condillac')와 같은 계몽주의자들이 열대 아프리카, 동남아시아, 아메리카의 모든 미개 지역을 여행하면서 다시 세밀하게 관찰해야 한다고 주장했다. 이런 여행은 "모든 여행 중에서 가장 중요한 여행"이다. 루소의 미개인에 대한 이런 인식은 프랑스를 비롯하여 유럽의 열대 자연사에 대한 탐험을 더욱 조직화하고 가속화하는 데 엄청난 영향력을 끼쳤다.

'문명적' 프랑스의 인류사, '야만적' 모리셔스의 자연사

프랑스혁명의 격변기를 살았던 생피에르(Henri Bernardin de Saint-Pierre, 1783-1814)가 쓴 소설 《폴과 비르지니》(1788)는 오늘날에는 프랑스 학생이라면 누구나 아는 고전이다. 원래 이 소설은 그의 대작인 《자연의 연구》(1784)의 제4부에 포함된 것인데, 나중에 독립된 소설로 출간되었다. 56세에 결혼했던 생피에르가 57세에 딸 비르지니를, 61세에 아들 폴을 얻었는데, 이 소설의 주인공에서 이름을 따온 것이다.

작품의 무대는 제주도와 비슷한 크기의 모리셔스 섬으로 유럽 여러 나라의 지배를 받은, 그 역사를 깊이 들여다보면 유럽 인류사와 열대 자연사가 비극적으로 교차하고 있음을 알 수 있다. 1507년에 포르투갈 항해사 마스카레나스(Pedro de Mascarenhas)가 이 섬의 존재를 알게 된 이후로 스페인이 통치했다. 그러다가 네덜란드가 1598년부터, 다음에는 프랑스가 1715년부터, 이번에는 영국이 1810년부터 이 섬을 지배했고, 1968년에 독립이 되었다. 생태환경사학자 그로브(Richard Grove)에 의하면, 모리셔스는 유럽의 '녹색 제국주의'의 제물이 되어 왔다(Grove, 1995: 168-263). 스페인, 네덜란드, 프랑스, 영국이 제국적 욕망을 충족시키기 위해 모리셔스의 열대 자연사를 지속적으로 억압하고 파괴시켜 왔다.

마다가스카르에서 떨어진 곳에 위치한 모리셔스는 생피에르가 자연사 연구를 위해 선택한 섬이다. 그는 이 섬에 살던 큰 비둘기인 도도(Dodo)가 17세기에 이미 멸종했다는 사실을 알았다. 판 넥(Jacob Cornelius van Neck)이 주도했던 네덜란드 탐험대가 이 섬에 도착했다. 이 탐험대는 모리셔스의 야생 고기들을 닥치대로 먹어 치웠다(Quammen, 2012: 363). 도도새는 그렇게 멸종되었다.

프랑스의 열대 탐험과 식민화 사업에서 전환점을 안겨다 준 두 열대 지역이 있다면, 그것은 타이티와 모리셔스 섬이다. 프랑스가 지배했을 당시에 '프랑스 섬'(Isle de France)으로 불렸던 모리셔스 섬에서 석공으로 일하면서 자연사에 관심을 가졌던 생피에르는 이 섬의 행정 통치자였던 푸와부르(Pierre Poivre)와 뜻이 맞지 않아 1770년에 프랑스로 돌아갔다(Grove, 1995: 247). 네덜란드동인도회사의 향료 사업에 관심이 많았던 푸와브르는 모리셔스 섬에 육두구와 정향 등의 식물을 재배하면서 프랑스의 제국적 욕망을 대변했던 인물로 해석되도 일삼았다.

생피에르는 장 자크 루소가 60세가 되던 1772년에 처음으로 만나 함께 파리의 근교로 식물을 채집하러 다니면서 자연사에 대한 이야기를 나누었다. 생피에르의 열대 체험과 루소의 자연관은 서로 소통했다. 《자연의 연구》가 출간되어 이름이 알려지게 된 생피에르는 혁명의 가장 절정기였던 1792년에 당대 프랑스 과학계에서 가장 중요했던 파리 식물원의 원장이 되었다. 하지만 그는 수학이나 물리학을 잘 알지 못한다는 이유 등으로 해임되고 말았다. 나폴레옹은 《폴과 비르지니》를 열광적으로 좋아했지만 생피에르가 미분학을 모른다고 차가운 반응을 보였다. 또한 생피에르는 당대 프랑스 제도권 과학계로부터도 따돌림을 받았다. 하지만 그는 그냥 있지 않았다. 왕립아카데미와 같은 제도권 과학계에 대해 '구체제'(Ancien regime)의 폐쇄적 집단이라고 강하게 비판했다.

《자연의 연구》의 서문에서, 생피에르는 "아리스토텔레스, 플리니우스, 베이컨의 방법을 좇아서" 일반적인 자연사를 저술했지만 이내 그는 "일반적인 자연사는 물론이거니와 가장 작은 식물의 역사조차 내 능력 밖의 일"이라고 고백했다. 딸기를 예로 들면서 "이렇게 미약한 덩굴 식물이 … 아메리카 대륙"에서 자라나게 된 생물지리적 분포도 모르면서 자연사를 완성할 수는 없다고 말했다.

> 언젠가 지리학이 식물학 연구의 바탕 위에서 발달할 수 있다는 것을, 그리고 반대로 태양의 빛을 받은 식물학이 지리학을 밝혀 줄 수도 있다는 것을 대체로 예상할 수 있다(Saint-Pierre, 1797[1784]: I: xxi).

생피에르는 식물지리학이 열대 자연사를 이해하는 데 중요하다는 것을 예감했고, 이는 나중에 그의 열렬한 독자였던 알렉산더 훔볼트의 《식물지리학》으로 가시화되었다. 서구 생태환경사의 석학으로 평가받는 클래런스 글라켄(2장)은 《로도스 섬 해변의 흔적》에서 베르나르댕을 칼 린네, 조르주 뷔퐁, 조셉 뱅크스와 같은 18세기 최고의 자연사가들 중의 한 명이라고 말할 정도로 서구 자연사 연구에서 큰 족적을 남긴 인물로 평가했다(Glacken, 1967: 501).

《폴과 비르지니》는 다니엘 디포의 《로빈슨 크루소》보다 열대의 빛과 색에 대한 낭만주의적 분위기를 훨씬 더 생동감이 있게 묘사했다. 비글호 항해 내내 훔볼트를 읽었던 찰스 다윈은 《자연의 연구》도 읽었는데, 그 중에서도 《폴과 비르지니》를 특히 좋아했다. 다윈은 친구에게 보낸 편지에서 말했다. "연애편지를 쓸 얼마나 좋은 기회인지 상상해봐. 내게도 이런 영감 어린 편지를 보낼 비르지니가 있다고 생각해보렴. 사랑에 빠져 있지 않은 사람은 강렬하고 매혹적인 풍경을 감상할 권리가 없겠지." 하지만, 곧 설명하겠지만, 이 작품은 연애 소설이 아니다. 열대의 자연사를 연구했던 찰스 다윈이 정작 이 작품에 깊이 내재되어 있는 열대 자연사의 의미를 놓쳤다는 것은 실로 아이러니컬하다.

소설의 머리말에서 생피에르는 "유럽에서는 전혀 볼 수 없는 풍토와 초목을 그려보려고" 시도했다고 말했다. 파리의 시인들은 "연인들의 배경을 시냇가나 푸른 목장 또는 떡갈나무 그늘로 삼았지만, 나는 [모리셔스의] 연인들을 사나운 바다 기슭이나 바위 그늘이나 야자, 파초 또는 꽃피는 레몬나무 그늘에 앉혀보려고 했다." 모리셔스 같은 지대도 고대 로마의 베르길리우스(Publius Vergilius Maro)와 같은 시인만 나타난다면 프랑스의 정경에 못지않은 사랑의 병풍으로 그릴 수 있다는 것이다. 또한 생피에르는 유럽의 식민화 사업이 모리셔스의 경관을 해치는 것을 심히 두려워했다.

모리셔스에 오랫동안 살고 있던 한 노인네가 읊조린다.

> 젊은 양반, 이 보잘것없는 오막살이와 이 황폐한 땅에 한 30년 전 두 집안이 초라하지만 행복하게 살고 있었다오. 그 사람들의 이야기는 눈물 없이는 들을 수 없어요. 하지만 인도로 가는 뱃길 가운데 덩그렇게 떠 있는 이 섬의 이름도 없는 사람의 운명 따위에 유럽 사람이 무슨 흥미를 느낄 수 있단 말이오(Saint-Pierre, 1990: 238).

그렇다. 프랑스가 열대 모리셔스 섬에 흥미를 갖게 된 이유는 인도와 동남아시아로의 무역 때문이다. 이 소설 후반에 인도 이야기가 등장하는 것도 이런 이유와 연관된다.

서로 다른 인연으로 모리셔스 섬에 온 두 여인 – 라 투르 부인과 마르그리트 – 에게는 각각 비르지니라는 딸과 폴이라는 아들이 있었다. 둘은 글을 읽을 줄도 몰랐고 시계나 달력도 없었을 뿐만 아니라 연대기나 역사 또는 철학에 관한 서적을 갖고 있지도 않았다. 어려서부터 행복을 등지는 편견 속에서 살아가는 유럽 아이들과 달랐다. 둘은 어릴 때부터 서로 오누이처럼 다정하게 지냈고 점점 자라면서 앞으로 결혼을 할 사이처럼 가까워졌다. 하지만 비르지니가 이유도 없이 아프기 시작했다. 설상가상으로 열대 지방을 위협하는 무더위가 이 섬에서 시작되었는데, 이번에는 여느 해와 달랐다. 12월 말 염소자리에 들어선 태양이 3주일이나 정면에서 불기둥을 모리셔스 섬에 내리쏟은 것이다. 대지는 바싹 말라서 도처에 거북의 등껍데기를 이루고, 풀은 말라 타 죽었으며 산의 사면에서는 숨이 막힐 듯한 열기가 뿜어져 나왔다. 바다 쪽에서는 기름 한 조각도 흘러오지 않았다.

비르지니의 어머니는 폴의 어머니에게, 폴을 당분간 인도에 보내서 장사를 시켜보는 게 어떠냐고 은근히 권했다. 폴이 인도에 가서 조금이라도 돈을 갖고 와야 두 사람을 결혼시킬 수 있지 않겠느냐는 뜻이다. 프랑스의 인도 항로 개척으로 무역이 확대되면서 '문명'과 동떨어져 살고 있던 이 섬에도 마침내 변화가 시작되었다. 계절풍만 잘 이용하면 인도까지는 6주밖에 걸리지 않으니 그렇게 하자고 폴에게 권했다. 하지만 폴은 일언지하에 인도에 가는 것을 거절했다.

그러자 이번에는 비르지니를 프랑스의 할머니한테 보내자는 생각을 하게 되었다. 비르지니의 할머니는 프랑스의 상류 사회에 속한 매우 부유한 상속녀였다. 그녀에게는 자녀가 없어서 법률상으로는 비르지니가 상속을 받을 수 있었다. 이렇게 하여 폴과 비르지니는 어쩔 수 없이 한동안 얼굴을 볼 수 없는 사이가 되고 말았다.

파리로 떠난 비르지니가 모리셔스 섬의 폴에게 오랜만에 보낸 편지는 생피에르의 사상을 집약적으로 보여준다. 비르지니의 하녀들은 그녀에게 프랑스 사람이라는 것을 명심하여 '야만인'들이 모여 사는 모리셔스를 잊으라고 말했지만, 비르지니가 보기에는 프랑스가 오히려 더 야만적인 사회였다. 이렇게 프랑스 사회에 동화되기를 거부했던 비르지니도 세월의 흐름에 묻혀서일까, 조금씩 모리셔스와 거리를 두기 시작하면서 소식도 한동안 뜸해졌다. 그러던 어느 날, 비르지니가 돌아온다는 소식에 모리셔스의 사람들은 흥분하기 시작했다. 비르지니가 탄 배가 거의 모리셔스에 도착할 즈음에 태풍이 불기 시작하여 배에 탄 사람들은 너나 할 것 없이 돛대나 널판지, 닭광주리, 탁자나 빈 통 같은 것을 부둥켜안고 바다로 뛰어들었다. 이 순간 폴과 비르지니는 멀리서 서로를 마주보았고, 비르지니는 두 손을 내밀었다. 그런데 비르지니는 헤라클레스같이 근골이 딱 벌어진 사나이가 무릎을 꿇고 자신을 구해주겠다고 하는데도, 의연한 자세로 폴을 밀치면서 고개를 돌려버렸다. 왜 비르지니는 그렇게 보고 싶어 했던 그를 눈앞에서 보고도 죽음을 택했을까? 이 소설의 백미는 바로 이 질문이 일어난 정황을 정확하게 인식하는 데 있다.

비르지니는 처음에는 프랑스 사회에 매우 분개하고 할머니의 삶에 적응하지 못했지만, 시간이 흘러가면서 자신의 사랑하는 연인이 사는 모리셔스가 야만적 사회라고 생각하면서 심한 정신적 갈등에 휩싸였다. 비록 작가는 이러한 갈등 상황을 직접 묘사하지는 않지만, 소설의 곳곳에 이를 간접적으로 묘사하고 있다. 사랑하는 폴을 만나기 위해 돌아왔건만 모리셔스 섬 앞바다에서 폴을 직접 본 순간, 비르지니는 자신이 더 이상 폴과 함께 할 수 없을 정도로 문명적 프랑스 사회에 적응해버린 자신을 깨닫고는 죽음을 선택한 것이다. 《폴과 비르지니》는 폴로 상징되는 모리셔스의 자연사와 비르지니로 대표되는 근대 프랑스의 인류사를 대비시켰다는 점에서, 열대 자연사가 유럽 낭만주의 문학과 예술의 상상력을 촉발시켰음을 명백하게 보여준다. 낭만주의가 유럽의 어느 나라에서 먼저 시작되었는지를 탐구하는 것보다도 더 중요하고 더 절박한 논의는 열대 자연사가 유럽의 낭만주의적 상상력을 어떤 방식으로 촉발시켰으며, 근대 문학과 예술 작품이 열대 자연사를 어떻게 은폐해왔는지를 탐구하는 것이다.

3. 조셉 콘라드와 열대의 야생*

열대 야생, 자연사와 인류사의 경계

1장에서도 밝혔듯이, 나는 조셉 콘라드의 문학적 공간이었던 콩고강과 보르네오 섬을 각각 탐방했다. 국내외를 막론하고 콘라드에 대한 국내외 문학비평가들의 글을 읽으면서도 풀리지 않았던 문제, 즉 콘라

* 이 절은 〈제국의 콩고 식민지와 조셉 콘라드의 열대성에 대한 인식〉(이종찬, 2012a)을 부분적으로 인용한다.

드는 열대의 야생을 어떻게 인식했는가에 대해 알고 싶었다.

조셉 콘라드는 1883년부터 1888년까지 동남아시아에서 선원 생활을 하면서 알프레드 윌리스가 쓴 《말레이 군도》(1846)를 항상 자신의 침대 곁에 두고 읽었다. 왜 그랬을까? 《말레이 군도》가 어떤 책이기에 이 책을 가까이에 두고 탐독했을까? 콘라드는 무엇을 알고 싶었을까?

> 문명 세계의 [서구] 사람들이 이 먼 땅에 도착하여 오지의 [열대] 처녀림에 도덕적, 지적, 물리적 빛을 가져온다면, 그 사람들은 이곳의 잘 조화된 유기적, 무기적 자연의 균형을 교란시켜, 오직 사람만이 제대로 감상하고 즐길 수 있는 경이로운 구조와 아름다움을 가진 동물들을 사라지게 하고 결국은 멸종에 이르게 할 것이 틀림없다 … (Wallace, 2000: 340).

윌리스가 언급했던 "도덕적, 지적, 물리적 빛"이란 바로 서구 정체성을 구성하는 다섯 가지 층위, 즉 무역, 그리스도교화, 문명화, 청결화, 식민화 사업을 의미한다(3장). 윌리스는 이 다섯 가지 층위가 자연사의 종말을 초래할 것이라는 선지적인 예언을 하고 있다. 콘라드는 윌리스의 서구 문명에 대한 이런 전망에 매료되었다. 《말레이 군도》는 콘라드 문학의 본질을 이해하는 데 피해갈 수 없다.

콘라드에 관한 거의 모든 국내외 문학비평 또는 연구* 들은 정작 작품의 발생 공간인 보르네오와 콩고가 열대 풍토에 속한다는 사실에 주

* 이상옥, 1986; 고부응, 1997; 박상기, 2004 & 2005; 배종언, 2007; 이석구, 2007; 왕은철, 2012; Acebe, 1961; Sherry, 1966 & 1971; Kimbrough, 1977; Moser, 1996; Hampson, 2000; Armstrong, 2006.

목하지 않음으로써, 즉 열대 자연사의 관점에서 콘라드 작품을 파악하지 않음으로써, 작품에 가장 빈번하게 등장하는 용어 중의 하나인 '열대 야생'(tropical wilderness)의 의미를 포착하지 못했다. 국내외 문학비평가들이 아마존, 뉴기니 섬, 멜라네시아 제도와 함께 세계 3대 열대 야생 지역에 속하는 콩고강을 한 번만이라도 탐사했다면, 《암흑의 심장》에서 핵심적인 개념인 열대 야생을 놓치지 않았을 것이다.

먼저 야생의 개념이 무엇인지 생태 시인 스나이더(Gary Snyder)의 언급에 귀를 기울여보자.

> '야생'은 체계와 유기체를 생산해내는 자기조직화의 과정을 암시한다. 모든 체계와 유기체는 생물권에 있는 주요 생태계나 물의 순환 같은 역시 야생인 더 큰 체계의 구속을 받고 있고, 그 체계의 요소로 작용한다. 야생은 자연[사]의 핵심적인 본성이라고 말할 수 있다(Snyder, 2005: 128).

"콘라드에게 관심은 사람이 아니다."《인도로 가는 길》의 작가인 포스터(Edward Morgan Foster)는 작곡가 카레이(Clive Carey)에게 보낸 편지에서 그렇게 말했다. 콘라드에게 최대의 관심은 열대 야생이었다. 동남아시아에 관해 쓴 작품 중에서 널리 알려진《로드 짐》에서, 콘라드는 다음과 같이 말했다.

> 이렇게 경이로울 수가 있을까! 그는 나를 쳐다보며 다시 말했지. 한번 보게나! 이 아름다움(beauty) 말이야! 하지만 이것은 아무것도 아니지. 이 정확성(accuracy)이며 조화(harmony)를 좀 보게. 이렇게 여릴 수가! 그런데도 이렇게 강할 수가! 그리고 이렇

게 정확할 수가! 이것이야말로 자연(Nature)이 아니겠는가. 바로 거대한 힘들의 균형말이야. 모든 별이 그렇고, 모든 풀잎이 이렇게 존재하지. 그리고 온전한 균형 상태의 전능한 우주(Kosmos)가 이런 상태를 만들어내지. 이렇게 경이로운 광경과 자연의 걸작품을 보게 되면, 자연이야말로 위대한 예술가라고 아니 할 수 없을 걸세 … 인간은 놀랍기는 하지만 위대한 걸작품은 되지 못하지(Conrad, 2007: 158-159. 굵은 글씨는 필자의 강조).

알프레드 윌리스의 영향을 받았던 콘라드의 열대 야생에 대한 이런 인식은 콩고강을 거슬러 올라가면서 다른 차원으로 변해 갔다(4장). 《암흑의 심장》의 화자로 등장하는 말로우(Mallow)를 통해서 열대 야생에 관한 자신의 입장을 표명했다. 말로우는 콩고강 상류를 거슬러 올라가는 것이 "마침 이 세상이 처음 시작되던 시대로 되돌아가는 것 같다."라고 표현했다. 이 시대에는 "초목이 어지럽게 자라고 있었고 키가 큰 나무가 왕처럼 행세"하고 있었다. 말로우가 마치 "선사시대(prehistory)의 대지, 그것도 어떤 미지의 유성과 같은 모습을 하고 있는 대지 위를 방황하고 있는 것 같은 느낌"에 휩싸였을 때, 그에게 콩고강의 상류는 어떤 공간으로 다가왔을까? 그것은 "하나의 텅 빈 강, 거대한 정적, 그리고 침투하기 어려운"(Conrad, 1998: 76-77) 암흑의 공간과도 같은 느낌이었다. 카를 야스퍼스가 말한 대로, "근거를 찾을 수 없는 깊고 깊은 심연의 시간 속으로 빠져 들어가는 선사시대는 … 영원한 적막과 멀리 떨어져 있는 생소함 그리고 파악할 수 없는 심오한 의미"(Jaspers, 1986: 65)로 가득 차 있다. 선사시대에 "식물과 물과 정적으로 구성된 기이한 세계"가 보여주는 "생명체의 정적은 평화로움

과는 조금도 닮지 않았다."(77)*

사실 꼼짝도 하지 않는 밀림에서 들려오는 소리는 쥐라기의 이크티오사우루스가 콩고강에서 거대한 몸뚱이를 번뜩이며 목욕하는 소리와 같았다(2장). 콩고강의 거대한 정적이라는 공간과 2억 년 전에서 1억 4천만 년 전의 시간이 만들어내는 야생적 실체를 온 몸으로 체험하면서, 말로우는 "온 유럽이 만들어낸"(112) 인물인 커츠(Kurtz)를 찾으러 나섰다. 커츠는 게오르그 루카치의 말 그대로 이 작품에서 가장 '문제적 개인'이다. 커츠가 "모든 야만인들을 절멸하라!"(114)라고 부르짖었을 때, 그는 벨기에 국왕 레오폴 2세의 잔악한 식민통치를 이미 구현하고 있었다(4장).

인류사와 자연사의 시간을 구분할 줄 아는 분별력이야말로《암흑의 심장》에서 서로 혼재하고 있는 두 가지 서로 다른 시간 개념을 인식하는 출발점이 된다. "지질학적 시간의 저 깊은 곳, 포유동물의 시대라고도 부르는 신생대 후반부터" 인류의 이야기는 시작된다. 약 180만 년 전부터 시작된, '홍적세' 기간에 인류사의 시간은 시작되었다. 이에 반해서, 자연사의 시간은 무려 지구의 역사가 시작되는 약 46억 년이라고 볼 수 있다. 콘라드가《암흑의 심장》에서 보여주려고 했던 시간은 거시적으로는 자연사의 시간이다. 동남아시아 항해 기간에 알프레드 월리스의 책을 읽으면서 자연사에서의 시간에 눈을 뜨게 되었던, 콘라드는 콩고강의 상류를 거슬러 올라가면서 자신이 인류사 보다 훨씬 오랜 자연사의 시간 속에 놓여 있음을 깨달았을 것이며 이를 작품 속에 녹여 내었다.

클로드 레비스트로스가 보기에,《암흑의 심장》은《야생의 사고》

* 이 절의 괄호 안 숫자는《암흑의 심장》의 해당 페이지 수를 가리킨다.

(1962)를 문학적으로 형상화한 작품이다. 실제로 레비스트로스는 원래 《암흑의 심장》을 읽고 감동을 받은 후에 소설 작품을 쓰려고 하다가 중간에 포기하고 《슬픈 열대》를 집필했다. 콘라드에게 열대 야생의 시간과 공간은 레비스트로스의 그것과 그대로 일치한다. 레비스트로스가 《야생의 사고》의 9장 제목을 '역사와 변증법'이라고 설정한 것도 장 폴 사르트르의 《변증법적 이성 비판》(1960)을 비판하기 위해 쓴 것이다(Lévi-Strauss, 1955: 351-383). 레비스트로스는 야생의 역사, 즉, 자연사에서의 시간은 변증법적 이성으로 파악될 수 있는 인류사의 그것과 본질적으로 다르다고 주장했다.

커츠, 서구 정체성의 화신

국제야만풍습억제협회가 콩고 원주민의 행태를 조사해달라고 부탁했던 커츠는 "과학과 진보의 사자(使者)"이다(112). 제국은 과학과 진보로 문명화된 유럽과 동일시되었다. 온 유럽이 기여해서 함께 만들어낸 인물이 커츠라고 했을 때, 이는 커츠가 서구 식민주의에 의해 만들어진 인물임을 의미하는 것이다. 다시 말해서 그가 바로 서구 정체성의 화신임을 의미했다.

그렇다면 "나의 약혼녀, 나의 상아, 나의 무역 상관, 내 필생의 과업, 나의 강, 나의 이념"(110 & 155)이라고 힘차게 외치면서 콩고강으로 깊이 들어갔던 커츠는 왜 아프리카에서 이루려고 했던 꿈 앞에서 이승과 헤어려고 했을까? 커츠의 마음은, 앞에서 논의했던 《폴과 비르지니》에서의 비르지니의 마음과 같았을까? 커츠는 콩고의 자연사와 원주민들을 지배하기는커녕 오히려 왜 무너졌을까? 이 물음은 《암흑의 심장》에서 가장 본질적인 문제로 부각된다. 더 나아가서 이 물음의 해명이야말로 《암흑의 심장》을 서구 정체성과 관련하여 열대성의 의미를 인식하는 데 가장 탁월한 소설 작품으로 손꼽는 이유이기도 하다.

커츠가 목격하고 체험했던 공간의 특성은 서구가 그동안 쌓아올렸던 이념과 세계관으로는 "도저히 침투할 수 없는 암흑"의 공간, 즉 열대이다. 콘라드는 열대를 선의(善意)가 지배하는 이국적인 무한 공간으로 파악한다. 그 무한 공간은 "하나의 텅 빈 강, 거대한 정적, 그리고 침투하기 어려운 숲"으로 이루어진다. 아울러, 그에 따르면 열대 공간을 탐색하는 일은 "이 세상이 처음 시작되던 시대로 되돌아가는 것"이다. 열대 공간을 시간화하고 있는 콘라드는 특히 야생이야말로 열대성의 핵심이라고 강조한다. 열대 야생은 커츠를 "일찌감치 찾아내어", "그의 머리를 어루만지면서 … 그의 핏줄 속으로 들어가서 그의 육신을 불태웠다."(109) 유럽의 풍토에 의해 몸이 체화된 콘라드 스스로 "열대 야생이 커츠와 같은 유럽 제국주의자를 지배하는지, 아니면 커츠가 야생을 지배하는지"(60) 혼란스러워 할 정도로 열대 야생은 "침투할 수 없는 암흑의 공간"이다. 말로우가 커츠를 만났을 때, 커츠가 아닌 열대 야생의 공간을 향하고 있었다. 말로우는 다음과 같이 고백한다.

> 나는 축축이 젖은 대지의 냄새, 눈에 보이지는 않으나 기고만장하게 실재하는 부패, 그리고 도저히 뚫고 들어갈 수 없는 밤의 어둠 … 등과 같은 견딜 수 없는 것들이 무겁게 내 가슴을 짓누르고 있었어(142).

말로우는 커츠를 가위누르고 있는 열대 야생의 공간에 자신도 포위되어 있음을 깨달았다. 결국 커츠는 "식생과 물과 정적으로 구성된 기이한 세계"에 압도되어 죽음의 문턱을 넘어서게 된 것이다. 커츠가 죽어가면서 내뱉었던 "무서워라! 무서워라!"(158)의 대상은 바로 이와 같이 침투할 수 없는 열대의 야생을 뜻했다. 커츠는 자신이 발견한 열대의 공간이 자신에게 눌러 내리는 공포감을 견딜 수 없었다. 커츠는 열대 야생 앞에서 자신이 누구인가라는 존재론적 의미를 도저히 찾아낼 수 없었다. 이와 같이, 서구의 제국주의자들은 물론이거니와 원주민들조차도 이해할 수 없었던 커츠의 죽음은 열대의 자연사와 깊이 연관되어 있는 것이다.

그러면, 열대 야생은 커츠의 죽음에 대해 어떤 입장을 취했을까? 이런 질문 자체가 인류사의 관점에서는 제기될 수 없는 물음이다. 자연사의 관점에서 인류사를 뒤집어 해독하기. 말로우는 "커츠가 온 지구와 모든 인간을 삼키려는 듯 게걸스럽게 입을 벌리고 있는 환상을 보게 되었"는데, 커츠가 마치 "자신 앞에서 되살아나는 듯"한 느낌을 강하게 받았다. 여기서 커츠의 환영은 "들것이랑, 그 들것을 든 유령 같은 사람들이랑, 그에게 순종하는 숭배자들로 구성된 그 야생적 무리랑, 숲의 어둠이랑, 침침한 만곡부(灣曲部) 사이로 뻗어 있던 번쩍이는 강기슭이랑, 심장의 고동처럼 감싸여진 소리를 규칙적으로 울리는 북소리 같은 것들"(166)로 구성되어 있었다. 이러한 커츠의 환영과 더불어 콩고강 유역의 "만물을 정복하는 어떤 암흑의 심장이" 집 안으로 들어가는 듯했다. "야생의 입장에서 보았을 때, 이 순간은 바로 야생이 승리하는 순간"이었다(166).

《암흑의 심장》에서 커츠로 상징되는 유럽이 콩고강으로 상징되는 열대 야생을 장악하지 못하고 왜 그 앞에서 무너지게 되었는가라는 물음에 대답하려면, 에드워드 사이드를 비롯하여 많은 문학비평가들이 이 작품을 제국주의와 관련해서 논의하는 것만으로는 충분하지 않다. 서구가 아프리카의 열대 야생을 인식하지 못한다면 서구는 커츠처럼 앞으로도 아프리카 앞에서 무너질 수밖에 없다는, 콘라드의 본질적인 문제제기는 제국주의에 대한 '포스트식민주의' 비판(김준환 외, 2003; 이경원, 2011; Young, 2001 & 2004; Bhabha, 2004; Sharp, 2008)만으로는 그 전모를 규명할 수 없다.

뿐만 아니라, 아체베(Chinua Achebe) 등이 주장했던 인종주의의 관점(Achebe, 1961; Kimbrough, 1977)에서도 이 물음에 대답할 수가 없다. 인종주의는 콘라드의 이념적, 문학적 세계 또는 입장을 비판하는 데는 유용했을는지 몰라도, 왜 커츠가 콩고강에서 죽을 수밖에 없는지를 논의하는 데는 설명력이 약하다. 콘라드에 대한 아체베의 문제제기는 콘라드의 열대성에 관한 본질적인 문제 제기를 오히려 희석하는 데 더 큰 역할을 함으로써, 문제의 본질을 피해갔다는 책임으로부터 면제될 수 없다.

그런데 여기서 중요한 점은 커츠로 대변되는 서구 제국주의자들을 열대 야생으로 끌어들인 힘은 '상아'로 대변되는 경제적 이해관계라는 점이다(4장). 콩고강을 따라 엄청난 양의 상아를 수집할 수 있었기에 '나의 약혼자'도 있을 수 있고, '제국의 욕망'도 가능할 수 있는 것이다. 서구의 입장에서는 상아가 경제적 이해관계를 의미하지만 아프리카의 입장에서 상아는 열대 야생의 상징적인 자연사임에 틀림없다. 이렇게 상아는《암흑의 심장》에서 이중 메타포로 작동하고 있다. 콩고강 유역의 상아를 많이 가지면 가질수록 제국주의적 욕망을 더욱 충족시킬 수 있다고 확신했던 커츠는 오히려 역설적으로 열대 야생 앞에서 점점 무너져가는, 딜레마에 빠졌다. 바로 이 지점에서,《암흑의 심장》에 대한 자연사적 지평과 인류사적 인식이 접속되는 것이다. 그러므로, 커츠, 상아, 열대 야생 사이에는 다음과 같은 함수 관계가 성립된다.

Y = F (X) **그리고** X = F (W)
X : **상아**
Y : **커츠의 제국주의적 욕망**
W : **열대 야생**

결국 열대 야생은 커츠의 제국적 욕망을 무너뜨린, 더 나아가서는 커츠를 저승의 세계로 몰아간 결정적인 힘으로 작용한 셈이다. 콘라드가 작품 활동을 가장 열심히 했던 1890년대에서 1920년대까지의 시기는 제국주의가 가장 절정에 도달했던 시기이다(Hobsbawm, 1989).《암흑의 심장》은 제국주의로 대변되는 근대 인류사가 열대 콩고의 자연사 앞에서 무너지는 상황을 형상화했다는 점에서, 근대적 인간이 역사지질학적 힘으로 작동하는 '인류세' 시대에도 지속적으로 회자되고 논의될 것이다.

4. 폴 고갱의 타이티, '세관원' 루소의 파리식물원

파리의 '자포니즘'(Japonisme)과 상징주의

폴 고갱(1848-1903)이 타이티로 떠나게 된 중요한 전환점이 된 것은 반 고흐(Vincent van Gogh)가 추천해준 한 권의 소설 작품이라고 알려져 왔다. 프랑스 해군 장교 로티(Pierre Loti)가 쓴 《로티의 결혼》 – 원래 제목은 《라라후》이다 – 은 작가가 1872년에 타이티의 파페에테(Papeete)에서 2개월간 체류했던 자신의 체험을 바탕으로 쓴 소설이다. 이 작품을 통해 로티의 이름은 프랑스 대중들에게 널리 알려졌고, 빈센트 반 고흐도 이를 읽고 난 후에 고갱에게 소개해주었다. 소설을 읽은 반 고흐는 "오늘날의 화가는 《로티의 결혼》에서 묘사된 것처럼 행동해야 한다."고 말했다(Eisenman, 2004: 61; Gogh, 1958: III: 430). 반 고흐는 이 작품을 어떻게 해석했기에 이렇게 말했을까?

소설의 내용이 궁금하지 않을 수 없다. 로티는 10대의 나이 어린 타이티 소녀 라라후를 만나 사랑을 하게 되지만 군대 복무를 핑계로 타이티를 떠났으며 마르케사스 제도(Marquesas Islands)에서 즐거운 시간을 보낸다. 다시 타이티로 돌아오지만 로티는 라라후에게서 인종적 차이를 느낀다. 다시 그녀의 곁을 떠나 호놀룰루, 벤쿠버, 샌프란시스코에서 향략을 즐긴다. 그러던 중에 실종된 조카를 찾기 위해 노력하던 중에 또 다시 라라후에게 돌아온다. 그녀가 개신교로 개종을 했음에도, 로티가 보기에 그녀는 여전히 야만인이었다. "우리 두 사람은 겉으로는 같아 보이는 인간이지만 인종적으로는 확실히 달랐으며, 사물을 바라보는 관점도 완전히 나뉘어졌다. 그녀가 내 생각과 개념을 수용하지 못했듯이, 나도 그랬다."(Loti, 1986: 126) 결국 타이티의 토착 원주민들이 인종적으로 멸종해야 한다고 확신하게 된 로티는 타이티를 영원히 떠났다. 열대 원주민에 대한 로티의 이런 입장은 당대 프랑스 지식인 사회에서 횡행하고 있었던, 아르튀르 드 고비노와 에른스트 르낭이 만들어 갔던 인종주의적(3장) 오리엔탈리즘을 반영했던 것이다.

피에르 로티의 이런 입장은 이후로도 지속되었다. 비오(Louis Marie-Julien Viaud)가 본명인 로티는 해군 장교의 신분으로 터키, 일본, 베트남, 알제리, 중국, 인도, 조선 – 그는 1901년 6월 17일부터 26일 사이에 조선에 체류했다 – 에 주둔하면서 자신의 체험에 근거한 여행기 양식의 소설 작품들을 발표했다. 1885년에 나가사키에서 약 5주간 주둔했던 자신의 체험을 바탕으로 로티는 《국화부인》을 발표했다. 유럽의 억압적인 문화로부터 탈출하기 위해 주인공 유럽 남성은 일본 여성과 결혼하여 일본어를 배운다. 하지만 결국 그는 자신의 아내에게 실망하게 되고 혐오하면서 떠난다. 에드워드 사이드가 비판하는 오리엔탈리즘의 전형에 해당하는 문학 작품이다(김중현, 2007). 이탈리아 작곡가 푸치니(Giacomo Puccini)의 오페라 〖나비부인〗에 영향을 미쳤던 로티의 이 소설은 당시 프랑스 예술계에서 점점 주목을 받고 있던 '자포니즘'과 맞물려 있음에 주목하자.

예술비평가 부르티(Phillipe Burty)는 1872년에 이 용어를 처음 사용하면서 "프랑스 문화에 재현된 일본 미술의 예술적, 역사적, 에스노그라피적인 차용을 연구하는 영역"이라고 정의를 내렸다(신상철, 2014: 64). 1867년에 파리에서 42개 국가가 참석하여 7개월에 걸쳐 열린 만국박람회(Exposition universelle [d'art et d'industrie])에 일본이 참여한 것이 계기가 되었지만, 이것이 바로 자포니즘의 형성으로 이어진 것은 아니다. 그것의 역사적 맥락을 파악하는 것이 중요하다. 17세기 초부터 나가사키의 인공 섬인 데지마에서 교역을 해왔던 네덜란드동인도회사를 통한 유럽과 일본 미술 사이의 문화융합이 바로 그것이다(이종찬, 2014a). 예를 들어 프랑스 예술가들이 좋아했던 우키요에(浮世繪)는 17세기부터 19세기에 이르기까지 일본의 풍물, 자연사, 풍경 등을 그린 풍속화이다. 여기서 우키요에의 대표적인 화가인 가츠시카 호쿠사이(葛飾北斎)를 비롯하여 일본 화가들은 데지마를 통해서 에도로 전해진 유럽의 근대적 원근법을 자신들의 작품에 적용했다. 이와같이 유럽과 일본 미술의 문화융합이 있었기에 프랑스 예술가들은 일본 미술을 접하는 데 있어서 이물감을 느끼지 않았던 것이다.

《국화부인》을 발표한 후로 피에르 로티는 당시 파리 살롱 문화를 주도했던 공쿠르(Edmond de Goncourt)와 함께 자포니즘을 대중화하는 데 앞장섰다. 현재 프랑스문학사에서 '이류'로 취급받는 로티가 소설가 졸라(Emile Zola)보다 먼저 '아카데미 프랑세즈'(Académie française) – 1635년에 설립된 프랑스어 공식 기관이며 40명으로 제한된 회원은 '불멸의 지성'으로 일컬어진다 – 의 회원으로 선출되었을 정도로 그의 문학적 영향력은 더욱 커져갔다. 마네(Édouard Manet), 모네(Claude Monet), 드가(Edgard Degas)와 같은 인상주의 화가들은 자포니즘의 이런 흐름에 대해 민감하게 반응하면서 자신들의 작품에 이를 반영했다.

폴 고갱도 예외가 아니어서 자포니즘에 대해 주목했다. 그렇다고 해서 피에르 로티의 이야기를 그대로 믿지는 않았다. 고갱은 마다가스카르를 염두에 두면서도, 타이티로 여행하는 데 훨씬 많이 소요되는 경비를 어떻게 마련할 것인지를 생각했다. 이때까지만 해도 절친했던 후기 인상주의 화가 베르나르(Émile Henri Bernard)에게 이런 고민을 털어놓으면서, 고갱은 마다가스카르가 "인종, 종교, 신비주의, 상징주의에 관한 한 더 많은 가능성이 있고, 캘커타 출신의 원주민과 흑인, 아랍인, 폴리네시아계의 호빗족(Hobbits)도 있다."라고 말했다(Rewald, 2006[1890]: 300). 1889년에 다시 파리에서 열린 만국박람회에서 자바에서 온 무희들의 모습과 보로부두르 사원에 관한 각종 전시 작품들을 보면서, 고갱은 인도네시아도 생각을 해봤다. 그렇지만 영국이나 네덜란드 식민지는 자신에게 적합하지 않다고 생각한 고갱은 베르나르가 폴리네시아에 관한 정보를 추가적으로 보내오자 타이티를 향한 상상력이 다시 솟구쳤다.

고갱이 상징주의 시인들과 깊게 교류했다는 점은 그의 타이티 미술을 이해하는 데 중요하다. 고갱은 랭보(Jean Nicolas Arthur Rimbaud)의 옛 애인 베를렌(Paul Verlaine)과 함께 파리의 명소가 된 '카페 볼테르'에서 식사를 자주 하면서 우정을 쌓아갔다. 비록 비극적으로 끝나기는 했지만 베를렌과 랭보의 동성애에 대해 고갱은 익히 알고 있었다. 베를렌과 마찬가지로 고갱도 동성애 남자처럼 여성 의상을 차려 입었다(Eisenman, 2004: 112-113). 동성애에 대한 고갱의 이런 입장은 열대 타이티 원주민의 성에 대한 그의 인식으로 연결되었다. 프랑스 상징주의의 선구자 말라르메(Stéphane Mallarmé 또는 Étienne Mallarmé)는 볼테르 카페에서 고갱의 타이티 여행을 위한 송별 연회를 열어주었다(Rewald, 2006: 334-335). 시를 넘어 그림과 음악 분야까지 상징주의를 감염시키려고 했던 말라르메는 고갱에게 눈독을 들였다. 물론 고갱은 한 번도 자신을 상징주의자라고 자처한 적이 없었다. 그렇다고 하더라도 고갱은 말라르메가 앞장서서 저어가는 상징주의의 배에 올라탄 것은 분명했다(Sweetman, 2003: I: 333-338). 타이티에 체류하는 기간 고갱은 파리의 상징주의 시인들을 잊을 수 없었다. 고갱의 타이티 작품에 제일 많이 등장하는 여성들의 다양한 의상, 자세, 표정 등은 물론이거니와 식물과 동물을 통해, 그가 보여주려는 상징적인 의미를 읽어내는 것이 중요하다.

예술의 낙원을 찾아서: 성과 인종의 정체성

노벨문학상 수상 작가 요사(Mario Vargas Llosa)는 장편소설 《천국은 다른 곳에》에서 프랑스 페미니즘에 중요한 공헌을 했던 사회주의자 트리스탕(Flora Tristan)과 외손자 폴 고갱, 이 두 인물이 지상의 천국을 찾기 위해 각각 프랑스 남부와 타이티에서 얼마나 외로운 삶을 영위했는지를 묘사했다.

> 물질주의에 의해 타락한 유럽에서 벗어나 이국의 대지를 찾아가겠다는, 문명이라는 것이 유럽에서 뿌리 채 뽑아버린 원초적이며 종교적인 힘을 찾아가겠다는 꿈을 원래 꾼 사람은 바로 빈센트 반 고흐였어. 그러나 그는 유럽이라는 감옥에서 벗어날 수 없었지. 반면에 고갱 너는 타이티에 올 수 있었고 마침내 마르키즈 제도까지도 올 수 있었어(Llosa, 2010: 382).

1885년 10월 고갱과 반 고흐는 프랑스 남부의 아를(Arle)에서 상상의 '열대 스튜디오'를 만들어놓고 함께 생활하면서, 카리브해, 남태평양, 인도네시아, 마다가스카르 등 열대를 중심으로 한 예술 세계가 유럽 예술의 대안이 될 수 있는 가능성에 대해 토론했다. 반 고흐는 회화의 미래가 "열대 지역이나, 자바, 마르티니크, 브라질이나 오스트레일리아"에 있다고 말하면서도, 고갱이나 자신이 그 미래의 세대라고는 생각하지 않았다(Eisenman, 2004: 70; Gogh, 1958: III: 284). 반 고흐도 유럽을 떠나겠다고 생각했지만 정작 타이티에 온 것은 고갱이었다.

고갱에게 열대는 어릴 적 추억이 있었던 공간이다. 아버지의 정치적 활동 때문에 프랑스를 떠나야 했던 고갱은 열대 페루의 수도 리마에서 약 4년간 살았었다. 잉카 문명의 민속공예품을 수집했던 어머니의 영향을 받아 고갱도 나중에 이와 관련된 20여 점의 작품을 남겼다. 타이티를 가기 전 그의 열대 체험은 또 있었다. 1887년에 고갱이 친구인 화가 라발(Charles Laval)과 함께 카리브해의 마르티니크에서 6개월을 보낸 것은 그의 삶에서 상대적으로 주목을 받지 못했다. 당시 파나마는 서구 열강의 각축장이 되었다. 파나마운하를 장악한다면 대서양에서 태평양으로의 항해가 훨씬 용이해지기 때문이다(6장). 고갱과 라발은 운하 공사장에서 막일을 하면서 생계를 유지하다가 불법 체류에 걸려 마르티니크 섬으로 건너갔다. 이런 과정에서 그들은 치명적인 열대 질병인 말라리아에 걸려 사경을 헤맸다(Sweetman, 2003: I: 318-323). 겨우 몸을 추스린 고갱의 이런 체험은 그의 예술 세계를 더욱 열대 타이티로 향하게 만들었던 추동력으로 작용했다.

유럽의 미술을 넘어서려는 원대한 꿈을 안고 왔던 타이티는 고갱이 꿈에도 그리던 열대의 천국이 아니었다. 18세기 말에 프랑스인으로서는 처음으로 앙트완느 드 부겡빌 탐험대가 타이티를 다녀간 이후로(4장), 프랑스는 영국과의 남태평양 경쟁을 통하여 우여곡절 끝에 1843년에 타이티 왕국을 강압적으로 점령했다. 고갱이 1891년에 타이티에 오기 이전 약 50년에 걸쳐 진행되었던 프랑스의 식민통치는 타이티의 자연사를 이미 파괴시켜 버렸다. 그는 타이티가 자신이 찾던 낙원이 아님을 대번에 알았다. 이런 상황에서 그는 무엇을 할 수 있었을까?

17세기부터 서구적 근대의 생활문법이 형성되어 가면서, 열대의 식민통치자들은 열대의 원주민들을 인종과 성에 의해 구분하기 시작했다. 플랜테이션 산업이 보여주듯이, 남성과 여성 사이의 노동 분업은 열대에서의 서구의 자본 축적과 맞물려 작동했다. 하지만 원래 열대의 원주민은 타자를 인종과 성에 의해 구분하지 않았다. 고갱이 타이티에서 파리로 돌아와서 출간했던 《노아 노아》에서 말했듯이, 타이티의 원주민은 남성과 여성을 서구인들과 같은 방식으로 구분하지 않았다. 파리에서 폴 베를렌과 교류했던 고갱은 타이티에서 남성과 여성 사이에 별로 차이가 없는 양성(兩性)적인 모습의 사람들을 주목할 수 있었다. 타이티에서는 남녀 모두 "일할 때도 함께 하고, 쉴 때고 같이 쉬며, 같은 일에 종사한다." "남성과 여성은 연인이기보다는 동료이며 친구로 지내면서 즐거움과 고통을 서로 나누며 함께 살아간다."(Gauguin, 1985: 20)

〔그림 5-8. 테 나베 나베 페누아〕는 고갱이 타이티 여성을 어떤 인종적 정체성과 성적인 정체성의 관점에서 인식하는지를 보여준다. 그는

그림 5-8. 테 나베 나베 페누아 (Gauguin, 1892)
Ohara Museum of Art, Kurashiki

에덴동산에서 추방되기 이전의 이브를 보여주고 싶었다. 폴록(Griselda Pollock)과 같은 페미니즘 미술평론가들로부터 심한 혹평(Pollock, 2001)을 받았던 고갱의 이 그림은 얼른 보면 생뚱맞다. '환희의 대지'를 뜻하는 제목의 이 작품 속 여성은 백인도 흑인도 아니다. 그렇다고 타이티인이거나 자바인도 아니다. 분명히 성적으로는 여성이지만, 하반신을 보면 남성이라고 해도 틀리지는 않다. 웬만한 평균적인 남성의 신체보다 굵은 다리와 커다란 발을 갖고 있다. 상반신을 보더라도 딱 벌어진 어깨와 가슴팍에다가 굵은 팔뚝과 손목을 보더라도 영락없는 남성이다. 그나마 허리를 약간 잘록하게 된 것은 고갱이 파리 만국박람회에서 봤던 보로부두르 사원의 띠벽에 있는 부처의 모습을 흉내 내었기 때문이다. 전체적으로 보면, 고갱이 모델로 삼은 타이티 여성들 중에서 가장 남성적인 모습을 한 여성임에 틀림없다. 이 여성은 고갱이 타이티에 와서 함께 살았던 테하아마나(Tehamana)이다. 에덴동산의 모습도 낯설다. 타이티에는 사과도 뱀도 없어서 그랬을까. 이브는 사과 대신에 공작 깃털 모양의 꽃을 따려고 한다. 또한 뱀이 아닌 기이한 형태의 도마뱀을 붉은 색으로 형상화했다.

그렇다면 고갱은 이 작품을 통해 무엇을 상징하려고 했을까? 1892년은 고갱이 폴리네시아에서 가장 열정적으로 작품에 전념했던 해이다. 미술평론가들이 고갱의 타이티 작품 중에서 가장 뛰어난 것 중의 하나로 손꼽는 〔그림 5-9. 이아 오라나 마리아〕도 이 해에 그렸다. 이 그림은 아기 예수를 어깨 위에 올려놓은 성모 마리아에게 자바의 종교의식으로 경배를 하고 있는 두 여인의 모습을 보여준다. 두 그림 모두 그리스도교의 관점에서 타이티를 인식하려는 고갱의 문제의식에 맞닿

그림 5-9. 이아 오라나 마리아 (Gauguin, 1891)
The Metropolitan Museum of Art, New York

아 있지만, 고갱은 후자의 그림에 만족할 수 없었다. 낙원에서 추방되기 이전의 이브를 타이티인을 통해 구현하고 싶었다.

문제는 바로 여기에 있다. 테하아마나를 모델로 한 〔그림 5-8〕의 여성을 그리스도교의 서구와 열대 타이티 사이의 애매모호한 경계에 위치시킴으로 해서, 작가의 의도와 그림을 감상하는 '나' 사이의 소통이 원활하게 이루어지지 않는 것이다. 고갱의 이브는 타이티의 에덴동산으로 '나'를 유혹하지 못한다. 왜냐하면 타이티의 자연사만이 독특하게 보여주는 열대성이 이 작품에서 은폐되어 있기 때문이다. 다시 말해서, 고갱은 이 작품에서 열대의 자연사를 이브의 배경으로만 처리함으로써 '타이티 에덴동산'의 열대성을 놓쳐 버렸다. 그러다보니 이 작품의 색채도 열대 타이티 특유의 자연사를 드러내주지 못한다. "색은 음악적 감동을 불러일으켜야 한다."(Gauguin, 2000: 67)는 고갱의 상징주의적 미학에서 볼 때, 〔그림 5-9〕는 음악적 운율이 작품 전체를 흐르고 있다. 하지만, 이 작품에서는 열대 자바의 토착 신앙이 서구 그리스도교에 대해 부차적인 의미를 갖고 있다는 점에서 타이티의 열대성은 은폐되고 말았다.

달랑 이 두 작품만을 분석한 것에 근거하여 고갱의 타이티 작품 세계를 일반화할 생각은 없다. 20세기의 위대한 예술사가 곰브리치(Ernst Hans Josef Gombrich)의 말대로, "그는 원주민의 정신 속에 들어가 그들이 보는 것과 같은 방식을 사물을 보려고 노력했다. 그는 자신이 묘사한 원주민들의 초상을 토착 장인(匠人)의 '야만적'인 미술과 조화시키려고 노력했다. 그렇기에 그는 형태의 윤곽을 단순화하고 강렬한 색채를 화면에 거침없이 구사했다."(Gombrich, 2007: 551) 원주민의 관점에서 타이티에 대한 에스노그라피를 예술 작품으로 형상화한 것이야말로 고갱이 서양미술사에 남긴 최고의 유산일 것이다.

그렇더라도 열대 타이티의 자연사는 고갱의 작품에서 대체로 부차적인 의미로 남아 있다. 흔히 타이티에 관한 일종의 '선언서'라고 알려져 있는 〔우리는 어디에서 왔는가? 우리는 누구인가? 우리는 어디로 가는가?〕도 예외가 아니다. 이 작품에서도 열대의 자연사는 부차적인 위상을 차지할 뿐이다. 이렇게 된 몇 가지 연유를 추정해본다. 우선 1891년에 도착하여 짧은 시간에 열대 타이티의 자연사를 미학적으로 승화시키기란 쉽지 않았을 것이다. 고갱이 타이티의 여성들을 모델로 삼아 그릴 수밖에 없었던 이유이기도 하다. 이런 사정 못지않게 중요한 연유는, 고갱은 타이티 원주민들을 위해 식민통치자들에 맞서서 활동하는 데 많은 시간과 힘을 쏟았기 때문이다. 고갱 연구에서 고전적인 연구자로 평가받는 스웨덴의 인류학자 다니엘슨(Bengt Danielson)은 1950년대에 타이티에 정착하여 수행했던 에스노그라피적인 연구 성과인 《남양의 고갱》에서, 유럽인들이 생각했던 것 이상으로 고갱은 타이티 원주민들의 삶을 위하여 프랑스의 식민통치에 맞섰음을 보여주었다(Danielson, 1966). 당시 폴리네시아의 원주민들은 식민주의에 쉽게 동화되지 않았으며 여러 가지 방식으로 저항했다. 고갱은 폴리네시아의 현실 정치에 적극적으로 개입했다. 식민통치자들이 이런 고갱을 달갑게 생각했을 리가 없었다. 이런 상황이 지속되면서 고갱은 자신의 예술적 상상력이 점점 고갈되고 있음을 깨달았지만 때는 이미 늦었다. 몸은 병들어가고 가난이 엄습해왔다. 빈곤과 질병의 악순환 속에서 결국 고갱은 그토록 인정받기를 갈구했던 파리의 예술 세계 – 특히 피카소! – 와

더 이상 소통할 수 없었다.

두아니에 루소의 '꿈'과 만국박람회

본명이 앙리 루소(1844-1910)인 그는 '두아니에'(Douanier) – 세관원을 의미한다 – 루소(2장)로 더 잘 알려져 있다. 루소의 생애는 폴 고갱에 비하면 정확하게 알려져 있지 않다. 그는 파리 교외에서 파리로 들어오는 도로의 통행요금 징수원으로 일했는데, 가난하여 그는 길거리 연주 – 바이올린을 다룰 줄 알았다 – 나 집필 활동 등으로 생계를 이어갔다. 루소의 작품으로부터 영감을 받아 집필했던 희곡 《위뷔 왕》(1896)의 자리(Alfred Jarry)는 '두아니에'라고 이름을 붙여 루소의 사회적 신분을 포장해 주었다. 아마도 루소가 같은 고향 출신인 알프레드 자리의 아버지가 어려울 때 두 차례나 도와주었기 때문에 은혜에 보답하기 위해 그랬을 것이다.

폴 고갱과 거의 같은 시기를 살았던 루소도 자포니즘의 유행을 비켜갈 수 없었다. 로티가 자신의 초상화〔그림 5-10. 피에르 로티의 초상화〕를 당시에 그렇게 유명하지 않았던 두아니에 루소에게 맡긴 이유는 정확하게 알려져 있지 않다. 어쩌면 로티가 아카데미 프랑세즈 회원으로 선출되었다는 소식을 듣고 루소가 찾아가서 간청을 했을지도 모른다. 터키에서 해군 장교로 근무하던 시절에 사용했던 터키식 모자와 의상을 하고 있으며, 로티가 무척이나 아꼈던 고양이도 묘사되어 있다. 뿐만 아니라 프랑스의 산업혁명을 상징하는 굴뚝을 로티의 어깨 위에 올려놓는 재치도 보여준다.

그림 5-10. 피에르 로티의 초상화 (Rousseau, 1891-1892)

고갱을 비롯하여 유럽의 예술가들이 그랬듯이, 앙리 루소도 1889년의 만국박람회를 그냥 지나치지 않았다. 열대의 식물과 동물을 포함하여 아프리카, 동남아시아, 아메리카의 이국적인 풍경과 민속들을 보면서, 두아니에 루소의 눈은 휘둥그레졌다. 무엇보다도 아프리카, 아시아, 남태평양, 아메리카의 '원주민 민속촌' 전시를 보면서 루소는 할 말을 잃었다. 원래 1867년 파리 만국박람회부터 시작되었던 민속촌 전시는 1889년 파리 만국박람회부터 본격화되었다(김영나, 2000: 79). 열대의 원주민들이 민속의상을 입고 직접 참여하여 수개월에 걸쳐서 일상생활을 하는 모습은 유럽의 많은 나라에서 보러 온 관광객들을 위한 흥미로운 볼거리가 되었다.

열대 원주민의 민속 생활을 직접 보면서 자신의 감정을 주체하지 못한 루소는 희곡 작품 〖1889년 만국박람회 방문〗을 썼다(Ireson, 2005: 36). 여기서 멈출 수 없었다. 다음 해에 그는 미술가로서의 자신의 정체성을 선언하는 〖그림 5-11. 풍경이 있는 초상화〗를 완성했다. 통행료 징수원에서 은퇴하기 3년 전인 그의 나이 46세 때였다. 원근법을 무시한 루소는 그림의 정중앙에 서 있다. 그림의 왼편에는 만국박람회를 상징하듯이 많은 나라들의 국기 – 프랑스 삼색기, 영국의 유니언 잭, 일장기만을 식별할 수 있다 – 가 걸려 있는 무역선이 센(Seine) 강변에 떠 있다. 그리고 바로 옆에 1889년에 완공된 에펠탑이 있다. 비록 그 설치에 많은 반대가 있었지만, 에펠탑이 과학과 기술이 결합된 프랑스의 제국주의적 상징물인 것은 분명하다. 루소는 에펠 탑과 무역선보다도 자신의 모습을 훨씬 높고 크게 그림으로써 미술가로서의 자신의 위상을 프랑스 예술계에 확립하겠다는 굳은 의지와 결심을 보여주었다. 프랑스

그림 5-11. 풍경이 있는 초상화 (Rousseau, 1890)

의 제도권 미술에 대항하기 위해 1884년부터 시작된 앙데팡당전(Salon des indépendants)에서 루소의 이 작품을 본 폴 고갱은 외쳤다. "이 그림에는 진실이 있어. 미래가 있다고! 이 그림에는 회화의 정수가 담겨 있어!"(Stabenow, 2006: 20)

만국박람회와 에펠탑은 미술가로서의 루소의 정체성을 정립하는 데 중요한 역사적 사건이다. 루소의 이런 정체성 전환을 가능하게 했던 19세기 말 프랑스 제국주의에 주목해보자. 만국박람회야말로 루소와 같이 한평생 열대 여행을 해볼 수 없었던 서구인들에게 열대 원주민, 일상생활, 풍물을 직접 눈으로 볼 수 있는 기회를 제공했다. 프랑스의 경우, 그것은 열대에 대한 식민통치와 인종주의를 정당화시킬 수 있는 '문명화 사명'(3장)을 위한 전략이었다. 만국박람회는 열대에 대한 서구의 타자화 체제를 지속하기 위한 공간으로 작용한 것이다. 두아니에 루소만이 만국박람회를 통해 자신의 정체성을 새로 정립했겠는가. 결코 그렇지 않았을 것이다. 폴 고갱의 경우는 이미 확인했다. 말라르메와 랭보의 문학에서 볼 수 있듯이, 상징주의 작가들은 열대의 이국적 풍경에 대해 보여주었던 보들레르의 세계(이종찬, 2009a: 126-131)를 더욱 승화시켜 나갔다.

영국을 대표하는 낭만주의 풍경화가 윌리엄 터너의 작품 〖그림 5-12. 비 증기 속도〗와 루소의 〖그림 5-11〗을 비교해보자. 터너의 그림에는 산업혁명이 초래하는 기술문명의 미래에 대한 불안감이 묘사되어 있다. 당시 영국에서는 강을 이용한 수상 교통이 더 발달되어 있었는데 산업혁명의 발달로 증기 기차가 도입된 것이다. 그림 왼편 아래에 보이는 작은 나룻배의 사공은 앞으로 먹고 살 길이 막막해졌다. 이에 반해,

그림 5-12. 비 증기 속도 (Turner, 1844)

약 반세기가 지나서, 루소의 그림에는 만국기가 휘날리는 무역선과 에펠탑의 파리가 보여주는 미래는 너무나도 당당하고 밝다. 약 50년의 시간적 변화를 고려한다면, 나룻배 사공이나 도로 통행요금 징수원이나 사회적 신분은 비슷하다고 볼 수 있다. 하지만, 서구인의 정체성은 확연하게 변했다. 루소의 경우를 통해서 알 수 있는 것은, 만국박람회로 상징되는 열대 세계와의 '조우' – 〔그림 1–8〕을 떠올리자 – 가 그의 정체성을 혁명적으로 변화시켰다는 점이다. 이렇게 볼 때, 〔그림 5–11〕의 인물은 물론 루소 자신이기도 하거니와, 더 나아가서 열대에 대한 제국적 욕망을 실현시켜 나가면서 자신의 정체성을 바꾸었던 서구인들을 상징하는 인물이기도 하다.

파리식물원, 상상의 열대 공간

파리를 여행하면서 루브르박물관, 오르세미술관(Musée d'Orsay), 샹젤리제를 중심으로 관광을 하게 된다면, 파리식물원과 자연사박물관이 프랑스 사람들에게 어떤 상상력을 불러일으키는지를 가늠하기가 쉽지 않을 것이다(이종찬, 2009b). 한 나라의 인구가 거의 절반이 모여 있는 수도권에서 자연사박물관과 식물원을 일상적으로 호흡할 수 없는 한국인으로서는 더더욱 그럴 것이다.

혼자 힘으로 공부하여 화가가 된 루소에게 식물원과 자연사박물관은 열대의 이국적 풍경에 대한 상상력을 불러일으켰던 공간이었다. 그는 파리식물원과 자연사박물관, 동물원을 자주 다니면서 열대 자연사에 대한 상상력을 키워갔다. 또한 루소는 프랑스–멕시코전쟁(1861-

1867)에 참전했던 지인들로부터 멕시코의 열대 자연사에 대한 이야기를 들었다. 그는 주위 사람들에게 이 전쟁에 직접 참전했다고 말을 하고 다녔다. 하지만 이는 사실이 아니다. 저명한 미술사학자 리드(Herbert Read)조차도 루소가 열다섯 살에 군에 입대해 멕시코전쟁에 참여했다고 기술했다(Read, 2007: 219). 하지만 하버드대학의 허버트 리드가 이 책을 처음 썼던 1931년만 해도 루소의 생애가 안개 속에 가려져 있을 때였다. 루소의 작품을 체계적으로 전시했던 영국의 테이트미술관(Tate Modern)에 의하면, 그는 1864년에 자신이 일했던 직장의 고용주 돈을 훔쳐서 1개월간 감옥에 있었다(Tate Modern, 2005). 루소는 이러한 수치를 감추기 위해 참전했다고 거짓말을 했던 것이다.

파블로 피카소가 1908년에 루소를 위해 연회를 베푼 적이 있었다. 20대 후반의 피카소는 아프리카 예술에 의해 한껏 고양되어 있을 때였기에 열대 자연사에 관한 루소의 작품이 마음에 들었다. 큐비즘(Cubism)과 초현실주의의 선구적 역할을 보여준 아폴리네르(Guillaume Apollinaire), 피카소와 함께 큐비즘을 발전시켰던 브라크(George Braque), 자코브(Max Jacob), 살몽(André Salmon), 그리고 로랑생(Marie Laurencin) 등 수십 명이 이 연회에 초대되었다. 앞으로 프랑스 예술의 새로운 시대를 열어갈 30세 전후의 화가와 시인들이 모여 64세의 루소에게 경의를 표했으며, 루소가 멕시코전쟁에 참전한 것으로 알았던 아폴리네르는 "용감한 군인의 제복을 벗고 두아니에의 청렴한 푸른 제복으로 갈아입는다."라고 즉흥시를 낭송했다(Stabenow, 2006: 81). 루소의 거짓말은 이렇게 신화로 바뀌어갔다.

2006년 1월 의학사 분야에 관한 한 세계적인 웰컴의학사연구소

(Wellcome Trust Center for the History of Medicine, 1913-2012) – 현재는 도서관과 전시실만 남고 연구 인력들은 몇몇 대학으로 흡수되었다 – 에 소장된 사료를 찾기 위해 런던을 방문한 적이 있었다. 운이 좋게도 테이트미술관에서 '앙리 루소: 파리의 밀림'(Henri Rousseau: Jungles in Paris) 전시를 감상할 수 있었다. 3년 전인 2003년에 하버드대학에서 연구년을 보내면서 보스턴미술관에서 열린 '폴 고갱 서거 백주기 전시'를 감상하면서 열대 연구에 대한 꿈을 갖게 된 기억이 다시 떠올랐다. 고갱과 루소가 서로 교차되었다.

대체로 타이티의 여성을 주제로 한 고갱과는 구별되는, 열대 자연사를 중심으로 한 루소의 작품을 어떻게 이해할 것인가. 두 사람은 같은 시기를 살았으며 열대를 작품의 소재로 삼았다는 공통점도 있지만, 서로 다른 예술 세계를 추구했다. 열대의 오감으로 타이티 원주민의 세계를 바라보려고 노력했던 고갱과 파리식물원을 통해서 열대 자연사를 바라보았던 루소.

이 책의 원고가 마무리되고 출판사의 교정과 교열이 진행되고 있던 2016년 7월 초 파리에서 열린 알렉산더 훔볼트에 관한 국제학회 참석을 준비하던 과정에서, 인터넷 사이트를 통해 오르세미술관에서 '두아니에 루소: 원시적 순수'(Le Douanier Rousseau: L'innocence archaïque) 작품전이 열리고 있음을 알게 되었다.

루소의 작품 중에서 가장 널리 알려진 〔그림 5-13. 꿈〕과 〔그림 5-14. 뱀을 부리는 여자 마술사〕는 사뭇 대조적인 분위기를 연출한다. 전자의 작품을 보면 온갖 종류의 식물 – 멕시코에서 잘 자라는 용설란도 보인다 – 을 비롯하여 코끼리, 호랑이, 뱀, 새와 같은 동물들이 피리

그림 5-13. 꿈 (Rousseau, 1910)

그림 5-14. 뱀을 부리는 여자 마술사 (Rousseau, 1907)

를 불고 있는 원주민을 중심으로 배치되어 있다. 한 여인이 소파에 비스듬히 누워 이런 열대 자연사를 전체적으로 조망한다. 작가가 이 작품과 함께 한 편의 시를 적어놓았기에 그녀가 누구인지 알 수 있다. 사별한 첫 부인도 아니고, 다시 결혼했지만 역시 세상을 떠나버린 둘째 부인도 아닌, 루소의 첫 연인이었던 폴란드 출신의 야드비가(Yadwigha)이다(Wentzel, 2006: 70-71). 루소는 이탈리아 화가 티치아노(Tiziano Vecellio)의 작품 〔우르비노의 비너스〕부터 에두아르 마네의 〔올랭피아〕에 이르기까지 서양미술에서 여성의 누워있는 모습과 같은 시선으로 서구적 근대 여성인 야드비가를 묘사했다(McDaniel, 2012). 이처럼 작가의 시선은 서양미술사의 고전적 관점에 매우 충실하다. 파리식물원, 자연사박물관, 동물원을 통해 상상의 열대 공간을 설정했던 루소로서는 고갱처럼 열대 원주민의 관점에서 자연사를 바라보지 않는다. 서구의 독자들이 그를 좋아하는 이유이기도 하다.

앙드레 브르통과 칸딘스키(Wassily Kandinsky)를 비롯하여 당대의 예술가들은 루소의 작품에 대해 찬사를 아끼지 않았다. 하지만 서구의 미술평론가들은 〔그림 5-14〕에 대해서는 상대적으로 말을 아껴왔다. 이 작품은 얼른 보더라도 루소가 죽기 직전에 그렸던 작품 〔그림 5-13〕보다도 열대를 더욱 사실적으로 묘사했다는 느낌을 받는데, 이 흑인 여성이 작품의 전체 이미지를 좌우하기 때문이다. 근대 서양미술사에서 흑인이 주인공인 작품은 극히 드물다. 낭만주의 화가 제리코(Théodore Géricault)가 실제 난파 사건을 묘사했던 〔메두즈호의 뗏목〕을 보면 제일 앞에서 절박하게 구원을 요청하면서 왼 손을 들고 있는 흑인이 있는데 딱히 주인공이라고 볼 수는 없다(Barnes, 2006: 163-195).

〔그림 5-13〕 속의 여성과 달리, 루소는 〔그림 5-14〕의 여성이 누구인지에 대해선 어떤 언급도 하지 않았다. 이 흑인 여성 마술사는 보름달이 떠 있는 한 밤에 뱀을 통해 열대의 식물과 동물들에게 주문을 건다. 그녀는 누구이기에 이럴까? 나는 카리브해의 노예 주술사라고 생각한다. 그녀는 플랜테이션에서 고통스럽게 노동력을 착취당하는 노예들의 몸과 마음을 치유하는 오스피탈리에르일 수도 있다(3장). 카리브해의 노예들은 아이티혁명의 전설적 인물인 마캉달을 흉내 내면서 주술을 통해 치유의 신통력을 발휘하는 여성 마술사들을 믿었다. 그들은 마캉달에 관해 전해져오는 마술적 음악을 피리를 통해 들려주기도 했다(Carpentier, 2001: 45). 서구중심적 관점에서 이 작품을 감상하기가 여의치 않은 까닭이 여기에 있다. 이런 점에서 〔그림 5-14〕는 열대 자연사에 관한 루소의 전체 작품 중에서, '열대 민속예술'(tropical folk art)을 가장 사실적으로 묘사한 작품이라고 말할 수 있다. 실제로, 라틴아메리카의 '마술적 사실주의'를 추구하는 화가의 작가들이 가장 애호하는 작품의 하나로 손꼽히고 있다.

그런데, 루소는 〔그림 5-14〕와 같이 열대 자연사의 관점에서 본 작품 세계를 더 추구하지 않았다. 2년 후의 작품 〔그림 5-13〕은 서구의 근대적 여성이 바라본 열대 자연사의 세계이다. 그는 고갱이 폴리네시아에서 겪고 있던 빈곤한 생활에 대해 어느 정도 알고 있었을까? 고갱처럼 가난과 외로움이 루소의 상상력을 엄습해왔다. 〔그림 5-14〕 이후의 루소 작품은 서구적 근대의 경계를 넘지 않는 범위 내에서 상상의 열대 공간을 만들어가는 방향으로 지속되었다.

5. 전쟁과 서구적 자아의 원천

아프리카의 자연사와 미생물과의 전쟁

프랑스에서 태어난 르 클레지오(Jean-Marie Gustave Le Clézio)는 아버지가 영국인이고 어머니가 프랑스인이라는 가족사로 인해서 모리셔스 섬에서 성장했다. 그는 모리셔스도 자신의 조국이라고 고백하면서, 이 섬이야말로 문화융합의 '기원'이라고 말했다(Le Clézio, 2013: 71). "영국과 프랑스의 식민지 개척자들의 후예, 마다가스카르인과 아프리카 노예의 후예들, 제당산업 때문에 건너온 인도인과 중국인의 후예들, 지금도 계속 이주하고 있는 중국인과 아랍 상인들, 그리고 소규모의 한국인 공동체를 포함해서 그러하다!"(Le Clézio, 2013: 72) 르 클레지오는 제주도가 모리셔스와 비슷한 크기의 섬이어서 그런지는 몰라도 제주도의 4·3유적지를 방문하여 유럽의 대중 잡지인 《지오》(GEO) 창간 30주년 기념호에 제주 여행기를 게재하여 유럽 사회에 아름다운 제주 풍경을 널리 소개했다. 르 클레지오의 가족사를 염두에 두면서 그의 소설 《아프리카인》을 읽어보자.

프랑스 남부의 도시 니스에서 글쓰기를 유달리 좋아했던 르 클레지오는 나이지리아에서 '비아프라(Biafra)전쟁'이 일어났을 때 멕시코에 있었다. 당시 그의 머리 위로는 "학살된 학생들의 시체들을 실어 나르는 군용 헬리콥터가 요란하게 지나다녔다." 비아프라전쟁은 흔히 나이지리아 '내란'으로 알려져 있지만, 이는 서구가 전쟁의 성격을 호도한 데서 비롯된 잘못 붙여진 이름이다. '나이지리아국제전쟁'이 사태의 정확성을 말해주는 용어이다. 아프리카의 내란은 본질적으로 국제전쟁이다.

르 클레지오는 이 전쟁이 "세기 최대의 학살 사건의 하나"라고 말하면서, 이 전쟁은 겉으로 보기에는 "칼라바르 강 하구에 있는 유전을 장악하기 위해 이보(Igbo)족과 요루바(Yoruba)족 간의 싸움"처럼 보이지만, 속살은 달랐다. 네덜란드-영국계의 셸 브리티시(Shell British) 석유회사를 비롯한 거대 석유회사들이 유전과 시추사업에 대한 권한을 보장받기 위해 경쟁적으로 온갖 추악한 짓을 했기에 터진 전쟁이었다. 이 전쟁은 서구 열강 사이의 전쟁으로 확대되었다.

> 프랑스가 '비아프라공화국'의 편을 들고 소련, 영국, 미국은 요루바족이 다수를 차지하는 연방정부의 편에 서면서 전쟁은 4개국의 대리전 양상을 띠게 되었다. 내란은 세계적인 사건으로 확대되면서 문명권 간의 싸움으로 치부되었다. 이슬람교도에 대항한 기독교도의 항거라고도 했고, 자본주의자들에 대항한 민족주의자들의 항쟁이라고도 했다(Le Clézio, 2005: 133).

한국어를 배우는 데도 관심을 가졌던 르 클레지오는 비아프라국제전쟁이 문명화된 서구의 치부를 어떻게 드러내고 있는지를 세밀히 묘사한다. 전쟁은 왜 일어났는가? 서구 열강의 제국주의적 이해관계 때문이다. 수단의 다르푸르에서 발생했던 전쟁도 마찬가지이다. 얼른 보기에는 기후변화로 전쟁이 일어난 것 같았는데, 자세히 분석해보니 서구 열강이 배후 세력이었다. 아프리카의 열대 자원을 서로 차지하려는 서구 열강에 의해 촉발된 전쟁은 열대의 자연사를 파괴하여 전염병이 크게 창궐했다.

비아프라국제전쟁에 대한 소식을 들으면서 르 클레지오의 시간과 공간은 여덟 살 시절의 나이지리아로 돌아간다. 여덟 살 무렵에 나이지리아의 어느 고립된 마을에서 살았던 르 클레지오에게 인류는 "이보 부족과 요루바 부족으로 이루어져 있었다." 그에게 아프리카는 얼굴이기보다는 몸이었다. 감각의 폭력이자 욕구의 폭력이었으며 계절의 폭력이었다. 폭력을 어떻게 이해하면 될까? 극심한 더위로 르 클레지오의 몸은 "그물로 낚은 후 밀가루 튀김옷을 입힌 생선"과도 같이 고통스럽고 열로 가득 차 있었다. "본능도 자유도 없는 바로 그런 몸."(15)* 이 되었다. 그것은 열대의 풍토와 질병이 내뿜는 유럽인의 몸에 대한 폭력을 의미했다.

"아프리카에서 몸의 외설스러움은 찬란하기까지 하다." 그것은 백인 르 클레지오에게 아프리카의 "광대함과 깊이를 가르쳐주었고 감각을 배가시켜주었다."(11) 그 외설스러움은 그가 살던 동네의 풍경과 조화를 이루었다. 또한 그것은 그의 몸으로 들어와 다른 동네 지명 이상의 무엇을 의미했다.

영국에서 의과대학을 졸업했던 아버지가 나이지리아에서 한평생 열대질병을 치료하다가 프랑스 니스로 돌아왔을 때, 르 클레지오는 자신의 아버지가 '아프리카인'이라는 사실을 알게 된다. 바로 소설 제목이며 이 소설의 문제제기이다. 르 클레지오는 왜 아버지의 정체성을 아프리카인이라고 규정했을까? 르 클레지오는 2차 세계대전이 아버지의 꿈을 앗아갔다고 말한다. 세계대전으로 가족의 안전을 걱정했던 아버지는 가족을 만나기 위해 아프리카를 떠나려고 했지만, 포로로 잡혀 어쩔

* 이 절의 괄호 안 숫자는 《아프리카인》의 해당 페이지를 가리킨다.

수 없이 다시 원래 자리인 나이지리아로 되돌아온다. "전쟁은 그를 영국 식민지 전방의 오고자에 가두어버렸다."

전쟁 이후의 아버지는 의사로서의 직업에 대한 생각이 확연이 바뀌었다. "의사는 더 이상 서구 의약품을 마을 사람들에게 나누어주고, 구습에 젖은 마을 사람들에게 자신의 지식을 가르치는 그런 사람이 아니다. 그저 한 사람의 이방인에 불과했다."(112-113) 아버지는 "의사라는 직업이 결국 제국주의자들의 권력에 의해 조종되는 경찰이나 재판관이나 군인과 다르지 않다는 사실을 깨닫게 되었다." 르 클레지오는 아버지가 의사로서의 정체성로 인해 매우 괴로워하고 있음을 알았다. "의료행위 또한 사람들에게 권력을 행사하는 것을 의미하고 의료 차원에서의 보살핌이 정치적 감시와 동등한 기능을 수행하는 판국에 어떻게 그가 달리 행동할 수 있었겠는가?"(113) 독자들은 이 대목에서 푸코가 말했던 몸에 대한 규율적 권력이 초래하는 공포에 대해 공감할 것이다(Foucault, 1975).

그런데 이 작품에서 전쟁은 어떤 특정 전쟁만을 지칭하지는 않는다. 전쟁은 "아프리카 부족 간의 전쟁, 가난과의 전쟁, 식민지 유산으로부터 물려받은 부패와 학대와의 전쟁, 그리고 무엇보다 미생물과의 전쟁을 의미"했다(71). 네 가지 유형의 전쟁 중에서 어느 하나도 쉬운 것은 없었다. 전쟁은 르 클레지오 아버지의 인생에서 모든 꿈을 앗아가 버렸다. 특히 미생물과의 전쟁이 그랬다. 아버지는 기껏해야 왕진가방에 청진기, 지혈용 핀셋, 간단한 외과용 칼과 가위, 동맥압박기만 갖고 이 전쟁을 하루도 빠짐없이 이겨내야 했다. 그것도 한 동네에서만 한 것이 아니라, 서부 아프리카를 돌아다니면서 22년간이나 그랬다. 마침내 아버지는 모든 형태의 식민주의를 증오하게 되었다. 그는 "대륙을 휩쓰는 전염병의 치명적인 운명과 제국주의의 속박에서 해방되어 아프리카가 새롭게 태어나기를 꿈꾸었다."(130) 하지만 모든 것은 수포로 돌아갔다.

서구에 대한 르 클레지오의 입장은 단호하다. "말라리아와 아메바성 이질과 기근 같은 악마들의 손아귀에 아프리카를 방치"하여 왔던 서구는 에이즈가 "아프리카 전체 인구 가운데 삼분의 일의 목숨을 위태롭게" 한다는 것을 알면서도 "여전히 치료책을 움켜쥐고는 마치 아무것도 모르는 양 가장하고 있다."(132) 에이즈가 이 지구상에 출현하던 해에 그의 아버지는 세상을 떠났다. 결국 르 클레지오의 아버지는 아프리카에서 자신의 꿈을 실현하기는커녕, 제국주의의 일개 하수인으로 30대와 40대를 보냈다. 그도 삶의 주체적 존재가 아닌, 전쟁으로 삶의 뿌리가 뽑혀버린 모든 아프리카인처럼 살 수 밖에 없었다. 즉, "자신의 인생과 열정에서 추방되어, 이방인이 되어버린 늙은 생존자에 불과했다."

2008년에 노벨상을 수상했던 르 클레지오가 《아프리카인》에서 가장 힘주어 말하고 싶은 것은, 서구가 제국주의적 이해를 관철하기 위해 아프리카에서 수많은 전쟁을 일으키면서 자신의 아버지를 포함하여 모든 아프리카인들의 삶과 꿈을 송두리채 빼앗아갔다는 사실이다. 기후전쟁도 그 속을 들여다보면 서구의 이해관계가 깊이 도사리고 있다. 서구 인류사의 열대 자연사와의 전쟁은 지금 이 순간에도 문명의 이름으로 계속되고 있다.

2백 년의 시간과 공간, 서구적 자아의 원천

남아프리카공화국에서 성장하면서 악명높은 인종 차별 정책인 아파르트헤이트(Apartheid)를 경험했던 쿳시(John Maxwell Coetzee)는 《어둠의 땅》으로 작가 활동을 시작했다. 《야만인을 기다리며》 등 훨씬 널리 알려지고 문학성이 뛰어난 작품들이 있지만, 《어둠의 땅》에 주목하는 이유는 이 작품의 독특한 구성 때문이다.

이 소설은 얼른 보기에 전혀 연결 고리를 발견할 수 없는 두 개의 서로 다른 주제인 '베트남 프로젝트'(이하 '베트남')와 '야코부스 쿳시의 이야기'(이하 '야코부스')로 구성되어 있다. 전자는 쿳시가 미국에서 공부했던 1960년대 중반 베트남전쟁을 다루고 있는 데 비해, 후자는 1760년대 아프리카의 식민화를 소재로 했으니, 그야말로 둘 사이에는 시간적으로 무려 2세기가 차이가 난다. 이 소설을 읽고 나면 왜 쿳시가 두 단편을 이렇게 한 작품으로 묶었는지를 이해할 수 있다. 주인공인 '나'는 탐험가로서 "2백 년 전에 살았더라면, 대륙을 탐사하고 지도를 작성하며 식민화하는 작업을 했을 것이다."(Coetzee, 2006: 133)* 독자들은 이 대목에서 열대에 대한 서구의 생물지리적 탐험이야말로 서구 정체성의 핵심적 방법이라고 강조했던 것을 기억할 것이다(1장 & 2장). 탐험가는 탐험할 공간을 찾지 못하면 존재의 이유가 사라진다. 주인공이 자신의 삶이 갑갑하다고 느끼는 이유는 "바로 날개를 펼칠 공간이 없어서이다." 즉, 백인인 주인공 유진 돈은 탐험을 해서 식민화를 수행할 수 있는 열대의 공간이 없기 때문에 답답한 것이다.

---

* 이 절의 괄호 안 숫자는 《어둠의 땅》의 해당 페이지를 가리킨다.

작가 존 맥스웰 쿳시의 조상으로 짐작할 수 있는 야코부스는 베트남전쟁보다 2백 년 이전에 아프리카를 탐험하면서 '지도'를 만들고 이 지역의 원주민들을 식민화하는 인물로 묘사되고 있다. 2백 년이라는 시간을 두고 식민화는 여전히 이 세계의 화두이다. 왜냐하면 서구는 여전히 '데카르트적인' 세계관을 넘어서지 못하고 있기 때문이다. 전쟁 당시 미국이 운영했던 사이공 – 수도 호치민 – 의 방송이 "베트남 가정에 투여하는 목소리는 아버지의 목소리도, 형제의 목소리도 아니다. 그것은 의심하는 자아의 목소리이며, 세계 속의 자아와 그 자아를 사유하는 자아 사이를 이간시키는 르네 데카르트의 목소리이다."(42) 쿳시는 2백 년 전에 아프리카를 식민화했던, 데카르트적 서구인의 목소리로는 1960년대 베트남의 현실에 호소력을 가질 수 없다고 힘주어 말한다. 데카르트는 서구 정체성에 대한 강력한 은유이다.

미국의 베트남전쟁을 비판했다는 이유로 미국 영주권을 거부당했던, 쿳시는 주인공 유진 돈으로 상징되는 서구가 전쟁을 통하여 어떻게 타락하는지를 보여준다. 전쟁 무기란 무엇인가? 네이팜탄(Napalm bomb) 공격보다 미국인들에게 전쟁을 더 설득력이 있게 만드는 건 없다. 네이팜탄은 1942년에 미국 하버드대학의 실험실에서 – 원자폭탄을 연구했다 – 개발된 일종의 소이탄(燒夷彈)으로 제2차 세계대전 기간에 미군이 도쿄를 공습했을 때 사용했고, 한국전쟁과 베트남전쟁 등에서 사용되었으며 현재에도 여전히 사용되고 있다. 쿳시는 이런 네이팜탄 공격을 '폭발의 오르가슴'이라고 묘사한다. 미군에게 전쟁과 성적 자학은 자아의 양면이다.

미군이 발사한 2천발의 미사일 중에서 1천 999발은 무작위로 발사된 것이다. 하루 먹을 것도 제대로 못먹고 살아가는 베트남인들이 이런 미국을 경멸의 눈길로 바라보는 이유는 미국의 이런 낭비를 "너그러운 사람들의 자선이 아니라 사치스러운 사람들의 낭비벽으로 바라보기 때문이다." 베트남 사람들은 "미국이 베트남의 대지를 유린하면서 느끼는 죄의식을 알고 있고, 공격을 하는 순간 그 장소를 지나는 사람을 0.058 퍼센트의 오차 범위 내에서 맞힐 수 있다."는 미국의 허풍이 거짓말이라는 것도 알고 있다(56-57).

미국의 심장부에 있는 감옥에서 유진은 생각하고 또 생각한다. "나라는 존재가 누구의 잘못인지 알아낼 수 있기를 나는 간절히 바란다."(90) 쿳시는 서구 식민주의의 역사적 계보를 야코부스에서 찾고 있다.

베트남전쟁이 "표면적으로는 곡물과 정글에 고엽제를 뿌리는 작전이었고, 내면적으로는 무작위적인 포격이며 폭격이었다."라고 한다면, 아프리카에서 야코부스는 "총을 들고 황야를 돌아다니며 코끼리, 하마, 코뿔소, 들소, 사자, 표범, 개, 기린, 영양, 온갖 종류의 사슴, 온갖 종류의 새, 토끼, 뱀들을 죽인다."(134) 즉 열대 아프리카의 자연사를 모두 절멸시켜 버렸다.

야코부스는 1만에 육박하는 아프리카 동물들을 총으로 사살했다. 그가 "죽이는 모든 야생 동물들은 야생과 숫자 사이의 경계를 건넌다." 숫자는 제국주의 무역의 메타포이다. 이 모든 것이 그의 삶에서 피라미드이다. 그는 "야생의 교화자이고 계산의 영웅"이다. 하지만 야생 앞에서 그가 처음부터 숫자에 집착했던 것은 아니다.

> 야생 속에 있게 되면 나는 나의 한계를 잃어버린다. 공간과 고

독이 나를 이렇게 만든다. 공간은 이런 식으로 작동한다. 오감은 자신을 품고 있는 몸에서 나와 그 중 네 가지는 무중력 상태로 뻗어 나간다. 귀는 들을 수 없고, 코는 냄새를 맡을 수 없으며, 혀는 맛볼 수 없고, 피부는 느낄 수 없다(133).

열대 야생의 공간에서는 태어날 때부터 서구적 풍토에 의해 체화된 야코부스의 오감은 작동할 수 없다. 열대의 "태양이 몸을 압도하면 살과 피부는 열기에서 벗어날 수 없고 피부가 신경을 곤두세우려 해도 햇볕 안에 갇혀 있으므로 모두 헛수고일 뿐이다." 이런 열대의 풍토에서 "오직 눈만이 힘을 갖고 있다. 눈은 자유롭게 지평선 곳곳에 닿을 수 있다. 어느 것도 눈 밖으로 빠져나갈 수 없다. 다른 감각들이 마비되거나 무감각해져도 나의 눈은 구부러졌다 펴졌다 한다." 오감 중에서 서구적 근대의 상징인 시각만이 겨우 살아서 꿈틀거릴 뿐이다.

총! 오감이 전혀 작동하지 않는 열대 야생에서 총이 있다는 것은 야생으로부터 야코부스를 지켜주는 '마지막 방어물'이다. 총은 그와 "세계를 연결해주는 구세주이다."(133) 총이 있기에 그는 야생의 파괴자가 될 수 있다. 이제 그가 본 것은 모두 그의 것이 된다. 백인들은 총을 갖고 있기에 가능하다. 서구의 폭력은 열대 야생의 공간에서 독특한 의미를 갖는다. 이에 반해 "야만인들은 총을 갖고 있지 않다." 이것이 서구가 "공간에 대한 노예 상태라고 정의할 수 있는 야만의 실제적 의미이다. 탐험가가 공간을 정복한다고 말하는 것처럼," 문명화된 서구와 아프리카 야만인의 관계는 "공간과 관련이 있다."(136) 그 공간은 서구의 탐험과 '지도 만들기'(2장)를 통해 생산된다.

이 작품에서 호텐토트와 부시먼이 야만인으로 취급된다. 야코부스는 두 토착 원주민들 간의 갈등을 부추겨 서로 반목을 하도록 만든다. 야코부스는 호텐토트들에게서 "음탕한 노래나 음탕한 춤 말고는 정부도, 법도, 종교도 어떤 예술도 보지 못했다."(165)고 말하면서 그들을 진짜 야만인으로 낙인찍었다.

그리스도교 신앙은 백인과 호텐토트를 구분해주는 유일한 것이다. 백인에게 그리스도교는 운명지만, 호텐토트는 그리스도교를 믿는다 해도 그들에게 그리스도교란 "공허할 뿐이다." 야코부스는 야만인에 대한 그리스도교 선교의 정당성을 다음과 같이 피력한다.

> 우리의 선교사들은 문명화, 사회질서, 행복의 씨앗들을 곳곳에 뿌리면서 더할 나위없는 수단으로 영국의 이익, 영국의 영향과 영국 제국을 확장시키고 있다. 선교사들이 야만인 부족 안에 깃발을 세우면 식민 정부에 대한 그들의 편견은 허물어지고, 식민지에 대한 그들의 의존도는 인위적인 필요가 생겨나면서 증대된다(186).

결론적으로, 쿳시의 베트남과 야코부스를 결합해 정리해보자.

Y = F (X1, X2),　　X = F (W)
그러므로, Y = F (W)
X1 : 미국-베트남전쟁,　　X2 : 유럽의 아프리카 지배
Y : 서구 정체성
W : 열대 아프리카의 자연사와 인류사

르 클레지오보다도 5년 먼저 노벨상을 수상했던 쿳시는 2백 년 전 아프리카에 살았던 야코부스와 1960년대 베트남의 유진 돈을 통해서 서구 정체성의 본질에 대해 캐물었다. 서구 정체성이 데카르트적 세계관에 의해 지속적으로 형성되고 있는 한, 데카르트적 세계관에 의해 형성되어 온 서구적 자아는 본질적으로 같다는 것이다.

6장
제국의 역사지질학과 서구 의학의 정체성

유럽은 플랜테이션을 통하여 열대의 자연사를 가장 광범위하고도 오랫동안 황폐화시켜왔다.

– 요하힘 라트카우(Joachim Radkau)

미국은 언젠가 파나마운하를 건설하고야 말 것이다.

– 요한 볼프강 괴테(Johann Wolfgang von Goethe)

6장

제국의 역사지질학과 서구 의학의 정체성

1. 제국주의의 역사지질학

인류의 역사지질학적 행위

인류의 행위가 역사지리적, 역사지질적인 힘을 갖고 전지구적 자연사의 운명을 바꿀 수도 있다는것을 본격적으로 주목한 사람은 미국의 외교관이며 연방의원이었던 마시(George Perkins Marsh, 1801-1992)이다. 그가 쓴《인간과 자연》(1864)은 안타깝게도 5년 앞서 출간된 다윈의《종의 기원》에 의해 빛이 가려졌다.《종의 기원》의 초판이 1,250부가,《인간과 자연》의 초판 1,000부가 각각 인쇄되어 빠른 시간에 판매된 것을 생각한다면 마시에 대한 관심은 대단히 이례적이었다.

모든 생명체 가운데 인류만이 자연의 모든 질서와 유기적 균형 상태를 파괴하는 유일한 생물적 존재이다(Marsh, 2003: 36). 이것이 마시의 논점이다. 1874년에 출간된 《인간과 자연》의 2판 《인간의 행동이 변형시킨 지구》라는 제목이 그의 논점을 더 정확하게 드러내준다.

《인간과 자연》에서 마시는 인류가 식물과 동물의 특성과 습성을 변형시키고 분포 상태를 변화시키며 더 나아가서 종 자체를 멸종시키는 행위에 대해 구체적인 사례를 들어 이야기했다. 자연은 스스로 하는 일을 측정할 수 있는 척도를 갖고 있지 않은 데 비해, 인간은 자신의 기준으로 자연을 마음대로 측정해 처리한다(Marsh, 2003: 111). 그에 의하면, 사람은 고래나 코끼리와 같이 당장에 이익이 되는 생물은 마음대로 하면서, 오랜 기간에 걸쳐 수천 피트의 두께로 전지구상에 광범위하게 층위를 형성하고 있는 미생물에는 관심이 없다. 마시는 이런 상태가 지속된다면 인류는 돌아올 수 없는 생명의 강을 건너게 되어 "인류는 멸망으로 치닫게 될 것이다."라고 준엄한 경고를 했다.

마시가 다음으로 주목한 것은 인류의 역사지질적인 행위가 가장 뚜렷하게 나타나는 삼림이다.

> 삼림의 파괴나 제거는 2-3세대에 걸쳐 지질학적 격동이 초래하는 것과 마찬가지로 치명적인 폐해를 가져다주며, 용암과 화산재에 매몰되는 것보다도 더 절망적으로 지표를 황폐화시킨다 (Marsh, 2003: 226).

삼림은 인류사와 자연사의 유기적인 연관성을 해독(解讀)할 수 있는 역사지질학적, 역사지리적인 기호다. 삼림이 소실되면 풍토를 구성하는 모든 요소들이 함께 변한다. 그래서 풍토는 불안정해지고 토양은 원래의 물리적 성질을 상실하여 태양과 바람에 의해 말라서 가루로 날리게 된다. 부엽토가 사라져버린 대지는 척박해져서 자연의 생산성이 현저히 떨어진다. 대지를 덮고 있던 비옥한 유기질 토양은 축축한 저지대로 쓸려 내려가 썩어서 치명적인 열대질병을 유발시키는 수생식물의 성장을 촉진시킨다.

《과거는 낯선 나라다》(1985)의 저자로 한국에도 알려져 있는 미국의 역사지리학자 로웬탈(David Lowenthal)은 한국어판 서문에서 마시의 저작이 갖는 역사적 의미를 다음과 같이 평했다. "아담 스미스가 정치경제학에서, 뷔퐁이 자연사에서, 휘턴(Henry Wheaton)과 휴고 그로티우스가 국제법에서 성취했던 것처럼 모든 이용가능한 지식을 융합해내는 일을 지리학에서 달성했다."(Marsh, 2008: 37)

그러나 인류의 행위가 지구의 자연사를 변화시켜왔음을 탐구하고 있다는 점에서, 《인간과 자연》은 지리학의 경계를 훨씬 뛰어넘는 융합적 지평을 보여준다. 독자들은 《인간과 자연》이 크로스비의 《생태제국주의》나 라트카우(Joachim Radkau)의 《자연과 권력》과 같은 기존의 생태환경사 분야의 저작과 근본적으로 다르다는 것을 알 것이다.

마시는 인문학 교육을 받았으면서도 그 경계를 넘어 자연과학의 중요성도 인식했던 외교관이었다. 아직 '국제환경법'이나 '환경외교'와 같은 개념 등이 뚜렷이 정립되지 않았던 시대에, 인류의 역사지질학적 행위에 대한 그의 통찰력은 학문의 경계를 넘나드는 융합적 학문 정신에서 비롯된 것이다.

제국주의가 절정으로 치닫던 시기에 미국과 유럽이 열대 자연사를 마음대로 훼손하는 상황을 목격하면서, 조지 마시가 역사지질학적 행위자로서의 인류를 제국주의의 맥락에서 논의하지 않은 것은 문제가 있다. 서구의 해양무역, 농업, 제조업이 열대 자연사의 산물에 크게 의존하고 있음을 분명히 알고 있으면서도(Marsh, 2003: 56), 열대 자연사에 대한 서구 제국주의의 역사지질학적 행위를 외면한 것은 비판받아야 한다. 하지만 그가 인류의 역사지질학적 힘을 본격적으로 논의했다는 것만으로도 《인간과 자연》이 갖는 역사적 의의는 충분하다. 링컨 대통령에 의해 이탈리아 공사로 임명을 받아 21년간 체류했던 마시는 제국의 욕망을 아직도 포기하지 못하는 세계 강대국에게 이렇게 말할 지도 모른다. "로마 제국이 어떻게 몰락했는지를 알고 싶다면 기번의 《로마제국 쇠망사》를 읽기 전에 반드시 《인간과 자연》을 먼저 보라."

콩고 자연사에 대한 제국주의의 역사지질학적 행위

〔표 6-1. 아프리카 분지와 인구〕(Stanley, 1885a)가 보여주듯이, 콩고 분지(basin)는 아프리카에서 가장 넓게 분포되어 있을 뿐만 아니라 인구도 가장 많은 지역이다. 콩고 분지는 생태학적으로 강, 소택지(늪), 삼림, 사바나(Savanna)의 네 지대로 이루어져 있는데, 콩고 분지의 생태적 구조를 이해하는 데 중요한 점은 이 네 지대가 고정되어 있는 것이 아니라 유동적으로 변화한다는 점이다(Harms, 1981: 15-16). 예를 들면, 강수량이 특히 많은 해에는 소택지가 상대적으로 증가하게 되어 원주민들의 거주 공간이 영향을 받을 수밖에 없는 것이다.

표 6-1. 아프리카 분지와 인구

분지	면적(평방 마일)	인구(명)	비고
니제르	700,000	23,000,000	
나일	900,000	36,000,000	이집트 제외
잠베지	700,000	10,500,000	
콩고	1,300,000	39,600,000	
차드	300,000	15,000,000	
기타 지역	4,100,000	50,000,000	

〔지도 6-1. 아프리카의 기후〕가 보여주듯이, 기후학적으로 볼 때 콩고는 크게 분지에 해당하는 열대 우림 기후와 분지를 둘러싸고 있는 지역의 열대 사바나 기후로 이루어진다. 열대 우림은 연중 평균 기온이 섭씨 27도로, 평균 기온 일교차가 평균 기온 연교차보다 큰 몇 안 되는 기후형에 해당한다. 하루에 기온이 31-32도까지 올라갔다가 가장 낮은 때는 해뜨기 직전으로 21-23도까지 내려간다. "밤이 열대의 겨울이다."(Hess, 2011: 213) 연간 강수량은 보통 150-250 센티미터로, 열대 몬순 기후만이 열대 우림 기후보다도 연 강수량이 더 많다. 이에 반해 열대 사바나 기후의 특징은 건기와 우기가 계절적으로 교차하면서 나타나는 데 있다.

이와 같은 풍토의 차이로 인해 생물군집의 서식 장소를 지칭하는 '비오톱'(biotope)이 아주 다양하게 전개되고 있을 뿐만 아니라(Vansina, 1990: 43-44), 경제 활동 방식이 천차만별로 나타나며 사용하는 언어도 종족별로 다르다. 이런 다양성은 정치 조직과도 연관되어 있어서 아주 자그마한 종족 사회부터 '왕국' – 콩고(Kongo Kingdom) – 에 이르

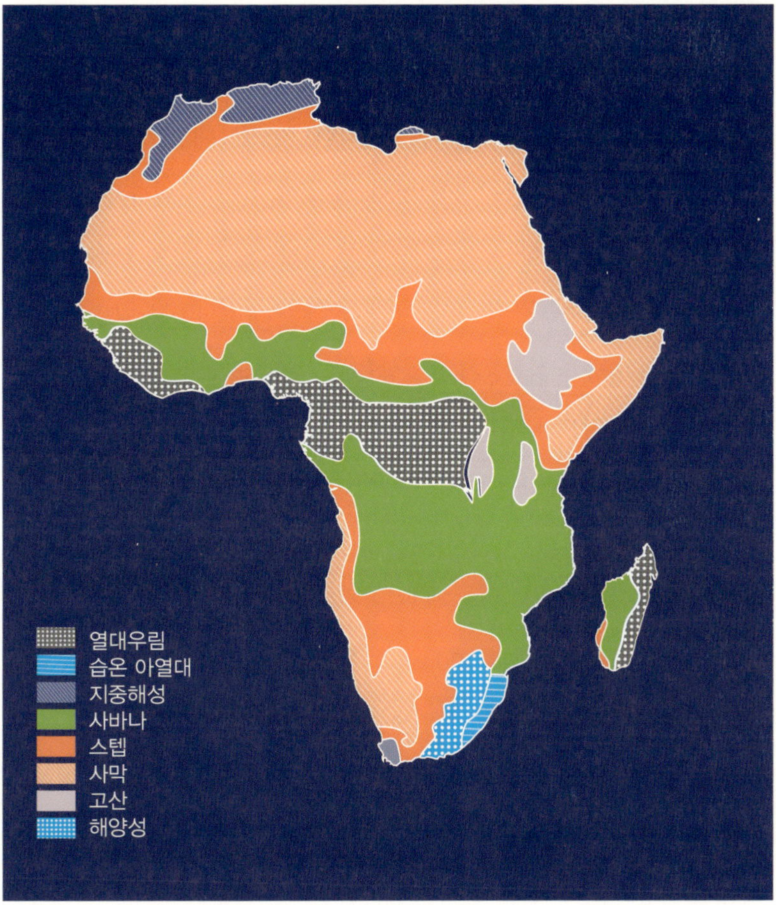

지도 6-1. 아프리카의 기후

기까지 각양각색의 조직을 갖고 있다. 친족 관계도 모계사회와 부계사회 모두 나타나고 있다. 서구중심주의 인류사에 익숙해진 사유 방식으로는 열대 콩고의 자연사와 인류사를 융합적으로 인식하기란 결코 용이하지 않다.

프랑스 작가 지드(André Gide)는 50대에 들어 프랑스의 식민지

'브라자빌(Brazaville) 콩고'를 다녀와서 《콩고 여행》(1927)을 썼다. 현재의 콩고공화국인 이 지역은 벨기에의 식민지 '킨샤사 콩고', 즉 현재의 콩고민주공화국에 비하면 아주 작은 나라다. 지드는 대서양에 접해 있으며 콩고강의 하구인 푸앵-누와르(Point-Noir)에서 브라자빌까지 연결되는 약 400킬로미터에 달하는 철도의 건설로 "수많은 사람들의 목숨이 무서운 속도로 사라지는" 장면을 콩고 여행기에 적어놓았다(Gide, 2006). 레오폴 2세에 의한 콩고 식민통치의 실상을 조금이라도 안다면, 프랑스를 대표하는 지식인 앙드레 지드의 여행기는 피상적인 이야기에 불과하다.

레오폴 2세가 콩고를 통치하기 이전 열대 콩고의 경관은 더할나위 없이 아름다웠다(4장). 식민 지배가 본격화되면서 경관은 완전히 바뀌었다. 수도 킨샤사에서 조셉 콘라드를 처음 만났던 영국의 외교관 케이스먼트(Roger Casement)는 1903년에 영국 정부의 지시를 받아 콩고의 인권 상황을 조사하여 《케이스먼트 보고서》(1904)를 발간했다. 그는 이 보고서에서 콩고의 참담한 상황에 관해 "내가 아프리카 내륙을 여행하면서 관찰했던 가장 현저한 변화는 원주민들의 삶이 모든 곳에서 완전히 붕괴되었다는 것이다."(Casement, 2004)라고 말했다. 헨리 모턴 스탠리의 콩고 탐험과 케이스먼트의 인권 조사 사이에 약 20년이 흘렀다. 도대체 레오폴 2세는 아름답고 풍요로웠던 콩고의 열대 자연사를 어떻게 붕괴시켰을까?

전체적으로 볼 때, 무역을 둘러싸고 아랍의 노예무역 상인들과 레오폴 2세의 식민통치자들 사이에서 일어났던 수많은 전쟁은 콩고의 역사지질학적 공간을 완전히 바꾸어놓았다. 전쟁은 콩고의 풍토적 공간을 구성해왔던 사람, 세균, 기후, 기상, 지질, 토질, 지형, 경관 등을 모조리 바꾸어놓았던 것이다.

고무 무역의 급격한 성장은 대규모 철도의 건설로 이어졌다. 철도는 식민 권력의 지배 속도를 가속화하는 데 더할 나위 없이 적합한 기술이었다. 삼림을 제거하는 것이 첫 번째 과제였다. 조지 마시가 말한 대로, 삼림 파괴로 인한 토양 소실과 식생의 변화는 열대 자연사의 치명적인 붕괴로 이어졌다. 콩고의 원주민들은 삼림이 사라져 버린 정든 마을을 떠나 새로운 장소로 이주할 수밖에 없었다. 그들의 대규모 이주는 붕괴를 가속화시켰다. 설상가상으로 레오폴 2세는 식민 지배를 강화하기 위해 새로운 유형의 노동력을 필요로 했다. 군사력을 유지하기 위한 병력을 비롯하여 농업 생산, 상아 무역과 뒤이은 고무 무역, 도로와 철도 공사, 광산 개발 등 새로운 식민 공간을 만들어가기 위해 수없이 많은 노동력이 요청되었다. 이러한 강압적인 식민적 노동은 콩고의 열대 자연사를 붕괴시킨 역사지질학적 힘으로 작용했다.

무엇보다도 아랍 상인 세력 사이의 충돌과 대립 과정에서 콩고의 수면병이 대규모로 창궐했다는 점이다(Ford, 1971: 463). 수면병의 병원체인 트리파노소마(trypanosoma)가 기생하는 체체파리의 광범위한 확산이 수면병의 전면적인 창궐을 촉발시킨 것이다(Ford 1971: 494). 전쟁과 천연 고무의 무자비한 남벌은 원주민들이 오랫동안 거주해왔던 삶의 공간을 불가역적으로 바꿔 놓았다. 수많은 미생물들은 넓은 지역에 걸쳐 수천 피트(feet)의 두께로 연속된 층위를 형성하는 데 필요한 물질을 공급해왔는데, 이런 변화로 인해 미생물에 오랜 기간 적응해왔던 원주민들의 '면역체계'가 붕괴되었다. 5백만 년간 공진화(co-evolution)했던 말라리아와 원주민 사이의 생태적 균형이 일시에 붕괴되고 수면병을 일으킨다고 알려졌던 체체파리(tse-tse fly)가 놀라운 속도로 증가하면서, 콩고 지역의 풍토병으로 존재해왔던 열대질병들은 중앙아프리카 전역으로 급속히 퍼져갔다(주인호, 1989; Ford, 1971).

철도의 건설은 열대질병의 확산을 더욱 가속화시켰다. 콩고강 하구의 도시 마타디(Matadi)에서 콩고강 상류의 스탠리폭포에 이르는 366킬로미터의 협궤 철도가 건설(1890-1898)되면서 열대질병은 철도를 통해 급속하게 퍼져나갔다. 레오폴 2세가 그리스도교에 근거한 문명화의 이름으로 추진했던 교통과 통신의 확대는 수면병이 창궐하는 데 결정적인 역할을 했다. "철도에 놓인 침목 하나에 아프리카인 한 명의 목숨이, 전신주 하나에 유럽인 한 명의 목숨이 희생되었다."(Axelson, 1970: 204) 서아프리카와 서인도제도의 노예들을 포함하여 중국에서까지 수입된 노동자들은 말라리아와 천연두를 비롯한 열대질병에 속수무책으로 죽어갔다. "철도가 통과하는 강의 급류 지역은 수면병의 온상이었다. 수면병은 아프리카의 심장을 집어삼키면서 대륙 전체를 통과하여 인도양의 거의 모든 해변을 휩쓸어 버렸다."(Casement, 2004: 132)

서로 다른 종족들 사이의 국지전은 물에 기름을 붓듯이 열대질병의 확산을 더욱 부채질했다. 설상가상으로 이런 사태는 우간다와 케냐를 비롯한 영국의 식민지에서 1890년대의 가뭄과 대기근으로 초래된 생태적인 파괴와 맞물려, 열대질병은 더욱 예측 불가능한 방향으로 전파되었다. 엎친데 덮친 격으로 이탈리아 군대가 1889년에 우역(牛疫)을 사하라사막에 전파시켰다. 인도, 아덴, 남부 러시아의 전염된 소들을 갖고 들어온 것이다. 삽시간에 우역이 아프리카 대륙으로 전파되어 전체 소의 90–95퍼센트가 죽어 나갔다. 우역의 창궐은 체체

파리의 전파를 더욱 부추겼고 수면병은 대규모 인명 피해로 이어졌다(Reader, 2013: 736-741). 이처럼 레오폴 2세의 식민 권력은 역사지질학적 힘으로 작용하여 열대 콩고의 경관을 근본적으로 변화시켰다. 식민 지배에 의해 촉발된 전쟁, 전염병, 노동력의 사회적 대이동이 결합하면서 열대 콩고의 자연사를 붕괴시킨 것이다.

커피와 제국의 역사지질학적 힘

포르투갈인들이 16세기 중엽 브라질에 처음으로 등장했을 때, 그들은 원주민들의 노동력을 활용해 브라질의 삼림자원을 개발했다. '브라질우드'(Brazilwood)는 적색 염료를 만드는 데 사용되는 나무로 포르투갈인들이 제일 눈독을 들였던 삼림자원이었다. 포르투갈이 삼림자원을 무자비하게 활용하면서, 리우데자네이루 지역을 중심으로 살고 있었던 원주민인 투피족은 포르투갈의 광범위한 노예사냥과 질병으로 인해 거의 멸종해갔다. 투피족은 포르투갈 노예사냥꾼들에게 발각될까봐 농사를 짓는 것을 꺼렸다. 그래서 원주민에 의한 농업은 16세기 후반부터 17세기에 이르기까지 중단되었다.

이런 상황은 18세기가 되면서 상황이 달라지기 시작했다. 1700년에 약 30만 명의 포르투갈 사람들이 브라질 해안가에 바짝 붙어서 거주하고 있었는데, 그들은 토착 작물들을 원주민들의 농법대로 재배해왔던 기존의 방식에서 벗어나 노예제 노동에 기초한 사탕수수 플랜테이션 체제를 도입하기 시작했다. 이런 새로운 경제가 도입되면서, 아프리카에서 건너온 엄청난 수의 노예들이 브라질 플랜테이션에 종사하게 되었다.

이런 생산 방식은 브라질의 자연사에 치명적인 영향을 끼쳤다. 포르투갈인을 비롯한 유럽인들은 브라질 원주민들을 그리스도교의 이름으로 문명화시킨다는 자못 근대적인 사명감에 불타올랐지만, 설탕 생산을 위한 플랜테이션 체제는 원주민들이 숲을 베고 불을 태우는 기존의 재래적인 방법에서 한 치도 벗어나지 못했다. 토지에서 필요한 것을 모두 빼 먹고는 바로 내팽겨쳤다.

18세기 말에 브라질에서 커피 재배가 시작되어 1900년부터 브라질의 커피 생산량이 세계의 전체 생산력을 초과하게 되면서, 대서양 삼림의 파괴는 가속도로 진행되었다. 커피는 근대적 작물로 알려져 있지만 브라질의 커피 재배 방식은 그렇지 못했다. 식민지에서 건너온 백인들은 노예들을 대규모로 동원해 '포이헤'(Foiçe)라고 불리는 곡괭이만으로 원시림을 없애버린 다음에 계획적으로 불을 질러 '로하'(Roça)라고 불리는 대규모 화전을 만들어내었다. 백인들은 커피나무의 성장에 적합한 토양인 '붉은 대지'(terra roxa)에 식물 재배를 위해 특별히 만들어진 농장에서 자란 어린 커피나무들을 갖고 와서 옮겨 심었다. 20-30년이 지나면 커피나무들이 처녀림의 자양분을 쏙 빨아 먹었다. 그리고 난 후에 다른 곳으로 옮겨가서 똑같은 과정을 반복한다. 이런 과정을 경작이라고 부를 사람은 없을 것이다. 이렇게 간단하게 커피나무를 수확할 수 있었기 때문에 브라질은 손쉽게도 세계 최대의 커피 시장이 될 수 있었던 것이다(Jacob, 2013: 391-393). 유럽에서 건너온 이들의 이런 행위는 분명히 열대 자연사에 대한 침략 전쟁이었다.

철도의 도입으로 커피 농장의 이동에 엄청난 속도가 붙었다. 철도 자체가 많은 삼림을 없애 버리는데다가, 기존의 커피 농장을 버리고 새로운 처녀림을 찾아가는 일이 훨씬 수월해진 것이다. 커피의 재배로 인한 대서양 삼림의 파괴가 이 지역의 자연사를 어떤 방식으로 초토화시키게 되었는지를 짐작하는 것은 어렵지 않다. 삼림의 황폐는 어류의 감소로 이어졌고 토양이 변하면서 물길이 끊어졌으며 수상 교통이 중단되었고 말라리아가 창궐하기 시작했다. 가뭄도 주기적으로 발생했고 기온은 한없이 상승했다. 동물상과 식물상도 변했다. 제국의 커피 농업은 "인간과 자연의 존재에 영향을 미치는 기후, 기상, 지질, 토질, 지형, 경관, 세균 등을 포괄하는 풍토"(1장)를 변화시키면서 브라질의 자연사에 대한 역사지질학적 힘으로 작용하게 된 것이다.

엘니뇨와 엔소, 열대의 대기근

한국 근대사에서 동학농민운동(1894-1895)이 일어났던 원인을 기후변화의 관점에서 설명하려는 문제의식은 아직 초기 단계에 있다. 1890년대 중국과 인도를 휩쓴 엘니뇨(El Niño) − 엘니뇨는 스페인어로 '아기 예수'를 뜻하는 말로 매년 크리스마스 즈음에 한류지역인 에콰도르의 해수면 온도가 높아져서 수개월간 지속되기 때문에 붙여진 이름이다 − 와 연계된 계절풍의 영향을 받아 조선에서 수많은 사람들이 기근으로 죽었으며 전염병에 걸렸다. 영국의 대표적인 의학 잡지인 란셋(Lancet)에 의하면, 1890년대 10년간 엘니뇨와 연계된 대기근과 대가뭄으로 사망한 사람이 전 세계적으로 1천 9백만 명에 이를 것이라고 추산했다(Lancet, 1901; Davis, 2002: 174). 이 인구는 당시 영국 인구의 절반에 해당했다. 엘니뇨로 인한 대가뭄과 대기근으로 1890년대 한국, 중국,

인도의 사회적 혼란은 고조되었고, 한국의 경우 동학농민운동을 촉발시킨 주요한 원인으로 작용했을 뿐만 아니라 청·일전쟁에서 청나라가 패배하게 되는 원인이 되었다.

인류는 19세기 말에 세 차례의 이루 형언할 수 없는 대기근으로 적어도 3천만 명 이상이 죽었다. 1876–1879년, 1889–1891년, 1896–1902년이 그 시기에 해당한다(Davis, 2002: 6-7). '제국의 시대'를 세밀하게 살폈던 역사학자 홉스봄조차도 이 참혹한 비극을 외면했다.

여기서 중요한 점은 제국주의가 대기근을 촉발시켰다는, 다시 말해서 절정기로 치달았던 제국주의의 부작용으로 대기근이 열대에서 창궐했다는 것이 아니다. 오히려 대기근과 제국주의가 서로 맞물리면서 이런 참혹한 사태가 발생했다는 점이다. 오랫동안 대기근의 원인을 찾았던 전문가들은 엘니뇨와 그것의 남방 진동을 의미하는 엔소(El Niño Southern Oscillation)가 열대 동남아시아, 라틴아메리카, 아프리카에서 가뭄을 유발시키는 원인임을 규명했을 뿐만 아니라, 제국주의적 시장 질서가 대기근을 더욱 고착화했음을 알게 되었다(Polanyi, 1985[1944]). 물론, 모든 열대 지역에서 대기근이 균일하게 창궐했던 것은 아니다. 네덜란드의 과학자들에 의하면, 19세기 말 네덜란드가 통치하고 있었던 인도네시아에서 대기근의 원인은 명백하게 엔소 때문이었다. 또한 영국이 본격적으로 지배하기 시작했던 케냐를 포함한 아프리카 동부의 대기근도 마찬가지였다(Watts, 1983).

프랑스혁명이 발발했던 1789년에서 1792년을 전후하여 엘니뇨 와 엔소는 열대 아프리카 서부, 인도, 카리브해 지역의 대기근을 촉발시켰다. 아이티혁명이 일어났던 1791년은 가장 강력한 엔소가 엄습했다.

근대 역사학에서 인류사와 자연사가 분리되어 갔던 이 시기에 오히려 열대의 대기근이 엔소에 의해 창궐했다는 것은 참으로 역설적이다. 거꾸로 말하면, 당시에는 이를 인식하지 못했지만, 서구 정체성의 형성에서 커다란 분수령이 되었던 시기에 기후변화는 서구의 열대에 대한 식민화 사업과 맞물려 열대의 자연사를 더욱 붕괴시켰다.

엔소로 인해 수천만 명이 죽어갔던 19세기 말을 '현재'라고 한다면, 서구 정체성의 전환점인 18세기 말은 '과거'이며 21세기는 '미래'일 것이다. 노벨 수상자 아마르티아 센은 《정체성과 폭력》에서 T. S. 엘리어트의 시간관을 빌려, "과거의 시간과 현재의 시간은 모두 미래의 시간에 존재한다."라고 말했다(Sen, 2009: 23). 21세기 초부터 열대의 곳곳에서 벌어지고 있는 기후변화로 인한 전쟁들은, 18세기 말의 과거와 19세기 말의 현재가 미래의 시간인 21세기에도 여전히 존재하고 있음을 명백하게 보여준다. 공간적 존재 방식은 확연하게 변화했다. 18세기 말에서 19세기 전반기가 유럽 각국의 동인도회사와 서인도회사를 중심으로 한 열대 플랜테이션의 시대라면, 19세기 말은 제국주의적 시장 경제의 시대이며, 21세기는 전지구적 자본주의 시대이다. 센의 논법을 적용한다면, 엘니뇨와 엔소가 초래했던 대기근은 아직도 진행형이다.

2. 열대질병에 관한 제국의 통치

콜레라와 서구 정체성

1815년 4월 10일과 11일에 인도네시아 숨바와(Sumbawa) 섬에 위치한 탐보라(Tambora) 화산의 폭발로 전 세계의 기온은 몇 년간 3–4℃ 가량 낮아졌다. 이 화산 폭발은 지난 1만 년간 일어났던 화산 폭발 중에서 가장 강력했던 것 중의 하나로 간주된다. 소위 '탐보라 한파'로 인해 유럽에서는 대규모 기근이 발생했다. 설상가상으로 탐보라 한파는 1816년에 인도 벵골 지역에서의 콜레라 창궐로 이어졌다. 〖지도 6–2. 콜레라 전파 경로〗가 보여주듯이, 이 콜레라는 수에즈와 지중해 그리고 폴란드와 러시아를 거쳐서 빠른 속도로 확산되어 1830년대에는 유럽 전체에 대규모로 창궐했다(Lamb, 2004: 288-289). 1831년에 헤겔이 죽은 것도 바로 이 콜레라 때문이었다(Behringer, 2009: 293).

유럽의 정체성에 심각한 위기가 초래되었다. 유럽인들은 콜레라의 창궐이 유럽 사회를 붕괴시킬 수도 있다는 공포감에 휩싸였다. 벵골의 콜레라가 유럽 문명의 근거가 되는 그리스도교적 정체성을 무너뜨릴 수도 있을 것만 같았다. 산업혁명에 의해 초래되었던 유럽과 인도 사이의 교역의 발달로 인해서 콜레라가 더욱 빠른 속도로 확산되면서, 유럽인들은 더욱 불안해 했다. 특히 1830년대부터 프랑스가 알제리를 본격적으로 식민화하기 시작하면서 프랑스의 열대질병에 대한 공포는 더욱 커져만 갔다. "콜레라가 발생하자, 서구적 가치의 우월성에 대한 믿음은 어느 정도 흔들리게 되어 사람들은 서구적 세계, 즉 근대 산업화 사회를 수호할 필요성을 느꼈다."(Delaporte, 1986: 5-6) 이처럼 열대 인도네시아에서 발생했던 화산 폭발이 콜레라의 대규모 창궐로 이어지면서 서구 정체성의 위기를 촉발시켰던 것이다.

인류학자인 더글러스(Mary Douglas)가 《순수와 위험》에서 논의했던 내용(Douglas, 2002: 152-153)을 적용한다면, 콜레라는 프랑스의 알제리

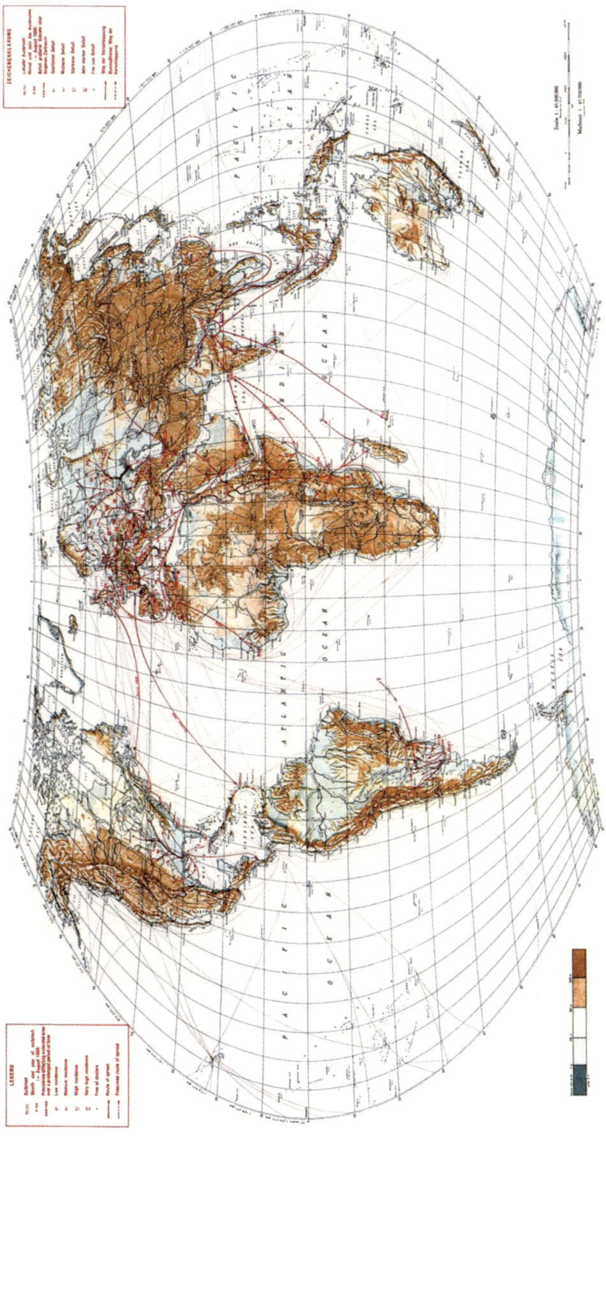

지도 6-2. 콜레라 전파 경로

식민화를 위한 '외적 경계선'과 프랑스 사회 자체의 '내적 경계선'을 모두 위협했다. 유럽 사회는 사람을 한순간에 죽음으로 몰아버리는 열대의 풍토병이야말로 "신체적 불결, 정신적 광기, 도덕적 타락의 신호"라고 보았다. 지리적 공간으로서의 열대는 도덕적 공간으로 부각되었다.

1830년대 유럽을 휩쓸었던 콜레라가 이렇게 유럽 문명의 기독교적 정체성을 위협하게 되자, 유럽 사회는 콜레라 창궐의 발생 지역이 어디인지를 규명하는 데 온갖 노력을 경주했다. 영국의 식민지였던 콜카타에 있던 영국 관할의 인도의료관리청(Indian Medical Service)에서 활동했던 맥퍼슨(John Macpherson)과 맥나마라(N. Charles MacNamara)는 이 문제를 밝혀내는 데 핵심적인 역할을 했던 의사들이다(Hamlin, 2009: 39-46). 맥퍼슨의 작업에 기초하여 맥나마라는 1817년을 전후로 하여 유럽과 인도 사이의 무역 경로에 큰 변화가 일어나면서 유럽에 창궐한 콜레라의 생물지리적 분포와 특성이 이전과는 확연히 달라졌음을 규명했다(MacNamara, 1876). 뭄바이에서 홍해를 거쳐 유럽으로 수출된 인도의 무역 규모는 1817년을 지나면서 수출 규모가 25배 이상으로 크게 증가했다.

유럽 사회가 지중해에서 홍해를 통하여 인도와의 무역을 급격하게 증가시켜 나가면서 인도에 대한 식민 지배를 강화해나간 것은 몇 가지 중요한 역사적 의미를 갖는다. 우선, 1817년 이전에는 벵골 지방의 고유한 풍토병으로 알려져 있던 콜레라가 유럽 전체로 전파되는 과정에서 수많은 사람의 생명을 빼앗는 전염성 질환으로 질병의 특성이 바뀌었다. 이런 지리역학적(geo-epidemiological) 전환은 영국과 인도의 무역, 더 정확하게 말하면 영국의 인도 식민화 사업에 의해 초래된 것이다. 맥퍼슨은 1817년 이전과 1817년 이후의 콜레라를 구분하기 위해 후자를 '아시아發 콜레라'(Asiatic cholera)라고 명명했다(MacNamara, 1876: vii-ix). 아시아발 콜레라는 서구에 의해 식민적 개념으로 확립되었던 것이다(Hamlin, 2009: 47).

다음으로, 1831-1832년에 유럽에 크게 창궐했던 아시아발 콜레라는 그 이후로 지금까지도 통용되고 있는 콜레라의 지리역학적, 문화적 의미를 그대로 포함하고 있다. 다시 말해서 19세기 후반 이후 현재까지 전 세계적으로 사용되는 콜레라는 벵골에서 발생한 아시아발 콜레라를 의미한다. 1830년대를 기점으로 하여 콜레라는 유럽 대 인도라는 장소, 유럽인 대 인도인이라는 인종을 구분하는 기준이 되었다. 콜레라는 유럽이 열대를 타자화하는 데 중요한 준거점이 되었다.

질병에 관한 지도학에서 약방의 감초처럼 언급되는, 영국 의사 스노우(John Snow)가 만든, 〖지도 6-3. 런던 콜레라 발생 지점〗은 이런 타자화를 명백하게 보여준다. 그는 《콜레라 전파에 대한 방식》(1849)의 2판(1855)에 이 지도를 포함했다. 역사지도학의 관점에서 존 스노우의 지도를 분석해보자. 그는 콜레라가 처음으로 발생했던 장소를 규명하려고 이 지도를 사용한 것은 아니라고 말했다. 그렇다면 그는 무슨 이유로 콜레라 지도를 책에 포함했을까? 스노우가 영국에서 먼저 창궐했던 '영국 콜레라'(English cholera)는 빠트리고, 대신에 인도 벵골에서 1817년에 창궐했던 '아시아발 콜레라'만을 포함시켰음에 주목할 필요가 있다. 비록 스노우가 아시아발 콜레라라는 용어를 사용하지는 않았지만, 그는 런던 콜레라의 지도를 만드는 과정에서 영국에서 원래 창궐했던 콜레라가 아닌 벵골에서 시작된 콜레라만을 포함했던 것이다. 열대 인

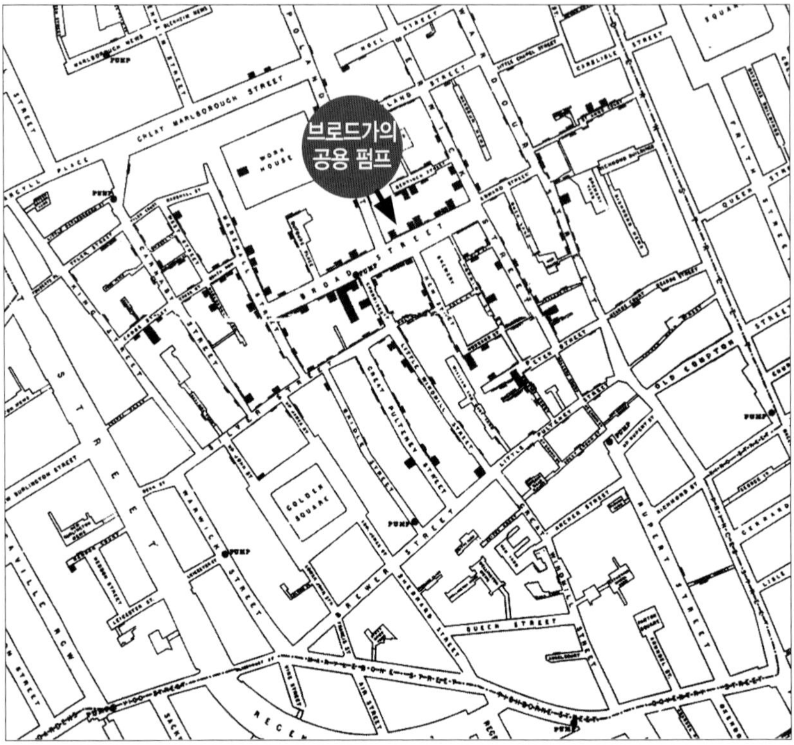

지도 6-3. 런던 콜레라 발생 지점

도의 콜레라를 신체적 불결, 정신적 광기, 도덕적 타락의 신호라고 간주했던 당대 유럽 사회의 인식을 반영하듯이, 스노우는 콜레라 지도를 통하여 런던이라는 공간을 도덕적으로 지도화하려고 했던 것이다(이종찬, 2013). 여기서 주목할 점은 아시아발 콜레라라고 하는 식민지의 질병이 런던이라는 사회적 공간을 암울하게 비추고 있음을 보여줌으로써, 청결한 도시인 런던이 불결한 열대의 벵골에 의해 오염되었음을 시각화하고 있는 것이다. 아울러, 이 지도는 질병에 관한 지도를 이야기할 때마다 약방의 감초처럼 언급되어 왔는데, 서구의 열대 타자화는 이 지도를 통해 서구인들은 물론이거니와 이를 학습해왔던 비서구권의 지리학자들 – 한국을 포함하여 – 에게 내면화되어 왔던 것이다.

이렇게 유럽 사회의 수많은 사람들의 생명을 빼앗았던 콜레라가 벵골에서 발생했다고 규정지은 유럽인들은 아시아를 자신들에게 죽음을 가져다주는 지역이라고 믿었다. 도스토옙스키는 《죄와 벌》의 마지막 부분에서 라스콜리니코프의 입을 통해 이 점을 묘사했다. "세계가 아시아에서 유럽으로 번지는 어떤 전무후무하고 무시무시한 전염병의 희생물이 되어야 할 운명에 놓여 있는 꿈을 꾸었다. … 도스토옙스키의 모델은 벵골 지방의 풍토병이었다가 19세기 내내 급속히 퍼져나가 세계적인 유행병이 되기 시작했던 콜레라, 즉 아시아발 콜레라라고 불리는 콜레라이다."(Sontag, 2002: 183) 문학비평가인 수잔 손택에 따르면, "유럽을 특권화된 문화적 실체로 여기는 개념이 수세기 동안 유지되어 왔던 이유는 부분적으로" 콜레라가 아시아에서 유럽으로 전파되었다고 간주했기 때문이다(Sontag, 2002, 183).

청결은 근대 유럽인들의 "심리적 형태, 인간의 몸, 지리적 공간, 사회질서"(Stallybrass, 1986)를 구조화하는 데 있어서 중요한 화두가 되었다. 즉, 콜레라에 대한 집단심리적 공포, 문명화된 몸, 유럽과 열대의 지리적 접속, 유럽 사회의 기독교적 질서는 서구 정체성의 형성을 구성하는 연결망으로 작용했다.

파나마의 황열과 제국주의의 지정학

제국주의가 가장 발달하고 있었던 시대에 서구의 의학자들은 제국의 발달을 위해 의학이 무엇을 해야 하는지에 대한 국가적 요청에 부응했다. 당시 영국 케임브리지대학과 미국 존스홉킨스대학에서 경력을 쌓으면서 서구 의학계에서 최고의 내과의사로 평가받았던 오슬러(William Osler)는 '국가와 열대'라는 주제로 런던열대의학대학원(London School of Hygiene and Tropical Medicine)에서 연설했다. 이 자리에는 열대의학의 선구자인 맨슨(Patrick Manson), 노벨의학상을 받게 되는 로스(Ronald Ross), 무균법의 창시자 리스터(Joseph Lister) 등 당대 최고의 의학자들이 앉아 있었다. 오슬러는 "그리스 문명, 16세기의 지리적 르네상스, 19세기의 과학적 자각, 이 세 사건은 근대 세계의 울적한 기운에 생기를 불러일으켰다."라고 말한 다음에 열대에 대해 주목할 만한 발언을 했다.

> 세계 문명의 6대 발상지들 중에서 이집트, 페니키아, 아시리아, 바빌로니아가 열대에 속하거나 열대에 인접한 곳에 위치했으며, 지금은 북위 30도와 남위 30도 사이에 있는 지역으로, 아프리카, 아라비아, 인도, 버마, 말레이 군도, 폴리네시아, 필리핀, 멕시코, 중앙아메리카 공화국들, 서인도제도 등이 있다(Osler, 1909: 1401).

〔표 6-2. 서구와 열대의 인구와 땅의 크기 비교〕가 보여주듯이, 오슬러는 프랑스, 독일, 영국, 미국의 네 나라가 차지했던 열대의 지역들의 인구와 땅의 크기를 비교했다(Osler, 1909: 1401). 프랑스는 자국의 영토보다도 거의 20배나 되는 열대 식민지를, 독일은 약 5배 정도, 영국은 자그마치 40여 배나 되는 식민지를 각각 차지하고 있었다. 오슬러는

표 6-2. 서구와 열대의 인구와 땅의 크기 비교

국가	인구				합계	영토
	아메리카	아프리카	아시아	태평양		
프랑스	440,000	17,700,000	18,5000,000	80,000	36,720,000	39,000,000
	35,000	**4,032,000**	**310,000**	**9,000**	**4,386,000**	**207,000**
독일		11,700,000		400,000	12,100,000	60,000,000
		931,500		**96,000**	**1,027,500**	**209,000**
영국	2,000,000	30,500,000	296,600,000	1,150,000	330,250,000	44,500,000
	109,000	**1,600,000**	**1,900,000**	**1,400,000**	**5,009,000**	**121,000**
미국	305,000			7,707,000	8,012,000	76,000,000
	47,500			134,500	**182,000**	**2,970,000**

* 굵은 글씨는 서구 각국의 인구와 영토를, 보통 글씨는 열대 식민지의 인구와 영토를 각각 가리킨다(크기는 평방 마일).

서구 제국들이 자국보다 훨씬 큰 영토를 지배하고 관리하는 데 있어서 가장 중요한 문제는 "질서와 보건"이라고 보았으며, "위생에 의한 열대의 통제"가 절실하다고 주장했다.

오슬러는 세계의 열대 지역들 중에서 파나마운하에 대해 특별히 관심을 가졌는데, 그 이유는 파나마운하는 "위생 조직의 엄청난 역사"를 보여주었기 때문이었다.

두 가지 점에서 파나마는 서구 열강의 이해 관계에 지정학적으로 중요했다. 첫째, 파나마운하 지역은 원래, 영국, 프랑스, 스페인이 이를 서로 차지하기 위해 각축전을 벌였던 곳이다. 운하에서 매년 발생했던 황열

(yellow fever) 때문에 어느 한 나라가 쉽게 차지할 수 없었다(Delaporte, 1991). 1793년부터 1796년 사이에 카리브 해에 주둔했던 영국 군대는 거의 8만명의 병사를 잃었는데, 그 이유는 황열로 인한 사망 때문이었다. 이 숫자는 나폴레옹의 스페인 침공에 대항하여 스페인, 포르투갈, 영국의 연합군이 싸웠던 '스페인독립전쟁'(1807-1814)에서 사망했던 영국군 병사보다 더 많았다(Crosby, 2000: 164). 1889년에 프랑스의 회사는 완전히 도산했고, 프랑스 군인들은 이 지역에서 무려 5만 명이나 생명을 잃었으며 결국 1904년에 이 지역에서 철수했다. 둘째, 파나마운하는 대서양과 태평양의 항로를 잇는 지리적 요충지라는 점이다. 뉴욕과 미국 서부의 항구 도시들은 파나마운하를 이용하면, 무려 8,415마일이나 단축된다. 리버풀은 파나마운하를 통과하면 미국 서부의 항구 도시들까지 6,046마일이나 단축된다. 파나마운하를 장악하는 나라가 태평양과 아시아를 연결하는 무역에서 막대한 이익을 챙길 수 있었다.

이런 이유로 파나마를 둘러싼 제국들 사이의 쟁탈전이 이루어졌다. 미국의 시어도어 루스벨트 대통령은 열대 해양력의 차원에서 달려들었다(3장). 대통령의 명령을 받아 병리학자 리드(Walter Reed)와 군의 총감 고거스(William Crawford Gorgas)가 황열 관리를 진두지휘했다. "스페인-미국전쟁이 발발하기 이전, 2백 년간 황열은 수많은 생명과 엄청난 재산을 앗아갔다. 쿠바의 아바나를 적절히 청결하게 한다면, 아바나는 더 이상 미국에 치명적인 질병을 전파하는 장소가 되지 않을 것이다."(Gorgas, 1915: 69) 고거스와 리드가 아바나에 도착했을 때, 그들은 이미 황열의 원인을 규명하는 데 일생을 바쳐왔던 쿠바 출신의 의사 핀라이(Carlos Finlay)의 존재를 알게 되었다. 핀라이는 국적에 아랑곳하지 않고 파나마의 황열 위생 사업에 뛰어들었던 전문가들에게 자신의 경험과 지식을 알려주었다(이종찬, 2009: 316-318). 비록 양자는 황열의 병리적 원인을 서로 다르게 생각했지만, 핀라이가 없었더라면 리드와 고거스가 주도했던 미국의 황열 위생 사업은 결코 성공할 수 없었을 것이다. 하지만 핀라이는 서구중심주의 역사에서 은폐되거나 기껏해야 조역 정도로 묘사되어 왔다.

살아 생전에 수에즈운하의 소식을 들었던 괴테는 1827년에 다음과 같이 파나마운하의 건설을 예언했다.

> 미국은 멕시코만에서 태평양으로 이어지는 바닷길을 반드시 뚫고 말 것이다. 나는 미국이 그 목적을 달성할 것이라고 확신한다. 살아서 이것을 보고 싶지만, 그렇게 되지는 않겠지. 하지만 나는 영국이 수에즈운하를 건설하는 것을 보게 될 것이다(Scott, 1939: II: 967).

3. 근대 의학의 서구 정체성

열대의 환경위생과 청결의 근대 유럽

19세기 유럽 환경위생과 보건의료의 역사에서 빼놓을 수 없는 중요한 개혁가들은 '청결의 근대'를 확립하는 데 중심적인 역할을 수행했다. 영국에서는 존 스노우는 런던 콜레라의 원인을 규명하는 데 앞장섰으며, 채드윅(Edwin Chadwick)은 환경위생 개혁운동의 중심에 있었다. 프랑스에서 비예르메(Louis-René Villermé)는 프랑스의 노동자들의 빈곤 문제를 환경위생의 관점에서 해결하려고 했으며, 독일의 경우 비르효(Rudolph Virchow)는 전염병 발생을 지리역학적 관점에서 분석했고, 뮌헨에서는 페텐코퍼(Max Pettenkofer)가 도시 위생을 향상시키는 데 기여했으며, 미국에서는 새턱(Lemuel Shattuck)을 중심으로 뉴욕을 포함한 북동부 도시들의 환경위생 문제를 해결했다. 이루 말할 수 없이 많은 환경위생과 보건의료 분야의 전문가들은 청결이야말로 서구적 근대를 확립하는 데 중요한 준거점이라고 믿었으며, 이를 실현하기 위하여 의료지리학의 방법론을 활용했다. 왜냐하면, 19세기 유럽을 뒤덮은 검은 연기와 불결한 상하수도를 해결하기 위해서는, 〖런던 콜레라 발생지점〗가 보여주듯이, 기본적으로 의료지리학적 이론과 방법을 적용해야 했기 때문이다.

이들이 추구했던 의료지리학의 이론과 방법들은 열대의 식민화를 위해 먼저 시작했던 제도와 정책을 유럽으로 갖고 들어와서 유럽의 상황에 맞게 수용했다는 데 주목을 요한다. 영국의 전지구적 열대에 대한 식민화가 본격화되면서, 제임스 린드의 《열대의 유럽인들에게 발생하는 질병》과 벤저민 모즐리의 《열대질병, 군사 작전, 그리고 서인도제도의 풍토》는 열대질병에 대한 의료지리학적 관심과 연구를 더욱 진작시켰다. 존슨(James Johnson)의 《열대 풍토가 유럽인의 체질에 미치는 영향》(1811)은 영국은 물론이거니와 유럽 사회에 널리 읽혀졌다.

이런 흐름을 타고 1824년에 시작된 버마와의 전쟁은 영국에서 의료지리학을 촉발시키는 데 중요한 촉매제가 되었다. 영국동인도회사에 소속되어 이 전쟁에 참여했던 마틴(James Ranald Martin)은 《캘커타의 의료지형학》(1837)에서 자신이 그 전 해에 쓴 《캘커타의 환경위생 상태》

(1836)에 근거하여, 영국이 인도를 문명화시키려면 열대 인도의 환경위생을 향상시켜야 할 뿐만 아니라 영국 사회도 내부적으로 청결한 사회를 발달시켜야 한다고 주장했다(Harrison, 2002). 1830년대와 1840년대 영국은 의료지리학적 이론과 방법에 근거하여 열대의 식민화와 내부의 근대적 환경위생을 상호 연결시킬 수 있는 정책을 수립하고 제도화하는 데 절치부심했음을 알 수 있다. 다시 말해서, 영국이 내부적으로 근대적 환경위생 정책과 제도를 정립한 후에 이것을 열대의 식민화에 적용한 것이 아니라, 오히려 열대에서 먼저 실행하는 과정에서 생겨났던 시행착오를 수정하면서 영국 내부에 이를 적용했던 것이다. 식민적 문화융합은 청결의 근대를 정립하는 과정에서도 이루어졌다.

군사의학과 '문명화 사명'(mission civilisatrice)

장-노엘 알레가 프랑스에서 의료지리학을 처음으로 사용한 이후로, 육군 군의관이었던 부댕(Jean Christian Boudin)은 의료지리학을 본격적으로 정립했던 인물로 간주된다(Osborne, 2000: 36). 부댕은 의료지리학의 목적에 대해, "풍토가 인간과 유기체에 미치는 영향을 파악하고 질병의 지리적 분포와 지형학적 관계를 규정하는 법칙을 연구하는 것"이라고 말했다. 그는 의료지리학이 의사들에게 매우 실용적인 치료 방법을 제공할 수 있기 때문에 의학의 한 분과학문이 되어야 한다고 주장했다. 부댕이 육군에 소속된 군진 의사였음에 주목할 필요가 있다.

부댕을 프랑스 최초의 의료지리학자로 간주했던 롱바르(Henri-Clermond Lombard, 1803-1895)는 영국 에든버러에서 의학을 공부하고 돌아왔다. 당시 프랑스에서 의학통계학을 개척하고 있었던 루이(Pierre-Charles-Alexander Louis)는 통계학적 기법이 프랑스의 환경위생 운동에 중요하다고 생각했는데, 롱바르는 루이의 이런 방법론을 부댕의 의료지리학에 접목시켰다. 또한 롱바르의 의료지리학은 몽테스키외가 《법의 정신》에서 설파했던 인종에 대한 풍토적 사상에 근거했다. 《법의 정신》은 유럽의 열대 식민화를 위한 도덕적 정당성을 부여했다. 이렇게 몽테스키외의 풍토적 인종관에 근거하여, 롱바르는 자신의 주저인 《의료풍토학 논저》에서 의료지리학을 '의료풍토학'(medical climatology)의 범주에 포함했다. 그가 제시한 의료풍토학은 의료기상학, 의료지리학, 병리학 및 예방의학, 임상치료학을 아우르는 학문을 의미했다. 롱바르의 이런 인식은 프랑스가 열대 식민지를 문명화시켜야 한다는, 소위 문명화 사명을 지향하고 있었다.

이렇게 지리학이 문명화 사명을 위한 핵심적인 학문으로 부상하던 시기에, 켈쉬(Louis-Félixe-Achille Kelsch)는 프랑스 육군에 근무했던 역학자로서 열대 식민지에서 발생하는 열대질병들을 연구하고 있었다. 켈쉬는 1880년대 이후 프랑스 의학에서 영향력을 갖기 시작했던 파스퇴르(Louis Pasteur)의 세균설을 의료지리학에 적용했다. 그는 질병의 구체적인 원인균을 세균 검사에 근거해 연구함으로써 의료지리학의 과학적 정당성을 확보하는 데 기여했다. 이처럼, 프랑스에서는 문명화 사명을 지향하면서 열대질병을 군사적으로 통제하는 과정에서 의료지리학이 발달했다.

지리의학과 醫學史

19세기 독일은 정치적으로나 과학적으로 지리의학의 탄생에 적합했다. 독일 의사들은 의료지리학이 실제 의술 행위에 별로 도움이 되지 않는다는 이유로 지리학의 분과학문으로서의 의료지리학보다도 의학의 세부 분야로서의 지리의학의 발달에 더 큰 관심을 보였다. 지리의학은 위트베르(Philipp Ludwig Wittwer)가 1790년에 독일 최초의 의학사 잡지인 《의학사 아카이브》에서 처음으로 사용하기 시작했다(Garrison, 1932: 597). 이런 독일 의료문화적 환경에서 활동했던 병리학자 히르쉬(August Hirsch)는 의료지리학보다는 '지리병리학'이라는 용어를 사용했는데, 이 용어는 지리의학을 더욱 구체적으로 표현한 것이다. 히르쉬는 맥나마라와 맥퍼슨의 아시아발 콜레라를 유럽 의학계에 정착시키는 데 결정적인 역할을 했던 인물이다(Hamlin, 2009: 47).

뿐만 아니라, 히르쉬는 역사학이 지리학보다도 더 중요하다고 생각했다. 그래서 그는 의료지리학과는 다른 성격을 갖는 '역사지리병리학'이라는 개념을 제안했다. 히르쉬는 《역사지리병리학》에서 이 학문의 목적을 다음과 같이 밝혔다.

> (i) 질병이 여러 시기에 지구의 곳곳에서 발생했을 때의 특정한 조건을 규명하고, (ii) 질병들이 시간과 공간에 따라 어느 정도로 차이가 나타나는지를 보여주며, (iii) 특정 시간과 공간에서 발생한 질병들의 요인들 사이에 어떤 인과적 관계가 있으며, (iv) 같은 질병이라도 시간과 공간의 변화에 따라 서로 간에 어떤 연관성이 있는지를 밝혀내는 데 있다(Hirsch, 1883: I: 5).

1930년대 독일의 의학들은 히르쉬가 제창했던 역사지리병리학에 주목하면서도 지리의학의 용어를 적극적으로 사용하기 시작했다. 베를린의학사연구소의 자이스(Heniz Zeiss)는 오랫동안 러시아에서 체류한 후에 돌아와 의료지리학과 구별되는 지리의학의 중요성을 주장했다. 그에 의하면, 지리의학은 지리학이나 지도학적 방법으로 의학적 상황을 분석하는 학문인 데 반해, 의료지리학은 어떤 주어진 지역 내에서 환경이 사람과 자연에 미치는 영향을 다루는 학문이다(Garrison, 1932: 606).

지게리스트(Henry Sigerist)는 지리의학의 이런 흐름을 미국으로 전파시켰다. 그는 스위스 태생으로 독일에서 의학사를 공부한 후에 미국으로 건너와 존스홉킨스대학에서 미국 최초의 의학사연구소를 개설하는 등 의학사의 틀을 정립하는 데 선구적인 역할을 했던 인물이다. 지게리스트는 미국 최초의 의학사 학술지인 《의학사학보》 창간호의 머리글을 지리의학으로 설정했고 게리슨(Fielding Garrison)이 권두논문으로 지리의학과 의학사 사이의 학문적 상관성에 대해 논의했다(Garrison, 1933). 지리의학과 의학사의 이런 상관성에 주목했던 아커크네히트(Erwin H. Ackerknecht)는 독일에서 의학사를 공부하고 난 후 지게리스트와 함께 미국으로 건너온 의학사학자인데, 그는 의료지리학이 의학사에 의해 보완되어야 한다고 주장했다. 지게리스트는 특히 열대질병의 지리학과 식민주의의 연관성을 다음과 같이 설명했다.

> 스페인, 포르투갈, 영국, 네덜란드와 같은 식민 국가들은 [열대 질병의 지리학] 연구에 일차적으로 관심을 가졌는데, 수세기에

> 걸쳐서 이 국가들이 열대질병에 관한 지식을 생산하는 데 기여했다. 어떤 나라든지 식민지를 갖겠다는 열망에 사로잡히게 되면서 즉각적으로 의료지리학에 현저한 관심을 갖게 되고 기록을 남겼으며, 열대질병을 연구하기 위해 학교, 병원, 연구 기관들을 설립했다. 이런 양상은 19세기 초에는 프랑스, 19세기 후기에는 독일, 20세기에는 이탈리아에서 각각 일어났다(Sigerist, 1951: 68).

그래서 열대의학과 관련된 의학교와 병원, 연구 기관들이 제국의 식민화 사업을 추진하기 위해 설립되었다. 리버풀(1898), 런던(1898), 보스턴(1900), 함부르크(1901), 파리(1901), 뉴올리언스(1902), 수단의 카르툼(1904), 베를린(1905), 브뤼셀(1906), 암스테르담(1912), 툴레인(1913) 등에 열대의학 연구와 교육기관들이 설립되었다(Worboys, 1993: 520). 1916년에 설립된 미국 최초의 보건대학원인 존스 홉킨스(Johns Hopkins School of Hygiene and Public Health)도 이러한 열대의학 연구 기관의 국제적인 흐름을 타고 만들어졌다(이종찬, 1996).

지게리스트는 의료지리학이 서구의 제국적 욕망에 의해 정립되었다는 것을 분명하게 밝혔다. 의료지리학은 서구의 열대에 대한 식민화 사업을 위해 절박하게 요청된 학문적 이론과 방법인 것이다. 더 나아가서, 그가 미완성의 저서인 《세계의학사》에서 논의한 이 내용은 열대와 서구 사이의 의학적, 보건학적, 환경위생학적 관점에서 주목을 요한다. 그의 논의는 식민 본국으로서의 서구가 열대 식민지를 확보하고 유지하기 위해 근대적 위생의 이론과 방법을 열대와 서구에 동시에 적용했음을 시사한다. 다시 말해서 이론과 방법이 서구에서 먼저 생기고 열대 식민지에 나중에 적용된 것이 아니다. 지거리스트의 이런 인식은 열대의학이 식민지와 본국 사이의 문화융합에 근거하고 있음을 보여준다.

서구 의학의 정체성

1860년대만 하더라도 열대 지배에 비관적인 전망을 갖고 있었던 서구 사회가 이후에 낙관적인 입장을 갖게 된 중요한 이유는 1870년대부터 세균학에 기초한 열대의학이 정립되어 갔기 때문이다. 당시 영국의 열대의학자 삼본(Louis Westernra Sambon)의 이야기를 들어보자.

> 열대 지역을 식민화하는 문제는 유럽 국가들이 가장 중요하고도 절실하게 해결해야 하는 문제이다… 열대의 풍토에 대해 비관적인 생각을 갖게 된 것은 과학적 지식이 아직 발달하지 않아서 유럽인들의 사망률이 원주민들보다 열 배 이상이나 높았기 때문이다. 그래서 열대 지방에서 유럽인들이 생존 경쟁에서 패배했던 것이다. 지난 수십 년 사이에 환경위생과학의 영향으로 열대지방에서의 건강 상태는 놀라울 정도로 좋아졌다 (Sambon, 1898: 589).

삼본은 열대질병의 지리적 분포에 대한 지식이 열대의 식민화 연구에서 가장 중요하다고 하면서, 의료지리학이 환경위생과학의 발달에 토대가 되었다고 주장했다. 제국주의적 지배에서 가장 큰 어려움으로 다가왔던 열대질병을 해결할 수 있다는 가능성이 높아졌다.

1883년에 이집트에 콜레라가 창궐했을 때, 프랑스와 독일은 경쟁적으로 이집트에 콜레라 조사단을 파견했다. 프랑스에서는 '파스퇴르 연구소'의 루(Emile Roux), 독일에서는 코흐(Robert Koch)가 대표로 각각 알렉산드리아를 방문해 콜레라에 대한 역학조사를 수행했다(Brock, 1999). 세균학이 과학적 방법으로 적용되었다. 열대질병에 대한 위생적 통제는 세균학이라는 과학의 이름으로 이루어졌다. 세균학은 열대질병을 위생적으로 통제하려는 과정에서 수립된 열대의학의 과학적 방법론으로 작용했다.

제국주의자들과 과학자들은 열대의 풍토병을 퇴치하기 위해 더 이상 광대한 열대를 돌아다니지 않아도 되었다. 열대질병이 '우글거리는' 식민지가 아닌 제국의 본토에서 실험실을 만들고 과학적 연구를 함으로써 열대의 풍토병을 통제할 수 있게 되었다. 식민화는 군사적, 정치적 힘으로써만 가능한 게 아니라, 열대에 대한 위생적 통치를 통해서 이루어졌다. 브뤼노 라투르(1장)는 이런 상황을 매우 적절하게 지적했다.

> 아프리카를 힘으로 침략하려고 한다면, 당신은 곧 죽을 것이며 해변에만 머물게 될 것이다. 그러나 파스퇴르연구소를 등에 업고 아프리카를 침략하게 된다면, 여러분은 실제로 지배할 수 있다(Latour, 1988: 142).

1931년 파리 식민지박람회에 맞추어 발간된 프랑스 식민지 백과사전에서, 역사가인 아노토(Gabriel Hanotaux)는 파스퇴르를 "근대 식민주의의 위대한 지도자"라고 평가하면서, "과학적 의학에 의한 식민주의는 프랑스 과학의 가장 고상한 발명품 중의 하나"라고 말했다. 게다가 로버트 코흐가 인도와 아프리카를 다니면서 군복을 입고 열대의학을 연구했다는 사실은 그의 의학적 연구가 군사의학의 일환으로 이루어졌음을 보여주는 명확한 사례이다.

유럽의 식민통치자들이 군사적인 수단보다도 파스퇴르연구소를 더욱 절실히 필요로 했다는 사실이 무엇을 의미하는지 곱씹어 볼 일이다. 제국주의는 열대의학의 이념적 토대로 작용했으며, 군사의학은 열대의학을 담을 수 있는 틀이 되었다. 의학의 근대적 정체성은 분명해졌다. 그것의 이론은 과학적 세균학이며, 이념은 제국주의이며, 방식은 군사의학이다. 이 셋이 결합하여 열대의학의 이름으로 표출되었다. 〔그림 6-1. 아프리카에서 군복을 입고 열대질병을 연구하는 코흐〕는 나중에 노벨상을 수상하게 되는 로버트 코흐를 통해서 서구 의학의 이런 정체성을 명확하게 보여준다.

열대의학은 서구에 의한 열대의 타자화를 의학적으로 표현한 것이다. 그 타자화는 '서구 : 열대 = 자기 : 비자기'라는 이분법으로 정식화될 수 있다. 서구중심주의적 의학사는 이런 진실을 오랫동안 은폐해왔다. 2장에서 논의했던 근대 자연사 = 열대 자연사 = 식민적 자연사라는 등식을 떠올린다면, 서구 정체성의 본질은 더욱 명쾌하게 다가온다. 그렇다면 이렇게 말할 수 있다. 그동안 동서양을 막론하고 수많은 학자 및 전문가, 예술가, 문예비평가들이 말해왔던 서구적 근대, 즉 서구 정체성의 핵심은 결국 '열대성'인 것이다.

그림 6-1. 아프리카에서 군복을 입고 열대질병을 연구하는 코흐

3부

변방의 중심

7장
조선과 열대

조선에 갇혀버린 국악에서 벗어나기 위해 신라의 음악을 상상하면서 〔沈香舞〕를 작곡했다.

– 황병기(黃秉冀)

이미지가 빠져버린 사회와 종교는 몸과 상상력을 억압한다.

– 옥타비오 파스(Octavio Paz)

7장

조선과 열대

1. 종교와 해양무역

1) 세계체제와 열대 해양무역

혜초, 세계사적 전환기에 선 '호모 글로발리스'

6세기 진흥왕 이래로 신라는 입당구법(入唐求法)과 유학을 적극적으로 장려하여 수많은 신라 승려들이 당나라와 인도로 떠났다. 불교는 신라의 청소년들에게 미래로의 도약을 위한 희망을 불러 일으켰다. 열두 살에 당나라로 유학을 떠났던 최치원(崔致遠, 857-?)의 다음 글은 시대의 이런 흐름을 보여준다.

> 무릇 길이 멀다 해도 사람이 못가는 곳이 없고, 사람에게는 못 갈 나라가 없다. 그렇기 때문에 동쪽 나라(신라) 사람들은 승려

이건 유자(孺子)이건 간에 반드시 서쪽으로 대양을 건너서 몇 겹의 통역을 거쳐 말을 통하면서 공부하러 간다(정수일, 2004).

혜초(慧超, 704-787)는 신라의 이런 입당구법과 유학의 흐름을 타고 열여섯 살에 당나라의 수도 장안(長安)으로 떠났다. 수년이 지난 후에 혜초는 장안에서 마카오로 가서 배를 타고 '각멸'(閣蔑) – 현재의 캄보디아 – 에 도착했다. 여기서 그는, 〔지도 7–1. 스리비자야-마자파히트-믈라카 왕국〕에 표시되어 있는 스리비자야(Srivijaya) – 중국 문헌에는 실리불서(室利佛逝) 또는 삼불제(三佛齊)로 표기되었다 – 왕국(650-1377)의 수도인 팔렘방[Palembang, 거항(巨港)]으로 가서 수개월 체류한 후

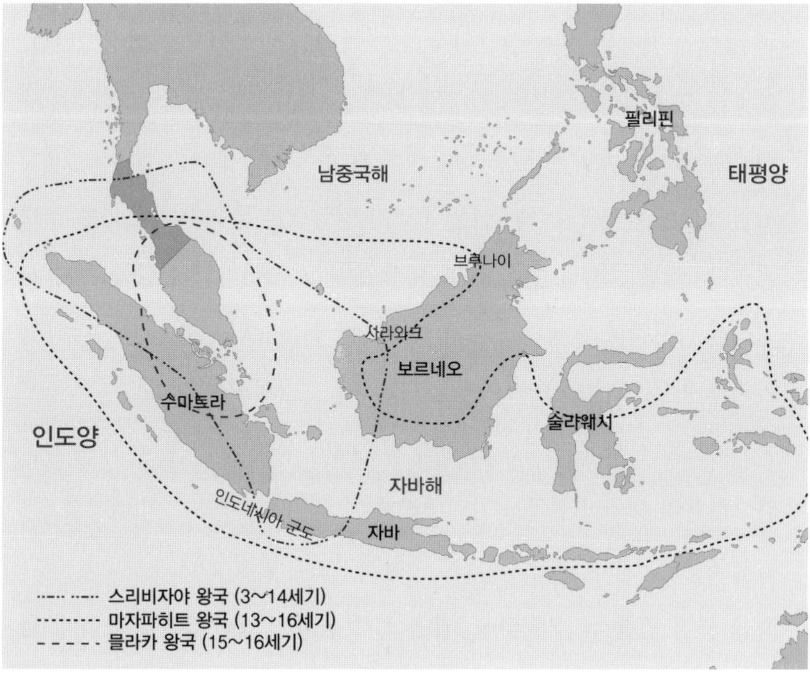

지도 7–1. 스리비자야-마자파히트-믈라카 왕국

에 믈라카 해협을 거쳐서 인도로 향했다.

혜초가 살았던 8세기는 당나라의 지리적 팽창으로 인한 한자 문명권의 발달, 열대 동남아시아에서의 스리비자야 왕국에 의한 해상무역의 확장, 서역(西域)에서의 이슬람교의 융성이라는, 세계사적으로 일대 전환기를 맞고 있었다(정수일, 2004: 99-100). 혜초가 쓴 《왕오천축국전》은 이런 세계사적 맥락에서 형성된 역사적 작품이다. 《대당서역기》를 쓴 현장(玄奘)과 《대당서역구법고승전》의 저자 의정(義淨)과 함께, 혜초는 진정으로 그 시대의 '전지구적 인간'(homo globalis)임에 틀림없었다.

8세기 수도 장안은 세계에서 인구 1백만 명을 넘었던 유일한 도시였다. 모든 점에서 '글로벌 도시'(global city)였다. 종교적으로 이슬람을 비롯하여 경교(景教), 배화교(拜火教), 마니교(摩尼教) 등 여러 유형의 종교 활동이 전개되었다. 장안의 혼종적 문화를 일상적으로 접해가면서, 혜초는 인도에서는 힌두교가 불교보다 더 발달하고 있으며, 스리비자야 왕국에서도 불교와 힌두교가 서로 경쟁적으로 세력을 떨치고 있고, 서역에서는 이슬람교라는 신흥 종교가 영향력을 넓혀가고 있음을 알게 되었다. 이런 소식을 접한 혜초는 직접 보고 확인하고 싶었을 것이다. 진리를 탐구하고자 했던 그는 불교 이외에 힌두교와 이슬람이 발달하고 있던 지역들도 탐방하면서 진리의 궁극에 도달하고자 했다.

혜초를 신라 승려라는 종교적 범주에만 묶어 둔다면, 전지구적 인간으로서의 그의 진면목을 가려버리게 된다. 《대당서역기》의 현장과 《대당서역구법고승전》을 쓴 의정도 마찬가지이다(義淨, 2013; 玄奘, 2013). 그들을 근대 민족국가의 역사문법에 의해 중국인 승려라고 분류하게 되면, 전지구적 인간으로서의 그들이 만들어갔던 궤적의 역사적 의미가 축소되고 만다. 혜초와 마찬가지로 팔렘방에 체류했던 의정은 여기서 《대당서역구법고승전》을 쓰면서 신라에서 온 승려들을 포함하는 것을 잊지 않았다. 혜초, 현장, 의정 등이 한자문화권, 열대 해상무역권, 이슬람 역사문화지리권에서 구법 행위를 하면서 진정으로 무엇을 추구했는지에 초점을 맞추어 《왕오천축국전》, 《대당서역기》, 《대당서역구법고승전》을 읽는 것이 올바른 독해일 것이다.

해양국가 고려와 열대의 국제무역

고려와 요나라의 전쟁이 끝나갈 11세기 무렵부터 고려의 국제무역항이었던 벽란도(碧瀾渡)에는 송나라 상인들의 무역 활동이 현저하게 증가했다(이병희, 2012). 물론 '대식국'(大食國, 아랍), 섬라곡국(暹羅斛國, 태국), 교지국(交阯國, 베트남)에서 직접 왔던 상인들도 있었지만, 송상(宋商)은 고려와 이슬람 그리고 동남아시아의 무역을 연결하는 가장 중요한 연결고리였다(김철웅, 2004). 이런 시대적 흐름을 타고 송나라 사신 서긍(徐兢)이 1123년에 고려에서 한 달 체류하면서 보았던 고려의 다양한 풍경을 《고려도경》으로 남겼다(徐兢, 2005). 원래 그림까지 포함되었으나 현재는 전해지지 않아 아쉽지만, 외국인의 눈으로 고려시대의 삶을 묘사했다는 점에서 의미가 있다.

여기서 주목을 요하는 점은 서긍이 중국에서 출발하여 개경으로 연결되는 예성항(禮成港)으로 바로 들어오지 않고, 서해안의 뱃길을 따라 여러 섬들에 정박하면서 벽란도 예성항에 입항했다는 것이다. 그가 정박했던 섬들 중에서 9개 섬 중에서 고섬섬(苦苫苫, 위도), 군산도

(群山島, 선유도), 마도(馬島, 안흥항), 자연도(紫燕島, 영종도)는 서해안의 조운(漕運) 경로에서 주요 경유지였다(徐兢, 2005: 402-403). 조운이란 고려시대에 처음 시작되어 10세기 후반 성종 때에 정비된 것으로 '뱃길로 세금을 걷는' 것을 말한다. 서긍이 살았던 송나라에는 조운제도가 없었던 것을 생각하면, 비록 그가 조운에 대해 직접 언급을 하지는 않았지만 서긍은 서해안의 뱃길을 따라 오면서 고려의 조운에 대해 깊은 관심을 가졌을 것이다. 한국의 고려시대 연구자들은 조운이 해양사의 지평에서 한국사를 해석하는 데 매우 중요한 제도라는 사실을 밝혔다(문경호, 2011 & 2014; 윤용혁, 2011; 한정훈, 2009).

이규보(李奎報)가 쓴 시문집 《동국이상국집》(1241-1242)은 고려가 명실상부한 해상 왕조임을 보여준다. 비록 과장된 표현이기는 하지만, 그는 벽란도에서 아침에 배가 떠나면 한낮이 못되어 '남만'(南蠻), 즉 동남아시아에 이를 수 있다고 하면서 고려가 갖던 해양력을 피력했다. 서긍과 이규보가 현대 한국인에게 던져주는 메시지는 분명하다. 해양으로 나가기를 두려워했던 조선 시대의 과거로서 고려 시대를 인식해서는 안 된다는 것이다. 고려는 조선의 관점에서 볼 때, 역사학자 데이비드 로웬탈이 말한 대로(Lowenthal, 1985), '낯선 나라'이다. 고려는 '조선의 과거'가 아니라, '과거의 조선'이다.

과거의 조선으로서의 고려를 더 쉽게 이해하기 위해, 한국사 전공자들과 '도시사'(都市史)에 관심이 있는 역사학자들은 물론이거니와 교양독자들과도 함께 생각해보고 싶은 주제가 있다. 통일신라, 고려, 조선 시대에서 전성기는 각각 언제이며, 당시 수도 경주, 개경, 한양의 인구는 각각 어느 정도 되었는지이다. 물론 하나의 잣대로 이 세 시대를 비교하려는 우둔한 사람은 없을 것이다. 그렇더라도 국가의 통치를 구성하는 세 가지 영역인 인구, 영토, 안전 중에서 인구의 측면에서 세 시대가 가장 전성기였던 시기에 수도의 인구는 각각 몇 만 명이었는지를 파악하는 것은 중요한 의미를 갖는다. 왜냐하면, 특정 시대에 수도의 인구는 한 사회의 생산력과 생산관계, 그리고 문화역사지리적 힘을 집약적으로 표출하고 있기 때문이다. 한국사 전공자가 아니기에 전성기의 경주, 개경, 한양의 인구를 산출할 능력이 없다. 하지만, 이에 관한 한국사학자들의 연구를 읽으면서 분명히 알 수 있는 점은, 개경의 인구가 가장 많았을 때인 13세기 초 인구는 약 30만 명으로 추정된다는 것이다. 개경의 지리적 범위를 어떻게 설정하는가에 따라 다소 다르겠지만, 해양사의 관점에서 볼 때 벽란도를 개경의 전체 인구에 포함할 수 있다. 5백년 이상이 지난 18세기 후반, '열대 해양무역 네트워크'와 단절된 한양의 인구는 많이 잡아도 약 30만 명 정도 – 당시 옆 나라 수도 '에도'(江戶)의 인구는 1백만 명이 넘었다 – 에 머물렀음을 고려해볼 때, 해양무역에 의한 생산성이 개경의 인구를 증가시킨 중요한 힘이라고 생각한다.

2) 고려에서 조선왕조로의 전환과 세계체제

13-14세기 세계체제와 몽골 제국

정작 13세기 개경의 인구에 주목하는 본질적인 이유가 있다. 13-14세기 세계체제를 이해한다면 고려 해양무역의 의미를 더욱 명확하게 파악할 수 있으며, 개경의 인구 증가는 이런 맥락에서 이루어졌기 때문이다. 벽란도에서 취안저우(泉州)로 무역 상품을 가득 싣고 항해를 진두지휘했던 '선장'은 자신의 행위가 전지구적으로 무엇을 의미하는지를 알았을까? 비록 자신의 선박에 선적한 무역 상품이 취안저우를 거쳐서 해상 실크로드의 중심인 믈라카, 인도의 무역 항구도시인 캘리컷(Calicut), 아프리카의 모가디슈(Mogadishu) 등으로 팔려가는 것을 몰랐다고 하더라도, 그는 거대한 세계체제를 만들어가는 데 분명히 참여했다고 볼 수 있다.

이 책의 서두에서 강조했던 풍토적 관점에서 볼 때, '무역풍'으로 알려진 몬순(Monsoon) 기후가 13–14세기 세계체제를 이해하는 데 핵심 개념이다. 아프리카 — 아라비아 — 인도양 — 인도 — 동남아시아 — 남중국해 — 중국과 일본은 열대 해양무역을 통해 광범위한 역사 문화지리학적 네트워크를 형성했다. 〔지도 7–2. 13–14세기 세계체제〕(Abu-Lughod, 1989: 252)가 보여주듯이, 역사학자 차우두리(Kirti Narayan Chaudhuri)와 아부–루고드(Janet Abu-Lughod)에 의하면, 세 개의 하위체제가 존재한다. 첫 번째 하위체제는 취안저우, 항저우(杭州), 광저우(廣州)를 중심으로 한 중국의 무역 항구에서 남중국해를 거쳐서 팔렘방과 믈라카까지 연결되며, 두 번째 하위체제는 믈라카와 자바에서 벵골만을 지나서 인도의 주요 무역 항구도시 캄베이(Cambay), 캘리컷, 퀼론(Quilon)을 포함하며, 세 번째 하위체제는 아랍의 주요 무역 항구도시 호르무즈(Hormuz), 홍해에 위치한 아덴(Aden)과 지다(Jiddah), 모가디슈와 킬와(Kilwa)에서 아라비아해와 인도양을 넘어 인도에 이르는 지역을 아우른다(Chaudhuri, 1985: 103-105; Abu-Lughod, 1989: 251-253). 13세기 고려의 해양무역은 취안저우와의 무역을 통해서 첫 번째 하위체제

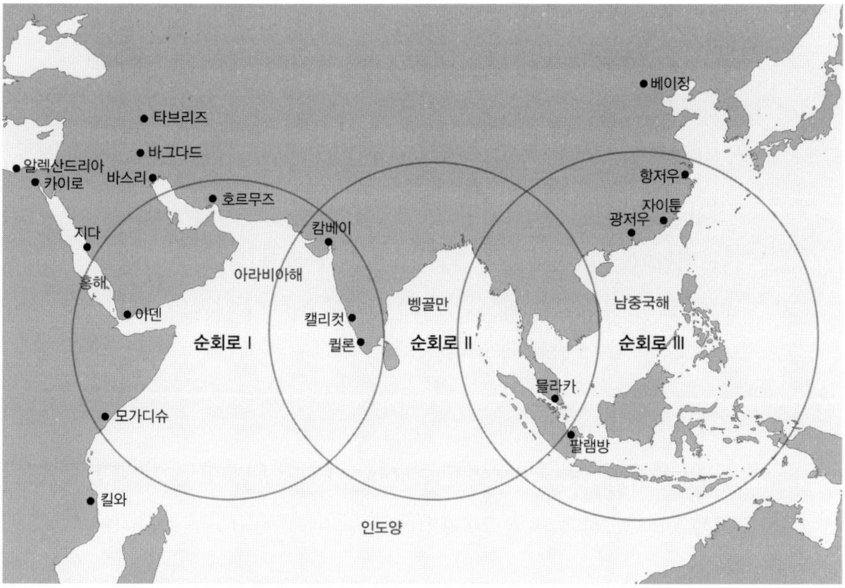

지도 7-2. 13-14세기 세계체제

에 포섭되었다. 조선 시대도 초기에는 이런 체제를 유지했지만, 명나라 정화(鄭和)의 일곱 차례에 걸친 '남해 원정'(1405-1433) 이후로 해금(海禁) 정책을 실행하면서, 조선도 이 체제에서 벗어나면서 전지구적 열대 해양무역 네트워크와 단절되었다.

13세기 몽골 제국의 등장도 이런 세계체제의 맥락에서 살펴보자.

몽골 제국이 세계사적으로 의미가 있다면, 그것은 역사상 농경세력, 유목세력, 해양세력을 모두 총괄하는 최초의 제국이 되었다는 의미에서이다. 고려는 몽골 제국으로 편입됨으로써 열대 동남아시아와의 무역을 전개할 수 있는 절호의 기회를 맞았다. 《고려사》(충선왕 즉위년 6월 을축)의 다음 내용은 그 기회의 단면을 여실히 보여준다.

> 을축(乙丑)에 왕이 덕자궁(德慈宮)에 조알(朝謁)했다. 마팔국 왕자(馬八國王子) 패합리(孛哈里)가 사신을 보내와 은사모(銀絲帽)와 금수수박(金繡手箔) 침향(沉 香) 5근(斤) 13양(兩) 토포(土布) 2필(匹)을 바쳤다. 이에 앞서 왕이 채인규(蔡仁揆)의 딸을 승상(丞相) 상가(桑哥)에게 보내었더니 상가(桑哥)가 피살되자 황제가 채씨를 패합리에게 하사했다. 패합리가 그 국왕과 틈이 생겨 원나라에 와서 천주(泉州)에 살았는데 이때에 이르러 채씨의 연고로 써 사신을 보내 통하게 되었다.

인도의 동쪽에 있는 코로만델(Coromandel)에 위치했던 마아바르(마팔국 또는 마팔아국)의 왕자로 알려졌던 패합리가 취안저우에 살면서 충선왕이 즉위했던 1298년에 고려 왕실로 열대의 귀한 산물을 보낸 역사적 맥락은 무엇일까? 중국 송나라 시절부터 취안저우에서는 고려와 일본과의 해상을 통한 무역 교류가 발달했다. 여기서 중요한 점은 취안저우가 7세기부터 14세기 후반에 이르기까지 동남아시아 해양무역을 주름잡았던 스리비자야 왕국을 비롯하여 현재의 캄보디아, 태국, 말레이시아, 베트남, 필리핀 등 이 지역의 여러 나라들과 해양무역을 해왔다는 점이다(이경규, 2005). 취안저우는 고려가 열대 동남아시아의 주요 무역 산물들을 활용할 수 있는 무역 중개지였던 것이다. 더구나 취안저우는 인도는 물론이거니와 서역의 아랍뿐만 아니라 아프리카와도 무역을 했던 국제적인 무역 항구였다(이강한, 2013: 91). 마르코 폴로와 이븐 바투타(Ibn Battuta)도 무역항으로서의 취안저우를 기록할 정도로 유럽과 아랍에도 널리 알려졌다. 마르코 폴로는 《동방견문록》에서 이 항구 도시가 수많은 상품과 보석을 세계의 곳곳과 무역을 하고 있다고 말하면서 주목할 만한 언급을 했다.

> 여러분에게 말해두지만 그리스도교도의 지방으로 팔려갈 후추를 실은 한 척의 배가 알렉산드리아나 다른 항구에 들어간다면 이 항구에는 그런 배가 일백 척이나 들어온다. 이곳은 세계에서 상품이 가장 많이 들어오는 두 개의 항구 가운데 하나라는 사실을 여러분은 알아야 할 것이다(Polo, 2000: 406).

무역 도시로서의 취안저우의 국제적 위상을 가늠할 수 있는 대목이다. 삼국 시대부터 조선 시대에 이르기까지, 세계 최대의 항구 도시와 직접 무역을 했던 시기는 이때밖에 없었다. 아울러 불교, 힌두교, 그리스도교, 이슬람교 등 다양한 종교 활동이 취안저우에서 어우러지면서 서로 이질적인 문화들이 융합했다. 요컨대, 취안저우는 중국의 열대와의 문화융합에서 가장 핵심적인 해항 도시로서 위상을 차지했다.

원(元) 나라를 세웠던 쿠빌라이 칸이 남송(南宋)을 정복하면서, 취안저우의 국제무역 항구로서의 위상은 더욱 공고해졌다. 쿠빌라이왕조는 마아바르를 비롯하여 열대 동남아시아 여러 나라들에게 조공 정책을 강요하면서 해양무역을 더욱 확대했다. 이 시기에 이슬람계의 걸출한 무역 상인 포수경(蒲壽庚)이 남송 시대부터 30여 년에 걸쳐 취언저우에서 활동하고 있었다. 그는 쿠빌라이의 '남해' – 현재의 남중국해 – 원정에 주도적으로 참여하여 현재의 베트남, 캄보디아, 버마를 거쳐 자바에 이르기까지의 해양무역 항로를 장악했다. 나침반과 지도가 항해에 광범위하게 사용되었을 뿐만 아니라, 선박과 항해 기술의 발달에 힘입어, 포수경을 중심으로 한 이슬람 해양 상인과 강남(江南) 지역의 상인들이 연합하여 서아시아의 인도를 거쳐 '홀노몰사'(忽魯沒思) – 현재의 호르무즈 해협 – 까지 진출해 교역했다(고명수, 2011). 취안저우를 출발하여 바람을 가득 안고 달리면 60일 만에 자바 섬에 이르며 128일이면 마아바르에 다다르고, 2백여 일이 되면 호르무즈에 도착할 수 있었다. 이로 인해 몽골 화폐가 인도와 동남아시아의 여러 지역에서 통용되기에 이르렀다.

해양무역은 원대 말기에 나라 재정의 30–40 퍼센트에 해당할 정도로 매우 중요한 위상을 차지했다. 쿠빌라이 칸은 이런 관점에서 탐라국의 지리경제적 위치를 강조하여 군사적, 행정적 조치들을 강화했다. 사실 탐라는 그동안 한국사에서 그 중요성을 인정받지 못해 왔다. 이런 홀대가 조선 성리학의 탓이라고 간주하는 제주도의 어느 향토 역사학자는 다소 선언적인 언어로 말했다. "탐라의 실체는 조선 유교에 의해 그 형체를 알아 볼 수 없을 만큼 산산조각이 되어 그 파편들이 망령처럼 세계의 해역에 표류한다."(고용희, 2008: 8)

충렬왕의 큰 아들인 동시에 쿠빌라이의 외손자인 충선왕 – 그의 몽골 이름은 이지리부카(益知禮普花)이다 – 이 즉위를 했을 때, 취언저우에 와서 무역을 했던 패합리가 열대의 진귀한 물품을 헌상한 것은 열대 해양무역에 대한 쿠빌라이왕조의 '거버넌스'(governance)라는 맥락에서 이루어진 것이다. 그렇지만 고려와 몽골의 경계인으로서 살았던 충선왕은 쿠빌라이왕조의 열대 동남아시아에 대한 지배를 활용하여 고려의 열대 해양무역을 발달시키는 데 별로 관심을 두지 않았다. 국력이 쇠약해지고 있는 상황에서 고려 말의 지배 계층도 취안저우를 통한 동남아시아와의 해양무역을 추진할 힘을 잃어 버렸다.

조선 초기의 무역과 왜구

현재의 태국을 의미하는 '시암'(Siam)은 아유타야(Ayutthaya)왕조(1351-1767) 초기에 고려에서 조선으로 왕조가 바뀌고 난 후에 교역을 하자고 사절단을 파견했다. 시암은 아시아로 진출했던 포르투갈과 16세기부터 무역과 문물교류를 시작한 후로 네덜란드와 프랑스 등 유럽의 여러 나라들과도 교류를 확대했다(Cruysse, 2002). 또한, 17세기부터는 바티칸(Vatican)왕국과도 통상과 외교 관계를 지속했다(Smithies & Bressan, 2001). 이처럼 시암은 동아시아와 동남아시아 나라들 중에서 유럽을 가장 적극적으로 이해했던 나라이다. 이렇게 볼 때, 시암이 '동방의 베네치아'로 불렸던 역사적 맥락을 이해할 수 있다. 일본의 도쿠가와 막부(幕府)는 아유타야왕조의 이런 경향을 일찍 파악하여, 17세기 초 약 30년간(1604-1635) 55척의 '주인선'(朱印船) – 일본이 동남아시아로 보냈던 무역선을 의미한다 – 을 시암으로 파견했다(이종찬, 2014a: 138-140). 일본의 주인선은 같은 기간에 아유타야에 왔던 전체 355척의 외국 선박 중에서 제일 많은 수를 차지했다(Garnier, 2004: 16).

아유타야왕조는 고려에서 조선으로 왕조가 바뀌자 교역을 신청해 왔다. 장사도(張思道)를 대표로 하는 20명의 무역사절단이 1393년에 와서 조선 왕실에 "소목(蘇木) 천근과 속향(束香) 천근과 토인(土人) 2명"을 바쳤다[조선왕조실록, 태조강헌대왕실록(太祖康獻大王實錄]). 조선 왕실은 답례로 배후(裵厚)를 회례사(會禮使)로 임명하여 통역을 담당할 통사로 이자영(李子瑛)과 함께 장사도의 귀국 편에 파견했다. 조선 왕실은 답례로 배후(裵厚)를 회례사(會禮使)로 임명하여 통역을 담당할 통사로 이

자영(李子瑛)과 함께 장사도의 귀국 편에 파견했다. 그런데 이 시기 동남아시아와 동아시아의 항해 경로는 안남(安南) — 마카오 — 광동 — 취안저우 또는 대만을 거쳐서 쿠로시오(黑潮) 해류를 타고 류큐의 나하(那覇)에서 일본 후쿠오카의 하카다(博多)로 이어져 있었다. 이런 항로를 알았던 장사도 일행은 일본을 경유하기 위해 하카다로 가는 도중에 왜구를 만나 목숨만 살아서 다시 조선으로 돌아올 수밖에 없었다. 그들은 수개월을 기다린 후에 다시 출발해 이번에는 무사히 시암에 도착한 것으로 보인다. 하지만 배후를 비롯한 조선인들은 돌아오는 길에 전라도 나주 앞바다에서 왜구를 만나 목숨을 잃었고 이자영 등 몇 명은 잡혀갔다가 겨우 도망쳐왔다. 이런 이유로 조선인 사절이 시암에서 무엇을 체험했는지 알 길이 없다. 조선과 시암의 무역 교류는 이것으로 끝났다. 양쪽 모두 왜구와 해류의 위험을 무릅쓰고 굳이 무역을 지속해야 할 만한 이해관계가 미약했다.

시암에 이어서 이번에는 마자파히트(Majapahit) 왕국(1293-1520)에 속한 조와국(爪哇國) – 자바를 가리킨다 – 에서 사신을 파견했다. 《조선왕조실록》(태종 6년 8월 11일)의 다음 대목을 보자.

> 남번(南蕃)의 조와국(爪哇國) 사신 진언상(陳彦祥)이 전라도 군산도(群山島)에 이르러 왜구에게 약탈을 당했다. 배 속에 실었던 화계(火雞, 타조), 공작(孔雀), 앵무(鸚鵡), 앵가(鸚哥, 잉꼬), 침향(沈香), 용뇌(龍腦), 호초(胡椒), 소목(蘇木), 향(香) 등 여러 가지 약재와 번포(蕃布)를 모두 겁탈당하고, 피로(被虜)된 자가 60인, 전사자가 21인이었으며, 오직 남부(男婦, 남녀)를 합해 40인만이 죽음을 면하여 해안으로 올라 왔다. 진언상은 일찍이 갑술년에 봉사(奉使)로

내빙(來聘)했는데, 우리 나라에서 조봉대부(朝奉大夫) 서운부정(書雲副正)을 제수했던 자이다.

1345년에 '자와' 섬(자와, 즉 자바란 14세기에 말레이 군도를 지칭했다. 소자바는 오늘의 수마트라를, 대자바는 현재의 자바를 가리킨다.)에 도착한 이븐 바투타의 이야기를 들어본다면, 자바가 이 시기 세계체제에서 얼마나 중요한 무역국이었는지를 가늠할 수 있다. 이븐 바투타는 "이곳은 자와 유향의 산지이다."라고 말하면서 "섬에 있는 나무는 대부분 야자와 정향, 인도 침향, 망고, 자몽, 감귤, 녹나무" 등과 같은 나무라고 기록했다. "이곳에서 자라는 향료 식물은 주로 이교도들이 사는 지역에 있으며, 무슬림이 사는 지역에는 상대적으로 적다."(이븐 바투타, 2001: II: 310) 포르투갈에 이어서 스페인, 네덜란드, 영국, 프랑스가 이 지역의 향료를 얻기 위해 얼마나 치열한 싸움을 벌였는지에 대해선 잘 알려져 있다(Milton, 1999). 이븐 바투타 일행이 항구에 도착하자마자 이 섬의 주민들은 열대에서만 산출되는 야자, 바나나, 망고, 물고기 등을 갖고 와서 무역 거래를 요구했다. 무역 거래에 응하지 않는다면 어느 누구도 이 섬에 들어갈 수 없었기에 이븐 바투타는 응할 수밖에 없었다. 이런 사실은 주목을 요한다. 자바 사람들은 외국인과의 만남에서 교역을 제일 중요하게 생각했다. 교역과 통상이 수반되지 않은 외교 관계는 성립하지 않는다는 것이다. 그는 이교도들이 있는 지역이 이슬람 지역보다도 유향, 녹나무, 정향, 인도 침향이 훨씬 많이 생산된다는 사실을 강조했다. 특히 정향나무의 줄기는 이븐 바투타의 고향인 모로코에까지 수출되었을 정도로 이 시기 열대 해양무역에서 매우 중요한 교역 상품이었다.

14세기 초에 베네치아를 떠나 동남아시아를 탐방했던 프란체스코 수도회의 오도릭(Odoric of Pordenone)도 자바의 진귀한 교역 상품들에 대해, "장뇌, 필징가(蓽澄茄, cubeba), 소두구, 육두구 등의 여러 가지 진귀한 향료가 생산된다."라고 말했다(Odoric, 2012: 158). '자바 후추'라고도 불리는 '필징가'는 자바와 수마트라 섬에서만 주고 재배되었다. 또한 아랍을 통해 유럽에 알려졌던 육두구는 13-14세기가 되면 유럽인들에게 폭발적인 인기를 끌 정도로 유럽 시장에서 공급이 수요를 쫓아가지 못했다.

조선 초기에 이렇게 중요한 무역국인 조와국이 먼저 찾아와서 교역을 신청했지만, 왜구의 개입으로 양국 사이의 무역은 지속되지 못했다(조흥국, 2009: 161-164). 조와국은 1394년(태조 3년)에 화상(華商)으로 추정되는 진언상을 조선에 파견했는데, 자바 지역을 지배했던 마자파히트 왕국으로서는 왜구의 침탈을 받으면서까지 조선과의 무역을 지속해야 할 이유가 없었다. 마자파히트 왕국은 유럽이 동남아시아에 오기 이전에 이 지역을 지배했던 최후의 인도식 왕조였는데, 15세기에 믈라카왕조에게 그 지배권을 넘겨주면서 몰락했다.

조선왕조로서의 입장에서도 자바와의 무역을 지속할 만한 동기가 없었다. 조선과 동남아시아 사이의 해양무역은 대체로 여기서 막을 내렸다고 해도 무리는 아니다. 《태조실록》에 나와 있듯이, 조선과 무로마치(室町) 막부가가 왜구를 금지시키기 위한 사신을 수십 차례 왕래하는 등 대책을 나름대로 세웠지만, 조선으로서는 역부족이었다. 이 당시의 왜구를 일본의 해적에만 국한해서도 안 된다. 중국의 왕직(汪直)은 왜구로 가장하여 나가사키를 거점으로 삼아 중국인과 일본인은 물론이거니와 포르투갈인까지도 포섭하여 중국 연안에서 노략질을 일삼았다.

해양무역이 있는 곳이면 세계 어디에서도 해적은 존재했다. 2장에서 논의했듯이, 해적은 서구가 제국을 건설하는 데 첨병의 역할을 맡았다(Warren, 2007). 마찬가지로 왜구도 일본이 동남아시아로 진출하는 데 중요한 역할을 맡았다.

조선은 동남아시아에서 열대 해양무역을 제대로 해본 경험이 없었기에, 더 나아가서 13-14세기 세계체제를 만들어갔던 아프리카 — 인도양 — 동남아시아 — 중국과 일본의 해양무역 네트워크에 적극적으로 참여하려는 의지도 능력도 없었다. 그렇기에 조선은 해적이 이런 네트워크에서 필연적으로 발생할 수밖에 없는 중요한 세력임을 인식하지 못했다.

이븐 바투타와 세계체제의 문화역사지리적 네트워크

이븐 바투타의 여행기는 탁월한 이슬람 문명교류사 전문가 정수일에 의해 한국어로 번역된 이후로 널리 알려졌다. 그럼에도, 그의 30년에 걸친 여행(1325-1354)을 13-14세기 세계체제에 의해 형성되었던 역사문화지리적 네트워크의 관점에서 바라보려는 문제의식을 찾아볼 수 없다. 이븐 바투타의 여행 지역은 앞에서 언급했던 세 하위체제에 해당하는 지역들을 모두 아우르고 있다. 아프리카 동부에서 인도와 몰디브, 말레이, 자바, 필리핀 일부, 중국의 항저우에 이르기까지의 광범위한 지역이 포함되었다.

현재 모로코에 해당하는 아프리카의 항구 도시 탕헤르(Tangier)에서 태어난 이븐 바투타가 여행을 떠났던 14세기 초는 이슬람이 지리적으로 가장 크게 확장된 시기이다. 14세기의 이슬람은 다중심적이고 다극화가 이루어졌던 시기였다. 동방의 일한국(1258-1353), 서방의 맘루크왕조(1250-1517), 이베리아 반도를 지배했던 나스르왕조(1230-1492)를 비롯하여 중심 세력이 지역별로 각각 형성되었다. 이슬람 세계의 이러한 다원적 변화를 경험하면서 이븐 바투타는 이런 변화를 추동시킨 근본적인 역사문화지리적 힘을 알고 싶었다. 그는 여행을 통해 이슬람의 역동적 전환을 규명하기를 갈망했다.

그렇다고 하더라도, 30년간 여행을 감행하는 것은 현실적으로 쉽지 않았을 것이다. 동서고금을 막론하고 여행에 소요되는 경비를 어떻게 마련할 것인가? 콜럼버스의 대서양 항해, 마젤란의 태평양 항해, 부겐빌과 제임스 쿡의 남태평양 항해 사이에는 공통점이 있다(4장). 바로 그 나라의 왕실이 항해를 적극적으로 지원하면서 재정적으로 도와주었다는 점이다. 하지만 이븐 바투타의 경우는 달랐다. 여행기 어디에도 그가 살았던 마그레브 지역의 모로코왕조가 지원했다는 이야기는 없다. 그럼에도, 이븐 바투타는 어떻게 30년간 여행할 수 있었을까? 엄두조차 낼 수 없는 길고 긴 여행을 가능하게 했던 현실적인 조건은 무엇이었을까?

이 물음에 대한 해답은 이슬람 문명의 다극화와 지역화 과정에서 이슬람의 포교에 주도적 역할을 했던 수피즘(Sufism)에서 찾을 수 있다. 수피즘은 이슬람이 자바로 전파되는 데 가장 중요한 역할을 했는데, 그 이유는 자바에 왔던 수피들은 이슬람 교리를 자바의 토착 문화에 유연하게 정착시킬 수 있는 지혜가 있었기 때문이다. 또한 수피즘은 인도에서도 힌두교와의 문화융합을 통하여 이슬람이 번성하는 데도 기여했다. 소위 '자위야'(Zāwiyah)라는 수피즘의 수행 도장이 이븐 바투타의 길고 긴 여행에 몸과 마음의 안식처가 되었다. 수피즘은 자위야를 통하여 이슬람 세계의 거대한 포교 네트워크를 형성했다. 자위야는 수행과 포교 활동의 거점인 동시에 이슬람 여행자들에게는 일종의 숙박 장소가 되었다. 수피즘에 근거한 자위야는 이븐 바투타의 30년간 여행을 가능하게 했던 물질적인 토대인 동시에 신앙의 공간이 된 것이다.

스리랑카는 이븐 바투타의 여행기에서 백미에 해당한다. 왜냐하면, 그는 여기에서 에덴과 엘도라도를 함께 발견했기 때문이다. 그는 1344년에 몰디브 제도에서 스리랑카로 건너갔다. 항로를 아는 선장이 없어서 3일간 걸릴 여정이 9일이나 걸렸다. 스리랑카의 푸탈람(Puttalm)을 찾은 이븐 바투타는 "제가 이 섬에 온 목적은 다름이 아니라 거룩한 발자국, 즉 아담 – 그에 평화를 – 의 발자국을 탐방하려는 것입니다."라고 말했다. 이븐 바투타는 여기에서 아담의 발자국을 따라 여행하면서 본 것을 기록했다. 스리랑카는 혜초가 《왕오천축국전》에서 '사자국'(獅子國)이라고 언급했으며 현장이 《대당서역기》에서 '싱할라'(僧伽羅國)로 말했던 섬이다. 워낙 진귀한 보물들이 많이 산출된다고 해서, '보물섬'이라고 알려져 왔다. 이븐 바투타는 섬 전역에 루비가 널려 있음을 보았다. 먼저 엘도라도를 찾았다. "모든 땅은 소유주가 있어서 사람들은 땅뙈기를 구입해서는 루비를 파낸다. 루비 가격이 1백 파남(fanam) 이상이면 술탄에게 값을 치르고 팔며, 그 이하는 채굴자가 갖는다. 흰 코끼리의 이마에 일곱 개의 루비가 박혀 있는 것도 보았는데, 각각의 루비가 달걀보다도 더 컸다."(이븐 바투타, 2001: I: 281) 이븐 바투타의 여행기에는 그가 열대의 진귀한 교역 상품을 놓치지 않고 세밀하게 기록되어 있다. 그는 이슬람 문명이 발달하려면 열대 해양무역을 어떻게 활용해야 하는지에 대해 깊은 생각에 빠졌다. 이제 에덴을 찾아야 했다. 이븐 바투타는 이 섬으로 출발하기 전에도 높은 산에 들어서 "아담의 발자국으로 가는 두 갈래의 길" 즉, '바바'(아담)의 길과 '마마'(이브)의 길을 구체적으로 묘사했다. 이 섬에서는 아담을 바바, 이브를 마마라고 불렀다.

> 마마의 길은 걷기가 쉬어서 순례자들은 산에서 내려올 때 이 길을 택하며, 바바의 길은 꼬불꼬불하여 오르기가 힘들어 순례자들은 올라갈 때 이 길을 이용하게 마련이다. 이 산에 오르기 위해서는 열개의 쇠사슬을 잡고 계단을 오르도록 되어 있는데, 마지막 열 번째 쇠사슬을 잡고 올라가서 산 정상에 올라서면 자신도 모르게 신앙고백을 하게 된다. 그래서 이 마지막 사슬을 신앙고백을 의미하는 '샤하다' 사슬이라고 부른다(이븐 바투타, 2001: I: 283).

스리파다(Sri Pada 또는 Adam's Peak). 해발 2천 미터가 넘는 높은 산이다. 이븐 바투타는 거룩한 발자국을 참배하기 위해 이 산에 왔다. 중세 유럽의 그리스도교와 마찬가지로 이슬람교도 이 섬이 바로 에덴이라고 믿었던 것이다. 에덴을 찾으려는 이슬람의 종교적 갈망은 유럽 그리스도교의 그것만큼이나 간절했으며, 양자 사이에는 공통점이 있었다. 이와 같이, 세계체제의 전환기적 시기에, 이븐 바투타는 열대 해양무역의 주요 도시들을 여행하면서 이 시기 세계체제의 다양한 문화역사지리적 힘들을 기록했던 것이다.

2. 콜럼버스, 한국사와 접속하다

1) 조선의 열대 인식, 유럽의 조선 이미지

조선, '한국의 과거'인가 아니면 '과거의 한국'인가.

열대학의 지평에서 조선 시대의 역사를 탐구한다는 것은 조선을 한국의 과거가 아니라 과거의 한국으로 인식한다는 것을 의미한다. 다시 역사학자 데이비드 로웬탈을 떠올린다면(Lowenthal, 1985), 조선이 한국의 과거라면 한국인에게 익숙한 나라이겠지만, 과거의 한국이라면 낯선 나라가 된다. 이런 입장에서는 조선이 서구적 근대의 역사적 경로처럼 열대로의 생물지리적 탐험을 통해 열대와의 문화융합을 추구하지 않았던 것에 대해 캐물을 까닭이 없다. 조선이 열대와 접속해야 할 아무런 '선험적'인 이유가 없는 것과 마찬가지로 조선이 소중화만 고집해야 할 '당위적'인 이유도 없지 않은가? 조선이 중화적 세계관을 고집해야 할 선험적인 이유가 없는 것과 마찬가지로, 조선이 열대로 나아가야 할 당위적인 이유도 없는 것이다. 우드사이드(Alexander Woodside)가 《잃어버린 근대성들》에서 했던 논의를 차용하여(Woodside, 2012), 선험성과 당위성이라는 양쪽 극단에서 중용의 미학을 찾으면서 다음 질문을 하게 되었다. 대륙국가인 조선 왕실과 지배 세력들은 삼면이 해양인 영토에 대해 어떤 문화역사지리적 세계관을 갖고 있었기에, 고려의 해양국가와는 다른 길을 걸었을까? 또한 조선은 삼국시대 이래로 고려 – 그리고 조선 초 – 까지 열대 동남아시아와의 해양무역이 활발하게 이루어져왔던 1천 년 이상 지속된 '전통'을 파괴하고, 왜 대륙으로의 길에만 자신의 운명을 내맡겼을까?

이런 문제 제기가 중요한 이유는 조선의 이런 세계관이 현재도 매우 강력한 힘으로 사회 전 분야에서 위력을 떨치고 있기 때문이다. 이런 상황에 정면으로 맞선 예술가가 있다. 국악 작곡가 황병기(黃秉冀)는 "오랫동안 조선에 갇혀버린 국악으로부터 벗어나기 위해 신라의 음악을 상상하면서 〘침향무〙(沈香舞)를 작곡했다."라고 말했다(경향신문, 2016년 4월 18일). 한국인들이 최고의 가야금 독주곡으로 알고 있는 '산조'(散調)는 19세기 말 조선 이후로 '만들어진 전통'(Hosbawm & Ranger, 1983)에 불과하다. 대안적인 전통을 추구하기 위해 그의 상상력은 조선의 문화역사지리적 경계를 넘어섰고 마침내 신라로 날아갔다. 굳이 헤겔과 쇼펜하우어를 빌리지 않더라도, 음악이 이렇게 갇혀 있었다면 삶의 전 분야도 마찬가지이다. 일반 국민들은 물론이거니와 거의 모든 지식인들조차도 소중화의 문화역사지리관에 갇혀 있었던 대륙국가 조선을 소중히 보존하고 계승해야 할 '유일한 전통'으로 간주한다. 명절이면 전 국민을 움직이게 만드는 공룡의 힘, '제사'가 여기에 놓여 있다. 한국에서 열대학을 추구하는 것은 대륙국가 조선에 의해 만들어진 전통을 부정하는 것이 아니라, 호모 글로발리스 혜초 이래의 '다양한 전통'들을 발견하는 데 의의가 있다. 그 핵심은 열대 해양무역을 통한 열대와의 문화융합이다.

유럽의 열대 탐험, 조선 이미지 만들기

앞을 다투어 열대 동남아시아로 왔던 15-16세기 유럽인들은 조선이라는 나라를 어떻게 불러야 할지, 또한 조선이 섬인지 아닌지에 대해 상당한 시간에 걸쳐 혼란스러워했다. 그들은 고려에서 조선으로 왕조가 바뀌었음에도 불구하고 이를 알지 못했다. 이런 혼란은 역사적으로 조선에 대한 유럽 사람들의 이미지에 깊은 영향을 미쳤다.

콜럼버스의 항해에 자극을 받았던 포르투갈 왕 마뉴엘(Manuel) 1세는 바스쿠 다 가마(Vasco da Gama)의 인도 항로 개척, 알바레스 카브랄(Pedro Álvares Cabral)의 브라질 탐험, 알메이다(Francisco de Almeida)와 알부케르의 인도와 동남아시아 시장 개척을 적극적으로 지원했다. 포르투갈의 아시아와 아메리카로의 진출은 이 지역에서의 군사적 경쟁을 촉발시켰다. 이 지역의 토착 군주들은 주요 항구를 군사적으로 요새화함으로써 포르투갈의 진출에 대항했다.

포르투갈이 열대 동남아시아로 진출하는 과정에서 류큐 왕국과도 무역을 하면서 여기에 고레스(Gores) 사람이 있는 것을 알았다. 마뉴엘 1세는 1513년에 로마 교황 레오(Leo) 10세에게 보낸 서한에서, "리퀘아(Lequier)에서 믈라카에 와 있는 고레스 사람을 만났다."라고 썼다. 마뉴엘 1세는 알부케르크로부터 '해상 실크로드'의 중심 도시인 믈라카에서 고레스 사람을 만났다는 사실을 전해 들었다. 포르투갈의 약제 상인 피레스(Tomé Pires)는 《동방요록》(1512-1515)에서 고레스라고 불렀던 최초의 유럽인이다(Pires, 1990: I: 128). 피레스는 16세기 동남아시아에서 다양한 종교와 여러 지역 사이의 역동적인 무역 행위가 이루어지고 있음을 목격하는 과정에서 고레스 사람들을 만난 것이다.

피레스의 이런 호칭을 두고 유럽과 일본의 역사학자들 사이에 논의가 분분했는데, 한국인 중에서는 최남선이 처음으로 여기에 주목했다(최남선, 2013). 리퀘아가 류큐를 가리킨다는 것에 대해선 대체로 이의가 없지만, 고레스가 어느 나라 사람을 지칭하는 것인가에 대해선 사료의 불충분으로 아직 확증되지 않고 있다. 한국에서 동남아시아 연구를 처음으로 개척했던 김영건(金永鍵)이 《여명기의 조선》(1948)에서 최남선의 견해를 좇아서 고레스를 고려와 연관지었다. 또한 해양사의 중요성을 강조했던 역사학자 홍이섭(洪以燮)에 의하면, 류큐에 표착해 와서 정착했던 고려 상인들이 믈라카에서 무역 활동을 했는데 알케부르케는 이들을 고레스라고 불렀다(홍이섭, 1952). 고려가 망했다는 사실을 알 턱이 없었던 류큐의 고려 상인들에게 과연 '조국'이라는 개념은 존재하고 있었을까? 근대 민족국가의 관점이 아닌 당시의 관점에서 볼 때, 씨족 사회의 문화지리적 범주 내에 살고 있었던 그들에게 조국은 존재하지 않았을 것이다.

일본을 방문했던 최초의 네덜란드인은 폼프(Dirck Gerritszoon Pomp)이다. 그는 포르투갈 무역선들이 견사를 갖고 와서 일본에서 은과 교역하는 장면을 보고 귀국하여 자신의 동료 상인인 린쇼텐(John Huyghen van Linschoten)에게 이를 들려주었다. 린쇼텐은 스페인의 무역항 세비야를 출발하여, 희망봉, 마다가스카르, 모잠비크를 거쳐서 인도의 고아에서 약 5년간 체류하고 귀국했기에 인도양의 사정을 잘 알고 있었다. 그는 자신이 직접 보고 들었던 체험에다가 아시아에 관해 읽었던 책들을 합하여 《동인도와 서인도 항해기》(1598)를 출간했다. 린쇼텐은 일본을 언급하는 항목에서 조선에 대해 언급했다.

> 일본에서 조금 떨어져 있고 중국과도 멀지 않은 곳에, 북위 34도와 35도 사이에 'Insula de Core'라고 부르는 또 하나의 큰 섬이 있는데, 그 크기, 주민, 산물이 아직까지 알려진 것이 없다. 포르투갈 사람들은 이 섬을 'Ylhas de Core'라고 부르며, 지금은 'Chausien'이라는 나라이다(Linschoten, 2010: I: 164).

린쇼텐은 동아시아 여행을 한 적이 없었기에 조선에 대한 지리적 지식이 부족했다. 그렇기에 조선을 반도가 아닌 섬으로 인지했다.

린쇼텐의 항해기가 출판되자마자 라틴어, 네덜란드어, 영어, 독일어, 프랑스어로 번역되면서 아시아로 떠나려는 유럽 여행가와 탐험가들에게 중요한 지식을 제공했다(정성화, 1999). 유럽인들이 조선에 대한 이미지를 갖게 되는 데 일종의 지침서가 된 것이다. 훗날 헨드릭 하멜이 《하멜 표류기》에서 조선을 섬으로 묘사한 것도 린쇼텐의 항해기를 읽고 영향을 받은 것이다.

열대 해양무역에 대한 조선의 문화역사지리적 인식

〔지도 7-3. 혼일강리역대국도지도〕(태종 2년, 1402)는 '조선 최초의 세계지도'라는 점에서, 국내외 지도학자, 역사지리학자, 한국학자들의 주목을 받아왔다(배우성, 1998; 오상학, 2011; 宮紀子, 2007; Ledyard, 1984 & 1994). 그들의 연구에 근거하면서도, 열대학의 관점에서 이 지도를 들여다보면 그들이 보지 못했던 것을 이야기할 수 있다. 2장에서 논의했

지도 7-3. 混一疆理歷代國都之圖 (서울대학교 규장각한국학연구

天下至廣也內
自中國外薄四
海不知其幾千
萬里也約而圖
之於數尺之幅
其致詳難矣故
爲圖者率皆疎
略惟吳門李澤
民聲敎廣被圖
頗爲詳備而歷
代帝王國都沿
革則天台僧淸
濬混一疆理圖
備載焉建文四
年夏左政丞上
洛金公右政丞
丹陽李公燮理
之暇參究是圖
命檢詳李薈更
加詳校合爲一
圖其遼水以東

던 지도학자 데니스 우드의 주요한 논점, "지도는 지도가 구축한 역사의 핵심적인 부분이다."를 기억하자. 그렇다면, 〖혼일강리역대국도지도〗가 만들었던 역사를 13-14세기 세계체제의 맥락에서 파악하는 것이 대단히 중요한 열대학적 문제의식으로 부각된다.

이 지도는, 아버지와 할아버지가 모두 몽골식 이름을 갖고 있었고 몽골의 문화역사지리적 공간에서 성장한 조선의 태조 이성계가 중국의 신흥 권력인 주원장(朱元璋)의 명나라를 어떻게 인식하고 있는지를 이미지로 형상화하고 있다. 〖혼일강리역대국도지도〗가 조선 최초의 세계지도라는 점도 중요하지만 중화적 세계관을 재현하고 있다는 것도 마찬가지로 중요하다.

열대 동남아시아를 자세히 보자. 쿠빌라이 칸이 원대한 해양제국의 전망을 갖고 동남아시아 정복에 큰 공을 들였음을 떠올린다면, 그리고 원대 후기 재정의 30-40 퍼센트가 해양무역에서 충당되었음을 상기한다면, 〖혼일강리역대국도지도〗의 제작자들이 해양으로서의 동남아시아를 실제 크기보다 훨씬 작게 묘사한 이유는 무엇일까? 13-14세기 세계체제의 맥락에서 보면, 이 지도의 제작자들은 고려가 열대 해양무역의 역사를 만들어갔던 것을 배제시키면서 명 나라 중심의 문화역사지리를 부각시키려는 의도가 확실했다. 이 지도의 발문을 쓴 것으로 알려진 권근(權近)은 명 나라와의 외교를 중요시했던 태종의 눈치를 살피지 않을 수 없었다. 이 지도의 제작자들이 고려와 이슬람 사이의 무역뿐만 아니라 몽골 제국의 이슬람 교역에 대해 모를 리가 없었다. 그럼에도 그들은 스리랑카 섬은 명확하게 보여주면서도 인도의 지리적 위치와 크기를 왜 어정쩡하게 표시했을까? 역시 대답은 명료하다. 왜냐하면 그들은 고려 왕실의 종교인 불교와 조선의 건국이념인 성리학과 양립할 수 없다고 판단했기 때문이다. 이 지도가 《왕오천축국전》에서 혜초가 분명히 보여주었던 인도에 대한 역사지리적 인식을 반영할 까닭이 있겠는가. 뿐만 아니라, 그들은 12세기 이슬람의 최고 세계지도를 만든 알 이드리시가 인도를 정확하게 묘사한 것에도 주의를 기울이지 않았다. 〔지도 7-4. 이드리시 세계도〕(1154년경)는 프톨레마이오스의 세계지도에 기초하면서도 이슬람의 광범위한 지리적 지식을 흡수하여 제작된 지도이다. 〔혼일강리역대국도지도〕와 달리, 〔이드리시 세계도〕에서 인도는 아시아 대륙에서 남쪽으로 튀어나온 모습으로 뚜렷한 지리적 실체를 보여주고 있다.

이븐 바투타의 여행기를 통해 알 수 있듯이 14세기에 이슬람이 지리적으로 가장 크게 확장했다는 역사적 사실을 생각한다면, 〔혼일강리역대국도지도〕에서 아프리카가 포함된 문화역사지리적 맥락을 다소 쉽게 이해할 수 있다. 지도 제작자들은 알 이드리시의 세계도와 같은 이슬람의 지리학적 지식과 지도들이 원나라 후기에 고려를 통해 들어온 것을 적극적으로 수용했다.

〔혼일강리역대국도지도〕와 〔이드리시 세계도〕를 열대학의 관점에서 비교해보자. 13-14세기 세계체제에서 아프리카와 아라비아 — 인도양 — 인도와 스리랑카 — 동남아시아 — 남중국해와 동중국해 — 중국, 류큐, 일본을 연결하는 열대 해양무역에서는 전자보다도 후자의 지도가 더 유용하다는 것을 알 수 있다. 설사 이븐 바투타가 〔혼일강리역대국도지도〕를 알았다고 하더라도 그가 중화적 세계관을 지향하는 이 지도보다는 13-14세기 세계체제의 문화역사지리적 관계를 명확히 보

지도 7-4. 이드리시 세계도

여주는 〔이드리시 세계도〕를 여행 지도로 선택했을 것이다. 〔혼일강리역대국도지도〕의 지도 제작자들은 한양을 도읍으로 정한 새 왕조의 국가 정책에서 주목을 받지 못한 열대 해양무역의 문화역사지리적 힘을 보여줄 필요가 없었다.

〔혼일강리역대국도지도〕에서 일본의 지리적 위치를 보면 의아하다. 일본은 조선의 남쪽에 있으며 동남아시아의 일부인 것처럼 보인다. 그렇다. 13-14세기 세계체제의 맥락에서 보면, 일본은 조선과 달리 열대 해양무역을 활발하게 하고 있었기에 일본의 문화역사지리적 위치를 이렇게 설정하는 것도 무리는 아니다. 분명한 것은 조선은 스스로 열대 해양무역을 철회했다는 사실이다.

정화의 남해 원정 이후로 명나라는 해금 정책을 실시했다. 정화의 원정대는 서구의 생물지리적 탐험과 근본적으로 달랐다. 정화의 원정을 평가한 미국의 중국사학자 페어뱅크(John K. Fairbank)에 의하면, 정화는 탐험을 한 것이 아니라 중국과 아랍 사이의 기존의 교역로대로 항해했을 뿐이다. 게다가 원정의 일차적 목적은 무역이 아닌, 외교 관계의 수립 또는 강화에 있었기에 원정 지역을 식민화하는 데 전혀 관심을 두지 않았다. 아울러 명나라의 어느 누구도 정화의 원정을 이어갈 생각이 없었을 뿐만 아니라, 원정에 관한 기록조차 사라져버렸다(Fairbank & Goldman, 1998: 138).

이런 사실을 알았건 몰랐건 간에, 조선 왕실과 사대부들은 열대 해양무역과 담을 쌓았고, 중화주의에 더욱 집착했다. 그 결과 유럽, 아프리카, 동남아시아가 빠져버린 중화적 세계관을 강조하는 수정 지도들이 만들어졌다. 조선의 성리학 사전과 생활문법에서 해양과 무역은 더 이상 찾아볼 수 없는 단어가 되고 말았다.

조선 성리학자와 실학자의 유럽에 대한 역사지리적 인식은 중화주의를 통해 형성되었다. 임진동아시아전쟁을 전후하여 살았던 이수광의 《지봉유설》은 이를 명확하게 보여준다. 이수광은 세 차례 다녀왔던 옌칭에서 서양에 대한 책들을 '중국 한문'으로 읽은 독서 체험에 근거하여 《지봉유설》을 '조선 한문'으로 썼다(이수광, 2005). 즉 그는 옌칭에 들어와 있던 서양의 학자, 외교관, 예수회 선교사들이 서양 문물에 관해 중국 한문으로 쓴 책을 읽고 조선 한문으로 쓴 것이다. 중국 한문으로 '번역'된 서양 문물이 조선 성리학자의 서양 인식에 관한 준거 자료가 된 것이다. 1631년경 옌칭을 다녀왔던 연행사신 정두원(鄭斗源)은 예수회 알레니(Julio Aleni) 신부가 중국 한문으로 쓴 《직방외기》(1623)를 조선에 소개했다(Aleni, 2005). 이익(李瀷)을 비롯하여 당대의 성리학자들은 이 책을 통해 세계에 대한 지리적 인식을 할 수 있게 되었다.

세계지도가 원으로 그려진 '원형' 〔지도 7-5. 천하도〕(18세기 중엽)만큼 18세기 말 이래로 조선 왕실과 성리학자들의 열대 해양무역과 중화주의에 대한 인식을 지리적으로 확실하게 묘사한 지도는 없다. 무엇보다도 이 지도는 다른 어떤 나라에서도 찾아볼 수 없다는 점에서 세계에 대한 조선의 독특한 문화역사지리적 인식을 정확하게 보여준다. 중국이 원의 한 중심에 위치하고 있다는 중화적 세계관이 뚜렷하게 나타나 있다. 류큐를 비롯하여 열대 동남아시아에 위치한 안남국, 장사국(長沙國), 불사국(不死國), 서역제국(西域諸國) 등이 각 나라의 지리적 크기에 상관없이 일정한 크기의 직사각형 안에 위치하고 있다. 〔혼일강리역대국도지도〕에서 멋있게 표시되어 있던 아프리카와 유럽은 해체되어 직사각형 크기로 균일화되어 있다.

무려 146개 나라들이 오로지 하나의 나라, 중국을 중심으로 위계적으로 배치되어 있다. 그나마 실제 존재했던 나라가 아닌 고대 중국에서부터 전해져왔던 《산해경》에 등장하는 지명들이 숱하게 있다. 원형 〔천

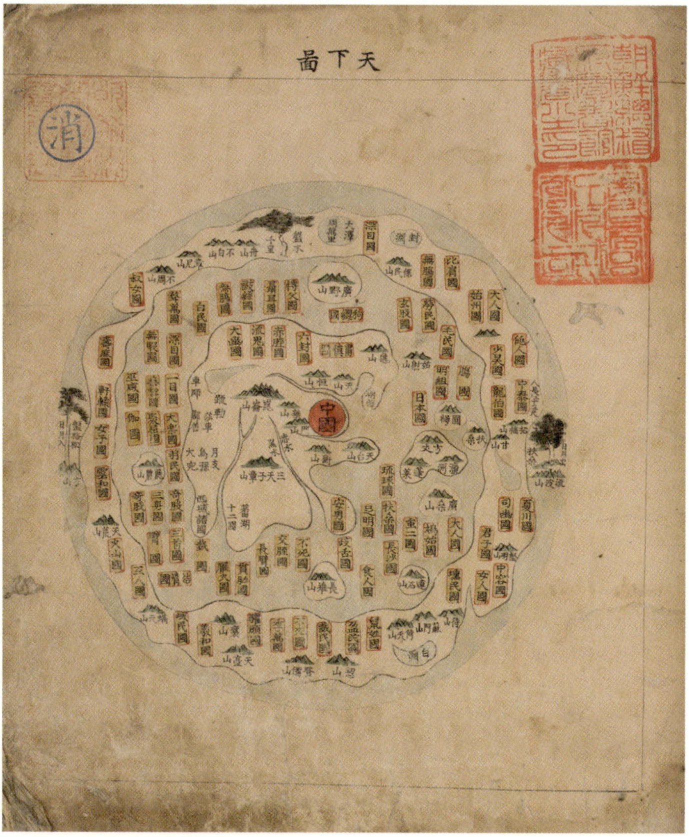

지도 7-5. 天下圖 (국립중앙도서관)

하도〕에 대한 지도학자와 지리학자들의 논의들을 종합해보면, 이 지도는 《산해경》의 틀에 맞추어 제작되었다(방동인, 2001; 배우성, 1998 & 2000; 오상학, 2011; Ledyard, 2011). 《산해경》은 옹정제와 건륭제 때 청나라에서 다시 주목을 받았는데, 이런 영향을 받았던 원형 〔천하도〕의 제작자는 《산해경》의 지리적 범주에 맞추어 146개의 나라들을 배치했던 것이다. 조선 성리학자들이 수학조차도 중국의 경전에 맞추어 이해했듯이(김용운 & 김용국, 2009), 지도 또한 중국 고전의 틀에 맞추어 제작한 것이다. "조선의 해는 중국에서 떠서 중국으로 졌다." 이러한 중화적 문화역사지리의 인식론에서는 열대와의 해양무역을 하려는 의지를 찾아볼 수 없다. 〔천하도〕가 인구가 줄어들기 시작했던 19세기 민간에까지 널리 유행했다는 사실은 한양의 권력 계층이나 실학자들이 중화적 세계관과는 다른 대안적 세계를 찾는 것이 쉽지 않았음을 말해준다.

하지만, 어느 사회나 대안적 세계가 존재해왔다. 조선 사회도 마찬가지이다. 제주도에 관한 독립된 지도인 〔지도 7-6. 한라장촉〕(숙종 28, 1702)은 중화주의적 역사 인식과 다른 대안적인 문화역사지리적 세계를 보여준다. 《탐라순력도》에 포함된 이 지도는 〔이드리시 세계도〕와 마찬가지로 지리상의 남쪽을 지도의 위쪽에 표시했다. 중국의 항저우를 비롯하여, 류큐, 베트남, 태국, 믈라카 등을 담고 있는 〔한라장촉〕은 당시 탐라 사람들이 열대 동남아시아와 적극적으로 해양무역을 했음을 말해준다. 탐라의 역사지리적 상상력은 한양에 살았던 사대부의 그것과 다를 수밖에 없었다. 소중화를 추구했던 한양의 공간적 관점에서 조선 역사를 파악하는 한, 탐라의 문화역사지리적 역동성은 은폐되기 마련이다.

포르투갈과 스페인이 빠져버린 유럽에 대한 이해

포르투갈과 스페인은 유럽 국가들 중에서 가장 오랜 식민지 역사를 갖고 있다. 콜럼버스의 신세계 발견, 마젤란의 태평양 항해, 아메리고 베스푸치의 아메리카 발견 등을 포함하여, 카나리 군도를 지배하면서부터 시작된 이베리아 반도의 식민지 역사는 20세기 앙골라, 마카오, 동티모르, 스페인령 사하라에 이르기까지 오랫동안 지속되어 왔다. 이

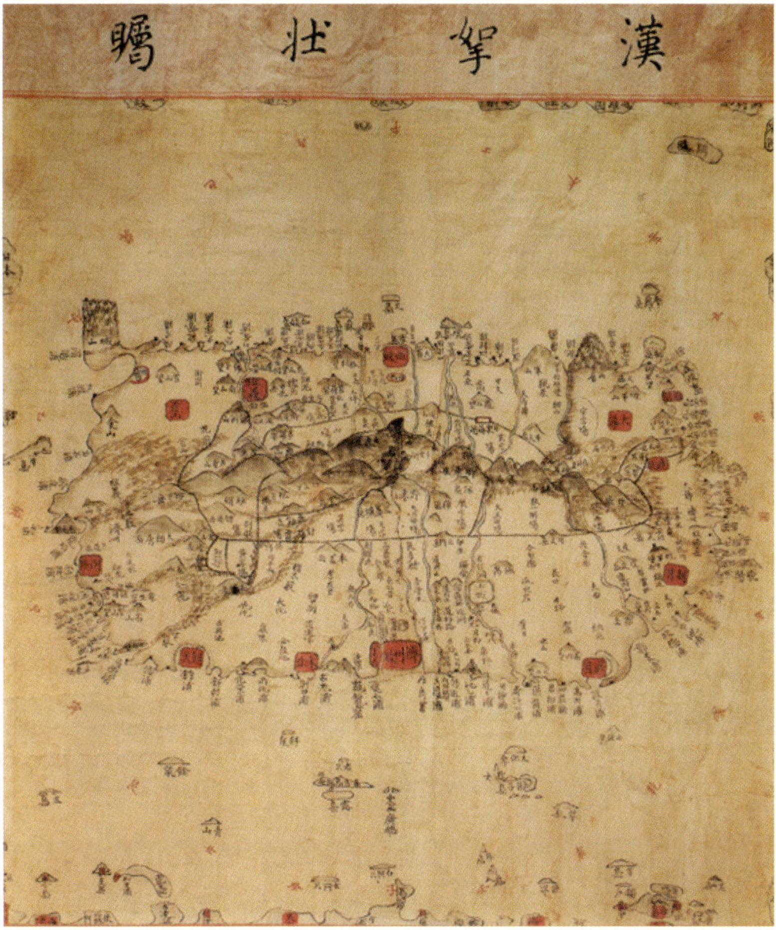

지도 7-6. 漢拏壯矚 (제주시청)

렇게 오래된 식민지 역사에서 이베리아 반도의 기술, 의학, 과학이 열대의 식민화 과정에서 어떻게 일정한 역할을 하지 않았겠는가? 서구 또는 유럽의 기술사, 의학사, 과학사에 대한 많은 연구들은 포르투갈과 스페인의 중요성을 거의 제대로 다루지 않는다. 이런 무시 또는 무지는 한국의 관련 분야 전문가에게도 그대로 답습되어, 그들은 대체로 영국, 프랑스, 독일, 네덜란드, 이탈리아에 한정된, 서구중심주의적 기술사, 의학사, 과학사에만 주로 관심을 가져왔다.

소위 17세기 과학혁명에 대한 서구중심주의적 이해는 이베리아 반도의 역할을 무시해온 것이 얼마나 왜곡된 형태로 드러나는지를 보여준다. 서구중심주의적 역사 인식에 근거한 과학혁명은 그것의 기반이 되었던, 포르투갈과 스페인의 지도학과 항해학 그리고 자연사의 역사는 별로 논의하지 않는다(3장). 15세기와 16세기 유럽의 '해양혁명'(maritime revolution)이 열대 무역풍의 흐름을 밝혀냄으로써 항해술의 혁명을 가져온 것(Curtin, 2007: 231)도 포르투갈과 스페인 항해사와 지도학자들의 노력 덕택이다.

프란시스 베이컨이 《신기관》(1620)과 《새로운 아틀라스》(1627)에서 말하려고 했던 주제의 근저에는 이베리아 반도의 놀랄만한 성취물인 자연사, 지도학, 항해학이 놓여 있다. 베이컨은 케이로스(Pedro Fernandes de Queirós, 스페인어 Pedro Fernández de Quirós)가 오스트레일리아(Terra Australis)를 발견하고 쓴 회고록을 읽고 난 후에 《새로운 아틀라스》를 집필하기로 마음을 먹었다. 항해사인 케이로스는 태평양의 솔로몬 제도를 발견하는 데 참여했다. 베이컨의 유토피아적인 경험론은 바로 케이로스의 기록에 근거하는 것으로, 이 기록은 라틴어와 영어를 비롯하여 여러 외국어로 번역되었다. 영국은 스페인의 자연사, 금속학, 천문학, 항해학을 따라잡으려고 노력했다. 영국의 선구적인 탐험가인 해클루트(Richard Hakluyt)는 《영국의 주요 항해》(1589; 1599)에서 스페인이 신세계의 식민화 과정에서 영국보다 앞섰던 이유로, 스페인 사람들이 철학, 역사학, 지리학과 같은 학문을 배우는 것을 매우 즐겼을 뿐만 아니라 항해와 탐험을 통해 경험에 기반한 지식 체계를 발달시켰다고 말했다.

2장에서 논의했듯이, 스페인과 포르투갈의 열대 자연사 탐험은 두 나라의 식민화 사업과 밀접히 연관되어 있었다. 멕시코를 탐험했던 에르난데스(Francisco Hernandez)의 자연사 연구를 보자. 유럽이 고대 그리스-로마와 아랍의 자연사에서 단지 600여 종의 식물만 알고 있었을 때, 에르난데스는 멕시코에 설립된 식민지 병원에서 7년간 머물면서(1571-1577), 약 3천 종 식물들의 의약적 특성을 검사하여 15권의 책을 펴내었다. 이 과정에서 중요한 것은, 에르난데스가 멕시코의 나후아(Nahua) 사람들 중에서 라틴어를 구사할 줄 알았던 이 지역의 토착 자연사 전문가들과 협력하면서 이런 연구를 수행했다는 점이다(Varey, 2002). 다시 말해서 약용 식물에 대한 스페인의 기존 지식과 열대 나후아 지역의 토착 지식 사이에 협동 연구가 이루어졌다. 에르난데스의 방대한 작업은 이후 이베리아 반도의 의약학 발달에 큰 영향을 끼쳤다.

그렇다면 이베리아 국가들이 이렇게 중요한 역할을 해왔음에도 불구하고, 그동안 서구와 한국의 역사학자들이 이에 합당한 논의를 제대로 하지 않았던 이유는 무엇일까? 가장 큰 이유는 자연사, 지도학, 항해학과 같은 학문 분야들이 서구 근대성의 형성과 정립에서 중요한 역할을 했다고 생각하지 않았기 때문이다. 이런 분야는 서구적 근대의 형성에 중요한 공헌을 했음에도 불구하고 정치경제적, 사회문화적 변화에 연관되지 않는다고 간주되어 왔던 것이다. 다음으로 중요한 이유는, 한국과 이베리아 국가들 사이에 문화적 교류가 상대적으로 없었기에, 스페인과 포르투갈에 대한 한국 자체의 이해가 낮기 때문이다. 한국은 현재 영어권 문화에 과도할 정도로 지배되어 있고, 프랑스와 독일 문화에 대한 이해와 비교해 볼 때 스페인과 포르투갈에 대한 관심은 저조하다. 최근에 스페인어와 포르투갈어를 사용하는 문화권으로의 한국인 여행이 점점 증가하고 있으며 학계의 연구도 점점 활발해지고 있지만, 이 나라들에 대한 관심은 주로 인문사회 분야와 예술에 머물러 있으며, 자연사, 기술과학, 지도학, 항해학, 의학 등에 대한 이해는 현저히 낮은 편이다.

'빵'을 아침 식사로 즐기는 한국인들이 늘어나고는 있지만, 유럽 관광지 중에서 별로 찾지 않는 나라 중의 하나가 《지봉유설》에 불량기국(佛狼機國)으로 소개된 나라, 포르투갈이다. 스페인의 바르셀로나, 산티아고, 마드리드는 가더라도 바로 이웃나라 포르투갈로는 발길을 돌리지 않는다. 한국인은 여전히 유럽 문학을 프랑스, 영국, 독일 중심으로 읽고 있어서 포르투갈이 낳은 노벨문학상 수상 작가인 사라마구(José de Sousa Saramago)의 문학 세계는 잘 모른다.

임진동아시아전쟁 때 포르투갈 해군이 중국의 요청을 받아 용병으로 참전했다는 사실을 안다면 포르투갈과 조선의 관계가 예사롭지 않았음을 짐작할 수 있다. 이미 잘 알고 있듯이, 유럽에서 제일 먼저 열대 아시아로 진출했던 나라는 포르투갈이며 일본에 제일 먼저 진출했던 나라도 포르투갈이다. 이렇게 보면, 1577년에 마카오를 떠나 일본으로 항해하다가 "극심한 폭풍우로 인해" 조선에 표착했던 몬테이루(Domingos Monteiro) 선장이 '포르투갈 사람'이라는 것은 별로 놀랄 일이 아니다. 포르투갈의 16세기 국민적 시인 카몽이스(Luís Vaz de Camões)는 아시아 항로를 개척했던 포르투갈 사람들의 활약상을 고대 영웅 서사시의 형식을 빌려 《포르투갈 사람들》(1572)이라는 작품으로 발표했다. 포르투갈 사람은 아시아에서 새로운 역사적 의미를 갖게 된 것이다. 문화역사지리권 중화적 세계관에 살았던 조선 사회가 이를 몰랐을 뿐이다.

다음은 어느 뚝심있는 역사학자가 조선왕조의 국경 수비일지《등록유초》에서 찾아낸 소중한 기록이다.

> 당시 일본의 통치자인 도쿠가와 이에야스(德川家康)는 캄보디아에 외교무역선을 파견했다. 프놈펜항에서 나가사키로 귀항 중에 풍랑을 만나서 통영에 표착하게 되었다. 생존자는 일본인 16명 중국인 32명, 흑인 1명, 서양인이 1명이었다. 이 서양인이 바로 '지완면제수(之緩面第愁)'로 불린 34세의 포르투갈 상인이었다 (박태근 번역, 2004).

지완면제수로 기록된, 주앙 멘데스(João Mendes)라는 포르투갈 상인이 1604년(선조 37년) 6월 15일에 통영에 표착했다. 왜 포르투갈 상인이 통영에 표착했을까? 이 시기에 포르투갈이 동남아시아에서 활발한 무역사업을 전개한 것은 이미 알려진 사실이다. 열대 동남아시아에서 포르투갈과 일본은 동남아시아에서 교역을 하면서 만났다. 이 과정에서 포르투갈 상인들이 일본까지 진출했다. 이런 시대적 상황에서 활동했던 멘데스는 일본으로 가는 도중에 난파되어 통영으로 왔을 것으로 추측된다. 통영시 탄생 400주년 행사에 포르투갈 대사 부부가 참석한 것도 바로 이런 역사적인 인연 때문이다. 멘데스의 표착은 하멜 일행의 제주 표착(1653)이나 벨테브레(박연)의 경주 해안 표착(1627)보다도 앞선 것이다. 아! 멘데스와 함께 표착했던 흑인 1명의 이름을 확인할 수 없다.

임진동아시아전쟁과 '일본 예수회'의 조선 이미지 만들기

임진동아시아전쟁을 전후한 조선 중기에서 후기로 갈수록 서양의 조선 인식은 일본에서 활동하고 있었던 예수회에 의해 점점 더 좌우되었다. 그 이유와 과정을 알려면 먼저 예수회가 일본과 중국에서 무엇을 지향했는지를 살펴볼 필요가 있다.

도요토미 히데요시(豊臣秀吉)에 앞서서 중세 일본의 통일을 추진했던 오다 노부나가(織田信長)의 경우에서 보듯이, 몇몇 지방의 권력자 – '다이묘'(大名)라고 불렀다 – 들이 예수회를 선호했던 까닭은 중국과의 무역을 원활하게 하기 위해 포르투갈의 무역 상선이 필요했기 때문이다. 그들은 종교로서의 예수회보다도 무역 행위자로서의 예수회에 눈독을 들였다. 예수회는 '한 손에 성경, 다른 한 손에 부기'(簿記)를 갖고 있었기 때문이다. 중국의 입장에서는 은(銀) 본위제에 근거한 조세 정책으로 인해 일본에서 생산되는 은을 필요로 했다. 하지만 명나라는 후기로 갈수록 나라의 근간을 흔들어 놓을 정도로 왜구 문제로 골머리를 앓고 있어서 포르투갈 상인과 일본의 은 무역을 마지못해 허락했다. 그래서 일본의 다이묘들은 중국에 은을 수출하고 대신에 중국의 고급 비단을 수입하려고 했다. 포르투갈 상인들은 마카오와 나가사키를 연결하는 중개무역으로 이익을 챙겼다. 포르투갈 국왕이 임명했던 선장은 교역에서 이루어지는 은과 비단의 가격, 양, 품질을 철저히 관장했다. 일본 예수회도 이 무역에 투자하여 재정적 안정을 도모했다. 이와 같이, 일본 예수회는 포르투갈 — 열대 동남아시아 — 중국 — 일본을 연결하는 해양무역 네트워크를 적극적으로 활용했다.

일본에서 활동했던 몇몇 중요한 예수회 신부들의 활동을 살펴볼 차례이다. 예수회의 아시아 전교 책임자였던 하비에르(Francisco Xavier)는 1547년에 믈라카에서 처음으로 일본인 안지로(또는 야지로, 安次郎)를 만났다(김상근, 2010: 170). 안지로는 일본뿐만 아니라 조선과 동남아시아에 대한 이야기를 하비에르에게 들려주었다. 또한 세스페데스(Gregorio de Céspedes)는 전쟁 기간에 일본군과 함께 조선의 남해 지역에 와서 전교 활동을 하면서 조선의 실상을 직접 체험했고 일본으로 돌아가서 수천 명의 조선인 전쟁 포로들에게 세례를 주었다(박철, 2011: 81-85). 그리고 일본의 10대 소년 4명을 열대 인도양과 아프리카를 거쳐서 로마 교황청까지 보냈던(濱田青陵, 1931), 발리냐노(Alessandro Valignano)는 도쿠가와 막부로부터 조선에 대한 이런저런 이야기를 들었다. 일본에서 많은 전교 활동을 했던 로드리게스(João Rodrigues)는 중국 옌칭에서 조선 연행사로 왔던 정두원과 대면했다. 역시 일본에 체류했던 예수회 신부 프로이스(Luís Fróis)는 조선 사람과 접촉을 하지 않았으면서도 조선에 대한 기록을 남겼다. 그가 조선에 대해 쓴 다음 문장을 보자.

> … 일본인들을 제외하고는 어떤 경우에도 그 왕국[조선]에서는 외국의 무역을 허락하지 않는다는 원칙이 있다. 만약에 일본으로 오던 우리[포르투갈]의 범선이나 배가 바람이나 조류로 인해 방향을 잃고 항로를 벗어나면서 그들의 항구에 도착하면, 즉시 많은 무장 선박들을 가지고 나와서 그들과 전투를 하여, 어떠한 방법으로도 어떤 이유나 변명을 받아들이지 않고 완전히 그들의 항구와 땅에서 내쫓아 버린다(Fróis, 2008).

조선은 매우 호전적인 나라로 묘사되고 있다. 스페인이 멕시코와 필리핀을 잇는 갈레온 무역을 한다는 것을 알았던, 도요토미 히데요시가 일본 예수회의 신부들에게 조선에 대한 정보를 제대로 제공했을 리가 만무했다. 임진동아시아전쟁과 '정유조일전쟁'은 예수회 신부의 조선 이미지 만들기에 부정적으로 작용했으며, 이후로 서양 사람들은 일본 예수회가 만들어놓은 조선 이미지에서 크게 벗어나지 못했다.

세스페데스의 경우도 마찬가지이다. 그는 1593년 12월 27일부터 약 1년간이나 남해안에 체류했는데 조선에 대해 쓴 어떤 기록도 지금까지 발견되지 않고 있다. 그렇더라도 이 사실은 일본 예수회의 조선 인식이 기본적으로 전쟁과 밀접히 연관되어 있음을 명백하게 보여준다. 임진동아시아전쟁이 일어나기 이전인 1586년 3월에 도요토미 히데요시가 예수회 선교사 코엘류(Caspar Coello)에게 조선과 명나라의 정복 계획을 말했을 때 코엘류가 포르투갈 군함을 제공할 의사가 있다고 말했다는 사실은(Fróis, 2003), 세스페데스를 포함하여 일본 예수회 소속의 신부들이 임진동아시아전쟁에 관해 기본적으로 어떤 입장을 취했는지를 분명하게 말해준다. 이렇게 16세기 말에 터진 일본과의 두 차례 전쟁으로 조선이 치른 역사적 대가는 향후 서구의 조선 이미지 만들기에 깊게 드리워졌다.

일본의 열대 발견과 유럽 탐방*

1597년에 예수회가 일본에 파견했던 알레산드로 발리냐노는 규

* 이 절은 《난학의 세계사》(이종찬, 2014a: 130-134)를 대체로 인용하면서 정리했다.

슈 지역의 가톨릭 신자인 '기리시탄'(吉利支丹, Christian) 다이묘(大名)들에게 로마 가톨릭 교황을 알현하기를 요청했다. 〖지도 7-7. 덴쇼소년사절단의 항해 경로〗(이종찬, 2014a: 133)가 보여주듯이 1582년 – 덴쇼(天正) 10년 – 에 4명의 10대 일본 소년들 – 이토 만쇼(伊東マンショ), 치지와 미게루(千々石ミゲル), 나카우라 주리안(中浦ジュリアン), 하라 마루치노(原マルチノ) – 로 이루어진 '덴쇼소년사절단'(天正遣欧少年使節)가 로마를 향해 출발했다(濱田靑陵, 1931).

사절단은 1582년에 나가사키를 출발하여 마카오와 믈라카를 거쳐 고아로 갔다. 인도양에 접어들면서 만쇼는 고열에 걸렸지만 발리냐노가 정성껏 돌본 덕택에 회복되었다. 고아에서 발리냐노와 헤어진 소년들이 탑승했던 배는 인도양과 아프리카를 거치면서도 중간에 한 번도 내리지 않고 대서양 남쪽의 세인트헬레나(Saint Helena)에 기항했다. 고아에서 세인트헬레나까지의 길고 긴 항해 중에 32명의 승무원이 식량 부족과 괴혈병 등으로 사망했다. 리스본에 하선해 마드리드로 가는 도중에 미게루와 마루치노가 천연두에 걸렸지만, 1580년부터 포르투갈도 통치하고 있었던 스페인의 펠리페 2세(Felipe II de Habsburgo)가 보낸 시의(侍醫)의 치료를 받고 회복했다. 마침내 사절단은 약 3년에 걸친 여행을 마치고 1585년에 로마에 도착했는데 이번에는 주리안이 고열로 사경을 헤매었다. 예수회를 적극 지원했던 교황 그레고리우스 13세(Gregorius XIII, 재위 기간 1572-1585)의 부름을 받아 6명의 명의들이 주리안을 극진히 치료하여 회복했다. 사절단은 로마를 비롯해 이탈리아 곳곳에서 크게 환영을 받았는데, 일본이 지리적으로 존재한다는 사실에 이탈리아인들은 경이로움을 감추지 못했다.

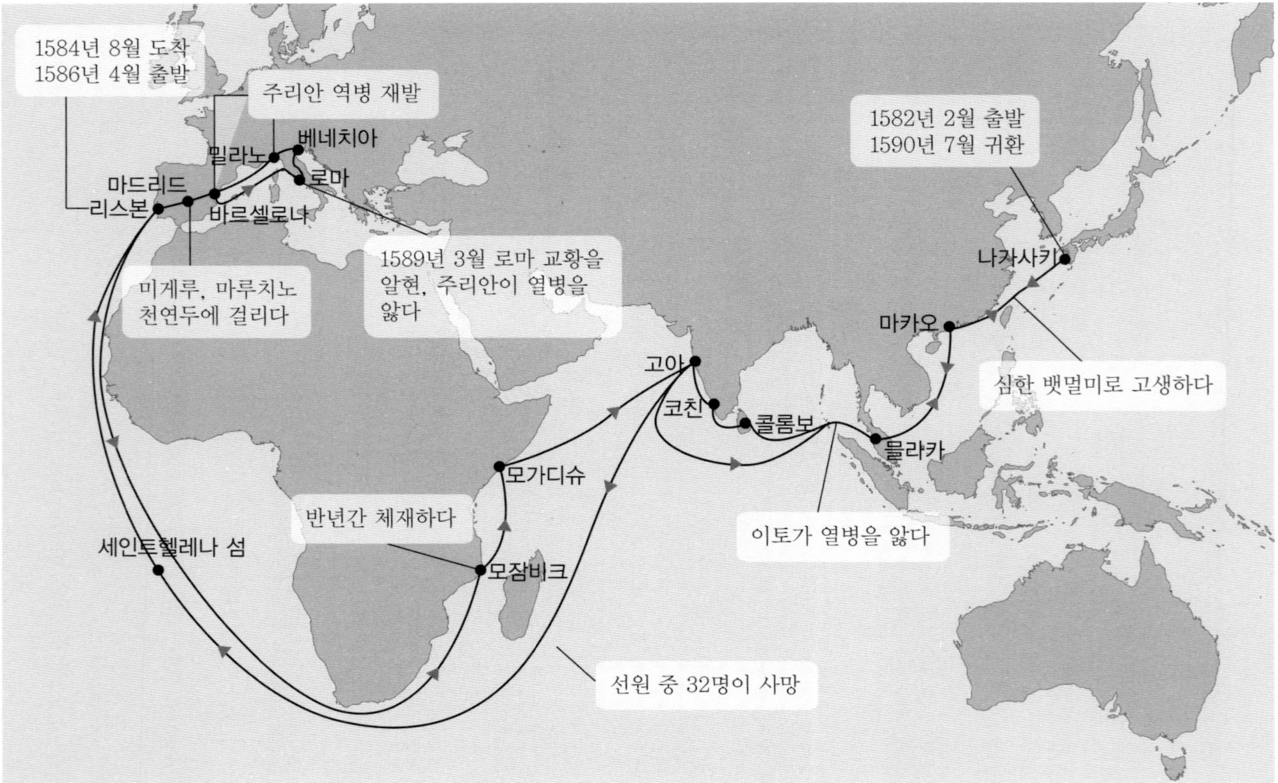

지도 7-7. 덴쇼소년사절단의 항해 경로

일본으로 돌아오는 길은 더욱 험난했다. 사절단은 모잠비크에서 예기치 않은 기상으로 인해 6개월간 체류했으며, 발리냐노가 보낸 구원선을 타고 우여곡절 끝에 모가디슈를 거쳐 고아에서 그를 다시 만나 함께 1590년에 나가사키로 귀환했다. 사절단은 여행 내내 일본에서는 한 번도 겪지 못했던 열대 풍토와 질병으로 인한 고통을 감수하면서 지냈다. 어른도 아닌 10대 소년들이 열대를 항해하면서 유럽을 다녀왔다는 것은 당시에 예수회가 일본 선교에 얼마나 공을 들였는지를 알 수 있다.

귀국 후 다음 해에 발리냐노는 덴쇼소년사절단과 함께 교토로 가서 도요토미 히데요시를 만나 여행 과정을 들려주었다. 덴쇼소년사절단의 귀국이 기리시탄 다이묘들에게 미친 영향은 충격적이었다. 무엇보다도 사절단은 '구텐베르크' 인쇄기를 갖고 돌아왔다. 유럽이 개발한 활판 기술로 인쇄를 할 수 있게 됨으로써 지식의 폭넓은 확산이 가능해졌다. 또한 사절단은 오르텔리우스가 제작한 〔세계의 극장〕(2장)의 초판본을 선물로 받았다. 이 지도를 펼쳐 본 기리스탄 다이묘들은 오르텔리우스 지도에 자신들이 살고 있는 지역이 표시되어 있지 않은 것을 알고 경악을 금하지 못했다. 여하튼 덴쇼소년사절단의 열대 발견과 유럽 탐방은 유럽의 일본 이미지 만들기가 조선의 그것과 얼마나 대비되는지를 명확하게 보여주는 사건임에 틀림없다.

2) 열대 해양무역 네트워크와 단절된 조선

17세기 소빙기와 동아시아의 대기근

"17세기는 문자 그대로 '꽝'하는 소리와 함께 시작되었다." 17세기 중에서도 전반기는 "유럽사에서 가장 불안정했던 시기, 심지어는 광란으로 점철되었던 시기로 간주"되었다. 17세기 소빙기는 유럽의 전반적인 위기를 촉발시켰다(Parker, 2013; Parker and Smith, 1997). 유럽이 직면했던 '위기'는 "인간의 모든 활동, 즉 경제, 사회, 정치, 종교, 과학, 예술 등 모든 면에서, 그리고 인간의 모든 본질, 즉 생명력, 감정, 의지의 가장깊은 수준에서 일어났다."(Wallerstein, 1999: II: 13) 16세기에 증가했던 유럽 인구는 17세기가 되자 감소하기 시작했다. 위기는 근대로 나아갈 수 있는 기회를 제공했다. 위기를 위기로 인식할 때만 가능하다. 유럽이 그랬다. 하지만 조선은 달랐다. 후술하겠지만, 17세기는 5백여 년 조선의 역사를 통틀어 가장 절체절명의 위기에 직면했던 시기이다. 헨드릭 하멜의 사례가 보여주듯이, 조선왕조는 근대로 나아갈 수 있는 기회도 놓쳤고, 의지도 없었다.

앞에서도 말했듯이, 17세기 유럽은 베스트팔렌조약을 체결함으로써 근대적 주권 국가로 나아갔다(3장). 또한 유럽이 해외 식민지의 개척과 경쟁에 본격적으로 나서면서 은은 전지구적 무역에서 중심적인 화폐 단위로 자리를 잡았다. 스페인이 지배했던 멕시코 포토시와 마닐라를 연결하는 은의 유통 과정은 17세기에 아시아 — 열대 — 유럽을 연결하는 전지구적 해양무역 네트워크의 형성으로 이어졌다(4장). 뿐만 아니라, 아프리카 — 아메리카 — 유럽의 노예무역은 열대의 식민화 사업에서 뿌리를 내렸다. 이와 같이, 근대적 주권 국가, 은 중심의 화폐경제, 노예무역은 17세기 유럽의 근대적 제도와 장치를 만들어가는 데 중심적인 역할을 했다. 여기서 중요한 점은 유럽이 독자적으로 자신의 근대성을 만들어간 것이 아니라, 열대와의 부단한 식민적 문화융합을 통하여 근대적 제도와 장치를 만들었다는 점이다.

17세기 소빙기가 촉발시켰던 전지구적 위기는 동아시아에서 독특한 양상으로 전개되었다. 가장 주목할 만한 동아시아의 위기는 1640년대로, 중국 명대의 숭정(崇禎, 1640-1642), 조선의 인조(1643-1644), 일본의 간에이(寬永, 1641-1643) 시기에 대기근이 동시에 발생했다. 동아시아의 대기근은 명백히 소빙기에 의해 촉발되었다. 1670년대에도 대기근은 동아시아 세 나라를 사회적 혼란으로 몰고 갔다. 1백만 명 이상의 사상자가 발생했던 조선의 '경신(庚辛)대기근'(1670-1671)과 함께 강희제 초기(1670-1671)의 기근과 '엔보(延寶)대기근'(1674-1677)으로 중국과 일본에 엄청난 사상자가 속출했다. 조선의 경신대기근은 "냉해, 가뭄, 수해, 풍해, 충해"의 5대 재해가 겹쳤던 대재앙이었다(김덕진, 2008). 17세기 세 번째로 동시에 발생했던 대기근은 강희 30년대, 조선의 '을병(乙丙)대기근'(1695-1699), 일본의 '겐로쿠(元祿)대기근'(1695-1696, 1699-1704)으로 1690년대에 일어났다(김문기, 2011).

문제는 17세기 동아시아의 대기근이 이 시기에만 발생하지 않았다는 데 있다. 17세기 내내 동아시아 세 나라는 대기근과 재난이 끊임없이 발생했다. 17세기 동아시아에서 소빙기로 인한 대기근이 갖는 역사적 의미를 규명하는 것은 이 시기 조선의 세계사적 의미를 파악하는 데 선결 요건이다.

소중화 조선, '야만인' 네덜란드를 내치다

하멜(Hendrik Hamel)을 포함하여 65명이 승선했던, 네덜란드동인도회사 소속의 스페르베르(Sperwer)호가 제주도에 표착했던 1653년은 네덜란드가 동남아시아에서 해양무역권을 팽창해갔던 때이다. 오로지 중화주의만을 추구했던 조선의 성리학자에게 황금 시대를 맞이하고 있던 '붉은 털의 야만인'이 사람으로 다가올 리가 없었다. 조선통신사 제술관(製述官)으로 1719년에 일본을 다녀왔던 신유한(申維翰)은 네덜란드와 일본 사이의 무역이 데지마-나가사키에서 이루어지고 있다는 것에 대해 소문으로 들어서 알고 있었다. 그는 '사행일록'(使行日錄)에 해당하는 《해유록》(海游錄, 1719-1720)에서 네덜란드 사람들은 "글이 없이 다만 길고 짧은 획 또는 느리고 급한 획만을 가지고 모든 일의 지속을 알린다."라고 말했다(신유한, 2006: 357). 조선왕조는 네덜란드의 열대 해양무역에 대해 애당초 관심이 없었다.

스페르베르호는 네덜란드의 텍셀(Texel) 무역항을 떠나 희망봉에서 인도를 거치지 않고 바로 동남아시아로 항해했다. 이 때 하멜 일행은 당시 유럽에서 널리 알려졌던 지도 제작자 블라외(Willem Blaeu)가 만든 〔지도 7-8. 블라외의 아시아 지도〕(1635)를 갖고 있었다. 대체로 한 나라에 대해 아는 것이 거의 없을 때, 지도는 그 나라의 이미지를 좌우하는 데 일차적인 근거가 된다. 조선은 이 지도에서 섬으로 나와 있을 뿐만 아니라,* 타이완에서 류큐를 거쳐서 일본으로 이어지는 섬들에 의

* 블라외의 이 지도는 나중에 그의 아들 요안(Joan) 블라외가 수정하여 조선을 섬이 아닌 중국과 연결된 나라로 지도를 제작했다. 예수회 선교사이면서 지도학자인 마르티니(Martino Matini)는 중국에서 활동하면서 조선이 중국과 이어진 나라임을 알았다(지명

지도 7-8. 블라외의 아시아 지도

숙·왈라벤, 2003: 108-110). 요안 블라외는 마르티니가 제작한 『새 중국 지도첩』(Novus Atlas Sinensis, 1655)을 보고 수정한 것이다.

해 가로막혀 있다. 이 지도는 네덜란드를 비롯하여 유럽인들에게 조선은 바다를 통해 접근하기가 쉽지 않은 나라임을 보여준다. 물론 예외는 있다. 만일 조선이 유럽이 매우 필요로 하는 무역 상품들을 갖고 있다면 말이다. 하지만 조선은 이를 갖고 있었다고 하더라도 야만인들과 무역을 할 의지가 없었다.

네덜란드가 일본의 히라도(平戶)에 처음으로 무역 상관을 설치하고 난 후에 초대 상관장으로 부임했던 스페크스(Jacques Specx)가 처음부터 조선과의 무역에 깊은 관심을 표명한 이래로 바타비아의 네덜란드동인도회사 총독들은 하나같이 조선과 교역을 하려고 했다. 《지도 7-9. 스페르베르호 무역 항로》(김영원 외, 2003: 195)가 보여주듯이 1648년에 스페르베르호는 네덜란드동인도회사 본부가 있던 바타비아를 거점으로 삼았다. 이 무역 상선은 여러 종류의 향신료 산지였던 몰루카 제도의 암본(Ambon), 질병 치료에 효능이 있는 토착 약초들이 풍부했던 말라바르(Malabar), 다양한 식료품들이 많았던 코로만델(Coromandel), 육두구(Nutmeg) 산출지로 유명했던 반다(Banda) 등을 오가면서 약 5년간에 걸쳐서 활발한 무역 사업을 전개했다. 이 점이 중요하다. 스페르베르호가 타이완을 거쳐서 데지마로 향했을 때, 이 무역선은 유럽은 물론이거니와 열대에서 획득한 교역품도 갖고 왔다. 네덜란드동인도회사측 기록에 따르면, 스페르베르호에는 의약재로 사용되는 목향(木香)이 약 12톤, 직물 염색용 백반(白礬)인 명반(明礬)이 약 12톤, 영양(羚羊) 가죽이 3천 장, 타이완산 피혁 재료인 녹피(鹿皮)가 19,952장, 산양 가죽이 3,078장, 설탕가루가 약 55톤이 실려 있었다. 금액으로 환산하면 조선 화폐로 무려 30만냥, 유럽 무역 화폐로는 약 3만 9천 길더에

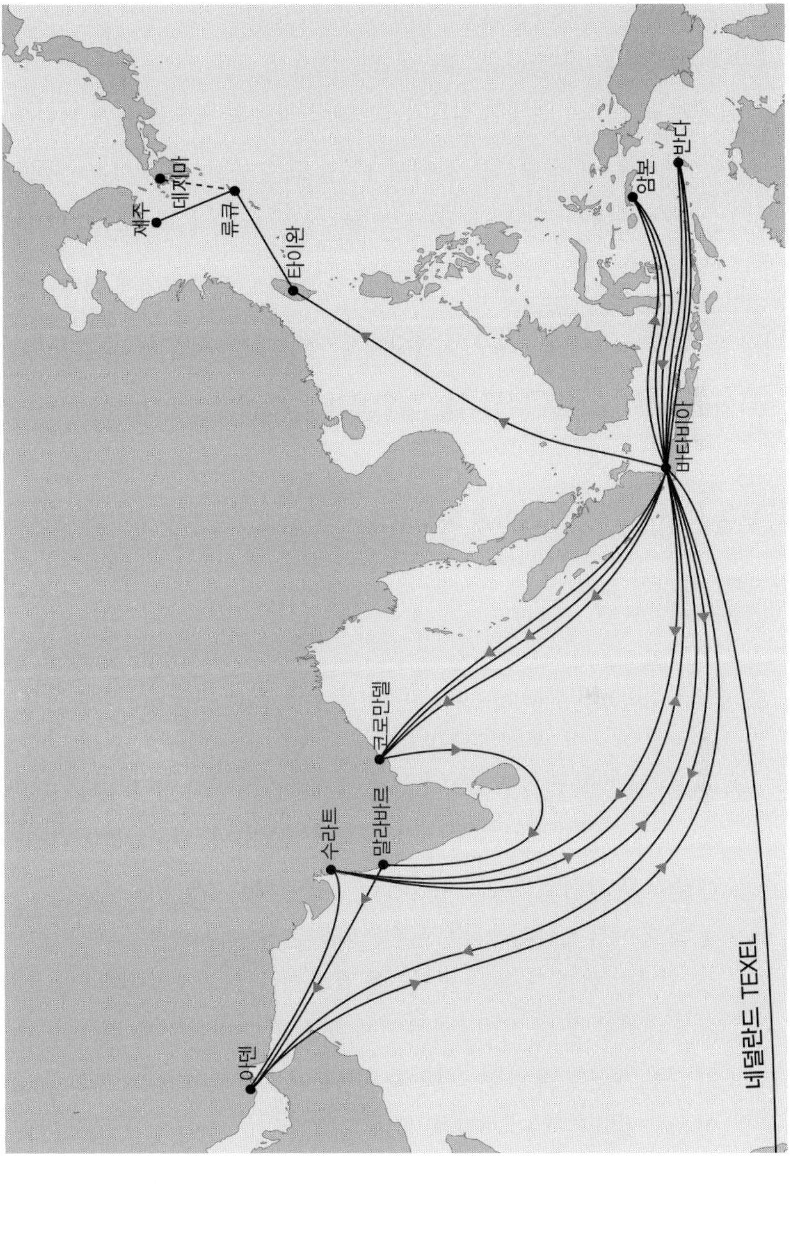

지도 7-9. 스페르베르호 무역 항로

해당할 정도로 엄청난 무역 거래였다(김영원 외, 2003: 198). 《효종실록》 기록에 의하면, 목향 94포, 향료의 일종인 용뇌(龍腦) 4항(缸), 녹비 2만 7천장이라고 되어 있다.

담배가 조선으로 전해진 경로가 동남아시아에서 일본을 거쳐 왔건, 아니면 여송(呂宋)에서 중국을 통하여 왔건, 또는 동남아시아에서 중국을 거쳐 왔건 간에, 담배는 남녀노소를 불문하고 조선에서 급속도록 퍼져나간 열대 산물이다. 담배는 커피와 함께 열대가 서구인에게 건네 준 가장 큰 행복인 동시에, 서구가 열대에게 안겨다 준 가장 큰 불행이자 비극이다. 그런 담배를 가리키는 '남만초(南蠻椒)'는 조선에 들어오자마자 폭발적인 인기를 모았다. 정조는 물론이거니와 이옥(李鈺)과 같은 사대부들은 담배의 묘한 매력에 이끌렸다(이옥, 2008). 하멜은 조선의 이런 풍경을 놓치지 않았다.

> 남만국(南蠻國, Nampancoek)이라는 명칭은 원래 일본인들에게서 배운 것이며, 특히 50-60년 전에 들여온, 그들에게 마냥 생소하기만 했던 담배를 계기로 그들 사이에 널리 퍼져 나가게 되었음. 그 보급과 재배는 일본인들에게서 배웠으며, 일본인들이 애당초 그 씨가 남만국에서 전래되어 온 거라고 그들에게 알려 준 탓에 아직도 담배를 흔히 남만초(南蠻草, Nampancoij)라고 부름. 담배는 현재 그 곳 전국 각지에 걸쳐 아주 깊숙이 침투되어 있어 네다섯 살 난 아이들까지도 피우고 있는 실정임. 또 지금 이 순간 성인의 경우에는 남녀를 막론하고 사용하지 않는 사람이 드물 정도가 되어 버렸음. 담배가 막 들어온 초기에는 골통대 한 대에 은 한 돈이나 혹은 그에 상당하는 값을 내야 했음. 남만국은 따라서 그들에게는 가장 잘 알려진 나라 중의 하나로

부상된 셈임(지명숙 · 왈라벤, 2003: 251).

당시의 '홀란드'(Holland)를 남만국이라고 알고 있었던 조선왕조는 스페르베르호가 수년에 걸쳐서 축적해 놓았던 네덜란드와 열대 아시아의 무역을 수용하는 데 인색했다. 약 13년간 조선에서 거주했던 하멜 일행의 에스노그라피인 《하멜 표류기》는 조선이 중화적 세계에 어떻게 중독되어 있는지를 상세히 설명했다. 조선이 알고 있었던 역사지리적 세계는 시암을 경계로 하여 그 밖은 존재하지 않았던 것이다. 하멜 일행이 나가사키를 거쳐서 귀국하고 난 후에 네덜란드동인도회사는 이번에 '코레아'라는 무역선까지 제작하여 조선과의 무역을 추진하려고 했지만, 조선 왕실은 단호하게 거부했다.

여기서 나는 조선이 17세기에 전지구적인 해양무역 네트워크를 만들어갔던 나라와 문화융합을 적극적으로 추진했더라면 조선의 근대적 운명이 달라졌을 수도 있다는 역사적 가정을 하려는 게 아니다. 초점은 영국과 중국의 아편전쟁에 의한 난징조약(1842), 미국의 아시아 시장으로의 무역 진출 과정에서 맺어진 미 · 일 화친조약(1854), 조선과 일본의 '조일수호조규'(朝日修好條規, 1876) 등이 맺어졌던 19세기가 아니다. 이미 17세기에 유럽의 열강들이 열대를 지배하면서 동아시아로 몰려오고 있는데도 불구하고, 조선만이 홀로 열대와의 해양무역을 통한 문화융합을 외면함으로써 감당해야만 했던 역사적 무게이다. 천주교와의 문화융합을 마다했던 조선 성리학은 종교적으로 신교였던 네덜란드와의 문화융합도 고개를 돌려 버렸다. 약 13년간 살면서 조선 여성들과도 몸을 섞었던 하멜 동료들의 후손은 지금쯤 어디에 살고 있을까?

예수회의 열대 전교, 조선의 천주교 인식

조선 성리학과 조공체제는 조선왕조가 존립하는 데 있어서 동전의 양면 관계를 이룬다. 기본적으로 중화주의 성리학은 조공체제의 이념적 근거를 정당화했으며, 조공체제는 성리학의 물질적 근거를 제공했다. 맨몸 말고는 어떤 교통수단도, 어떤 통신수단도 없었던 조선 인민들은 자신이 살았던 시대의 이런 구조를 파악하기가 쉽지 않았다. 그들은 삼면이 벽 – 바로 해양이다 – 으로 둘러싸인 채로 자신의 삶을 마감했다. 조선 후기의 엄연한 현실이었다.

예수회를 순전히 전교 단체로 생각하는 한 역사적 본질을 놓치고 만다. 예수회의 재정적 기반은 예수회가 활동하고 있었던 지역의 무역과 깊은 관계가 있었다(3장). 예를 들어, 포르투갈이 일찍이 진출했던 마카오에서 포르투갈 상인들이 중국과의 무역에 여하히 성공하는지 여부에 따라 중국에 진출했던 예수회의 전교 활동은 큰 영향을 받았다. 중국과 일본에 진출했던 예수회는 인도에서처럼 조선업에 의한 정기적인 세금 수입도 없었고, 아메리카에서처럼 광대한 토지를 갖고 있지도 않아서 풍부한 농산물을 거둘 수도 없었다.

중국의 예수회는 포르투갈과 스페인의 국왕으로부터 연금을 지급받았다. 하지만, 이보다도 마카오와 나가사키 사이의 포르투갈 무역 상선이나 마닐라와 아카풀코를 연결하는 스페인의 대형 갈레온 무역선에 투자를 하여 수익을 냄으로써 전교 활동을 수월하게 유지할 수 있었다. 마테오 리치(Mattero Ricci)도 예외가 될 수 없었다. 리치가 처음으로 옌칭에서 전교를 시작할 때 경제적인 어려움에 봉착했다. 이때부터 리치는 중국 예수회의 전교와 재정을 항상 긴밀하게 연결시킬 수밖에 없었다. 예수회의 중국 전교에서 약방의 감초처럼 따라 다니는 소위 '적응주의'(accommodation) 전교를 이런 맥락에서 살펴볼 때 그 의미를 정확하게 파악할 수 있다(김혜경, 2012; Mungello, 1985). 중국 예수회 신부들은 중국에서 무역을 원활하게 하기 위해 중국의 역사와 문화에 적응하면서 유연한 선교 전략을 취했다.

1720년에 자신의 아버지 이이명(李頤命)을 따라 '자제 군관'의 자격으로 연행사에 참여했던 이기지(李器之)는 천주당을 방문하고 충격을 받았다. 다음은 그가 어느 예수회 신부와 나눈 대화의 일부이다.

> 이기지: "천주당 궁전이 이처럼 장려(壯麗)하고 괴기(瑰奇)하며, 서양인들이 쓰는 물건 역시 지극히 화려하고 아름답습니다. 어떻게 당신이 받는 녹봉으로 이를 감당할 수 있습니까?"
>
> 예수회 신부: "천주당을 짓는 물질적인 힘과 일상생활에 필요한 물품은 모두 서양에서 갖고 온 은자(銀子)를 팔아서 사용합니다. 매년 서양의 상선이 오면 은자를 많이 기부합니다. 그것으로 충분합니다."(임종태, 2009: 395)

이기지는 이 신부의 말 속에 숨어 있는 의미를 정확히 알아챘을까? '별세계'와도 같은 천주당의 '뾰족탑'에 놀라워했던 조선의 사대부들은 포르투갈과 스페인의 무역 상선들이 예수회에 재정적인 지원을 하는 이유에 대해 어떻게 생각했을까? 이 물음을 해명하려면, 예수회의 전지구적인 전교 맥락에서 살펴볼 필요가 있다.

예수회는 아프리카, 아메리카, 동남아시아, 인도를 포함하여 중앙아시아 등 전지구적으로 전교 활동을 펼쳐갔다. 이런 전교는 불가피하게 이베리아 국가의 제국주의적 상업 활동과 결합되는 방향으로 전개되었다. 예를 들어, 스페인이 아카풀코와 마닐라를 연결하는 갈레온 무역 항로의 중간 기착지인 서태평양의 아름다운 섬, 괌을 차지하려는 과정에서 예수회는 괌의 원주민들에게 전교를 함으로써 스페인의 지배를 정당화하는 데 기여했다(Wiecko, 2013). 제국주의적 무역 행위자로서의 예수회의 이런 전교는 포르투갈이 브라질과 아프리카 짐바브웨를 처음에 지배했을 때도 마찬가지 방식으로 이루어졌다(Nicolaides, 2011).

이렇게 예수회의 전교 활동이 이베리아 나라와 열대 사이의 무역 과정과 밀접히 이루어졌던 시기에, 조선의 해외 무역은 기본적으로 중국에 대한 조공체제의 틀에 갇혀 있었으며 조선과 일본 사이의 무역은 이런 틀 안에서만 작동했다. 이런 상황에서 사대부들이 연행사를 통해 전해 들었던 경험이나 예수회가 전해준 서양 문물을 열대와의 해양무역과 깊이 연관지어 고민하기란 결코 용이하지 않았다.

조선 사대부들이 예수회를 어떻게 인식했는지는 그들이 천주교를 어느 정도로 정확하게 파악했는지의 문제와 직결된다. 윤지충(尹持忠)과 권상연(權尙然)이 부모의 제사를 거부하고 위폐를 불태웠던 1791년부터 황사영(黃嗣永)이 옌칭에 있던 프랑스 신부에게 편지를 보내려다가 발각된 1801년에 이르기까지 소위 '신유박해'에 얽힌 10년간의 조선은, 이런 물음을 진지하게 탐구할 수 있는 가장 핵심적인 시기이다. 세계사적으로 볼 때, 이 시기는 아이티혁명이 열대와 서구 사이의 식민적 문화융합의 방식으로 발생했던 때이다(3장). 유럽의 입장에서는 이베리아 나라와 네덜란드가 유럽의 새로운 열강인 영국과 프랑스의 도전을 맞아 더 많은 자원을 차지하려고 전 세계 열대에서 치열하게 경쟁과 전쟁을 하고 있던 때였다. 서구가 열대와의 식민적 문화융합을 통해 정체성을 만들어갔던 이 시기에, 조선왕조는 천주교를 둘러싸고 싸우는 데 정신이 팔려 있었다.

이른바 '황사영 백서(帛書)' 사건은 황사영을 비롯하여 이승훈(李承薰), 정약종, 윤지충 등 천주교를 믿었던 사대부들이 조선 성리학을 어떻게 인식했는지를 단적으로 보여준다. 옌칭 교구장인 구베아(Gouvea) 주교에게 장문의 편지를 보내려고 했던 황사영은 조선이 "모든 나라 중에서 가장 가난한 나라이며" "질병이 매우 많아서 병든 나라"가 되었다고 하면서, 그 이유는 성리학자들이 "보고 듣는 것은 고루하여 오로지 아는 것은 송학(宋學)밖에 없어서 자신과 조금이라도 다른 행위는 천지간의 큰 변괴"라고 간주하여 천주교를 신봉하는 서양을 모르기 때문이라는 것이다. 백서에서 《직방외기》와 《서학범》 등 몇 권의 서학서(西學書)를 언급한 것으로 볼 때, 이 서학서가 황사영 등 천주교 사대부에게 미친 영향은 컸다. 서학서를 곧이곧대로 믿었던 황사영은 유럽이 세계에서 가장 문명화된 지역이라고 생각했고 이 지역을 다스리는 교황과 서양을 동일시했다.

천주교가 서양 자체라는, 황사영을 비롯한 천주교 사대부들의 생각은 그야말로 시대에 한참이나 뒤떨어져 있었다. 베스트팔렌조약 이후의 유럽은 더 이상 그리스도교 세계가 아니었음에도 불구하고(3장), 19세기 초 황사영의 서양 인식은 17세기 이전의 그리스도교 세계에 머물러 있었다.

1800년을 전후하여 유럽 각국들은 열대 자연사가 풍요로웠던 지역들을 지배하기 위해 제임스 쿡과 부겡빌을 비롯하여 수많은 탐험대를 세계 곳곳에 파견했을 정도로 유럽은 역사적인 전환기에 처해 있었다(2장, 4장). 황사영이 백서를 작성하고 있었던 1801년의 세계는 줄리오 알레니 신부가 《직방외기》에서 천연덕스럽게 유럽 문명을 자랑스레 떠벌리고 있었던 17세기와는 판이하게 달라져 있었다. 18세기가 저물 무렵의 유럽은 이미 제임스 쿡이 세계를 세 번이나 항해했으며, 칼 린네는 자신의 사도들을 시켜서 열대 자연사 탐사를 끝냈을 때였다.

열대 남태평양에 대한 지리적 탐험을 마쳤던 19세기 초 유럽의 역사지리적 상상력은 옌칭을 세계의 중심이라고 철석같이 믿었던 조선 성리학자의 역사지리적 세계관과는 같은 층위에서 비교할 수 없다. 황사영도 옌칭의 천주교와 접촉하려고 했다는 점에서 천주교 사대부의 역사지리적 상상력이나 조선 성리학자의 그것이나 별로 차이가 없었다.

네덜란드동인도회사와의 어긋난 만남에 이어 황사영 백서 사건을 거치면서, 조선은 더 이상 서양과의 문화융합을 시도조차 할 수 없는 상황이 되었다. 모든 가능성이 원천적으로 차단되었다. 만일 예수회 샬(Adam Schall) 신부와 '친구'처럼 교류했다고 알려져 있는 소현세자가 의문의 죽음을 당하지 않고 살아서 왕이 되었다면, 조선에서 천주교는 박해를 받지 않고 서양을 제대로 직시할 수 있었을까? 역사의 가정에 대한 대답은 어려운 법이다.

조선 실학자의 열대 인식

포르투갈과 스페인이 서로 앞을 다투어 새로운 열대를 찾기 위해 항로를 개척하는 과정에서 조선의 존재를 알게 되었다. 핵심은 이베리아 나라가 처음부터 조선에 관심을 가졌던 것이 아니라, 동남아시아의 향료를 비롯한 풍요로운 열대 자원을 더 많이 차지하려는 과정에서 조선을 인지하게 되었다는 점이다. 포르투갈의 인도 식민 정책을 주도했던 알부케르크가 동남아시아 해양의 실크로드인 믈라카를 장악(1511)하기를 전후하여, 포르투갈은 류큐에 본거지를 두고 믈라카에서 무역 활동을 했던 고려 상인의 존재를 알고 있었다. 하지만 믈라카를 장악하고 난 후에 류큐를 거쳐 일본과 문화융합을 했던 포르투갈과, 마젤란의 태평양 항로 개척 이후에 향료의 보물섬인 몰루카를 거쳐서 필리핀과 문화융합을 시도했던 스페인은, 구태여 조선과 문화융합을 시도하려는 생각이 없었다. 왜냐하면 자신들이 필요로 하는 무역 상품이 조선에 있는지를 판단할 길이 없었기 때문이다.

이에 반해 조선은 중국을 통해서 서양을 매우 더디게 배워갔다. 옌칭을 다녀왔던 이수광, 정두원, 박제가(朴齊家), 홍대용(洪大容) 등의 사대부들은 중국에 들어왔던 예수회 선교사들이 유럽의 문물을 중국 한문으로 번역하여 펴낸 서학서를 읽으면서 서양의 지리적 존재를 알게 되었다. 서로 다른 문화를 가진 두 나라 사이의 만남에서는 장소가 중요하다. 조선 사대부들이 조선이 아닌 중국에서 서양과 접촉했다는 사실, 그것도 예수회 신부들이 중국 한문으로 번역한 서학서를 읽었다는 사실은 조선과 서양의 만남에서 많은 점을 시사한다.

마테오 리치가 쓴 《천주실의》는 조선이 서양을 배우는 데 준거점이 된 서학서이다. 물론 정두원이 옌칭에서 갖고 들어온 《직방외기》를 비롯해 수많은 서학서가 있었지만, 《천주실의》는 서양을 배우려고 했던 조선 사대부들의 가장 중요한 필독서였다. 하지만 《천주실의》 어디에도 열대와 해양무역에 관한 언급이 없었다. 《천주실의》가 기본적으로 천주교 교리서였음을 고려한다면 이는 당연한 일이었다. 오히려 《직방외기》에는 스리랑카, 몰루카, 믈라카, 자바 등의 동남아시아, 콩고, 탄자니아, 마다가스카르, 카나리아 등의 아프리카, 멕시코과 브라질 등의 아메리카와 같이 열대 지역에 대한 소개가 더 상세히 되어 있었다. 그렇다면 조선 사대부들은 《직방외기》에 소개되어 있던, 열대 나라들에 대한 내용을 읽고 그 의미를 어떻게 파악했을까? 콩고에 대한 다음 구절을 읽어보자.

> 콩고라는 나라가 있다. 그곳은 매우 넉넉하며, 사람들은 의리를 제법 안다. 그들은 스스로 서양 손님들과 함께 다니는데, 나라 안의 큰 도시에서는 천주교를 신봉한다. 그 나라의 왕은 자녀들을 유럽에 보내어 문자를 익히게 하고, 사물을 연구하고 이치는 밝히는 학문을 하게 한다(Aleni, 2013: 228).

조셉 콘라드의 《암흑의 심장》을 읽어본 독자라면 소스라치게 놀랄지도 모른다(5장). 왜냐하면 콘라드가 묘사했던 19세기 말 콩고와 너무나도 다르기 때문이다. 그렇다. 17세기와 18세기만 하더라도 콩고는 중화적 세계에 갇혀 있던 조선과 달리 유럽과도 문물 교류를 했다(Balandier, 1968).

지금도 한국인들에게는 거의 알려져 있지 않은 콩고이거늘 17-18세기 조선 사대부들이 《직방외기》만을 읽고 아프리카를 파악하기란 매우 어려웠을 것이다. 조선 후기의 사대부들은 《직방외기》에 나와 있는 아프리카와 아메리카는 말할 것도 없이, 고려가 활발하게 열대 해양무역을 펼쳤던 동남아시아에 대해서도 관심을 두지 않았다. 《직방외기》는 조선 사대부들에게 《천주실의》의 참고문헌에 불과했다. 중국을 통해 서양을 배우려고 했던 그들이 조선과 어떤 교류도 하고 있지 않았던 열대에 관심을 가질 까닭이 없었다. 유럽에서 가장 먼저 열대로 진출했던 포르투갈과 스페인이 열대와의 무역 과정에서 조선의 존재를 알게 되었고, 예수회가 조선에 들어와 간절히 천주교를 전파하려고 했으며, 네덜란드가 조선과의 무역을 절실히 원하고 있다는 사실에 대해, 조선 왕실과 사대부들은 그 실상을 알려고 들지 않았다.

그렇다면 조선 실학자들은 이들과 얼마나 다른 문화역사지리적 인식을 하면서 살았을까? 현재 진도군에 속해 있는 우이도의 '홍어 장수' 문순득(文淳得)이라는 인민이 고기잡이를 하다가 표류하여 류큐와 현재의 필리핀인 여송으로 항해했으며, 현재의 마카오인 오문(奧門)과 옌칭을 거쳐 약 3년 만(1801-1803)에 고향으로 돌아왔다. 알렉산더 훔볼트가 아메리카 탐험을 했던 시기와 겹친다(2장). 마침 이 지역에 유배되어 왔던 정약전은 문순득의 체험을 《표해시말》로 기록 – 정약용의 제자인 이강회(李綱會)의 《유암총서》에 실려 있다 – 했다. 이는 최부(崔溥)의 《표해록》, 정운경(鄭運經)의 《탐라문견록》, 최두찬(崔斗燦)의 《승사록》 등의 수많은 '표해록' 중에서 조선의 인민이 열대를 몸으로 직접 접촉했던 가장 대표적인 사건에 해당한다. 문순득은 정약전의 글을 통해 다음과 같이 말했다.

> 다른 나라는 우리나라와 달라 중국, 안남, 여송의 사람들이 서로 같이 살며 짝을 지어 장사를 하는 것이 한 나라나 다름이 없다. 하물며 안남과 오문은 서로 그리 멀지 않고 함께 배를 타고 함께 장사를 하니 이상한 일이 아니다(최성환, 2012: 292).

《표해시말》에서 국제무역을 유일하게 언급하고 있는 구절이다. 문순득은 류큐, 필리핀의 비간(Vigan), 마카오, 광저우에서 체류하면서 국제무역에 관한 이야기를 수없이 들었을 것이다. 그럼에도 정약전은 '중국, 안남, 여송'에 대해 문순득이 들려주었던 이야기를 달랑 한 구절 정도 포함했다.

문순득은 정약전에게 스페인의 갈레온 무역, 베트남의 국제무역항 호이안, 포르투갈의 마카오 무역 상관, 그리고 광저우의 '십삼행'(十三行)에 관해 말했을까? 나는 분명히 말했다고 생각한다. 광저우를 예를 들어 그 이유를 설명하려면 문순득이 광저우에 체류했을 때의 중국과 서구의 무역 관계를 먼저 파악할 필요가 있다. 건륭제는 1757년에 광저우를 서구와 무역할 수 있는 한 개의 항구로 지정하여, 소위 '광저우 체제'(Canton System, 중국어로는 '一口通商')를 출범시켰다(Van Dyke, 2007; Blussé, 2008: 51-53). 〔그림 7-1. 광저우 십삼행〕이 보여주듯이, 영국, 프랑스, 네덜란드, 덴마크, 미국, 스웨덴 등은 경쟁적으로 광저우에 '행'(行)을 – 무역 상관을 의미한다 – 설치하여 중국과의 무역을 강화했다. 문순득이 십삼행을 중심으로 광저우에서 활발하게 이루어졌던 중국과 서구의 교류를 어떻게 모를 수가 있었겠는가. 설사 그가 십삼행이 모여

그림 7-1. 광저우 십삼행 (작자 미상. 1805)

있었던 주강(珠江) – 또는 월강(粵江) – 연안을 직접 가보지는 못했다고 하더라도 적어도 중국과 서구의 교역이 광저우를 중심으로 이루어지고 있다는 것을 들었을 것이다.

해양무역에 관심이 많았던 문순득은 정약전에게 무려 3년간의 해외 체험 중에서도 국제적인 무역 동향을 힘주어 말했을 것이다. 특히 광저우에서의 중국과 서구의 교역은 문순득에게 엄청난 충격으로 다가왔을 것이다. 문순득은 필리핀에서 많은 중국인과 일본인들이 살고 있으며 이들이 무역에 종사하고 있음을 분명 알았다(4장). 하지만 정약전은 중국과 일본 – 열대 동남아시아 – 태평양을 연결하는 해양무역 네트워크에 대해 상세히 설명하지 않았다. 《표해시말》은 이 네트워크를 만들어갔던 서구의 어떤 나라에 대해서도 언급하지 않았다.

정약전은 무슨 이유로 문순득의 체험을 글로 표현하지 않았을까? 송시열로 상징되는 노론의 사대부들은 말할 것도 없거니와 정약전을 비롯한 실학자들도 당시 조선을 지배했던 이데올로기인 소중화로부터 자유롭지 못했다. 사대부 정약전은 인민 문순득이 전해주었던 국제무역 동향을 소중화의 프리즘으로 각색하지 않을 수 없었다. 이 점이 조선 실학의 어쩔 수 없는 한계이다. 현재에도 거의 모든 한국인이 서구의 프리즘으로 열대 아프리카, 아메리카, 동남아시아를 바라보고 있다는 점을 생각한다면, 소중화의 이념적 지배를 받고 있던 시대에 정약전이 문순득의 이야기를 소중화의 관점에서 재구성한 것은 놀랄 일이 아니다.

소중화의 역사지리적 상상력은 류큐, 오문, 안남, 여송의 해역 내에서만 머물렀을 뿐, 믈라카와 바타비아까지 뻗어가지 못했다. 현재 동중국해로 불리워지는 이 해역에서조차도 조선은 포르투갈, 스페인, 네덜란드와 문화융합을 추진하려는 의지가 전혀 없었다. 17세기와 18세기에 서양의 여러 나라들이 열대에서 공간 경쟁을 벌이고 있는 동안, 조선은 소중화의 문화역사지리적 경계인 동중국해를 넘어가야 할 이유가 없었다. 《난학의 세계사》에서 논의한 대로 도쿠가와 막부의 공식적인 허락을 받아 남중국해에서 전개되었던 주인선 무역이 이후 일본의 해양무역에 미친 막대한 영향을 고려한다면, 조선이 남중국해는커녕 동중국해에서조차 해양무역에 무관심했던 본질적인 이유가 더욱 궁금해진다.

안남에 대한 조선 사대부들의 인식도 마찬가지였다. 베트남의 중부에 위치한 호이 안은 포르투갈과 스페인 등 유럽의 몇몇 나라들이 진출했을 정도로 국제적인 무역 도시가 되었다. 그럼에도 조선 사대부들은 무역적 이해관계보다도 성리학적 지평에서 베트남을 파악하려고 했기에, 옌칭에서 서로 만났던 이수광(李睟光)과 베트남 사신 사이의 학문적 교류에 더 관심을 가졌던 것이다.

이와 같이, 조선 사대부들은 중국을 통해 한문으로 된 서학서를 읽으면서 서양을 간접적으로 배웠다. 같은 시기 일본의 난학자들은 네덜란드를 통해 서양 서적들을 일본어로 번역하는 데 많은 정성을 들였다. 중국에 의해 이미 한번 굴절된 서양 지식을 모국어도 아닌 예수회 선교사의 한문 번역서로 수용한 사회와 네덜란드를 통해 유럽 문물을 수용하면서 모국어로 번역했던 사회. 자신의 모국어로 책을 읽을 수 있는 사회와 그렇지 못한 사회가 서양 문물을 수용하여 '지식의 사회화'를 실천하는 데 드는 사회경제학적 비용의 차이는 《난학의 세계사》에서 이미 충분히 논의했다.

3. 동아시아의 자연사와 도상학적 인식

1) 무역 – 자연사 – 회화의 삼위일체

동아시아의 근대 자연사, 청각에서 시각으로의 전환

주희(朱熹)가 자연학에 관한 체계적인 저술을 남기지 않았다고 해서, 그가 자연학을 도외시하고 인간학에만 치중한 것은 결코 아니다. 주희는 자신의 선학인 심활(沈括)의 《몽계필담》(1086-1093)이 보여주고 있는 자연학의 체계적인 사상을 흠뻑 받아들여 이 기초 위에서 인간학을 정립했다. 심활은 전통적인 역법에서 발생하는 윤달을 해결하기 위하여, 중국에서 처음으로 태양력을 시행하자고 제안했다. 한평생 중국의 기술사와 과학사를 탐구했던 니덤(Joseph Needham)은 《몽계필담》에 대해 "중국 과학사와 기술사의 이정표를 세운 작품"이라고 평가했다. 심활은 많은 지역들을 직접 탐사하면서 그곳의 지형, 기후, 식생, 지질, 토양, 화석 등을 세밀히 관찰했던, 그야말로 근대 자연사학자의 귀감이 될 수 있는 인물이었다.

> 최근 연주(延州)의 영녕관(永寧關) 일대에서 황하의 강기슭이 무너지면서 땅 아래로 수십 척이나 꺼졌는데, 그 흙 속에서 죽순한 무더기가 출토되었다. 대략 몇 백 그루는 될 성싶었다. 뿌리는 서로 이어져 있고 이미 돌처럼 딱딱하게 굳은 상태였다 … 연주에서는 지금껏 대나무가 자라지 않았는데, 지하 수십 척 아래에서 발견되었으니 어느 시대의 것인지 알 수 없다. 아마도 아주 오랜 옛날 이곳은 지대가 낮은 습지여서 대나무가 자라기

에 적합했는지도 모른다(胡阿祥·彭安玉, 2004).

심활이 언급했던 대나무는 현대 고생물학의 측면에서 보면 고생대 양치식물에 속하는 노목인데, 기후와 식물의 화석을 연결하려는 그의 문제의식은 탁월했다. 주희의 자연학은 심활의 이러한 인식에 기초하고 있었다.

중국에서의 자연사는 명대 말 왕기(王圻)와 왕사의(王思義) 부자가 편찬한 《삼재도회》(1609)에서 근대적 성격을 확실하게 보여주었다. 여기서 근대적 성격이란 문자 중심의 자연사가 아닌 그림과 문자가 서로 상보적인 관계를 갖는 자연사를 의미한다. 왕기는 서문에서 "도화(圖畫)는 우주의 조화를 이루며, 인륜을 도우고, 만물의 변화를 다하며, 심오한 진리를 헤아리는 것"이라는 옛 선인의 지혜를 인용하면서, "그림이야말로 천지의 비밀을 밝혀준다."라고 주장했다(王圻·王思義, 2014[1609]).

도상학(圖像學, iconography)적 인식(Burke, 2001; Panofsky, 1995)이야말로 사물의 본질을 꿰뚫어 볼 수 있다는 왕기의 대담한 문제의식은 오감의 위계질서가 청각에서 시각 중심으로 재편되었던 16−17세기 유럽에 비해 명대 말기의 중국에서도 시각이 오감의 위계질서에서 중요해졌음을 보여준다. 중국과 유럽 양쪽에서 인쇄술의 발달이 부분적으로 청각에서 시각으로의 이런 변화를 가속화시켰다. 그림이 서적에 본격적으로 포함되었던 것이다. 총 1백 6권의 《삼재도회》* 에는 삽화가 거의 6천 매가 될

* 자연사와 직접 연관성이 있는 내용으로는 천문 4권, 지리 16권, 초목(草木) 12권, 조수(鳥獸) 6권, 진보(珍寶) 2권 이며, 간접적으로 연관성이 있는 내용으로는 인물(人物) 14권, 시령(時令) 4권, 궁실(宮室) 4권, 기용(器用) 12권, 신체 7권, 의복 3권, 인사(人事) 10권, 의제(儀制) 8권, 문사(文使) 4권이다.

정도로 이전과는 비교가 되지 않을 정도로 많았다. 이는 청대 초에 출간된 송응성(宋應星)의 《천공개물》(1637)에 1백 70여 매의 삽화가 포함된 것과는 비교가 되지 않는다(宋應星, 1997[1637]). 뿐만 아니라 청대 옹정제에 출간된 《고금도서집성》이 전체 1만 권 중에서 그림이 6천 4백여 매에 불과한 것과 비교하더라도 《삼재도회》에서 그림이 차지하는 비중이 얼마나 중요한지를 알 수 있다. 삼재란 천(天), 지(地), 인(人)을 총칭하여 일컫는 용어로 삼라만상을 의미하여, 이 책의 저자들은 결국 삼라만상의 모든 그림을 집대성했음을 대담하게 보여주었다.

《삼재도회》가 동아시아에서의 '지식의 사회사'(Burke, 2000 & 2012)에서 차지하는 위상은 매우 중요하다. 이 백과사전은 조선과 일본에 대단한 반향을 불러 일으켰으며 그 파급력은 대단히 광범위했다. 특히 연행사의 신분으로 옌칭을 다녀온 사대부들은 하나같이 《삼재도회》가 보여주는 도상학적 세계에 충격을 받았다. 왜냐하면 이전에는 그림이 주가 되고 문자가 그림에 대한 설명을 하는 이런 유형의 서적을 본 적이 없기 때문이다. 《삼재도회》는 당대 조선의 모든 지식 분야에 미치지 않는 곳이 없을 정도로 그 영향력이 광범위했다. 무엇보다도 진경(眞景)산수화, 나한도(羅漢圖), 신선도(神仙圖), 죽매란도(竹梅蘭圖), 화조도(花鳥圖) 등 여러 유형의 회화에 《삼재도회》가 미친 영향이 분명히 나타났다. 서유구의 《임원경제지》를 비롯하여 조선의 사대부와 실학자라면 《삼재도회》는 자신들의 서재에서 빼놓을 수 없는 필독서였다. 그럼에도 불구하고, 《삼재도회》는 조선 사회의 지식 체계에 근본적인 변화를 가져오지 못했다. 다시 말해서 조선 사대부들은 물론이거니와 실학자조차도 이 백과사전의 기본 화두인 삼라만상에 대한 도상학적 인식에 근거하여 지식 체계를 만들어가지 못했다.

조선의 과거 제도, 도상학적 지식의 사회화

왜 조선에서는 도상학적 지식의 사회화가 이루어지지 않고 문자 중심의 지식 체계로만 지속되었을까? 크게 세 가지 차원으로 나뉘어 생각해볼 수 있다.

첫째는 조선의 특수한 제도와 관련되어 있는데, 그것은 '출세의 사다리'인 과거(科擧) 제도를 뜻한다. 과거 제도는 조선왕조를 5백여 년간 지속시켰던 사회적 권력 장치다. 조선 성리학은 과거 제도를 통해 자신의 문화적 권위를 재생산할 수 있었다. 문제는 조선의 과거 시험이 성리학적 지식에 대한 도상학적 인식과 무관했다는 데 있다. 과거 시험에 도상학적 지식을 묻는 문제가 출제되지 않는 상황에서, 이런 과거 제도와 불가분의 관계를 이루는 조선의 교육 제도가 도상학적 인식에 관한 교육을 감당해야 할 이유가 없었다. 《삼재도회》의 편자인 왕기는 중국에서의 이런 상황을 이미 파악하고 있었다.

> 문자가 나타나고 나서 도화는 거의 퇴보하여, 경생학자(經生學士)들이 과거 시험 때문에 경쟁하고 있는 사이에 크게 쇠퇴했다.

왕기의 이런 판단은 조선의 과거 제도에 한 치의 오차도 없이 그대로 해당되었다. 조선의 과거 제도와 교육 제도 사이의 악순환 고리가 형성되었다. 도상학적 지식에 대한 문제가 출제되지 않는 과거시험에 '장원 급제'하기 위해서 어느 누가 교육 기관에서 도상학적 지식을 공부할 것을 기대하겠는가? 과거 제도는 조선의 시각 문화의 발달을 저해시켰던 결정적인 제도적 장치였다. 이는 한국의 근대화 과정에서 고속으로 신분 상승하기 위한 사법고시, 외무고시, 행정고시에서도 그대로 재현되어 왔다. 즉, 조선 성리학은 이런 고시 제도를 통해 한국 사회에서 '문화적 권위'를 지속적으로 유지하고 있다.

자연사, 식민화, 예술의 삼위일체

둘째, 서구와 일본에서 자연사에 대한 도상학적 인식이 발달해갔던 과정과 비교하면서 생각해보자. 앞에서 논의했듯이(2장, 4장), 근대 자연사 — 식민화 — 예술은 서로 삼위일체를 이루면서 발달해왔다. 《난학의 세계사》는 도쿠가와 일본에서 난학이 형성되면서 이런 삼위일체가 이루어졌음을 보여주었다.

조선에서는 이런 삼위일체가 이루어지지 못했다. 서구는 그렇다고 하더라도, 18세기 후반부터 일본에서는 이런 삼위일체가 이루어지기 시작했는데 조선에서는 왜 그러지 못했을까? 도상학적 지식의 사회화에 관한 물음보다 더 근본적인 문제제기다.

주희의 인간학에만 초점을 맞춘 조선 사대부들은 인간학의 기초로서 자연학을 정립하고 난 후에 인간학을 추구한 것이 아니라, 자연학을 배제한 상태로 인간학을 지향했다. 여기서 인간학이라고 함은 성리학을 뜻한다. 조선에서 성리학은 철두철미하게 인간 중심의 학문이었다. 《몽계필담》은 조선 사대부에게 오랫동안 망각되어 왔다. 특히 '주자가례'가 인민의 생활을 확실하게 지배했던 17세기 후반 이후의 조선 성리학은 인간학 중심으로 전개되었다. 17세기 이래로 조선은 자연학이 억눌리고 인간학이 과도하게 발달해갔던 나라이다.

18세기 조선 사대부와 실학자들은, 한편으로는 옌칭을 다녀온 연행사를 통해 예수회 신부들이 중국 한문으로 번역했던 서적에 포함된 그림을 보았으며, 다른 한편으로는 조선통신사를 통해 들어온 《화한삼재도회》(1712)를 중심으로 한 일본 서적에 담겨 있는 많은 그림들을 접했다. 《삼재도회》가 편찬되고 한 세기가 지나, 오사카의 의사 데라시마 료안(寺島良安)은 《삼재도회》를 모델로 삼으면서도 일본의 자연사와 인류사에 대한 지식을 추가하여 전체 105권 81책으로 이루어진 《화한삼재도회》를 세상에 내보였다(寺島良安, 2014[1712]).

조선 사대부와 실학자들은 《화한삼재도회》를 보고 충격을 받았다. 오랫동안 얕보았던 일본의 지식 체계가 빠르게 변하고 있음을 알았다. 그들은 일본 난학자들의 식물, 동물, 광물에 대한 설명이 중국의 그것보다도 정확하다는 점에 놀랐다. 예를 들어 어느 실학자보다도 《화한삼재도회》의 진가를 알아차렸던 이규경은 조부인 이덕무의 기록과 대조해가면서 이시진의 《본초강목》을 비롯하여 중국에서 전해져 왔던 지식이 사실과 다르다는 점을 인지했다(안대회, 2010). 이규경의 《오주연문장전산고》를 비롯하여, 정약전의 《자산어보》, 서유구의 《임원십육지》, 김려의 《우해이어보》, 이옥의 《백운필》, 정학유의 《시명다식》, 유희의 《물명고》, 이만영의 《재물보》 등 이 시기 조선 실학자와 사대부의 자연사는 《화한삼재도회》로부터 직접적으로나 간접적으로나 모두 영향을 받았다. 하지만 실학자들은《화한삼재도회》를 비롯하여 조선통신사를 통해 전해져 온 일본 서적을 접하면서도 자연사의 도상학적 의미를 사회적으로 실천하지 못했다. 이 점이 일본 난학자와 달랐다.

그렇다고 예외가 없었던 것은 아니다. 조선 정조와 순조 시기에 도화서(圖畵署)의 화원으로 활동했던 장한종(張漢宗)은 당시 일본 자연사에서 두드러졌던 도상학적 인식에 주목했다. 그는 조선통신사를 통해 들어온《화한삼재도회》를 비롯하여 일본 자연사에 관련된 수많은 그림들을 접하면서 자극을 받았다. 장한종은 잉어, 메기, 쏘가리, 붕어, 새우, 게 등과 같은 어류를 화폭에 담았는데,〖어해병풍〗을 비롯한 그의 '어해도'들은 물고기의 개별적 특성을 매우 정밀하게 사실적으로 묘사했다. 이는 당시 일본 자연사가 개별적 사물의 실증성을 담보하는 것을 추구했음을 고려할 때, 장한종이 일본 자연사에 관한 그림들과의 대면을 통하여 자신의 회화적 세계를 어떻게 구축해갔는지를 짐작할 수 있다. 장한종과 같은 회화적 세계를 추구했던 조정규(趙廷奎) 등의 화가들은 극히 소수에 불과했으며 그들의 문화 권력도 미미했다. 크게 보면, 실학자들의 도상학적 지식과 별로 차이가 없었다.

조선 사회 후기의 가장 근본적인 문제는 자연사와 해양무역이 서로 분리된 채로 진행되었다는 데 있다. 정약용으로 상징되는 실학자이건 서유구로 상징되는 사대부이건 간에, 그들이 만들어갔던 자연사는, 서구에서와는 달리, 열대 해양무역과 아무런 연관이 없었다. 이런 상황에서는 조선 사회의 학문 발전으로 연결될 수 없다. 자연사에 대한 도상학적 지식은 18세기 조선과 일본의 상황을 비교해보면 이런 상황을 더욱 정확하게 이해할 수 있다.

조선의 자연학은 해양무역은 물론이거니와 국내 상업과도 별로 관련이 없이 사대부들의 호사가적 취향 또는 학문적 열정에서 크게 벗어나지 않았다. 사대부는 물론이거니와 실학자들도 자연사를 활용하여 이를 상업적 활동으로 실행하려는 수준까지 나아가지 못했다. 비록 이규경이 국제통상론을 주장했다고 하더라도, 그의 경제생활은 국제통상과 무관한 것이었다.

18기 후반에서 19세기 전반에 이르기까지 발간된 실학자들의 자연사에 관련된 책들에는 그림이 거의 없고 거의 한문으로만 적혀 있다. 이런 사태는 결코 간단하지 않다. 실학자들은 사람의 오감 중에서 시각을 자연사에 적극적으로 활용하지 않았다. 식물, 동물, 광물을 그림 한 장 없이 오로지 문자로만 설명했을 때, 개별 실물을 한 번도 보지 못했던 사람은 어떻게 이를 인지할 수 있을까? 이는 마치 눈을 감고 장미를 보거나 코끼리를 만지는 것과 같다.

이쯤 되면 독자들도 궁금할 것이다. 실학자들은 《화한삼재도회》를 읽으면서 일본이 데지마-나가사키에서 '아란타'(阿蘭陀), 즉 네덜란드와 무역을 하고 있다는 것을 알았음에도 불구하고, 왜 그들은 여기로 한 번도 가지 않았을까? 조선통신사가 한양에서 부산과 쓰시마를 지나 시모노세키, 오사카, 교토를 거쳐서 도쿠가와 일본의 수도인 에도에 이르는 길에서 나가사키는 빠져 있다. 실학자들은 "아란타의 상선이 35-36개국과 왕래하면서 이루 헤아릴 수 없는 진기한 물품을 일본에 갖고 들어왔다."는 것을 알면서도 무슨 사정이 있었기에 나가사키를 한 번이라도 탐방하지 않았을까? 무역 — 자연사 — 회화의 삼위일체는 서구와 일본이 근대로 나아갔던 방식이며 굳이 조선에 이를 적용할 필요가 없다고 주장하는 독자들도 이 질문에 대해서는 대답해야 하지 않을까?

한양, 융합의 장소성

현재의 한국에서도 해결하기가 가장 어렵다고 생각하는 세 번째 차원은 융합의 장소성에 관한 것이다. 동인도회사의 열대 해양무역 — 스피노자의 인문학 — 레벤후크의 과학 — 베르메르의 미술 사이에 이루어졌던 17세기 네덜란드의 작은 마을 델프트와 19세기 말 오스트리아의 빈을 다시 떠올려 보자(1장).

18세기 말 조선 실학자들이 사물을 시각적으로 인식하는 것에 대해 노력을 하지 않은 것은 결코 아니다. 오히려 그 반대였다. 1780년대 중엽 '카메라 옵스큐라'(camera obscura)를 통해 정약용이 외부 풍경을 감상하고 실학자 이기양(李基讓)이 초상화 모델이 직접 되어 초본 작업이 이루어졌다(이태호, 2008; 홍선표, 2005). 이규경은 카메라 옵스큐라에 대해 영상을 잡아내는 렌즈라는 뜻이 담긴 '섭영경'(攝影鏡)으로 지칭했다. 이규경의 광학에 대한 관심은 최한기에 의해서도 지속되어, 그는 빛을 빌려 그림을 그린다는 뜻으로, 카메라 옵스큐라가 '차조작화'(借照作畵)를 위한 도구라고 설명했다(이상면, 2013). 하지만 이들이 추구하려고 했던 지식의 시각화는 초상화 작업으로 이어지기도 했지만 사회화되지 못했다.

카메라 옵스큐라가 유럽에서 단순히 화가들만을 위한 기술적인 도구에 불과했다면, 시각의 근대성으로 이어지지 못했을 것이다. 그것은 "대중적인 오락, 과학적인 탐구, 예술적 실천의 도구"로 널리 활용되었기에 사회화되었던 것이다(Crary, 2001: 53). 실학자들에 의한 지식의 시각화는 조선 인민들과의 사회적 소통이나 조선 상인들의 상업적 이해관계와 깊은 연관성을 갖지 못했다. 한양은 융합을 추구하고 실천하기에는 적합하지 않은 장소였다. 미래세대를 위한 오락의 공간도, 모험 정신을 실천할 수 있는 실험적인 공간도, 예술적 상상력을 마구마구 발휘할 수 있는 공간도 쉽게 허락되지 않았다. 그렇다면, 지금 한국 최고의 대학들이 모여 있는 서울은 적합할까? '해양무역'의 도시 부산과 인천은?

2) 열대 자연사와 조선 성리학

진화하는 자연사와 불변의 자연

한국은 서구적 근대의 문명적 표준을 거의 따라잡았다고 생각할 수 있을 것이다. 전국 곳곳에 박물관, 미술관, 음악관, 문학관 등이 있다. 그렇다면, 자연사박물관만은 왜 한국에서는 쉽게 볼 수 없을까? 《파리식물원에서 데지마박물관까지》는 다윈 탄생 200주년과 《종의 기원》 출간 150주년을 나름대로 기념하기 위해 출간했던 책이다.

현상적으로 볼 때, 한국에서 자연사박물관이 발달되지 않은 것은 서로 연관되는 두 가지 이유 때문이다. 하나는 자연사박물관을 문명적 표준이라고 생각하지 않기 때문이다. '국립자연사박물관'(가칭)의 설립을 위한 노력이 '문민 정부'에서 '국민의 정부'로 권력이 교체되는 시기에 물거품으로 돌아간 것도 'IMF 경제위기'라는 국가적 환란 앞에서 문명적 표준은 설득력이 없었기 때문이다. 다른 하나는, '차경'(借景)이라는 용어가 시사하듯이, 한국인들의 마음에는 자연은 사시사철 집 밖에 항상 존재하는데 굳이 박물관을 별도로 만들어야 하는지에 대해 스스로를 설득하지 못하기 때문이다(이병훈, 2013). 자연사와 자연을 구분하지 못하게 되면 이런 이유로 자연사박물관의 절박성을 느낄 수 없다.

그렇다면 왜 한국 사회에서는 자연사와 자연을 구분하지 않을까? 앞에서 제기했던 문제 – 왜 한국에는 자연사박물관이 발달하지 않았을까 – 를 다시 문제화하면, 세 가지 본질적인 이유가 서로 연관되어 있다.

첫째, 열대 자연사에 대한 본격적인 생물지리적 탐험을 경험하지 않았기 때문이다. "개체발생은 계통발생을 반복한다." 이는 자연사에만 해당하지 않는다. 칼 린네, 조셉 뱅크스, 알렉산더 훔볼트, 호세 무티스 등의 18세기 자연사학자의 생물지리적 탐험이라는 자연사의 전통이 있었기에 월리스와 다윈의 진화론이 가능했다. 열대 자연사와 서구 인류사의 식민적 문화융합이 없었다면, 자연사박물관의 이론적 토대인 진화론은 창발될 수 없었다. 앞에서 논의했듯이, 중화적 세계관에 갇혀서 해양으로 나아가기를 두려워했던 사회에서는 열대로의 생물지리적 탐험과 해양무역을 감행해야 할 아무런 이념적 이유도 경제적 이해관계도 없었다.

둘째, 조선 성리학은 인간학이 중심이 되고 자연사가 배제된 자연학으로 구성되었기 때문이다. 앞에서도 논의했듯이, 주희에게 영향을 미쳤던 심활은《몽계필담》에서 자연사에 관한 문제의식을 보여주었을 정도로, 원래 주희가 제시했던 성리학은 진화론과 소통할 수 있는 가능성이 내장되어 있었다. 모든 외래 이론이 그렇듯이 수용하는 쪽에서는 원래 이론을 '급진적'으로 번역하게 마련이다. 주희의 성리학은 조선

후기로 오면서 자연사는 완전히 자취를 감추었고 자연학조차도 억압되어, 철두철미하게 인간학 중심의 이념적 체계로 조직화되었다. 소중화는 조선 후기의 성리학이 자연사를 배제시키면서 인간학을 가장 극단적으로 밀고 나간 이념적 장치였을 뿐만 아니라, 조선 인민들의 몸에 대한 규율적 통제 장치였다. 인민들의 몸은 제사라는 의례를 통해 조선 왕조의 성리학적 지배 이념과 권력 구조에 길들여져 왔다. 이런 이념적 지식 체계에서는 자연사에 대한 문제의식이 싹틀 여지가 전혀 없었다. 곧 논의하겠지만, 이런 사정은 실학자들의 경우에도 크게 다르지 않았다. 그들은 인간의 기술을 활용하여 자연에 대한 새로운 지식을 추구하기는 했지만, 자연과는 구분되는 개념으로서의 자연사에 대해서는 그렇지 못했다. 해양무역을 통해 열대 자연사를 조사하고 분류한 경험이 없었던 조선으로서는 불가피한 상황이었다.

마지막으로, 천주교와 기독교의 전래는 이런 상황을 더욱 고착화시키는 방향으로 진행되었다. 자연사와 진화론에 관한 한, 조선과 한국에 수용된 그리스도교는 성리학과 다를 바가 없었다. 아니, 진화론을 직접적으로 배격했다는 점에서 한국인의 의식 세계에 더 깊이 영향을 미쳤다. 마치 그리스도교가 조선 성리학의 세계와 대치되어 왔다고 알려져 있지만, 이는 사실과 다르다. 어느 종교사회학자는 "조선의 유교적 지배 엘리트들이 유교 근본주의와 중화주의를 결합하여 요지부동의 권력 기반으로 삼았던" 상황을 비판하면서, "중화주의에 매몰된 조선의 지배 엘리트 유교 근본주의자들의 행태"가 기독교 근본주의자들의 그것과 "동일한 지성사적 구조로 작동하고 있다."라고 주장했다(박정신, 2010). 과거의 한국에서의 소중화와 현재의 한국에서의 기독교 근본주의의 세계에서 자연사는 숨을 쉴 공간이 없다. 정권이 바뀌어도 자연사의 진화를 체질적으로 거부하는 기독교 근본주의는 조선 성리학에 근거한 '전통'과 결합되어 진화론을 배격할 것이다. 이와 같이 한국에서 자연사박물관의 발달 여부는, 서구적 근대의 표준을 그나마 따라 잡았던 국민건강보험과는 달리, '과거의 한국'과 현재의 한국이 동심원적으로 연결되어 있는 역사적인 문제에 깊이 착종되어 있는 것이다.

조선 실학자와 유럽 자연사학자

조선 실학자와 같은 시대 유럽의 자연사학자들이 모여서 열대 자연사를 소재로 삼아 가상의 대화를 나누면 어떻게 될까? 이를 구성해본 것은 시간적으로는 비슷하지만 공간적으로 서로 멀리 떨어진 나라에서, 열대 자연사를 바라보는 문화역사지리적 형식과 내용이 어떻게 달랐는지를 가늠해볼 수 있기 때문이다.

정학유(丁學游): 정화의 해외 원정 이후 중국에서 어느 누구도 이런 대규모 해외 원정을 나가기를 꺼렸다. 임진동아시아전쟁 이후 조선은 해양으로의 진출을 두려워했다. 17세기에 유럽에서 제일 앞섰던 네덜란드가 하멜 일행의 표류 이후 조선과 해외 통상을 원했지만, 우리 조선은 "아무 것도 필요 없다."고 하여 거부했다. 나는 《시명다식》에서 자연사의 기본을 구성하는 "초(草), 곡(穀), 목(木), 채(菜), 조(鳥), 수(獸), 충(蟲), 어(漁)"를 논했다. 이 책은 중국의 고전 《시경》을 기본 텍스트로 삼아 주희의 《시전》부터 육기(陸機)의 『모시초목조수충어소』(毛詩草木鳥獸蟲魚疏), 이시진의 《본초강목》, 곽박

(郭璞)의 《이아주》에 근거하여 '고증'한 다음에 내 의견을 붙였다. 삼촌 정약용의 뜻을 받들어 식물, 동물, 광물을 경학(經學)의 관점에서 인식하려고 했다.

괴테: 중국의 서정시를 공부하여 독일어로 번역한 적이 있다. 《파우스트》에 나와 있듯이, 중국인을 직접 만난 적도 있다. 내가 살았던 시대의 유럽 자연사학자들은 고대 그리스와 로마에서부터 전해져왔던 자연사 지식이 열대에서 갖고 왔던 식물, 동물, 광물을 설명하는 데 적합하지 않다는 것을 알았다. 그래서 여행을 하면서 내가 직접 관찰하고 눈으로 목격한 것에 근거하여 지식을 만들어간다는 것을 중요하게 생각했다. 이탈리아 여행을 마무리하는 지역이었던 팔레르모의 식물원에서 원형식물의 개념을 창안한 것도 이런 맥락에서 가능했다.

나는 원형식물의 '모델과 열쇠'를 통해 식물의 존재를 무한히 새롭게 파악하게 되었다고 흥분했다. 나에게 잎은 줄기에서 떡잎, 꽃잎, 암술, 수술 열매까지 성장하는 식물의 모든 부분들에 대한 원초적 형태를 의미했다. 여행 기간에 요한 고트프리트 헤르더는 자신의 책 《인간의 역사철학에 관한 개요》를 출간되기 이전에 미리 보내주었는데(2장), 이 원고에 담긴 열대 자연사에 대한 설명을 읽고 충격을 받았으며 원형식물의 개념을 생각하게 된 것이다. 이처럼 고대의 지식보다도 18세기에 유럽 자연사학자들이 직접 눈으로 보고 관찰한 것을 더 중요시하게 되었다.

최한기: 괴테의 자연사 연구를 십분 이해한다. 조선이 처음부터 자연사에 대한 관찰을 등한시한 것은 결코 아니다. 심활에서 이야기를 시

작하자. 그는《몽계필담》에서 찰흙(膠泥) 활자의 발명을 상세하게 기술했다. 인쇄술은 송대 문화의 발달에서 기술적인 토대를 이루었다. 송대 기술과 과학에서 중심적인 인물로 평가받는 심활은 하북(河北)의 산비탈에서 고생물의 화석과 지층을 발견해 하천의 침식작용을 밝혀내고 바다와 육지의 변천을 지적했다. 심활의 지질학은 주희의 우주 이해에 큰 영향을 미쳤다.

독창적인 자연철학자로서의 주희는 1190년을 지나면서 "겨우 탄생했을 뿐"이다. 이 시기를 전후하여 그는 인간학뿐만 아니라 자연학에도 관심을 쏟았다. 이렇게 된 연유에는 강한 내면적인 동기가 있었다. 이(理)의 인간학에 대한 자연학적 기초로서 기(氣) 이론을 더욱 다듬어가야 할 이유가 있었다. "1190년대는 자연학자로서 주희에게 있어서 커다란 전환기이며, 비약기이며, 이론적 기초의 형성기였다."

> 천지간에 理가 있고 氣가 있다. 理는 형이상(形而上)의 도(道)이고 사물이 생겨나는 근본이다. 氣는 형이하(形而下)의 기(器)이며 사물이 생겨나는 도구이다. 이런 이유로 사람과 사물에 생겨나는 데 반드시 理를 얻은 후에 성(性)이 있으며, 반드시 氣를 얻은 후에 형(形)이 있다.

중국은 물론이거니와 조선 후기에서도 理와 氣 중에서 어느 쪽이 더 중요한지에 대해 치열한 논쟁이 일어났다. 이렇게 된 근본적인 이유 중에는 주희 스스로가 이에 대한 명확한 입장을 분명히 밝히지 않은데 있다. 주희와 같은 위대한 인물조차도, 기록으로 남겨진 그의 말, 경전에 대한 주석, 친구에게 보낸 편지나 기타 문서 등으로 이루어진 문집을 통하여 그의 사상체계를 이끌어낼 수밖에 없다. "대가로서 그 자신이 스스로의 사상을 정리하고 요약하여 남긴 단일한 저술은 남아 있지 않다."(Fairbank & Goldman, 1998: 132) 설상가상으로, 조선 후기로 오면서 주희의 자연학이 점점 배제된 상태로 인간학만 강조되다 보니, 그의 자연학은 점점 형해화(形骸化)되고 말았다.

조셉 뱅크스: 프랑스의 라 페루즈(Jean François de Galaup, comte de Lapérouse) 함장이 조선의 울릉도를 발견(1785, [정조 9년])하고 유럽 지도에 처음으로 '다줄레 섬'(Isle Dagelet)이라고 표기한 사실을 알고 있다. 그도 울릉도에 상륙하고 싶었겠지만, 《하멜 표류기》의 내용이 생각나서 울릉도를 지나치기만 했을 것이다. 런던에 있는 자연사박물관이 지금처럼 세계적인 규모를 갖춘 것도 모두 내 덕이다. 유럽의 자연사학자라면 예외없이 누구나 내가 수집했던 것을 공부하기 위해 런던에 왔다. 제임스 쿡 함장과의 1차 항해는 식물학, 지리학, 동물학, 인류학에서 괄목할 만한 성공을 거두었다. 또한 로버트 손턴은 내가 식물원장으로 있던 큐식물원에 와서 열대 자연사에 매료되었다(5장). 손턴의 화첩은 열대 자연사를 시각화하는 데 크게 기여했다.

정약용: 카메라 옵스큐라를 통해 사물을 시각적으로 형상화하는 것이 자못 흥미롭다. 주위의 실학자들과 소통하면서 이 도구를 이용하여 초상화를 그리는 것에 대해 글도 남겼다. 그렇기는 하지만, 동생 정약전이 《자산어보》에 물고기를 정밀하게 그려서 포함하려는 것에 대해서는 이해할 수 없다. 정약전은 원래 그림으로 된 《해족도설》을 기획했는

데, 내가 다음과 같이 그 기획을 말렸다.

> 책을 저술하는 일은 절대로 소홀히 해서는 안 되니 반드시 십분 유의하심이 어떻겠습니까?《해족도설》은 무척 기이한 책으로, 이것은 또 하찮게 여길 일이 아닙니다. 도형(圖形)은 어떻게 하시렵니까? 글로 쓰는 것이 그림을 그려 색칠하는 것보다 나을 것입니다(이태원, 2002).

물론 내가 말렸다고 해서 그가 그림을 포기했다고만은 볼 수 없다. 여하튼 나는 그림이 사물의 본질을 인식하는 데 문자만큼 중요하다고 생각하지 않는다. 또한 유득공(柳得恭)이《화한삼재도회》를 읽고 쓴 글을 보면 아란타, 즉 네덜란드에 대한 설명이 포함되어 있다. 그리고 데지마–나가사키에서 일본과 네덜란드 사이에 교역이 이루어지며, 아란타 사절단이 에도를 정기적으로 방문하는 것도 알고 있었다. 일본의 자연사학자들이 네덜란드를 통해 유럽의 자연사를 어떻게 수용하는지를 알고 싶어서 조선통신사에 참여하고 싶었지만 뜻대로 되지 않았다.

알렉산더 훔볼트: 내가 태어나고 자랐던 프로이센도 조선과 마찬가지로 열대 지역과 직접적으로 교류를 하지 않았다. 조선의 사대부와 마찬가지로 나도 관료가 되어 출세를 하고 싶었다. 그러다가 갑자기 어머니가 돌아가시고 많은 상속을 받게 되면서 기회가 찾아왔다. 정약용과 같이 위대한 학자가 귀양살이를 했던 것과 달리, 5년간 아메리카 자연사 탐험을 할 수 있었다. 2019년이면 내가 태어난 지 250주년이 된다. 하지만 한국에서는 형 – 빌헬름 폰 훔볼트 – 의 존재에 의해 가려져 있

다가 최근 들어 알려지기 시작했다고 한다.

서유구(徐有榘): 나도 대동소이하다. 정약용과 최한기의 두 위대한 인물들 사이에서 명맥만 유지하다가, 탄생 250주년이었던 2014년을 계기로 조선 후기의 종합생활백과사전에 해당하는 《임원경제지》가 한국어로 출간되면서 본격적으로 연구가 진행되고 있다. 조선 후기의 자연학자들은 "가뭄과 홍수, 전염병, 해와 달 그리고 별의 움직임, 바람, 비, 벼락, 우박, 눈 등의 기상 현상, 지진, 산의 붕괴, 괴음, 해수의 변화, 야생동물의 출현, 기형의 출산, 해충의 출현 등 다양한 자연의 변이" 현상에 깊은 관심을 가졌다. 조선을 떠나 열대로 자연사 탐험을 하지 못한 것일 뿐, 우리 시대에 내만큼 자연학의 광범위한 분야를 섭렵했던 인물은 조선에 없을 것이다.

찰스 라이엘: 서유구의 광범위한 생활백과 지식이 사회화되지 못한 이유는 조선의 인민들에 의한 사회적 수요가 없었기 때문이다. 찰스 다윈은 비글호 항해에서 내가 쓴 《지질학 원론》을 열심히 탐독했는데, 이 책을 쓸 수 있었던 사회적 배경은 영국 산업혁명 덕택이다. 1780년에서 1830년까지 영국 산업혁명은 석탄 생산에 의해 이루어졌다고 해도 과언이 아니었다. 영국은 '광물의 왕국'이라고 해도 과언이 아니다. 1700년에 불과 2백 50만 톤에 불과하던 석탄 생산량이 1770년에는 6백만 톤, 1800년에는 1천만 톤으로 증가하다가 1830년에는 무려 3천만 톤으로 급증했다. 석탄 생산의 기초 학문이었던 지질학은 경제적 효용 가치를 위한 응용 학문으로 인식되었다. 아담 스미스가 《국부론》의 집필에 전

념하고 내가 지질학 연구를 할 수 있었던 계기도 석탄 생산의 급격한 증가로 인한 경제적 성장과 밀접히 연관되어 있었다. 사회적 수요가 있는 곳에 새로운 학문이 발달하게 마련이다.

이규경: 라이엘의 말이 가슴 깊이 와 닿는다. 영조와 정조 시대에는 금, 은, 납 등의 광물들을 적극적으로 해외 교역 상품으로 활용하지 않았다. 영조의 경우, 광물이 생산되어 시장에서 활발히 유통되면 사회적 혼란과 외국의 침입을 초래한다고 생각해 광물을 취급하는 상점들을 철저히 규제했다. 정조도 화성을 만들고 난 후에는 금광 개발 자체를 완전히 금지시켰다. 이런 상황에서 광물에 대한 사회적 수요가 더 이상 창출될 수 없었다.

농업이 생산력의 기본을 이루고 있었던 데다가 상업이 제한된 사회에서는 광물의 생산과 같은 공업이 발달하기 어렵다. 사대부들은 공업과 같이 신체적 노동력이 경제적 효용 가치를 창출하는 분야는 중인 이하의 계층들이나 하는 일로 치부했다. 경제에 대한 이런 관념이 지배적인 사회에서는 광물이 시장에서 상품으로 기능하기란 매우 어렵다. 광물이 시장에서 상품으로 기능하려면 다른 나라와의 무역은 필수적이다. 연금술이 발달했던 청대 중국은 자체적으로 광물의 수요와 공급이 가능했기에 조선과의 무역을 별로 필요로 하지 않았다. 설상가상 조선은 바다로 나가기를 원하지 않았으므로 열대 해양무역은 생각조차 하지 않았다. 17세기 중국의 기술학자인 송응성이 쓴 《천공개물》을 포함하여 《삼재도회》와 《화한삼재도회》 등을 읽으면서 국제무역을 주장했지만 왕실과 권력 계층이 수용하지 않았다.

조선은 자신이 전지구적 열대 해양무역 네트워크로부터 단절된 사실을 몰랐다. 딱히 알아야 할 필요성도 느끼지 않았다. 그렇다면 조선인 또는 한국인들은 언제부터 어떤 계기가 되어 열대와의 문화융합을 시작했을까? 다음 장은 이 문제를 다루려고 한다.

8장
한국과 열대의 문화융합

우리가 거절할 권리도 없는데 과연 '원조'라고 부를 수 있는 것일까.

– 백남준(白南準)

동 · 서양의 차이에 대한 심층적 구조를 막스 베버나 마르크스주의 또는 민속학적인 관점에서만 파악한다면, 근대 세계를 여전히 이해할 수 없다.

– 잭 구디(Jack Goody)

8장

한국과 열대의 문화융합

1. 조선인 노예의 '디아스포라'

조선인 노예의 기원

'광복 50주년 기념 해외 한국인 기록문화상' 대상을 수상한, 미국 교포 이자경은 《한국인 멕시코 이민사》에서 역사학자 우라가와 와사부로(浦川和三郎)가 쓴 《조선순교사》의 한 구절을 인용했다.

> 문록(文綠) – [임진동아시아전쟁] – 의 역(役)은 일본 국내뿐만 아니라 마카오, 마닐라, 인도, 코친차이나 등에 이르기까지 조선인 포로들로 넘치게 했다(이자경, 1998: 100).

그렇다면 이 조선인 포로들은 동남아시아에만 살았을까? 그렇지 않았다. 이 중에서 마닐라 노예시장의 조선인들은 중국인 노예 무리에

섞여서 마닐라 – 아카풀코 항로를 통하여 멕시코를 비롯한 중남미 지역으로 팔려갔다. 또한 16세기에 중국과 일본에서 무역 활동을 했던 포르투갈은 일본인 노예 속에 포함된 조선인 노예들을 리스본의 노예무역시장으로 데려갔다. 당시 동아시아의 전쟁에서 포로가 된 사람들은 조선인, 중국인, 일본인을 막론하고 노예가 되어, 스페인과 포르투갈의 무역 항로를 통하여 전 세계로 팔려갔다.

조선인 노예들이 이렇게 노예로 팔려가게 된 사정은 이 시기 일본의 열대 해양무역과 깊이 연관되어 있다. 일본에서 1570–1630년은 역사적으로 중요한 의미를 갖는 시기이다. 이 기간에 일본에서는 국가가 통일되고 활발한 국내교역의 핵으로서 도시가 번창했다. 또한 광산에서 캐낸 막대한 양의 은을 토대로 동남아시아와 무역을 활발히 할 수 있었다. 1604–1635년에는 한 해 평균 10척의 도쿠가와 막부의 승인을 받은 주인선들이 남하해서 무역을 했다. 31년 동안 모두 124척의 배가 베트남으로 향했다. 필리핀으로 간 것은 56척, 시암으로 간 것도 56척이었다. 그러다 1635년에 이 활동이 갑자기 중단되었다. 그래도 일본의 대외무역은 17세기 내내 활발했다. 다만 교역창구는 나가사키로 단일화되었고, 대상국은 네덜란드와 중국으로 엄격히 제한되었다. 네덜란드가 17세기 유럽에서 가장 앞장서서 열대 해양무역을 했다는 역사적 사실을 고려한다면, 일본과 네덜란드의 무역을 통하여 조선인 노예들이 세계 곳곳으로 팔려갔음은 역사적인 개연성이 매우 높을 수밖에 없다. 그들에게 조선은 어떤 조국이었을까?

조선인 노예의 운명 : 열대 에네켄의 자연사와 유카탄의 인류사

국가가 영토를 수호하지 못하여 국민의 안전을 보장하지 못하면 국민은 무엇을 할 수 있을까? 1905년에 제물포항을 떠나 멕시코로 떠난 1천여 명의 조선 인민들의 불가피한 선택은 한국 근현대사의 질곡으로 남아 있다.

18세기가 되면서 열대 해양무역은 어느 나라를 막론하고 실천해야 할 전지구적인 화두가 되었다. 피해갈 수 없었다. 하지만, 네덜란드와도 예수회와도 엇갈린 만남을 했던, 조선 사회는 전지구적으로 전개되었던 열대 해양무역으로의 항로를 벗어났다. 19세기가 되면서 전염병과 대기근 등으로 인구가 계속 감소했던 조선이 나아갈 수 있는 방향은 무엇이었을까? 조선의 지배 권력이 소중화의 문화역사지리적 세계관에서 빠져나올 줄 몰라 허둥대고 있었을 때, 인민들은 무엇을 할 수 있었을까? 어차피 탐관오리들에게 속고 속으면서 살아왔던 노예와도 같은 삶이라면, 인민 '점순이'는 설마 "산 입에 거미줄 치랴"라는 오기로 멕시코(墨西哥)로 가기로 결심했다. "산 개 새끼가 죽은 정승보다 낫다." 고 하지 않았던가.

한국문학사에서 거슬러 올라가면, 신소설 작가 이해조(李海朝)가 《월하가인》(1911)에서 멕시코 이민을 처음으로 다루었고, 주요섭이 《구름을 잡으려고》(1935)에서 아메리카로 이민을 떠났던 한인들의 파란만장한 역정을 묘사하면서 멕시코 한인들의 고난에 대해서 썼다(강진구, 2014; 오윤호, 2015). 그럼에도, 나는 두 살 때 홀어머니 품에 안겨 멕시코로 떠났으며 18세에 쿠바로 다시 이주했던 임천택(林千澤)에 주목한다.

국가가 통치 능력을 상실하여 인민의 안전을 보장하지 못해 국제적인 사기를 당했음에도, “조선의 인민은 쿠바에 한국어학교를 세웠고 임시정부의 독립운동에 기여했다.”(정경원 외, 2005)는 감동적인 드라마 때문만은 아니다. 본질적으로, 임천택의 삶은, 조선의 지배 권력이 열대와의 문화융합을 원천적으로 거부한 것과는 대조적으로, 조선의 인민이 전지구적인 화두에 동참했음을 생생하게 보여주기 때문이다. 이자경의 《한국인 멕시코 이민사》는 이러한 인민들이 태평양을 건너면서 멕시코에서 만들어갔던 한국현대사를 서술했고, 이를 읽은 소설가 김영하는 문학적인 상상력을 발휘했다.

조선의 인민이 열대와의 문화융합을 몸으로 보여준 이 역사적 사건을 이해하려면 무엇보다도 두 가지 가장 핵심적인 용어를 정의할 필요가 있다. 에네켄(henequén)! 열대의 자연사, 녹금(綠金, Green Gold)이다. 왜 녹금이라고 말했을까? 아프리카의 흑인 노예를 ‘흑금’(黑金, Black Gold)이라고 불렀기에 이에 대비되는 용어로 이렇게 부른 것이다. 어떻게 에네켄이 열대의 녹금이 되었을까? 김영하는 역사적 사실을 말한다.

> 선박용 로프의 원료로 쓰이는 에네켄은 제국주의 열강들의 식민지 쟁탈전과 서구 자본주의의 비약적 발전으로 말미암은 화물 운송량 증가로 품귀현상을 빚고 있었다. 에네켄의 줄기에서 뽑아낸 섬유로 만든 로프는 질기고 튼튼했다. 에네켄 섬유는 필리핀의 마닐라삼과 더불어 세계 로프 시장을 양분하고 있었다(김영하, 2003: 98).*

* 이 절의 괄호 안 숫자는 《검은 꽃》의 해당 페이지를 가리킨다.

멕시코가 원산지인 에네켄은 사람 키와 비슷한 크기이다. 잎이 용의 혀를 닮았다 하여 용설란이라 불리기도 하지만 난은 아니다. 건조한 기후에 강하기 때문에 유카탄 반도와 같은 덥고 건조한 지형에 잘 어울린다.

다음으로 '부채노예'! 이는 계약노동의 미명 아래 농장주에게 자신의 노동력을 완전히 귀속시키는 노예 행위를 의미한다. 조선인들이 팔려갔던 유카탄의 에네켄 농장이 부채노예가 실시된 지역들 중에서 가장 악명이 높았다고 전해진다. 부채노예의 역사적 의미를 정확히 짚어낼 때, 조선인들이 열대 유카탄에서 어떻게 생존할 수 있었는지를 파악할 수 있다.

그렇다면 조선인들이 부채노예로 팔려 열대 유카탄으로 오게 된 것과 에네켄 사이에는 무슨 연관성이 있었을까? 김영하는 그 연관성을 어떻게 묘사했을까?

> 결국 쿠바의 용병과 미국이 파견한 군사고문단 백 명이 상륙하면서 대학살이 시작되었다. 미국의 지원을 받은 연방군이 유카탄의 마야족들을 완전히 제압한 것은 조선 이민자들이 도착하기 불과 사 년 전인 1901년에 이르러서였다. 길고 지루한 투쟁 끝에 마야족의 인구는 대폭 감소한 반면 에네켄 삼실의 수요는 폭발적으로 늘었다. 어쩔 수 없이 농장주들은 외국 노동자를 수입해야 했다(99).

이 몇 줄에는 이 시기 세계사의 주요 사건이 압축적으로 녹아 있다. 《검은 꽃》은 이 시기 에네켄의 열대 자연사와 유카탄의 인류사 사이의 융합적 사유에 대한 치열한 문제의식을 독자들에게 요청한다. 미국은 필리핀을 식민지로 지배하기 위해 스페인과 전쟁을 일으켰다. 이로 인해 필리핀에서 생산되는 마닐라삼이 미국으로 수송되기 어려워지자, 미국의 곡물업자들은 대안으로 멕시코 유카탄에서 생산되는 에네켄을 더 확보하기 위해 유럽의 곡물업자들과 경쟁을 벌여야 했다. 그래서 미국은 멕시코 연방군이 유카탄에 거주하고 있는 마야족들의 독립 투쟁을 제압하는 것을 적극적으로 거들어야 했다. 이렇게 열대의 산물 에네켄은 졸지에 1900년대 서구 열강의 각축전에서 주요한 열대 무역 상품으로 등장했다. 에네켄을 둘러싸고 급박하게 전개되었던 이런 세계적인 정세도 모르는 채로, 조선의 천여 명 백성들은 자신들이 부채노예로 전락한 사실도, 유카탄이 마야문명의 공간이라는 사실도 모른 채로 멀고 먼 열대 유타칸으로 떠난 것이다.

국제적인 사기극에 조선 정부는 보호해야 할 인민들을 내다주었다. 일본인이 경영하는 이민회사인 대륙식민회사와 멕시코 유카탄의 에네켄 농장주협회의 대리인 자격을 가진 마이어스(John G. Meyers)는 7차례나 황성신문에 조선인 이민자를 모집한다는 광고를 실었다. 《황성신문》에 '농부모집광고'라는 제목으로 실린 기사를 보자.

> 북미 '墨西哥'는 미합중국과 이웃한 문명부강국이니 수토가 아주 좋고 기후도 따뜻하며 나쁜 병질이 없다는 것은 세계가 다 아는 바다. 그 나라에는 부자가 많고 가난한 사람이 적어 노동자를 구하기가 극히 어려우므로 근년에 일 · 청 양국인이 단신 혹은 가족과 함께 건너가 이득을 본 자가 많으니 한국인도 그곳에 가면 반드시 큰 이득을 볼 것이다(1904년 12월 17일자).

내용 전체가 거짓인, 일곱 차례의 이 광고는 명백히 불법이었다. 왜냐하면 대한제국은 1907년이 되어서야 이민보호법에 근거하여 조선인의 멕시코로의 이민을 허가했기 때문이다. 4년만 일하면 큰 돈을 만질 수 있다는 희망에 부푼 1천 33명의 이민자들이 1905년에 영국 선박에 몸을 실고 멕시코로 떠났다. 이들 중에는 대한제국 구식군대의 퇴역군인 2백 명을 비롯하여 몰락 양반들, 대륙식민회사가 강제로 납치해온 걸인 및 부랑아들이 섞여 있었다. 무엇보다도 이들 중에는 걸식아동들이 상당히 많은 것으로 추정된다. 이렇게 신분도 서로 다르고, '남녀유별'과 '장유유서'를 엄격히 지켜야하는 성리학적 규율 사회에서 살아왔던 그들은 어떻게 한 배 안에서 지내면서 무려 40여 일간의 항해를 견뎌냈을까?

김영하의 표현 대로, "거대한 파도가 배의 옆구리를 밀어젖힐 때마다 홀수선 아래의 화물칸에 수용된 조선인들은 예의와 범절, 삼강과 오륜을 잊고 서로 엉켜버렸다. 남자와 여자가, 양반과 천민이 한쪽 구석으로 밀려가 서로의 몸을 맞대고 민망한 장면을 연출하는 일이 계속되었다. 요강이 엎어지거나 깨지면서 그 안에 담겨 있던 토사물과 오물이 바닥으로 쏟아졌다. 욕설과 한탄, 비난과 주먹다짐이 일상사였고 고역한 냄새들은 가시지 않았다." 원래 '히드라'의 세계에서는 계급도, 신분도, 남녀 구분도 모두 사라지게 되어 있다(Linebaugh & Rediker, 2000). 하지만 이는 앞으로 그들에게 닥쳐올 온갖 유형의 고통과 시련에 비하면 서곡에 불과했다.

'아시엔다'(hacienda)! 이것이야말로 부채노예의 신분으로 왔던 조선인들이 일했던 열대적 장소성의 본질이다. 김영하는 아시엔다를 이렇게 묘사했다.

> 농장은 쿠바나 하와이의 플랜테이션[3장]과는 달랐다. 자본주의적 대량 생산의 정신에 따라 설계된 흑인 노예 중심의 플랜테이션과는 달리 스페인 정복자들의 대농장(아시엔다)은 다분히 봉건적이었다. 스페인 본토에서 이주한 정복자들은 본토의 귀족들처럼 행세하길 원했다. 멋진 저택을 짓고 높은 담에 둘러싸여 하인과 노예들을 부리면 왕처럼 군림하는 것, 그것이 이들의 목표였다(101).

멕시코의 디아스(Porfirio Diaz)가 1876년부터 삼십 년 이상 독재하면서 국민들에게 남긴 가장 큰 고통은, 멕시코의 전체 농토를 아시엔다로 만든 것이다. 아시엔다는 소농의 토지들을 모두 빼앗아서 대지주들에게 완전히 몰아주는 참으로 악랄한 농지 정책이었다. 예를 들어, 치와와 주의 명문가인 테라사 가문이 소유했던 아시엔다는 벨기에와 네덜란드를 합친 것보다 컸다. 멕시코 농경지의 99퍼센트가 아시엔다가 되어버렸고, 농민들 중의 98퍼센트가 자기 땅이라고는 한 뼘도 갖지 못했다. 아시엔다는 부채노예 조선인들이 감당해야 했던 고달픈 삶의 토대였다. 지금도 마찬가지다. 자신의 삶이 근거하고 지향하는 세계사적 맥락과 의미를 충분히 인식하지 못한 상태에서 자신의 모든 존재를 투신하는 경우가 얼마나 많은가.

그러나, 시간이 흐르면서 조선인들은 자신의 운명을 스스로 개척하기 시작했다. 더 이상 지배 계층에게 무조건 순종했던 조선의 인민이 아니었다. 과테말라 혁명군이 이끌었던 전쟁에 참여했던 것이다. 과테말라는 포르피리오 디아스보다도 더 악명이 높았던 카브레라(Manuel Estrada Cabrera)가 미국 농산업 자본의 지원을 받아 집권하여 과테말라 전체를 절대 빈곤의 수렁으로 몰아넣었다(294). "전직 군인, 내시, 도둑, 게릴라, 노동자, 고아, 파계신부로 이루어진 총 44명의 한인 용병은 1916년 7월, 마야인들로 구성된 과테말라 혁명군의 길잡이를 따라 유카탄 주의 경계를 넘어 캄페체 주를 지난 멕시코-과테말라 국경을 통과했다."(294) 삼면이 해양으로 둘러싸여 있고 북으로는 특권을 가진 사대부들이나 옌칭을 다녀올 수 있던 조선에서는 국경을 탈주하는 행위는 꿈에도 생각할 수 없었다.

조선을 떠난 지 10년이 지나 그들은 주체적으로 혁명전쟁을 위해 국가의 경계를 넘어섰다. 그들의 존재가 혁명적 전환을 맞는 순간이었다. 국가! 국가라는 근대적 개념이 온 몸에 각인되었다. 혁명! 자신들도 지배 권력을 전복시킬 수 있다는 생각에 말로 형언할 수 없는 전율이 온몸을 감쌌다. 아이티혁명의 후예가 된 것이다.

조선과 마야의 문화융합

조선의 혁명 전사들이 목적지인 띠깔에 도착했을 때, 어떻게 3천 년의 역사를 지닌 마야문명이 한 눈에 바로 들어올 리가 있었겠는가? 하지만 시간이 지나가면서 조선인 용병들은 마야 혁명군들과 가까워지면서 이 지역의 역사도 조금씩 알게 되었다. 김영하는 조선인들이 마야문명을 접하게 되는 과정을 상세하게 묘사했다.

> 띠깔은 과테말라에서 가장 웅대한 마야문명의 유적지가 있는 지역이었지만 그들 – 조선인 노예들 – 이 도착했던 당시엔 거대한 피라미드를 비롯한 모든 것이 생명력 강한 나무와 흙으로 뒤덮여 있어 마치 평원에 우뚝 솟은 작은 동산처럼 보였다. 천신만고 끝에 그곳에 도착한 한인 중 누구도 처음엔 그곳이 유서 깊은 마야문명의 유적지라는 것을 알지 못했다. 간혹 밀림 여기저기에 굴러다니는 이상한 석축과 머리 잘린 석상들을 이상하게 생각한 사람은 있었지만 더 이상 생각을 발전시켜 나가지는 못했다(299).

혁명이 끝나면 무엇을 할 것인가. 조선이 일본에 넘어갔다는 이야기를 들었다. 조선의 혁명 전사들 사이에 이런 저런 이야기가 오갔다. "죽은 자는 무국적을 선택할 수 없어. 우리는 모두 어떤 국가의 국민으로 죽는 거야. 그러니 우리만의 나라가 필요해."(306) 이렇게 해서 그들은 '신(新)대한'이라는 나라를 세웠다. 마야 혁명군 지휘관이 붉은 황소를 축하 선물로 보내주었다. "한 달 만에 마야의 처녀들과 결혼하는 병사들이 생겨났다. 몇 달이 지나자 마야인들과의 혼인이 늘어났다. 마야 게릴라들은 그를 개의치 않았다." 김영하는 마야 남성과 조선 여성이 치루는 결혼식이 마야식과 조선식을 절충했다고 말했다.

> 남자는 결혼식 이틀 전날 마야인들의 마을로 말을 타고 들어가 그들의 방식대로 결혼 전의 의례를 치렀다. 그들은 남자의 머리에 진흙을 바르고 노래를 불렀다. 짐짓 진지하게 남자를 죽이겠다고 협박하기도 하고 이상한 약을 먹여 환각에 취하게 하기도 했다. 그러나 막상 결혼식 날이 되면 신부와 신랑을 축하하

> 며 두 사람이 띠깔로 떠나갈 때 북을 치며 환송해주었다. 여자는 티깔에 도착하면 거기에서 간략하게 조선식으로 혼례를 치렀다. 화려한 족두리도, 발이 묶인 수탉도 없었지만 둘은 서로 마주 보고 절하고 술을 함께 나누어 마시고 새로 마련된 파하에 들어 첫날밤을 보냈다(307).

조선과 열대의 문화융합은 이렇게 마야에서 역사적으로 이루어졌다.

2. 지식인의 열대 여행: 최남선에서 천경자까지

최남선의 세계사 인식

최남선이 스무 살도 되기 전에 발간했던 《少年》의 1권 1호(1907)에 실린 '해상대한사'(海上大韓史)는 그가 세계사를 어떻게 인식하고 있는지를 명확하게 말해준다. 비록 짧은 기간이지만 일본을 두 차례 유학하면서 그는 서양이 동양보다 앞설 수 있었던 힘이 해양에 있다는 것을 뼈저리게 느꼈다.

> 서양에 대한 동양의 전락은 대체로 1492년 콜럼부스의 아메리카 발견, 1497년 바스쿠 다 가마의 희망봉 원정 항해, 1520년 마젤란의 태평양 진출 이후의 일로서 항해술 발달의 수준과 함께 동서양 성쇠의 차이가 점점 심하여진 것이다[《少年》, 1권 1호, 1907].

최남선은 한국사를 세계 해양사의 관점에서 인식하려고 했던 인물이다. 해양으로 나아가기를 두려워했던 조선의 역사에서 오랫동안 잊혀져왔던 장보고(張保皐)를 역사의 전면에 부각시킨 것도 이런 문제의식에서 비롯되었다. 박지원의 《허생전》에 나와 있는 해양무역에 대한 이야기를 꺼집어낸 것도 같은 맥락이다.

그는 경성제국대학 소속 조선사편수회의 다보하시 기요시(田保橋潔)가 《청구학총》에서 조선의 해안을 탐사했던 라 페루즈에 대해 발표를 한 것에 주목했다(최남선, 2013: 153-154). 먼저 라 페루즈가 왜 조선의 해안까지 탐사했는지에 대해 알아보자. 제임스 쿡의 세 차례에 걸친 세계 일주에 큰 자극을 받았던 루이 16세는 라 페루즈로 하여금 열대 남태평양의 이스터(Easter) 섬, 사모아 제도, 누벨 칼레도니(Nouvelle-Calédonie) 등을 포함하여 전 세계 54개 지역을 조사하라고 지시했다. 여기에는 중국과 일본, 조선도 포함되었다. 탐사의 핵심은 열대 해양무역과 자연사에 관한 정보를 매우 구체적으로 수집하는 것이었다. 라 페루즈 함대는 예수회가 제작한 조선과 일본 지도를 활용할 정도로 동해 탐사를 철저히 준비했다. 그리고 자연사 분야의 여러 전문가들을 포함하여 무려 119명이 참가했다. 루이 16세는 유럽과 중국 사이의 무역 실태를 정확하게 파악하라고 지시하여, 라 페루즈는 마카오에 도착하여 이에 대한 정보를 입수했다. 마닐라를 출발했던 그의 함대는 제주도 인근에서 조사 활동을 했는데 라 페루즈는 주목할 만한 기록을 남겼다.

> 불행하게도 이 섬은 모든 외국인과 어떤 통신도 금지되어 있는 나라에 속해 있다. 이 나라에서는 해안에 표류해 온 사람들을

노예로 삼고 있다. 스패로우 호크(Sparrow Hawk)호에 탔던 네덜란드 사람들은 18년간 자주 태형(笞刑)을 받으며 포로 생활을 하다가 배로 일본으로 탈출하여 바타비아를 거쳐서 암스테르담으로 돌아왔다. 예전에 이런 일이 있어서 우리들은 해안으로 보트를 보내고 싶지 않았다(한상복, 1980).

이 글은 라 페루즈가 《하멜 표류기》에서 나타난 그대로 조선에 대한 부정적 이미지를 이어받고 있음을 보여준다. 하멜은 13년간 조선에 체류했다고 말했던 데 비해, 라 페루즈는 18년이라고 기록했다. 하지만 이런 점은 별로 중요하지 않다. 이미 말했듯이 《하멜 표류기》는 유럽의 조선 이미지 만들기에 준거점으로 작용했다(7장).

라 페루즈의 울릉도에 대한 묘사는 제주도와 판이하게 달랐다. 제주도는 "고지대까지 토지가 잘 경작되어 있으며" "다양한 종류의 곡식들을 가꾸고 있어서 다양한 색깔들로 아주 그럴듯한 광경"이라고 말했다. 하지만 울릉도는 "오직 허술한 오두막 몇 채 이외에는 부락이나 주위에 경작지와 같은 것이 보이지 않았다." 다만 "배를 만드는 일꾼들이 눈에 보였다." 이들을 본 라 페루즈는 섬에 가까이 갔지만, "그들은 숨어버렸다." 제주도에 대해서도 기록을 남겼지만 라 페루즈 함대는 두 섬에 상륙을 하지 않아서 조선 사람과 접촉을 하지 않았기에 조선인에 대해서는 어떤 기록도 남아 있지 않았다.

정조는 자신이 통치하던 시기에 라 페루즈 함대가 조선의 영해를 침범한 사실을 몰랐다. 그렇다면 최남선은 라 페루즈의 동해안 탐사를 어떻게 알았을까? 라 페루즈에 대한 그의 관심은 당시 일본의 고고학자 및 인류학자인 도리이 류조(鳥居龍藏)의 영향에서 비롯되었다. 최남선은 《조선역사통속강화개제》(1922)에서 역사를 정의하면서, 과거의 유물과 유적을 갖고 연구하는 고고학과 다른 영역에 대해 다음과 같이 말했다.

> [역사에서] 어떠한 부분은 '인류학', '인종학', '토속학', '종교학', '언어학', '금석학', '고천학'(古泉學), '문장학'(紋章학), '지질학', '지리학', '해부학', '생물학' 등에게 분담시키는 것도 많다(최남선, 1992).

자연사와 인류사를 두루 섭렵했던 최남선의 역사 인식은 전적으로 도리이 류조의 입장을 반영한 것이다. "일본 근대 인류학과 일본 제국주의 사이에 도리이 류조가 있었다."(鳥居龍蔵, 2007: 445) 특히 일본으로 처음 유학을 떠날 때부터 역사지리학에 깊은 관심을 가졌던 최남선은 고고학과 인류학에다가 현재로 말하면 과학사와 의학사의 영역까지 아우르는 도리이 류조의 폭넓은 역사 인식에 매료되었다. 라틴아메리카를 비롯해, 조선, 만주, 시베리아 등에서 현지 조사를 수행했던 도리이 류조는 소학교를 중퇴하고 독학으로 중학교 과정을 마쳤다. 대학을 중도에서 그만두었던 최남선은 동병상련을 느꼈을 것이다.

해방 이후의 지식인들은 최남선이 남긴 글들을 읽으면서 많은 것을 배웠지만, 공적인 공간에서는 이를 밝히지 않았다. 해방 직전에 태어났던 문학평론가 고(故) 김현은 청소년기와 청년기에 한국어로 된 책들이 변변히 없어서 참으로 고통스러웠다고 고백한 적이 있다. 그렇다면 해방 공간에서 지식사회의 구성원들은 어떻게 지식에 대한 욕망을 충족할 수 있었을까? 그들은 한국어가 아닌 일본어로 된 책으로 세계를 읽었음에 틀림없다. 시인 고은이 '바라크'의 시대라고 규정했던 1950년대의 지식인들은 밤에는 일본어로 된 책을 읽고, 낮에는 한국어로 세상과 소통하면서 영어, 독일어, 프랑스어로 된 책들을 갖고 다녔다. 이런 지적 풍경은 70년대까지 지속되었다. 아직 서구의 언어로 된 책을 읽기가 쉽지 않았던 시절, 한국 지식 사회의 의식 구조는 이렇게 형성되었다. 최남선과 같은 '친일파'로 분류된 사람들의 글을 읽고 새로운 지식을 배웠을 경우에 사람들은 이 사실을 밝히지 않았다. 국가적 검열 장치와 자기 검열의 심리학이 묘하게 결합되어 작동했다. 자신이 직접 새로운 사실을 알아낸 것처럼 위장을 할망정, 최남선을 통해 장보고와 라 페루즈를 알았다거나 해양의 관점에서 한국사 또는 역사를 인식하게 되었다는 것을 결코 밝히지 않았다. 이렇게 은폐된 의식 구조는 한국 사회에서 수십 년간 지속되어 왔다.

식민지 조선인의 세계 여행

조선 사대부 김기수(金綺秀)가 1876년에 수신사의 자격으로 요코하마에서 시바시(新橋)로 가면서 '화륜거'(火輪車)를 탔을 때 어떤 기분에 빠져들었을까? 한양에서 기껏해야 '가마' 또는 말이 아니면 탈 것이 없었던 그가 "담배를 한 대 피울 동안에… 구십 리나" 달릴 수 있었던 철도를 타면서 무슨 상념에 잠겼을까? 그는 네덜란드 선교사 베르벡(Guido Herman Fridolin Verbeck)이 제안하고 이와쿠라 도모미(岩倉具視)와 이토 히로부미(伊藤博文) 등이 기획하여 추진한 '이와쿠라 사절단'(岩倉使節団, 1871-1873)에 대해 어느 정도 알고 일본으로 떠났을까?

서구적 근대를 배우기 위해 한 국가가 추진하여 각 분야의 전문가들이 미국과 유럽의 여러 나라를 장기간에 걸쳐 여행한 경우는, 일본의 이와쿠라 사절단이 전세계적으로 최초이다. 하버드-옌칭연구소에서 연구년을 보내고 있을 때 《동아시아 의학의 전통과 근대》를 쓰면서, 이와쿠라 사절단이 경험했던 근대의 형식과 내용을 역사지리학자 구메 구니타케(久米邦武)가 기록한 《특명전권대사 미구회람실기》(1878; 앞으로 《이와쿠라 실기》)를 자세히 읽은 적이 있다. 누누이 강조하건대, 자신이 읽은 기존의 모든 고전과 책들을 열대학의 관점에서 다시 읽어본다. 《이와쿠라 실기》도 마찬가지다.

이와쿠라 사절단은 프랑스가 영국만큼은 아니지만 다섯 대륙에 많은 식민지를 갖고 있음에 주목했다. 1873년 1월 21일 파리의 초콜릿 공장을 방문하고 돌아와서 구메는 "열대산 콩의 한 종류인 초콜릿"이 카리브 해의 마르티니크(Martinique)나 과들루프(Guadelupe) 식민지에서 대량 재배된다고 기록했다(久米邦武, 2011, 3: 171). 사절단은 프랑스가 열대 아프리카, 아메리카, 아시아의 식민지에서 생산되는 자연사 산물의 교역을 통해 막대한 이익을 창출했음에 주목했다. 《이와쿠라 실기》는 프랑스 식민지에서 가장한 중요한 알제리에서 산출되는 담배, 아마(亞麻), 올리브유, 세네갈의 탄성고무, 레위니옹(Réunion)의 커피와 바닐라, 동양의 곡창지대인 코친 차이나(Cochin China)에서 수출하는 쌀과 각종 향료, 마르티니크의 사탕과 초콜릿, 과들루프의 커피와 면화 등을 소개했다(久米邦武, 2011, 3: 172).

여기서 특히 주목할 대목은 프랑스와 알제리의 관계를 "일본과 조선의 관계와 비슷하다."(久米邦武, 2011, 3: 172)라고 본 것이다. 명치 정부의 사이고 다카모리(西鄕隆盛)를 중심으로 소위 '정한론'(征韓論)이 1873년에 전개되면서, 이와쿠라 도모미가 정한론에 반대한 것으로 알려져 있다. 하지만 이와쿠라가 주도했던 정권이 2년 후에 영국에서 수입한 군함인 운요호(雲揚號)를 조선에 보내어 강압적인 포함외교(砲艦外交)를 시도했음에 비추어 볼 때, 이와쿠라 사절단은 서구와 같은 제국이 되려면 열대의 식민화는 거스를 수 없는 대세임을 이미 인식했던 것이다.

이런 맥락에서 볼 때, 조선 정부가 추진했던 '조사시찰단'(朝士視察團, 1881)의 문화역사지리적 인식은 여전히 동아시아 내에서만 이루어지고 있음을 보여준다. 김기수와 김홍집(金弘集)은 일본에 갔을 때 이와쿠라 사절단에 대해 들었다고 하지만, 두 사람은, 아니 당시 조선 정부의 권력 집단은 《이와쿠라 실기》를 정확히 읽었을까? 읽었다면, 그들은 바로 이 대목, 즉 일본과 조선의 관계는 프랑스와 식민지 알제리의 관계와 같다는 이와쿠라 사절단의 인식을 어떻게 해석했을까? 이와쿠라 사절단은 서구적 근대의 핵심은 열대의 식민화라는 것을 인지했던 데 비해, 조사시찰단은 그렇지 못했다. 동경제국대학에서 처음으로 식민학 강좌를 개설하고 교수가 되었던 니토베 이나조(新波戸稲造)가 열대의 식민화 연구에 매진했던 것도 근대적 서구의 본질이 무엇인지를 파악했기 때문이다. 니토베는 열대 식민화에 대해 '문명의 확장이요 문명의 발전'이라고 말하면서, 의학과 위생이야말로 열대 식민화의 '근저'(根柢)가 되어야 한다고 주장했다(新波戸稲造, 1969: 35-58).

문제는 19세기 말 조선 사회의 이러한 문화역사지리적 인식의 틀이 지금 대한민국의 지식 사회에서도 변하고 있지 않다는 것이다. 열대가 서구적 근대의 본질을 인식하는 데 핵심적 위상을 차지한다는 인식은 한국의 지식인에게는 여전히 공허하게 들리고 있다.

일제시대에 선각자치고 이해조와 최남선이 1908년에 각각 번안했던 《신세계》와 《거인국 표류기》를 읽지 않은 사람이 없었다. 전자는 베른(Jule Gabriel Vernme)의 《해저 2만리》를, 후자는 스위프트(Jonathan Swift)의 《걸리버 여행기》를 각각 번안한 작품이었다. 한글로 바로 번안은 되지 않았지만 일본어로 번역된 쥘 베른의 《80일간의 세계일주》도 읽었다. 뿐만 아니라 최남선이 지은 《경부철도노래》(1908)와 《세계일주가》(1914)도 함께 읽었다.

이런 작품들은 당시 세계에 대한 역사지리적 의식을 정립하고 상상력을 촉발시키는 데 매우 중요한 역할을 했다. 선각자들은 이런 작품들을 읽으면서 '세계 일주'를 하고 싶은 꿈을 가졌다. 이 중에서 동아일보 특파원이었던 변호사 허헌(許憲), 화가 나혜석, 경제학자 이순탁(李順鐸), 미국 유학생 박인덕(朴仁德) 등 사회경제적으로 세계 여행이 가능했던 계층에 있던 사람들이나 이런 꿈을 이루었다. 하지만 그들에게 세계는 일본 중심의 동양과 미국과 서유럽 중심의 서양이었다. 교토제국대학에서 경제학을 공부했던 이순탁은 자신이 재직하고 있었던 연희전문학교의 지원을 받았는데, 이들 중에서 그나마 열대에 관심을 가졌다. 그는 해양 실크로드의 중심지인 믈라카에서 동서 문명의 교통으로서의 '인도양'에 주목했고, 싱가포르의 열대식물원, 스리랑카의 광산과 제차업(製茶業) 등을 방문하면서 열대 자원을 경제학자의 눈으로 바라보았다(이순탁, 1934). 하지만 이순탁에게 기본적인 관심은 서양이었다. 나중에 김일성종합대학 총장을 지냈던 허헌과 납북되어 생사를 알 수 없었던 이순탁처럼 민족독립 운동에 뛰어들었건 아니건 간에, 그들은 세계 여행을 통하여 식민지 조선인으로서의 자기 정체성을 확인했을 뿐만 아니라, 일본이 세계 무대에서 갖고 있는 제국의 힘을 체감했다.

그러나, 일제 시대의 선각자들은 열대 해양무역과 열대 해양력의 중요성을 인식하지 못했다. 그들에게 열대는 열심히 읽어야 할 텍스트가 아니라 참고문헌에 불과했다. 그들이 그토록 여행하기를 갈망하면서 배우고 싶었던 미국과 유럽이 몇 세기에 걸쳐서 열대의 타자화, 곧 식민화를 통해 서구적 근대를 만들어갔음을 파악하기에는 시대적 상황이 여의치 않았다. 열대의 문을 본격적으로 열기에는 식민지 현실이 냉혹하게 작동했기 때문이다.

이런 와중에도, 베트남에 주목했던 인물이 있었다. 베트남의 망명객인 소남자(巢南子)와 양계초(梁啓超)의 대담을 기록한 《월남망국사》가 1906년에 번역되어 조선에 소개되면서 식민지 조선인들은 동병상련을 느꼈고 이후 동아일보와 조선일보에 베트남에 관한 기사들이 소개되기 시작했다. 김영건은 베트남 연구를 목표로 삼았고, 프랑스가 식민지 베트남에 설립했던 원동박고원(遠東博古院, École Française d'Extrême-Orient)에서 근무했다. 이 기관은 프랑스의 인도차이나 총독 두메르(Joseph Athanase Paul Doumer) – 나중에 프랑스 14대 대통령이 되었다 – 가 1900년에 설립했던 것으로 '앙코르 와트'의 복원 사업을 포함하여 인도차이나 지역을 광범위하게 조사, 연구했다. 동남아시아 연구의 선구자로 평가받는 세데스(Georges Coedès)도 이 연구원에서 활동했는데, 김용건은 세데스의 글을 번역하여 《진단학보》에 소개했다. 또한 해방 이후 출간된 《여명기의 조선》에서 그는 통사적인 관점에서 조선과 동남아시아, 조선과 서역의 관계를 살펴봄으로써 조선과 열대의 접속

관계에 대한 귀중한 실마리를 제공했다. 하지만 안타깝게도 한국의 지식 사회는 김용건의 지식 작업을 공유하고 사회화하는 데 매우 더디게 반응하여 거의 반세기가 지나서야 관심을 가졌다.

벵골 타고르에 대한 이해 방식

1930년대와 40년대에 인도를 여행하고 돌아왔던 조선인들의 여행기를 읽어보면, 인도의 어느 지역을 돌아다녔는지에 따라 인도에 대한 느낌이 매우 다르다는 것을 알 수 있다. 이런 차이는 현재 한국 역사학자들이 스피박(Gayatri Spivak)의 《하위 주체는 말할 수 있는가》와 구하(Ranajit Guha)의 타고르(Rabindranath Tagore, 1861-1941)에 대한 논의(Guha, 2011)를 이해하는 데 여전히 장애 요인으로 작용하고 있다. 나는 가장 중요한 이유가 조선이나 한국과 달리 인도의 풍토가 지역별로 상당히 차이가 나기 때문이라고 생각한다. 〔지도 1-2. 풍토 및 기후에 따른 세계지도〕를 세밀히 살펴보면, 인도의 풍토가 지역별로 크게 차이가 있다는 것을 대번에 알 수 있다. 영국동인도회사가 먼저 개발하여 1911년까지 영국의 식민 수도였던 콜카타가 위치하고 있는 벵골 지역은 인도에서 가장 전형적인 열대 풍토에 해당한다. 앞에서도 말했듯이, 1830년대 유럽 사회는 아시아발 콜레라의 진원지를 벵골이라고 단정했다(6장). 영국은 벵골과 버마의 식민통치를 위해 이 지역에 열대의학자들을 파견하여 열대질병을 통제하기 위해 많은 자원을 투입했다.

벵골의 명문 가문에서 태어난 타고르가 영국에서 펴낸 시집 《기탄잘리》(1912)는 타고르가 서구 정체성에 적합한 시인임을 인정받는 촉발제가 되었다. 이 시집을 출간한 지 일 년도 못되어 타고르는 아시아 최초로 노벨문학상을 수상했다. 타고르보다 늦게 노벨문학상을 수상한 예이츠(William Butler Yeats)는 이 시집의 서문에서 타고르를 '동양의 성자'로 묘사함으로써 타골을 서구에 의한 오리엔탈리즘으로 정형화된 시인으로 만들어 버렸다. 타고르에 천착했던 영국의 어느 문학평론가에 의하면, "벵골이 타고르를 서구에 준 것이 아니라, 서구가 타고르를 벵골에 준 것"이었다. 예이츠를 비롯하여 파운드(Ezra Pound), 롤랑(Romain Roland) 등 서구의 내노라하는 문학가들이 타고르를 찬양한 것(이옥순, 2006: 146)은 벵골 문명에 대한 타고르의 찬양이 아니라, 그 타고르를 만들어낸 서구 자신, 즉 서구 정체성에 대한 찬사였다.

타고르의 수상 소식은 동아시아에 빠른 속도로 퍼져 나갔다. 식민지 조선인 중에서 처음으로 타고르를 만났던 진순성(秦瞬聖)이 이해했던 타고르는 서구에 의해 만들어진 타고르였다. 그는 1916년에 일본을 처음 방문한 타고르를 만났으며, 타고르에게서 식민 지배의 동병상련을 느꼈다. 최남선의 《청춘》 잡지에 타고르의 사진과 시가 소개되면서 타고르는 식민지 조선에서 가장 주목받는 외국의 문학가가 되었다. 김억(金億, 김안서)이 《기탄잘리》를 비롯하여 타고르의 많은 작품들을 번역, 소개하는 데 엄청난 노력을 했다는 것은 이미 널리 알려져 있다. 더구나 타고르가 세 차례에 걸쳐 일본을 방문하고 중국을 두 번 방문했다는 소식이 전해지면서, 타고르는 문학의 경계를 넘어 조선의 식민적 상황에서 민족 독립에의 열기를 불러일으킬 수 있는 사상가로 받아들여졌다. 타고르로부터 큰 영향을 받은 것으로 알려져 있는 한용운의 《님의 침묵》이 탄생한 맥락도 여기에 맞닿아 있다(김우조, 2014).

그런데 타고르는 1920년대가 되면서 서구 문학가들의 의도대로 문학적 세계를 펼쳐 나가지 않았다. 「노예선」이라는 시를 남겼던 하인리히 하이네의 경우도 후기로 갈수록 진보적인 사상에 도취했듯이, 타고르도 마찬가지였다. 아시아의 연대에 희망을 걸었던 그는 일본의 제국주의화가 이를 저해한다고 강하게 비판했다. 예이츠 등 서구 문학가들은 타고르의 이런 변화를 보면서 그의 문학성을 폄하했다.

타고르의 이런 변화는 소위 '벵골 르네상스' 운동과 밀접하게 연관되어 있다. 이는 19세기부터 20시기 초에 이르기까지 벵골에서 일어났던 광범위한 개혁 운동으로, 로이(Raja Ram Mohan Roy)가 타고르 가문의 지원을 받아 처음으로 주도했다. 로이는 브라만교의 성전《베다》중에서도《우파니샤드》의 교리를 따라 신 – 자연 – 인간의 일원론적 신앙 체계에 근거하여 벵골의 사회경제적 제도를 개혁하고자 했다. 타고르는 벵골이 낳은 세계적인 과학자인 보스(Jagadish Chandra Bose)와 함께 이 운동에 주도적으로 참여했다. 찬드라 보스는 자연을 광물, 식물, 동물의 세계로 나누고 있는 헤겔의 철학적 입장을 타파해야 한다고 주장했다(3장). 보스가 밝혀내었던 생물과 무생물 사이의 경계 타파는 당대 유럽의 과학계는 물론이거니와 예술계에도 엄청난 충격을 주었다. 예를 들어 베르그손(Henri Bergson)은 "보스의 훌륭한 발명 덕택에 벙어리였던 식물은 이제까지 알려지지 않았던 자신들 삶의 이야기를 감동적으로 엮어 내기 시작했다."라고 말했다. 보스가 자연에 대해 이런 인식을 할 수 있었던 것은 어릴 때부터 열대 벵골의 식물상을 보고 성장했기 때문에 가능했다. 그는 식물도 감정, 더 나아가서 영혼이 있다고 생각했다. 타고르에 대해선 크게 환호했던 조선의 식민지 선각자들이 정작 세계적인 과학자인 보스에 대해서는 무심했던 이유는 그들이 타고르를 벵골 르네상스 운동과 관련지어 생각하지 않았기 때문이다. 조금이라도 이런 운동의 관점에서 주의깊게 지켜보았더라면, 찬드라 보스를 발견했을 것이다.

현재의 한국에서도 마찬가지이지만, 식민지 조선에서 타고르를 이해하는 것은 쉽지 않았다. 무엇보다도 타고르의 모국어는 벵골어였지, 영어가 아니었다. 식민지 조선에서 벵골의 풍토에서 성장했던 타고르의 문학 작품을 일본어로 읽는다는 것은 심각한 번역의 문제를 야기할 수밖에 없었다. 벵골어를 모국어로 사용하는 타고르에게 접근하기 어려운 이유가 바로 여기에 있다. 뿐만 아니라, 문학과 과학의 융합적인 지평에서 바라보지 않으면 벵골의 풍토적 본질을 파악하기가 쉽지 않음을 찬드라 보스를 통해서도 알 수 있다.

설상가상으로 역사 서술에 대한 타고르의 인식은 식민지 조선인들이 타고르를 이해하는 데 장애가 되었다. 타고르는 문학가인 동시에 뛰어난 역사가였다. 스피박과 함께 서발턴(Subaltern) 그룹을 이끌어왔던 라나지트 구하는 역사가로서의 타고르를 연구했다. 구하에 의하면, 타고르는 시인의 정체성에서 가장 중요한 창조성을 밀어내려는 '현학적인' 역사가와 역사 서술에 적대적이었다. 타고르는 우파니샤드에 근거하여 자신의 역사의식을 설파했다. "역사 바깥에 놓여 있으면서 인간 영혼의 중심에 있는 그 거대함을 향하여 창조주로서의 인간에 의해 인도되는 역사를 시도하고 밝혀야 한다."(Guha, 2011: 199)

타고르는 사건과 서사를 구분해야 한다고 말하면서 공공 영역에서 '창조 영역'(srishitkshetra)을 분리시켜야 한다고 생각했다. 공공 영역에서 일어나는, 공적인 역사를 서술하는 작업은 국가주의자가 단순히 헌법에 맞추어 게임을 하는 것과 같다는 것이다. 식민지 인도에서 "역사가 공적인 영역"이라는 것은 피할 수 없다 하더라도, 우파니샤드의 세계관에서 볼 때 자아는 창조의 영역에 해당하기 때문에 영국 식민통치자 때문에 발생한 '국가주의적 투입물'을 넘어서야 한다고 생각했다.

> 창작자는 역사적 서사로부터 자료를 모아 창작물을 만드는데, 일부는 그가 처한 사회적 환경으로부터 수집하기도 한다. 그렇지만 자료 자체가 그를 창작자로 만드는 것은 아니다. 자료가 하는 일이란 단지 그가 스스로를 창작자라고 표현하는 데 사용하기 위해 창작물에 맞는 재료를 넣어주는 일에 불과하다 (Guha, 2011: 183).

구하가 말하고 있듯이, 타고르의 문학 작품을 읽으면서 그의 역사관을 파악하는 것이 어려운 이유가 여기에 있다. 하물며 식민지 조선의 문학가들이 당시에 열대 벵골에 삶의 터전을 갖고 있었던 타고르의 역사와 문학을 이해하는 것은 녹록하지 않았다.

한국 의료와 열대 아프리카

해방 이후에 미국 군정이 통치를 하고 있었을 때, 미국에서 의과대학을 졸업했던 최제창(崔濟昌)은 미군정에서 보건의료 분야의 직책을 맡았다. 미군정의 도움으로 최제창을 포함하여 10명의 한국인 의사들이 록펠러 장학금을 받아 미국의 존스홉킨스, 미시건, 하버드 보건대학원에서 공부를 했다(최제창, 1996). 한국에서 '보건'이 대중에게 다가가는 역사가 시작되었다.

경성의학전문학교를 졸업했던 주인호는 그 중의 한 명으로, 미시건 보건대학원에서 공부했다. 그가 쓴《전염병 탐색기》의 표지는 매우 인상적이다. 표지의 앞과 뒤는 세계지도이고, 열대의학자로서 직접 탐방했던 아시아, 아프리카, 라틴아메리카 등의 가난한 지역들이 선으로 연결되어 있다(주인호, 1989). 1970년대에 열대 지역에서 활동했던 그는 이미 열대질병의 전지구적인 연관성을 꿰뚫어보고 있었다. 그는 아프리카의 열대질병이 전쟁과 깊은 상관이 있음을 예리하게 간파했다.

> 1970-1971년의 2년간은 황열 방역의 책임자로 백신접종, 구호약품공급, 원주민 의료원 훈련에 종사했다. 그때 서부 아프리카 주민 약 5백만 명에 실시한 황열 백신 접종사업은 크게 효과를 올렸다. 그리하여 1971년 말에는 황열 대유행이 종식되었다. 내가 보고한 황열 대유행의 감염경로는 다음과 같았다. 즉 나이지리아 병사들이 비아프라(Biafra) 정글 속에 포격을 퍼붓게 되자, 이에 놀란 원숭이들이 인가 근처로 도망쳐 나와 농가 주위의 바나나, 가사바나무 속에서 서식하는 모기 즉, Aedes africanus, Aedes simpsoni, Aedes egypti 種에 의해 원숭이 황열 → 모기 → 사람으로 전파되었으며, 국경 왕래가 자유로운 아프리카 신생국들에게 한나라 안의 전염병이 곧 인접국가에 옮아간 것이었다 … 황열은 서부 아프리카 가나, 아이보리 코스트, 세네갈, Upper Volta 등 여러 나라에 전파되었다(주인호, 1989[1972]: 45).

'비아프라' 국제전쟁(5장). 전쟁은 아프리카의 전염병 창궐을 촉발시키는 주요한 사회역학적 요인이다. 역사적으로 아프리카에서 일어난 대부분의 전쟁은 서구의 이해관계에서 비롯되었다. 전쟁으로 생태적 균형이 무너졌다. 주인호는 동부 아프리카의 빅토리아 호수 지역에서 수면병이 창궐했던 것도 전쟁 포화로 체체파리의 생태계가 파괴되었기 때문이라고 생각했다.

그의 수필집이 독자들에게 더욱 감동을 주는 까닭은 아프리카 자연과 문화에 대한 탁월한 식견 때문일 것이다. 그는 1970년대 한국에서는 아직 생소했던 '네그리튀드'(Negritude)를 소개하면서 이 사상이 아프리카를 이해하는 데 매우 중요하다고 강조했다.

> 아프리카 대륙이 낳은 저명한 시인이며 사상가인 세네갈의 레오뽈드 센골 (레오폴드 셍고르) 대통령이 부르짖은 소위 네그리튜드는 넓게 또한 깊이 인식되어야 한다. 그가 주장하고 있는 네그리튜드란 동서양사상에 비견할 수 있는 흑인 독자적인 인식과 사고력에 의한 흑인문화의 본질을 뜻한다(주인호, 1989[1978]: 80).

1970년대에 네그리튀드의 본질을 이렇게 파악할 수 있었던 한국의 지식인들이 얼마나 있었을까? 그는 콩고민주공화국이나 콩고공화국과 같은 불어권 아프리카와 영어권 아프리카를 모두 다니면서 열대의학 연구에 매진했다. 주인호는 아프리카 대륙이 유럽 열강의 탐험, 분할, 식민지 정책으로, 자신의 고유 문화를 상실했다는 역사적 인식을 분명히 하고 있었다. 여기서 더 나아가서, 그는 아프리카의 자연사에 대해서도 놀랄 만한 철학적 입장을 보여주고 있다. 흑인은 "사회경제 속의 인간이라기보다도 자연경제 속의 자연인"이라고 주장했다. 열대 아프리카의 자연사를 공부하지 않았다면 생각할 수조차 없는 탁월한 식견이다.

주인호는 우간다에서 한국인 의사회장으로 활동했는데, 한국인 의사들이 얼마나 많았기에 의사회장을 맡았을까? 1963년에 처음으로 10명의 의사들이 우간다에 파견되었다. 한국 정부는 아프리카에서 북한과 체제 경쟁을 하는 과정에서 외교 전략의 일환으로 의사들을 파견했다(심의섭 & 김호균, 2011). 그 뒤로 점점 증가하여 한때는 한국인 의사가 무려 80명이나 되었다. 주인호는 1974년에 25명으로 줄었다고 말했다. 1970년대 초에 우간다를 방문했던 화가 천경자는 자신의 수필집 《아프리카 기행화문집》(1974)에서 한국인 의사 가족이 원래 60가구가 있었다가 대부분 미국으로 이민가고 있다고 말했다. 바로 이 점이다. 한국과 열대 아프리카의 문화융합이 시작되려는 순간에, 한국의 의사들은 미국으로 이민을 떠난 것이다.

1970년대 초반만 하더라도 서울의 어느 의과대학 동창회는 뉴욕에서 모인 사람이 서울에서 모인 사람보다도 더 많았다고 하는 웃지못할 에피소드가 있다. 미국 정부가 개발도상국의 의사를 적극적으로 유치했던, 소위 '두뇌 유출'(brain drain) 정책의 결과였다. 주인호를 비롯하여 1960년대와 1970년대 열대 아프리카에서 헌신했던 한국 의사들이 터득했던 열대의학은 한국 사회로 순환되지 않았다. 주인호는 한국으로 돌아왔지만, 국제보건의료에 관한 그의 경륜을 수용하기에는 한국 사회의 여건이 성숙되지 않았다. 보건의료 분야는 물론이거니와 한국 사회의 전 분야를 통틀어 열대 아프리카에 관해 주인호만큼 폭넓은 시각과 국제적인 경험과 실용적인 지식을 갖춘 사람이 없었다. 이런 점에서 주인호의 사례는 한국과 열대의 문화융합을 위해 반면교사로 삼아야 할 소중한 교훈일 것이다.

열대 여행의 지리적 상상력

사회 전체가 지각 변동을 겪고 있던 1960년대에 전 세계의 곳곳을 누비면서 여행을 한다는 것은 한국 현대사에서 돌연변이와도 같았다. 1959년부터 세계 여행을 시작했던 지리학자 김찬삼은 확실히 '돈키호테'였다. 서구 문물을 제대로 익히기에도 힘겨웠던 시기에 이름조차 전혀 알려지지 않았던 열대 지역으로의 여행은 매스컴의 주목을 받기에 충분했다. 일제 시대 법관을 지냈으며 해방 이후 대법관까지 지낸 가문의 재력과 권력이 있었기에, 공식적인 외교 관계도 수립되지 않은 열대 아프리카, 라틴아메리카, 남태평양을 제 집 드나들듯이 여행을 할 수 있었다.

10권으로 된 《김찬삼의 세계여행》을 읽어보면, 그는 열대를 항상 서구와의 관계 속에서 바라보려고 했음을 알 수 있다. 예를 들어, 파푸아 뉴기니의 북쪽에 있는, 2백여 개의 섬으로 이루어진 비스마르크 제도(Bismarck Islands)의 어느 마을에서, 그는 원주민들의 인간애에 감동을 받아 다음과 같이 말했다.

> 이들에겐 일찍이 칸트가 발견하지 못한 순수이성보다 몇 곱절 뛰어난 순수애정이 있었다. 이것은 어떤 세계선(世界善)보다 더 높은 진선미다. 아니 어떤 종교선(宗敎善)보다 더 높은 '사랑의 철학'이다. '인간적인 너무나 인간적인'이란 니이체의 말은 어쩌

> 면 이 원주민들에게 꼭 들어맞는 말인지도 모른다(김찬삼, 1988: V: 257-258).

서태평양의 원주민에게 느낀 감정을 칸트와 니체의 철학으로 해석하려는 김찬삼의 이런 시각은 남태평양의 타이티 섬에서도 재현된다.

> 서구의 역사가 이미 끝났다는 것을 느끼고 쇼오펜하우에르는 인도철학에서 새로운 세계를 찾고, 쉬바이쩌는 아프리카 사람들에 대한 속죄를 위하여 유럽을 떠났고 … 고갱도 이때 서구를 등지고 이 타이티 섬에서 평생 지낸 것이 아닌가. 이런 역사의식을 지녔던 고갱을 받들었기 때문에 이 타이티 섬에 와서 느낀 감회는 그지없이 컸다(김찬삼, 1988: VI: 184-185).

고갱에 대한 그의 판단이 옳은지 아닌지는 차치하고서라도, 김찬삼의 여행기를 읽어보면 그는 서구의 관점에서 열대를 이해하려고 했음을 알 수 있다. 그렇다고 해서 그가 서구중심주의적 입장을 취했던 것은 아니다. 예를 들어, 그는 중앙아프리카공화국에서 놀랄만한 설화를 들었다. 바로 '흑인 창세기'이다. 이 지역은 인도양과 대서양 모두로부터 멀리 떨어져 있는 아프리카의 내륙 중심부에 위치하고 있어서, 서구의 그리스도교 선교나 이슬람교의 전파로부터도 대체로 영향을 받지 않았다고 말하면서, 김찬삼은 흑인 창세기를 소개했다.

> 카메룬 근처의 지역에 정주하게 된 만자(Manja)족은 신이 진흙탕으로 한 쌍의 부부를 만들었다는 창세기가 전해지고 있다. 여기에도 노아의 홍수와 비슷한 큰 변동이 있었다 한다(김찬삼,

1988: IV: 189).

여행가 김찬삼은 당시 지식인들이 탐독했던 장준하의 《사상계》를 비롯하여 몇몇 잡지들이 추구했던 방향이나 인문사회과학 분야의 학자들의 주요 담론들과는 기본적으로 다른 화두를 제시했다. 그것은 열대와 같은 미지의 세계에 대한 지리적 상상력이었으며, 방법은 여행이었다. 하지만 김찬삼이 던진 화두는 한국 사회에 새로운 흥미거리로 다가오기는 했지만, '보릿고개'를 넘기에도 벅찼던 1960년대에 그의 화두를 공유하기는 결코 쉽지 않았다. 뿐만 아니라, 1970년대와 80년대의 한국 사회는 산적한 역사적 과제들을 풀기에도 벅찼기에 김찬삼이 던진 화두를 어떻게 접목할 것인지 고민할 겨를이 없었다.

열대의 색과 빛, 동양화의 경계를 허물다

아직 열대에 관심도 없었고 열대라고는 가본 적도 없었던 시절의 이야기다. 30대 초반에 천경자 전시전을 갔을 때, 그가 그린 자화상을 포함하여 작품 속에 등장하는 여인들이 아프리카의 어느 지역에 살고 있을지도 모를 여인의 모습이라고 '엉뚱한' 생각을 한 적이 있었다. 이번에 천경자의 여러 수필집을 읽으면서 이 생각이 전혀 엉뚱한 것은 아니라는 확신을 갖게 되었다. 먼저 천경자의 말을 직접 들어보자.

> 나는 어린 시절에 가끔 아프리카의 지도가 월면(月面)에 부각된 꿈을 꾸고 무서워서 가슴 죄며 외할머니 품안으로 기어들어갔었다. 그래서 그렇다는 건 아니지만 아프리카는 뭔지 나와 인

> 연이 있는 것처럼 느껴진다. 먼 옛날, 미래의 나의 운명이 꿈에 암시되었는지도 모를 일이다. 나는 이런 생각을 하면서 아프리카에의 길을 재촉했다(조선일보, 1974).

천경자에게 아프리카는 숙명이었다. 천경자의 숙명은 어릴 때부터 아프리카를 가고 싶어 아프리카 지도를 수도 없이 봤던 조셉 콘라드의 운명과도 같았다. 《아프리카 기행화문집》(紀行畵文集)에서 이러한 숙명을 표현했다.

> 아디스아바바를 떠나던 그 전날 밤 꿈에 서쪽 하늘에 뜬 아프리카 지도 속에서 수많은 에티오피아 군중들이 흰색, 하늘색, 분홍색이 엇갈린 색채 속에서 춤을 추고 있었다. 왜 자꾸 아프리카 지도가 꿈에 보이는 것일까. 총면적 3천만 입방 킬로미터, 미합중국, 호주, 구라파 덩어리, 우리나라까지 옴싹 합하여 집어 넣어도 여지가 있을 정도로 거대한 괴물 같은 대륙 아프리카. 그 아프리카가 예전 꿈에는 달 속에 들어 있더니 이제는 월륜(月輪)에서 튀어나와 지도만 서쪽 하늘에 떠 있다. 그러한 꿈의 현상은 내가 아프리카 땅을 밟게 된 꿈 같은 일이 실제로 이루어져 드디어 지금 내가 아프리카 속에 있다는 의식 때문이겠지만, 한편으론 〈아프리카를 보고 죽으[어]라〉는 운명적인 암시 같기도 해서 불길한 징조같이 느껴지기도 했다(천경자, 1974: 28).

천경자는 아프리카가 얼마나 큰 대륙인지를 지리적으로 정확히 알고 있었다. 미국과 유럽은 물론이거니와 호주와 한국까지 포함해도 여분이 있을 정도로 아프리카가 큰 대륙이라는 것을 인지한다는 것은 그의 지리적 의식을 가늠하게 하는 대목이다.

천경자는 슈바이처가 한평생 봉사했던 가나, 일본의 세계적인 열대 의학자 노구치 히데요(野口英世)가 황열에 걸려 죽었던 가봉을 비롯해 아프리카의 많은 나라들을 다니면서 작품을 그렸다. 그 중에서도 콩고에 한없이 매력을 느꼈고 콩고를 "아프리카 중의 아프리카"라고 불렀다. 콩고의 수도 킨샤사에서 천경자는 무엇을 보았을까?

> 모든 것이 태양에 닿은 듯한 빛깔의 배경에 선명한 배추색과 주황색이 광기마저 서리는 콩고 킨샤사. 한 가닥의 미소도 되던질 줄 모르는 거센 성품의 흑인들은 야만적이고 원시적이어서 문명인의 때가 덜묻은 듯 느껴진다. 그래서 더욱 아프리카 중의 아프리카 콩고는 원색의 매력이 넘친다(천경자, 1974: 71).

그의 대표작 중의 하나로 49세에 그렸던 〔그림 8-1. 내 슬픈 전설의 49페이지〕는 콩고의 자연사에 대한 미학적 인식의 정수를 보여준다. 만년설에 뒤덮인 아프리카의 최고봉 킬리만자로를 배경으로, 아프리카 자연사의 상징인 코끼리 위에선 여인은 화가 자신이다. 여기에 사자, 기린, 멧돼지, 칠면조가 바우바우 – 꽃도 잎도 피지 않는 나무 – 와 함께 어우러져 있다. 콩고 자연사는 시간이 영원히 회귀하는 공간으로 묘사되고 있다. 천경자가 쓴 여러 권의 수필집 어디에서도 조셉 콘라드의 《암흑의 심장》을 읽었다는 언급이 없다. 그럼에도 천경자가 예술가적 직관으로 묘사했던 콩고의 자연사는 콘라드의 그것과 같음을 보여준다.

천경자는 열대는 거의 모두 돌아다니면서 자신만의 독특한 미학적 세계를 만들어갔다. 여전히 '주자가례'에 의한 가부장제 생활문법

그림 8-1. 내 슬픈 전설의 49페이지 (천경자, 1976) (서울시청)
《천경자의 환상여행》(정중헌 지음, 나무와 숲)

이 엄격히 작동하고 있었던 1970년대에 여성이 홀몸으로 열대를 장기간 한없이 여행한다는 것은 지금도 결코 쉽지 않은 일이다. 하지만 그는 전 세계 열대의 문을 열고 다녔다. 인도, 동남아시아와 라틴아메리카는 물론이거니와 그 자신이 한국인으로서는 처음이라고 말했던 타이티도 여행을 했다. 그의 여행기에는 서구 여행가와 탐험가들이 남긴 기록들에서 공통적으로 볼 수 있는 '열대 : 서구 = 야만 : 문명'이라는 이분법적인 도식이 보이지 않는다. 심지어 천경자는 아마존 정글에서 원주민인 아구아 종족을 만나면서 자신의 어린 시절을 떠올렸다. 그는 아구아 종족을 통해 고향의 "돌바위네, 인력거네, 귀생기 아짐, 선밖에 아짐씨, 영칠이네 신센 준센, 내 외사촌 순덕이 형님들"을 만난 기분이었다고 회고했다.

어릴 때 일본식 교육을 받았고 해방 이후 서구식 교육을 받았음에도 불구하고 천경자가 열대를 고향과 연결해서 생각했던 것은 어디에서 연유하는 것일까?

> 학자나 화가들이 동양적인 고유의 풍속이나 민속적인 것, 그리고 신라 문화를 회고, 찬양하는 것도 좋다고 생각하지만 동양화의 테마나 표현에 있어서 반드시 그러한 냄새를 계산에 넣어 둠으로써 동양화를 동양적인 것으로 합리화시키려는 것은 내 생각에서 보면 우스꽝스러울 때가 많다(정중헌, 2006: 71).

"동양화를 동양적인 것으로 합리화"하지 않기 위해 절치부심했던 천경자에게 열대는 대안적인 미학적 공간으로 다가왔다. 열대는 동양화와 서양화의 경계를 넘어서려고 했던 그에게 최적의 공간이었다.

아쉬운 점은 한국 음악에서 천경자와 같은 열대성을 추구하는 음악가가 본격적으로 나타나지 않고 있다는 점이다. '삼포가는 길'의 김영동이 〔아마존〕에서 국악의 열대성을 모색했지만, 일회성으로 끝나고 말았다.

3. 한국의 열대 국제개발협력

국제 원조의 수혜국에서 공여국으로

한국전쟁은 미국이 유엔의 전면적 지원을 얻게 된 최초의 전쟁이다. 베트남전쟁의 경우에는 한국, 호주, 태국 등 미국의 일부 동맹국들만이 군대를 파견했을 뿐이며, 미국은 유엔으로부터 완전한 동의를 얻지 못했다. 한국전쟁의 경우에는 미국은 유엔을 등에 업고 군사적 지원을 할 수 있었다.

유엔은 일본 도쿄의 공중보건 및 후생국에 근무하던 29명의 장교, 16명의 사병, 18명의 민간인들을 한국으로 파견했다. 그들의 임무는 "유엔이 한국을 도와서 위기 상황에서 어떤 방법으로 안정을 유지할 수 있는지를 즉각적으로 조사하는 것"이었다. 1950년 10월에 미국의 8군이 이 책임을 맡게 되어 유엔 보건복지파견대(UN Public Health and Welfare Detachment)를 구성했다. 12월에 이 조직은 미8군에서의 지위가 격상되어 유엔민간원조사령부(United Nations Civil Assistance Command)로 이름이 바뀌었고 1951년 1월에 주한유엔민간원조사령부

(United Nations Civil Assistance Command in Korea, UNCACK)로 다시 이름이 바뀌었다.

주한유엔민간원조사령부의 기본 임무는 "유엔사령부의 군사적 목적의 달성을 위해 특히 질병과 기아, 사회불안을 예방하고, 남한과 북한 지역의 부흥과 재건을 위해 미8군의 민사 기능을 지도하고 감독하는" 데 있었다(UNCACK, 2010). 전쟁 상황에서 미국이 주한유엔민간원조사령부의 이름으로 한국의 사회질서에 깊이 개입할 수 있게 된 구조적 원인은 미국 원조의 특징을 이해하는 데 매우 중요하다. 첫째, "군사작전에 지장을 초래할 수 있는 전선 후방의 상황들을 개선함으로써 군이 마비상태에 빠지지 않도록" 하기 위한 군사작전상의 이유이다. 전쟁 초기에 남한의 국민들은 물론이거니와 북한에서도 남쪽으로 밀려오는 피난민들로 인해 교통이 혼잡하여 군사 작전을 원활하게 수행할 수 없었다. 둘째, 한국 정부의 독자적인 인적, 물적 자원으로는 구호물자를 제공할 수 없었기 때문이다. 미국은 한국 정부와의 협력을 통하여 구호 문자를 제공하기 위하여 별도의 조직 기구를 만들고자 했다. 셋째, 남한과 북한의 주민들이 한꺼번에 이동하는 상황에서, 예상되는 전염병의 발발과 기아 상태로 인해 초래될 수 있는 사회적 혼란과 불안을 통제할 필요가 있었기 때문이다. 게다가, 지식인, 빈농과 노동자들 중에서 이념적으로 북한을 위해 게릴라전에 가담할 가능성이 있었던 점도 고려되었다(최원규, 2996).

부산에 본부를 두었던 주한유엔민간원조사령부는 서울, 수원, 원주, 청주, 대전, 전주, 광주, 대구, 거제, 제주, 화천의 11개 지역에 야전팀을 두었으며 강릉에는 분소를, 인천, 군산, 여수에는 항구연락파견대를 두었다. 조직 구조를 보면, 3개의 국(Branch), 4개의 실(Division), 17개의 반(Brigade)이 있었다. 1953년 10월을 기준으로 235명의 장교, 281명의 사병, 133명의 미육군성 군무원, 111명의 UNKRA 소속 피고용인, 각종 잡무에 종사했던 2천 명 이상의 한국인이 속해 있었다. 이와같이 주한유엔민간원조사령부는 '정부 내의 정부'라고 할 정도로 한국의 사회질서에 깊이 개입할 수 있는 조직과 물량을 확보하고 있었으며 "한국 정부는 보조적인 역할만을 담당할 수밖에 없게 되었다."(국방군사연구소, 1997: 234)

"1950년은 6.25전쟁이 발발한 해로, 외국의 '원조'는 매우 복잡했고, 결정적인 영향을 끼쳤다. 우리가 거절할 권리도 없는데 과연 '원조'라고 부를 수 있는 것일까." 백남준이 《자서전》에서 말했던, 원조에 대한 의미심장한 언급이다. 한국은 거절한 권리가 없었다.

국제연합 한국통일부흥위원회가 1952년에 제출한 보고서에 의하면, 한국인의 절반이 구호를 절실히 필요로 하고 있었다. 가난과 경제적 어려움을 겪고 있던 지방의 빈민들이 4,368,000명, 전쟁으로 살아갈 생계 수단이 막막했던 이재민들이 3,420,000명, 전쟁으로 살 집을 떠나 다른 지역으로 옮겨왔던 피난민이 2,618,000명, 모두 합하여 10,406,000명으로, 이들은 당시 남한의 인구 약 21,000,000명의 거의 절반에 해당했다(Oliver, 1952: 147). 한국 정부와 민간단체로서는 이들을 구호할 수 있는 형편이 도저히 되지 못했다. 국가적 차원이나 국제연합의 수준에서의 원조뿐만 아니라, 외국 종교 단체들의 원조가 불가피할 수밖에 없었다.

전쟁이 발발했던 해 10월에 세계교회협의회(WCC), 국제선교협의회(IMC), 기독교세계봉사회(Church World Service) 등 종교 기구들이 뉴욕에서 모여 한국의 구호가 매우 긴급하다는 생각에 뜻을 같이 하여 한국에 구호와 관련된 단체를 공식적으로 설립할 것을 결의했다. 1951년부터 한국에서 구호 활동을 본격적으로 펼쳤던 40여 종교 단체들 중에서 가장 적극적이었던 단체는 미국 가톨릭구제위원회와 기독교세계봉사회였다. 특히 미국의 원조를 받아 한국에서 활동했던 기독교세계봉사회는 전쟁 기간에 아동복지와 결핵을 포함하는 6개의 특별위원회와 9개의 시도위원회를 비롯하여 군 단위까지 아우르는 125개의 지역위원회를 둘 정도로 전국적인 구호활동에 박차를 가했다(김흥수, 2005).

이 단체들 중에서 7개 단체들이 참여하여 1952년 7월 부산에 모여 외국민간원조단체연합회(Korea Association of Voluntary Agencies, KAVA)를 결성하여 한국 정부에 합법적으로 등록했다. 1954년에는 33개 단체, 1958년에는 59개의 단체들이 참여했던 KAVA는 주로 교육, 사회복지, 구호, 보건, 사회개발, 선교 분야를 원조했다. KAVA를 포함하여 외국의 종교단체들은 어마어마한 성금을 보냈다. 전쟁 이후 1952년 11월 30일까지 보낸 전체 원조 금액은 무려 1천 95만 2천 6백 57 달러에 달했다(KAVA, 1995: 65-66). 이렇게 "천문학적 숫자"에 달했던 구호물품들이 원래의 목적에 부합되도록 사용되었는지 파악하기 힘들다.

이와 같이 미국을 중심으로 한 국제 원조를 받았던 한국은 이로부터 60년이 지난 2011년을 기점으로 공적개발원조(Official Development Assistance, 이하 ODA)의 수혜국에서 공여국으로 전환했다. 한국인들도 놀랄 수밖에 없는 일이 일어났다. 어느 누가 이런 날이 이렇게 빨리 올 것이라고 생각했겠는가? 2011년 11월에 열린 부산 세계개발원조총회는 한국의 이런 국제적 위상 전환을 여실히 보여주었다. 한국의 이런 국제적 위상은 국제개발협력에 관한 새로운 형식과 내용의 문제의식을 촉발시키고 있다. 그 문제의식은, 한국이 서구중심주의 국제개발협력 모델에 머무르지 않고, 새로운 모델을 만들어가야 한다는 것을 의미한다. 다시 말해서 열대에 대한 한국의 국제개발협력은 이 책에서 지금까지 논의해온 서구 정체성에 근거한 국제개발협력 모델을 넘어 자신만의 독특한 패러다임을 만들어 낼 수 있을지 심각하게 고민해야 한다.

이런 문제의식과 연관된 영화인, 부산국제영화제에서 상영된 작품 《사하라의 선생님》(2011)을 독자들과 함께 감상하고 싶다. 영화는 먼저 황량하기 그지 없는 사하라사막에 있는 학교 모습부터 보여준다. 선생님이 아이들에게 묻는다. 쿠바의 수도는 어디인가요? 한 아이가 대답한다, 카스트로. 다른 아이가 대답한다, 체게바라. 선생님이 아바나라고 말해주고 아이들에게 아바나를 적어보라고 한다. 아이들이 한 명씩 나와 칠판에 적어본다. 몇몇 학생들이 철자가 틀린 것을 보고, 선생님이 '아바나'(La Havana)라고 적는다.

현재 아직도 사막에 학교가 있는 나라의 이름은 사하라위(Saharawi) 또는 서사하라! 이 나라는 지금도 완전히 독립된 국가가 아니다. 이 나라를 식민 지배하고 있는 모로코가 결사코 독립을 반대하고 있기 때문이다. 한때 미국의 베이커(James Baker Ⅲ) 국무장관이 적극적으로 중재에 나섰으나 문제가 해결되지 않았다. 유엔도 현재 적극적인 역할을 포기한 상태이다. "전쟁이야말로 이 나라의 유일한 산업이다." 이 나라의 비극을 이 이상 어떻게 더 표현할 수 있으랴. 19세기 후반 비스마르크의 주재로 열린 서베를린아프리카회의에서 사하라위는 스페인의 식민지로 결정되었다(4장). 스페인이 물러간 1970년대부터 모로코는 이 지역의 독립을 아직도 인정하지 않고 있다.

사하라의 아이들은 사막 위에서 생활하고 수업을 받는다. 하지만 그들은 대학을 다닐 수가 없다. 이런 사정을 알게 된 쿠바의 카스트로가 사하라위의 젊은 청년들을 데려다가 대학 교육을 시켜주었다. 영화는 사하라위와 쿠바를 교차하면서 진행된다. 아바나의 대학에서 공부를 마친 사하라위의 청년들은 다시 자신들의 조국으로 돌아간다. 미국의 정부 관료들이 사하라위를 방문하여 이렇게 말했다. "쿠바에 가서 사회주의를 배우고 돌아오겠군요." 사하라위의 젊은 청년들이 이 질문을 어떻게 생각했을지 짐작이 가고도 남는다. 이들은 사회주의라는 이념보다 더 절박한 문제인 자신들의 미래를 어떻게 만들어갈 것인지를 공부하고 돌아왔다.

이 영화는 19세기에 서구가 아프리카 사람들의 뜻과 아무런 상관없이 만들어 놓은 인위적인 국경선으로 인해 아직도 고통을 받고 있는 어린이들의 미래를 누가 책임질 것인지 묻는다. 서구는 "국제개발협력이 이를 해결할 것이다."라고 대답할 것이다. 과연 서구의 말은 옳을까? 한국은 이렇게 말하는 서구의 모델을 추종하기만 하면 되는 것일까? 그렇다면 독일 철학자 니체는 왜 "선한 자가 끼친 피해가 가장 심각한 피해"(Reinert, 2012: 351)라고 말했을까?

국제개발의 역사와 언어

지난 몇십 년간 갑자기 잘살게 된 한국인들은 자선, 선의, 자비 등의 이름으로 가난한 나라를 도와주는 것을 매우 당연하다고 생각한다. 선진국이 주도하고 있는 국제개발협력의 역사에 대해 대체로 무관심하다. 국내는 말할 것도 없거니와 서구의 국제개발 전문가들조차도 국제개발의 기원을 2차 세계대전 이후 이루어진 많은 신생 국가들의 독립과 관련하여 파악한다(주동주, 2011). 물론 좁은 의미에서는 틀리지 않는다.

그러나 더욱 광범위한 역사적 의미에서 볼 때 국제개발은 콜럼부스로 상징되는 구세계와 열대 신세계의 역사적 만남이 이루어졌던 15세기 말부터 시작되었다. 국제개발은 계보학적으로 서구의 열대에 대한 5백 년간의 타자화 체제, 즉 무역 — 그리스도교화 — 문명화 — 청결 — 식민화의 층위로 이루어진 체제(3장)의 연장선에 놓여 있다. 사회과학적 수식어들이 더욱 정교하게 바뀌었을 뿐이다. 이를 검증할 수 있는 분명한 사례를 보자. 서구의 아프리카 국제개발은 기본적으로 베를린-서아프리카회의에 의해 결정된 서구의 아프리카 분할에 종속되어 있다(Michalopoulos & Papaioannou, 2011). 이 분할은 역사적으로 서구의 열대 아프리카 타자화 체제와 맞물려 있다. 이렇게 볼 때, 국제개발은 어느 날 갑자기 잘살게 되었다고 해서 할 수 있는 그런 사업이 결코 아니다. 특히 자신이 살고 있는 사회의 공공성이 총체적으로 붕괴되는 줄도 모르고 국제개발협력에 뛰어드는 것은 매우 위험천만한 일이다.

모든 이론은 그것이 형성되고 정립된 공간에서 다른 공간으로 옮겨가면서 더욱 급진적인 성격을 띠면서 왜곡되기 마련이다. 하나의 이론을 외국에서 수용한 나라는 그것의 역사와 문화적 맥락을 깊이 성찰하지 않은 채로 그 이론의 껍데기에 집착하게 된다. 국제개발협력에 관한 이론도 예외가 아니다. 현단계 한국의 국제개발협력 이론은 한국의 '산업화' 궤적에 주로 기초하고 있다. 전문가들은 한국의 '민주화' 궤적은 도외시한 채로 산업화의 결과물만을 가난한 열대 나라에 '수출'하고 있다. 그들은 한국이 산업화의 토대 위에서 민주화를 어떻게 성취했는지에 대해 별로 관심을 두지 않는다. 한국국제협력단(KOICA)가 지원하여 열대에서 건너온 많은 학생들이 한국의 대학에서 공부하고 있다. 이들이 한국의 산업화에 대해서는 잘 알면서도 민주화에 대해서는 거의 모르는 현 상황은 한국도 열대의 나라들도 행복하지 않을 것이다.

한국은 아주 과도한 정도로 영어 문화권에 속해 있다. 한국 밖으로 나갈 때 영어만 하면 된다고 생각하는 '언어 제국주의' 의식으로 가득 차 있다. 만일 국제개발 전문가도 이렇다면, 열대 지역의 '소리없는 목소리'를 들을 수가 없다(平山惠, 2013). 소리없는 목소리를 듣지 못한다면 열대 사람들의 영성과 내면세계를 어떻게 이해할 수 있을 것인가. 조셉 콘라드의 《암흑의 심장》이 보여주듯이, 열대의 심연으로 들어갈수록 수천 년 이상 사용해왔던 토속 언어들의 세계를 마주하게 된다. 국제개발협력이 이러한 목소리를 이해하지 못한다면, 이는 공허한 메아리로 그칠 것이다. 아니, 국제개발협력의 이름으로 또 다시 열대를 은폐, 배제, 침묵시키는 행위가 된다.

'빅 푸시', 서구 정체성의 강화*

느닷없이 국제개발협력이 한국 사회에서 각광을 받고 있다. 정부의

* 이 절은 〈서구중심주의 국제개발협력에 대한 인문사회과학적 성찰〉(이종찬, 2014c)의 논의를 주로 인용했다.

각 부처는 물론이거니와 많은 대학들도 너도 나도 뛰어들고 있다. 독일의 경우에는 국제개발협력을 총괄하는 부처가 별도로 있는 데 반해, 한국은 정부 부처별로 각개약진을 하고 있어서 중첩되는 영역이 한둘이 아니다. 대학들도 마찬가지다. 한국국제협력단의 지원을 받아 가난한 나라의 학생들을 '국제대학원'에 유치하기 위해 혈안이다. 국제개발협력을 전공하는 교수가 없는 국제대학원도 부지기수로 많다.

소로스(George Soros)가 말했듯이, "국제개발협력이 매우 위험하다는 것을 아는 사람은 지극히 드물다."(Soros, 2002) 왜 위험할까? 국제개발협력이 열대의 타자화를 통한 서구 정체성의 정립이라는 역사적 맥락에 깊이 맞물려 있기 때문이다. 국제개발협력의 기본 패러다임은 무역 – 문명화 – 그리스도교화 – 청결화라는 서구 정체성의 기본 구성요소로 무장되어 있다. 식민화는 은폐되어 있다. 그렇기에 국제개발협력은 대단히 위험한 것이다.

현단계 국제개발협력에서 냉혹한 현실은 서구중심주의 모델이 강력한 힘을 갖고 작동하고 있으며 서구 사회과학이 이 모델의 이론적 근거를 제공한다는 데 있다. 유엔은 2000년 총회에서 천년개발목표(Millenium Developments Goal)를 설정했으며, 이를 구체화하는 과정에서 중심적인 역할을 맡았던 미국의 경제학자인 삭스(Jeffrey Sachs)가 제시한 '빅 푸시'(Big Push) 이론은 서구 사회과학이 국제개발협력에서 어떻게 지배적인 이론으로 작용하는지를 명백히 보여준다(Sachs, 2005). 원래 이 용어는 1943년에 로젠스타인–로단(Paul Rosenstein-Rodan)이 '개발경제학'의 이름으로 제안했던 것으로, 제3세계를 제1세계로 편입시키기 위한 경제정책을 의미했다(Rosenstein-Rodan, 1943). 이후에 유엔의 '뉴밀레니움 프로젝트'(New Millenium Development Project)의 일환으로 후진국에 대한 원조정책을 의미하게 되었다. 서구 사회과학 자체가 열대의 타자화 과정에서 형성되었기에(3장), 빅 푸시 이론에 근거한 국제개발협력이 서구 정체성을 강화할 것인지 아니면 그 반대인지는 자명한 문제이다.

이런 현실을 직시하면서 한국은 국제개발협력의 새로운 모델을 정립해 나가기 위해, 서구 사회과학의 수용 조건과 그 한계를 깊이 성찰해야 한다. 다시 말해서 한국이 공적개발원조(Official Development Assistance, ODA) 수혜국이었던 과거에는 불가피하게 서구 사회과학에 근거한 국제개발협력 모델을 수용할 수밖에 없었지만, 현재 ODA 공여국의 일원이 된 한국은 자신의 역사적 조건과 현실적 상황을 고려해서 ODA를 실행해야 할 입장에 놓였다.

여기서 중요한 문제가 제기된다. 서구가 사회과학의 형식과 내용을 만들어가게 된 시기는, 서구가 열대를 본격적으로 '발견'하고 '발명'해갔던 18세기부터이다. 18세기는 바로 서구가 자신의 정체성을 정립하기 시작했던 시기이다. 역사적 관점에서 볼 때 서구중심주의 국제개발협력은 서구 정체성의 형식과 내용을 끊임없이 새롭게 만들어가려는 장기적 프로젝트이다. 서구중심주의 국제개발협력이 서구가 자신의 정체성을 지속적으로 유지하고 강화하려는 것이라면, 신흥 공여국으로서의 한국이 서구중심주의 모델을 추종해야 할 정당성은 사라지고 만다.

그런데 거의 모든 원조 수혜국이 열대 지역임을 고려한다면, 한국이 서구 모델에서 벗어나 자신의 고유한 패러다임을 만들어가기란 결코 쉽지 않다. 왜냐하면 아직 한국의 근대적 지식체계는 서구만큼 역사가 견실하지 않을 뿐만 아니라, 콜럼버스의 신세계 발견 이후 5백여 년간, 아니 본격적으로는 3백여 년간 열대와 접속해왔던 서구와 달리, 열대와의 문화융합은커녕, 열대에 대한 문화역사지리적 이해조차도 턱없이 부족하기 때문이다. 여기서 서구중심주의 모델이 갖는 문제와 현재 한국이 처한 현실 사이의 딜레마가 발생한다.

국제개발협력 전문가인 이스털리(William R. Easterly)는 서구중심주의 국제개발협력 모델을 다음과 같이 비판한다.

> 5세기 동안 이루어졌던 유럽인들의 폭력, 노예제도, 가부장적 간섭, 식민주의, 착취, 그리고 독립 이후 악질적인 통치자를 지원하는 국제 원조 이래로, 콩고민주공화국은 착취, 식민주의, 해외 원조, 국가 건설이라는 서구의 지속적인 개입이 왜 제대로 작동하지 않았는지를 보여주는 극단적인 사례이다(Easterly, 2011: 454).

굳이 5백 년까지 거슬러 올라가지 않더라도, 19세기 말 벨기에 국왕 레오폴 2세가 문명화와 그리스도교의 이름으로 콩고를 통치했음에도 불구하고, 왜 콩고는 아직도 내란에 휩싸인 채로 여전히 한국을 포함한 서구의 국제개발협력을 간절히 요청하고 있을까? 두 가지 사례를 보여줌으로써, 서구 중심주의 사회과학에 근거한 빅 푸시 이론은 실패할 개연성이 높다는 점을 강조하려고 한다.

첫째, 전지구적인 기후변화를 해결하기 위해 설립된 대책 기구 – 기후변화에 관한 정부간 협의체 – 는 서구중심적인 기준을 설정하여 열대 지역의 생태환경에 깊숙이 개입함으로써 이 지역의 생태환경을 개선하기보다 오히려 훼손하고 있다. IPCC의 기준에 따르면, 인도네시아가 미국과 중국의 뒤를 이어 세계 3위의 이산화탄소 다량 배출 국가가 되고 만다. 국제원조와 개발을 절실히 필요로 하는 인도네시아에 어떻게 이런 일이 일어날 수 있을까? 그 내막을 들여다보자. 인도네시아의 보르네오 섬에서는 디젤 연료를 만들기 위해 야자유를 재배하고 있다. 물론 인도네시아 사람들이 사용하려는 것이 아니라, 서구 사회에 바이오 에탄올 연료를 팔아서 경제적으로 잘 살아보기 위함이다. 그래서 국제개발과 원조 아래 야자유를 재배하기 위해 열대 삼림을 벌목하게 되었는데, 이로 인해 상상할 수 없을 정도의 이산화탄소가 다량으로 방출된 것이다. 이산화탄소를 감축하기 위해 야자유를 재배하게 되었는데 그 결과 엄청난 이산화탄소가 발생하는, 이런 역설적인 악순환을 어떻게 설명할 수 있을까? 이 사례는 열대 자연사에 대한 장기간의 생물지리학적 조사와 연구가 없이 국제원조와 개발이 이루어질 경우 어떤 부메랑 효과가 발생하는지를 명확하게 보여준다.

둘째, 빌 & 멜린다 게이츠재단(Bill & Melinda Gates Foundation)의 보건의료사업에 대한 빅 푸시는 이 재단 스스로가 인정하고 있듯이 많은 문제점을 노출하고 있다. 게이츠재단의 국제보건의료사업이 지난 세기 열대 지역에 대한 록펠러재단의 보건의료사업과 어떻게 다른지를 비교분석하는 일은 차치하고서라도, 게이츠재단의 국제보건의료사업이 비판을 받는 큰 이유 중의 하나는 게이츠 가족의 선의에서 우러난 국제보건의료사업의 사회적 혜택을 측정하는 기준이 매우 다양하고 자의적이기 때문이다. 대체적인 비판은 게이츠재단의 보건의료사업이 저개발국가에서 실시되면서, 가장 중요하고도 기본적인 보건의료 서비스를 제공하기 위한 자원들이 게이츠재단의 사업으로 쏠리고 있다는 것이다. 예를 들면, 매우 가난한 아프리카 국가의 의사들이 열대질병이 크게 창궐하는 지역에서 일하지 않고 그 보다는 경제적 혜택을 훨씬 많이 제공하는 게이츠재단에서 일하려고 한다는 것이다.

이보다 더 심각한 문제는 게이츠재단이 아프리카 지역에서 추진하는 말라리아 백신 사업에서 나타나고 있다. PATH 말라리아 백신 연구소(PATH Malaria Vaccine Initiative)는 게이츠재단이 선의로 기부한 1억 6천 8백 7십만 달러를 받아서, 세계 최대 규모의 제약회사인 글락소스미스클라인(GlaxoSmithKlein) 회사와 함께 아프리카 지역의 말라리아 백신 개발에 박차를 가해왔다. 그리고 최근에 대규모 임상시험을 통해 'RTS, S,'(또는 RTS, S/AS)라는 말라리아 예방 백신을 개발했다. 여기서 주목해야 할 점은 가봉, 모잠비크, 탄자니아, 가나, 케냐, 말라위, 부르키나파소(Burkina Faso)의 7개 나라, 1만 6천여 명의 영아와 어린이들에 대한 대규모 임상시험(clinical trials)이 초래하는 역학적 위험요인을 어떤 기준으로 판단하고 통제할 수 있었느냐 하는 점이다. 이에 대한 전문가적 권한은 오로지 앞의 두 기관에 있는데, 이 두 기관이 열대 자연사의 생물지리학적 위험요인보다도 분자생물학에 근거하는 임상약학적 요인에 근거하여 말라리아 백신의 개발을 서두르고 있는 것은 명약관화한 일이다.

특히 열대의 자연사에 내장된 수백만 년의 시간 개념을 간과하고 있기 때문에, 인류와 함께 적어도 5백만 년간 공진화해왔던 말라리아를 달랑 십여 년간의 연구로 일시에 박멸할 수 있다고 조급하게 판단하는 것이다. 이상의 두 사례는 현재의 지배적인 서구중심주의 국제개발협력 모델에서 빙산의 일각에 불과하다. 이 패러다임은 본질적으로 열대 자연사와 배치된다.

열대의 토착 신앙과 국제개발협력

서구 정체성의 신념 체계가 되어 왔던 그리스도교를 지향하는 국제개발협력이 이슬람교, 힌두교, 불교가 대다수를 이루고 있는 열대 동남아시아 사회에서 어떤 문제점을 보여줄 수 있는지를 살펴보자. 서구 정체성의 신념 체계가 되어 왔던 그리스도교를 지향하는 국제개발협력이 이슬람교, 힌두교, 불교가 대다수를 이루고 있는 열대 동남아시아 사회에서 나타날 수 있는 두 가지 문제점을 살펴본다.

첫째, 서구의 문명화가 열대의 타자화 과정에서 형성된 개념일진대, 국제개발협력이 서구식 문명을 추구하게 되면 이슬람교, 힌두교, 불교에 의해 몸과 마음을 만들어왔던 열대 동남아시아 사람들이 지향하는 문명과는 근본적으로 상치가 된다. 이들에게 서구식 문명이라는 개념은 역사적으로 존재하지 않기 때문이다. 이슬람에는 서구식 개념인 발전이 존재하지 않는다. 문명의 발전은 서구 사회과학에서는 핵심적인 개념일지 몰라도, 이슬람교, 힌두교, 불교에서는 그렇지 않은 것이다. 이렇게 볼 때, 서구식 발전을 실행하려는 국제개발협력 사업은 열대를 문명화의 길로 인도하기보다도 열대의 타자화를 더욱 강화시킬 것이다.

둘째, 열대질병을 자연사의 거시적인 맥락에서 고려하지 않은 채로, 서구는 세균학으로 이를 해결하려는 미시적인 방법을 발달시켜 왔다. 열대의학의 역사가 적나라하게 보여주듯이(Scott, 1939), 열대의학은 서구 식민주의를 견고하게 하는 데 과학적인 토대를 제공했을 뿐만 아니라 도덕적인 정당성도 부여했다(6장). 하지만 유엔이 설정한 8개 항목의 천년개발목표 중에서 3개 항목 – 어린이 사망률 감소, 모성 건강의 증진, 그리고 HIV/AIDS, 말라리아 및 기타 질병 퇴치 – 을 열대의학의 과학적 방법으로 실행하고 있음에도 불구하고 열대질병의 문제를 해결하지 못하는 이유는, 그것이 과학의 문제가 아니라 다른 차원, 즉 열대의 토착 신앙 체계와 깊이 연관되어 있기 때문이다. 이 신앙 체계는 근대적 서구의 인류사와는 비교가 되지 않을 정도 길고 긴 열대의 자연사에 깊이 뿌리내리면서 발달해왔다. 그렇기에 과학의 이름으로 실행되고 있는 서구의 열대의학이 열대의 토착 신앙 체계를 존중하지 않는 한, 국제개발협력은 목적을 달성할 수 없을 것이다.

이상과 같이, 근본적으로 사회 발전을 목표로 하고 있는 국제개발협력이라는 개념 자체가 이슬람교, 힌두교, 불교 중심의 동남아시아의 토착적 신념체계와 양립할 수 있는지에 대해 심도 있는 인문학적 성찰이 요청된다. 동남아시아의 이런 신앙 체계가 아프리카나 라틴아메리카에서 일반화될 수도 없을 것이다. 그렇다면 열대를 타자화하면서 발달해왔던 서구 사회과학 이론에 근거한 한국의 국제개발협력은 어떤 위상에 놓여 있는 것일까?

한국 국제개발협력의 딜레마: '코리엔탈리즘'과 '중화제국' 사이에서

한국 국제개발협력은 자칫 잘못하면 한국에 의한 열대의 또 다른 타자화, '코리엔탈리즘'(Korientalism)으로 귀결될 수 있는 위험에 빠질 수 있다. 역사적으로 한국 사회는 중화적 세계관의 성리학적 질서, 일본에 의한 식민적 근대성, 팍스 아메리카나(Pax Americana)의 전지구적 헤게모니라는 중층적 구조에 의해 근대성을 실현하여 왔다. 이런 중층적 근대성을 통하여, 한국인들은 스스로 자신을 오리엔탈리즘에 의해 내면화시켜왔던 것이다(이종찬, 2012b). 많은 전문가들이 지적했듯이, 한국은 베트남전쟁을 경험하면서 이미 베트남 사회에 코리엔탈리즘을 각인시킨 뼈아픈 상처가 있다. 특히 해방 이후 한국의 사회과학자 – 물론 다른 분야의 전문가들도 마찬가지이긴 하지만 – 들은 압도적으로 미국 사회과학의 '세례'를 받으면서, 오리엔탈리즘을 비판적으로 바라보기보다도 오히려 부지불식간에 이를 한국 사회에 정착시키는 데 기여해왔다. 그동안 오리엔탈리즘은 다양한 방식으로 비판받아 왔는데 이런 흐름은 지금까지도 크게 바뀌지 않고 있다. 국제개발협력과 같은 학문 분야는 더욱 더 미국 사회과학의 문화적 전자기장에 포섭되어 왔다. 앞에서도 지적했다시피, 제프리 삭스가 주도하고 있는 국제개발협력에 대한 이론적 틀은 미국의 세계 질서에 대한 지배를 전제로 하고 있다. 결국 공여국으로서의 한국은 서구가 그래왔던 것처럼 열대를 타자화시키는 오류를 극복하기가 결코 쉽지 않을 것이다. 한국식 발전 모델을 열대에 널리 정착시키려는 선의는 결과적으로 한국이 열대를 타자화시키는, 즉 한국 국제개발협력이 서구 사회과학에 의해 열대를 재구성하려는 코리엔탈리즘으로 귀결될 수 있는 위험이 도사리고 있다.

이런 상황에서 중국, 인도, 브라질을 중심으로 하는 신흥 원조공여국은 서구중심주의적 국제개발협력의 모델을 지양하면서 아프리카, 동남아시아, 라틴아메리카와의 '남남(南南)협력'을 강력하게 추진하고 있다(Lume et al., 2009). 여기서 주목해야 할 점은 기존의 경제협력개발기구 개발원조위원회(OECD-DAC로 약칭) 중심의 국제개발협력 모델과 중국 중심의 신흥 원조공여국의 모델 사이에 파열음이 발생하고 있다는 점이다. 부산에서 열린 세계개발원조총회는 이런 긴장 관계를 여실히 보여주었다. 앞으로 예상되는, 아니 이미 전개되고 있는 중국의 전지구적 영향력은 OECD−DAC 주도의 국제개발협력과 지속적으로 경쟁하며 긴장 관계를 유지할 것이다.

중국의 전지구적 국제개발협력은 결코 수사적인 표현이 아니다. 먼저 열대 남태평양을 보자. 중국이 주도하는 '중국 · 태평양도서국 경제개발협력포럼'은 '태평양도서국포럼'(Pacific Islands Forum)에 속하는 열대 남태평양 지역 국가들과의 국제개발협력을 적극적으로 실행하고 있다. 태평양도서국가포럼은 파푸아 뉴기니, 솔로몬제도, 피지(Fiji), 쿡 제도(Cook Islands), 크리바티(Kribati), 미크로네시아 연합국, 마셜 제도(Marshall Islands), 나우루(Nauru), 니우에(Niue), 사모아, 투발루(Tubalu), 통가(Tonga), 팔라우(Palau), 바누아투(Banuatu) 등 남태평양에 위치한 14개 섬 나라, 호주, 뉴질랜드로 구성되어 있다. 중국은 남태평양에 대한 국제개발협력을 통해 이 광활한 해양의 자원을 장악하는 데 혈안이 되어 있다.

열대 아프리카에 대한 중국의 국제개발협력을 들여다보면, 중국이 앞으로 세계 질서를 어떻게 만들어가려고 하는지에 대한 해답을 얻을 수 있다. "콩고민주공화국을 장악하면 아프리카를 지배할 수 있다."라고 말했던 마오쩌뚱의 가르침을 충실히 실행하려는 중국은 콩고민주공화국을 지배했던 벨기에를 끌어들여 국제개발협력에 박차를 가하고 있다. 콩고의 수도 킨샤사 공항에서 시내로 가는 도로의 확장 공사를 위해 중국이 대규모 물량 공세를 어떻게 하는지 목격했다면 중국의 제국주의적 의지를 확실히 느낄 수 있다. 이런 사례는 극히 일부에 불과하다. 중국은 국제개발협력의 이름으로 아프리카를 지배하려는 제국주의적 야욕을 단계적으로 가시화하고 있다.

라틴아메리카도 예외가 아니다. 중국의 국제개발협력은 미국의 '오래된 뒤뜰'을 빠른 속도로 파고들고 있다. 예전의 소련 연방이 쿠바를 지원한 것과는 차원이 다르다. 중국의 지원을 받으면서 볼리비아는 2013년 연말에 스페인에 맞서 싸운 독립운동가 '투팍 카타리'(Túpac Katari)의 이름을 따서 최초의 통신 위성을 궤도에 올려놓았는데, 이는 중국의 국제개발협력이 라틴아메리카에서 어떤 방향으로 전개될 것인지를 상징적으로 보여준다. 중국은 이미 브라질의 최대 수출 국가가 되었으며, 미국 의존도가 높은 파나마운하를 대체하는 운하를 개발하는 데 착수했다.

이러한 국제개발협력은 한국 국제개발협력의 위상에 또 다른 위기이자 도전이 되고 있다. 이는 신흥 원조공여국에 속하면서도 OECD-DAC의 틀 안에서 작동하고 있는 한국 국제개발협력의 아킬레스건인 동시에 딜레마이기도 하다.

9장
열대학, 감성적 이론과 이성적 실천의 융합

사람들은 너무 많이 생각하고 너무 적게 느낀다.

– 찰리 채플린[Sir Charles('Charlie') Chaplin]

어떤 사물을 생각할 수 없는 까닭은 이를 개념화하는 데 적합한 도구가 없기 때문이다.

– 피에르 부르디외(Pierre Bourdieu)

9장

열대학, 감성적 이론과 이성적 실천의 융합

1. 열대학의 조건과 가능성

열대학, 서구 정체성의 틀을 넘어서기

서구에서 자연사와 인류사가 분리되던 시기인 18세기 말엽에서 19세기 초에 서구가 열대를 개념적 공간으로 인식하기 시작했다는 것은 결코 우연의 일치가 아니다. 그리고 이 시기에 아이티에서 최초의 흑인 노예혁명이 일어난 것도 마찬가지이다. 현재와 같은 서구 정체성이 본격적으로 형성되기 시작한 것도 바로 이 시기이다.

서구 정체성의 본격적 형성

= 서구의 열대에 대한 개념화

= 서구에서의 자연사와 인류사의 분리

서구 정체성은 지난 5백 년간, 더욱 좁혀서 본다면 약 2백 6십년간 형성되고 정립되어 왔다. 한평생 자아의 문제를 탐구했던 프로이트는 물론이거니와 자크 라캉도 예외가 아니다. 아프리카 가나에서 연구를 했던 노르베르트 엘리아스도, 열대를 절묘하게 은폐시켰던 미셸 푸코도 마찬가지이다. 또한 기후변화와 관련하여 '녹색 현대(근대)'를 내세웠던 울리히 벡과 '책임국가'를 제시하는 앤서니 기든스, 빅 푸시를 의제로 설정한 제프리 삭스 등 서구 지식인들은 결과적으로 서구 정체성을 정당화했다.

열대 자연사와 인류사의 융합적 관점에서 서구적 근대는 문제의 해결이 아니라 문제의 출발이다. 18세기 말부터 서구적 근대에 기초하여 발달되어 왔던 인류 문명은 역사지질학적 힘이 되어 지구의 자연사를 바꾸고 있다는 강력한 경고가 인류세의 이름으로 공론화되고 있다. 서구의 '양심'과 '선의'에만 맡겨둘 수 없는 이유가 여기에 있다. 서구적 근대에 의해 표준화되어 왔던 대학의 학문과 예술로는 문제를 해결할 수가 없다. 열대학이 절박하게 요청되는 이유가 여기에 있다.

열대학의 가장 근본적인 문제의식은 인류사중심의 서구 정체성의 틀을 어떻게 극복할 것인가이다. 이것이 아직도 근본적인 이유는 이 틀이 제국주의 시기보다 더 강력한 역사지질학적 힘으로 자연사에 작동하고 있기 때문이다. 게다가 이런 문제의식이 더욱 절박하게 근본적인 이유는 이 틀이 미래에도 지속된다면, 서구의 전지구적 헤게모니는 더욱 고착화되어 지구의 역사가 비극적인 방향으로 전개될 것이 명약관화하기 때문이다. 여기서 T. S. 엘리어트의 시적 영감을 받아 "과거의 시간과 현재의 시간은 모두 미래의 시간에 존재한다."라고 말했던 아마르티아 센의 역사의식을 다시 떠올릴 수밖에 없다. 지난 2백 6십년간의 역사로도 부족한가. 달도 차면 기우는 법, 서구적 근대는 효력을 다했다. 문제는 대안이다.

한국에서의 열대학 출발점

한국에서 열대 자연사를 가장 정직하고도 정확하게 이해할 수 있는 길은 열대의 섬으로 여행을 자주 다녀오는 것이다. 독일 심리분석학자 융(Carl Gustav Jung)의 이야기를 들어보자.

> 서구인들이 자신의 시선을 합리주의에서 한편으로는 넓은 대륙의 초원으로 다른 한편으로는 잔잔한 바다로 기울어지는 저 고적한 고원의 맑은 공기로 돌릴 때, 또한 서구의 세계의식성을 버리고 대신에 그 너머의 세계무의식성을 통하여 모든 사물을 바라볼 때, 그 때야 비로소 서구인은 [열대] 원주민의 사유를 이해할 것이다(Jung, 2007: 451).

카를 융은 아프리카와 인도를 다녀올 때마다 자신의 정체성이 계속 바뀌고 있다는 사실을 알고 고백한 것이다. 열대 자연사는 머리로 생각하지 말고 가슴으로 느껴야 한다. 열대로의 해외여행에서 이를 실천해보자. 피에르 부르디외의 언어를 다시 빌리면, '실천 이성'보다도 '실천 감성'에 충실하는 것이다.

섬을 중심으로 여행을 할 때 열대 자연사의 본질을 온 몸으로 느낄 수 있다. 노벨문학상 작가인 파스(Octavio Paz)의 말대로, "18세기 말에 이르러 기하학적 합리성을 격렬하게 흔들어놓은 진동이 발생했다. 감성이라는 새로운 힘이 이성의 건축물을 쓰러뜨렸다."(Paz, 1999: 52) 나는 그 진동이 본질적으로 자연사혁명이라고 생각한다. 그에 의하면 감성은 사실 새로운 힘이 아니라 이성의 역사보다도 훨씬 오래된 지구의 태초에 시작되었다. 18세기 자연사혁명이 감성을 불러내었다. 이 시기에 요한 고트프리트 헤르더가 "나는 느낀다! 나는 존재한다!"라고 외쳤을 때, 그는 자연사혁명을 온 몸으로 감지했던 것이다. 낭만주의가 감성을 문학과 예술의 세계에 녹여내었지만, 19세기 이래 약 2백여 년간 근대 국민국가 중심의 인류사적 역사 인식은 감성을 다시 억압했다. 열대학은 자연사에 대한 감성을 역사의 중심으로 복원할 수 있다. 막스 베버와 하버마스의 합리성보다는 알렉산더 훔볼트와 클로드 레비스트로스의 감각으로 열대 자연사로 여행을 떠나려는 독자들에게 콩고민주공화국의 시인 은데베카(Maxime N'Debeka)의 시를 들려주고 싶다.

나는 꿈꾸었네(J'ai rêvé)

희망의 바다 위에 떠있는 섬
마치 노아의 방주에서
길고도 힘든 시련을 이겨낸 생존자들처럼
내 꿈들이 마침내 도착한 곳

순수하고 정결한 섬
이곳은 사람들이, 그리고 흑인까지도
'인간성'을 간직한 땅

흑인, 유색인, 백인들이
석양의 빛깔로 서로 어울리는 곳
그 곳에는 적자도, 서자도 없네.

희망이 가득히 펼쳐진 섬에서
사람들은 불평하기보다 노래하고
사람들은 싸우기보다 춤추고
사람들은 울부짖기보다는 웃음 짓는
그곳은 바로 이상적인 '노예'섬

자물쇠 잠그는 소리는 이제
바위 위에 떨어지는 물방울 소리 같고
질질 끌리는 쇠사슬의 삐걱거림은
대나무 숲에 부는 바람의 속삭이는 소리

카리브 해의 섬보다 더 멋진 곳
노예제도나, 해방에 대해 더 이상 말하지 않고
아랍어, 링갈라어, 스와힐리어도 더 이상 말하지 않는 곳
그 곳에서 인간은 스스로의 주인이고,
시간은 더 이상 우리들의
손가락 사이로 빠져 나가지 않는다네.

나는 희망의 큰 바다 위에서
카리브 해의 섬들보다 더 멋진 섬을 꿈꾸었네
어린 아이의 맨 처음 시선처럼
순수하고도 정결한 섬

나는 그런 섬을 꿈꾸었네 … (김현숙 번역, 2007)

2. 한국에서의 가능성과 한계

대한민국 학문의 태생적 조건

고등학교 시절 '제2외국어'로 일본어와 중국어를 배울 수 없었던 세대가 현재 한국의 대학에서 지식권력 시스템을 지배하고 있다. 민족주의와 반공법은 모든 지식과 사유의 원천적인 검열 장치로 작동했다. 대부분 프랑스어와 독일어 중에서 선택하거나 때로는 스페인어를 배웠다. '나'는 서구적 근대를 최고의 가치 체계로 배우면서 자연스럽게 서구중심주의의 관점에서 세상을 바라보았다. 박사학위를 한국에서 하건 아니건 간에 서구의 대학에 가서 공부하는 것은 너무나 당연하다고 생각했다.

한국의 지식권력 시스템은 태생적으로 서구적 근대와 떼려야 뗄 수 없는 관계를 유지하고 있다. 그래서 한국인들은 열대에 대한 서구중심주의적 인식으로부터 자유로울 수 없다. 서구가 열대를 바라보는 방식대로 한국도 열대를 바라보고 있다. 서구가 열대를 은폐 또는 침묵시켜왔기에 한국도 열대를 이해할 수 있는 언어를 갖고 있지 않다. 열대학이 그동안 한국의 제도권 대학에서 생성될 수 없었던 본질적인 이유가 여기에 있다.

그럼에도 한국에서 열대학을 발흥시키려면 제도권 대학에서 시작할 수밖에 없다. 1960년대 한국의 척박한 지적 상황에서《창작과 비평》을 시작했던 백낙청은 어느 강좌에서 다음과 같이 말했다.

> 우리 대학들이 그나마 갖춘 지적 · 제도적 · 물적 기반을 활용하

> 지 않고서는 아무 것도 기대할 수 없지만, 제도화된 대학에 너무 많은 것을 걸다 보면 엔간한 경륜과 역량을 갖춘 인물이나 집단이 아니고서는 기성 구조에의 편입을 자초하기 십상인 것이다(백낙청, 2008).

제도권 대학의 기반을 활용하면서도 어떻게 여기에 종속되지 않을 수 있을까? 지난하고 지난한 길이지만, 열대학의 위상과 방향은 이런 상황을 불가피하게 직시해야 한다.

문제와 해결의 주체

대한민국에서 서구는 압도적으로 미국을 뜻했다. 2차 세계대전이 끝나고 냉전체제가 성립되면서, 미국은 자유민주주의를 전 세계적으로 확산하기 위하여 서구적 근대화에 적합한 시스템을 세계 곳곳에 만들어갔다. 이런 점에서 한반도 세계대전이 끝나고 난 후의 동아시아는 미국의 입장에서는 초미의 관심 '지역'으로 부각되었다. 마치 프랑스의 오리엔탈리스트들이 인도차이나에 대한 시스템을 장악했던 것처럼, 미국의 오리엔탈리스트들도 이 지역에 대한 연구, 즉 지역학에 대한 권력 헤게모니를 갖게 된 것이다(Cumings, 1996). 미국 최초의 지역 연구 단체가 '극동학회'(Far Eastern Association, 1943)인 것을 보더라도 미국이 얼마나 동아시아를 지역학의 중요한 공간으로 고려했는지를 잘 알 수 있다. 1950년 전쟁은 미국의 이런 관심을 더욱 가속화시켰다. 극동학회는 '아시아연구학회'(Association for Asian Studies, 1956)로 재조직되었다.

구 소련연방이 1957년에 미국보다 한발 앞서서 인공위성 스푸트니크 1호를 쏘아올리자, 미국은 지역학을 국가 방위의 관점에서 간주하게 되었다. 그 결과 지역학은 '국가방위교육법'(National Defesnse Education Act, 1958)에 의해 합법적인 정당성을 갖게 되었다. 아울러 미국의 세계적인 기업 포드(Ford) 재단을 중심으로 록펠러와 카네기재단 등이 지역학을 전폭적으로 지원했다. 이후로 지역학은 빠른 속도로 미국의 많은 대학에 뿌리를 내리게 되었다.

유럽은 지역학에 대해 미국보다 훨씬 오랜 역사를 갖고 있다. 18세기에 유럽이 본격적으로 식민지를 개척하면서 지역학이 발달하기 시작했다. 미국의 지역학이 국가 안보와 이념에 의해 촉발되었던 데 반해, 유럽은 식민지에 대한 연구가 지역학의 모태가 되었다.

한국에서 '국제지역학'은 서구 대학의 지역학을 모델로 삼아 시작되었다. 한국에서 이루어지는 아프리카, 동남아시아, 라틴아메리카에 대한 국제지역학 연구는 서구 중심주의 국제지역학 모델을 벗어나지 못한다. 한국의 국제대학원이 제공하는 커리큘럼을 보자. 서구의 그것을 추종할 뿐이다. 열대를 통치했던 역사를 갖고 있는 서구의 국제대학원에서는 열대의 자연사와 인류사, 종교학, 예술 등의 학문 분야가 빠져 있다. 열대 자연사가 국제지역학에서 차지하는 중요성을 캐물으려는 의지도 없다. 한국의 국제개발협력학회를 가보면 열대 자연사가 국제개발협력에서 어떤 의미를 갖는지를 탐구하려는 전문가들을 찾기가 쉽지 않다.

국제지역학에서 열대 자연사 연구가 중요한 이유는 인문학, 사회과학, 자연과학, 기술과학, 보건의료학 등의 현대 학문 체계로는 결코 잡히지 않는 열대만이 보여주는 독특한 감성 때문이다. 하지만, 한국의 아프리카, 동남아시아, 라틴아메리카 연구자들은 열대 자연사의 감성적 본질을 파악하려는 문제의식이 대체로 없다. 수백만 년 이상의 열대 자연사에 깊이 뿌리내리고 있는 토착적 언어와 가무(歌舞), 역사민속적인 신앙 체계, 우주적 신화 등은 조선 성리학적 세계관에 의해 사회화된 감성으로는 그 본질을 캐낼 수 없다.

전체는 부분의 합이 아니다. 국제지역학이 분과 학문으로 존재하는 것은 나름대로 의미를 갖는다. 예를 들어 아프리카의 경우 콩고민주공화국과 같이 프랑스어 소통이 가능한 지역은 케냐와 같이 영어 소통이 가능한 지역과 다른 역사문화지리적 형식과 내용을 갖고 있기에, 각각의 국제지역학이 별도로 존재할 수도 있다. 하지만 각각에 대한 국제지역학만으로 충분하지 않다. 아프리카를 예로 들면, 그 이유는 다음과 같다.

첫째, 아프리카는 민족국가의 틀로는 이해할 수 없는 열대 자연사를 수백만 년 이상 발달시켜왔기 때문이다. 서구 인류사가 근대성의 기호라면(Dirks, 1990), 아프리카의 자연사는 열대성의 기호이다. 수백만 년 열대 자연사의 아프리카가 1880년대에 강압적으로 분할된 후에, 서구적 근대에 근거하고 있는 국제지역학이 이를 국제개발협력의 이름으로 정당화하는 것은 무엇을 의미하는가. 이런 유형의 지역학은 레오폴 2세의 지원을 받아 서구가 추진했던 아프리카 분할 정책을 학문적으로 추인하는 것과 다를 바 없다.

둘째, 아프리카의 모든 문제는 서구와 떼려야 뗄 수 없는 역사적 관계에서 발생해왔기 때문이다. 예를 들면, 프랑스가 콩고민주공화국에 '모기장'을 많이 지원하면 할수록, 콩고의 모기장 산업은 역설적으로 위축되고 만다. 콩고민주공화국의 수도 킨샤사에는 매년 10만 명의 일자리들이 이렇게 사라져가고 있다. 앞에서도 말했듯이, 수단의 다르푸르 기후전쟁으로 인한 참혹한 사태는 서구 열강의 이해관계와 깊이 관련되어 있다.

셋째, 아프리카의 국제지역학을 담당하는 한국의 대학들은 한국에 유학을 온 아프리카 학생들에게 서구중심주의를 여과시키지 않은 채로 그대로 이식시키고 있기 때문이다. 마치 가난하던 시절의 대한민국 학생들이 서구로 가서 허겁지겁 배웠던 것처럼, 한국의 대학에서 공부하는 아프리카의 학생들은 서구 정체성을 무비판적으로 습득하고 있다. 그들은 한국의 사회경제적 발전을 배우러 왔겠지만, 그 근거가 되는 서구중심주의에 무방비로 노출되어 있는 것이다.

아프리카를 예로 들었지만, 이런 상황은 열대의 모든 지역에 그대로 해당한다. 현재 한국의 대학에서 이루어지는 국제지역학만으로는 서구중심주의의 틀을 벗어나기가 쉽지 않다. 부분으로는 유기적 전체를 파악할 수 없다. 그렇다고 부분을 모두 합하면 전체를 자동적으로 알 수 있을까? 그렇지 않다.

책의 서두에서 말했던 여우와 고슴도치를 다르게 이야기해보자. 여우는 각 지역학을 많이 알 것이다. 그럼에도 여우는 고슴도치가 될 수 없다. 전체를 아는 것은 고슴도치의 몫이다. 여우와 고슴도치가 상호보완적인 연대와 협력을 하게 되면 금상첨화가 될 것이다. 대전제는 여우와 고슴도치가 서로의 존재를 인정하고 존중하는 것이다.

열대학은 자연사와 인류사의 융합적 사유를 통해서, 여우와 고슴도치의 협력과 연대를 통해서 가능하다. 학문과 예술을 열대의 오감으로 이론화하면서 이성적으로 실천할 수 있는 융합적 사유야말로 서구적 근대의 틀을 극복하기 위한 필요조건이다. 그렇다고 해서 융합적 사유가 분과 학문이 안고 있는 문제를 자동으로 해결해주지는 않는다. 열대학에서 가장 어려운 문제는 실천하는 주체에 있다. 문제를 해결하려고 제기하는 주체가 문제의 중심에 서 있다. 이 연결 고리로 들어서려는 주체에게 말한다.

열대를 열대의 눈으로 보라!
열대를 열대의 코로 맡아라!
열대를 열대의 혀로 맛보라!
열대를 열대의 귀로 들으라!
열대를 열대의 입으로 말하라!

참고문헌

1장

강정인. 2003. 〈서구중심주의의 이해: 용어 및 개념 분석을 중심으로〉. 국제정치논총. 43(3): 29-51.

______. 2004. 《서구중심주의를 넘어서》. 아카넷.

고은. 2005[1973]. 《1950년대 – 그 폐허의 문학과 인간》. 향연.

권영민 외. 2013. 《한국 인문 사회과학 연구 이대로 좋은가》. 서울: 푸른역사.

김기봉. 2004. 〈독일 역사철학의 오리엔탈리즘: 칸트, 헤르더, 헤겔을 중심으로〉. 담론 201. 7(1): 248-272.

김명섭. 2001. 《대서양문명사 : 팽창 · 침탈 · 헤게모니》. 한길사.

김영철. 2008. 〈질베르투 프레이리 다시 읽기〉. 라틴아메리카 연구. 21(1): 131-159.

김완균. 2013. 〈헤르더의 인류학적 인식론 연구〉. 세계문학비교연구. 44: 211-230.

김윤식. 2005. 《내가 살아온 20세기 문학과 사상: 갈 수 있고, 가야할 길, 가버린 길》. 문학사상사.

김진. 2010. 〈칸트, 헤르더, 낭만주의: 인류 역사의 철학과 인간성의 이상〉. 인간연구. 18: 173-207.

김택현. 2012. 〈유럽중심주의 비판을 다시 생각함 – 최근 서양사학계에서의 논의에 대하여〉. 서양사론. 114: 325-351.

나종일. 1992. 《세계사를 보는 시각과 방법 : 나종일 사론집》. 창작과 비평사.

민두기. 2001. 《시간과의 경쟁》. 연세대학교출판부.

박용희. 2006. 〈비(非)유럽 사회와 문화에 대한 칸트와 헤르더의 인식: 철학적 인간학 그리고 문화인류학적 견해에 대한 분석을 중심으로〉. 서양사연구. 35: 161-191.

신용하. 2012. 《社會學의 成立과 歷史社會學: 오귀스트 꽁트의 사회학 창설》.

지식산업사.
오명석. 2012. 〈지식의 통섭(通涉)과 인류학〉. 비교문화연구. 18(2): 175-222.
우석균. 2002. 〈페르난도 오르띠스의 통문화론과 탈식민주의〉. 이베로아메리카연구. 13: 181-197.
유재건. 2003. 〈근대 서구의 타자 인식과 서구중심주의〉. 역사와 경계. 46: 31-49.
이인식. 2008.《지식의 대융합 : 인문학과 과학기술은 어떻게 만나는가》. 고즈윈.
이종찬. 2000.《한국에서 醫를 論한다》. 소나무.
______.《의사대란 이후 무엇을 할 것인가》. 몸과마음.
______. 2007[2004].《동아시아 의학의 전통과 근대》. 문학과 지성사.
______. 2009a.《열대와 서구: 에덴에서 제국으로》. 새물결.
______. 2009b.《파리식물원에서 데지마박물관까지》. 해나무.
______. 2010. 〈'융합'의 장소성(場所性): '유목'없는 '융합'은 가능한가〉. 철학과현실. 84: 81-92.
______. 2011. 〈'녹색성장'의 장소성에 대한 地理哲學적 사유〉. 문화역사지리. 23(2): 100-116.
______. 2012a. 〈帝國의 콩고 식민지배와 조셉 콘라드의 熱帶性에 대한 인식〉. 사회와 역사. 96: 225-260.
______. 2012b. 〈알프레드 월리스와 조셉 콘라드의 '熱帶性'에 대한 인식: 생물지리학과 문학적 상상력의 융합적 지평〉. 문화역사지리. 24(2): 93-110.
______. 번역. 2012c.《미국의료의 사회사》. 전면개정 번역판. 대한의사협회 의료정책연구소. Starr, Paul. 1982. *The Social Transformation of American Medicine*.
______. 2014a.《난학의 세계사》. 알마.
______. 2016a. 〈근대 서양사는 열대를 어떻게 은폐시켰는가〉. 서양사론. 128: 64-93.
이중환. 1751.《擇里志》. 2002. 이익성 번역.《택리지》. 을유문화사.
임두빈. 2011. 〈브라질의 언어와 민족 정체성, 그 경계의 틈새: 질베르또 프레이리의 논의를 중심으로〉. 이베로아메리카. 13: 211-254.
임상우. 2014. 〈막스 베버의 사회과학적 역사학: 시대를 앞선 역사가의 지적 투쟁〉. 韓國史學史學報. 29: 37-69.
전경수. 1999.《한국인류학 백년》. 서울: 일지사.
조지형 · 김용우 엮음. 2010.《지구사의 도전: 어떻게 유럽중심주의를 넘어설 것인가》. 서해문집.
주강현. 2008.《적도의 침묵》. 김영사.
최갑수. 2000. 〈유럽 중심주의의 극복과 대안적 역사상의 모색〉. 역사비평. 52: 95-110.
최금좌. 1999a. 〈브라질 신화 "루조 트로피칼"의 창조자 질베르투 프레이리에 대한 80년대 이후의 재해석들이 브라질 사회사상사에 주는 의미〉. 중남미 연구. 18: 101-123.
______. 1999b. 〈질베르투 프레이리: "인종 민주주의론"에서 "열대학"까지〉. 이성형 · 서성철.《라틴아메리카의 역사와 사상》. 까치글방.
최성환. 1999. 〈칸트와 헤르더의 역사 개념〉. 칸트연구. 5(1): 305-339.
한국서양사학회 엮음. 2009.《유럽중심주의 세계사를 넘어 세계사들로》. 푸른역사.
허남린. 2014. 〈융합학문과 교수채용〉. 교수신문. 2014년 6월 27일.
홍성욱 엮음. 2012.《융합이란 무엇인가》. 사이언스북스.
岡田英弘. 1992.《世界史の誕生》. 이진복 번역. 2002.《세계사의 탄생》. 황금가지.
和辻哲郎. 1935.《風土-人間學的 考察》, 박건주 번역. 1993.《풍토와 인간》. 장승.
湯浅赳男. 1996.《世界史の想像力: 文明の歷史人類學をめざして》. 이혜정 번역. 2003.《세계사의 상상력》. 현대미학사.
Anderson, John. 2013. *Deep Things of Darkness: A History of Natural History*. Berkeley and Los Angeles: University of California Press.
Arnold, David. 1996. *The Problem of Nature: Environment, Culture and European Expansion.* Oxford: Blackwell. 서미석 번역. 2006.《인간과 환경의 문명사》. 한길사.
__________. 2000. 〈"Illusory Riches": Representations of the Tropical World, 1840-1959〉. *Singapore Journal of Tropical Geography*. 21(1): 6-18.
Atran, Scott. 1990. *Cognitive Foundations of Natural History: Towards an Anthropology of Science*. Cambridge: Cambridge University Press.
Bachelard, Gaston. 1957. *La poétique de l'espace*. 곽광수 번역. 2003.《공간의 시학》. 문예신서.
Bates, Marston. 1990. *The Nature of Natural History*. Princeton: Princeton University Press.

Beck. Urlich. 2013. 〈변화의 기후인가 아니면 녹색 근대가 어떻게 가능할까?〉. Welzer, Harald, Hans-Georg Soeffner & Dana Giesecke. eds. 2010. *Klima Kulturen.* 모명숙 번역. 2013. 《기후 문화: 기후변화와 사회적 현실》. 성균관대학교출판부.

Behringer, Wolfgang. 2010. *A Cultural History of Climate*. Cambridge: Polity. 안병옥 · 이은선 번역. 2010. 《기후의 문화사》. 공감인.

Berlin, Isaiah. 1954. *The Hedgehog and the Fox: An Essay on Tolstoy's View of History.* 강주헌 번역. 2007. 《고슴도치와 여우: 톨스토이의 역사관에 대하여》. 애플북스.

__________. 1976. *Vico and Herder*. 이종흡 외 번역. 《비코와 헤르더》. 1997. 민음사.

Berque, Augustin. 1996. *Être humains sur la terre: Principes d'éthique de l'écoumène*. 김주경 번역. 2001. 미다스북스.

______________. 2000. *Écoumène: Introduction àl'étude des milieux humains.* 김웅권 번역. 2007. 《외쿠메네: 인간 환경에 대한 연구서설》. 동문선.

Bewell, Alan. 2004. 〈Romanticism and Colonial Natural History〉. *Studies in Romanticism*. 43(1): 5-34.

Blaut, James M. 1993. *The Colonizer's Model of the World: Geographical Diffusionism and Eurocentric History*. New York: Guilford Press. 김동택 번역. 2008. 《식민주의자의 세계 모델: 지리적 확산론과 유럽중심적 역사》. 성균관대학교 출판부.

_____________. 2000. *Eight Eurocentric Historians*. 2008. 《유럽 중심주의를 비판한다》. 푸른숲.

Bleichmar, Daniela. et al. 2008. *Science in the Spanish and Portuguese Empires, 1500–1800*. Stanford: Stanford University Press.

Blunt, Wilfrid. 2001. *Linnaeus: The Compleat Naturalist*. London: Frances Lincoln.

Bourdieu, Pierre. 1980. *Le sens pratique*. Translated by Richard Nice. *The Logic of Practice.* 1990. Stanford, C.A.: Stanford University Press.

____________. 1994. *Raisons pratiques: sur la théorie de l'action*. 김웅권 번역. 2005. 《실천 이성》. 東文選.

____________. 2004. 〈Algerian landing〉. *Ethnograpy*. 5(4): 415-443.

Braudel, Fernand. 1949. *La Méditerranée et le Monde Méditerranéen a l'époque de Philippe II*. 1995[1972]. *The Mediterranean and the Mediterranean*

World in the Age of Philip II. 2 Vols. Berkeley and Los Angeles: University of California Press.

______________. 1979. *Civilisation Matérielle, Économie et Capitalisme, XVe-XVIIIe Siécle*. 주경철 번역. 1997.《물질문명과 자본주의 – 3. 세계의 시간》. 까치. 영어 번역판은 Translated by Siân Reynolds. 1984. *The Perspective of the World*. New York: Harper & Row.

Bridson, Gavin D. R. 2008[1994]. *The History of Natural History: An Annotated Bibliography*. 2nd ed. New York: Garland Pub.

Broberg, Gunnar. 2006[1992]. *Carl Linnaeus*. New Edition. Stockholm: Swedish Institute.

Brockway, Lucile. 2002. *Science and Colonial Expansion: The Role of the British Royal Botanic Gardens*. New Haven and London: Yale University Press.

Brook, Timothy. 2008. *Vermeer's Hat: The Seventeenth Century and the Dawn of the Global World*. 박인균 번역. 2008.《베르메르의 모자: 베르메르의 그림을 통해 본 17세기 동서문명 교류사》. 추수밭.

Burke, Peter and Pallares-Burke, Maria Lúcia G. 2008. *Gilberto Freyre: Social Theory in the Tropics*. Oxford: Peter Lang.

Cañizares-Esguerra, Jorge. 2006. *Nature, Empire, and Nation: Explorations of the History of Science in the Iberian World*. Stanford, Calif.: Stanford University Press.

Cerveny, Randall S. 2009. *Weather's Greatest Mysteries Solved!* Amherst, N.Y.: Prometheus Books. 김정은 번역. 2011.《날씨의 역사》. 반디.

Chakrabarty, Dipesh. Provincializing Europe: Postcolonial Thought and Historical Difference, Princeton: Princeton University Press. 2000. 김택현 · 안준범 번역. 2014.《유럽을 지방화하기: 포스트식민 사상과 역사적 차이》. 그린비.

________________. 2009. 〈The Climate of History: Four Theses〉. *Critical Inquiry*. 35: 197-222.

Chiang, John C.H. 2009. 〈The Tropics in Paeloclimate〉. *Earth Planet*. 37: 263-297.

Clark, Gregory. 2007. *A Farewell to Alms: A Brief Economic History of the World*. 이은주 번역. 2009.《맬서스, 산업혁명 그리고 이해할 수 없는 신세계: 왜 부국의 원조가 빈국의 가난을 해결하지 못하는가》. 한스미디어.

Comaroff, John. & Comaroff, Jean. 1992. *Ethnography and the Historical*

Imagination. New York: Westview Press.

Conrad, Joseph. 2007[1899]. *Heart of Darkness.* London: Penguin Books. 이상옥 번역. 1998.《암흑의 핵심》. 민음사; 이석구 번역. 2008.《어둠의 심연》. 을유문화사.

Cooper, Alix. 2007. *Inventing the Indigenous: Local Knowledge and Natural History in Early Modern Europe*. Cambridge: Cambridge University Press.

Cooper, Frederick and Stoler, Ann Laura. 1997. *Tensions of Empire: Colonial Cultures in a Bourgeois World.* Berkeley and Los Angeles: University of California Press.

Crosby, Alfred W. 2003[1972]. *The Columbian Exchange: Biological and Cultural Consequences of 1492.* 30th Anniversary Edition. Westport, C.T.: Praeger. 김기윤 번역. 2006.《콜럼버스가 바꾼 세계: 신대륙 발견 이후 세계를 변화시킨 흥미로운 교환의 역사》. 지식의숲.

Crutzen, Paul and E. F. Stoermer. 2000. 〈The Anthropocene〉. *Global Change Newsletter*. 41: 17-18.

___________. 2002. 〈Geology of Mankind: the Anthropocene〉. *Nature*. 415: 23. (doi: 10.1038/415023a).

Curtin, Philip D. 1964. *The Image of Africa: British Ideas and Action. 1750-1850*, 2 Vols. Wisconsin: The University of Wisconsin Press.

___________. 1984. *Cross-Cultural Trade in World History.* 김병순 번역. 2007. 《세계 무역의 역사》. 모티브북.

___________. 1989. *Death by Migration: Europe's Encounter with the Tropical World in the Nineteenth Century.* Cambridge: Cambridge University Press.

___________. 1998. *Disease and Empire: The Health of European Troops in the Conquest of Africa*. New York: Cambridge University Press.

Davidson, Basil. 1968. *Africa in History: Themes and Outlines*. London: Weidenfeld & Nicolson.

___________. 1989. *African Perspectives on Colonialism.* Baltimore: Johns Hopkins University Press.

___________. 1994. *Modern Africa: A Social and Political History*. London: Routledge.

______________. 2003. *Africa since 1940: The Past of the Present*. Cambridge: Cambridge University Press.

Deleuze, Gilles and Guattari, Félix. 1994. *What is philosophy?* Translated from *Qu'est-ce que la philosophie?* by Hugh Tomlinson and Graham Burchell. New York: Columbia University Press.

Dettelbach, Michael. 1996. 〈"A Kind of Linnaean Being": Forster and Eighteenth-Century Natural History〉. in Johann Reinhold Forster. 1996. *Observations Made During a Voyage round the World*. Nicholas Thomas, Harriet Guest & Michael Dettelbach. eds. Honolulu: University of Hawaii Press.

Dirks, Nicholas B. ed. 1992. *Colonialism and Culture*. Ann Arbor: The University of Chicago Press.

Drayton, Richard. 2000. *Nature's Government: Science, Imperial Britain, and the 'Improvement' of the World*. New Haven and London: Yale University Press.

Driver, Felix & Luciana Martins. eds. 2005. *Tropical Visions in an Age of Empire*. Chicago: The University of Chicago Press.

Durkheim, Émile. 1988. *Les Règles de la méthode sociologique*. 윤병철 · 박창호 번역. 2001. 《사회학적 방법의 규칙들》. 새물결.

Durkheim, Émile and Marcel Mauss. 1903. *De quelques formes primitives de classification: contribution àl'étude des représentations collectives*. 김현자 번역. 2013. 《분류의 원시적 형태들: 집단표상 연구에의 기여》. 서울대학교출판문화원.

Dussel, Enrique D. 1992. *1492, El encubrimientodel otro*. 박병규 번역. 2011. 《1492년 타자의 은폐: '근대성 신화'의 기원을 찾아서》. 그린비출판사.

Ellis, Erle C. 2011. 〈Anthropogenic Transformation of the Terrestrial Biosphere〉. *Philosophical Transactions of the Royal Society of London A*. 369(1938): 1010-1035.

Ellis, Erle C. and Ramankutty, Navin. 2008. 〈Putting People in the Map: Anthropogenic Biomes of the World〉. *Frontiers in Ecology and the Environment*. 6(8): 439-447.

Ellis, Erle C. et al. 2010. 〈Anthropogenic Transformation of the Biomes, 1700 to 2000〉. *Global Ecology and Biogeography*. 19: 589-606.

Engstrand, Iris. H. W. 1981. *Spanish Scientists in the New World: The Eighteenth-Century Expeditions.* Seattle & London: University of Washington Press.

Fagan, Brian. 1999. *Floods, Famines, and Emperors: El Niño and the Fate of Civilizations*. New York: Basic Books. 남경태 번역. 2007. 《기후, 문명의 지도를 바꾸다》. 예지.

__________. 2004. *The Long Summer: How Climate Changed Civilization*. New York: Basic Books.

Fleming, James Rodger. 1998. *Historical Perspectives on Climate Change*. New York and Oxford: Oxford University Press.

Forster, Georg. 2000[1777]. *A Voyage Round the World in His Britannic Majesty's Sloop Resolution, Commanded by Capt. James Cook, during the Years, 1772, 3, 4, and 5*. 2 Volumes. Nicolas Thomas and Oliver Berghof. eds. Honolulu: University of Hawaii Press.

Fortey, Richard A. 2008. *Dry Storeroom No. 1: The Secret Life of the Natural History Museum.* 박중서 번역. 2009. 《런던 자연사 박물관》. 까치글방.

Foucault, Michel. 1966. *Les Mots et les Choses: Une archéologie des sciences humaines.* Translated by Alan Sheridan. 1994. *The Order of Things: An Archeology of the Human Sciences.* 이규현 번역. 2012. 《말과 사물》. 민음사; 이광래 번역. 1987. 《말과 사물》. 민음사.

Frängsmyr, Tore (ed). 1983. *Linnaeus: The Man and His Work*. Boston: Science History Publications.

Frank, Andre Gunder. 1998. *ReOrient: Global Economy in the Asian Age.* 이희재 번역. 2003. 《리오리엔트》. 이산.

Freire, Paulo. 1968. *Pedagogy of the Oppressed.* 남경태 번역. 2009. 《페다고지》. 그린비.

French, Roger. 1994. *Ancient Natural History: Histories of Nature.* London and New York: Routledge.

Freyre, Gilberto. 1956[1946]. *The Masters and Slaves: A Study in the Development of Brazilian Civilization.* Translated from the Portuguese by Samuel Putnam. 2nd Ed. New York: Alfred A. Knof.

____________. 1980[1959]. *New World in the Tropics: The Culture of Modern Brazil.* Westport, CT.: Greenwood Press.

Giddens, Anthony. 2009. *The Politics of Climate Change*. Cambridge ; Malden, MA : Polity. 홍욱희 번역. 2009.《기후변화의 정치학》. 에코리브르.

Gould, Steven J. 1987. *Time's Arrow, Time's Cycle: Myth and Metaphor in the Discovery of Geological Time*. Cambridge, M.A.: President and Fellows of Harvard College. 이철우 번역. 2012.《시간의 화살, 시간의 순환: 지질학적 시간의 발견에서 신화와 은유》. 아카넷.

Graham, Angus Charles. 1986. *Yin-Yang and the Nature of Correlative Thinking*. 이창일 번역. 2001.《음양과 상관적 사유》. 청계.

Gulbenkian Commission on the Restructuring of the Social Sciences. 1995. *Open the Social Sciences: Report of the Gulbenkian Commission on the Restructuring of the Social Sciences*. 이수훈 번역. 1996.《사회과학의 개방: 사회과학 재구조화에 관한 괼벤키안위원회 보고서》. 당대.

Hald, Anders. 1998. *A History of Mathematical Statistics from 1750 to 1930*. New York: Wiley.

Herder, Johann Gottfried. 1769. *Journal de mon voyage en l'an 1769*. 김대권 번역 [독어 번역판(*Journal meiner Reise im Jahr 1769*)]. 2009.《1769년 여행일지》. 인터북스.

____________________. 1774. *Auch eine Philosophie der Geschichte zur Bildung der Menschheit*. 안성찬 번역. 2011.《인류의 교육을 위한 새로운 역사철학》. 한길사.

____________________. 1784-1791. *Ideen zur Philosophie der Geschichte der Menschheit.* Translated by T. Churchill. 1800. *Outlines of a Philosophy of History of Man*. London: Printed for J. Johnson, St. Paul's Church-Yard.

Hindle, Edward. 1957. 〈Carl Linneaus as a Traveller〉. *The Geographical Journal.* 123: 510-512.

Hippocrates. 1984[1923]. 〈Airs, Waters, and Places〉. *Hippocrates I.* Translated by W.H.S. Jones Cambridge, M.A.: Harvard University Press. pp. 65-137.

Hobsbawm, Eric J. 1962. *The Age of Revolution, 1789-1848*. New York: Mentor Book. 정도영 · 차명수 공역. 1998.《혁명의 시대》. 한길사.

Hodgson, Marshall G. S. 1993. *Rethinking World History: Essays on Europe, Islam, and World History.* 이은정 번역. 2006.《마셜 호지슨의 세계사론: 유럽, 이슬람, 세계사 다시 보기》. 사계절.

Huntington, Ellsworth. 1971[1915]. *Civilization and Climate*. 3rd ed. New Haven:

Yale University Press. 한국지역지리학회 번역. 2013.《문명과 기후》. 민속원.

Huxley, Thomas Henry. 2004. *Evolution and Ethics: Science and Morals*. Amherst, N.Y.: Prometheus Books. 김기윤 번역. 2009.《진화와 윤리》. 지식을만드는지식.

Israel, Jonathan I. 2011. *Democratic Enlightenment: Philosophy, Revolution, and Human Rights, 1750-1790*. New York: Oxford University Press.

Jackson, Anna & Amin Jaffer. eds. 2004. *Encounters: the Meeting of Asia and Europe, 1500-1800*. London: V&A Publications.

Jardine, Nicholas., James A. Secord, Emma C. Spary. eds. 1996. *Cultures of Natural History*. Cambridge: Cambridge University Press.

Kaempfer, Engelbert. 1906. *The History of Japan: Together with a Description of the Kingdom of Siam*. Translated by John Gaspar Scheuchzer. 3 Vols. Glasgow: J. MacLehose and Sons.

Kamen, Henry. 2004. *Empire: How Spain became a World Power, 1492-1763*. New York: Perennial.

Karsenti, Bruno. 김웅권 번역. 2009.《마르셀 모스, 총체적인 사회적 사실》. 東文選.

Keller, Evelyn Fox. 1996. *The Century of The Gene*. 이한음 번역. 2000.《유전자의 세기는 끝났다》. 지호.

Kerr, Richard A. 2001. 〈The Tropics Return to the Climate System〉. *Science*. 292: 660-661.

Knorr-Cetina, K. 1999. *Epistemic Cultures: How the Sciences Make Knowledge*. Cambridge: Harvard University Press.

Kocka, Jürgen. 1975. 〈사회사-구조사-전체사회사〉. 신용하 편저. 1982.《사회사와 사회학》. 창작과 비평사.

___________. 김학이 번역. 1999.《독일의 통일과 위기》. 아르케.

Koerner, Lisbet. 1999. *Linnaeus: Nature and Nation*. Cambridge, M.A.: Harvard University Press.

Kricher, John. 2011. *Tropical Ecology*. Princeton: Princeton University.

Lach, Donald F. and Edwin J. Van Kley. 1965. *Asia in the Making of Europe*. Vol. 3. *A Century of Advance*. Book three: Southeast Asia. Chicago: The University of Chicago.

Lamb, H. H. 1982. *Climate, History and the Modern World*. 김종규 번역. 2004.《기

후와 역사: 기후, 역사, 현대세계》. 한울 아카데미.

Landes, David S. 1998. *The Wealth and Poverty of Nations.* 안진환 · 최소영 번역. 2009.《국가의 부와 빈곤》. 한국경제신문.

____________. 2003[1969]. *The Unbound Prometheus: Technological Change and Industrial Development in Western Europe from 1750 to the Present.* 2nd ed. Cambridge: Cambridge University Press.

Larson, James L. 1994. *Interpreting Nature: the Science of Living Form from Linnaeus to Kant.* Baltimore: Johns Hopkins University Press.

Latour, Bruno. 1991. *Nous n'avons jamais étémodernes: essai d'anthropologie symétrique*. 홍철기 번역. 2009.《우리는 결코 근대인이었던 적이 없다: 대칭적 인류학을 위하여》. 갈무리.

Le Roy Ladurie, Emmanuel. 1968. *Histoire du climat depuis l'an mil*. Translated by Barbara Bray. 1971. *Times of Feast, Times of Famine: A History of Climate Since the Year 1000.* Garden City, NY: Doubleday & Company.

Lecourt, Dominique. 1973. *L'Épistémologie historique de Gaston Bachelard.* 박기순 번역. 1996.《프랑스 인식론의 계보: 바슐라르, 캉기옘, 푸코》. 새길.

Lee, Richard E. and Wallerstein, Immanuel. 2004. *Overcoming the Two Cultures: Science versus the Humanities in the Modern World-System.* Boulder and London: Paradigm Publishers.

Lefèbvre, Henri. 1974. *La production de l'espace.* Translated by Donald Nicholson-Smith. 1991. *The Production of Space.* London: Blackwell Publishing. 양영란 번역. 2011.《공간의 생산》. 에코리브르.

Leopold, Aldo. 1974. *A Sand County Almanac: With Essays on Conservation from Round River*. 송명규. 2000.《모래 군의 열두 달》. 따님.

Lévi-Strauss, Claude. 1955. *Tristes tropiques*. Paris: Plon. 박옥줄 번역. 2005[1998].《슬픈 열대》. 한길사. Translated by John & Doreen Weightman. 1992. *Tristes Tropiques*. London: Penguin Books.

______________. 1958. *Anthropologie structurale.* Translated by Claire Jacobson and Brooke Grundfest Schoepf. 1963. New York: Basic Books. *Structural Anthropology.* 김진욱 번역. 1983.《구조인류학》. 종로서적.

______________. 1962. *La Pensée sauvage*. 안정남 번역. 2007[1999].《야생의 사고》. 한길사.

Lukács, György. 1923. *Geschichte und Klassenbewusstsein; Studien über marxistische Dialektik*. Translated by Rodney Livingstone. 1971. Cambridge, M.A.: The MIT Press.

History and Class Consciousness: Studies in Marxist Dialectics. 박정호, 조만영 번역. 1992.《역사와 계급의식: 마르크스주의 변증법연구》. 거름.

Lyon, John and Phillip R. Sloan. eds. 1981. *From Natural History to the History of Nature: Reading from Buffon and His Critics*. Notre Dame & London: University of Notre Dame Press.

McGrane, Bernard. 1989. *Beyond Anthropology: Society and the Other*. New York: Columbia University Press.

McNeill, William H. 1991[1963]. *The Rise of the West: A History of the Human Community with a Retrospective Essay*. Chicago: University of Chicago Press.

Mauss, Marcel. 1923-1924. *Essais sur le don: Forme et raison de l'échange dans les sociétés archaïques*. 이상률 번역. 2002.《증여론》. 한길사.

Mintz, Sidney Wilfred. 1978. 〈Was the Plantation Slave a Proletarian?〉. *Review*. II. Summer. 81-98.

__________________. 1985. *Sweetness and Power: The Place of Sugar in Modern History*. New York: Penguin Books. 김문호 번역. 1998.《설탕과 권력》. 지호.

__________________. 2010. *Three Ancient Colonies: Caribbean Themes and Variations*. Cambridge, M.A.: Harvard University Press.

Morris, Ian. 2010. *Why the West Rules - for Now: The Patterns of History and What They Reveal about the Future*. 최파일 번역. 2013.《왜 서양이 지배하는가: 지난 200년간 인류가 풀지 못한 문제》. 글항아리.

North, Douglas Cecil. 2005. *Understanding the Process of Economic Change*. 조석곤 번역. 2007.《경제변화과정에 관한 새로운 이해》. 해남.

North, Douglas Cecil and Robert Paul Thomas. 2009[1973]. *The Rise of the Western World: A New Economic History*. Cambridge: Cambridge University Press.

O'Brien, Michael J. 2002. *Applying Evolutionary Archaeology*. 성춘택 번역. 2009.《다윈 진화고고학》. 나남.

Olson, David. M. et al. 2001. 〈Terrestrial Ecoregions of the World: A New Map of Life on Earth〉. *BioScience*. 51: 933-938.

Pagden, Anthony. 1993. *European Encounters with the New World: From Renaissance to Romanticism*. New Haven : Yale University Press.

Pomeranz, Kenneth. 2009. *The Great Divergence: China, Europe, and the Making of the Modern World Economy*. Princeton: Princeton University Press.

Price, Richard. 1983. *To Slay the Hydra: Dutch Colonial Perspectives on the Saramaka Wars*. Ann Arbor, Mich.: Karoma.

Price, Simon. J. et al. 2011. 〈Humans as Major Geological and Geomorphological Agents in the Anthropocene: The Significance of Artificial Ground in Great Britain〉. *Philosophical Transactions of the Royal Society of London A*. 369(1938): 1056-1084.

Prigogine, Ilya and Stengers, Isabelle. 1984. *Order out of Chaos: Man's New Dialogue with Nature*. Toronto: Bantam Books. 신국조 번역. 1993.《혼돈으로부터의 질서: 인간과 자연의 새로운 대화》. 고려원미디아.

Reinert, Erik S. 2007. *How Rich Countries Got Rich and Why Poor Countries Stay Poor*. 김병화 번역. 2012.《부자 나라는 어떻게 부자가 되었고 가난한 나라는 왜 여전히 가난한가》. 부키.

Reinhard, Wolfgang (ed). 2015. *Empires and Encounters*: 1350-1750. Cambridge: The Belknap Press of Harvard University.

Relph, Edward. 1976. *Place and Placelessness*. 김덕현, 김현주, 심승희 공역. 2005.《장소와 장소상실》. 논형.

Rodenwaldt, Ernst and Hans J. Jusatz. 1963. *World Maps of Climatology*. Berlin: Springer.

Rossi, Paolo. 1979. *I segni del tempo: Storia della Terra e storia delle nazioni da Hooke a Vico*. Translated by Lydia G. Cochrane. 1984. *The Dark Abyss of Time: The History of the Earth and the History of Nations from Hooke to Vico*. Chicago: University of Chicago Press.

Ruddiman, William F. 2010. *Plows, Plagues and Petroleum: How Humans Took Control of Climate*. Princeton and Oxford: Princeton University Press.

Rudwick, Martin J. 2005. *Bursting the Limits of Time: The Reconstruction of Geohistory in the Age of Revolution*. Chicago: University of Chicago Press.

________________. 2008. *Worlds Before Adam: The Reconstruction of Geohistory in the Age of Reform*. Chicago: University of Chicago Press.

________________. 2014. *Earth's Deep History: How It Was Discovered and Why It Matters*. Chicago: University of Chicago Press.

Said, Edward W. 2003[1978]. *Orientalism.* New York : Vintage Books.

_____________. 1993. *Culture and Imperialism.* New York: Knopf.

Schiebinger, Londa. 2004. *Plants and Empire: Colonial Bioprospecting in the Atlantic World.* Cambridge, MA: Harvard University Press.

Schiebinger, Londa & Claudia Swan. eds. 2005. *Colonial Botany: Science, Commerce, and Politics in the Early Modern World.* Philadelphia: University of Pennsylvania Press.

Schönwiese, Christian-Dietrich. 2003. *Klimatologie*. 2nd Ed. 김종규 번역. 2007[2006]. 《기후학》. 시그마프레스.

Schulten, Susan. 2001. *The Geographical Imagination in America, 1880-1950.* Chicago: University of Chicago Press.

Skidmore, Thomas E. 2003. 〈Lévi-Strauss, Braudel and Brazil: A Case of Mutual Influence〉. *Bulletin of Latin American Research.* 22(3): 340-349.

Smith, Southwood. 1866. *The Common Nature of Epidemics, and Their Relation to Climate and Civilization, also Remarks on Contagion and Quarantine: From Writings and Official Reports*. edited by T. Baker. London: N. Trubne.

Snow. Charles Percy. 1961[1959]. *The Two Cultures and the Scientific Revolution.* New York: Cambridge University Press. 오영환 번역. 2001. 《두 문화》. 사이언스북스.

Spary, Emma C. 2001. *Utopia's Garden: French Natural History from Old Regime to Revolution.* Chicago & London: University of Chicago Press.

Spengler, Oswald. 1918 & 1923. *Der Untergang des Abendlandes.* Translated by Charles F. Atkinson. *The Decline of the West: Volume I, Form and Actuality, and Volume II, Perspectives of World-History.* New York: Alfred A. Knopf. 박광순 번역. 1995. 《서구의 몰락》. 3권. 범우사.

Stafleu, Frans A. 1971. *Linnaeus and the Linnaeans: The Spreading of Their Ideas in Systematic Botany, 1735-1789*. Utrecht: Oosthoek's Uitgeversmaatschappij N.V. for the International Association for Plant Taxonomy.

Starr, Paul. 1982. *The Social Transformation of American Medicine.* 이종찬 번역.

2012. 《미국의료의 사회사》. 전면개정 번역판. 대한의사협회 의료정책연구소.

Stedman, John Gabriel. 1972[1796]. *Narrative of a Five Years'Expedition against the Revolted Negroes of Surinam*. Amherst: University of Massachusetts Press.

Steffen, Will. et al. 2011. 〈The Anthropocene: Conceptual and Historical Perspectives〉. *Philosophical Transactions of the Royal Society of London A*. 369(1938): 842-867.

Stigler, Stephen M. 1986. *The History of Statistics*. 조재근 번역. 2005. 《통계학의 역사》. 한길사.

Tang, Chenxi. 2008. *The Geographic Imagination of Modernity: Geography, Literature, and Philosphy in German Romanticism*. Stanford: Stanford University.

Thomas. Nicolas. 1994. *Colonialism's Culture: Anthropology. Travel and Government.* Princeton: Princeton University Press.

Tobin, Beth Fowkes. 2005. *Colonizing Nature: The Tropics in British Arts and Letters, 1760-1820*. Philadelphia: University of Pennsylvania Press.

Toulmin, Stephen and Goodfield, June. 1977[1965]. *The Discovery of Time*. Chicago & London: University of Chicago Press.

Trigg, Roger. 1985. *Understanding Social Science: A Philosophical Introduction to the Social Sciences*. 김연각 번역. 2013. 《사회과학 이해하기: 사회과학에 대한 철학적 소개》. 한국문화사.

Trouillot, Michel-Rolph. 1995. *Silencing the Past: Power and the Production of History.* Boston : Beacon Press. 김명혜 번역. 2011. 《과거 침묵시키기: 권력과 역사의 생산》. 그린비출판사.

Vaughan, William. 1994[1978]. *Romanticism and Art*. 마순자 번역. 2003. 《낭만주의 미술》. 시공사.

Wacquant, Loïc. 2004. 〈Following Pierre Bourdieu into the Field〉. *Ethnography*. 5(4): 387-414.

Wallerstein, Immanuel Maurice. 2011[1974]. *The Modern World-System.* Volume 3. Berkeley and Los Angeles: University of California Press. 김인중 · 이동기 번역. 2013. 《근대세계체제 3 – 자본주의 세계경제의 거대한 팽창의 두 번째 시대 1730-1840년대》. 까치.

________________. 2004. *The Uncertainties of Knowledge*. 유희석 번역. 2007.《지식의 불확실성》. 창비.

Wegener, Alfred. 1915. *Entstehung der Kontinente und Ozeane*. 김인수 번역. 2010.《대륙과 해양의 기원》. 나남.

Welzer, Harald. 2008. *Klimakriege: wofür im 21. Jahrhundert getötet wird*. 윤종석 번역. 2010.《기후전쟁》. 영림카디널.

White, Gilbert. 1789. *The Natural History and Antiquities of Selborne, in the County of Southampton: with Engravings, and an Appendix*. Anne Secord. ed. 2013. *The Natural History of Selborne*. Oxford: Oxford University Press.

Williams, Eric. 1994[1944]. *Capitalism & Slavery.* Chapel Hill & London: The University of North Carolina Press. 김성균 번역. 2014.《자본주의와 노예제도》. 우물이 있는 집.

Wilson, Edward. 1998. *Consilience: The Unity of Knowledge*. New York: Vintage Books. 최재천 · 장대익 번역. 2005.《통섭: 지식의 대통합》. 사이언스북스.

Winch, Peter. 1990. *The Idea of a Social Science and Its Relation to Philosophy. American Philosophical Quarterly: Understanding a Primitive Society.* 박동천 편역. 2011.《사회과학의 빈곤》. 모티브북.

Yacine, Tassadit. 2004. 〈피에르 부르디외와 알제리 또는 참여사회학의 기원〉. 불어문화권 연구. 14: 180-230.

Zalasiewicz, Jan. et al. 2011a. 〈The Anthropocene: A New Epoch of Geological time?〉. *Philosophical Transactions of the Royal Society of London A*. 369(1938): 835-841.

________________. 2011b. 〈Stratigraphy of the Anthropocene〉. *Philosophical Transactions of the Royal Society of London A*. 369(1938). 1036-1055.

________________. 2015. 〈When Did the Anthropocene Begin? A Mid-Twentieth Century Boundary Level Is Stratigraphically Optimal〉. *Quaternary International*. http://www.sciencedirect.com/science/article/pii/S1040618214009136 (2015년 2월 7일).

2장

강신표(편). 1983.《레비스트로스의 人類學과 韓國學》. 한국정신문화연구원.

국토연구원 엮음. 2001.《공간이론의 사상가들》. 한울.

______________. 2005.《현대 공간이론의 사상가들》. 한울.

김기봉. 2015. 〈글로벌 시대 한국 역사학의 해체와 재구성: 한국사·동양사·서양사 3분과 체제의 역사화를 위하여〉. 한국사학사학보. 32: 5-30.

김기윤. 1986. 〈퀴비에까지의 化石의 自然史〉. 한국과학사학회지. 8(1): 71-81.

김미선. 2009. 〈알렉산더 폰 훔볼트의 문학적 과학〉. 헤세연구. 21: 79-101.

김미연. 2014.《훔볼트 형제의 통섭》. 역락.

김영식. 2001.《과학혁명: 전통적 관점과 새로운 관점》. 아르케.

김우창. 2003.《풍경과 마음: 동양의 그림과 이상향에 대한 명상》. 생각의 나무.

김항묵. 2008.《층서학》. (사)자연사 · 미래환경학회.

김형효. 2008[1989].《구조주의 사유체계와 사상 – 레비 – 스트로쓰, 라깡, 푸코, 알튀세르에 관한 연구》. 개정판. 인간사랑.

데카르트. 권오석 번역. 2007.《방법서설: 성찰》. 홍신문화사.

서성철. 2013. 〈보두신앙과 정치: 18세기 아이티 노예해방 운동을 중심으로〉. 이베로아메리카. 15(2): 45-69.

설혜심. 2013.《그랜드 투어》. 웅진지식하우스.

이부영. 2001.《아니마와 아니무스》. 한길사.

이삼성. 2014.《제국》. 소화.

이종찬.《열대와 서구》. → 1장.

______.《파리식물원에서 데지마박물관까지》. → 1장.

______. 2011. 〈18세기 유럽의 열대 탐험과 제국의 지평: 自然史와 예술의 상보성〉. 歷史學報. 209: 253-279.

______. 〈알프레드 월리스와 조셉 콘라드의 '熱帶性'에 대한 인식〉. → 1장.

______.《난학의 세계사》. → 1장.

______. 2014b. 〈레오폴 2세의 콩고 통치에 의한 열대 공간의 식민적 생산: 역사지리(지질)학, 생태인류학, 열대의학의 융합적 인식〉. 문화역사지리. 26(1): 92-107.

______. 〈근대 서양사는 열대를 어떻게 은폐시켰는가〉. → 1장.

______. 2016b. 〈알렉산더 훔볼트, 유럽을 넘어 융합의 세계로: 한국 지식인의 존재 정당성과 미래세대를 위한 '희망의 원리'〉. 동서인문. 5: 83-120.

이진일. 2013. 〈근대 국민국가의 탄생과 '국사'(national history): 동아시아로의 학문적 전이를 중심으로〉. 한국사학사학보. 27: 285-320.
______. 2014. 〈서구의 민족사 서술과 동아시아 전이: 랑케(Ranke) 역사학의 수용을 중심으로〉. 한국사학사학보. 29: 333-361.
임경순 & 정원. 2014.《과학사의 이해》. 다산출판사.
정순근. 2009. 〈찰스 다윈과 지질학: 다윈탄생 200주년을 맞이하여〉. 지질학회지. 45(4): 415-426.
정혜경. 2009. 〈19세기 과학탐험(1799-1804)과 훔볼트: 그의 식물지리학을 통해 본 과학의 전위활동으로서의 탐험의 승화〉. 한국과학사학회지. 31: 169-206.
조우호. 2015. 〈괴테와 이탈리아 여행: 괴테의 이탈리아 여행을 둘러싼 담론 연구〉. 괴테연구. 28: 129-151.
주경철. 2008.《대항해시대: 해상 팽창과 근대 세계의 형성》. 서울대학교출판부.
최동오. 2011. 〈낭만시와 박물학적 상상력〉. 인문학연구. 83: 119-138.
최병두. 2002.《근대적 공간의 한계》. 삼인.
章手塚 엮음. 정암 번역. 2000.《훔볼트의 세계》. 한울.
中村雄二郎. 1979.《共通感覺論》. 양일모 & 고동호 공역. 2003.《공통감각론》. 민음사.
速水格. 2005[2001]. 〈월리시아의 자연사〉. 尾本惠市 外.《바다의 아시아 4: 월리시아의 세계》. 다리미디어. 27-45.
若林幹夫. 1995.《地図の想像力》. 정선태 번역. 2006.《지도의 상상력》. 산처럼.
李孝德.《表象空簡の近代》. 1996. 박성관 번역. 2002.《표상 공간의 근대》. 소명출판.
劉鋼. 2009.《古地圖密碼》. 이재훈 번역. 2010.《고지도의 비밀: 중국 고지도의 경이로운 이야기와 세계사의 재발견》. 글항아리.
Ackerknecht, Erwin H. 1955. 〈George Forster, Alexander von Humboldt, and Ethnology〉. *Isis*. 46(2): 83-95.
Acosta, Joseph(José) de. 1590. *Historia natural y moral de las Indias*. Translated by Edward Grimston. 2009[1880; 1604]. *The Natural and Moral History of the Indies*. 2 Vols. Cambridge: Cambridge University Press.
Albury, W. R. & D. R. Oldroyd. 1977. 〈From Renaissance Mineral Studies to Historical Geology, in the Light of Michel Foucault's 'The Order of Things〉. *British Journal for the History of Science.* 10(3): 187-215.
Allen, David Elliston. 1994. *The Naturalist in Britain*. Princeton: Princeton

University Press.
Andrews, Malcolm. 1999. *Landscape and Western Art*. Oxford: Oxford University Press.
Andrien, Kenneth J. Lyman L. Johnson. 1994. *The Political Economy of Spanish America in the Age of Revolution 1750-1850.* Albuquerque: University of New Mexico Press.
Arnold, David. 2006. *The Tropics and the Traveling Gaze: India, Landscape and Science, 1800-1856*. Seattle and London: University of Chicago Press.
Baker, Alan R. H. 2003. *Geography and History*. Cambridge University Press.
Barber, L. 1980. *The Heyday of Natural History*. London: Butler & Tanner Ltd.
Barrera-Osorio, Antonio. 2006. *Experiencing Nature: The Spanish American Empire and The Early Scientific Revolution*. Austin, TX : University of Texas Press.
Barrett, Frank A. 2000. *Disease & Geography: The History of an Idea*. Toronto: York University-Atkinson College.
Baudrillard, Jean. 1981, *Simulacres et Simulation.* Paris: Galilée. 하태환 번역. 2001.《시뮬라시옹》. 민음사.
Beer, Gillian. 2000. *Darwin's Plots.* 남경태 번역. 2008.《다윈의 플롯: 빛나는 통찰력으로 밝힌 소설과 진화론의 관계》. 휴머니스트.
Beiser, Frederick. 2003. *The Romantic Imperative: The Concept of Early German Romanticism*. Cambridge, MA: Cambridge University Press. 김주휘 번역. 2011.《낭만주의의 명령, 세계를 낭만화하라: 초기 독일낭만주의 연구》. 그린비.
____________. 2011. *The German Romanticist Tradition*. Oxford: Oxford University Press.
Berlin, Isaiah. 1999. *The Roots of Romanticism*. 강유원 · 나현영 번역. 2005.《낭만주의의 뿌리》. 이제이북스.
Bewell, Alan. 1999. *Romanticism and Colonial Disease*. Baltimore: Johns Hopkins University Press.
__________. 〈Romanticism and Colonial Natural History〉. → 1장.
Black, Jeremy. 1997. *Maps and Politics*. London: Reaktion Books. 박광식 번역. 2006.《지도 권력의 얼굴》. 심산.
___________. 2003. *Italy and the Grand Tour.* New Haven & London: Yale

University Press.

Bleichmar, Daniela, 2012. *Visible Empire: Botanical Expeditions & Visual Culture in the Hispanic Enlightenment.* Chicago: University of Chicago Press.

Blussé, Leonard., Willem Remmelink & Ivo Smits. eds. 2002. *Bridging the divide : 400 years, the Netherlands-Japan*. Leiden: Hotei Publishing.

Boorstin, Daniel J. 1983. *The Discoverers*. New York: Vintage Books.

Botting, Douglas. 1973. *Humboldt and Cosmos*. New York: Harper & Row.

Bowen, Margarita. 1981. *Empiricism and Geographical Thought: From Francis Bacon to Alexander von Humboldt*. Cambridge: Cambridge University Press.

Breton, André. *Manifestes du surréalisme* (1924). 황현산 번역. 2012.《초현실주의 선언》. 미메시스.

Brotton, Jerry. 2012. *A History of the World in Twelve Books*. London: Allen Lane. 이창신 번역. 2014.《욕망하는 지도: 12개의 지도로 읽는 세계사》. RHK.

Brown, Cynthia Stokes. 2007. *Big History: From the Big Bang to the Present*. New York: New Press: Distributed by W.W. Norton.

Browne, Janet. 1983. *The Secular Ark: Studies in the History of Biogeography*. New Haven & London: Yale University Press.

___________. 1996. *Charles Darwin: A Biography.* Vol. 1. *Voyaging*. Princeton, NJ: Princeton University Press. 임종기 번역. 2010a.《찰스 다윈 평전: 종의 수수께끼를 찾아 위대한 항해를 시작하다: 출생부터 비글호 항해까지, 1809-1858》. 김영사.

___________. 2003. *Charles Darwin: A Biography.* Vol. 2. *The Power of Place.* Princeton, NJ: Princeton University Press. 이경아 번역. 2010b.《찰스 다윈 평전: 나는 멸종하지 않을 것이다: 종의 기원 출간에서 말년까지, 1859-1882》. 김영사.

Buffon, Georges. 2010[1780-1785]. *Natural History, General and Particular.* Translated by William Smellie. 10 Vols. Edinburgh: Printed for William Creech. New York: Gale Ecco.

_____________. 1831. *Natural History of the Globe, of Man, of Beasts, Birds, Fishes, Reptiles, Insects and Plants*. Edited by John Wright. 5 Volumes.

Burke, Peter. 2001. *Eyewitnessing: The Uses of Images as Historical Evidence.*

Ithaka & New York: Cornell University Press. 박광식 번역. 2005.《이미지의 문화사: 역사는 미술과 어떻게 만나는가》. 심산.

Butlin, Robin A. 2009. *Geographies of Empire: European Empires and Colonies, 1880-1960*. Cambridge: Cambridge University Press.

Butterfield, Herbert. 1965[1949]. *The Origins of Modern Science, 1300-1800*. Revised Ed. New York: Free Press. 차하순 번역. 1973.《근대과학의 기원: 1300년부터 1800년까지》. 전파과학사.

Cahan, David (ed). 2003. *From Natural Philosophy to the Sciences: Writing the History of Nineteenth-Century Science*. Chicago: University of Chicago Press.

Camerini, J. R. 1994. 〈Evolution, Biogeography, and Maps: An Early History of Wallace's Line〉. M. R. MacLeod & P. F. Rehbock. eds. 1994. *Darwin's Laboratory: Evolutionary Theory and Natural History in the Pacific*. Honolulu: University of Hawaii Press.

Cañizares-Esguerra, Jorge. *Nature, Empire, and Nation*. → 2장.

Cannon, Susan Faye. 1978. *Science in Culture: The Early Victorian Period*. New York: Science History Publications.

Casey, Edward. S. 1998. *The Fate of Place: A Philosophical History*. Berkeley & Los Angeles: University of California Press.

Christian, David. 2005. *Maps of Time: An Introduction to Big History*. Berkeley: University of California Press.

Clark, Rex. & Oliver Lubrich. eds. 2012. *Cosmos and Colonialism: Alexander von Humboldt in Cultural Criticism*. New York: Berghahn Books.

Cohen, H. Floris. 1994. *The Scientific Revolution: A Historiographical Inquiry*. Chicago: University of Chicago Press.

Conrad. *Heart of Darkness*. → 2장

Cook, Harold J. 2007. *Matters of Exchange: Commerce, Medicine, and Science in the Dutch Golden Age*. New Haven and London: Yale University Press.

Cooper. *Inventing the Indigenous*. → 1장.

Cosgrove, Denis. 2001. *Apollo's Eye: A Cartographic Genealogy of the Earth in the Western Imagination*. Baltimore: Johns Hopkins University Press.

____________. 2005. 〈Tropic and Tropicality〉. in Felix Driver & Luciana Martins. eds. 2005. *Tropical Visions in an Age of Empire*. Chicago: The

University of Chicago Press. 197-216.

Crampton, Jeremy W. and Stuart Elden. eds. 1998. *Space, Knowledge and Power: Foucault and Geography*. Burlington, VT: Ashgate.

Crang, Mike & Nigel Thrift. 2000. *Thinking Space*. London: Routledge. 최병두 번역. 2013.《공간적 사유》. 에코리브르.

Crisci, Jorge V., Liliana, Katinas and Posadas, Paula. 2003. *Historical Biogeography: An Introduction*. Cambridge: M.A.: Harvard University Press.

Crosby. *The Columbian Exchange* → 1장.

Darwin, Charles. 2004[1839]. *The Voyage of Beagle*. Washington, D.C.: National Geographic Adventure Classics. 장순근 번역. 2006.《다윈의 비글호 항해기》. 가람기획.

____________. 1859. *Origins of the Species*. 김관선 번역.《종의 기원》. 한길사. 2014.

____________. 1859. (알프레드 월리스에게 보낸 편지. 4월 6일자). https://www.darwinproject.ac.uk/

____________. 1993[1888]. *The Autobiography of Charles Darwin*, 1809-1882. Originally Included in *The Life and Letters of Charles Darwin*. New York: W.W. Norton & Company. 이한중 번역. 2003.《찰스 다윈 자서전: 나의 삶은 서서히 진화해왔다》. 갈라파고스.

Desmond, Adrian & James Moore. 1991. *Darwin: The Life of a Tormented Evolutionist.* 김명주 번역. 2009.《다윈 평전: 고뇌하는 진화론자의 초상》. 뿌리와 이파리.

Dettelbach, Michael. 1999. 〈The Face of Nature: Precise Measurement, Mapping, and Sensibility in the Work of Alexander von Humboldt〉. *Stud. Hist. Phil. Biol. & Biomed. Sci.* 30(40): 473–504.

______________. 2001. 〈Alexander von Humboldt between Enlightenment and Romanticism〉. *Northeastern Naturalist*. Special Issue(1): 9-20.

Diderot, Dennis. 1773. *Supplément au voyage de Bougainville.* 정상현 번역. 2003.《부갱빌 여행기 보유》. 숲.

Dosse, François. 1991. *Histoire du Structuralisme · I: le champ du signe, 1945-1966*. 이봉지 · 송기정 외 번역.《구조주의의 역사》. 1998. 동문선.

Drayton, Richard. *Nature's Government* → 1장.

Driver, Felix. 1992. 〈Geography's Empire: Histories of Geographical Knowledge〉. *Environment and Planning D: Society and Space*. 10: 23-40.

__________. 2001. *Geography Militant: Cultures of Exploration and Empire*. Mass: Blackwell Publishers.

__________. 2004. 〈Imagining the Tropics: Views and Visions of the Tropical World〉. *Singapore Journal of Tropical Geography*. 25(1): 2004: 1-17.

Driver and Martins. *Tropical Visions in an Age of Empire*. → 1장.

Earl, G. W. 1837. *The Eastern Seas: Or, Voyages and Adventures in the Indian Archipelago, in 1832-33-34*. London: W. H. Allen.

East, William Gordon. 1965. *The Geography Behind History*. New York: W.W. Norton.

Elden, Stuart. 2009. 〈Reassessing Kant's Geography〉. *Journal of Historical Geography*. 35: 3-25.

Eliade, Mircea. 1954. *The Myth of the Eternal Return*. 심재중 번역. 2003. 《영원 회귀의 신화》. 이학사.

Ette, Ottomar. 2002. 〈The Scientist as Weltbürger: Alexander von Humboldt and the Beginning of Cosmopolitics〉. *Northeastern Naturalist*. Special Issue(1): 157-182.

Fara, Patricia. 2004. *Sex, Botany & Empire: the Story of Carl Linnaeus and Joseph Banks*. New York: Columbia University Press.

Farber, Paul Lawrence. 2000. *Finding Order in Nature: the Naturalist Tradition from Linnaeus to E.O. Wilson*. Baltimore: Johns Hopkins University Press.

Ferguson, Niall. 2002. *Empire*. New York: Basic Books. 김종원 번역. 2006. 《제국》. 민음사.

Fernández-Armesto, Felipe. 2006. *Pathfinders: A Global History of Exploration*. Oxford: Oxford University Press.

Fichman, M. 2004. *An Elusive Victorian: The Evolution of Alfred Russel Wallace*. Chicago and London: The University of Chicago Press.

Findlen, Paula. 1994. *Possessing Nature: Museums, Collecting, and Scientific Culture in Early Modern Italy*. Berkeley: University of California Press.

___________. 2006. 〈Natural History〉. Park, Katharine & Lorraine Daston. eds. *Cambridge History of Science*. Volume 3. *Early Modern Science*.

Cambridge: Cambridge University Press. pp. 435-468.

Fink, Karl J. 1991. *Goethe's History of Science*. Cambridge: Cambridge University Press.

Forster, Georg. *A Voyage Round the World.* → 1장.

Forster, Johann Reinhold. 1996[1778]. *Observations Made During a Voyage round the World.* Nicholas Thomas, Harriet Guest & Michael Dettelbach. eds. Honolulu: University of Hawaii Press.

Foucault. *Les Mots et les Choses.* → 1장.

French, Roger. 1994. *Ancient Natural History: Histories of Nature.* London and New York: Routledge.

Fulford, Tim. Debbie Lee & Peter J. Kirson. 2007. *Literature, Science and Exploration in the Romantic Era: Bodies of Knowledge*. Cambridge: Cambridge University Press.

Gascoigne, John. 1998. *Science in the Service of Empire: Joseph Banks, the British State and the Uses of Science in the Age of Revolution.* Cambridge: Cambridge University Press.

Geertz, Clifford. 1973. *The Interpretation of Cultures: Selected Essays*. New York: Basic Books. 문옥표 번역. 1998.《문화의 해석》. 까치.

____________. 1988. *Works and Lives: The Anthropologist as Author*. 김병화 번역. 2014.《저자로서의 인류학자: 레비스트로스, 에번스프리처드, 말리노프스키, 베네딕트》. 문학동네.

Gerbi, Antonello. 1955. *La disputa del Nuovo Mondo: Storia di una polemica, 1750-1900*. Translated by Jeremy Moyle. 1975. *The Dispute of the New World: The History of a Polemic, 1750-1900*. Pittsburgh: University of Pittsburgh Press.

____________. 1975. *La natura delle Indie Nove: Da Cristoforo Colombo a Gonzalo Ferdinandez de Oviedo*. Translated by Jeremy Moyle. 1985. *Nature in the New World: From Christopher Columbus to Gonzalo Fernández de Oviedo*. Pittsburgh, PA: University of Pittsburgh Press.

Glacken, Clarence J. 1967. *Traces on the Rhodian Shore: Nature and Culture in Western Thought from Ancient Times to the End of the Eighteenth Century.* Berkeley & Los Angeles: University of California Press. 최병두 외 공역. 2016.《로도스 섬 해변의 흔적》. 4권. 나남출판.

Goethe, Johann Wolfgang. 1813[1807]. 〈Höhen der alten und neuen Welt, bildlich verglichen〉. *Allgemeine Geographische Ephemeriden*. 41: 3-8.

____________________. 1810-1824. *Zur Farbenlehre und Zur naturwissenschaft im allgemeine*. 장희창 & 권오상 번역. 2003. 《색채론 & 자연과학론》. 민음사.

____________________. 1811-1833. *Aus meinem Leben: Dichtung und Wahrheit*. 이관우 번역. 2006. 《괴테 자서전》. 우물이 있는 집.

____________________. 1816-1817. *Italienische Reise*. Translated by W. H. Auden and Elizabeth Mayer. 1962. *Italian Journey, 1786-1788*. Penguin Books. 박영구 번역. 2006[1998]. 《괴테의 이탈리아 기행》. 푸른 숲.

____________________. 1820[1817]. *Zur Naturwissenschaft überhaupt, besonders zur Morphologie*. Translated by Bertha Mueller. 1989. *Goethe's Botanical Writings*. Woodbridge, C.T.: Ox Bow Press.

____________________. 1832. *Faust*. 정경석 번역. 《파우스트》. 문예출판사.

____________________. Johann Peter Eckermann. 1836-1848. *Gespräche mit Goethe*. 장희창 번역. 2008. 《괴테와의 대화》. 2권. 민음사.

Goodman, David C. and Russell, Colin Archibald. 1991. *The Rise of Scientific Europe 1500-1800*. London: Hodder & Stoughton.

Gould, Steven J. 1992. *The Panda's Thumb*. 김동광 번역. 《판다의 엄지》. 세종서적.

__________________. *Time's Arrow, Time's Cycle*. → 1장.

Gracq, Julien. 2003. *42 rue Fontaine L'atelier d'Andre Breton*. Paris: Au Fil de l'Encore.

Gray, Sally Hatch. 2012. 〈Kant's Race Theory, Forster's Counter, and the Metaphysics of Color〉. *The Eighteenth Century*. 53: 393-412.

Greene, Edward & Frank N. Egerton. eds. 1983. *Landmarks of Botanical History*, Stanford: Stanford University Press.

Grove, Richard H. 1995. *Green Imperialism: Colonial Expansion, Tropical Island Edens, and the Origins of Environmentalism, 1600-1860*. Cambridge: Cambridge University Press.

Hakluyt, Richard. 1965[1589]. *The Principal Navigations, Voyages, Traffics and Discoveries of the English Nation*. 3 Vols. Cambridge: Published for the Hakluyt Society and the Peabody Museum of Salem at the University

Press.
Hansen, Valerie & Kenneth R. Curtis. 2010. *Voyages in World History*. Boston: Wadsworth.
Harley, John Brain. 2002. *The New Nature of Maps: Essays in the History of Cartography*. Edited by Paul Laxton. Baltimore: Johns Hopkins University Press.
Harley, John Brain & David Woodward. eds. 1987. *The History of Cartography.* Volume One. *Cartography in Prehistoric, Ancient and Medieval Europe and Mediterranean*. Chicago: University of Chicago Press.
________________________________. eds. 1992. *The History of Cartography.* Volume Two Book One. *Cartography in the Traditional Islamic and Southeast Asian Societies*. Chicago: University of Chicago Press.
________________________________. eds. 1994. *The History of Cartography.* Volume Two Book Two. *Cartography in the Traditional East and Southeast Asian Societies*. Chicago: University of Chicago Press.
Hartshorne, Richard. 1939. *The Nature of Geography: A Critical Survey of Current Thought in the Light of the Past.* Lancaster, P.A.: The Association of American Geographers. 한국지리연구회 번역. 1998. 《지리학의 본질》. 2권. 민음사.
________________. 1958. 〈The Concept of Geography as s Science of Space, from Kant and Humboldt to Hettner〉. *Annals of the Association of American Geographers*. 48(2): 97-108.
Harvey, David. 1989. *The Condition of Postmodernity*. 구동회, 박영민 공역. 2005[1994]. 《포스트모더니티의 조건》. 한울.
____________. 2000. *Spaces of Hope*. Berkeley & Los Angeles: University of California Press. 최병두 번역. 2001. 《희망의 공간: 세계화, 신체, 유토피아》. 한울.
Helferich, Gerhard. 2004. *Humbold's Cosmos: Alexander Humboldt and the Latin American Journey That Changed the Way We See the World.* New York: Gotham Books.
Herder, Johann Gottfried. *Ideen zur Philosophie der Geschichte der Menschheit.*. → 1장.
Hettner, Alfred. 1927. *Die Geographie; ihre Geschichte, ihr Wesen und ihre*

Methoden. Breslau, F. Hirt. 안영진 번역. 2013.《지리학: 역사·본질·방법》. 아카넷.

Higonnet, Patrice. 1999. *Paris, capitale du monde: Des Lumières au surréalisme*. Translated by Arthur Goldhammer. 2002. *PARIS: Captial of The World.* Cambridge, MA: Harvard University Press.

Himmelfarb, Gertrude. 1959. *Darwin and the Darwinian Revolution*. Ivan R. Dee, Publisher.

Humboldt, Alexander von. 1806. *Ansichten der Natur*; 1850. *Views of Nature: Or Contemplations of the Sublime Phenomena of Creation.* Translated from the German by E.C. Otté. London: Henry G. Bohn.

____________________. 1811. *Essai politique sur le royaume de la Nouvelle-Espagne*. 2014[1822]. Translated by John Black. *Political Essay on the Kingdom of New Spain*. 4 Vols. Cambridge: Cambridge University Press.

____________________. 2013[1810-1813]. *Views of the Cordilleras and Monuments of the Indigenous Peoples of the Americas: A Critical Edition*. Translated from the French. Chicago & London: University of Chicago Press.

____________________. 1860. *Letters of Alexander von Humboldt written between the years 1827 and 1858 to Varnhagen's Diaries, and Letters from Varnhagen and Others to Humboldt.* London: Trubner.

____________________. 1994. *Correspondence 1805-1858*. Reprinted. Paris: Editions L'Harmattan.

____________________. 1845-1862. *Kosmos: Entwurf einer physischen Weltbeschreibung*. Translated by E.C. Otté. 1997[1947]. *Cosmos: A Sketch of A Physical Description of the Universe*. 2 Vols of 5 Volumes. Baltimore & London: Johns Hopkins University Press; Translated by Edward Sabine, 2010[1848]. Cosmos: *Sketch of A Physical Description of the Universe*. 2 Vols. Cambridge: Cambridge University Press.

Humboldt, Alexander von & AiméBonpland. 1805. *Essai sur la géographie des plantes, accompagne d'un tableau physique des régions equinoxiales*. Translated by Sylvie Romanowski. 2009. *Essay on the Geography of Plants.* Chicago and London: University of Chicago. 일본어 번역판을 한국어로 다시 중역한 것은 정암 옮김. 2008.《식물지리학 시론 및 열

대지역의 자연도》. 지식을만드는지식.

______________________________. 1814-1831. *Relation historique du voyage aux régions équinoxiales du nouveau continent, fait en 1799, 1800, 1801, 1802, 1803, et 1804*. Translated by Helen Maria Williams. 2011[1814-1831]. *Personal Narrative of Travels to the Equinoctial Regions of America during the Years, 1799-1804*. 7 Vols. Cambridge: Cambridge University Press.

______________________________. 1826. *Essai Politique sur l'Île de Cuba*. Translated by Vera M. Kutzinski & Ottomar Ette. 2011[1826]. *Political Essay on the Island of Cuba: A Critical Edition*, Vera M. Kutzinski & Ottomar Ette. eds. Chicago & London: University of Chicago Press.

Huxley, Robert (ed). 2007. *The Great Naturalists*. London: Thames & Hudson.

Jardine, Nicholas., James A. Secord, Emma C. Spary. eds. *Cultures of Natural History*. → 1장.

Kant, Immanuel. 1910[1755]. 〈Allgemeine Naturgeschichte und Theorie des Himmels〉. idem, *Kant's gesammelte Schriften*. Vol. 1. Berlin: Reimer. pp. 215-368. Translated by W. Hastie. 1961. *Universal Natural History and Theory of the Heavens*. Ann Arbor: University of Michigan Press.

____________. 1912[1775]. 〈Von den verschiedenen Racen der Menschen zur Ankündigung der Vorlesungen der physischen Geographie im Sommerhalbenjahre〉. in idem, *Kant's gesammelte Schriften*. Vol. 2. Berlin: Reimer. pp. 427-433.

____________. 1781. *Kritik der reinen Vernunft*. 백종현 번역. 2006. 《순수이성 비판》. 2권. 아카넷.

____________. 1784. 〈Idee zu einer allgemeinen Geschichte in weltbürgerlicher Absicht〉. 이한구 번역. 2009. 〈세계시민적 관점에서 본 보편사의 이념〉. 이한구 편역. 《칸트의 역사철학》. 개정판. 서광사.

____________. 1788. 〈Physische Geographie〉. idem, *Kant's gesammelte Schriften*. Vol. 9. Berlin: Reimer. pp. 151-436. Edited by Eric Watkins. 2012. *Natural Science*. Cambridge: Cambridge University Press. pp. 434-679.

____________. 2012. *Natural Science*. Edited by Eric Watkins. Cambridge: Cambridge University Press.

Keller, Susanne B. 1998. 〈Visual Representation in Eighteenth-Century Earthquake Studies〉. *British Journal for the History of Science*. 129-159.

Koeman, Cornelius et al. 2007. 〈Commercial Cartography and Map Production in the Low Countries, 1500 - ca. 1672〉. in Woodward, David. ed. 2007. *History of Geography*. Volume Three. *Cartography in the European Renaissance*. Chicago & London: University of Chicago Press. pp. 1296-1383.

Koerner. *Linnaeus*. → 1장.

Kohlhepp, Gerd. 2005. 〈Scientific Findings of Alexander von Humboldt's Expedition into the Spanish-American Tropics (1799-1804) from a Geographical Point of View〉. *Annals of the Brazilian Academy of Sciences*. 77: 325-342.

Klein, Ursula. 2011. 〈The Prussian Mining Official Alexander von Humboldt〉. *Annals of Science*. 69: 27-68.

Kuehn, Manfred. 2001. *Kant: A Biography*. Cambridge: Cambridge University Press.

Kulke, Ulli. 2010. *Alexander von Humboldt: Reise nach sudamerika*. 최윤영 번역. 2014. 《훔볼트의 대륙: 남아메리카의 발명자, 훔볼트의 남미 견문록》. 을유문화사.

Kulterman, Udo. 1966. *The History of Art History*. 김수현 번역. 2001. 《미술사의 역사》. 문예출판사.

Lach, Donald F. 1961. *Asia in the Making of Europe*. Vol. 1. *The Century of Discovery*. Chicago and London: University of Chicago Press.

Lack, H. Walter. 2009. *Alexander von Humboldt and the Botanical Exploration of America*. Munich: Prestel. Linnaeus, Carl. 〈Instructions for Naturalists on Voyage of Exploration〉. in Hansen, Lars (ed). *The Linnaeus Apostles* → 1장. pp. 201-211.

Lafuente, Antonio & Nuria Valverde. 2005. 〈Linnaean Botany and Spanish Imperial Biopolitics〉. in Schiebinger & Swan. eds. *Colonial Botany*. → 1장. pp. 134-147.

Larson. *Interpreting Nature*. → 1장.

Lefèbvre. *La production de l'espace*. → 1장.

Léry, Jean de. 1578. *Histoire d'un voyage fait en la terre du Brésil*. Translated and

Introduced by Janet Whatley. 1990. *History of a Voyage to the Land of Brazil, otherwise called America*. Berkeley: University of California Press.

Lestringant, Frank. 1994. *Mapping the Renaissance World: The Geographical Imagination in the Age of Discovery.* Berkeley: University of California Press.

Lévi-Strauss. *Tristes tropiques*. → 1장.

__________. *La Pensée sauvage*. → 1장.

__________. 1971. *Mythologiques, tome 4 : L'Homme Nu*. Paris: Plon.

__________. 1988. De prés et de loin. 송태현 번역. 2003.《가까이 그리고 멀리서: 클로드 레비스트로스 회고록》. 강.

__________. 1993. *Regarder, Écouter, Lire*. 윤학로 번역. 1994.《레비스트로스의 미학 에세이》. 동문선; 고봉만·류재화 번역. 2008.《보다 듣다 읽다》. 이매진.

__________. 2013. *Nous sommes tout des cannibales*. 강주헌 번역. 2015.《우리는 모두 식인종이다》. 아르테.

Lincoln, Margarette. 1998. *Science and Exploration in the Pacific: European Voyages to the Southern Oceans in the 18th Century.* Woodbridge, Suffolk: Boydell Press in association with the National Maritime Museum.

Linnaeus, Carl. 2010-2012. *The Linnaeus Apostles: Global Science and Adventure.* 8 Vols. Edited by Lars Hansen & Transcribed by Viveka Hansen. Whitby: IK Foundation.

Livingstone, David N. 1991. 〈The Moral Discourse of Climate: Historical Considerations of Race, Place and Virtue〉. *Journal of Historical Geography*. 17: 413-34.

__________________. 1999. 〈Tropical Climate and Moral Hygiene: The Anatomy of a Victorian Debate〉. *British Journal for the History of Science*. 32: 93-110.

__________________. 2002. 〈Race, Space and Moral Climatology〉. *Journal of Historical Geography*. 28: 159-80.

__________________. 2003. *Putting Science in Its Place: Geographies of Scientific Knowledge.* Chicago: University of Chicago Press.

Livingstone, David N. & Charles W. J. Withers. eds. 2005. *Geography and Revolution*. Chicago: University of Chicago Press.

__________. 2005[1999]. *Geography and Enlightenment*. Chicago: University of Chicago Press.

__________. 2011. *Geographies of Nineteenth-Century Science*. Chicago: University of Chicago Press.

Lomolino, Mark V., Dov F. Sax, James H. Brown, eds. 2004. *Foundations of Biogeography: Classic Papers with Commentaries*. Chicago: University of Chicago Press.

Löwenberg, Julius. Robert Avé-Lallemant & Alfred Dove. 2013. *Life of Alexander Von Humboldt*. 2 Vols. New York: Cosimo Classics.

McCrory, Donald. 2010. *Nature's Interpreter: The Life and Times of Alexander von Humboldt*. Cambridge: Lutterworth Press.

MacArthur, R. H. & Wilson, Edward O. 2001[1967]. *The Theory of Island Biogeography*. Princeton: Princeton University Press.

MacGillivary, William. 1852[1832]. *The Travels and Researches of Alexander von Humboldt. Enlarged Edition, With a Narrative of Humboldt's Most Recent Researches*. London & Edinburgh: Nelson.

MacKenzie, John M. 2009. *Museums and Empire: Natural History, Human Cultures and Colonial Identities*. Manchester: Manchester University Press.

Macleod, Roy (ed). 2000. *Nature and Empire: Science and the Colonial Enterprise*. Chicago: University of Chicago Press.

Malthus, Thomas Robert. 1798. *Essay on the Principle of Population*. 이서행 번역. 2011. 《인구론》. 동서문화사.

Manthorne, Katherine Emma. 1989. *Tropical Renaissance: North American Artists Exploring Latin America, 1839-1879*. Washington, D.C.: Smithsonian Institution Press.

Marcus, George E. & Michael M. Fischer. 1986. *Anthropology as Cultural Critique: An Experimental Moment*. Chicago: The University of Chicago Press. 유철인 번역. 2005. 《인류학과 문화비평》. 아카넷.

Mayr, Ernst. 1998. *This is Biology: The Science of the Living World*. Cambridge, MA: Belknap Press of Harvard University Press. 최재천 외 번역. 2002.

《이것이 생물학이다》. 몸과마음.

Miller, David & Peter Reill. eds. 1986. *Visions of Empire: Voyages, Botany, and Representations of Nature*. Cambridge: Cambridge University Press.

Miller, Shawn William. 2007. *An Environmental History of Latin America*. Cambridge: Cambridge University Press. 조성훈 번역. 2013. 《오래된 신세계: 다음단계의 문명을 위하여》. 너머북스.

Mitchell, Timothy F. 1993. *Art and Science in German Landscape Painting, 1770-1840*. Oxford: Oxford University Press.

Mitchell, W. J. T. ed. 2002[1994]. *Landscape and Power*. Chicago: University of Chicago Press.

Monmonier, Mark. ed. 2015. *The History of Cartography.* Volume Six (Two Parts). *Cartography in the Twentieth Century.* Chicago: University of Chicago Press.

Nicolson, Malcom. 1987. 〈Alexander von Humboldt, Humboldtian Science and the Origins of the Study of Vegetation〉. *History of Science*. 25: 167-194.

Novaresio, Paolo. 1996. *The Explorers: From the Ancient World to the Present.* 정경옥 번역. 2004. 《위대한 탐험가들: 인류 탐험의 모든 역사》. 생각의 나무.

Oldroyd, D. R. 1979a. 〈Historicism and the Rise of Historical Geology, Part 1〉. *History of Science. History of Science*. 17: 191-213.

____________. 1979b. 1〈Historicism and the Rise of Historical Geology, Part 2〉. *History of Science*. 17: 227-257.

Oosterzee, P. Van. 1997. *Where Worlds Collide: The Wallace Line*. New York: Cornell University Press.

Orta, Garcia de. 1563. *Coloquios dos simples, e drogas he cousas mediçinais da India e assi dalgu[m]as frutas.* Translated by C. Markham. 1903. *Colloquies on the Simples & Drugs of India.* London: H. Sotheran and Co.

Osborne, Milton. 1995. *Southeast Asia: An Introductory History*. St Leonards, NSW: Allen & Unwin.

Parrish, Susan Scott. 2006. *American Curiosity: Cultures of Natural History in the Colonial British Atlantic World.* NY: The University of North Carolina Press.

Parry, J. H. 1966. *The Spanish Seaborne Empire.* Berkeley, Los Angeles: University

of California Press.
Petitjean, Patrick. Jami, Catherine & Anne Marie Moulin. eds. 1992. *Science and Empires: Historical Studies about Scientific Development and European Expansion*. Dordrecht ; Boston : Kluwer Academic Publishers.
Phillips, Denise. 2012. *Acolytes of Nature: Defining Natural Science in Germany, 1770-1850*. Chicago: University of Chicago Press.
Playfair, John. 1802. Illustrations of the Huttonian Theory. Edinburgh: Printed for Cadell and Davies.
Pliny. 1952. *Natural History*. 10 Vols. Cambridge, M.A.: Harvard University Press.
Porter, Roy. 2009[1977]. *The Making of Geology: Earth Science in Britain, 1660-1815*. Cambridge: Cambridge University Press.
__________. 1980. 〈The Terraqueous Globe〉. in Rousseau, G. S. & Roy Porter. eds. *The Ferment of Knowledge: Studies in the Historiography of Eighteenth-Century Science*. Cambridge: Cambridge University Press.
__________. ed. 2003. *Cambridge History of Science*. Volume 4. *Eighteenth-Century Science*. Cambridge: Cambridge University Press.
Porter, Roy & MikulášTeich. eds. 1992. *The Scientific Revolution in National Context.* Cambridge: Cambridge University Press.
Porter, Theodore M. 1986. *The Rise of Statistical Thinking, 1820-1900*. Princeton: Princeton University Press.
Pratt, Mary Louise. 1992. *Imperial Eyes: Travel Writing and Transculturation.* London: Routledege.
Price, Richard. 2002. *First-time: The Historical Vision of an African American People*. Chicago; London: University of Chicago Press.
Pyenson, Lewis and Sheets-Pyenson, Susan. 1999. *Servants of Nature: A History of Scientific Institutions, Enterprises, and Sensibilities*. New York: W.W. Norton.
Raby, Peter. 2001. *Alfred Russel Wallace: A Life*. Princeton & London: Princeton University Press.
Rice, Tony. 1999. *Voyages of Discovery: Three Centuries of Natural History.* London: Museum of Natural History.
Richards, Robert J. 2002. *Romantic Conception of Life: Science and Philosophy in an Age of Goethe.* Chicago & London: University of Chicago Press.

Roos, Anna Marie. 2012. 〈Naturalia: The History of Natural History and Medicine in the Seventeenth Century〉. *Notes and Records*. 66(4): 313-321.

Rousseau, G. S. and Porter, Roy. eds. 1980. *The Ferment of Knowledge: Studies in the Historiography of Eighteenth-Century Science*. Cambridge: Cambridge University Press.

Rudwick, Martin. J. S. 1976. 〈The Emergence of a Visual Language for Geological Science, 1760-1840〉. *History of Science*. 149-195.

________________. *Bursting the Limits of Time* → 1장.

________________. *Worlds Before Adam* → 1장.

________________. *Earth's Deep History*. → 1장.

Rupke, Nicolaas A. 2008. *Alexander von Humboldt: A Metabiography*. Chicago: University of Chicago Press.

Ruse, Michael. 1999[1979]. *The Darwinian Revolution: Science Red in Tooth and Claw*. 2nd ed. 류운 번역. 2010.《진화의 탄생: 피투성이 이빨과 발톱의 과학혁명》. 바다출판사.

Sack, Robert David. 1980. *Conceptions of Space in Social Thought: A Geographical Perspective*. Minneapolis: University of Minnesota Press.

Said, Edward W. *Orientalism*. → 1장.

Schiebinger & Swan. eds. *Colonial Botany*. → 1장.

Schönwiese.《기후학》. → 1장.

Schroer, Markus. 2005. *Räume, Orte, Grenzen: Auf dem Weg zu einer Soziologie des Raums*. 배정희, 정인모 번역. 2010.《공간, 장소, 경계》. 에코리브르.

Schweber, Silvan S. 1977. 〈The Origin of the "Origin" Revisited〉. *Journal of the History of Biology*. 229-316.

Shapin, Steven. 1996. *The Scientific Revolution*. Chicago: University of Chicago Press. 한영덕 번역. 2002.《과학혁명》.

Sheets-Pyenson, Susan. 1988. *Cathedrals of Science: The Development of Colonial Natural History Museums during the Late Nineteenth Century*. Kingston: McGill-Queen's University Press.

Short, John Rennie. 2004. *Making Space: Revisioning the World, 1475-1600*. Syracuse: Syracuse University Press.

________________. 2009. *Cartographic Encounters: Indigenous Peoples and the Exploration of the New World*. London: Reaktion Books.

Skelton, Raleigh Ashlin. 1970[1958]. *Explorers' Maps: Chapters in the Cartographic Record of Geographical Discovery*. New Ed. Feltham, N.Y.: Spring Books. 안재학 번역. 1995.《탐험 지도의 역사》. 새날.

Sloan, Phillip R. 1976. 〈The Buffon-Linnaeus Controversy〉. *Isis*. 67: 356-375.

____________. 1979. 〈Buffon, German Biology, and the Historical Interpretation of Biological Species〉. *The British Journal for the History of Science*. 12(41): 109-153.

____________. 1995. 〈The Gaze of Natural History〉. in Christopher Fox, Roy Porter, Robert Wokler. eds. 1995. *Inventing Human Science: Eighteenth-Century Domain*. Berkeley & Los Angeles: University of California Press. pp. 112-151.

____________. 2006. 〈Kant on the History of Nature: The Ambiguous Heritage of the Critical Philosophy of Natural History〉. *Studies in History and Philosophy of Biology & Biomedical Sciences*. 37: 627-648.

Sloan, Phillip R. and John Lyon. 1981. 〈Introduction〉. in Lyon, John and Phillip R. Sloan. eds. *From Natural History to the History of Nature*. → 1장. pp. 1-32.

Smith, Bernard. 1985[1960]. *European Vision and the South Pacific, 1768-1860; A Study in the History of Art and Ideas*. 2nd ed. New Haven: Yale University Press.

Smith, Charles H. & George Beccaloni. eds. 2008. *Natural Selection and Beyond: The Intellectual Legacy of Alfred Russel Wallace*. Oxford: Oxford University Press.

Smith, Pamela H. & Paula Findlen. eds. 2002. *Merchants & Marvels: Commerce, Science, and Art in Early Modern Europe*. New York: Routledge.

Smuts, Jan Christiaan. 1926. *Holism and Evolution*. New York: The Macmillan Company.

Soja, Edward. W. 1989. *Postmodern Geographies: The Reassertion of Space in Critical Social Theory*. London & New York: Verso. 이무용 외 번역. 1997.《공간과 사회이론》. 시각과 언어.

Sontag, Susan. 2001. *Against Interpretation*. 이민아 번역. 2002.《해석에 반대한다》. 이후.

Stafford, Barbara Maria. 1984. *Voyage into Substance: Art, Science, Nature, and the*

Illustrated Travel Account, 1760-1840. Cambridge: MIT Press.

Stafford, R. A. 2002. *Scientist of Empire: Sir Roderick Murchison, Scientific exploration and Victorian imperialism*. Cambridge: Cambridge University Press.

Stein, Howard F. 1987. *Developmental Time, Cultural Space: Studies in Psychogeography*. Norman, Oklahoma: University of Oklahoma Press.

Stepan, N. L. 2001. *Picturing Tropical Nature*. London: Reaktion Books.

Strack, Thomas. 1996. 〈Philosophical Anthropology on the Eve of Biological Determinism: Immanuel Kant and Georg Forster on the Moral Qualities and Biological Characteristics of the Human Race〉. *Central European History*. 29(3): 285-308.

Taylor, Charles. 1973. *Hegel*. Cambridge: Cambridge University Press. 정대성 번역. 2014.《헤겔》. 그린비.

Taylor, Jean Gelman. 2009[1983]. *The Social World of Batavia: Europeans and Eurasians in Colonial Indonesia*. 2nd ed. Madison, WI: The University of Wisconsin Press.

Thomas, Nicholas & Diane Losche. eds. 1999. *Double Vision: Art Histories and Colonial Histories in the Pacific*. Cambridge: Cambridge University Press.

Toulmin, Stephen Edelston. 1992. *Cosmopolis: the Hidden Agenda of Modernity*. 이종흡 번역. 1997.《코스모폴리스: 근대의 숨은 이야깃거리들》. 경남대학교 출판부.

Tuan, Yi-fu. 1977. *Space and Place: the Perspective of Experience*. 구동회 · 심승희 번역. 2007[1995].《공간과 장소》. 대윤.

_________. 2013. *Romantic Geography: In Search of the Sublime Landscape*. Madison: University of Wisconsin Press.

Turner, George. 1984[1884]. *Samoa: A Hundred Years Ago and Long Before*. Suva, Fiji: Institute of Pacific Studies. University of the South Pacific.

Tylor, Edward Burnett. 2010[1871]. *Primitive Culture: Researches into the Development of Mythology, Philosophy, Religion, Art, and Custom*. 2 Vols. Cambridge: Cambridge University Press.

Wallace, Alfred Russel. 1855. 〈On the Law Which Has Regulated the Introduction of New Species〉. *Annals and Magazine of Natural History*. 2(16):

184-196.

Wallace, Alfred Russel. 2000[1869]. *The Malay Archipelago*. Singapore: Periplus.

__________________. 1878. *Tropical Nature, And Other Essays*. London: Macmillan and Co.

__________________. 2009[1880]. *Island life: Or, The Phenomena and Causes of Insular Faunas and Floras, Including a Revision and Attempted Solution of the Problem of Geological Climates*. Ithaca: Cornell University Library.

__________________. 1889. *Darwinism: An Exposition of the Theory of Natural Selection with Some of Its Applications*. London: Macmillan and Co.

__________________. 2004[1891]. 2004[1878]. *Tropical Nature, and Other Essays*. London: Elibron Classics.

__________________. 1969[1891]. *Natural Selection and Tropical Nature: Essays on Descriptive and Theoretical Biology*. London and New York: Macmillan and Co.

__________________. 1905. *My Life: A Record of Events and Opinions*. 2 Vols. London: Shapman & Hall.

Walls, Laura Dassow. 2009. *The Passage to Cosmos: Alexander von Humboldt and the Shaping of America*. Chicago & London: University of Chicago Press.

Watson, Peter. 2010. *The German Genius: Europe's Third Renaissance, the Second Scientific Revolution, and the Twentieth Century*. 박병화 번역. 2015.《저먼 지니어스: 유럽의 세 번째 르네상스, 두 번째 과학혁명, 그리고 20세기》. 글항아리.

Weaver, Karol Kimberlee. 2006. *Medical Revolutionaries: The Enslaved Healers of Eighteenth-century Saint Domingue*. Urbana: University of Illinois Press.

Wegener, Alfred. 1915. *Die Entstehung der Kontinente und Ozeane*. 김인수 번역. 2010.《대륙과 해양의 기원》. 나남.

Whitehead, Alfred North. 2007. *The Concept of Nature*. New York: Cosimo. Inc.

Whitmore, T. C. (ed). 1981. *Wallace's Line and Plate Tectonics*. New York: Oxford University Press.

Wilson, Edward O. 1994. *Naturalist*. 이병훈·김희백 번역. 2006.《자연주의자, 에드워드 윌슨 자서전》. 사이언스북스.

Wintle, Michael. 2009. *The Image of Europe: Visualizing Europe in Cartography and Iconography throughout the Ages*. Cambridge: Cambridge University Press.

Wood, Denis. 1992. *The Power of Maps*. New York & London: The Guilford Press.

Woodward, David. ed. 2007. *History of Geography*. Volume Three (Two Parts). *Cartography in the European Renaissance*. Chicago & London: University of Chicago Press.

Woodward, David and G. Malcolm Lewis. eds. 1998. *The History of Cartography*. Volume Two Book Three. *Cartography in the Traditional African, American, Arctic, Australian, and Pacific Societies*. Chicago: University of Chicago Press.

Zammito, John H. 2002. *Kant, Herder, and the Birth of Anthropology*. Chicago: University of Chicago Press.

3장

괴테. 2008. 정용환 번역. 《예술론》. 민음사.

권용립. 2010. 《미국 외교의 역사》. 삼인.

권윤경. 2013. 〈부르주아 – 민주주의 혁명과 식민지: 프랑스 혁명, 아이티 혁명, 다시 생각하는 "혁명의 시대"〉. 서양사론. 113: 263-300.

김덕영. 2010. 〈종교·경제·인간·근대: 통합과학적 모더니티를 위하여〉. Weber, Max. 1904-1905. *Die protestantische Ethik und der Geist des Kapitalismus*. 김덕영 번역. 2010. 《프로테스탄티즘의 윤리와 자본주의 정신》. 길. pp. 513-669.

김동하. 2012. 〈헤겔과 근대 서구중심주의: 서구중심주의의 사상적 연원에 대한 고찰〉. 21세기정치학회보』. 22(1): 1-22.

김영식. 《과학혁명: 전통적 관점과 새로운 관점》. → 2장.

김창민. 2005. 〈라틴아메리카와 미국: 역사적 관계와 문학적 이미지〉. 라틴아메리카연구. 18(4): 271-295.

나인호. 2011. 《개념사란 무엇인가: 역사와 언어의 새로운 만남》. 역사비평사.

박구병. 2006. 〈독립 이후 라틴아메리카 지식인들의 유럽 인식과 자기정체성 탐색: 볼리바르에서 바스콘셀로스까지〉. 서양사론. 91: 169-191.

박경태. 2009. 《인종주의》. 책세상.

박단. 2013. 《프랑스공화국과 이방인들》. 서강대학교출판부.

박성용. 1993. 〈프랑스 인류학과 아날학파의 동향: 인류학의 역사학회와 역사학의 인류학화〉. 사회과학연구. 2: 85-99.

박지향. 2003. 《일그러진 근대》. 푸른역사.

박지현. 2009. 〈양차대전의 생명담론과 프랑스 우생학〉. 서양사론. Vol. 100: 65-95.

백인호. 2004. 《창과 십자가: 프랑스혁명과 종교》. 소나무.

서성철. 〈보두신앙과 정치: 18세기 아이티 노예해방 운동을 중심으로〉. → 2장.

신문수. 2009. 《타자의 초상 : 인종주의와 문학》. 집문당.

심재중. 2004. 〈정체성 담론과 이데올로기: 아이티와 마르티니크의 흑인 정체성 담론을 중심으로〉. 라틴아메리카연구. 17(2): 5-23.

육영수. 2013. 《혁명의 배반, 저항의 기억: 프랑스혁명의 문화사》. 돌베개.

이광호. 2008. 〈아이티혁명과 자급적 소농체제〉. 史林. 29: 287-308.

이영석. 2012. 《공장의 역사: 근대 영국사회와 생산, 언어, 정치》. 푸른역사.

이재원. 2010. 〈식민주의와 '인간 동물원(Human Zoo)': '호텐토트의 비너스'에서 '파리의 식인종'까지〉. 서양사론 106: 5-31.

______. 2011. 〈열대학 연구의 가능성을 모색하다 – 이종찬, 《열대와 서구: 에덴에서 제국으로》. 동방학지. 155: 323-331.

이종찬. 2009c. 《의학의 세계사》. 몸과마음.

______. 《열대와 서구》. → 1장.

______. 2013. 〈의료지리학: 개념적 역사와 역사적 전망〉. 대한지리학회지. 48권 2호: 218-238.

______. 2016a. 〈근대 서양사는 열대를 어떻게 은폐시켰는가〉. → 1장.

조경진. 2014. 〈라틴아메리카 탈식민담론과 인류학: 인식론적 전환을 넘어서〉. 韓國文化人類學. 47(3): 65-127.

조윤경. 2008. 《초현실주의와 몸의 상상력》. 문학과지성사.

최문형. 2009. 《유럽이란 무엇인가: 근대 세계의 개막과 그 원동력》. 지식산업사.

하영준. 2010. 〈아이티 혁명과 근대성의 '구성적 외부': C.L. R. 제임스의 탈식민지적 상상력〉. 프랑스사연구. 23: 101-131.

한국서양사학회 엮음. 《서양문명과 인종주의》. 지식산업사. 2002.

한서린. 2012. 〈워즈워스와 아이티 혁명: 계몽적 보편주의의 재구성〉. 19세기 영어권 문학. 16(2): 141-167.

허재훈. 2014. 〈식민주의의 기초: 존 로크와 아메리카, 인디헤나의 수난사〉. 철학연구. 130: 381-415.

헤로도토스. 2009. 천병희 번역.《역사》. 숲.

황혜성. 2010. 〈그리피스 감독의 '국가의 탄생': 역사의 왜곡, 인종주의의 정수〉. Homo Migrans. 2: 149-156.

柄谷行人. 2010.《世界史の構造》. 조영일 번역. 2012.《세계사의 구조》. 도서출판b.

山本義隆. 2007.《16世紀文化革命》. 남윤호 번역. 2010.《16세기 문화혁명》. 동아시아.

柳田謙十郎. 1957.《歷史哲學》. 이운구 번역. 2003.《역사철학》. 심산.

中村修. 전운성 번역. 2000.《경제학은 왜 자연의 무한함을 전제로 했는가》. 한울.

Ackerknect, Erwin H. 1965. *History and Geography of the Most Important Diseases*. New York: Hafner Pub. Co.

Alstyne, Richard W. Van. 1974. *The Rising American Empire* (1960). New York & London: W·W·Norton & Company.

Altkck, Lichaed D. 1974. *Victorian People and Ideas: A Companion for the Modern Reader of Victorian Literature.* 이미애 번역. 2011.《빅토리아 시대의 사람들과 사상》. 아카넷.

Amin, Samir. 1989. *Eurocentrism.* 김용규 번역. 1989.《유럽 중심주의》. 세종출판사.

Anderson, Benedict. 1991. *Imagined Communities: Reflections on the Origin and Spread of Nationalism.* 윤형숙 번역. 2002.《상상의 공동체: 민족주의의 기원과 전파에 대한 성찰》. 나남.

Anderson, Warwick. 2006. *Colonial Pathologies: American Tropical Medicine, Race, and Hygiene in the Philippines*. Durham & London: Duke University Press.

Anderson, Warwick. & Mark Harrison. 1996. 〈Special Section: Race and Acclimatization in Colonial Medicine〉. *Bulletin of the History of Medicine*. 70: 62-118.

Arendt, Hannah. 1948. *The Origins of Totalitarianism.* 이진우 · 박미애 번역. 2006.《전체주의의 기원》. 2권. 한길사.

Arnail, Barbara. 1996. *The Locke and America: The Defense of English Colonialism*. Oxford: Clarendon Press.

Arnold. *The Problem of Nature.* → 1장.

______. *The Tropics and the Traveling Gaze*. → 2장.

Augstein, Hannah Franziska. 1996. *Race: The Origins of an Idea, 1760-1850*. Bristol: Thoemmes Press.

Bachelard, Gaston. 1943. *L'air et les songes*. 정영란 번역. 2000. 《공기와 꿈: 운동에 관한 상상력 연구》. 민음사.

Bailyn, Bernard. 2005. *Atlantic History: Concept and Contours*. Cambridge: Harvard University Press. 백인호 번역. 2010. 《대서양의 역사: 개념과 범주》. 뿌리와이파리.

Balibar, Étienne. 1991. 〈Racism and Nationalism〉. In Balibar, Etienne. & Immanuel Wallerstein. eds. 1998. *Race, Nation, Class: Ambiguous Identities*. London: Verso.

Berlin. 《낭만주의의 뿌리》. → 1장.

Blackburn, Robin. 2011. *The Overthrow of Colonial Slavery: 1776-1848*. NY: Verso.

Boxer, Charles Ralph. 1969. *The Portuguese Seaborne Empire, 1415-1825*. London: Hutchinson & Co.

Broadhead, Susan Herlin. 1979. 〈The Kingdom of the Kongo in the Eighteenth and Nineteenth Centuries〉. *The International Journal of African Historical Studies*. 12(4): 615-650.

Brougham and Vaux, Henry. 1970[1803]. *An Inquiry into Colonial Policy of the European Powers*. New York: A. M. Kelly.

Buck-Morss, Susan. 1989. *The Dialectics of Seeing : Walter Benjamin and the Arcades Project*. 김정아 번역. 2004. 《발터 벤야민과 아케이드 프로젝트》. 문학동네.

______________. 2009. *Hegel, Haiti and Universal History*. Pittsburgh: University of Pittsburgh Press. 김성호 번역. 2012. 《헤겔, 아이티, 보편사》. 문학동네.

Burbank, Jane and Frederick Cooper. 2010. *Empires in World History*. Princeton: Princeton University Press. 이재만 번역. 2016. 《세계제국사》. 책과함께.

Carney, Judith A. & Richard Nicholas Rosomoff. 2011. *In the Shadow of Slavery: Africa's Botanical Legacy in the Atlantic World*. University of California Press. L.A.: University of California Press.

Carpentier, J. & Francois Lebrun. eds. 1998. *Histoire de la Méditerranée*. 강민정·

나선희 번역. 2006.《지중해의 역사》. 한길사.

Carrel, Alexis *L'Homme. 1935. Man, The Unknown.* 류지호 번역. 1998.《인간, 그 미지의 존재》. 문학사상사.

Cassirer, Ernst. 1950. *The Problem of Knowledge: Philosophy, Science and History Since Hegel*. New Haven: Yale University Press.

Césaire, Aimé. 1981. *Toussaint Louverture: la Révolution française et le problème colonial*. Paris: Présence africaine.

Chaudhuri K. N. 1991. *Asia before Europe: Economy and Civilisation of the Indian Ocean from the Rise of Islam to 1750*. Cambridge: Cambridge University Press.

Chidester, David. 1996. *Savage Systems: Colonialism and Comparative Religion in Southern Africa.* 심선영 번역. 2008.《새비지 시스템》. 경세원.

____________. 2001. *Christianity: A Global History*. San Francisco, CA.: HarperOne.

Cipolla, Carlo M. 1965. *Guns, Sails and Empires: Technological Innovation and the Early Phases of European Expansion.* 최파일 번역. 2010.《대포 범선 제국: 1400-1700년, 유럽은 어떻게 세계의 바다를 지배하게 되었는가》. 미지북스.

Clarke, John James. 1998. *Oriental enlightenment.* 장세룡 번역. 2004.《동양은 어떻게 서양을 계몽했는가》. 우물이 있는 집.

Clifford, James & George E. Marcus. eds. 1986. *Writing Culture: The Poetics and Politics of Ethnography.* Berkeley: University of California Press.

Comte, Auguste. 1851-1854. *Discours Préliminaire sur L'ensemble du Positivisme*, 김점석 번역. 2001.《실증주의 서설》. 한길사.

Conklin, Alice L. 1997. *A Mission to Civilize: The Republican Idea of Empire in France and West Africa, 1895-1930*. Stanford. C.A.: Stanford University Press.

Cooper, Frederick. 2005. *Colonialism in Question: Theory, Knowledge, History.* Berkeley & Los Angeles: University of California Press.

Copenhagen European Summit. 〈Declaration on European Identity〉 (1973년 12월 14-15일). http://www.cvce.eu/obj/declaration_on_european_identity_copenhagen_14_december_1973-en-02798dc9-9c69-4b7d-b2c9-f03a8d-b7da32.html. 2013년 4월 19일 발췌.

Crais, Clifton & Pamela Scully. 2009. *Sara Baartman and the Hottentot Venus: A Ghost Story and a Biography*, Princeton & Oxford: Princeton University Press.

Cross, John Cartwright. 1801. *Songs, choruses, & c. in King Caesar : or, The Negro Slaves: a New Grand Spectacle, in Two Parts, Performed at the New Royal Circus.*

Cunningham, Andrew and Roger French. eds. 1990. *The Medical Enlightenment of the Eighteenth Century*. Cambridge: Cambridge University Press.

Curtin, Philip D. 1990. *The Rise and Fall of the Plantation Complex*. Cambridge: Cambridge University Press.

____________. 2002. *The World and the West: The European Challenge and the Overseas Response in the Age of Empire*. Cambridge: Cambridge University Press.

Davies, Kenneth Gordon. 1975[1955]. *Royal African Company*. New York: Octagon Books.

Dawson, Christopher. 1932. *The Making of Europe: An Introduction to the History of European Unity.* 김석희 번역. 2011. 《유럽의 형성: 유럽통합체의 기원을 찾아서》. 한길사.

Delacampagne, Christian. 1995. *Une histoire de l'esclavage.* 하정희 번역. 2015. 《노예의 역사》. 예지.

Delanty, Gerard. 1995. *Inventing Europe: Idea, Identity, Reality.* New York: Palgrave Macmillan.

Diamond, Jared. 1997. *Guns, Germs, and Steel: the Fates of Human Societies*. New York: W.W. Norton & Co. 김진준 번역. 2005. 《총, 균, 쇠: 무기, 병균, 금속은 인류의 문명을 어떻게 바꿨는가》. 문학사상사.

Diouf, Sylviane. 1998. *Servants of Allah: African Muslims Enslaved in the Americas.* New York: New York University Press

Drayton, Richard. 1995. 〈Science and the European Empires〉. *The Journal of Imperial and Commonwealth History*. 23(3): 503-510.

Dubois, Laurent. 2004. *Avengers of the New World: The Story of the Haitian Revolution.* 박윤덕 번역. 2014. 《아이티혁명사》. 삼천리.

____________. 2009. 〈Atlantic Revolution〉. *French Historical Studies* 32(4): 655-661.

DuBois, William Edward Burghardt. 1915. *The Negro*. 황혜성 번역. 2013.《니그로: 아프리카와 흑인에 관한 짧은 이야기》. 삼천리.

Dudley, Edward., Maximillian E. Novak. eds. 1972. *The Wild Man Within: An Image in Western Thought from the Renaissance to Romanticism*. Pittsburgh, Pennsylvania: University of Pittsburgh Press.

Dumas, Robert. 2002. *Traitéde lLarbre: Essai D'une Philosophie Occidentale*. 송형석 번역. 2004.《나무의 철학 : 서양 철학에 관한 에세이》. 東文選.

Eisenstadt, Shmuel Noah. 2001. *Collection of Essays on Multiple Modernities*. 임현진 외 번역. 2009.《다중적 근대성의 탐구: 비교문명적 관점》. 나남.

Elias, Nobert. 1939. *Über den Prozess der Zibilisation*. 박미애 번역. 1999.《문명화 과정》. 2권. 한길사.

__________. 1990. *Nobert Elias, über sich selbst*. Translated by Edmund Jephcott. 1994. "Biographical Interview with Nobert Elias."in *Reflections on a Life*. Cambridge: Polity Press. 81-154.

Equiano, Olaudah. 2001. *The Interesting Narrative of the Life of Olaudah Equiano or Gustavus Vassa, the African*. 윤철희 번역. 2013.《에퀴아노의 흥미로운 이야기》. 해례원 : 미디어동감.

Feuerbach, Ludwig. 1841. *Das Wesen des Christentums*. 강대석 번역. 2008.《기독교의 본질》. 한길사.

Fick, Carolyn. 1990. *The Making of Haiti: The Saint-Domingue Revolution from Below*. Tennessee: Univ Tennessee Press.

Figueroa, Víctor. 〈The Kingdom of Black Jacobins: C. L. R. James and Alejo Carpentier on the Haitian Revolution〉. *Afro-Hispanic Review.* 25(2): 55-71.

Foucault, Michel. 1972. *Power/Knowledge: Selected Interviews & Other Writings, 1972-1977*. 홍성민 번역. 1991.《권력과 지식》. 나남.

____________. *Let Mots et les choses* → 1장.

____________. 1976-1984. *Histoire de la sexualité.* Translated by Robert Hurley. 1990-1992. *History of Sexuality*. 3 Vols. London: Penguin Books.

____________. 2004. *Securite, territoire, population: cours au Collège de France, 1977-1978*. 심세광 · 전혜리 · 조성은 번역. 2011.《안전, 영토, 인구》. 난장.

Frank, Johann P. 1786. *System einer vollstandigen medicinischen Polizey.*

Translated by E. Vilim. 1976. *A System of Complete Medical Police.* Baltimore: Johns Hopkins University Press.

Frazer, James George. 1922. *Golden Bough*. 박규태 번역. 2005.《황금가지》. 2권. 을유문화사.

Freudenthal, Gideon & Peter McLaughlin. 〈Classical Marxist Historigraphy of Science: The Hessen-Grossmann Thesis. in Gideon Freudenthal & Peter McLaughlin〉. eds. 2009. *The Social and Economic Roots of the Scientific Revolution: Texts by Boris Hessen and Henryk Grossmann.* Dordrecht: Springer. pp. 1- 40.

Galeano, Eduardo. 1971. *Las venas abiertas de América Latina*. Translated by Cedric Belfrage. 1997[1973]. *Open Veins of Latin America: Five Centuries of the Pillage of a Continent*. 박광순 번역. 1999.《수탈된 대지: 라틴아메리카 5백년사》. 범우사.

Galton, Francis. 1904. 〈Eugenics: Its Definition, Scope and Aims〉. *Sociological Papers*. 1: 45.

Gay, Peter. 1977[1966]. *The Enlightenment: An Interpretation*. Vol I. *The Rise of Modern Paganism*. 주명철 번역. 1998.《계몽주의의 기원》. 민음사; Vol. II. *The Science of Freedom*. New York: Norton.

Geary, Patrick J. 2002. *The Myth of Nations*. 이종경 번역. 2004.《민족의 신화, 그 위험한 유산》. 지식의 풍경.

Genovese, Eugene. 1979. *From Rebellion to Revolution: Afro-American Slave Revolts in the Making of the Modern World*. Baton Rouge : Louisiana State University Press.

Giddens, Anthony. 1991. *Modernity and Self-Identity: Self and Society in the Late Modern Age*. 권기돈 번역. 2007.《현대성과 자아정체성: 후기 현대의 자아와 사회》. 새물결.

Gillham, Nicholas Wright. 2001. *A Life of Sir Francis Galton: From African Exploration to the Birth of Eugenics*. Oxford: Oxford University Press.

Gilroy, Paul. 1993. *The Black Atlantic: Modernity and Double Consciousness*. Cambridge: Harvard University Press.

Gimpel, Jean. 1977. *The Medieval Machine: The Industrial Revolution of the Middle Ages*. London : Gollancz.

Godwin, William. 1793. *An Enquiry Concerning Political Justice and Its Influence on General Virtue and Happiness*. 박승한 번역. 1991.《정치적 정의》. 형설출판사.

Goldstone, Jack A. 2009. *Why Europe?: The Rise of the West in World History, 1500-1850.* 조지형, 김서형 번역. 2011.《왜 유럽인가?: 세계의 중심이 된 근대 유럽 1500-1850》. 서해문집.

Golinski, Jan. 2005. *Making Natural Knowledge: Constructivism and the History of Science, with a New Preface.* Chicago: University of Chicago Press.

Goody, Jack. 1977. *The Domestication of the Savage Mind.* 김성균 번역. 2009.《야생정신 길들이기》. 푸른역사.

__________. 2004. *Capitalism and Modernity: The Great Debate.* Cambridge, UK; Malden, M.A.: Polity.

__________. 2006. *The East in the West.* Cambridge: Cambridge University Press.

Graffigny, Françoise de. 1752[1747]. *Lettres d'une Péruvienne.* 이봉지 번역. 2009.《페루 여인의 편지》. 서울: 지식을만드는지식.

Grataloup, Christian. 2009. *L'invention des continents.* 이대희 · 류지석 번역. 2010.《대륙의 발명: 유럽은 세계를 어떻게 분할했나》. 에코리브르.

Graves, Joseph L. Jr. 2002. *The Emperor's New Clothes: Biological Theories of Race at the Millenium.* New Brunswick, N.J. & London: Rutgers University Press.

Grossmann, Henryk. 2009[1935]. 〈The Social Foundations of the Mechanistic Philosophy and Manufacture〉. in Freudenthal & McLaughlin. eds. 2009. *The Social and Economic Roots of the Scientific Revolution*. pp. 103-156.

Habermas, Jürgen. 1968. *Technik und Wissenschaft als 'Ideologie'*. 하석용 · 이유선 번역. 1993.《'이데올로기'로서의 기술과 과학》. 이성과현실사.

Hall, A. Rupert. 1956. *The Scientific Revolution, 1500-1800 : The Formation of the Modern Scientific Attitude*. Boston: Beacon Press.

Hannaford, Ivan. 1996. *Race: The History of an Idea in the West.* Washington, D.C.: The Woodrow Wilson Center Press.

Hardt, Michael & Antonio Negri. 2000. *Empire*. Cambridge: Harvard University Press. 윤수종 번역. 2001.《제국》. 이학사.

Hay, Denys. 1957. *Europe the Emergence of an Idea*. Edinburgh: Edinburgh University Press.

Hegel, Georg Wilhelm Friedrich. 2008. 권기철 번역.《역사철학강의》. 동서문화사.

________________________. 1817. *Enzyklopädie der philosophischen Wissenschaften im Grundrisse und andere Schriften aus der Heidelberger Zeit.* 박병기 번역. 2008.《헤겔 자연철학》. 2권. 나남.

Heidegger, Martin. 2000[1954]. *Vorträge und Aufsätze.* 이기상·신상희·박찬국 번역. 2008.《강연과 논문》. 이학사.

Heine, Heinrich. 1847. *Atta Troll.* 김남주 번역. 1991.《아타 트롤: 하이네 정치 풍자 시집》. 창작과비평사.

Henderson, Lawrence Joseph. 1917. *The Order of Nature.* Cambridge, M.A.: Harvard University Press.

________________________. 1935. *Pareto's General Sociology.* Cambridge, M.A.: Harvard University Press.

Herbert, Christopher. 1991. *Culture and Anomie: Ethnographic Imagination in the Nineteenth Century.* Chicago: University of Chicago Press.

Herder, Johann Gottfried.《인류의 교육을 위한 새로운 역사철학》→ 1장.

Hessen, Boris. 2009[1931]. 〈Social and Economic Roots of Newton's Principia〉. in Freudenthal & McLaughlin. eds. 2009. *The Social and Economic Roots of the Scientific Revolution.* pp. 41-101.

Higgs, Henry. 1994. *The Physiocrats: Six Lectures on the French Économistes of the 18th Century* (1897). 김기태 · 배승진 번역. 1994.《프랑소와 케네와 중농주의자: 18세기 프랑스 경제학자에 대한 강의》. 서울: 比峰出版社.

Hobsbawm, Eric J. 1990. *Nations and Nationalism since 1780: Programme, Myth, Reality.* 강명세 번역. 1994.《1780년 이후의 민족과 민족주의》. 창비.

Hobson, John M. 2004. *The Eastern Origins of Western Civilization.* 정경옥 번역. 2005.《서구 문명은 동양에서 시작되었다》. 에코리브르.

Hofstadter, Richard. 1955[1944]. *Social Darwinism in American Thought, 1860-1915.* Boston: Beacon Press.

Holmes, Rachel. 2008. *The Hottentot Venus: The Life and Death of Saartjie Baartman.* 이석호 번역. 2011.《사르키 바트만》. 문학동네.

Hooykass, R 1987. 〈The Rise of Modern Science: When and Why?〉. *British Journal for the History of Science.* 20: 453-473.

Hudson, B. 1972. 〈The New Geography and the New Imperialism, 1870-1918〉. *Antipode* 9(2): 140-153.

Huntington. *Civilization and Climate*. → 1장.

Hurbon, Laënne. 1993. *Les Mystères du vaudou*. 서용숙 번역. 1997.《부두교: 왜곡된 아프리카의 정신》. 시공사.

Israel, Jonathan I. 2002. *Radical Enlightenment: Philosophy and the Making of Modernity 1650-1750*. New York: Oxford University Press.

______________. 2006. *Enlightenment Contested: Philosophy, Modernity and the Emancipation of Man, 1670-1752*. New York: Oxford University Press.

______________. *Democratic Enlightenment* → 1장.

James, C. L. R. 1963. *The Black Jacobins: Toussaint L'Ouverture and the San Domingo Revolution*. 우태정 번역. 2007.《블랙 자코뱅》. 필맥.

Janik, Allan & Steven Toulmin. 1996[1973]. *Wittgenstein's Vienna*. Chicago: Elephant Paperbacks. 석기용 번역. 2013[2005].《비트겐슈타인과 세기말 빈: 합스부르크 제국의 마지막 나날과 '논리철학논고'의 탄생》. 필로소픽.

Jaspers, Karl. 1949. *Vom Ursprung und Ziel der Gerschite*. 백승균 번역. 1986.《역사의 기원과 목표》. 이화여자대학교 출판부.

Johnston, William M. 2000[1972]. *The Austrian Mind: An Intellectual and Social History, 1848-1938*. Berkeley & Los Angeles: University of California Press. 변학수·오용록 외 번역. 2008.《제국의 종말, 지성의 탄생: 합스부르크 제국의 정신사와 문화사의 재발견》. 글항아리.

Küng, Hans. 1994. Das Christentum: Wesen und Geschichte. 이종한 번역. 2002.《그리스도교: 본질과 역사》. 분도출판사.

Lévy-Bruhl, Lucien. 1925. *La MentalitéPrimitive*. 김종우 번역. 2011.《원시인의 정신세계》. 나남.

Lewis, Martin W. & Kären Wigen. 1997. *The Myth of Continents: A Critique of Metageography*. Berkeley University of California Press.

Lieberman, Victor Benet. 1999. *Beyond Binary Histories: Re-imagining Eurasia to c. 1830*. Michigan: University of Michigan Press.

Lightman, Bernard. 1997. *Victorian Science in Context*. Chicago: University of Chicago Press.

Lindberg, David C. 1980. *Science in the Middle Ages*. Chicago: University of Chicago Press.

Linebaugh, Peter & Marcus Rediker. 2000. *The Many-Headed Hydra: Sailors,*

Slaves, Commoners, and the Hidden History of the Revolutionary Atlantic. 정남영·손지태 번역. 2008.《히드라: 제국과 다중의 역사적 기원》. 갈무리.

Lovejoy, Arthur. 2009[1936]. *The Great Chain of Being: A Study of The History on An Idea.* New Brunswick, NJ: Transaction Publishers. 차하순 번역. 1984.《존재의 대연쇄》. 탐구당.

Lovett, Richard. 1899. *The History of the London Missionary Society,* 1795-1899. London: Henry Frowde.

Lynch, John. 1973. *The Spanish American Revolutions, 1808-1826.* New York: Norton.

McClellan, James E. 1992. *Colonialism and Science: Saint Domingue in the Old Regime.* Baltimore: Johns Hopkins University Press.

McKay, Donald Vernon. 1943. 〈Colonialism in the French Geographical Movement〉. *Geographical Review.* 33(2): 214-232.

McNeill, William H. 1982. *The Pursuit of Power: Technology, Armed Force, and Society since A.D. 1000.* Chicago: University of Chicago Press. 신미원 번역. 2005.《전쟁의 세계사》. 이산.

Mahan, Alfred Thayer. 1918. *The Influence of Seapower upon History 1660-1783.* Boston: Little, Brown and Company. 김주식 번역. 1999.《해양력이 역사에 미치는 영향》. 1-2권. 책세상.

Marx, Karl. 1864. "Address of the International Working Men's Association to Abraham Lincoln, President of the United States of America," Presented to U.S. Ambassador Charles Francis Adams, The International Workingmen's Association 1864. http://www.marxists.org/archive/marx/iwma/documents/1864/lincoln-letter.htm (2012년 11월 22일).

Mbiti, John S. 1989[1969]. *African Religions and Philosophy.* 2nd ed. London: Heinemann.

Meinig, Donald William. 1986. *The Shaping of America: A Geographical Perspective on 500 years of History.* 4 Vols. New Haven; London: Yale University Press.

Mericer, Louis-Sébastien. 1770. *L'An 2440, rêve s'il en fut jamais.* Reprint.

Merton, Robert K. 2001[1970]. *Science, Technology and Society in Seventeenth-Century England.* New York: Howard Fertig.

Mills, Charles W. 1997. *The Racial Contract.* 정범진 번역, 2006.《인종계약》. 아침이슬.

Mintz. *Sweetness and Power* → 1장.

Miura, Nagamitsu. *John Locke and the Native Americans: Early English Liberalism and Its Colonial Reality*. Newcastle: Cambridge Scholars Publishing.

Mommsen, Theodore. 1854-1856. *Römische Geschichte.* 김남우·김동훈·성중모 번역. 2015.《몸젠의 로마사 3: 이탈리아 통일에서 카르타고 복속까지》. 푸른역사.

Montesquieu. 1989[1748]. *De l'esprit des lois. The Spirits of the Laws,* Anne M. Cohler, Basia C. Miller & Harold S. Stone. eds. Cambridge: Cambridge University Press. 하재홍 번역. 2007.《법의 정신》. 동서문화사.

Moreau, Médéric Louis Élie. 1797. *Description topographique, physique, civile, politique et historique de la partie française de l'isle Saint-Domingue*. https://archive.org/details/descriptiontopog00more (2014년 9월 19일 발췌).

Osborne, Michael. A. 1992. 〈French Military Epidemiology and the Limits of the Laboratory: The Case of Louis-Félixe-Achille Kelsch〉 in Cunningham, Andrew & Perry Williams. eds. *The Laboratory Revolution in Medicine*, Cambridge: Cambridge University Press, pp. 189-208.

Pagden. *European Encounters with the New World* → 1장.

Palmer, Robert Roswell. 2014. *The Age of the Democratic Revolution: A Political History of Europe and America, 1760-1800*. Princeton : Princeton Univ. Press.

Parker, Geoffrey & Lesley M. Smith. 1997[1978]. *The General Crisis of the Seventeenth Century*. 2nd ed. London and New York: Routledge.

Parry, J. H. 1981. *The Age of Reconnaissance.* Berkely: University of California Press.

Petty, William. 1690. *Political Arithmetic*. 윤기중 번역. 2005.《페티의 경제학》. 법문사.

Polanyi, Karl. 1966. *Dahomey and the Slave Trade: An Analysis of an Archaic Economy*. 홍기빈 번역. 2015.《다호메이 왕국과 노예무역: 어느 고대적 경제에 대한 분석》. 길.

Proctor, Robert N. 1988. *Racial Hygiene: Medicine under Nazis.* Cambridge, M.A.:

Harvard University Press.
Rabinbach, Anson. 1990. *The Human Motor: Energy, Fatigue, and the Origins of Modernity*. New York: Basic Books.
Ramsey, Matthhew. 1988. *Professional and Popular Medicine in France, 1770-1830: the Social World of Medical Practice*. Cambridge: Cambridge University Press.
Rattansi, Ali & Sallie Westwood. eds. 1994. *Racism, Modernity and Identity: On the Western Front*. Cambridge: Polity Press.
Raynal, Abbé. 1770. *Histoire Philosophique et Politique des Établissemens & du Commerce des Européens dans les Deux Indes*. 6 Vols. ;1812. *A Philosophical and Political History of the Settlements and Trade of Europeans in the East and West Indies*. 3 Vols. Glasgow: Printed by and for D. M'Kenzie.
___________. 2011[1781]. *The Revolution of America*. Cambridge: Cambridge University Press.
Rediker, Marcus. 1987. *Between the Devil and the Deep Blue Sea: Merchant Seamen, Pirates and the Anglo-American Maritime World, 1700-1750*. 박연 번역. 2001.《악마와 검푸른 바다 사이에서: 상선 선원, 해적, 영-미의 해양세계, 1700-1750》. 까치.
Renan, Ernest. 1996. Qu'est-ce qu'une nation? : et autres écrits politiques. 신행선 번역. 2004.《민족이란 무엇인가?》. 책세상.
Renwick, Chris. 2011. 〈From Political Economy to Sociology: Francis Galton and the Social-Scientific Origins of Eugenics〉. *British Journal of the History of Science*, Vol. 44(3): 343-369.
Rhind, William. 1855[1841]. *A History of the Vegetable Kingdom Embracing Comprehensive Descriptions of the Plants Most Interesting from Their Uses to Man and the Lower Animals: Their Application in the Arts, Manufactures, Medicine, and Domestic Economy, and from Their Beauty Or Peculiarities: Together with the Physiology, Geographical Distribution, and Classification of Plants*. Glascow; London: Blackie and Son.
Ricoeur, Paul. 1965. *Histoire et Vérité*. 박건택 번역. 2006.《역사와 진리》. 솔로몬.
Rigby, Peter. 1996. *African images: racism and the end of anthropology*. 김광수 외.

2014.《아프리카 이미지: 인종주의와 인류학의 종말》. 다해.

Robertson, William. 1782. *The History of the Reign of Emperor Charles V: With a View of the Progress of Society in Europe, from the Subversion of the Roman Empire, to the Beginning of the Sixteenth Century*. A New Ed. London: Printed for A. Strahan.

Ross, Sydeny. 1964[1962]. 〈Scientist: The Story of a Word〉. *Annals of Science*. 18(2): 65-88.

Rousseau, Jean-Jacques. *Discours sur l'origine et les fondements de l'inégalitéparmi les hommes*. 김중현 번역. 2010.《인간 불평등 기원론》. 펭귄클래식코리아.

Salmond, Anne. 2009. *Aphrodite's Island :The European Discovery of Tahiti*. Berkely and Los Angeles: University of California Press.

Schama, Simon. 1997. *The Embarrassment of Riches: An Interpretation of Dutch Culture in the Golden Age*. New York: Vintage.

Schiebinger. *Plants and Empire* → 1장.

Schmale, Wolfgang. 2001. *Geschichte Europas*. 박용희 번역. 2006.《유럽의 재발견: 신화와 정체성으로 보는 유럽의 역사》. 을유문화사.

Schorske, Carl E. *Fin-de-siecle Vienna*. 김병화 번역. 2014[2009].《세기말 빈》. 글항아리.

Schumpeter, Joseph Alois. 1942. *Capitalism, Socialism and Democracy*. New York: Harper. 변상진 번역. 2011.《자본주의, 사회주의, 민주주의》. 한길사.

Sen, Amartya. 2006. *Identity and Violence : the Illusion of Destiny*. 이상환 · 김지현 번역. 2009.《정체성과 폭력: 운명이라는 환영》. 비바북스.

Shackleford, George T.M. and Freches-Thory. 2004. *Claire. Gauguin Tahiti*. Boston: MFA Publications.

Shapin. *The Scientific Revolution*. → 2장.

Sheets-Pyenson, Susan. 1988. *Cathedrals of Science: The Development of Colonial Natural History Museums During the Late Nineteenth Century*. Montréal, Québec: McGill-Queen's University Press.

Sheriff, Abdul. 1987. *Slaves, Spices, & Ivory in Zanzibar: Integration of an East African commercial Empire into the World Economy, 1770-1873*. London: J. Currey.

Smith, Adam. 1998[1776]. *An Inquiry into the Nature and Causes of the Wealth of*

Nations. 김수행 번역. 2007.《국부론》. 2권. 비봉출판사.

Smith, Anthony D. 1993. *National Identity*. Reno, NV: University of Nevada Press.

Stigler. *The History of Statistics*. → 1장.

Stoler, Ann Laura. 1995. *Race and the Education of Desire: Foucault's History of Sexuality and the Colonial Order of Things*, Durham & London: Duke University Press.

______________. 2002. *Carnal Knowledge and Imperial Power: Race and the Intimate in Colonial Rule*, Berkely & Los Angeles: University of California Press.

Strong, Josiah. 1963[1885]. *Our Country: Its Possible Future and Its Present Crisis*. Cambridge, M.A.: The Belknap Press of the Harvard University Press.

Taylor, Charles. *Hegel*. → 2장.

____________. 1989. *Sources of the Self: The Making of the Modern Identity*. Cambridge: Harvard University Press. 권기돈, 하주영 번역. 2015.《자아의 원천들: 현대적 정체성의 형성》. 새물결.

____________. 2004. *Modern Social Imaginaries*. 이상길 번역. 2010.《근대의 사회적 상상: 경제·공론장·인민주권》. 이음.

Taylor, Paul. C. 2004. *The Race: A Philosophical Introduction*. 강준호 번역. 2006.《인종: 철학적 입문》. 서광사.

Thomas, Keith. 1996. *Man and the Natural World: Changing Attitudes in England 1500-1800*. New York : Oxford University Press

Thomas, Nicholas. 2010. *Islanders: The Pacific in the Age of Empire*. New Haven: Yale University Press.

Thornton, John Kelly. 1983. *Kingdom of Kongo: Civil War and Transition, 1641-1718*. Madison: University of Wisconsin Press.

__________________. 1993. 〈'I am the Subject of the King of Congo': African Political Ideology and the Haitian Revolution〉. *Journal of World History*. 4: 181-214.

Todorov, Tzvetan. 2008. 〈European Identity〉. *South Central Review*. 25(3): 3-15.

Toulmin. *Cosmopolis : the Hidden Agenda of Modernity*. → 2장.

Trubetskoĭ, NikolaĭSergeevich. 1920. *Европа и человечество*. 박지배 옮김. 2012.《유럽과 인류》. 지식을만드는지식.

Uberoi, J. P. Singh. 2002. *The European Modernity: Science, Truth and Method.* New Delhi; New York: Oxford University Press.

Usher, Abbott Payson. 1954. *A History of Mechanical Inventions*. Cambridge: Harvard University Press.

Vansina, Jan M. 1990. *Paths in the Rainforests: Toward a History of Political Tradition in Equatorial Africa*. Madison: University of Wisconsin Press.

Vardi, Liana. 2012. *The Physiocrats and the World of the Enlightenment.* Cambridge: Cambridge University Press.

Vasconcelos, José. 1979. *The Cosmic Race*. Baltimore: Johns Hopkins University Press.

Warnke, Martin. 1994. *Politische Landschaft.* 노성두 번역. 1997.《정치적 풍경》. 일빛.

Weber, Max. 1904-1905. *Die protestantische Ethik und der Geist des Kapitalismus*. 김덕영 번역. 2010.《프로테스탄티즘의 윤리와 자본주의 정신》. 길.

__________. 1922. *Gesammelte Aufsätze zur Wissenschaftslehre*. Tübingen: J.C.B. Mohr (Paul Siebeck).

Whitehead, Alfred North. 1967[1926]. *Science and the Modern World.* New York: Free Press. 오영환 번역. 2008.《과학과 근대세계》. 개정판. 서광사.

Withers, Charles W. J. 2001. *Geography, Science and National Identity: Scotland since 1520*. Cambridge: Cambridge University Press.

Yacine, Tassadit. 2004. 〈피에르 부르디외와 알제리 또는 참여 사회학의 기원〉. 불어문화권연구. 14: 180-230.

4장

김광억 외. 2006.《종족과 민족: 그 단일과 보편의 신화를 넘어서》. 아카넷.

김동엽. 2011. 〈15-16세기 동남아 해상무역의 특성과 변화: 포르투갈의 진출과 영향을 중심으로〉. 동남아시아연구. 21(2): 1-41.

김용구. 2006.《세계외교사》. 서울대학교출판부.

김윤경. 2013. 〈16세기 아스테카 제국의 정치적 식민화: 변화인가 연속인가〉. 이베로아메리카연구. 24(3): 1-13.

김응종. 2014.《관용의 역사 – 르네상스에서 계몽주의까지》. 푸른역사.

나영균. 1986.《콘라드 연구》. 이화여자대학교 출판부.

설혜심. 2007.《지도 만드는 사람: 근대 초 영국의 국토·역사·정체성》. 길.
양승윤 편저. 2010[2005].《인도네시아사》. 개정증보판. 대한교과서주식회사.
윤지관. 2000. 〈환태평양적 상상력과 민족문화의 경계 – 한 '민족문학론자'의 캘리포니아 드림〉. 실천문학. 2: 233-252.
이성형. 2003.《콜럼버스가 서쪽으로 간 까닭은》. 까치.
이영효. 2007. 〈아메리카 원주민에 대한 스페인의 초기 인식과 태도: 아메리카 원주민에 대한 스페인의 초기 인식과 태도〉. 역사학연구. 31: 125-160.
이종찬. 2009.《열대와 서구: 에덴에서 제국으로》. 새물결.
______. 2011. 〈18세기 유럽의 열대 탐험과 제국의 지평: 自然史와 예술의 상보성〉. 歷史學報. 209: 253-279.
______. 〈레오폴 2세의 콩고 통치에 의한 열대 공간의 식민적 생산: 역사지리(지질)학, 생태인류학, 열대의학의 융합적 인식〉. → 2장.
정용환. 1993. 〈노예선 Sklavenschiff 과 생명선 Lebensschiff: 하이네의 말년의 시에 나타난 시대비판과 유토피아의 추구〉. 뷔히너와 현대문학. 6: 61-80.
주강현. 2015.《환동해 문명사》. 돌베개.
주경철.《대항해시대: 해상 팽창과 근대 세계의 형성》. → 2장.
______. 2013.《크리스토퍼 콜럼버스: 종말론적 신비주의자》. 서울대학교출판문화원.
주인호. 1989.《傳染病 探索記》. 醫學出版社.
홍성화. 2014. 〈16세기 중엽 포르투갈인들이 본 동아시아 해상질서〉. 史林. 49: 1-43.
尾本惠市 외. 김현영 번역. 2005.《바다의 아시아: 월리시아의 세계》. 4권. 다리미디어.
白石隆. 2000.《海の帝国：アジアをどう考えるか》. 류교열 · 이수열 · 구지영 번역. 2011.《바다의 제국》. 선인.
森村 宗冬. 2006.《大航海時代》. 신은진 번역. 2007.《대항해시대》. 들녘.
若林幹夫.《地図の想像力》. → 2장.
羽田正. 2007.《東インド會社とアジアの海》. 이수열 · 구지영 번역. 2012.《동인도회사와 아시아의 바다》. 선인.
応地利明. 2007.《地圖は語る「世界地圖」の誕生》. 송태욱 번역. 2010.《세계 지도의 탄생》. 알마.
Abulafia, David. *The Discovery of Mankind: Atlantic Encounters in the Age of*

Columbus. Princeton: Princeton University Press.

Anderson, Elizabeth. 1970. 〈Some Possible Sources of the Passages on Guiana in Buffon 's *Époques de la Nature.*〉 *Trivium*. 5: 72-84.

________________. 1973. 〈More about Possible Sources of the Passages on Guiana in Buffon 's *Époques de la Nature.*〉 *Trivium*. 8: 83-94.

Arnold, D. 1996. *The Problem of Nature: Environment, Culture and European Expansion.* Oxford: Blackwell.

Ascherson, Neal. 1999. *The King Incorporated: Leopold the Second and the Congo*. London: Granta Books.

Aston, Thevor & Christopher Hill. eds. 1965. *Crisis in Europe*. New York: Basic Books.

Attenborough, David and Errol Fuller. 2012. *Drawn from Paradise: The Discovery, Art and Natural History of the Birds of Paradise.* 이한음 번역. 2013.《낙원의 새를 그리다: 극락조의 발견, 예술, 자연사》. 까치글방.

Axelson, Sigbert. 1970. *Culture Confrontation in the Lower Congo*, Falköping, Sweden: gummessons.

Badash, Lawrence. 1989. 〈The Age-of-the-Earth Debate.〉 *Scientific American*. 261(2): 78-83.

Banks, Joseph. 2005. *Journal of the Right Hon. Sir Joseph Banks*. London: Elibron Classics.

___________. 2000. 〈Joseph Banks' Letter to William Philip Perrin F.R.S. August 16, 1768〉. in Neil Chambers. 2000. *The Letters of Sir Joseph Banks: A Selection, 1768-1820.* London: Imperial College.

Banning, Émile. 1877. L'Afrique et la Conférence Géographique de Bruxelles. Translated by Major, Ralph Hermon. 2011[1877]. *Africa and the Brussels Geographical Conference*. London: Sampson Low, Marston, Searle & Rivington.

Baring-Gould, S. and Bampfylde C. A. 2007. *A History of Sarawak Under Its Two White Rajahs 1839-1908.* Kuala Lumpur: Synergy Media.

Bell, Morag., Robin Butlin & Michael Heffernan. eds. 1995. *Geography and Imperialism.* Manchester: Manchester University Press.

Benyowsky, Maurice Auguste. 2012[1893]. *The Memoirs and Travels of Mauritius Augustus, Count de Benyowsky, in Siberia, Kamchatka, Japan, the*

Liukiu Islands and Formosa. Translated from His Original Manuscript (1741-1771) by William Nicholson. New York: Nabu Press.

Berlin. *Vico and Herder*. → 1장.

Berlowicz, Barbara. ed. 2002. *Albert Eckhout Returns to Brazil, 1644-2002*. Copenhagen: Nationalmuseet.

Bernstein, William J. *A Splendid Exchange: How Trade Shaped the World.* New York: Atlantic Monthly Press; Berkeley. CA.: Distributed by Publishers Group West.

Berque, Augustin. 1996. *Être humains sur la terre: Principes d'éthique de l'écoumène*. 김주경 번역. 2001. 미다스북스.

Bewell. 〈Romanticism and Colonial Natural History〉. → 2장.

Bloch. Ernst. 1959. *Das Prinzip Hoffnung*. 박설호 번역. 2004. 《희망의 원리》. 전5권. 열린책들.

Bloom, H. (ed). 2010[1994]. *Joseph Conrad: Bloom's Modern Critical Views.* New York: An Imprint of Infobase Publishing.

Bois, William Edward Burghardt Du. 1974. *The World and Africa.* Madison: Intl Pub.

Borah, Woodrow. 1992[1976]. 〈The Historical Demography of Aboriginal Colonial America: An Attempt at Perspective〉. in William M. Denevan. ed. 1992[1976]. *The Native Population of the Americas in 1492*. 2nd ed. Madison, W.I.: The University of Wisconsin Press.

Bougainville, Louis Antoine de. 2001[1771]. *Voyage Autour du Monde.* Paris: Presses de L'universitéde Paris-Sorbonne; 2002. *The Pacific journal of Louis-Antoine de Bougainville, 1767-1768.* London: Hakluyt Society.

Boxer, Charles Ralph. 1936. *Jan Compagnie in Japan, 1600-1817: An Essay on the Cultural, Artistic and Scientific Influence Exercised by the Hollanders in Japan from the Seventeenth to the Nineteenth Centuries*. Hague: Martinus Nijhoff.

__________________. 1965. *The Dutch Seaborne Empire, 1600-1800.* New York: Penguin.

__________________. *The Portuguese Seaborne Empire, 1415-1825.* → 3장.

Boyle, Frederick. 1984. *Adventures among the Dyaks of Borneo.* Kuala Lampur: Antara.

Brook. 《베르메르의 모자》. → 1장.

Browne. *The Secular Ark*. → 2장.

______. 〈Biogeography and Empire〉. Jardine, Secord, and Spary. eds. *Cultures of Natural History*. → 1장.

___________. 1996. 〈Biogeography and Empire〉. Jardine, Nicholas., James A. Secord, Emma C. Spary. eds. *Cultures of Natural History*. → 1장.

Bruijin, Iris. 2009. *Ship's Surgeons of the Dutch East India Company.* Leiden: Leiden University Press.

Burrows, Guy. 1903. *The Curse of Central Africa*. London: R.A. Everett & Company.

Camerini, J. R. 1994. 〈Evolution, Biogeography, and Maps: An Early History of Wallace's Line〉. MacLeod, R. and P. F. Rehbock. eds. *Darwin's Laboratory: Evolutionary Theory and Natural History in the Pacific.* Honolulu: University of Hawaii Press.

Carrière, Jean-Claude. 1999. *La Controverse de Valladolid*. 이세욱 번역. 2007. 《바야돌리드 논쟁》. 샘터사.

Cipolla, Carlo M. *Guns, Sails and Empires* → 3장.

Cittadino, Eugene. 1990. *Nature as the Laboratory: Darwinian plant ecology in the German Empire, 1880-1900*. Cambridge: Cambridge University Press.

Coe, Michael D. 2011. *The Maya: Ancient Peoples and Places*. New York: Thames & Hudson.

Columbus, Christopher. 1493a. Letter to King Ferdinand of Spain, Describing the Results of the First Voyage. http://xroads.virginia.edu/~hyper/hns/garden/columbus.html

__________________. 1493b. Letter to Luis de Santángel and Rafael Sánchez. http://www.ems.kcl.ac.uk/content/etext/e022.html

Conklin. *A Mission to Civilize* → 3장.

Conrad. *Heart of Darkness*. → 2장.

Conrad, Sebastian. 2012. *German Colonialism: A Short History*. Cambridge: Cambridge University Press.

Corfield, Richard. 2003. *The Silent Landscape:: The Scientific Voyage of HMS Challenger*. Baltimore: Johns Hopkins University Press.

Cook. *Matters of Exchange*. → 2장.

Cook, James. 1999[1770]. *The Journals* (1768-1780). London: Penguin Books.

Cortés, Hernán. *Cartas de Relación*. 김원중 번역. 2009. 《코르테스의 멕시코제국 정복기》. 2권. 나남출판.

Cosgrove. 〈Tropic and Tropicality〉. → 2장.

Crosby. *The Columbian Exchange* → 1장.

Cunningham, Andrew and Nicholas Jardine. eds. 1990. *Romanticism and the Sciences*. Cambridge: Cambridge University Press.

Dalrymple, Alexander. 1967[1770-1771]. *Historical Collection of the Several Voyages and Discoveries in the South Pacific Ocean.* Amsterdam: Da Capo Press.

Darwin, Charles. 2009. *Charles Darwin's Notebooks from the Voyage of the Beagle*. Cambridge: Cambridge University Press.

______________. *On the Origin of Species*. → 2장.

Diderot. 《부갱빌 여행기 보유》. → 2장.

Dorn, Harold. 1991. *The Geography of Science*. Baltimore: Johns Hopkins University Press.

D'Orta, Garcia. 1563. *Coloquios dos Simples, e Drogas he Cousas Mediçinais da India e assi Dalgumas Frutas.* Translated by C. Markham. 2012[1903]. Colloquies on the Simples & Drugs of India. New York: Ulan Press.

Driver, Felix. 1991. 〈Henry Morton Stanley and His Critics: Geography, Exploration and Empire〉. *Past & Present*. 133: 134-166.

____________. 2001. *Geography Militant.* → 2장.

Dunn, Kevin C. *Imagining the Congo: The International Relations of Identity*. New York: Palgrave Macmillan, 2003.

Earl, G. W. 1837. *The Eastern Seas: Or Voyages And Adventures In The Indian Archipelago From 1832-34.* London: WM. H. ALLEN AND CO.

Ebes. Hank. 1988. *The Florilegium of Captain Cook's first voyage to Australia, 1768-1771*. Melbourne, Vic.: Ebes Douwma.

Edmond, Rod. 1997. *Representing the South Pacific: Colonial Discourse from Cook to Gauguin*. Cambridge: Cambridge University Press.

Edney, Matthew H. 1997[1990]. *Mapping an Empire: the Geographical Construction of British Empire, 1765-1843*. Chicago and London: The University of Chicago Press.

Elliott, John Huxtable. 1963. *Imperial Spain, 1469-1716*. 김원중 번역. 2000.《스페인 제국사 1469-1716》. 까치.

Encyclopaedia Britannica. 1902. *The New Volumes of the Encyclopaedia Britannica Constituting, in Combination with the Existing Volumes of the Ninth Edition (1875-1879)*, the Tenth Edition of That Work. London, Edinburgh and New York: Encyclopaedia Britannica Company. 3: 200-207.

Fagan, Brian M. 2012. *Beyond the Blue Horizon: How the Earliest Mariners unlocked the Secrets of the Oceans*. 2014. 최파일 번역.《인류의 대항해 : 뗏목과 카누로 바다를 정복한 최초의 항해자들》. 미지북스.

Fellows, Otis. 1972. *Buffon*. New York: Twayne Publishers.

Fernández-Armesto, Felipe. 2007. 〈Maps and Exploration in the Sixteenth and Early Seventeenth Centuries〉. Woodward, David. ed. 2007. *History of Geography*. Volume Three. *Cartography in the European Renaissance*. Chicago & London: University of Chicago Press. pp. 738-770

Fichman, M. 2004. *An Elusive Victorian: The Evolution of Alfred Russel Wallace*. Chicago and London: The University of Chicago Press.

Forbath, Peter. 1997. *The River Congo: The Discovery, Exploration and Exploitation of the World's Most Dramatic River*. New York: Harper & Row.

Ford, John. 1971. *The Role of the Trypanosomiases in African Ecology: A Study of the Tsetse Fly Problem*. Oxford: Clarendon Press. 1971.

Förster, Stig., Wolfgang J. Mommsen & Ronald Robinson. eds. 1989. *Bismarck, Europe, and Africa: The Berlin Africa Conference 1884-1885 and the Onset of Partition*. New York: Oxford University Press.

Frost, Alan. 1998. *The Voyage of the Endeavor: Captain Cook and the Discovery of the Pacific*. St. *Leonards*. Austrailia: Allen and Unwin.

Fuentes, Carlos. 1992. *El Espejo enterrado*. 서성철 번역. 1997. 라틴아메리카의 역사 까치.

Galindo, Juan de Abreu y. 1764. *The History of the Discovery and Conquest of the Canary Islands*. London: R & J. Dodslay.

Gascoigne. *Science in the Service of Empire*. → 2장.

Gay. *The Science of Freedom*. → 3장.

Gipouloux, François. 2011. *La Méditerranée asiatique*. 노영순 번역. 2014. 《아시아 지중해: 16-21세기 아시아 해항도시와 네트워크》. 선인.

Giráldez, Arturo. 2015. *The Age of Trade: The Manila Galleons and the Dawn of the Global Economy*. Lanham, M.D.: Rowman & Littlefield Publishers.

Godlewska, Anne & Neil Smith. eds. 1994. *Geography and Empire*. Oxford: Wiley-Blackwell.

Goethe. *Faust*. → 2장.

GoGwilt, Christopher. 1995. *The Invention of the West: Joseph Conrad and the Double-Mapping of Europe and Empire*. Stanford: Stanford University Press.

Goldman, Michael. 2006. *Imperial Nature: The World Bank and Struggles for Social Justice in the Age of Globalization*. New Haven: Yale University Press.

Gomes, Edwin Herbert. 2007[1907]. *The Sea-Dyaks of Borneo*. Kota Kinabalu: Opus Publications.

Gómez, Nicolás Wey. 2008. *The Tropics of Empire*. Cambridge, MA and London: The MIT Press.

Goody, Jack. 2006. *The Theft of History*. Cambridge: Cambridge University Press.

Gordon, Stewart. 2009. *When Asia was the World*. 구하원 번역. 2010. 《아시아가 세계였을 때》. 까치글방.

Harlow, Barbara and Mia Carter. eds. 2003. *Archives of Empire*. Volume 2. *The Scramble for Africa*. Durham and London: Duke University Press.

Harris, John H. 1912. *Dawn in Darkest Africa*. New York : E. P. Dutton & Company.

Harrison, M. 2005. 〈Science and the British Empire〉. *Isis* 96: 56-63.

Hartshorne. *The Nature of Geography*. → 2장.

Helferich, Gerard. 2004. *Humboldt's cosmos : Alexander von Humboldt and the Latin American journey that Changed the Way We See the World*. New York : Gotham Books.

Hemming, John. 2008. *Tree of Rivers: the Story of the Amazon*. 최파일 번역. 《아마존》. 미지북스. 2013.

Hess, Darrel. 2011. *McKnight's Physical Geography*. 10th Ed. 윤순옥 외 번역. 2011. 《McKnight의 자연지리학》. 시그마프레스.

Hibbert, Christopher. 2002. *Africa Explored: Europeans on the Dark Continent, 1769-1889*. New York : Cooper Square Press.

Higonnet. *PARIS*. → 2장.

Hirsch, August. 1881-1883. *Handbuch der historisch-geographischen Pathologie*. Translated from the Second German edition by Charles Creighton. 1885. *Handbook of Geographical and Historical Pathology*. 2 Vols. London: The New Sydenham Society

Hochschild, Adam. 1999. *King Leopold's Ghost - A Story of Greed, Terror, and Heroism in Colonial Africa*. 이종인 번역. 2003. 《레오폴드왕의 유령》. 무우수.

Horwitz, Tony. 2002. *Into the Blue: Boldly going where Captain Cook has gone before*. London: Bloomsbury. 이순주 번역. 2003. 《푸른항해 : 캡틴 쿡의 발자취를 따라서》 뜨인돌.

Hudson. 〈The New Geography and the New Imperialism, 1870-1918〉. → 3장.

Humboldt. *Cosmos* → 2장.

Jaspers. *Vom Ursprung und Ziel der Gerschite*. → 3장.

Jeal, Team. 2007. *Stanley: The Impossible Life of Africa's Greatest Explorer*. New Haven & London: Yale University Press.

Karl, F.R. & L. Davies. eds. 1988. *The Collected Letters of Joseph Conrad*. Vol. 13. Cambridge: Cambridge University Press.

Keen, Benjamin. 2004. *A History of Latin America*. 김원중 · 이성훈 번역. 2014. 《라틴아메리카의 역사》. 그린비.

Keppel, Henry. Sir. 1968. *The expedition to Borneo of H.M.S. Dido for the Suppression of piracy*. 3rd ed. London: Cass.

Kidd, Benjamin. 1898. *The Control of the Tropics*. New York: Macmillan.

Kratoska, Paul H., Remco Raben & Henk Schulte Nordholt. eds. 2005. *Locating Southeast Asia: Geographies of Knowledge and Politics of Space*. Singapore: Singapore University Press

Krockow, Christian, Graf von. 2003. München: List. 안미란 번역. 2005. 《쿡 선장과 게오르크의 바다의 학교》. 들녘.

La Condamine, Charles Marie de. 2011[1747]. *Abridged Narrative of Travels through the Interior of South America from the Shores of the Pacific Ocean to the Coasts of Brazil and Guyana, Descending the River of*

Amazons. New York: Nabu Press.

Las Casas, Bartoloméde. 1552[1542]. *Brevísima relación de la destrucción de las Indias*. 최권준 번역. 2007.《인디아스 파괴에 관한 간략한 보고서》. 시타델퍼블리싱.

__________________. 1989[1930]. *The Journal of Christopher Columbus*. Translated by Cecil Jane. New York: Bonanza.

Le Roy Ladurie, Emmanuel. 1978. *Le Territoire de l'historien* Vol. 2. Transalted by Sian Reynolds & Ben Reynolds. 1981. *The Mind and Method of the Historian*. Chicago: University of Chicago Press.

Léry. *Histoire d'un voyage fait en la terre du Brésil*. → 2장.

Lessing, Gotthold Ephraim. 1850. *Laokoon*. 윤도중 번역. 2008.《라오콘: 미술과 문학의 경계에 관하여》. 나남.

Leur, J.C. van. 1967. *Indonesian Trade and Society: Essays in Asian Social and Economic History*. The Hague: W. van Hoeve Publishers.

Levine, G. 1991. *Darwin and the Novelists: Patterns of Science in Victorian Fiction*. Chicago: University Of Chicago Press.

Lévi-Strauss. *Tristes tropiques*. → 1장.

Lightman, B. (ed). 1997. *Victorian Science in Context*. Chicago and London: The University of Chicago Press.

Lincoln. *Science and Exploration in the Pacific*. → 2장.

Linebaugh & Rediker. *The Many-Headed Hydra* → 3장.

Lowenthal, David. 1985. *The Past Is A Foreign Country*. 김종원 번역. 2006.《과거는 낯선 나라다》. 개마고원.

Lukács, György. 1965. *Der Historische Roman*. 이영욱 번역. 1999[1987].《역사소설론》. 거름.

Lyell, Charles. 1990-1991[1830-1833]. *Principles of Geology*. Chicago: University of Chicago Press.

Lyons, Maryinez. 2002. *The Colonial Disease: A Social History of Sleeping Sickness in Northern Zaire, 1900-1940*. Cambridge: Cambridge University Press. 2002.

McLynn, Frank. 1993. *Hearts of Darkness: The European Exploration of Africa*. London: Pimlico.

Marsden, W. 1783. *History of Sumatra*. London: Printed for the author, and sold by T.

Payne.

Marshall, Peter James & Glyndwr Williams. 1982. *The Great Map of Mankind: Perceptions of New Worlds in the Age of Enlightenment*. Cambridge: Harvard University Press.

Merrill, Elmer Drew. 1954. *The Botany of Cook's Voyages and Its Unexpected Significance in Relation to Anthropology, Biogeography and History*. Waltham, MA: Chronica Botanica Company.

Miller. *An Environmental History of Latin America*. → 2장.

Milton, Giles. 1999. *Nathaniel's Nutmeg: Or the True and Incredible Adventures of the Spice Trader Who Changed the Course of History*. London: Penguin Books. 손원재 번역. 2002. 《향료전쟁》. 생각의 나무.

Mintz. *Sweetness and Power* → 1장.

Money, James William B. 1985[1861]. *Java ; or, How to Manage a Colony*. Singapore & New York: Oxford University Press.

More, Thomas. 1516. Utopia. 주경철 번역. 《유토피아》. 을유문화사.

Morel, Edward D. 1904. "The 'Commercial Aspect of the Congo Question," *Journal of the Royal African Society*, Vol. 3: 430-448.

_______________. 2010. *King Leopold's Rule in Africa* (1905), Reprints from the Collection of the University of Michigan Library.

Moses, M. V. 1995. *The Novel and the Globalization of Culture*. Oxford & New York: Oxford University Press.

Nelken, Halina. 1976. *Humboldtiana at Harvard*. Cambridge: Harvard University Press.

Nicolaides, A. 2011. 〈Early Portuguese imperialism: Using the Jesuits in the Mutapa Empire of Zimbabwe〉. *International Journal of Peace and Development Studies*. 2(4): 132-137.

Nunn, George E. 1992[1924]. *The Geographic Conceptions of Columbus: A Critical Consideration of Four Problemd*. New York: American Geographical Society.

Nzongola-Ntalaja, Georges. 2002. *The Congo from Leopold to Kabila: A People's History*. London; New York: Zed Books; New York: Distributed in the USA exclusively by Palgrave.

Obeyesekere, Gananath. 1992. *The Apotheosis of Captain Cook: European*

Mythmaking in the Pacific. Princeton: Princeton University Press.

Oldroyd, David. 1996. *Thinking about the Earth: A History of Ideas in Geology*. Cambridge: Harvard University Press.

Ormrod, David. 2003. *The Rise of Commercial Empires: England and the Netherlands in the Age of Mercantilism, 1650-1770*. Cambridge: Cambridge University Press.

Ortiz, Fernando. 1940. *Contrapunteo cubano del tabaco y el azúcar*. Translated by Harriet de Onís. 1995[1947]. *Cuban Counterpoint: Tobacco and Sugar*. Durham and London: Duke University Press.

Pagden, Anthony. 1986. *The Fall of Natural Man: The American Indian and the Origins of Comparative Ethnology*. Cambridge: Cambridge University Press.

Paine, Lincoln. 2013. *The Sea and Civilization: A Maritime History of the World*. N.Y.: Knopf.

Pakenham, Thomas. 1992. *The Scramble for Africa: White Man's Conquest of the Dark Continent from 1876 to 1912*. New York : Avon Books.

Parr, Charles McKew. 1975. *So Noble a Captain: The Life and Times of Ferdinand Magellan*. Westport: Greenwood Publ Group.

Parry, B. 1983. *Conrad and Imperialism: Ideological Boundaries and Visionary Frontiers*. London: The Macmillan Press.

Paz, Octavio. 1993. *El laberinto de la soledad*. 황의승 · 조명원 번역. 2011. 《멕시코의 세 얼굴》. 세창미디어.

Pigaffetta, Antonio. 2010[1874]. *The First Voyage Round the World by Magellan*. Henry Edward John Stanley (ed). Translated from the Accounts of Pigaffetta and Other Contemporary Writers. Cambridge: Cambridge University Press. 박종욱 번역. 2004. 《최초의 세계일주》. 바움.

Plenel, Edwy. 2002. *La Dècouverte du Monde*. 김병욱 번역. 2005. 《정복자의 시선: 서방 세계는 타자를 어떻게 재구성했는가》. 마음산책.

Polo, Marco. *Livre des Merveilles du Monde*. 김호동 번역. 2000. 《동방견문록》. 사계절.

Pomeranz, Kenneth & Steven Topik. 2000. *The World That Trade Created: Society, Culture and the World Economy, 1400 to the Present*. 박광식 번역. 2003. 《설탕, 커피, 폭력》, 심산.

Prest, John. 1998. *The Garden of Eden: The Botanic Garden and the Re-creation of Paradise*. New Haven: Yale University Press.

Purchas, Samuel. *Hakluytus Posthumus or Purchas His Pilgrimes: Contayning a History of the World in Sea Voyages and Lande Travells by Englishmen and Others*. vol 2. Glasgow: James MacLehose & Sons. MCMV.

Quilley, Geoff & John Bonehill. eds. 2004. *William Hodges, 1744-1797: The Art of Exploration*. New Haven & London : Yale University Press.

Raby, P. 2001. *Alfred Russel Wallace: A Life*. Princeton & London: Princeton University Press.

Reid, Anthony. 1993. *Southeast Asia in the Age of Commerce, 1450-1680*. New Haven & London: Yale University Press.

Roger, Jacques. 1989. *Buffon: Un Philosophe au Jardin du Roi*. Translated by Sarah Lucille Bonnefoi. 1997. *Buffon: A Life in Natural History.* London: Cornell University Press.

Rufin. Jean-Christophe. 2001. *Rouge Brésil*. 이원희 번역. 2005. 《붉은 브라질》. 작가정신.

Rupke, Nicolaas A. 2008. *Alexander von Humboldt: A Metabiography*. Chicago : University Of Chicago Press.

Russell-Wood, A. J. R. 1992. *The Portuguese Empire, 1415-1808.* Baltimore: The Johns Hopkins University Press.

Sachs, Aaron. 2007. *The Humboldt Current: Nineteenth-Century Exploration and the Roots of American Environmentalism*. London: Penguin Books.

Safier, Neil. 2008. *Measuring the New World: Enlightenment Science and South America*. University of Chicago Press.

Sahlins, Marshall David. 1985. *Islands of History.* 최대희 번역. 《역사의 섬들》. 2014. 뿌리와이파리.

Salmond, Anne. 2003. *The Trial of the Cannibal Dog: Captain Cook in the South Seas*. London : Allen Lane.

____________. 2009. *Aphrodite's Island: The European Discovery of Tahiti.* Berkeley & Los Angeles: University of California Press.

Schweinfurth, George. 2010. *The Heart Of Africa V2: Three Years Travels And Adventures In The Unexplored Regions Of Central Africa*. Translated by Ellen E. Frewer. Whitefish, Montana: Kessinger Publishing.

Simpson, G. G. 1977. 〈Too many lines: The Limits of the Oriental and Australian Zoogeographic Regions〉. *Proceedings of the American Philosophical Society* 121(2): 107-120.

Simpson, Lesley Byrd. 1982[1966]. *The Encomienda in New Spain: The Beginning of Spanish Mexico*. 3rd ed. Berkeley & Los Angeles: University of California Press.

Smith. *European Vision and the South Pacific, 1768-1860.* → 2장.

Spate, Oskar H. K. 1977. 〈'South Sea' to 'Pacific Ocean': A Note on Nomenclature〉. *Journal of Pacific History*. 12(4): 205-11.

Stafford, Barbara Maria. 1984. *Voyage into Substance: Art, Science, Nature and the Illustrated Travel Account, 1760-1840*. Cambridge: MIT Press.

Stanley, Henry M. 2011a [1885]. *The Congo and the Founding of its Free State: A Story of Work and Exploration*. 2 Vols. London: S. Low, Marston, Searle & Rivington.

______________. 2011b [1878]. *Through the Dark Continent; or, the Sources of the Nile Around the Great Lakes of Equatorial Africa, and Down the Livingstone River to the Atlantic Ocean.* 2 Vols. Dover, MA: Dover Publications.

______________. 1885. 〈Central Africa and the Congo Basin: or. the Importance of the Scientific Study of Geography〉. *Journal of the Manchester Geographical Society*. 1(1-3): 6-25.

______________. 1902. *How I Found Livingstone: Travels, Adventures and Discoveries in Central Africa, Including an Account of Our Months' Residence with Dr. Livingstone*. New York: Scribner.

______________. 1909. *The Autobiography of Sir Henry Morton Stanley. edited by his wife Dorothy Stanley: with sixteen photogravures and a map*. Boston: Houghton Mifflin.

Stedmanl. *Narrative of a Five Years'Expedition against the Revolted Negroes of Surinam*. → 1장.

Steensgaard, Niels. 1974. *The Asian Trade Revolution of the Seventeenth Century: The East India Companies and the Decline of the Caravan Trade*. Chicago & London: The University of Chicago Press.

Subrahmanyam, Sanjay. 2012. *The Portuguese Empire in Asia, 1500-1700:*

A Political and Economic History. 2nd ed. Malden, M.A.: Wiley-Blackwell.

Sven Lindqvist, 2007. *"Exterminate All the Brutes": One Man's Odyssey into the Heart of Darkness and the Origins of European Genocide.* New York: The New Press.

Taviani, Paolo Emilio. 1989. *La meravigliosa avventura di Cristoforo Colombo.* Translated by Luciano F. Farina. 1991. *Columbus: The Great Adventure: His Life, His Times and His Voyages*. New York: Orion Books.

Taylor, Bayard. 2014. *The Life, Travels and Books of Alexander Von Humboldt.* New York: Literary Licensing.

Taylor. *Sources of the Self* →3장.

Todorov, T. 1984. *The Conquest of America: The Question of the Other*. Translated from the French by Richard Howard. New York: Harper & Row.

Tuan. *Space and Place* → 2장.

Tully, John. 2011. *The Devil's Milk: A Social History of Rubber*. New York: Monthly Review Press.

Vico, Giambattista. 1725. *Scienza Nuova*. 이원두 번역. 1997. 《새로운 학문》. 동문선.

Wallace. → *The Malay Archipelago.* 1부 2장.

Walls, Laura D. 2009. *The Passage to Cosmos: Alexander von Humboldt and the Shaping of America*. Chicago : University of Chicago Press.

Warren, J. F. 2007[1981]. *The Sulu Zone, 1768-1898: The Dynamics of External Trade, Slavery, and Ethnicity in the Transformation of a Southeast Asian Maritime State*, 2nd ed. Singapore: NUS Press.

Welzen, P. C. Van., J. A. N. Parnell & J. W. F. Silk. 2011. 〈Wallace's Line and Plant Distributions: Two or Three Phytogeographical Areas and Where to Group Java?〉. *Biological Journal of the Linnean Society.* 103(3): 531-545.

Whitmore, T. C. (ed). 1981. *Wallace's Line and Plate Tectonics.* New York: Oxford University Press.

Williams, Eric Eustace 1984[1970]. *From Columbus to Castro: The History of the Caribbean, 1492-1969*. New York: Vintage Books.

5장

고부응. 1997. 〈콘래드의 《로오드 짐》에서 읽는 반식민저항〉. 영어영문학 43(2): 279-303.

김성준. 1998. 〈알프레도 매헌(A. T. Mahan)의 해양력과 해양사에 관한 연구: 그 의의와 한계를 중심으로〉. 1998년도 춘계학술발표회 논문집. 한국해운물류학회. 91-118.

김영연. 1996. 〈'천일야화'의 한국수용에 관한 연구〉. 중동연구. 15(1): 1-47.

김정명. 2008. 〈천일야화와 근대 유럽의 낭만적 오리엔탈리즘〉. 아랍어와 아랍문학. 12(1): 189-222.

김준환 외. 2003. 《탈식민주의: 이론과 쟁점》. 문학과지성사.

김중현. 2007. 〈피에르 로티(Pierre Loti)의 '잃어버린 환상': 일본을 중심으로〉. 프랑스학연구. 40: 123-148.

박상기. 2004. 〈콘래드의 양가적 제국주의 비판〉. 영어영문학. 50(1): 265-290.

______. 2005. 〈콘래드의 독특한 아프리카 재현〉. 영어영문학 51(2): 403-421.

배종언. 2007. 《조셉 콘라드의 문학세계》. 경북대학교출판부.

신상철. 2014. 〈자포니즘(Japonisme)의 근원과 1867년 파리 만국박람회: 프랑스 모더니즘 형성 시기 일본 미술의 수용 과정과 전시 고찰〉. 서양미술사학회논문집. 40: 63-90.

여홍상. 2009.〈에퀴노아의 자사전에 나타나는 문화적 혼종성〉. 19세기 영어권 문학. 13(1): 57-79.

왕철. 2008. 〈J.M. 쿳시의 소설과 미국의 식민주의/제국주의 – 《어둠의 땅》의 〈베트남 프로젝트〉를 중심으로〉. 영어영문학회. 54(1): 107-127.

______. (왕은철 편). 2012. 《조지프 콘래드》. 동인.

유명숙. 2009. 《역사로서의 영문학 : 탈문학을 넘어서》. 창비.

유평근 · 진형준. 2001. 《이미지》. 살림.

이경원. 2011. 《검은 역사 하얀 이론: 탈식민주의의 계보와 정체성》. 한길사.

이상옥. 1986. 《조셉 콘라드 연구》. 서울대 출판부.

이상화. 1996. 《20세기 영국 유토피아 소설연구》. 중앙대학교 출판부.

이석구. 2007. 〈《어둠의 심연》과 전(前)정치적 서사의 정치성〉. 현대영미소설. 14(2): 125-154.

이종찬. 《열대와 서구: 에덴에서 제국으로》. → 1장.

______. 《파리식물원에서 데지마박물관까지》. → 1장.

______. 〈18세기 유럽의 열대 탐험과 제국의 지평: 自然史와 예술의 상보성〉.

→ 2장.
______. 〈帝國의 콩고 식민지배와 조셉 콘라드의 熱帶性에 대한 인식〉 → 1장.
______. 《난학의 세계사》 → 1장
이효숙. 2012. 〈지식 대중화를 위한 문학의 이용 –플뤼슈 신부의 《자연의 경관》〉. 유럽사회문화. 9: 5-31.
장세원. 2012. 〈《천일야화》의 세계문학적 위상과 현대아랍문학에 끼친 영향〉. 중동문제연구. 11(3): 123-140.
柄谷行人. 2005. 《近代文學の終り》 조영일 번역. 2006. 《근대문학의 종언》.
Achebe, Chinua. 1961. 〈An Image of Africa: Racism in Conrad's Heart of Darkness〉. in Robert Kimbrough. ed. 1977. *Heart of Darkness, An Authoritative Text, background and Sources Criticism*. London: W. W Norton and Co. pp. 251-261.
Anati, Emmanuel. 1988. *Origini dell'arte e della concettualità*. 이승재 번역. 2008. 《예술의 기원: 5만 년 전 태초의 예술을 찾아》. 바다.
Armstrong, Paul. ed. 2006. *Heart of Darkness: An Authoritative Text, Backgrounds and Contexts, Criticism*. 4th ed. New York and London: W.W. Norton.
Arnheim, Rudolf. 1969. *Visual Thinking*. 김정오 번역. 2004. 《시각적 사고》. 이화여자대학교출판부.
Barnes, Julian. 1989. *A History of the World in 10 1/2 Chapters*. 신재실 번역. 2006. 《10 1/2장으로 쓴 세계역사》. 열린책들.
Beiser. 《낭만주의의 명령, 세계를 낭만화하라》. → 2장.
Berlin. 《낭만주의의 뿌리》. → 2장.
Bhabha, Hommi K. 2004. *The Location of Culture*. London & New York: Routlege. 나병철 번역. 2012. 《문화의 위치》. 수정판. 소명출판.
Breton. 《초현실주의 선언》. → 2장.
Burke, Edmund. 1756. *A Philosophical Enquiry into the Origin of Our Ideas of the Sublime and Beautiful*. 김동훈 번역. 2006. 《숭고와 아름다움의 이념의 기원에 대한 철학적 탐구》. 마티.
Carpentier, Alejo. 2003. 〈아메리카의 경이로운 현실에 대하여〉. in Zamora, Lois Parkinson & Faris, Wendy B. eds. 1997. *Magical Realism: Theory, History and Community*. 《마술적 사실주의》. 2003. 우석균, 박병규 외 공역. 한국문화사. pp. 27-45.
Chagnon, Napoleon A. 2013. *Noble Savages: My Life among Two Dangerous*

Tribes - The Yanomamöand the Anthropologists. New York : Simon & Schuster. 강주헌 번역. 2014.《고결한 야만인: 아마존 야노마뫼 족과 인류학자들, 두 위험한 부족과 함께한 삶》. 생각의 힘.

Chambers, Nei (ed). 2000. *The Letters of Sir Joseph Banks: A Selection, 1768-1820*. Lodnon: Imperial College.

Cipolla. *Guns, Sails and Empires* → 3장.

Clemens, F. 1939. 〈Conrad's Favourite Bedside Book〉. *South Atlantic Quarterly*. 38: 301-315.

Coetzee, J. M. 2004. *Dusklands*. 왕은철 번역. 2006.《어둠의 땅》. 들녘.

Conrad, Joseph. 2005[1900]. *Lord Jim*. London: Penguin Books. 이상옥 번역. 2005.《로드 짐》. 2권. 민음사.

____________. *Heart of Darkness*. → 2장.

____________. 1976[1926]. *Last Essays*. London & Toronto: J. M. Dent & Sons; 2011. *Last Essays*. Cambridge: Cambridge University Press.

____________. 1992[1896]. *An Outcast of the Islands*. Edited with an Introduction by J. H. Stape. Oxford: Oxford University Press.

____________. 2009[1896]. *Almayer's Folly: A Story of an Eastern River*. K.S.: Digireads.com Publishing.

Curtin, Philip. *The Image of Africa: British Ideas and Action, 1780-1850*. → 1장.

Daeninckx, Didier. 1999. *Cannibale : Récit*. 김병욱 번역. 2007.《파리의 식인종: 디디에 데냉크스 소설》. 도마뱀.

Danielson, Bengt. 1965. *Gauguin in the South Seas*. New York: Doubleday. 1966.

Debray, Régis. 1992. *Vie et Mort de L'image*. 정진국 번역. 2011.《이미지의 삶과 죽음 : 서구적 시선의 역사》. 글항아리 문학동네.

Defoe, Daniel. 1719. *Robinson Crusoe*. 류경희 번역. 2011.《로빈슨 크루소 : 대니얼 디포 장편소설》. 열린책들.

Drouin, Jean-Marc. 2008. *L'herbier des philosophes*. 김성희 번역. 2011.『철학자들의 식물도감』. 알마. 2011.

DuBois, W.E. Burghardt. 1913. 〈The Negro in Literature and Art〉. *Annals of the American Academy of Political and Social Science*. 49: 233-237.

Dunmore, John (ed). 2002[1977]. *The Pacific Journal of Louis-Antoine de Bougainville, 1767-1768*. Translated from the French. London: The Hakluyt Society.

Dunn, Kevin C. 2003. *Imagining the Congo: The International Relations of Identity*. Palgrave Macmillan.

Eisenman, Stephen F. 1997. *Gauguin's Skirt*. 정연심 번역. 2004.《고갱의 스커트》. 시공사.

Eliade, Mircea. 1980. *Images et Symboles*. 이재실 번역. 1998.《이미지와 상징: 주술적-종교적 상징체계에 관한 시론》. 까치.

Encyclopaedia Britannica. 1902. 〈Congo Free State〉 in Paul Armstrong. ed. *Heart of Darkness*. pp. 9-113. → 2부 2장 Armstrong을 볼 것.

Forster, Johann Reinhold. *Observations Made During a Voyage round the World*. → 2장.

Foucault, Michel. 1975. *Surveiller et punir: Naissance de la prison*. Translated by Alan Sheridan. 1977. *Discipline and Punish*. New York: Vintage Books. 오생근 번역. 2016[2003].《감시와 처벌》. 번역개정판. 나남출판.

______________. *The Order of Things* → 2장.

Gascoigne, John. 2003. *Joseph Banks and the English Enlightenment: Useful Knowledge and Polite Culture*. Cambridge: Cambridge University Press.

Gauguin, Paul. 1893. *Noa Noa*. Translated by O. F. Theis. 1985. *Noa Noa: The Tahitian Journal*. New York: Dover Publications.

____________. 강주헌 번역. 2000.《야만인의 절규》. 창해.

Glacken. *Traces on the Rhodian Shore* → 2장.

Goethe. → *Italienische Reise*. → 2장.

______. → *Goethe's Botanical Writings*. → 2장.

Gogh, Vincent van. 1958. *The Complete Letters of Vincent van Gogh: with Reproductions of All the Drawings in the Correspondence*. 3 Vols. London: Thames and Hudson.

GoGwilt, Christopher Lloyd. 1995. *The Invention of the West: Joseph Conrad and the Double-Mapping of Europe and Empire*. Stanford: Stanford University Press.

Gombrich, Ernst Hans Josef. 1995[1950]. *The Story of Art*. 16th Edition. 백승길, 이종숭번역. 2007[1997].《서양미술사》. 16차 개정증보판. 예경.

Gordan, J. D. 1941. *Joseph Conrad: The Making of A Novelist*. Cambridge, M.A.: Harvard University Press.

Greene, Mott T. 1985. 〈History of Geology〉. *Osiris*. 2(1): 97-116.

Griffiths, Jay. 2006. *Wild: An Elemental Journey.* 전소영 번역. 2011. 《땅, 물, 불, 바람과 얼음의 여행자》. 알마.

Grove. *Green Imperialism.* → 2장.

Hampson, Robert. 2000. *Cross-Cultural Encounters in Joseph Conrad's Malay Fiction*. London: Palgrave.

Heeren, Arnold H. L. 1971[1809]. *A Manual of the History of the Political System of Europe and Its Colonies*. Freeport, N.Y.: Books for Libraries Press.

Heniger, J. *Hendrik* 1986. *Adriaan van Reede Tot Drakenstein (1636-1691) and Hortus Malabaricus: A Contribution to the History of Dutch Colonial Botany.* Rotterdam: A.A.Balkema.

Hobsbawm, Eric J. 1989[1987]. T*he Age of Empire, 1875-1914*. New York: Vintage Books. 김동택 번역. 2004[1998]. 《제국의 시대, 1875-1914》. 한길사.

Ireson, Nancy. 2005. *Interpreting Henri Rousseau*. London: Tate Publishing.

Kemp, Martin. 2006. *Seen/Unseen.* 오숙은 번역. 2010. 《보이는 것과 보이지 않는 것: 레오나르도에서 허블 망원경까지》. 을유문화사.

Kimbrough, Robert. ed. 1977. *Heart of Darkness, An Authoritative Text, background and Sources Criticism.* London: W. W Norton and Co. pp. 251-261.

Klonk, Charlotte. 1996. *Science and the Perception of Nature: British Landscape Art in the Late Eighteenth and Early Nineteenth Century*. New Haven & London: Yale University Press.

Kratoska, Raben & Nordholt. *Locating Southeast Asia.* → 4장.

Kulterman. *The History of Art History*. → 2장.

Le Clézio, J.-M. G. 2004. *L'Africain.* 최애영 번역. 2005. 《아프리카인》. 문학동네.

_______________. 2013[2011]. 〈열리는 문〉. 《지구적 세계문학》. 창간호.

Leavis, F. R. 1997. The *Great Tradition.* 김영희 번역. 2007. 《영국소설의 위대한 전통: 조지 엘리엇, 헨리 제임스, 조지프 콘래드》. 나남.

Levine, George. 1992. *Darwin and the Novelists: Patterns of Science in Victorian Fiction.* Chicago: University of Chicago Press.

Lévi-Strauss. *Tristes tropiques*. → 1장.

Linnaeus, Carl. 2003[1751]. *Linnaeus' Philosophia Botanica.* Translated from the Latin by Stephen Freer. Oxford: Oxford University Press.

Llosa, Mario Vargas. 2003. *El parasio en la otra esquina.* 김현철 번역. 《천국은 다

른 곳에》. 새물결.

Loti, Pierre. 1880. *Le Mariage de Loti*. Translated by Clara Bell. 1986. *Tahiti: The Marriage of Loti*. London & New York: KPI.

Lovejoy. *The Great Chain of Being* → 3장.

McCoy, Alfred W. & Francisco A. Scarano. eds. 2009. *Colonial Crucible: Empire in the Making of the Modern American State*. Madison, Wis.: University of Wisconsin Press.

McDaniel, Craig. 2012. 〈Rethinking Rousseau〉. *Midwest Quarterly*. 53(3): 215-236.

MacKenzie, John M. 1998. *The Empire of Nature: Hunting, Conservation and British Imperialism*. Manchester: Manchester University Press.

Malinowski, Bronis. 1984. *Argonauts of the Western Pacific: An Account of Native enterprise and adventure in the archipel* . 최협 번역. 2013. 《서태평양의 항해자들》. 전남대출판부.

Mann, Thomas. 1925[1912]. *Death in Venice.* 박동자 번역. 1998. 《토니오 크뢰거, 트리스탄, 베니스에서의 죽음》. 민음사.

Milton, John. 1667. *Paradise Lost*. 조신권 번역. 1989. 《실낙원》. 2권. 문학동네.

Mitchell, Timothy F. *Art and Science in German Landscape Painting, 1770-1840*. → 2장.

Mitchell, W. J. T. 1987. *Iconology: Image, Text, Ideology.* 임산 번역. 2005. 《아이코놀로지: 이미지, 텍스트, 이데올로기》. 시지락.

__________. 1995. *Picture Theory: Essays on Verbal and Visual Representation*. Chicago: University of Chicago Press.

Mitchell. ed. *Landscape and Power*. → 2장.

Moretti, Franco. 1996. *Modern Epic: The World System Goethe to García Márquez.* 조형준 번역. 2001. 《근대의 서사시: 괴테의 〈파우스트〉에서 마르케스의 〈백 년의 고독〉까지 근대문학 속의 세계체제 읽기》. 새물결.

Moser, Thomas C. ed. 1996[1968]. *Joseph Conrad Lord Jim*. 2nd ed. New York & London: W.W. Norton.

Multatuli. 1994. *Max Havelaar, of, De koffiveilingen der Nederlandsche handelmaatschappij*. 지명숙 번역. 1994. 《막스 하벨라르》. 문학수첩.

Nichols, Ashton (ed). 2003. *Romantic Natural Histories: William Wordsworth, Charles Darwin, and Others*. Houghton: Houghton Mifflin.

Pagden. Anthony. 1994. *European Encounters with the New World: From Renaissance to Romanticism*. New Haven: Yale University Press.

Parra, Terra de la. 1982. *Memorias de Mama Blanca*. in Obras completas, Caracas: Biblioteca Ayacucho.

Pascal, Blaise. 2010. *Pensées*. 김형길 번역.《팡세》. 서울대학교 출판문화원.

Pollock, Griselda. 1993. *Avant-garde Gambits 1888-1893: Gender and the Colour of Art History.* 전영백 번역. 2001.《고갱이 타히티로 간 숨은 이유》. 조형교육.

Porter, Roy & MikulášTeich. eds. 1988. *Romanticism in National Context*. Cambridge: Cambridge University Press.

Quammen, David. 1997. *The Song of the Dodo.* 이충호 번역. 2012.《도도의 노래》. 김영사.

Read, Herbert. 1931. *The Meaning of Art*. 박용숙 번역. 2007[1985].《예술의 의미》. 문예출판사.

Rewald, John. 1973. *Post-Impressionism: From van Gogh to Gauguin*. 정진국 번역. 2006.《후기인상주의의 역사: 반 고흐에서 고갱까지》. 까치.

Robert, *Marthe*. 1983. *Roman des Origines et Origines du Roman.* 김치수 · 이윤옥 번역. 2001[1999].《기원의 소설, 소설의 기원》. 문학과지성사.

Rousseau. *Discours sur l'origine et les fondements de l'inégalitéparmi les hommes.* → 3장.

Said. *Orientalism.* → 1장.

Saint-Pierre, Bernardin de. 1787. *Paul et Virginie.* 서호성 번역. 1990.《클레브 公爵夫人 / 마농 레스코 / 폴과 비르지니》. 金星出版社.

______________________. 1784. *Étude de la nature.* Translated by Henry Hunter. 1797. *Studies of Nature*. Vol. 3. Dublin: Printed for P. Byrne.

Sartre, Jean Paul. 1960. *Critique de la raison dialectique*. 박정자 외 번역. 2009.《변증법적 이성비판》. 3권. 나남.

Shackelford, George T. M. & Frèches-Thory, Claire. eds. 2003. *Gauguin Tahiti*. Boston: MFA Publications.

Sharp, Joanne P. 2008. *Geographies of Postcolonialism*. Newbury Park, CA: SAGE. 이영민 · 박경환 번역. 2011.《포스트 식민주의의 지리: 권력과 재현의 공간》. 여이연.

Sherry, Norman. 1966. *Conrad's Eastern World.* Cambridge: Cambridge University

Press.

____________. 1971. *Conrad's Western World*. Cambridge: Cambridge University Press.

Smith, Bernard. *European Vision and the South Pacific, 1768-1860.* → 2장.

____________. 1992. *Imagining the Pacific: In the Wake of Cook Voyages.* New Haven: Yale University Press.

Snyder, Gary. 1995. *A Place in Space: Ethics, Aesthetics, and Watersheds*. Washington, D.C.: Counterpoint: Counterpoint. 이상화 번역. 2005.《지구, 우주의 한 마을》. 창비.

Stabenow, Cornelia. 2006. *Henri Rousseau*. Köln: Taschen. 이영주 번역. 2006.《앙리 루소》.

Stepan, Nancy Leys. 2001[1995]. *Picturing Tropical Nature*. London: Reaktion Books.

Suthren, Victor & Victor J. H. Suthren. 2004. *The Sea Has No End: The Life of Louis-Antoine de Bougainville*. Toronto: Dundurn.

Sweetman, David. 1995. *Paul Gauguin: A Complete Life*. 한기찬 번역. 2003.《고갱, 타히티의 관능》. 2권. 한길아트.

Swift, Jonathan. 1726. *Gulliver's Travels.* 이동진 번역. 2008.《걸리버 여행기》. 해누리.

Tate Modern, 2005. http://www.tate.org.uk/download/file/fid/19163. 2011년 6월 29일.

Taylor, Charles. 1977. *Hegel.* Cambridge: Cambridge University Press.

____________. *Sources of the Self.* → 3장.

Thornton, John K. 1998. *Africa and Africans in the Making of the Atlantic World, 1400-1800.* Cambridge: Cambridge University Press.

Thornton, Robert. 2008[1812]. *The Temple of Flora: Essay and Description of Plates*. Köln: Taschen.

Tournier, Michel. 1967. *Vendredi ou les limbes du Pacifique.* 김화영 번역. 2012[2003].《방드르디, 태평양의 끝》. 민음사.

Verne, Jules. 1872. *Le Tour du Monde en Quatre-vingts Jours.* 김석희 번역. 2007.《80일간의 세계일주》. 열림원.

Voltaire. 1759. *Candide.* 이봉지 번역. 2009.《캉디드 혹은 낙관주의 : 볼테르 장편소설》. 열린책들.

Wallace. *The Malay Archipelago*. → 2장.

Watt, Ian P. 1957. *The Rise of the Novel*. 강유나 · 고경하 번역. 2009. 《소설의 발생: 디포우, 리처드슨, 필딩 연구》. 강.

Wells, Herbert George. 1898. *The War of the Worlds*. 임종기 번역. 2003. 《우주전쟁》. 책세상.

Welsch, Wolfgang. 1996. *Grenzgänge der Ästhetik*. 심혜련 번역. 2005. 《미학의 경계를 넘어》. 향연.

Welzer. 《기후전쟁》. → 1장.

Wenzel, Angela. 1999. Henri Rousseau: Die Schlafendze Zigeunerin. 노성두 번역. 2006. 《앙리 루소: 붓으로 꿈의 세계를 그린 화가》. 랜덤하우스.

Young, Robert C. 2001. *Postcolonialism: An Historical Introduction*. Oxford: Blackwell. 김택현 번역. 2005. 《포스트식민주의 또는 트리컨티넨탈리즘》. 박종철출판사.

______________. 2004[1994]. *White Mythologies*. 김용규 번역. 2008. 《백색신화: 서양이론과 유럽중심주의 비판》. 경성대학교출판부.

Zamora, Lois Parkinson & Wendy B. Faris. 1995. 우석균 · 박병규 번역. 2001. 《마술적 사실주의》. 한국문화사.

6장

이종찬. 1992. 《서양의학의 두 얼굴》. 한울.

______. 1996. 《보건대학원 모델의 역사성: 1910년대 미국을 중심으로》. 《醫史學》. 5: 111-127.

______. 《열대와 서구》. → 1장.

______. 《의학의 세계사》. → 3장.

______. 〈의료지리학〉. → 3장.

주인호. 《傳染病 探索記》. → 4장.

姜尙中. 1996. 《オリエンタリズムの彼方へ: 近代文化批判》. 이경덕, 임상모 번역. 1997. 《오리엔탈리즘을 넘어서》. 이산.

菊地利夫. 1987. 《歷史地理學方法論,新訂版》. 윤정숙 번역. 1995. 《역사방법론》. 이회문화사.

浜田篤郎. 2002. 《旅と病の三千年史 : 旅行醫學から見た世界地圖》, 김돈하 번역. 2004. 《여행과 질병의 3천년사》, 심산.

石弘之 · 安田喜憲 · 湯浅赳男. 2002.《環境と文明の世界史: 人類史20万年の興亡を環境史から學ふ》. 이하준 번역. 2003.《환경은 세계사를 어떻게 바꾸었는가: 환경과 문명의 세계사》. 경당.

小森陽一. 2001.《ポストコロニアル》. 송태욱 번역. 2002.《포스트콜로니얼: 식민지적 무의식과 식민주의적 의식》. 삼인.

Adebajo, Adekeye. 2014. *Curse of Berlin: Africa After the Cold War*, New York : Oxford University Press.

Allen, Michelle. 2008. *Cleansing the City: Sanitary Geographies in Victorian London.* Athens: Ohio University Press.

Anker, Peder. 2001. *Imperial Ecology: Environmental Order in the British Empire, 1895-1945*. Cambridge: Harvard University Press.

Annett, H. E. 1902. 〈The Work of the Liverpool School of Tropical Medicine〉. *Journal of the Royal African Society*. 1(2): 208-214.

Arnold, David. 1993. *Colonizing the Body: State Medicine and Epidemic Disease in Nineteenth-Century India*, Berkeley : University of California Press.

___________. 1996. *The Problem of Nature: Environment and Culture in Historical Perspective.* 서미석 번역. 2006.《인간과 환경의 문명사》. 한길사.

___________. 1996. *Warm Climates and Western Medicine: The Emergence of Tropical Medicine, 1500-1900.* Amsterdam: Rodopi.

Arnold, David. & Ramachandra Guha. eds. 1995. *Nature, Culture, Imperialism: Essays on the Environmental History of South Asia.* Delhi: Oxford University Press.

Axelson, S. 1970. *Culture Confrontation in the Lower Congo.* Falköping, Sweden: Gummessons.

Balandier, Georges. 1968. *Daily Life in the Kingdom of the Congo: From the Sixteenth to Eighteenth Century*. New York: Pantheon Books.

Baldwin, Peter. 1999. *Contagion and the State in Europe, 1830-1930.* Cambridge: Cambridge University Press.

Balfour, Andrew & Henry Harold Scott. 1924. *Health Problems of the Empire: Past, Present and Future,* New York Henry Holt & Company.

Barrett, Frank A. 1991. 〈'Scurvy' Lind's Medical Geography〉. *Social Science and Medicine*, 33: 347-353.

_____________. 1993. 〈A Medical Geographical Anniversary〉. *Social Science and Medicine*. 37: 701-710.

_____________. 2000. *Disease & Geography*. → 2장.

_____________. 2003. *Foreign Primary Sources for Medical Geography and Geographical Medicine*, Geographical Monographs, Toronto: York University-Atkinson College.

Behringer, Wolfgang. 2007. *Kulturgeschichte des Klimas: von der Eiszeit bis zur globalen Erwärmung*. München: Beck. 안병옥 · 이은선 번역. 2010. 《기후의 문화사》. 공감인.

Blaut. *The Colonizer's Model of the World* → 1장.

Brock, Thomas D. 1999. *Robert Koch: A Life in Medicine and Bacteriology*. Washtington, D.C.: ASM Press.

Casement, Roger. 2004. *The Eyes of Another Race: Roger Casement's Congo Report and 1903 Diary*. Belfield, Dublin: University College Dublin Press.

Clark, Rex & Oliver Lubrich. 2012. *Cosmos and Colonialism: Alexander Von Humboldt in Cultural Criticism*. New York: Berghahn Books,

Clemow, Frank G. 1903. *The Geography of Disease*. Cambridge: Cambridge University Press.

Conklin, Alice. 1997. *A Mission to Civilize: The Republican Idea of Empire in France and West Africa, 1895-1930*. Stanford: Stanford University Press.

Crosby, Alfred. W. 1986. *Ecological Imperialism*. 안효상, 정범진 번역. 2000. 《생태제국주의》. 지식의 풍경.

______________. *The Columbian Exchange* → 1장.

Curtin, Philip D. 1968. 〈Epidemiology and the Slave Trade〉. *Political Science Quarterly*. 83(2): 190-216.

_____________. *Disease and Empire* → 1장.

Davidson, Basil. 1992. *The Black Man's Burden: Africa and the Curse of the Nation-State*. New York : Times Books.

Davis, Mike. 2001. *Late Victorian Holocausts*. London: Verso. 정병선 번역. 2008. 《엘니뇨와 제국주의로 본 빈곤의 역사》. 이후.

De Blij, Harm J. 2009. *The Power of Place: Geography, Destiny and Globalization's Rough Landscape*. Oxford: Oxford University Press. 황

근하 번역. 2009.《공간의 힘: 지리학, 운명, 세계화의 울퉁불퉁한 풍경》. 천지인.

De Steiguer, Joseph Edward. 2006. *The Origins of Modern Environmental Thought.* Tucson: University of Arizona Press. 박길용 번역. 2008.《현대 환경사상의 기원》. 성균관대학교 출판부.

Deacon, Harriet. 2001. 〈Racism and Medical Science in South Africa's Cape Colony in Mid- to Late Nineteenth Century〉. *Osiris.* 15: 190-206.

Delaporte, François. 1986. *Disease and Civilization: The Cholera in Paris, 1832.* Translated by Arthur Goldhammer. 1986. Cambridge, M.A.: The MIT Press.

________________. 1991. *The History of Yellow Fever: An Essay on the Birth of Tropical Medicine*. Translated by Arthur Goldhammer. Cambridge: The MIT Press.

Diop, Cheikh Anta. 1974. *The African origin of civilization: myth or reality.* Translated from the French by Mercer Cook. Westport, Conn:L. Hill: distributed by Independent Pub. Group.

Dirks, Nicholas B. 2006. *The Scandal of Empire: India and the Creation of Imperial Britain.* Cambridge: Belknap Press of Harvard University Press.

Douglas, Mary. 2002[1966]. *Purity and Danger: An Analysis of the Concepts of Pollution and Taboo.* London & New York: Routledge. 유제분 · 이훈상 번역. 2005[1997].《순수와 위험: 오염과 금기 개념의 분석》. 현대미학사.

Duncan, James S. 2007. *In the Shadows of the Tropics.* Aldershot, England ; Burlington, VT : Ashgate.

Endersby, Jim. 2008. *Imperial Nature: Joseph Hooker and the Practices of Victorian Science.* Chicago: University of Chicago Press.

Ernst, Waltraud & Bernard Harris. eds. *Race, Science and Medicine, 1700-1960.* London & New York: Routledge.

Fabian, Johannes. 1991. *Language and Colonial Power: The Appropriation of Swahili in the Former Belgian Congo 1880-1938.* Berkely: University of California Press.

Fanon, Frantz. 1952. *Peau Noire, Masques Blancs.* 이석호 번역, 1998.《검은 피부, 하얀 가면》, 인간사랑.

__________. 1968. *Les Damnés de la terre*. 2nd ed. 남경태 번역. 2004. 《대지의 저주받은 사람들》, 그린비.

Farley, John. 2003. *Bilharzia: A History of Imperial Tropical Medicine*. Cambridge: Cambridge University Press.

Fay, Brian (ed). 2003. *History and Theory Special Issue*. CT: Wesleyan University.

Ferguson, Niall. 2011. *Civilization*. 김정희 번역. 2011. 《시빌라이제이션: 서양과 나머지 세계》. 21세기북스.

Finke, Leonhard Ludwig. 1789. *On the Different Practices Used by People with Respect to the Sick, the Dying and the Died: Two Countries on the History of Mankind and Medicine. With a Plan of a Work to be Published on Folkmedicine of Different Peoples of the Earth*, Translated by D. & H. Haynes, Partly Included in Frank A. Barrett, 2003. *Foreign Primary Sources for Medical Geography and Geographical Medicine*, Geographical Monographs, Toronto: York University-Atkinson College, pp. 37-42.

Ford, John. 1971. *The Role of Trypanosomiases in African Ecology: A Study of the Tsetse-fly Problem*. New York: Oxford University Press.

Foucault. *Power/Knowledge* → 2장.

Frank. *A System of Complete Medical Police*. → 3장.

Gallagher, Nancy Elizabeth. 1990. *Egypt's Other Wars: Epidemics and the Politics of Public Health*. Syracuse, N.Y.: Syracuse University Press.

Garrison, Fielding H. 1932. 〈Editorial: Medical Geography and Geographic Medicine〉. *Bulletin of the New York Academy of Medicine*. VII: 593-612.

__________. 1933. 〈Geomedicine: A Science in Gestation〉. *Bulletin of the History of Medicine*. 1: 1-9.

George, Hereford Brooke. 1901. *The Relations of Geography and History*. Oxford: The Clarendon Press.

Gide, André. 1928. *Voyage au Congo: Carnets de Route*. 김중현 번역. 2006. 《앙드레 지드의 콩고 여행》. 한길사.

Gissibl, Bernhard., Sabine Höhler and Patrick Kupper. eds. 2012. Civilizing Nature: National Parks in Global Historical Perspective. New York: Berghahn Books.

Godlewska & Smith. *Geography and Empire*. → 4장.

Gorgas, William Crawford. 1915. *Sanitation in Panama*. New York: Appleton.

Grove, Richard. H. 1997. *Ecology, Climate and Empire: Colonialism and Global Environmental History, 1400-1940*. Cambridge: White Horse Press.

____________. *Green Imperialism* → 5장.

Grove, Richard H., Vinita Damodaran & Satpal Sangwan. eds. *Nature and the Orient: The Environmental History of South and Southeast Asia*. Delhi; New York: Oxford University Press.

Haggett, Peter. 2000. *The Geographical Structure of Epidemics*. Oxford: Clarendon Press.

Hamlin, Christopher. 2009. *Cholera: The Biography*. New York: Oxford University Press.

Hardt, Michael & Antonio Negri. 2000. *Empire*. Cambridge, MA: Harvard University Press. 윤수종 번역. 2001. 《제국》. 이학사.

Harley, John Brian. 2001. *The New Nature of Maps: Essays in the History of Cartography*. Baltimore & London: The Johns Hopkins University Press.

Harlow, Barbara & Mia Carter. 2003. *Archives of Empire*. vol. 2. Durham, NC: Duke University Press Books.

Harms, Robert W. 1981. *River of Wealth, River of Sorrow: The Central Zaire Basin in the Era of the Slave and Ivory Trade, 1500-1891*, New Haven & London: Yale University Press.

Harrison, Mark. 2002[1999]. *Climates and Constitutions: Health, Race, Environment, and British Imperialism in India,* 1600-1850. New Delhi; New York: Oxford University Press.

______________. 2013. *Contagion: How Commerce Has Spread Disease*. New Haven: Yale University Press.

Heeren, Anold H. L. 2008. History of the Political System of Europe and Its Colonies from the Discovery of America. 2 vols. Charleston, South Carolina: BiblioBazaar.

Hess, Darrel. *McKnight's Physical Geography*. → 4장.

Hirsch, August. 1883. *Handbook of Geographical and Historical Pathology*. Translated by Charles Singer from the 2nd German Edition. *Handbuch der Historisch-Geographischen Pathologie*. 2 Vols. London: The New

Sydenham Society.

Hornborg, Alf, J.R. McNeill & Joan Martinez-Alier. eds. 2007. *Rethinking Environmental History: World-System History and Global Environmental Change*. Lanham: AltaMira Press.

Jackson, Robert. 2010[1791]. *A Treatise on the Fevers of Jamaica, with Some Observations on the Intermitting Fever of America, and an Appendix, Containing Some Hints on the Means of Preserving the Health of Soldiers in Hot Climates.* Gale ECCO, Print Editions.

Jacob, Heinrich Eduard. 1934. *Sage und Siegeszug des Kaffees : die Biographie eines weltwirtschaftlichen Stoffes*. 영어판은 1998[1935]. *Coffee: the Epic of a Commodity* Translated by Eden & Cedar Paul. 남덕현 번역. 2013.《커피의 역사》. 자연과생태.

Jarcho, Saul. 1970. 〈Yellow Fever, Cholera, and the Beginnings of Medical Cartography〉. *Journal of the History of Medicine & Allied Sciences*. XXV: 131-142.

Johnson, James. 1821. *The Influences of Tropical Climates on European Constitutions; Being a Treatise on the Principal Diseases Incidental to Europeans in the East and West Indies, Mediterranean, and Cost of Africa.* 3rd edition. London: Thomas & George Underwood.

Jouanna, Jacques. 1999. *Hippocrates.* Translated by M. B. DeBevoise. 서홍관 번역. 2004.《히포크라테스》. 아침이슬.

Koch, Tom. 2005. *Cartographies of Disease: Maps, Mapping, and Medicine*. Redlands. C.A.: ESRI Press.

Kotar, S.L. & J.E. Gessler 2014. *Cholera: A Worldwide History.* Jefferson. North Carolina: McFarland & Company. Inc.

Lamb. *Climate, History and the Modern World.* → 1장.

Latour, Bruno. 1984. *Les Microbes: guerre et paix suivi de irreductions*. Translated by Alan Sheridan & John Law. 1988. *The Pasteurization of France*. Cambridge, M.A.: Harvard University Press.

Lind, James. 2010[1768]. *An Essay on the Diseases Incidental to Europeans in Hot Climates with the Method of Preventing Their Fatal Consequences*. Gale ECCO, Print Editions.

Lindqvist, Sven. 1993. *Utrota Varenda Jävel.* 김남섭 번역. 2003.《야만의 역사》.

한겨레신문사.
Lomborg, Bjørn. 1998. *Verdens sande tilstand*. Paris: Centrum. 홍욱희 · 김승욱 공역. 2003.《회의적 환경주의자》. 에코리브르.
Lorcin, Patricia M. E. 1999. 〈Imperialism, Colonial Identity, and Race in Algeria, 1830-1870: The Role of the French Medical Corps〉. *Isis*, Vol. 90: 653-679.
Lowenthal.《과거는 낯선 나라다》. → 4장.
McNeill, John Robert. 2000. *Something New Under the Sun: An Environmental History of the Twentieth-Century World*. New York: W.W. Norton & Company. 홍욱희 번역. 2008.《20세기 환경의 역사》. 에코리브르.
McNeill. *The Pursuit of Power* → 3장.
Macleod, Roy (ed). 2000. *Nature and Empire: Science and the Colonial Enterprise*. Chicago: University of Chicago Press.
MacNamara, N. Charles. 1876. *A History of Asiatic Cholera*. London: Macmillan.
Mann, Thomas(토마스 만). 〈베니스에서의 죽음〉. 박동자 번역. 1998.《토니오 크뢰거, 트리스탄, 베니스에서의 죽음》. 민음사. pp.417-530.
Manning, Patrick. 2003. *Navigating World History: A Guide for Researchers and Teachers*. New York: Palgrave Macmillan.
Manson, Patrick. 1898. *Tropical Diseases: A Manual of the Diseases of Warm Climates*. New York: William Wood.
Manson-Bahr, Philip H. 1962. *Patrick Manson, the Father of Tropical Medicine*, London; New York: T. Nelson.
Marcovich, Anne. 1988. 〈French Colonial Medicine and Colonial Rule: Algerie and Indochine〉. Roy, MacLeod & Milton Lewis. eds. *Disease, Medicine, and Empire: Perspectives on Western Medicine and the Experience of European Expansion*. London & New York: Routledge.
Marks, Robert. 2002. *The Origins of the Modern World: A Global and Ecological Narrative*. Lanham, MD: Rowman & Littlefield. 윤영호 번역. 2004.《다시 쓰는 근대세계사 이야기: 세계화와 생태학적 관점에서》. 코나투스.
Marsh, George Perkins. 2003[1864]. *Man and Nature*. Edited, with a New Introduction by Lowenthal, David. Seattle & London: University of Wisconsin Press. 홍금수 번역. 2008.《인간과 자연》. 한길사.
May, Jacques M. 1950. 〈Medical Geography: Its Methods and Objectives〉.

Geographical Review. 40: 9-41.

Meade, Melinda S. & Earickson, Robert. 2005. *Medical Geography*. New York: Guilford.

Memmi, Albert. 1970. *Portrait du Colonisé, Précédédu Portrait du Colonisateur* (1965), Translated by Howard Greenfeld in *The Colonizer and the Colonized.* Boston : Beacon Press.

Mommsen, Wolfgang J. 1977. 〈Imperialismus: Seine Geistigen〉. Translated from the German by P. S. Falla. in *Theories of Imperialism.* 1980. New York: Random House.

Moseley, Benjamin. 1804[1787]. *A Treatise on Tropical Diseases, on Military Operations; and on the Climate of the West Indies.* 4th ed., London: T.N. Longman & O. Rees.

Ngalamulume, Kalala J. 2012. *Colonial Pathologies, Environment and Western Medicine in Saint-Louis-du-Senegal, 1867-1920.* New York: Peter Lang.

Nuernberger, Andrea. 2011. 〈Leonhard Ludwig Finke: Medical Geography〉. Center for Spatially Integrated Social Science, http://www.csiss.org/classics/content/106.

Osborne, Michael. A. 〈French Military Epidemiology and the Limits of the Laboratory: The Case of Louis-Félixe-Achille Kelsch〉 → 3장.

__________________. 2000. 〈The Geographical Imperative in Nineteenth-Century French Medicine〉. in Rupke, Nicolaas A., ed., *Medical Geography in Historical Perspective*, London: Wellcome Trust Centre for the History of Medicine, pp. 31-50.

__________________. 2005. 〈Science and the French Empire〉. *Isis*. 96: 80-87.

Osler, William. 1909. 〈The Nation and the Tropics〉. *Lancet*. 13: 1401-1405.

Osterhammel, Jürgen. 1995. *Kolonialismus: Geschichte, Formen, Folgen.* 박은영 · 이유재 번역. 2006.《식민주의》. 역사비평사.

Packard, Randall M. 2010. *The Making of a Tropical Disease: A Short History of Malaria.* Baltimore: Johns Hopkins Press.

Pakenham. *The Scramble for Africa.* → 4장.

Parenti, Christian. 2011. *Tropic of Chaos: Climate Change and the New Ggeography of Violence*. New York: Nation Books. 강혜정 번역. 2012.《왜 열대는 죽음의 땅이 되었나: 기후 변화와 폭력의 새로운 지형도》.

미지북스.
Pati, Biswamoy and Mark Harrison. eds. 2001. *Health, Medicine and Empire: Perspectives on Colonial India*. New Delhi: Orient Longman.
______________________________. 2008. *The Social History of Health and Medicine in Colonial India*. London: Routledge.
Pettenkofer, Max von. 1941. *Value of Health to A City: Two Lectures Delivered in 1873*. Translated from the German. Baltimore: Johns Hopkins Press.
Polanyi, Karl. 1985[1944]. *The Great Transformation*. Boston: Beacon Press. 홍기빈 번역. 2009.《거대한 전환: 우리 시대의 정치 · 경제적 기원》. 길.
Ponting, Clive. 2011. *A New Green History Of The World: The Environment and the Collapse of Great Civilizations*. New York: Random House.
Porter, Roy. 1997. T*he Greatest Benefit to Mankind: A Medical History of Humanity from Antiquity to the Present*. London: HarperCollins.
Radkau, Joachim. 2008[2002]. *Nature and Power: A Global History of the Environment*. Cambridge: Cambridge University Press. 이영희 번역. 2012.《자연과 권력: 인간과 자연, 갈등과 개입 그리고 화해의 역사》. 사이언스북스.
Reader, John. 1999. *A Biography of the Continent*. 남경태 번역. 2013.『아프리카 대륙의 일대기』. 휴머니스트.
Reede, Van. 2003. *Hortus Malabaricus with Annotations and Modern Botanical Nomenclature*. Translated by K.S. Manilal. Thiruvananthapuram: University of Kerala.
Rosen, George. 1946. 〈Leonhard Ludwig Finke, On the Different Kinds of Geographies, but Chiefly on Medical Topographies, and How to Compose Them〉, Translated from the German with an Introduction, *Bulletin of the History of Medicine*. 20: 527–538.
____________. 1993[1958]. *A History of Public Health*. Expanded Edition. Baltimore & London: The Johns Hopkins University Press. 이종찬·김관욱 번역. 2009.《보건과 문명》. 몸과마음.
Ross, Ronald. 1923. *Memoirs with a Full Account of the Great Malaria Problem and Its Solution*. London: John Murray.
Rupke, Nicolaas A. 2000. *Medical Geography in Historical Perspective*. London: Wellcome Trust Centre for the History of Medicine at UCL.

Sackman, Douglas Cazaux. 2010. *A Companion to American Environmental History*. Hoboken, N.J.: John Wiley & Sons.

Sambon, L. Westernra. 1898. 〈Acclimatization of Europeans in Tropical Land〉. *The Geographical Journal.* 12: 589-599.

Sanderson, Stephen K. (ed). 1995. *Civilizations and World Systems: Studying World-Historical Change*, New York: AltaMira Press.

Scott, H. Harold. 1939. *A History of Tropical Medicine: Based on the Fitzpatrick Lectures Delivered before the Royal College of Physicians of London, 1937-38.* 2 vols. London: Edward Arnold & Co.

Semple, Ellen Churchill. 1911. *Influences of Geographic Environment.* New York: H. Holt and co.

Sen. *Identity and Violence*. → 3장.

Shiva, Vandana. 1992. *The Violence of the Green Revolution: Ecological Degradation and Political Conflict in Punjab*. New Delhi: Zed Press.

Sigerist, Henry E. 1951. *A History of Medicine: Primitive and Archaic Medicine.* Vol. I. New York & Oxford: Oxford University Press.

Silverstein, Arthur. M. 2009. *A History of Immunology*. 2nd ed. New York: Academic Press.

Snow, John. 1855. *On the Mode of Communication of Cholera.* London: Churchill.

Sontag, Susan. 1990[1978]. *Illness as Metaphor; And, AIDS and Its Metaphors.* 이재원 번역. 2002. 《은유로서의 질병》. 이후.

Stallybrass, Peter. 1986. *The Politics and Poetics of Transgression.* Ithaca, NY : Cornell University Press.

Thomas, Nicholas. 1994. *Colonialism's Culture: Anthropology, Travel and Government*. Cambridge: Polity Press.

Vansina. *Paths in the Rainforests* → 3장.

Wateson, George. 1915[1598]. *The Cures of the Diseased, in Remote Regions: Preventing Mortalitie, Incident in Forraine Attempts, of the English Nation*. Reproduced in facsimile with introduction and notes by Charles Singer Oxford: Clarendon Press.

Watts. Michael J. 2013[1983]. *Silent Violence: Food, Famine and Peasantry in Northern Nigeria*. University of Georgia Press.

Williams. *Capitalism & Slavery.* → 1장.

Worboys, Michael. 1993. 〈Tropical Diseases〉. in William F. Bynum & Roy Porter. eds. *Companion Encyclopedia of the History of Medicine*. Vol. 1. London: Routledge, 1993. pp. 512-536.

Worster, Donald. 1985. *Nature's Economy: A History of Ecological Ideas*. Cambridge: Cambridge University Press.

______________(ed). 1988. The Ends of the Earth: Perspectives on Modern Environmental History. Cambridge: Cambridge University Press.

______________. 1993. *The Wealth of Nature : Environmental History and the Ecological Imagination*. New York: Oxford University Press.

______________. 1994. *Nature's Economy: A History of Ecological Ideas*. Cambridge: Cambridge University Press. 강헌 · 문순홍 번역. 2002.《생태학: 그 열림과 닫힘의 역사》. 아카넷.

7장

강광식 외. 1999.《現代韓國理念論爭史硏究》. 한국정신문화연구원.

강명관. 2007.《국문학과 민족 그리고 근대》. 소명출판.

강병수. 2003. 〈星湖 李瀷과 河濱 愼後聃의 서학담론 - 뇌양(腦囊)에 대한 인식을 중심으로〉. 한국실학연구. 6: 29-62.

강봉룡. 2004.《장보고: 한국사의 미아 해상왕 장보고의 진실》. 한얼미디어.

강석화. 2013. 〈17, 18세기 조선의 청 군사 기술 수용〉. 朝鮮時代史學報. 67: 329-361.

강재언. 이규수 번역. 1998.《서양과 조선: 그 이문화 격투의 역사》. 학고재.

강진아. 2011. 〈중국의 부상과 세계사의 재조명〉. 역사와 경계. 80: 45-186.

강혜선. 2006. 〈조선후기 박물학적 취향과 김려의 한시〉. 한국문학논총. 43: 37-68.

강희정. 2011. 〈미술을 통해 본 唐 帝國의 南海諸國 인식〉. 중국사연구. 72: 39-66.

고명수. 2011. 〈쿠빌라이 정부의 南海정책과 해외무역의 번영: 몽골의 전통적 세계관과 관련하여〉 史叢. 72: 235-265.

고병익. 1969.《아시아의 歷史像》. 서울大學校 出版部.

______. 1989. 〈지볼트(F. von Siebold)의 韓國記錄 硏究〉. 東洋學. 19: 1-64.

______. 1991. 〈近代 東아시아의 海上通交〉. 眞檀學報. 71: 298-309.

______. 1996.《동아시아사의 전통과 변용》. 문학과 지성사.
고연희. 2007.《조선시대 산수화, 아름다운 필묵의 정신사》. 돌베게.
고용희. 2008.《바다에서 본 耽羅의 歷史》. 각.
고인덕. 2012.〈명말 도설백과사전『삼재도회(三才圖會)』의 의의〉. 아시아문화연구28: 21-46.
구만옥. 2003.〈16-17세기 朝鮮 知識人의 西洋 이해와 世界觀의 변화〉. 東方史學. 122: 1-51.
국립해양문화재연구소. 2009.《고려 뱃길로 세금을 걷다》. 예맥.
____________________. 2012.《홍어장수 문순득, 아시아를 눈에 담다》. 예맥.
권오영. 2012.〈百濟와 西域의 文物交流에 대한 試論〉. 百濟研究. 55: 205-224.
권인혁. 1999.〈17세기 조선의 對外認識과 하멜 漂着〉. 濟州島史研究. 8: 9-22.
권혁래. 2008.〈《조완벽전(趙完璧傳)》의 텍스트와 문학적 의미 연구〉. 語文學. 100: 205-234.
금장태. 2012.〈조선서학의 전개와 과제〉. 신학과 철학. 20: 44-76.
김덕진. 2008.《대기근, 조선을 뒤덮다: 우리가 몰랐던 17세기의 또 다른 역사》. 푸른역사.
김동석. 2007.〈《白雲筆》研究〉. 民族文化. 30: 169-214.
김동식. 2002.〈철도의 근대성:「경부철도노래」와「세계일주가」를 중심으로〉. 돈암어문학. 15: 39-67.
김려.《牛海異魚譜》. 박준원 번역. 2004.《우해이어보》. 다운샘.
김문관. 1985.〈近世日本의 朱印船貿易에 관한 研究〉. 제주대학교 논문집. 21: 267-282.
김문기. 2011.〈17세기 중국과 조선의 재해와 기근〉. 이화사학연구. 43: 71-129.
김미정. 2009.〈鎖國期 서양인의 여행기에 나타난 일본관: 캠페르 · 쓴베리 · 시볼트의 江戶 여행기를 중심으로〉. 日本言語文化. 15: 184-200.
김상근. 2010.《프란치스코 하비에르: 아시아선교의 개척자》. 홍성사.
김승호. 2009.〈해양공간의 설화적 수용과 의미: 三國遺事를 중심으로〉. 한국문학연구. 37: 41-70.
김영건. 1948.《여명기의 조선》. 정음사.
김영남. 2007.〈기무라켄카도(木村蒹葭堂. 1736-1802)의 繪畵 研究〉. 미술사학. 8: 113-153.
김영식. 2006.〈17세기 중국의 기계와 力學에 대한 관념: 王徵의《기기도설(奇器圖說)》을 중심으로〉. 한국과학사학회지. 28(1): 1-27.

김용운 · 김용국. 2009.《한국수학사: 수학의 창을 통해 본 한국인의 사상과 문화》. 살림Math.

김영원 외. 2003.《항해와 표류의 역사》. 솔.

김용태. 2010.〈한국한문학 자료에 나타난 베트남 인식의 몇 가지 갈래〉. 韓國漢文學硏究. 45: 271-301.

______. 2011.〈漂海錄의 전통에서 본《海外聞見錄》의 위상과 가치〉. 한국한문학회. 48: 295-331.

김인규. 2011.〈문헌에 보이는 미얀마 흑유대호(흑유대호, 일명 Martaban Jar)에 대한 연구〉. 동남아시아연구. 21(2): 329-358.

김재완. 1996.〈엘리제 르클뤼 思想과 그의 韓國에 대한 記述〉. 문화역사지리. 8: 123-146.

김철웅. 2004.〈고려와 송의 해상교역로와 교역항〉. 중국사연구. 28: 101-124.

김태영. 2009.〈황사영의 의식 전환과 천주교적 세계관: 백서 작성 배경과 관련하여〉. 지역과 역사. 25: 187-235.

김학준. 2010.《서양인들이 관찰한 후기 조선》. 서강대학교 출판부.

김혜경. 2012.《예수회의 적응주의 선교》. 서강대학교 출판부.

김호. 2009.〈조선 후기 지성계의 변화와 '서학'수용〉.《韓國儒學思想大系 XII: 科學技術思想編》. 국학진흥원. 197-256.

김호동. 2010.《몽골제국과 세계사의 탄생》. 돌베개.

김희언. 2011.〈해방신학의 실천이론의 인식론적 의미에 관한 재고찰〉. 한국조직신학논총. 31: 395-417.

류제헌. 1999.《중국역사지리》. 문학과지성사.

문경호. 2011.〈고려 시대의 조운제도와 조창〉. 지방사와 지방문화. 14(1): 7-46.

______. 2014.《고려 시대 조운제도 연구》. 혜안.

문정진. 2013.〈物의 槪念과 空間 — 格致와 科學, 그 사이의 言表와 談論을 중심으로〉. 中國文學. 75: 51-71.

민덕기. 2012.〈동아시아 해금정책의 변화와 해양 경계에서의 분쟁〉. 韓日關係史硏究. 42: 189-228.

박구병. 2001.〈《우해이어보》·《자산어보》·《난호어목자》〉. 해양과문화. 5: 186-187.

박성래. 2004[1998].《한국사에도 과학이 있는가》. 교보문고.

______. 2005.《한국과학사상사》. 유스북.

박성순. 2005.《조선 유학과 서양과학의 만남》. 고즈윈.

박영준. 1999.《섬의 세계사: 치열한 역사의 충각, 섬을 통해 보는 세계사》. 가람기획.
박용숙. 1993.《韓國 美術의 起源 : 미술사의 근본문제》. 藝耕.
박원길. 2009.〈몽골과 바다〉. 몽골학. 26: 99-144.
박정신. 2010.〈기독교 근본주의, 한국 지성사에 길을 묻다〉.《기독교사상》. 8월호: 22-33.
박종기. 2008.《새로 쓴 5백년 고려사》. 푸른역사.
박철. 2011.《16세기 서구인이 본 꼬라이》. 한국외국어대학교 출판부.
박태근. 2004. <이경준(제6대 통제사)장군의 통영건설과 당포해전>. 통영탄생 400주년 기념 국제학술회의. 2004년 10월 5일; ______. 2004. <李慶濬장군의 統營건설과 唐浦해전>. 국제한국학연구. 2: 135-197.
박현모. 2004.〈세도정치기 조선 지식인의 정체성 위기: 황사영백서를 중심으로〉. 東方學志. 123: 99-130.
방동인. 2001.《韓國地圖의 歷史》. 신구문화사.
배우성. 1998.《조선후기 국토관과 천하관의 변화》. 일지사.
______. 2000.〈서구식 세계지도의 조선적 해석,「천하도」〉. 한국과학사학회지. 22(1): 51-79.
백영서 외. 2005.《동아시아의 지역질서: 제국을 넘어 공동체로》. 창비.
서경희. 2012.〈"조완벽전"에 나타난 이방, 이방인 서사의 의미〉. 東方學. 25: 59-99.
徐兢. 조동원 외 공역. 2005.《고려도경: 중국 송나라 사신 눈에 비친 고려 풍경》. 황소자리.
서성철. 2013.〈삼각무역: 아카풀코 갤리언 무역의 탄생과 몰락〉. 라틴아메리카연구. 26(2): 131-157.
서유구. 이효지 외 편역. 2007.《임원십육지: 정조지》. 교문사.
성백용. 2010.〈맨드빌의《여행기》와 동양〉. 동국사학. 49: 105-13.
손승철. 2011.《이사부와 동해 그리고 독도》. 강원도민일보.
손정희. 2008.〈19세기 博物學的 趣向과 繪畫의 새로운 경향〉. 한국문화. 44: 43-73.
손찬식. 2006.〈《조완벽전(趙完璧傳)》을 통해 본 지봉(芝峯) 이수광의 월남 인식〉. 古小說硏究. 21: 215-247.
손태현. 2011[1996].《한국해운사》. 임종길 엮음. 위드 스토리.
신대현. 1994.〈宋應星과 天工開物: 韓國·中國 工藝科學史硏究를 위한 試

論〉. 문화사학. 1: 365-384.
신유한. 1907[1719-1720].《海遊錄》. 김찬순 번역. 2006.《해유록 : 조선 선비 일본을 만나다》. 보리.
양승윤 · 최영수 · 이희수 외. 2003.《바다의 실크로드》. 청아출판사.
양일모. 2012.〈"사상"을 찾아가는 여정: 일본과 중국의 인식과 중국학〉. 일본비평. 6: 24-49.
오상학. 2011.《조선시대 세계지도와 세계인식》. 창비.
원재연. 2003.〈조선시대 학자들의 서양인식〉. 大丘史學. 73: 41-94.
원종민. 2011.〈文淳得의《漂海始末》에 기록된 세 가지 외국어와 그 가치〉. 중국학연구. 56: 131-176.
유교경전번역총서 편찬위원회. 유교문화연구소 번역. 2008.《시경》(詩經). 성균관대학교 출판부.
유소민. 2005. 박기수 · 차경애 번역.《기후의 반역: 기후를 통해 본 중국의 흥망사》. 성균관대학교출판부.
유희. 1972.《물명고 · 물보》. 한국사상연구소.
윤대영. 2009.〈김영건(金永鍵)의 베트남 연구 동인(動因)과 그 성격: 1930~40년대, 그의 "전변무상(轉變無常)"한 인생 역정과 관하여〉. 동남아시아연구. 19(3): 57-100.
윤민용. 2011.〈18세기《탐라순력도》의 제작경위와 화풍〉. 韓國古地圖硏究. 3(1): 43-62.
윤용혁. 2013.〈고려의 뱃길과 섬, 최근의 연구 동향〉. 도서문화. 42: 105-132.
義淨. 김규현 역음. 2013.《대당서역구법고승전》. 글로벌콘텐츠.
이강한. 2013.《고려와 원제국의 교역의 역사: 13~14세기 감춰진 교류상의 재구성》. 창비.
이경규. 2005.〈송 · 원대 천주 해외무역의 번영과 市船司 설치〉. 대구사학. 81: 93-122.
이경희. 2011.〈《지봉유설(芝峰類說)에 나타난 이수광의 세계 인식: 외국부(諸國部) 외국조(外國條) 기사를 중심으로》. 문명교류연구. 2: 225-258.
이규경. 민족문화추진회 번역. 2008.《오주연문장전산고》. 총6권. 한국학술정보.
______. 최주 역주. 2008.《五洲書種博物考辨》. 학연문화사.
이만열. 1981.《한국 근대 역사학의 이해》. 문학과지성사.
이병훈. 2013.《한국의 생물다양성과 국립자연박물관 추진의 현대사》. 다른세상.
이병희. 2012.〈고려시기 벽란도의 '해양도시'적 성격〉. 도서문화. 39: 39-73.

이삼성. 2009.《동아시아의 전쟁과 평화》. 한길사.
이상면. 2013.〈근대 시각기구 카메라 옵스쿠라의 동아시아 유입과 시각 · 영상 문화의 발전과정: 17세기 초-19세기 중반 중국 · 한국의 서양 과학 · 문화 유입과 관련하여〉. 영상문화. 21: 235-265.
이수광. 丁海廉 역주. 2000.《지봉유설精選》. 現代實學社.
이영. 2010.〈동아시아 국제 질서의 변동과 왜구: 14세기 후반에서 15세기 초를 중심으로〉. 한일관계사연구. 36: 176-230.
____. 2013.《팍스 몽골리카의 동요와 고려 말 왜구: 동아시아의 파이렛츠(Pirates)와 코르세어(Corsairs)》. 혜안.
이영훈. 2004.《수량경제사로 본 조선후기》. 서울대학교출판부.
이옥. 안대회 번역.《연경, 담배의 모든 것》. 2008. 휴머니스트.
____. 실시학사 고전문학연구회 번역. 2009.《벌레들의 괴롭힘에 대하여: 백운필(白雲筆) 연경(烟經)》. 휴머니스트.
이우성 · 강만길. 1975.《한국 근대 역사학 인식》(상 · 하). 창작과 비평사.
이종찬.《동아시아 의학의 전통과 근대》→ 1장.
______. 2012.〈한국 오리엔탈리즘의 중층적(重層的) 구조〉. 한국전통문화대학교. 전통문화연구소 엮음.《한국문화와 오리엔탈리즘》. 보고사.
______.《난학의 세계사》. → 1장.
이중희. 2002.《한 · 중 · 일의 초기 서양화 도입 비교론》. 얼과 알.
이진한. 2014.《고려시대 무역과 바다》. 경인문화사.
이태원. 2002.《현산어보를 찾아서》. 청어람미디어.
이태호. 2008.《옛 화가들은 우리 얼굴을 어떻게 그렸나》. 생각의 나무.
이향만. 2012.〈한국학의 기원으로서 조선서학의 의의〉. 한국 철학논집. 33: 203-238.
이헌창. 2010.〈조선을 바라보는 제3의 시각〉. 한국사연구. 148: 115-167.
일연. 이민수 번역. 1995.《삼국유사》. 을유문화사.
임영걸. 2013.〈五洲 李圭景 실학의 한 방향: 西勢 認識에서 국제통상론으로〉. 漢文學報. 28: 117-150.
임종태. 2009.〈"극동(極東)과 극서(極西)의 조우": 이기지(李器之)의《일암연기(一菴燕記)》에 나타난 조선 연행사의 천주당 방문과 예수회사와의 만남〉. 한국과학사학회지. 31(2): 377-411.
______. 2012.《17, 18세기 중국과 조선의 서구 지리학 이해 : 지구와 다섯 대륙의 우화》. 창비.

전상운(全相運). 1976(1966).《韓國科學技術史》. 정음사.
____________. 2000.《한국과학사》. 사이언스북스.
정기준. 2013.《고지도의 우주관과 제도원리의 비교연구: 〈곤여만국전도〉에서 〈대동여지도〉까지》. 景仁文化社.
정길수. 2007.〈한국 고전소설에 나타난 '中華主義'〉. 국문학연구. 15: 131-152.
정성일. 2012.〈한국 표해록의 종류와 특징〉. 島嶼文化. 40: 9-39.
정성화. 1999.〈16세기 고서에 나타난 한국: 이미지의 태동〉. 역사학보. 162: 161-189.
______. 2009.〈한국 관련 지식의 유럽적 기반과 내용: 17세기 전반기 예수회 중국 선교사들의 기록을 중심으로〉. 대구사학. 97: 109-142.
정수일(무하마드 깐수). 1992.《신라·서역교류사》. 단국대학교 출판부.
______. 1993.〈알 이드리시세계지도와 신라〉. 한국이슬람학회논총. 3(1): 191-204.
______. 2004.《문명교류사연구》. 사계절.
정약전. 정문기 번역. 1977.《자산어보》(玆山魚譜). 지식산업사.
정인철. 2010.〈프랑스 국립도서관 소장 서양 고지도에 나타난 동해 지명의 조사 연구〉. 한국지도학회지. 10(2): 13-27.
정재서 역주. 2004.《산해경》(山海經). 민음사.
정현백. 2013.〈일본 근대역사학의 형성과 서구 역사학의 영향 그리고 개화기 조선: 트랜스내셔널 전이를 중심으로〉. 韓國史學史學報. 27: 433-472.
정형민. 2007.〈《기기도설(奇器圖說)》의 기술도 분석〉. 한국과학사학회지. 29(1): 99-132.
정형민 · 김영식. 2007.《조선 후기의 기술도: 서양 과학의 도입과 미술의 변화》. 서울대학교 출판부.
정호훈. 2010.〈《주영편》의 자료 구성과 知識 세계〉. 震檀學報. 110: 329-361.
조성을. 2004.《조선 후기 사학사 연구》. 한울.
조영록 외. 2004.《장보고 선단과 해양불교: 9-10세기 동아시아 해양불교 교류》. 재단법인 해상왕장보고기념사업회.
조흥국. 2009.《한국과 동남아시아의 교류사》. 소나무.
중국해양대학교 해외한국학 중핵대학 사업단, 고려대학교 민족문화연구원 HK 한국문화연구단 엮음. 2014.《해양과 동아시아의 문화교류》. 경진.
지명숙 · 왈라벤(B.C.A. Wallraven). 2003.《보물섬은 어디에: 네덜란드 공문서를 통해 본 한국과의 교류사》. 연세대학교 출판부.
최근식. 2005.《신라해양사 연구》. 고려대학교 출판부.
최덕수 외. 2006.《장보고와 한국 해양 네트워크의 역사》. 재단법인 해상왕장보고기념사업회.
최병욱. 2001.〈17세기 제주도민들이 본 호이 안(Hoi An 會安)과 그 주변〉. 베트남연구. 2: 189-205.
최병욱. 2009.〈이수광의 베트남, 1597-1598〉. 동남아시아연구. 19(3): 31-55.
최병욱 · 양승윤 외. 2003.《바다의 실크로드》. 청아출판사.
최석우. 1998.〈박해 시대 천주교 신자들의 國家觀과 西洋觀〉. 교회사연구. 13: 9-17.
최성환. 2012.《문순득 표류연구 – 조선후기 문순득의 표류와 세계인식》. 민속원.
최소자. 1987.《東西文化交流史硏究: 明, 淸時代 西學受容》. 三英社.
최원오. 2009.〈17세기 서사문학에 나타난 越境의 양상과 超國的 공간의 출현〉. 古典文學硏究. 36: 189-224.
최정임. 2003.〈《三才圖會》와 朝鮮後期 繪畵〉. 홍익대학교 대학원 석사학위논문.
하세봉. 2001.《동아시아 역사의 생산과 유통》. 아세아문화사.
하우봉. 2006.〈해상사관에서 본 조선시대의 재조명: 동남아시아국가의 교류를 중심으로〉. 일본사상 10: 189-241.
______. 2008.〈19세기 초 조선과 유럽의 만남: 지볼트와 조선표류민의 교류를 중심으로〉. 史學硏究. 90: 229-263.
한명기. 2004.〈《芝峯類說》에 나타난 李睟光의 對外認識: 대외인식 형성의 배경과 평가 문제를 중심으로〉. 震檀學報. 98: 185-207.
______. 2009.《정묘 · 병자호란과 동아시아》. 푸른역사.
한미경. 2009.〈조선시대 물고기관계문헌에 대한 연구〉. 書誌學硏究. 44: 237-269.
한상복. 1980.〈라 뻬루즈의 세계일주 탐사항해와 우리나라 근해에서의 해양조사활동〉.《한국과학사학회지》. 2(1): 48-59.
한정훈. 2009.〈고려시대 조운제의 해양사적 의미〉. 해양문화재. 1(2): 161-196.
한형조. 1996.《주희에서 정약용으로 – 조선 유학의 철학적 패러다임 연구》. 세계사.
현장. 김규현 엮음. 2013.《대당서역기》. 글로벌콘텐츠.
혜초. 정수일 역주. 2004.《혜초의 왕오천축국전》. 학고재.

홍선표. 2005.〈명청대 西學書의 視學지식과 조선후기 회화론의 변동〉.《美術史學硏究, 248: 131-170.
홍이섭. 1952.〈'Gores' 試攷〉. 역사학보. 1: 105-122.
曲金良. 김태만 · 안승웅 · 최낙민 번역. 2008.《바다가 어떻게 문화가 되는가》. 산지니.
古田元夫. 1995.《ベトナムの世界史 : 中華世界から東南アジア世界へ》. 박홍영 번역. 2008.《베트남의 世界史: 중화세계에서 동남아시아 세계로》. 개신.
久米邦武. 2005.《特命全権大使米欧回覧実記》. 東京: 慶應義塾大学出版会. 5卷. 정애영 외 번역. 2011.《특명전권대사 미구회람실기》. 5권. 소명출판.
宮紀子. 2007.《モンゴル帝国が生んだ世界図》. 김유영 번역. 2010.《조선이 그린 세계지도: 몽골 제국의 유산과 동아시아》. 소와당.
桃木至朗. 2008.《海域アジア史研究入門》. 최연식 번역. 2012.《해역아시아사 연구 입문》. 민속원.
濱田青陵. 1931.《天正遣歐使節記》. 東京: 岩波書店.
寺島良安 엮음. 2014[1712].《화한삼재도회》(和漢三才圖會). 三才圖會集成 시리즈 4, 5권. 민속원.
杉山正明 · 宮島博史. 2008.《明清と李朝の時代》. 김현영 · 문영실 번역. 2003.《조선과 중국 근세 오백년을 가다: 일국사를 넘어선 동아시아 읽기》. 역사비평사.
上杉千年. 임진호 번역. 2007.《1421 세계최초의 항해가 정화》. 이치.
西村三郎. 1999.《文明のなかの博物学: 西欧と日本》. 大阪 : 紀伊國屋書店.
羽田正(편). 2009. *Asian Port Cities*, 1600-1800. 현재열 · 김나영 번역. 2012.《17-18세기 아시아 해항도시의 문화교섭》. 선인.
鳥居龍蔵. 최석영 번역. 2007.《인류학자와 일본의 식민지 통치- 도리이 류조의 시베리아 · 북만주 · 사할린 조사 일기》. 서경문화사.
周婉窈. 1998.《臺灣歷史圖說》. 손준석 · 신미정 번역. 2003.《대만: 아름다운 섬 슬픈 역사》. 신구출판사.
仲尾宏. 2007.《朝鮮通信使 : 江戸 日本への善隣使節》. 손승철 번역. 2012.《조선통신사》. 소화.
智弥 · 秋道. 1995.《海洋民族學 : 海のナチュラリストたち》. 이선애 번역. 2005.《해양인류학》. 민속원.

平賀源内. 1928.《物類品騭》. 東京: 日本古典全集刊行會.

浦川和三郎. 1944.《朝鮮殉教史》. 大阪: 全國書房.

応地利明. 2007.《世界地図」の誕生》. 송태욱 번역. 2010.《세계 지도의 탄생》. 알마.

宋應星. 1637.《天工開物》. 최주 역주.《천공개물》. 1997. 전통문화사. 영어 번역판은 Translated by E-tu Zen Sun & Shiou-chuan Sun. *T'ien-kung k'ai-wu: Chinese Technology in the Seventeenth Century.* 1966. University Park: Pennsylvania State University.

沈括. 최병규 번역. 2002.《몽계필담》(夢溪筆談). 범우사.

王圻, 王思義. 2014[1609].《三才圖會集成》. 민속원.

朱喜. 임민혁 번역. 2000.《주자가례 : 유교 공동체를 향한 주희의 설계》. 예문서원.

邹振环. 2000.《晚清西方地理学在中国 : 以1815至1911年 西方地理学译著的传播与影响为中心》. 한지은 번역. 2013.《지리학의 창으로 보는 중국의 근대》. 푸른역사.

胡阿祥 · 彭安玉. 2004.《中国地理大发现》. 이익희 번역. 2007.《중국 지리 오디세이: 황하는 진정 하늘에서 흘러오는가》. 일빛.

Abu-Lughod, Janet L. 1991. *Before European Hegemony: The World System A.D. 1250-1350*. Oxford: Oxford University Press.

Alatas, Hussein, Syed. 1977. *The Myth of the Lazy Native: A Study of the Image of the Malays, Filipinos and Javanese from the 16th to the 20th century and its function in the Ideology of Colonial Capitalism*. London: F. Cass.

Aleni, Julio. 천기철 번역. 2005.《직방외기: 17세기 예수회 신부들이 그려낸 세계》. 일조각.

Bacon, Francis. 1620. *Novum Organum.* 진용석 번역. 2001.《신기관: 자연의 해석과 인간의 자연 지배에 관한 잠언》. 한길사.

____________. 1627. *New Atlantis*. 김종갑 번역. 2002.《새로운 아틀라스》. 에코리브르.

Balandier, Georges. 1965. *La Vie Quotidenne au Royaume de Kongo*. Translated by Helen Weaver. 1968. *Daily Life in the Kingdom of the Kongo from the Sixteenth to the Eighteenth Century*. New York: Pantheon Books.

Balk, Louisa, et al. eds. 2007. *The Archives of the Dutch East India Company VOC and the Local Institutions in Batavia Jakarta*. Leiden: Brill.

Bentley, Jerry H. 1993. *Old World Encounters: Cross-cultural Contacts and*

Exchanges in Pre-Modern times. New York : Oxford University Press. 김병화 번역. 2006.《고대 세계의 만남: 교류사로 읽는 문명이야기》. 학고재.

Blussé, Leonard. 2008. *Visible Cities: Canton, Nagasaki, and Batavia and the Coming of the Americans*. Cambridge, M.A. and London: Harvard University Press.

Boulesteix, Frederic. 2000. *D'un Orient autrement extrême: images françaises de la Coree, XIIIe-XXe siècle.* 이향 · 김정연 번역. 2001.《착한 미개인 동양의 현자: 서양인이 본 한국인 800년》. 청년사.

Brook, Timothy. 2010. T*he Troubled Empire: China in the Yuan and Ming Dynasties*. Cambridge University Press. 조영헌 번역. 2014.《하버드 중국사 원·명: 곤경에 빠진 제국》. 너머북스.

____________.《베르메르의 모자》. → 4장.

Browne, Janet.《찰스 다윈 평전: 나는 멸종하지 않을 것이다: 종의 기원 출간에서 말년까지, 1859-1882》. → 2장.

___________. 2000. *A Social History of Knowledge: From Guttenberg to Diderot.* Cambridge: Polity.

___________. 2012. *A Social History of Knowledge II: From the Encycplopédie to Wikipedia.* Cambridge: Polity.

___________. *Eyewitnessing* → 2장.

Carter, Paul. 1987. *The Road to Botany Bay: An Exploration of Landscape and History.* New York: Knopf.

Chauduri, K.N. 1985. *Trade and Civilisation in the Indian Ocean: An Economic History from the Rise of Islam to 1750.* Cambridge: Cambridge University Press.

Cooper, Michael (ed). 1965. *They Came to Japan: An Anthology of European Reports on Japan, 1543-1640.* Berkeley; Los Angeles: University of California Press.

Cosgrove. *Apollo's Eye*. → 2장.

Crary, Jonathan. 1990. *Techniques of the Observer: On Vision and Modernity in the Nineteenth Century*. 2001. 임동근·오성훈 번역. 2001.《관찰자의 기술: 19세기의 시각과 근대성》. 문화과학사.

Cruysse, Dirk van der. 1991. *Louis XIV et le Siam*. Translated by Michael Smithies.

2002. *Siam and the West, 1500-1700*. Chiang Mai: Silkworm Books.

Cumings, Bruce. 2009. *Dominion from Sea to Sea*. 박진빈 · 김동노 · 임종명 번역. 2011.《미국 패권의 역사》. 서해문집.

Dallet, Charles. 1874. *Histoire de l'Eglise de Corée précédée d'une introduction sur l'histoire, les institutions, la langue, les moeurs et coutumes coréennes: avec carte et planches*. 안응렬 · 최석우 번역. 1980-1987.《韓國天主教會史》. 3권. 한국교회사연구소.

Darwin, Charles. 김학영 번역. 2011.《찰스 다윈 서간집: 진화 & 기원》. 2권. 살림.

Deuchler, Martina. 1992. *The Confucian transformation of Korea*. 이훈상 번역. 2013[2003].《한국의 유교화 과정: 신유학은 한국 사회를 어떻게 바꾸었나》. 개정 번역판. 아카넷.

Elman, Benjamin A. 2005. *On Their Own Terms: Science in China, 1550-1900*. Cambridge: Harvard University Press.

Fayle, C. Ernest. 1933. *A Short History of the World's Shipping Industry*. 김성준 번역. 2004.《서양해운사》. 혜안.

Fagan, Brian. 2000. *The Little Ice Age: How Climate Made History, 1300-1850*. 윤성옥 번역. 2002.《기후는 역사를 어떻게 만들었는가》. 중심.

Fairbank, John King and Merle Goldman. 1998[1992]. *China: A New History*. 2nd Enlarged Edition. Cambridge, M.A.: President and Fellows of Harvard College. 김형종·신성곤 번역. 2005.《新中國史》. 수정증보판. 까치.

Fróis, Luís. D. 1999-2000. 강병구 번역.《포르투갈 신부가 본 임진왜란 초기의 한국: '일본사'내 16세기 한국에 관한 최초의 세부적인 기술》. 주한포르투갈문화원.

___________. 2003. 국립진주박물관 엮음. 오만 · 장원철 번역.《프로이스의『일본사』를 통해 다시 보는 임진왜란과 도요토미 히데요시》. 부키.

___________. 2008. 정성화 · 양윤선 번역.《임진난의 기록: 루이스 프로이스가 본 임진왜란》. 살림.

Garnier, Derick. 2004. Ayutthaya: Venice of the East. Bangkok: River Books.

Gin, Ooi Keat. 1998. *Japanese Empire in the Tropics*. Vol. 2. Athens: Ohio University Press.

Gipouloux, François. 2008. *La Méditerranée asiatique: Villes portuaires et réseaux marchands en Chine, au Japon et en Asie du Sud-Est, XVIe-XXIe siècle*. 노영순 번역. 2014.《아시아 지중해: 16-21세기 아시아 해항도시와 네

트워크》. 선인.

Goodman, Grant K. 2000. *Japan and the Dutch, 1600-1853*, Richmond. U.K.: Curzon.

Hamel, Hendrik. 1994[1668]. *Hamel's Journal and A Description of the Kindgom of Korea, 1653-1666.* Seoul: Royal Asiatic Society Korea Branch. 김태진 번역. 1996. 《하멜일지 그리고 조선국에 관한 기술, 1653-1666》. 전남대학교 출판부; 지명숙 · 왈라벤(B.C.A. Wallraven) 번역. 2003. 〈하멜의 보고서〉. 지명숙 · 왈라벤. 《보물섬은 어디에: 네덜란드 공문서를 통해 본 한국과의 교류사》. 연세대학교 출판부; 김태진 번역. 2003. 《하멜 표류기》. 서해문집; 유동익 번역. 2003. 《하멜 보고서》. 랜덤하우스 코리아; 李丙燾 譯註. 1954. 《하멜 漂流記》. 一潮閣.

Harley, J.B. & David Woodward. 1992. *Cartography in the Traditional Islamic and South Asian Societies*. Chicago: University of Chicago Press.

Henderson, John B. 1984. *The Development and Decline of Chinese Cosmology*. 문중양 번역. 2004. 《중국의 우주론과 청대의 과학혁명: 상관적 우주론의 형성과 발전, 그리고 부정의 역사》. 소명출판.

Hernandez, Francisco. 2000. *The Mexican Treasury: The Writings of Dr. Francisco Hernández*. Edited by Simon Varey. Translated by Rafael Chabrán, Cynthia L. Chamberlin and Simon Varey. Stanford: Stanford University Press.

Hobsbawm, Eric J. & Terence Ranger. eds. 2009[1983]. *The Invention of Tradition*. Cambridge: Cambridge University Press. 박지향 · 장문석 번역. 2004. 《만들어진 전통》. 휴머니스트.

Ibn Battuta. 정수일 역주. 2001. 《이븐 바투타 여행기: 여러 지방과 여로의 기사이적을 본 자의 진귀한 기록》. 2권. 창작과 비평사.

Ikeda, Satoshi. 1996. 《The History of the Capitalist Wolrd-System vs. the History of East-Southeast Asia》. 김수영 번역. 〈자본주의 세계 체제의 역사와 동-동남아시아 역사〉. 최원식 · 백영서 엮음. 1997. 《동아시아인의 '동양'인식》. 문학과 지성사.

Jackson & Jaffer. *Encounters.* → 1장.

Jacobs, Els M. 2006. *Merchant in Asia*. Leiden : CNWS Publications.

Jansen, Marius B. 1995. *Japan and Its World: Two Centuries of Change.* Princeton: Princeton University Press. 장화경 번역. 1999. 《일본과 세계의 만남》.

小花.

Johnson, Hiroko. 2005. *Western Influences on Japanese Art: The Akita Ranga Art School and Foreign Books*. Amsterdam: Hotei Publishing.

Kaemmerling, Ekkehard. 1995. *Ionographie und Ikonologie*. 노성두 외 번역. 1997. 《도상학과 도상해석학: 이론, 전개, 문제점》. 사계절.

Kaempfer, Engelbert. 1999. *Kaempfer's Japan: Tokugawa Culture Observed*. Edited, Translated, and Annotated by Beatrice M. Bodart-Bailey. Honolulu, Hawaii: University of Hawai'i Press.

______________________. *The History of Japan* → 1장.

Kuhn, Philip A. 2008. *Chinese Among Others*. 이영옥. 2014. 《타인들 사이의 중국인: 근대 중국인의 동남아 이민》. 심산.

Larner, John. 1999. *Marco Polo and the Discovery of the World*. New Haven: Yale University Press.

Ledyard, Gari. 1994. *Cartography in Korea*. 장상훈 번역. 《한국 고지도의 역사》. 소나무. 2011.

Li, Hui. 2013. 〈Jesuit Missionaries and the Transmission of Christianity and European Knowledge in China〉. *Emory Endeavors in World History*. 4: 48-64.

Liss, Robert. (ed). 2009. *The Brokered World: Go-Betweens and Global Intelligence, 1770-1820*. Sagamore Beach, M.A.: Science History Publications.

Lowenthal, David. 《과거는 낯선 나라다》. → 4장.

Milton, Giles. 2002. *Samurai William: The Adventure Who Unlocked Japan*. 조성숙 번역. 2003. 《사무라이 윌리엄: 금단의 땅 일본의 맨 얼굴을 본 영국인》. 생각의 나무.

__________. *Nathaniel's Nutmeg* → 4장.

Mungello, David E. 1985. *Curious Land: Jesuit Accommodation and the Origins of Sinology*. 이향만·장동진·정인재 번역. 2007. 《진기한 나라, 중국: 예수회 적응주의와 중국학의 기원》. 나남.

Needham, Joseph. 1959. *Science & Civilisation in China*. Vol. 6. Cambridge: Cambridge University Press.

Nish, Ian. (ed). 1998. *The Iwakura Mission in America and Europe: A New Assessment*. Richmond, Surrey: Japan Library.

Odoric of Pordenone. 정수일 번역. 2012.《오도릭의 동방기행》. 문학동네.
Panofsky. 1955. *Meaning in the Visual Arts*. 임산 번역. 2013.《시각예술의 의미》. 한길사.
Parker, Geoffrey. 2013. *Global Crisis: War, Climate Change and Catastrophe in the Seventeenth Century*. New Haven & London: Yale University Press.
Parker & Smith. *The General Crisis of the Seventeenth Century*. → 3장.
Perry, Commodore M. C. 2000. *Narrative of the Expedition of an American Squadron to the China Seas and Japan, Performed in the Years 1852, 1853, and 1854, under the Command of Commodore M. C. Perry, Unite States Navy, by Order of the Government of the United States (1856), Narrative of the Expedition to the China Seas and Japan, 1852-1854*. Mineola: New York: Dover Publications. Inc.
Pires, Tomé. 1990[1944]. *The Suma Oriental of ToméPires*. London: The Hakluyt Society.
McNeill, John Robert & William Hardy McNeill. 2003. *The Human Web: A Bird's-eye View of World History*. New York: W.W Norton. 유정희 김우영 공역. 2007.《휴먼 웹 : 세계화의 세계사》. 이산.
Ricci, Matteo. 1998. 宋榮培 외 역주.《천주실의》. 서울대학교출판부.
__________. 2013. 신진호 · 전미경 번역.《마테오 리치 중국 선교사》. 2권. 지식을만드는지식.
Ronan, Charles E. 1988. *East meets West: the Jesuits in China, 1582-1773*. Chicago: Loyola University Press.
Rumpf, Georg Eberhard. 2011. *The Ambonese Herbal*. New Haven: Yale University Press.
Shimada, Ryuto. 2006. *The Intra-Asian Trade in Japanese Copper by the Dutch East India Company during the Eighteenth Century*. Leiden & Boston: Brill.
Siebold, Philipp Franz. 柳尙熙. 1987.《朝鮮見聞記》. 博英社.
Smithies, Michael & Luigi Bressan. 2001. *Siam and the Vatican in the Seventeenth Century*. Bangkok: River Books.
Spengler, Oswald. 1991. *The Decline of the West: Complete in One Volume*. New York: Oxford University Press.
Suzuki, Yasuko. 2012. *Japan-Netherlands Trade 1600-1800: The Dutch East India*

Company and Beyond. Kyoto: Kyto University Press.

Swartz, David. 1998. *Culture and Power: The Sociology of Pierre Bourdieu*. Chicago: University of Chicago Press.

Van Dyke, Paul. A. 2007. *The Canton Trade: Life and Enterprise on the China Coast, 1700-1845*. Hong Kong: Hong Kong University Press.

Van Linschoten, Jan Huygen. 2010[1598; 1885]. *The Voyage of John Huyghen van Linschoten to the East Indies: From the Old English Translation of 1598: The First Book. Containing His Description of the East.* 2 Vols. London: Hakluyt Society.

Vansina, Jan M. 1994. *Living With Africa*. Madison: University of Wisconsin Press.

Waley-Cohen, Joanna. 1993. 〈China and Western Technology in the Late Eighteenth Century〉. *The American Historical Revie*: 98(5): 1525-1544.

Walle, W., F. Vande and Kazuhiko Kasaya. eds. 2001. *Dodonaeus in Japan: Translation and the Scientific Mind in the Tokugawa Period*. Leuven, Belgium: Leuven University Press.

Walraven, Boudewijn. 2006. 〈내키지 않은 여행자들: 핸드릭 하멜과 그의 동료들의 관찰에 대한 해석의 변화〉. 大東文化硏究. 55: 51-73.

Wang, Hui & 송인재. 2010.《亞洲視野: 中國歷史的叙述》. 글항아리.

Warren, J. F. 2007[1981]. *The Sulu Zone, 1768-1898: The Dynamics of External Trade, Slavery, and Ethnicity in the Transformation of a Southeast Asian Maritime State*. 2nd ed. Singapore: NUS Press.

Wiecko, Cynthia Ross. 2014. 〈Jesuit Missionaries as Agents of Empire: The Spanish-Chamorro War and Ecological Effects of Conversion on Guam, 1668-1769〉. World History Connected 10(3). 2013. 41 pars. 7 Oct. 2014 〈http://worldhistoryconnected.press.illinois.edu/10.3/forum_wiecko.html〉.

Woodside, Alexander. 2006. *Lost Modernities*. 민병희 번역. 2012.《잃어버린 근대성들》. 너머북스.

Yule, Henry & Henri Cordier. 1913. *Cathay and the Way Thither*. 정수일 역주. 2002.《중국으로 가는 길 : 중세 중국 관련 문헌 집록》. 사계절.

8장

강진구. 2014. 〈한국소설에 나타난 墨西哥(멕시코) 이미지 연구〉. 어문논집. 60: 211-237.

강태진. 〈한국 최초의 멕시코 이민에 나타난 사실과 픽션〉. 스페인어문학. 44: 317-338.

계승범. 2009. 《조선시대 해외파병과 한중관계 : 조선지배층의 중국 인식》. 푸른역사.

곽차섭. 2004. 《조선 청년 안토니오 코레아, 루벤스를 만나다》. 푸른역사.

구만옥. 2010. 〈"利瑪竇"에 대한 朝鮮後期 지식인들의 이해와 태도〉. 韓國思想史學. 36: 343-393.

국방군사연구소. 1997. 《韓國戰爭支援史: 人事 · 軍需 · 民事支援》.

김병길. 2012. 〈역사소설, 창기(창/기)의 경계를 횡단하다: 김영하의 역사소설 『검은 꽃』을 중심으로〉. *Comparative Korean Studies*. 20(2): 417-440.

김영건. 《여명기의 조선》. → 7장.

김영하. 2003. 《검은 꽃》. 문학동네.

김우식. 1969. 〈韓國新文學에 있어서의 타골의 影響에 대하여〉. 眞檀學報. 32: 197-238.

김우조. 2014. 〈타고르의 조선에 대한 인식과 조선에서의 타고르 수용〉. 인도연구. 19(1): 39-67.

김욱동. 2010. 《근대의 세 번역가: 서재필 · 최남선 · 김억》. 소명출판.

김윤식 · 김현. 1996[1973]. 《한국문학사》 민음사.

김진경. 1996. 《삼십년에 삼백년을 산 사람은 어떻게 자기 자신일 수 있을까》. 당대.

김찬삼. 1988. 《김찬삼의 세계여행》. 개정증보판. 10권. 한국출판공사.

김태균 · 박명준. 2010. "국제개발협력 사업에의 시민사회 결합방식: 일본과 독일의 거버넌스 유형과 한국적 함의." 『시민사회와 NGO』 8(2): 193-234.

김흥수. 2005. 〈6.25전쟁 시기 기독교외원단체의 구호활동〉. 한국기독교와 역사. 23: 109-110.

도면회. 2013. 〈한국에서 근대적 역사 개념의 탄생〉. 韓國史學史學報. 27: 321-358.

박명규. 2014. 《국민 · 인민 · 시민》. 소화.

박영미. 2003. 〈하와이 한인이민과 비교한 멕시코 초기 한인 이민과정에 대한 고찰: 제물포항에서 유카탄 에네켄 농장으로(1904-1905)〉. 스페인어문학. 28: 651-669.
손혁상. 2010. "일본과 네덜란드의 인도네시아 원조 전략비교와 한국적 함의." 『OUGHTOPIA』 25(1): 215-242.
송호근. 2011. 《인민의 탄생: 공론장의 구조 변동》. 민음사.
류시현. 2013. 〈근대 조선 지식인의 세계여행과 동서양에 관한 경계 의식〉. 아시아문화연구. 29: 61-85.
심의섭 & 김호균. 2011. 〈한국의 아프리카 정부파견 의사정책의 성과에 대한 고찰〉. 한국아프리카학회지. 34: 3-23.
오윤호. 2015. 〈20세기 초 전지구적 이주와 서술 전략 연구: 김영하의 『검은 꽃』을 중심으로〉. 현대문학이론연구. 61: 301-325.
우정덕. 2010. 〈김찬삼의 《世界一周無錢旅行記》 고찰: 1960년대 독서 대중의 세계 인식과 연결하여〉. 韓民族語文學. 56: 427-455.
유웅조. 2011. "한국 공적개발원조(ODA)정책의 성격에 대한 실증분석." 『세계지역연구논총』 29(1): 33-58.
이만열. 2003. 《한국기독교의료사》. 아카넷.
이성례 · 양선하. 2009. 〈천경자의 베트남 전쟁 기록화〉. 美術史論壇. 29: 79-96.
이순탁. 1997[1934]. 《최근 세계일주기》. 학민사.
이옥순. 2006. 《식민지 조선의 희망과 절망, 인도》. 푸른역사.
이자경. 1998. 《한국인 멕시코 이민사》. 지식산업사.
이종찬. 《난학의 세계사》. → 1장.
______. 2014c. 〈서구 중심주의 국제개발협력에 대한 인문사회과학적 성찰: 융합적 열대학에서 인류학의 실천적 역할〉. 국제개발협력연구 6(1): 51-87.
이종학. 1959. 《保健所行政과 活動》. 保健文化社.
이진경. 2007. 〈근대 계몽기 《대한매일신보》에서 근대적 역사 개념의 탄생〉. 사회와 역사. 74: 109-140.
이진일. 〈근대 국민국가의 탄생과 '국사'(national history): 동아시아로의 학문적 전이를 중심으로〉. → 2장.
이태주. 2012. 〈국제개발에서의 '위험과 오염'에 관하여〉. 『소통과 인문학』 14: 91-106.
장준호. 2011. 〈세계위험에 대한 유럽의 국가와 시민사회 대응: 지속가능전략과 공적개발원조(ODA)를 연계한 독일 사례를 중심으로〉. 『세계지역연구논총』 29(1): 7-31.

전상곤. 2009. 《일본인류학과 '동아시아': 도리이 류조, 최남선, 이하 후유의 '제국의식'》. 한국학술정보.

정경원 외. 2005. 《멕시코 쿠바 한인 이민사》. 한국외국어대학교출판부.

정중헌. 2006. 《천경자의 환상여행》. 나무와숲.

정학유. 2007. 허경진 · 김형태 번역. 《詩名多識: 조선의 인문학자 정학유의 박물노트》. 한길사.

주인호. 《傳染病 探索記》 → 4장.

천경자. 1974. 《아프리카 紀行畵文集》. 일지사.

______. 1978. 《내 슬픈 전설의 49페이지: 그림이 있는 자서전》. 문학사상사.

최남선. 이상태 번역. 2013. 《한국영토사론》. 景仁文化社.

최원규. 1996. 〈6.25전쟁중 국제연합민사원조사령부(UNCAC)의 전재민 구호정책에 관한 연구〉. 전략논총. 8: 113-161.

최제창. 1996. 《韓美醫學史》. 영림카디널.

카바(Korea Association of Voluntary Agencies) 40년사 편찬위원회(편). 1995. 《외원사회사업기관활동사: 외국민간원조기관 한국연합회 40년사》. 弘益齊.

한경구 외. 1998. 《시화호 사람들은 어떻게 되었을까》. 서울: 솔.

한국국제협력단. 2013. 《국제개발협력의 이해》. 한울.

한상복. 1988. 《海洋學에서 본 韓國學》. 海朝社.

______. 〈라 뻬루즈의 세계일주 탐사항해와 우리나라 근해에서의 해양조사활동〉 → 7장.

홍이섭. 1994[1954]. 《洪以燮全集 5: 外交史·交涉史》. 연세대학교 출판부.

황호덕. 2010. 〈여행과 근대, 한국 근대 형성기의 세계 견문과 표상권의 근대: 허헌의 구미만유(歐美漫遊)를 중심으로〉. 인문과학. 46: 5-42.

久米邦武 編. 水澤周 作成. 田中彰 校注. 米歐亞回覽の會 企劃. 《(特命全權大使) 米歐回覽實記》. 1977-1982(1876). 東京 : 岩波書店. 정애영·박삼헌 외 번역. 2011. 《특명전권대사 미구회람실기》. 5권. 소명출판.

新波戸稲造. 1969[1908]. 〈医学の進歩と殖民発展〉. 《新波戸稲造全集》. 第4巻. 東京: 教文館.

平山惠. 2011. 〈소리없는 목소리를 듣는 조사를 위하여〉. 西川潤, 下村恭民, 高橋基樹 엮음. 2011. 《開発を問い直す: 転換する世界と日本の国際

協力》. 이태주 번역. 2013.《개발학자 17인, 국제개발을 성찰하다》. 아르케.

Easterly, William R. 2011. *The White Man's Burden: Why the West's Efforts to Aid the Rest Have Done So Much Ill and So Little Good.*《세계의 절반 구하기: 왜 서구의 원조와 군사 개입은 실패할 수 밖에 없는가》. 황규득 번역. 서울: 미지북스.

Guha, Ranajit. 2002. *History at the Limited of World-History*. 이광수 번역. 2011.《역사 없는 사람들: 헤겔 역사철학 비판》. 삼천리.

Linebaugh & Rediker. *Hydra*. → 3장.

Lume, T. et al. 2009. *China's Foreign Aid Activities in Africa, Latin America and Southeast Asia*. Washington, D.C.: Congressional Research Service.

Marx, Axel & Soares, Jadir. 2013. 〈South Korea's Transition from Recipient to DAC Donor: Assessing Korea's Development Cooperation Policy.〉 *International Development Policy* 5(1): 107-142.

Oliver, 1952. Robert T. *Verdict in Korea*. State College, P.A.: Bald Eagle Press.

Reinert, Erik S. *How Rich Countries Got Rich and Why Poor Countries Stay Poor*. → 1장.

Rosenstein-Rodan, Paul. 1943. 〈Problems of Industrialization of Eastern and South-Eastern Europe〉. *Economic Journal*. 53(210/211): 202–11.

Ross, Andrew C. 1994. *A Vision Betrayed: The Jesuits in Japan and China, 1542-1572.* Maryknoll. N.Y.: Orbis Books.

Sachs, Jeffrey. 2005. *The End of Poverty: Economic Possibilities for Our Time.* New York: Penguin Press. 김현구 번역. 2006.《빈곤의 종말》. 21세기북스.

Scott. *A History of Tropical Medicine*. → 6장.

Soros, George. 2002. 〈Chapter 2 International Aid: The Missing Component〉. *George Soros: Globalization*. New York: Public Affairs. 57-96.

Tomkins, Peter & Christopher Bird. 1972. *The Secret Life of Plants*. 황정민 번역. 2011.《식물의 정신세계》. 정신세계사.

Tucker, Richard P. 2000. *Insatiable Appetite: The United States and the Ecological Degradation of the Tropical World.* Berkeley: University of California Press.

UNCACK. 2010. http://www.koreanwar-educator.org/memoirs/bradley_roger/index.htm. (2010년 3월 20일). 8201st Army Unit - Civil Information

Section. RELEASE NO. 135.

Winichakul, Thongchai. 1994. *Siam Mapped: A History of the Geo-body of a Nation.* Honolulu : University of Hawaii Press.

9장

강만길. 1995. 〈현대 한국사회의 변동과 한국학 연구의 방향〉. 한국논집. 22: 17-23.

김경일. 2003. 〈한국학의 기원과 계보: 한국과 동아시아. 미국을 중심으로〉. 사회와 역사. 64: 129-165.

김현숙. 2007. <문학작품에 투영된 아프리카의 이미지 - 콩고 강을 바라보는 서구와 현지의 시선들>. 한국아프리카학회지. 6: 91-128.

백낙청. 2008. 〈근대 세계체제, 인문정신, 그리고 한국의 대학: '두개의 문화'문제를 중심으로〉. 대동문화연구. 63: 9-37.

이영호. 2006. 〈한국학 연구의 동향과 "동아시아 한국학"〉. 한국학연구. 15: 9-20.

임지현. 2015. 〈'역사가'가 되기의 어려움: '서양사학'을 넘어 '역사학'으로 나아가기〉. 역사학보. 28: 21-53.

장인성. 2009. 〈융합학으로서 지역연구의 가능성에 대한 시론〉. 현대사회와 문화. 29: 115-136.

조동일. 2002. 〈한국학 연구의 새 방향〉. 한국논집. 29: 7-24.

조지형. 2002. 〈미국에서의 한국학의 흐름과 전망: 안과 밖의 생산적 대화를 위하여〉. 미국사연구. 15: 175-219.

주동주 편저. 2011. 《국제개발과 국제원조》. 시나리오 친구들.

한양환. 2015. 〈국제개발협력 교육과정 개편을 통한 ODA 수원국 중심의 현지밀착형 원조모델 구축방안 연구: 아프리카의 경우〉. 세계지역연구논총. 33(1): 87-108.

吉原直樹. 2008. 《モビリティと場所》. 이상봉 · 신나경 번역. 2010. 《모빌리티와 장소》. 심산.

Aparicio, Frances R. & Susana Chávez-Silverman. eds. 1997. *Tropicalizations : Transcultural Representations of Latinidad.* Hanover, NH: Dartmouth College, University Press of New England.

Bourdieu, Pierre. *Raisons pratiques: sur la théorie de l'action.* → 1장.

Boyer, William W. 1997. 〈미국 대학의 지역학 교육〉. 국제지역연구. 1(1): 16-24.

Cuff, David. & Andrew Goudie. eds. 2008. *The Oxford Companion to Global Change*. Oxford: Oxford University Press.

Cumings, Bruce. 1996. 〈Boundary Displacement: Area Studies and International Studies during and after the Cold War〉. *Bulletin of Concerned Asian Scholars*. https://www.mtholyoke.edu/acad/intrel/cumings2.htm (2014년 5월 24일)

Dirks, Nicholas B. 1990. 〈History as a Sign of the Modern〉. *Public Culture*. 2(2): 25-32.

Gordern, Alec. 1997. 〈유럽 대학의 지역학 교육〉. 국제지역연구. 1(1): 25-37.

Gourou, Pierre. 1953. *Les pays tropicaux, principes d'une géographie humaine et économique*. 1961[1958]. *The Tropical World: Its Social and Economic Conditions and Its Future Status*. Translated by S. H. Beaver from the French.

Gregory, Derek. 1994. *Geographical Imaginations.* Oxford: Blackwell.

Jung, Carl Gustav. 조성기 번역. 2007. 《카를 융, 기억 꿈 사상》. 김영사.

Jütte, Robert. 2004. *A History of the Senses: From Antiquity to Cyberspace*. Translated by James Lynn. Cambridge: Polity.

Michalopoulos & Papaioannou, 2011. 〈The Long-Run Effects of the Scramble for Africa〉. CEPR Discussion Papers 8676, C.E.P.R. Discussion Papers.

Paz, Octavio. 1970. *El Arco y la lira*. 김홍근, 김은중 공역. 1998. 《활과 리라: 시론》. 솔.

Schmid, Andre. 2008. 〈한국학의 근대성과 로컬리티: 주변부에서 한미관계를 매개하는 한국학〉. SAI. 4: 9-34.

Seeland, Klaus. 1997. *Nature is Culture: Indigenous Knowledge and Socio-cultural Aspects of Trees and Forests in Non-European Cultures*. London: Intermediate Technology Publications.

Welzer. 《기후전쟁》. → 1장.

______. 2010. *KlimaKulturen: Soziale Wirklichkeiten im Klimawandel*. Frankfurt: Campus Verlag. 모명숙 번역. 2013. 《기후 문화: 기후 변화와 사회적 현실》. 성균관대학교출판부.

찾아보기

주제어

ㄱ

ㄴ

ㄷ

ㄹ

ㅁ

ㅅ

ㅇ

ㅊ

ㅋ

ㅌ

ㅍ

ㅎ

인명

ㄱ

ㄷ

ㄹ

ㅁ

ㅂ

ㅅ

ㅇ

ㅊ

ㅋ

ㅌ

ㅍ

ㅎ

지명

ㄱ

ㄴ

ㅂ

ㅅ

ㅇ

ㅈ

ㅊ

ㅎ

책명

ㄱ

ㄹ

ㅂ

ㅅ

ㅇ

ㅈ

ㅊ

ㅋ

ㅎ

작품명

ㄱ

ㄴ

ㅇ

ㅈ

ㅊ

ㅋ

ㅌ